微言
WILLSENSE

汇校本

知堂回想錄

周作人著

五度 汇校

北京出版集团
文津出版社

① 2019.8.2 度謹案："五六十年"乃指五六十岁前，非"五六十年前"，特此注

度又案：证以次页之"一二十前"，似解为"五六十年前"并无不是，此是笼统言之也。2022.1.14

藥堂談往

豈明

一 緣起

我的朋友陳思先生前幾时寫信給我，劝我写自敘传，我听了十分惶恐，連回信都没有写，幸而他下次來信，也並不追及，这才使我放了心。为什么这样的「怕」写自叙传的呢？理由很是簡單，第一是自叙传很难写。既然是自叙传了，这总要写得像个東西，因为自叙传是文学里的一品种，照例要有詩人的「詩与真实」搀和在里头，才可以使得人们相信，而这个工作我是幹不来的。第二是自叙传没有材料。一年一年的活了这多少年岁，到得如今不但已经将近「古稀」了，而且又是到了日本人所谓「喜寿」（喜字草书有如「七十七」三字所合成）那么这许多年里的事情能夠多了，怎么说是没有呢？其实年纪虽是古稀了，而这古稀的人乃是極其平凡的，從古以来不知道有过多少，毫没有什么足以称道的，況且古人有言，「寿则多辱」，結果是多活一年，便多有一年的耻辱，这有什么值得说的呢。

話虽如此，畢竟我的朋友的意思是很可感谢的。我虽然没有接受他原来的好意，却也不想完全辜负了他，结果是经过了几天考虑之後，我就决意来写若干節的「藥堂談往」，也就是一种感舊錄，本来旧事也究竟没甚可感，只是五六十前的往事，虽是日常瑣碎事迹，于今想来也多奇奇怪怪，姑且当作「大头天話」（兒时所说的民间故事）去听，或者可以且作消閑之一助吧。

一九四四年十月所写《记杜逢辰君的事》，附记言及此事，单条所载有"民国二十年"，则是一九三一年无疑矣。

手稿似先写"二〇年"，後改为"元年"，略去"民国二十年"者，为免重复也。

信用了他，後来併且以訛傳訛的說成是老和尚了。当时对这种浪漫的傳说，颇有点喜歡，一九二〇年曾经为人写一单条云：

「一月三十日晨，夢中得一诗云，偃息禪堂中，沐浴禪堂外，動止雖有殊，心閑故無礙。被人或云余前身为一老僧，其信然耶。三月七日下午书此。」时杜逢辰君養病北海之濱（?），便封好之，聊以慰其寂寞。本来是想等裱装好了送去，後乃因循未果，杜君旋亦病重謝世了。两三年之後，我做那首打油诗，普通被称为「五十自壽」的七律，其首聯云：「前世出家今在家，不将袍子换袈裟」。即是用的这个故典，我自信是个「神滅論者」，如今乃用老人轉世的故典，其打油的程度为何如，正是可想而知了。

三

因为我是老頭子轉世的人，虽然即此可以免於被称作「头世人」，——謂係初次做人，故不大懂得人世的情理，至於前世是什麽东西，虽然未加說明，也總是不大高明的了，但總之是有点頑梗，其不能討人们的喜歡，大抵是当然的了。我不想舉出事實，也實在没有事實，可以証明这事，現在只想一講我在四五歲的年头上遇着的一个大災難，即是出天花，这不但几乎奪去了我的生命，而且即使性命保全了，却变了麻子，一个麻臉的老和尚，这是多麽的討厭的东西呀！說到这里，应当赶紧的声明一句，幸而二者都不，这是对於我的祖母母親的照顧应該感謝的。

痘为小兒的一大病，凡人都要經过这一難関。但是只要人工的种过痘，無論土法或洋法，这便是牛痘，就可保任無

第三頁　知堂自用

六　乙未春至丙申九月，恰是一年半。

稀烂、可以种葱的那样，这实在是很可庆幸的。

现在话分两头，一边是我在三味书屋读书，由「上中」读到论语孟子、随後诗经刚读完了「国风」，就停止了。一边是父亲也生了病，拖延了一年半的光景，于丙申（一八九七）年的九月弃世了。

父亲的病大举是在乙未年的春天起头的，这据不会是甲午，因为这里有几件事可以作为反证。第一个是甲午战争。当时乡下没有新闻，时事不能及时报道，但是战争大事，也是大略知道的，八月里黄海战败之後，消息传到绍兴，我记得他有一天在大厅明堂里，同了两个本家兄弟谈论时事，表示忧虑，可见他在那时候还是健康的。在同一年的八月中，嫁在东关金家的小姑母之丧，也是他自己去吊的，而且由他亲自为死者穿衣服，这是一件极其不易的工作，须得很细心谨慎，敏捷而又亲切的人，才能胜任。小姑母是在产後因为产褥热而死的，所以母家的人照例要求做法事「超度」，这有两种办法，简单一点的叫道士们来做「炼度」，凡继续三天，其一种是和尚们的「水陆道场」，前後时间共要七天。金家是当地的富家，所以就花「打水陆」，而这道场便设在长庆寺，离我们的家只有一箭之路，来去非常方便，但那时的事情已都忘记了。小姑母是八月初十日去世的，法事的举行当在「五七」，计时为九月十五日左右，这也足以证明他那时还没有生病。有一天从长庆寺回来，伯宜公在卧室的前房的小榻上，躺着抽烟，鲁迅便说那佛像有好许多手，都拿着种种东西，里边也有骷髅，当时我知堂润色文字之一例　多七尔。

度谨案：前阵偶然看书所看拼音批数，主播为湖北某地人，有言"与家乡……相样"，则似可证此处非笔误也。2022.1.14　恐为湖北方言词

算了结，自放头班以至溜四班，场内的人逐渐出去了。

在野赓考的时节，也有一种乐趣，便是买书和文房具，这仿佛与北京的厂甸有点相样，今略举数例于后。戊戌十二月初七日记项下云：

「往试前，购竹筒一方，洋伍分，上面刻诗一绝曰，彭溪边石，年年漂落花，五湖烟水洞，何处浣春纱，下刻八大山人四字。小信纸一束四十张，洋二分，上印鸦柳五色信纸廿张，洋一分六，上绘佛手柿二物，松鹤纸四张四文，洋烛四支，洋一角二分。」十一日记项下云：

「在试前购信纸廿张，一种上印帘外牡丹一株，题曰一帘花影，诗中画，十张，一种上印一人背后有泉作听状，题曰听泉，五张，一种上印竹一枝，题曰竹报平安，五张，共洋一分。」十三日记项下云：

「至试前看案尚未出，购思痛记二卷，江宁李圭小池撰，木刻本，洋一角。」已亥九月廿七日记项下云：

「至试前文奎堂购搜神记二本，晋干宝撰，凡二十卷，石印本，洋二角。」廿八日又记云：

「至试前文奎堂购七剑十三侠一部，凡六本。阅一遍，颇新奇可喜，闻是俞荫甫所作，丁酉年石印，凡六十回，有绘图数页，亦七侠五义之流亚也。」这里爱读七剑十三侠的事也有颇有意思的，自从「剑侠传」以后，这类的书一向受人的欢迎，我也自然不是例外，回想当时的情形觉得深可记念。~~现今写「十三金钱镖」的天津宫白羽先生，在他这里叫宫竹心的时候，我们也常常见过面，同他还未也是四十~~

第の九頁

知堂自用

上文未言及此，或知堂誤記。

廣謙案：記其事而未及寺名而已。2022.1.14

初五日、晴、在舟中。
初六日、晨小雨、至江陰雨止、到鎮江、上午至南京
下関。
当时上海洋場上所特有的东西、第一是洋房和红头巡
捕。但这与过客無係、住的客栈是中国舊式房子、平常出
去只要不在馬路边上小便、也不会碰見印度巡捕的麻煩、
若是在小巷里那是照例可以的。其次多的便是「野鸡」。她们
散居在各处衖堂里、但聚集最多的地方乃是四馬路一带、
而以青蓮閣茶樓為總滙。所以凡往上海观光的鄉下人、必
定肯先到那里去、我们也不是例外。那里茶也本来頗好、
不过「醉翁之意不在酒」、目的乃是看女人、你坐了下来、便
见周圍走着的全都是做生意的女人、只等你一句话或一示
意、便蜿搭着坐下了。樓上内部是賣鸦片烟的、放着一
張張的精巧的卧榻、可以容得兩个人对抽、五光十色的尤
其可观。青蓮閣外边有一个很特别的书摊、摆摊的姓徐、
绰号叫作「野鸡大王」、除普通书報以外、还带卖各种革命刊
物、那时还没有什麽东西出板、後来我看见的那些「新廣
東」和「革命軍」、便都是從他那里得来的。这也可以说是青
蓮閣外的一个奇人吧。
上海的「茶園」那时由我们看来也是頗特别的。在绍興还
只有「社戲」、是地方醵錢作子、会首去招戏班来、在庙台上
或是搭台開演、各人可以自由站立着看、不费一文錢。我
上文講的「杏花寺」演戏、便是那一种類、其在鄉间把戏台
搭在串河的、便於在船上观看、尤其理想。社戏的戏班不

第六八頁

知堂自用

的事了。

四六　生病前

、癸卯暑假的日记改了体例，不再是按日填注，改为记事体，有事情的时候写它一段，以详实为主，因此这半年实在只有一个月半里的日记显得比较实在。起头是记鲁迅的从家出发，到上海上轮船的情形，第一节是七月十六日，题目为「冒雨之启行之珠岩之泊」：

「予与自树（鲁迅当时的别号）既决定启行，因于午后束装登舟。雨下不止，傍晚至望江楼少霁，舟人就岸市物，予亦登，买包子三十枚，回舟与自树大啖。少顷开舟，雨又大作。三更至珠岩寿拜耕家，往谈良久，啜茗而返，携得国民日报十数纸，热烛读之，至四更始睡。雨益厉，打篷背作大声。次晨，至西兴埠」。这里要来讲几句注解，过阁「荷藕楼的包子」的。所谓包子，实在用的乃是普通说法，从奥灶米馆至桥梓馒头的，其子馅的则特别称为实心馒头。这是说奥城内的名物，个子很小，只有核桃那么大，名为「馒馒头」，正好一口一个，分肉馅和糖馅两种，都是两文钱一个。望江楼照那名字看来，一定是座高大洞楼，上有楼阁，因为不则哪能够望得见江呢？岂知这地方是在大街正中，居小泾桥与江桥的中央，虽然是道桥，可是楼房只有一级，底下通着河流，但是走过去的人不容易发见，因为这桥上有屋顶，两面是有墙壁遮住的。为什么是这样的呢，谁也不能知道，向来就是这样的啊。而这馒头店又是特别得很，它只有一个摊，摆在桥上边，带着印象。京戏的精华是什么呢？简单的回答是：叫天的演戏，这总是不大会错吧。谭鑫培别号"叫天"，大概是说他的唱声响彻云霄吧，他是清末的有名京剧演员，我居然能够听见他的唱戏，不能不说是三生有幸了。鲁迅在他的"社戏"这一篇小说里，竭力来描写野外演出的地方戏，同时却对于戏园里做的京戏给予一个极不客气的批评。他说在近二十年中只看过两次京戏，但不是没有看成，便是看得极不愉快。第一次他的耳朵被戏场里的"冬冬喤喤"搞慌了，而且又忍受不住挤而高的凳子的优待，所以不看而出来了。第二次呢，因为决心听谭叫天，去得也仍是"冬冬喤喤"，但是从九点钟忍耐到十二点，"那叫天竟还没有来"，结果他也只得走了。那么他终于没有能够听见叫天的戏，而我却是看见了，虽然那时已是深夜，看不清他的相貌，也两样样还是均可称的。那天因为演的是白天戏，照例不点灯，台上已是一片黑暗，望过去只见一个人黑影似的，在场里唱着。唱的什么样呢，这是外行是不能够一样的。老实说，我平常也很厌恶那京戏里的那了一个字的子音拉长了唱，嗳嗳嗳或呜呜呜的叫个不住，感到一种近于生理上的不愉快，但那谭老板的唱声却是总没有这样的反感的。

所谓糟粕一面乃是什么呢？这是戏剧上演义的做作，在小说戏剧上也是常见的描写是不可避免的，但作公开的表演的时候这个手法应该有个节制才对。京戏里的，特别那时我所看到的那可真是太过了。我记不清是在中和园或广德楼的哪一处了，也记不得戏名，可是仿佛是一出"水浒"里的偷情戏吧，台上挂起帐子来，帐子乱动着，而且里面伸出一条白腿

这件事我是外行，所以不能说外行话。

"淫"的不限于看，也

不、不，够太好看了！

可厌憎的，但是我自己却不以为苦，只觉得这有别一种风趣。——的确有过一次，因为下宿的老太婆三日两头的给吃「油豆腐」，有点受不住了，只好买罐头牛肉来下饭。这是因为烹调得不好的缘故，这种豆腐原来名为「假雁肉」，用胡萝卜牛蒡等切成丁，和在豆腐内制成，加酱油糖煮，也是很好吃的，但是那老太婆似乎只会盐水煮煮，而且几乎天天是这个，所以吃厌了，那也算是例外吧。——吾乡穷苦，人民努力日吃三顿饭，唯以腌菜臭豆腐螺蛳为菜，故不怕咸与臭，亦不嗜油荤食，到日本去吃，无论什么都不大成问题。有些东西可以与故乡的什么相比，有些又即是中国某处的什么，这样一想就很有意思。如味噌汁与干菜汤，金山寺味噌与豆板酱，福神渍与酱咯哒，牛蒡独活与芦笋，盐鲑与勒鲞，皆相似的食物也。

又如大德寺纳豆即咸豆豉，泽庵渍即福建的黄土萝卜，蒟蒻即四川的黑豆腐，刺身即广东的鱼生，寿司即古昔的鱼鲊，其制法见于齐民要术，此其间又含有文化交通的历史，可资研究。——刺身寔如随西来，即是杂事诗注所说「聂而切之的鱼肉」，黄君乃广东嘉应州人，是认这为鱼生的，但日本所不同的就是这样的生吃了，这在中国也不是没有先例的，如吃醉蟹即是。鱼用鲔鲣鲷，亦有用鲤者，此外多骨的河鱼皆不适用。——家庭宴客自较丰盛，但其待法则朴素，亦仍以菜蔬鱼介为主，鸡豚在所不废，唯多用其瘦者，故亦不油腻也。近时社会上亦流行中国及西洋菜，则并没有什么高明，盖以日本手法调理西餐（日本昔时亦称中国为西方）殊得恰好。东京神田有「维新号」，当初系一小杂货店，乃浙江宁波郑君所经卿印本均误作"滅"，意思大错。

减

「夢一般」是己酉年民友社出板，菊判半截一冊，红洋布面，定價金三十五錢，这书乃是在三田散步时於路旁一小书店中所得，甚为欢喜，曾寫入「藥堂語録」。全书共抄有九章，另々時時的記録它时的事情，也有情趣，第一章里记故家情状，有这样的一節：

「我们家的後边是小竹林，板廊的前面即是田地。隔着砂山，後方是海。澎湃的波涛的声音不断的听到，无论道路，无论田地，全都是沙，穿了木屐走起来也全没有声音响，不管经过多少年，木屐的齿也不会得摩滅。建造房屋的时候，只在沙上泼去五六担的水，沙便坚固的凝结，变得比岩石还要硬，在这上边放下台基石，那就成了。这自然是長大了以後听来的话，但是我们的家是沙地中间的独家，这事却至今还好好的记忆着。家是用稻艸盖的。在田地里有梅树，杞有两三株。竹林里有螃蟹，澤蟹很多，像是丸撒着小石子一般。人走过去，他们便出惊，沙沙的躲到枯竹葉底下去的声音，幾乎比竹林的风雨声还要利害。不但竹林子里，在厨房的地板上也到处爬，也在天花板上头行走。夜里睡静了之後，往往惊醒，在纸隔扇外边，可不是偷儿的脚步声麽，这样的事也不止有过一两次，这是後来從母親听来的话。」

那时候寫的文章已经没有存留了，故纸中找得一纸，是记钓鱼的，但没有寫上题目，其文云：

「庚戌秋日，偕内人，内弟重久及保坂氏媪早出，往大隅川钓鱼。經蓮葉町，出駒入病院前，道渐寂静，临但容車，两旁皆树木雜草，如在山嶽间。徑尽忽豁朗，出一些屋上，即為田端。下視田野罗列，草色尚青，屋宇点缀其间，左折循屋而下为大路，夹路流水涓々然。行未十丈许，雨忽集，以雨具不足，踌躇久之，遂决行。前有田家售雜品，擬求竹笠，问之無有。重久言当冒雨独行，乃分果餌与之使去，而自先歸。遂至田端驛乘電車至巣鴨，欲附馬車而待久不至，保坂媪请先行，未幾車至即乘之。竟媪去未遠，留意覓之，见前有人折裾負包而行，呼之果媪也，令同乘。至我们只是住本乡的大学前面，或晚饭后上神田神保町一带走走，过着恬静的生活。可是在这期间，却遇见一件事，给我一个很大的刺激。这是明治四十四年（一九一〇）一月廿四日的事，那时正在大学赤门前行走，忽然听见新闻的号外叫声，我就买了一张，拿来一看，不觉愕然立定了。这乃是"大逆事件"的判决与执行。这是五十年前的事情，那时候日本有没有共产党我也未能确说，但是日本官宪口中所谓"社会主义者"，事实上只是那些无政府主义思想的人和改良的主张社会改革家罢了。这一案里包含二十四个人，便是把各色各样的人，只要当时政府认为是危险的，不管他有无关系，都罗织在内，作一网打尽之计，罪名便是"大逆"，即是谋杀天皇。他们所指为首魁的是幸德传次郎（秋水）和他的爱人管野须贺，其实幸德是毫不相干的，因为他素有名，居于文笔领导的地位，所以牵连上了。原来是只有四个人共谋，内有宫下太吉与管野须贺，都是无政府主义，想以炸弹炸明治天皇，目的是证明他也只是会死的凡人，并非神的化身，所查获的证物只是洋铁罐和几根铁丝，火药及盐酸加里少许，——我想当年陶公说要到长崎跟俄国人去学的炸弹，大约也就是这种东西吧。差不多同时候，有佛教徒内山愚童，单独计画谋刺皇太子，说定了也随作为同党，併案办理。他们与幸德当然也有往来，宫下太吉曾同幸德到过野川闲逛，这便说是密谋，大石诚之助松尾卯一太曾到平民社访问过幸德，便说是纠合死党若干人集会，这些都是检事小山松吉的杰作，其实也正是政府传统的手法，近年的三鹰和松川事件就用了同样的方法获得成功的。他们将二十几个不相识的人放在一起，说是共谋大逆，不分首从都要死刑，次日又由天皇特恩减刑，只将一半的人处死，一半减为无期徒刑，以示天恩高厚，这手段也是可佩也实在拙笨得可怜。当时我所看见的号外，即是这一批二十四个人的名单。

这时候我侨居异国，按理说对于侨居国的政治似乎可以不必多事，这话固然也是不错的，但这回的事情已超过政治的范围，就说的泛一点也涉及人会馆在南半截胡同的北头路东，门面不大，有魏龙常所写的一块匾，文曰"绍兴县馆"。他是山阴县人，但生长在广西桂林，他所写魏碑，那块匾大概也是那一体，却是记不得了。只记得名魏戫，这是他后来的改名。他在绍兴很有点名气，说是他能打拳，后来知道这种传说很普遍，高伯雨著「听雨楼杂笔」中有一篇「精于技击的诗人魏铁珊」，就是讲他的故事的。说他会「壁虎功」，即学壁虎爬墙壁，但是他却比那师父更高一着，便是他能「背缘壁」而行，这就是在四脚有吸盘的壁虎也敬谢不敏了。幼时所见先君讲魏龙常的一件故事，说他能纵跳如飞，做秀才的时候写在镇东阁上头挟妓饮酒，镇东阁在府横街的西头，与杀人的轩亭口遥遥相对，其北接近绍兴府的衙门，是差役聚集的地方。这事为他们所知道，自然认为讹诈的好机会，便有几个差人走上前去恐吓他，意在敲竹杠。魏龙常一声不响，只提起一个差人来，向窗外一扔，这镇东阁至少乃是同小城门一样的高，如一个摔到地上，一定粉身碎骨了。魏龙常却随即一跳，自己也纵身而下，在还未到地的时候，将差人一把抓住，以是没有跌死，但也吓的发昏过去了。故事是这么说，不过这里应当有一点订正，似乎应当说魏龙常执住差人，和他一起从窗子上跳下，这才可能把差人吓了而没有摔死，因为若是先后跳窗便不能同时落地。他纵有内功，但不可能与这物理的定律争胜的。我是一个少信的唯物论者，但是平常很不愿意给人家扫兴，所以讲神异的传说的时候也竭诚静听，所谓「姑妄言之姑听之」是也，可是假如要收入我的文章里去，便不得不稍稍有所订正了。虽然上文所说的故事乃是我父亲对我们讲的。他本来也是无鬼论者，不过也是随便讲新奇的故事，没有注意到不合事理的情形，而且要找漏洞那么别的还有，魏龙常既是生长桂林，那么这在绍兴闹事也似乎可成为问题了。为了一块匾的事情，不料引起技击内功的议论来，这实在是节外生枝，可以结束了事。

现在我们来说会馆内部的情形吧。上边已经说及，我所能说的只是会馆里边的一部分，即是进门靠南的两个院子。藤花馆是在西北方面，但是瘄言瞒，即瘄子。

"边里"例见《鲁迅研究手稿》

小便往医院检查，云系病，仍服狄侍尔苹。

廿八日晴。上午季茀贻燉鸭一器。下午得丸善十五日寄小包，内拔罗古勃及库普林小说集各一册。

六月三日晴。午服狄侍尔苹已了。

五日晴。上午九时出会往大学，又访蔡先生，下午一时返。」

以上便是生病的全部过程，日子并不算怎样长，在二十左右便已好起来了，那天里已可理发，而且在第二天许季茀送一碗莼来，吃时觉得特别鲜美，因为那时候似乎遍身都蜕了一层皮，连舌头上也蜕到了，所以特地有一种感觉，但是过了一天便又是如常的长上舌苔了。鲁迅在『彷徨』边里有一篇题名『弟兄』的小说，是一九二五年所作，是写这件事的，虽然也是「诗与事实」的结合，但大半却是与事实相合，特别是结末的地方：

「他提着身子去，对了书桌，只见蒙着一层尘，再转脸去看纸窗，挂着的日历上，写着两个漆黑的隶书：廿七。」又说收到寄来的西书，这记与上面所记的廿八日的事情相符，不过小说里将书名转化为『胡麻与百合』罢了。但是小说里说病人「眼里发出忧疑的光，显係他自己也觉得是不寻常了」那大抵只是诗的描写，因为我自己没有这种感觉，那时并未觉得自己是怕得要死了，这样的事在事实上或者有过一两回，我却從未有觉到，这原因是我那么乐观以至有点近于麻木的。在我的病好了之后，鲁迅有一天说起，我到那么大了，却还没有出过瘄子，觉得很是可笑，随后又说，可是那时真把我急坏了，心里起了一种恶念，想这回须要收养你的家小了。後来在小说「弟兄」末尾说做了一个恶梦，虐待孤儿，也是同一意思，前後相差八年了，却还是没有忘卻。这个理由，我始终不理解，或者须求之於佛洛伊德的学说吧。

一一二　復辟前後二

当初在绍兴的时候，也常遇见不少大事件，如辛亥革命，洪宪帝制等，但因为在偏陬，「天高皇帝远」，对于政治事情關心不够，所以似乎影响不很唐案：《民间文化论坛》2012年第6期载有陈泳超「周作人手稿《绍兴儿歌集》考述」一文，言第二项为八十三。

73+85+55=213

精作说明，随后还和钱玄同与歌谣的编辑人常维钧（惠）商量，用三个人的名义共同发起，专门征集猥亵性质的歌谣故事，我个人所收到的部分便很不少，足有一抽斗之多，但是这些在国民党劫收之余已成乎散失了，目下只剩了河南唐河和山东寿光的一点寄稿，——玄同已久归道山，维钧还时常会见，但也没有勇气去和他谈当日的事了。至于普通的地方歌谣，我在民国初年写钞録有一个稿本，计从范啸风的「越谚」中转抄下来，也经过自己的实验的，有五十五篇，由我个人亲自蒐集的有七十三篇，此外是别人所记録，虽然没有听到过，也是靠得住的，有八十五篇，一总计有二百三十三首，略为注解，编成了一卷「绍兴儿歌集」，於一九五八年冬天才算弄成，但是这种传统的旧儿歌没有出板的机会，所以也只是搁着就是了。

一三四　在病院中

民国九年（一九二〇）我很做了些文学的活动，十一月廿三日下午到东城万宝盖胡同（俗语是王八盖）的耿济之君家里开会，大约记得是商量组织「文学研究会」的事情，大家叫我拟那宣言，我却没有存稿，所以记不得是怎么说了，但记得其中有一条，是说这个会是预备作为工会的始基，给文学工作者全体联络之用，可是事实正是相反，设立一个会便是筑起一道门槛，结果反是对立的起头，这实在是当初所不及料的了。到了十二月廿二日下午往大学赴歌谣研究会，至五时散会，晚间觉得很是疲倦，到廿四日便觉得有点发热，次日发热三十八度三分，而且咳嗽，廿九日去找医生诊视，据说是肋膜炎，於是这一下子便卧病至大半年之久，到九月里方才好起来。现在且把养病中间的事情来一说吧。

我当初在家中养病，到了三月初头，病好得多了，於是便坐了起来，开始给「妇女杂志」做文章，这是头一年里所约定的，须得赶快交卷才好，题目是「欧洲古代文学上的妇女观」，结果努力写了几天，总算完成了前半篇，是说希伯来思想与希腊思想的，第三节乃是说中古的传奇思想，还没有来得及写，但是病势却因而恶化，比起初更是严重了，遂於三月廿九日移往

《我的杂学》浮世绘一节 引文用得同语和有此用法（话）

说说得穷愁而不免於俗，即是有伤大雅，这样情形也往往有之，固然是难能可贵比不上灵林居士，但是此种心情我们也总可以体谅的。人说误解不能免除，这话或者未免太近於消极，若说辩解不必，我想这不好算是没有道理的话吧。五月二十九日。」

一四〇 不辩解说下

这篇论「辩解」的文章是民国二十九年（一九四〇）里所写，距去今二十年前，那时只为要写一种感想，成功一篇文章，需要些作料，这里边的杨恽嵇康，梭格拉底以及林武师，其实都是有例的「垫底」，至於表面的「噱头」实在只是倪元镇这一点。这回讲到一九二三年与鲁迅失和的事件，因为要说明我不辩解的态度，便想到那篇文章可以表明我的理论，所以写来利用一下，但那些陪衬的废话本来是多余的，我所要的其实只是最末後的一节罢了。关於那个事件，我一向没有公开的说过，过去如此，将来也是如此在我的日记上七月十七日项下，用剪刀剪去了原来所写的字，大概有十个左右，八月二日记移住砖塔胡同。次年六月十一日的衝突，也只简单的记着衝突，并说徐张二君来，一总都不过十个字。——这里我要说明，徐是徐耀辰，张是张凤举，都是那时的北大教授，并不是什么「外宾」，如许寿裳所说的。许君是与徐张二君明白这事件的内容的人，虽然人是比较「老实」，但也何至於造作谣言，和正人君子一般呢？不过他有一句话却是实在的，这便是鲁迅本人在他生前没有一个字发表，他说这是鲁迅的伟大处，这话说的对了。鲁迅平常是主张以直报怨的，并且还更进一步，不但是以眼还眼，以牙还牙，还说过这样的话，（原文失记，有错当改。）人有怒目而视者，报之以骂，骂者报之以打，打者报之以杀。其主张的严峻有如此，而态度的伟大又如此，我们可不能学他的百分之一，以不辩解报答他的伟大乎？而且这种态度又偏不是出於一时的隐忍，我前回说过对於所谓五十自寿的打油诗，那已经是那事件的十多年之後了，当时经胡风辈闹得满城风雨，独他一个人在致曹聚仁杨霁云的书简中，能够主持公论，胸中没有已是三十二年，这其间的事情实在太多了，要挑出一两点来讲，极是困难。——要写只好写长编，想到就写，但未再整理，但这是长期的工作，现在我还没有这余裕。第二，因为我自己暂时不想说话。「东山谈苑」记倪元镇为张士信所窘辱，绝口不言，或问之，元镇曰，一说便俗。这件事我向来佩服，在现今无论关于公私的事有所声说，都不免于俗，虽是讲玄同也总要说到我自己，不是我所愿意的事，所以有好几回拿起笔来，结果还是放下。但是，现在又决心来写，只以去国前后的十几天为限，不多讲别的事，至于说话人本来是我，好多没有法子，那也只好不管了。

廿八年一月三日，玄同的大世兄秉雄来访，带来玄同

晏一盧集稿 張氏藏本

的一封信，其文曰：

「知翁：元日之晚，召貽急急来告，谓兄忽遇狙，但幸无恙，骇異之至，竟々不寧。昨至近道，遇鏗詒、炳揚諸公均已次第奉访，兄仍從容坐谈，稍慰。晚铁公来详谈，更為明瞭，唯无公情形近未知悉，但视其日趋平復也。事出意外，且聞前日奔波甚劇，想日来必感疲乏，願多休息，且本平日寧静坐天之胸襟加意排解攝衛！弟自己是一个浮躁不安的人，乃以此语奉劝，豈不不自量而可笑，然实由衷之言，非劝慰语也。旬日以来，雪冻路滑，弟惮履冰之戒，只好家居，悼於出门，且道亦只去过两三次，且迂道黄城根，因怕走柏油路也。故尚须逢日拜访，但时向秉访考探询尊況。頃雄将走访，故草此紙。龢闇白。廿八，

潘柳印本均无此"想"字，硬伤第十处了。　处

資的関係，在书後面得刊載弟子某人監校字樣，但實際上的校勘則已由錢吴二公办了去了。後来全书刊成，各人分得了藍印墨印的各二部，不过早已散失，只记得七种分訂四冊，有幾部卷首特别有玻璃板的著者照相，仍是笑嘻嘻的口含紙烟，烟气还彷彿可見。此书刻板原議贈送苏州國学講習会的，不知怎樣一来，不曾实行，只存在曲园胡同的吴君、印刷発兑。後来听説苏州方面因为没有印板，还拟重新排印行世，不久战禍勃発，这事也就擱置，连北京这副精刻的木板也弄得不知下落了。

当时因为刊刻讀偏的缘故，一时頗有復古或是好名的批評，其实刊行国学这類的书要说好古多少是难免的，至於好名那怕是出於误会了。在这事以前，苏州方面印了

晏一廬集稿 張氏藏本

一种同门録，罗列了些人名，批评者便以为这是想攀龍附凤者的所为，及至经过調查，才知道中國所常有的所謂事出有因查無实據了。恰巧手头有一封錢玄同的来信，説及此事，便照録於下，不过他的信照例是喜講笑話的，有些句子須要説明，未免累墜一点：

「此外談老板（指吴檢齋因其家開吴隆泰茶葉莊）在老夫子那边攜歸一張「点鬼簿」（即上边所说的同门録），大名赫然在焉，但並無魯迅許壽裳錢均甫朱蓬仙諸人，且並無其大姑爺（指龔未生），甚至無國学講習会之発祥人黄修武黄鹄詩別無任叔永与黄子通，更無足怪矣。談老板面詢老夫子，去取是否有義？答云，絶無，但憑記忆所及耳。無别此春秋無，斷爛朝報而已，無微言大義也。廿一，七，四。」

此"私"字明确无疑，其[illegible]周[illegible]欣知，但[illegible]其486[illegible]大[illegible]也。

禹迹寺前春草生，沈园遗迹欠分明。偶然拄杖桥头望
流水斜阳太有情。

禅床溜下无情思，正是沈阴欲雪天。买得一条油炸鬼
惜无白粥下微盐。

不是渊明乞食时，但称陀佛省言辞。携归白酒私牛肉
醉倒村边土地祠。同时在日记上写道：

「十二月廿三日，下午得李炎华信，係寄沈女也，感
念存殁，终日不愉。前作诗云，流水斜阳太有情，不能如
有情有今容之摆脱，正是自讨苦吃，但亦不能自已耳。」尝
以三诗寄示在上海的鲍瓜庵主人（沈尹默），承赐和诗，末一
联云，「斜阳流水干卿事，未免人间太有情。」指点得很是不
错，但如我致废名信中说过，究竟有此怅惘，故对于人世

晏一廬集稿 張氏藏本

未能超脱，此亦是一种苦，目下却尚不忍即舍去也。

过了十天，便是民国廿八年（一九三九）的元旦了。那天
上午大约九点钟，燕大的旧学生沈启无来贺年，我刚在西
屋客室中同他谈话，工役徐田来说有天津中日学院的李姓
求见，我一向对于来访的多不接见，所以便叫请进来。只
见一个人进来，没有看清他的面貌，只说一声，「你是周先
生么？」便是一手枪。我觉得左腹有点疼痛，却并不跌倒，
那时客人站了起来，说道，「我是客。」这人却不理他，对他
也是一枪，客人应声仆地。那人从容出门，我也赶紧从北
门退归内室，沈启无已经起立，也跟了进来。这时候听见
外面枪声三四响，如放鞭炮相似，原来徐田以前当过侦缉
队的差使，懂得一点方法，在门背後等那人出来时跟在後

前在北大懸川课中所录文，无此下了。可见与文章这件事，并无当规，亦无须生造一些规矩规范作者，本人亦然，况面对知堂先生乎？2019.10.27 [illegible]

態度道：

「東山談苑」卷七云，倪元鎮為張士信所窘辱，絕口不言，或問之，元鎮曰，一說便俗。此語殊佳，余澹心記古人嘉言懿行，裒然成書八卷，以余觀之，總無出此一條之右者矣。嘗怪世說新語後所記何以率多陳腐，或歪曲遠於情理，欲求如桓大司馬樹猶如此之語，難得一見。雲林居士此言可謂甚有意思，特別如余君所云，亂離之後，閉戶深思，當更有感興，如下一刀圭，豈止勝於吹竹彈絲而已哉」。當时以为说多余的废话这便是俗，所以那一年里只写些两三百字的短篇笔记，像这一篇的便是。後来集有二百多則，编作一集叫作「书房一角」。但是廿八年元旦来了刺客，过了十七天又遇着了故友钱玄同君之丧，他的精神受了激

晏一廬集稿 張氏藏本

刺，这是与那刺客事件不无关係的，在他去世後百日，我便写了「最後的十七日」这篇文章，做他的纪念，後来收在「玄同纪念」，收在「藥味集」里。那篇文章的末尾说：

「今玄同往矣，恐遂無復有能規誡我者。这里我只是稍講私人的關係，深愧不能对於故人的品格学问有所表扬，但是我於此破了二年来不说话的戒，写下这一篇小文章，在我未始不是一个大的决意，姑以是为故友纪念可也。」年月是民国廿八年四月廿八日，这篇文章是登在当时由燕大学生所办的燕大週刊上边的。我自此决意来说话，虽是对於文字的力量仍旧抱着疑问，但是放手写去，自民国廿八年至三十四年这七年里，收集起来的共计有一百三十篇，其散佚者在外，可以说是不算少了吧。

路喀阿诺斯（旧譯为路吉亞诺斯）的对话了。

一八七　我的工作五

我翻譯日本的古典文学，第一种是「古事记」。其实我想譯「古事记」的意思是早已有了，不过那时所重的还只在神话，所以当初所打譯的只是第一卷即是所谓神代卷部分，其二三卷中虽然也有美妙的传说，如女鸟王和轻太子的两篇，於一年以前曾经譯出，收在「陀螺」里边，但是不打算包括在内的。在一百十八期的「语丝」週刊上登过一篇「漢譯古事记神代卷引言」，乃是一九二六年一月三十日所写的，说明翻譯这书的意思：

「我这里所譯的是日本最古史书之一，古事记的上卷，即是讲神代的部分，也可以说是日本史册中所记述的最有系统的民族神话。古事记成於元明天皇的和銅五年（公元七一二），当唐玄宗即位的前一年，是根据稗田阿礼（大约是一个女人）的口述，任安萬侣用了一种特别文体记下来的。当时的日本还没有自己的字母，安萬侣就想出了一个新方法，借了漢字来写，却音義並用，如他进书的駢体表文中所说，或一句之中交用音训，或一事之内全以训録，不过如此写法，便变成了一种古怪文体，很不容易读了」。其实这就是所谓和文，但是它用字母的时候却是整个的漢字去代表，併且毫无统一，所以看去像是咒语一样。但是近世经过国学家的研究与考证，便已断可了解了。我那时每週翻譯一段落，登在「语丝」上，大约登了十回，却又中止了，後来在解放以後，介绍世界古典文学的运动发生，日本部分有「古事记」一书在内，这不久提了起来，承楼适夷君从「语丝」里把它找了出来，又叫人抄録见示，其时我大概还在病中，所以又復放下，到一九五九年翻譯後工以後才开始工作，但在那时候我对於日本神话的興趣却断以衰退，又因为参考

——荣寶齋

（40）

了，但是以前的调子，它本身如既然和我们的感情并不能翕然相合，那应我们当然可以不要什么客气了。倘若三十一字这个限制有点不便，大可以尽量的去做增字的歌。（案日本短歌定例三十一字，例外增加字数通称为字作。）至于歌的内容，也不必去听那些任意的拘束，说这不像是歌，或者说这不成为歌，可以别无限制，只管自由的说出来就好了。只要能够这样，如果人们怀着爱惜那在忙碌的生活之中，浮到心头又随即消去的刹那刹那的感觉之心，在这期间歌这东西是不会灭亡的。即使现在的三十一字变成了四十一字，变成了五十一字，总之歌这东西是不会灭亡的。我们因了这个，也就能够使那爱惜刹那刹那的生命之心得到满足了。

我这样想着，在那秒针正走了一圈的期间，凝然的坐着，我于是觉得我的心渐渐的阴暗起来了。——我所感到不便的，不仅是将一首歌写作一行这一件事情。但是我在现今能够如意的改革，可以如意的改革的，不过是这桌上的摆钟砚台墨水瓶的位置，以及歌的行款之类罢了。说起来，原是无可无不可的那些事情罢了。此外真是使我感到不便，感到苦痛的种种的东西，我岂不是连一个指头都不能触它一下么？不但如此，除却对于它们忍从屈服，继续的过那悲惨的二重生活以外，岂不是更没有别的生于此世的方法么？我自己也用了种种的话对于自己试为辩解，但是我的生活总是现在的家族制度、阶级制度、资本制度、知识买卖制度的牺牲。

我移过眼来，看见像死人似的被抛在席上的一个木偶。

歌也是我的悲哀的玩具罢了。」

啄木的短歌集只有两册，其一是他在生前出板的，名曰「一握砂」，其二原名「一握砂以後」，是在他死後由他的友人土岐哀果给他刊行，书名改为「可悲的玩具」了。他的短歌是所谓生活之歌，与他的那凡暴的生活和暗黑的时

据手稿删去"刹"字，妄也。这文末的两个"刹那"也去掉了一个，何其无知而妄也！

那

虔谨案：《楞严经》有言："刹那刹那，念念之间，不得停住。"不读佛典，于学问诚大亏损也。2022.1.14

坑字通作炕，突出于地面，此则高也。

推门进去，门内坐着几个禁卒，因为是认识我的，所以什么也不问，我也一直没有打过招呼。揭过一个门，又是一头普通的门，通常闲着，里边是一个院子；上首朝南大概即是狱神祠，我却未曾去看过，只顾往东边的小门进去，这里面便是祖父所居住的小院落了。门内是一条长天井，南边是墙，北边是一排白木圆柱的栅栏，栅栏内有狱兵的廊，廊下并排一列间着些木门，这都是一间间的监房。大概一排有四间吧，但那里只有西头的一间里祖父住着，隔壁住了一个禁卒，名叫鄒玉，是个长厚的老头儿。其余的都空着没有人住。房间四壁都用白木圆柱做成，向南一面上半长短圆柱相间，留出空隙以通风日，用代窗户，房屋宽可一丈半，深约二丈半，下铺地板，左边三分之二的地面用厚板铺成炕状，很大的一片，以供坐卧之用。祖父的房间里的布置是对着门口放了一张板桌和椅子，板坑上靠北安置棕棚，上挂蚊帐，旁边放着衣箱。中间板桌对过的北方是底叠书和另用什物，我的坐处便在这台上书堆与南窗之间。这些堆书中我记得有广百宋斋的四史，木板《纲鉴易知录》，五种遗规，明季南北略，明季稗史汇编，徐灵胎四种，其中只有一本道情可以懂得。我在那里坐上一日，除了遇见廊下炭炉上燉着的水开了，拿来给祖父沖茶，或是因为临时加添了我一个人使用，便壶早满了，拿出去往小天井的尽头倒在地上之外，总是坐着翻翻书看，颠来倒去的试是翻弄那些，只有四史不敢下手罢了。祖父有时也坐下看书，可是总是在室外走动的时候居多，我亦不知道是否在狱神祠闲坐，总之出去时间很久，大概是同禁卒们谈笑，或者还同强盗们谈谈，他平常很喜欢骂人，自呆皇帝昏太后（即是光绪和西太后）起头，一直骂到亲族中的后辈，但是我却不曾听见他骂过强盗或是牢头禁子。他常讲骂人的笑话，大半是他自己编造的，我还记得一

飞云浦 鸳鸯楼

殺。鲁智深，他是一个纯乎赤子之心的人，一生好打不平都是事不干己的，对于女人毫无兴趣，却为了她们一再闹出事来，到处闯祸，而很少杀人。算来只打死了郑屠一人，也是因为他自己禁不起打而死的。这在水浒作者意中，不管他是否施耐庵，大概也是理想的人物之一吧。

李逵我却不喜欢，虽然拿来与宋江对比的时候也觉得很痛快，他就只是好胡乱杀人，如江州救宋江时下寻官兵厮杀，却只向人多处砍去，可以说正是一只野猫，只有以叙道论是对的吧。设计赚朱仝上梁山那时，李逵在林子里杀了小衙内，把他梳着双丫角的头劈作两半，这件事我是始终觉得不可饶恕的。武松与石秀都是可怕的人，两人自然也分个上下，武松的可怕是煞辣，用于报仇雪恨却很不错，而石秀则是凶险，可怕以至可怜了。武松杀嫂以至飞云楼的一场，都是为报仇，石秀的逼杨雄杀潘巧云，为的要表白自己，完全是假公济私，这些情形向来都瞒不过看官们的眼，本来可以不必赘说。但是可以注意的是，前头武松杀了亲嫂，后面石秀又杀盟嫂，据金圣叹说来，固然可以说是由于作者故意要显他的手段，写出同而不同的两个场面来。可是事实上根本相同的则是两处都拚杀犯奸的女人，在这上面作者似乎有意中露出了一点马脚，即是他的女人憎恶的程度。水浒中杀人的事情也不少，而写杀潘金莲尤其是杀潘巧云迎儿处却是特别细微残忍，或有点欣赏的意思。——可是话又得说了回来，在向来看不起女人的社会里，况且这又是在至少四百年前所写的小说里边，我们怎好以今日的看法来责备他们，或者他也是借此写出一种人来，有这么样残酷，正如写一个纯朴的鲁智深，是同一的用意呢。

上面的话也只是想到了说说罢了。

一八九九己亥

据安三君查日本明治俳书目录，鹑衣评释初版於明治三十二年十月。

二〇四　拾遗巳

十七、俗曲与玩具

我不懂戏剧、但是也常涉猎戏剧史。正如我翻阅希腊悲剧的起源与发展的史料、得到好些示谕、看了日本戏曲发达的径路也很感兴趣、这方面有两个人的书於我很有益处、这是佐佐醒雪与高野斑山。高野讲演剧的书更少些、但是我最受影响的还是佐佐的一册「近世国文学史」。佐佐氏於明治二十二年(一八八九)戊戌刊行「鹑衣评释」、庚子刊行「评释近松天之网岛」、辛亥出国文学史、那时我在东京、即得一读、其中有两章略述歌舞伎与净瑠璃二者发达之迹、很是简单明瞭；至今未尽忘记。横井也有的俳文集「鹑衣」固所喜欢、近松的「世话净瑠璃」也想知道。这评释就成为顶好的入门书、事实上我好好的细读过的也只是这册天之网岛、读後一直留下很深的印象。这类曲本大都以情死为题材、日本称曰心中、「译序集」中亦有一文论之。在「怀东京」中说过、俗曲里礼赞恋爱与死、处处显出人情与义理的冲突、偶然听唱「义太夫」、便会遇见「纸治」、这就是天之网岛的俗名、因为里边的主人公是纸店的治兵卫与妓女小春日本的平民艺术仿佛善於用优美的形式包藏深切的悲苦这似是与中国很不同的一点。佐佐又著有「俗曲评释」、自江户长呗以至端呗共五册、皆是抒情的歌曲、与叙事的有殊、乃与民谣相连接。高野编刊「俚谣集拾遗」时号斑山、后乃用本名辰之、其专门事业在於歌谣、著有「日本歌谣史」、编辑「日本歌谣集成」共十二册、皆是大部钜著此外有汤朝竹山人、关於小呗亦多著述、寒斋所收有十五种、虽差少书卷气、但亦可谓勤劳矣。民国十年(一九二一)时曾译出俗歌六十首、收在「陀螺」里边、大都是寄於游女荡妇之哀怨者、如木下杢太郎所云、耽想那卑俗的但是充满眼泪的江户平民艺术以为乐、此情三十年来盖调整中国固有的思想，似乎是我自己所有的理想适应中国现在的需要，都是必要的事，此即我杂学之归结点，以前种种说话，无论怎么的直说曲说，正说反说，归根结底的意见还只在此。就只是表现得不充足，恐怕读者一时抓不住要领，所以在这里赘说一句。我平常不喜欢拉长了面孔说话，这回无端写了两篇多字，正经也就枯燥，仿佛招供似的文章，自己觉得不但不满而且也是无谓。这样一个思想径路的简略地图，我想只是供给要攷学我的人，知道我的据点所在，用作进攻的参考与准备，若是对于我的友人这大略是没有什么用处的。写到这里我忽然想到，这篇文章的题目应该题作「愚人的自白」才好，只可惜前文已经发表，来不及改正了。民国三十三年，七月五日。

二〇六　後记

我写那篇「我的杂学」，还是在甲申（一九四四）年春夏之交，去今也已有十八九年，有些事情已经变了样子了。其一是胜利之后，经国民党政府的劫收，没有什么值钱的东西，只是一只手表和一小方田黄的图章，朱文曰圣清宗室盛昱，为特务所掠。唯书物悉荡然无存，有些已归了图书馆，有些则不可问矣。所以文中所记的书籍，已十不存一，萧老公云，自我得之，自我失之，亦复何恨。昔曾写「旧书回想记」，略记汉文旧籍，正可补此处之缺。其二则是解放之后，我的翻译工作大有进展，「我的杂学」第六节中所说两种的希腊神话，都已翻译完成，并且二书都译了两遍，可以见我对于它们的热心了。「古希腊的神与英雄与人」于一九五〇年在上海出板，印行了相当的册数，以后改名「希腊神话故事」，又在天津印过，因为这只是基督教国人所写，但究竟要算好的，自己既然写不出，怎么好挑剔别人呢？至于那部希腊人所自己编的神

——荣寶齋

底　白错　2019.11.6

554

関我个人的事，那应要说它已不是「鄙猫生子」么？古来圣人教人要「自知」，其实这自知着实不是一件容易的事情。说明不知为不知，似乎是不难，但是说到知，到底知的是什么，便很有点不明白了。即如上文所说的「杂学」，里边十之八九只不过是对于这个有点兴趣，想要知道罢了，实在点穿得「起讲」的且夫二字，要说多少有点了解还只有本国的文字和思想。因为深知八股与八家文与假道学的害处，翻过来寻求出路，便穿下了那些杂学的文章，实在也不知道自己所走的路是走的对不对。据我自己的看法，在那些说道理和讲趣味的之外，有几篇古怪题目的，如「赋得猫」，「关于活埋」，「荣光之手」这些，似乎也还别致，就只可惜还有许多好题材，因为准备不能充分，不曾动得手，譬如八股文、小脚和雅片烟都是。这些本该都拿进「我的杂学」里去，那些物事我是那么想要研究，就只是缺少研究的方便。可是人苦不自知，那里我联想起那世界有名的安徒生（H.C. Andersen）来。他既以创作童话成名，可是他还怀恋他的蹩脚小说「两个男爵夫人」，晚年还对英国的文人戈斯（E. Gosse）陈诉说，他们总不是有一天会丢掉了那劳什子（指童话），回到两个男爵夫人来呢？我的那些文章说不定正是我的「两个男爵夫人」，至于我并不判的童话。这也正是很可怜的呢。一九六二年十二月三十日。

荣宝斋

24×30=720

读往全编卅万言，一再三校十五年。
乱麻塞胸先何恨，掩卷别头枉泫然。
己亥秋十月桂林吟佛遥居
放眼纵览秋色正直人也

2020.3.18

得从新绿识春山，喇叭声喧早读然。河东娇吼犹在耳，
奇偶句章兼发香。避居小楼对天和，塞听触目欲呈
歌。春山望断春雷绿，惊起春梦是婆沙女。
庚子二月廿五
校雠毕
共历十九日

《知堂回想录》（五度汇校本）序

五度先生说他耗费多年心血的《知堂回想录》汇校本即将正式出版，希望我来写篇序。我由衷地为他感到高兴，但是也表示难以从命，我的原话是：“大好消息！只是作序愧不敢当啊！知堂不朽之作，似乎还是没有什么人的序最为得体。”这是我的真心话。

然而五度兄坚持要我来写，说对他这些年汇校《知堂回想录》的情况，没有谁比我更了解的了。这样说来，我就责无旁贷、义不容辞了。若是从五度汇校《知堂回想录》的角度出发，我倒确实有些话说。

校勘在传统国学中是专业学问。著作在流传过程中，传抄、誊写、排印、编校各个环节都难免出现差错，有时也可能是经手人主观故意的修改增删，不同的版本呈现的文本，与作者最初的文本，往往有所出入。周作人晚年应香港报人曹聚仁约稿而撰写的这部回忆录，从一九六〇年十二月开始，至一九六二年十一月三十日完成后记，用时近两年。这是他一生所著篇幅最大的一本书，出版历尽曲折艰难，脱稿寄出后，先在海外报刊辗转连载发表，作为作者鞭长莫及，不可能亲自校阅，待一九七〇年在香港首次正式出版，周作人早已于一九六七年去世。二十世纪七十年代后期以来，大陆也发行了翻印本与多种简体字排印本，其中有的版本在读书界流布甚广。

由于没有作者参与校对，《知堂回想录》各个版本程度不同地存在排印编校差错，虽然总体而言都只是个别字的问题，但是有如吃米饭，好好的米里竟然混杂有砂子石子，哪怕只是零星的，也总是大大地败坏胃口。砂子石子一样的文字硬伤当然应当筛选纠正。还有一些文字细节是编辑出版者出于习惯或偏好，对周作人原文做了处理，这类文字软伤，一般读者在阅读中难以察觉，就更有必要筛选纠正。

五度汇校本把《知堂回想录》最早的也是最重要的香港三育版以及影响较大的广西师范大学出版社版，与原手稿进行校勘，是非曲直一目了然，既剔除文字硬伤，也清除文字软伤，最大限度地还原经典著作的本来面貌。此外还加了几百条详注，陶渊明诗句“奇文共欣赏，疑义相与析”，校勘追求的境界大概无过于此。

五度长期痴迷于知堂著作，是把校勘知堂著作作为事业来对待的，态度虔诚，用心专一，收集研读知堂著作不遗余力，对知堂文字可谓了如指掌。

周作人一生的学问成就，世俗评价或高或低，但是始终有其欣赏者、追随者，《知堂回想录》手稿能流传下来，就要归功于他在香港的知音深知此书的价值，珍惜收藏。因为有手稿墨迹存世，校勘工作也就有了标准答案与评价依据。

我曾蒙五度兄赠送过一套共四册河北教育出版社《知堂回想录》复印件，拜读时注意到页面上有他的校勘痕迹，知道他于该书的校勘用功甚勤。

香港牛津大学出版社所出《知堂回想录》即由五度兄提供文本。这个版本我也蒙他赠送，展阅全新的样书，发现书页上有他用红笔标改纠正了几处文字差错，可见其精益求精。

这几年也听五度兄聊起过他校勘《知堂回想录》的一些情况，为写这篇小文，我又特意向他电话请教，承他写了材料介绍这项工作的经过，信息很详细具体，我就不转述了，全文附在这里——

关于《知堂回想录》（五度汇校本）的一点材料

我对照手稿复印件校订《知堂回想录》，严格说来完整的校勘是三次，都是在桂林完成的。时间及工作方式如下——

第一次为广西师范大学出版社本（桂本）校勘，约在二〇〇六年秋间开始，至二〇〇七年一月二十六日毕，以一部河北教育出版社本（冀本）为工作底本。桂本是照冀本录入，故校勘时发现校样错误即翻看该工作底本，若同错则标于其上。桂本编者先前发现190处错误，我发现624处，共814处，如“大菜馆”误为“大华馆”、“轩亭口”错为“轩亭上”、“夏目漱石”竟成“夏日漱石”等，均编号标注。这部记载了首次校订全部发现的工作底本幸得复印保存，即前奉鹏兄之四册也。

由于桂本对大量照录旧文的内容加以“开天窗”的处理方式，如《在女子学院被囚记》、《辩解》等，《北大感旧录》二十篇更全部缺载，计数万字之多。这些文章第一次校订的成果等于报废。

二〇一九年为香港牛津大学出版社无偿提供文本，该社初版于二〇一九年六月问世。可惜的是，多种原因导致牛津本很不理想。

第二次以牛津初版与手稿复印件对勘，尤其是“天窗”部分。该项工作是对牛津本的修订，于二〇一九年十一月六日完毕，惜无续缘。

“汇校”的工作于二〇一九年十一月二十五日完毕。

第三次以汇校本初校样对手稿复印件，与内子合作，采取真正的“校雠”办法，又有大量发现。此项工作于二〇二〇年三月十八日完成，共用去十九天。

另外，承好友王光燦发来大象版知堂日记，录自日记的部分都加以对勘，改正了一些错误；在细读《童谣研究手稿》的过程中有零星发现，如“边里”本是口语，非笔误，也添加进去了。

二十世纪七十年代末期，我在上中学时，母亲在图书馆工作，近水楼台先得月，父亲枕边就常有新书，我也就跟着蹭读，其中就有一本《知堂回想录》。当时我不了解作者，只觉得文字好读有趣，没觉得文笔有多高明。后来我买过不止一个版本的《知堂回想录》，加上五度兄赠阅的两种，通读过不下四五次，越读越有滋味，从第一次读到现在已经四十余年过去了，日益认识到周作人文笔高不可及，其学问之渊博、经历见闻交游之具史料价值就更不必说了。

《知堂回想录》蕴含的历史、文化价值是其同时代人同类作品罕有其匹的，问世后由于人们都懂得的原因远未达到一纸风行的畅销程度，但是还是得到学界的重视与推崇。二十世纪八九十年代张中行以其《负暄琐话》成名，一望可知，《负暄琐话》就有浓重的《知堂回想录》的影子，特别是关于北京大学的篇章，区别在于周作人是在写同事、同行，而张中行则是写老师、前辈。

周作人读书多，学问渊博，著述涉及的专业与领域极为广泛且多有开创之功，梁武帝当年赞许柳恽有一句话"分其才艺，足了十人"，二十世纪中国文化人中，周作人亦不愧此言。

周作人一生著译作品数量极大，是多产作者，他在遗嘱中对其晚年所译《卢奇安对话集》自我评价最高："余一生文字无足称道，唯暮年所译希腊对话是五十年的心愿，识者当自识之。"以我对周作人著译的粗浅认识，敢说《知堂回想录》才是其生平集大成之作，识者当自识之。

读书不可不讲求版本。《知堂回想录》版本有不少种，比较主要的、影响比较大的大概有四五种，五度全力追求的是呈现《知堂回想录》最善本，为此耗费了旁人难以想象的心血时间精力，成果如何，敬请读者诸君打分评价。

曹鹏

二〇二一年十月二十二日北京闲闲堂

汇校本说明

甲 我与《知堂回想录》渊源不可谓不深矣。历十五载，两次三番，可靠过关的版本迄未能得。今适逢机缘，可第三、第四次对手稿校勘（后者为二人相对的“校雠”），更得李斌兄赐寄香港三育图书文具公司本（简称三育本），遂不揣谫陋，为汇校的工作。因稿本情形复杂，知堂老人又未及亲校全书，欲省去校注而提供真确的文本，殆无可能。我自愧无此资质，但不能不听从命运安排，勉力而为。

乙 此番汇校纯在“文本”的求真（尊重手稿，不及其余），意在让无缘得阅手稿的读者获得手稿所表达的真实信息，知晓历来通行各排印本的文本来历及编校细节，并为从事迻译的海外学者提供真确可靠的底本。

丙 以手稿复印件、三育本及广西师范大学出版社《周作人散文全集》本（简称桂本）为汇校依据。此外众多排印本均为上述两种印本的翻版，不足凭依，偶有涉及，针对文本真实情形就事论事而已。

该份手稿复印件缺《药堂谈往目次》及《后序》，不分卷（三育本分成四卷为后出诸排印本所遵循），末页所标页码为*554*，因第一一七页又分一、二，实为*555*页；所用五种稿纸如下：*1*—

132页，“知堂自用”稿纸，24行，行25字；133—200页，东京奥谷纳稿纸，26行，行24字；201—380页，有格稿纸，26行，行32字，因偶有拼贴，个别页为25行；381—480页，“晏一卢集稿张氏藏本”稿纸，24行，行25字；482—554页，荣宝斋稿纸，30行，行24字。需要说明的是，复印件不可避免存在信息缺失，如涂改、拼接等，只有看原件才能清楚。限于条件，俟诸异日高明而已。

三育本为一切排印本的始祖及文本来源。为完好保存手稿，先请人抄录，再送去排版，曹聚仁先生前后三次校对全书。三育本存在的除技术性问题外，相当一部分为曹聚仁先生职分内的编辑处理，并因使用繁体字，对汉字繁简转化导致的种种痼疾天然免疫。三育本的欠完善，并不减损其真价值，相信会得到应有的重视。

桂本系照河北教育出版社《周作人自编文集》中之单行本（简称冀教本）录入，遵体例将各节作为单篇文章，按时序编入；径删照录的旧文，指导读者检看别卷，就《知堂回想录》内容而言等于缺载。编者改注甚多，或有据可依，或出于责权，大体有以下三类：增补以完其文义，删薙以救其冗余，改订以规其文理。其留意各点，也是大多数读者会产生疑问，需要解答或提示，并且易被引导致误读误解的地方。

丁 工作方法：以香港牛津大学出版社二〇一九年七月初印本（文字从桂本而转繁，简称牛津本）对照手稿逐字校订，加注说明——

一、历来排印本失校导致的大量硬伤，其中干支纪年与公元年份不能对应的尤为突出，由此连带发生一二疑问，不能解决，提出以待贤者；

二、手稿存在的错误或疑似错误，对比三育本、桂本的编辑处理，偶加己意的简单说明，私心之取舍以本文体现；

三、桂本整篇删去的文章，手稿润色增删总计五百余处，不乏数十字的添减，列其大者要者，俾读者略窥知堂为文的手法。

为方便日后阅读手稿的读者，每则脚注后均以〖*1*，*4*〗（前为页码，后为行次或位置）的格式标明所针对内容在手稿的具体位置。

戊 部分相关人士往来书信的释读文附于正文之后，以供有兴趣了解本书写作及编辑出版情况的读者查阅。

己 欢迎读者批评指错，方言口语、民俗风土等方面，尤希知无不言，匡我不逮。弹我之非、纠我之偏、补我之缺者，知堂功臣，斯文护法，功莫大焉。

五度

二〇二二年一月

目 录

第一卷

第二卷

第三卷

第四卷

附　录

第一卷

一　缘起

我的朋友陈思[①]先生前几时写信给我，劝我写自叙传[②]，我听了十分惶恐，连回信都没有写，幸而他下次来信，也并不追及，这才使我放了心。为什么这样的“怕”写自叙传的呢？理由很是简单，第一是自叙传很难写。既然是自叙传了，这总要写得像个东西，因为自叙传是文学里的一品种，照例要有诗人的“诗与真实”掺和在里头，才可以使得人们相信，而这个工作我是干不来的。第二是自叙传没有材料。一年一年的活了这多少年岁，到得如今不但已经称得“古来稀”了，而且又是到了日本人所谓“喜寿”（喜字草书有如“七十七”三字所合成），那么这许多年里的事情尽够多了，怎么说是没有呢？其实年纪虽是古稀了，而这古稀的人乃是极其平凡的，从古以来不知道有过多少，毫没有什么足以称道的，况且古人有言，“寿则多辱”，结果是多活一年，便多有一年的耻辱，这有什么值得说的呢。

话虽如此，毕竟我的朋友的意思是很可感谢的。我虽然没有接受他原来的好意，却也不想完全辜负了他，结果是经过了几天

① “陈思”三育本作“曹聚仁”，桂本同手稿。〖*1，4*〗

② 手稿题写书名“药堂谈往”，署名“岂明”。〖*1，1、2*〗

考虑之后，我就决意来写若干节的“药堂谈往”[①]，也就是一种感旧录，本来旧事也究竟没甚可感，只是五六十前[②]的往事，虽是日常琐碎事迹，于今想来也多奇奇怪怪，姑且当作“大头天话”（儿时所说的民间故事）去听，或者可以且作消闲之一助吧。

时光如流水，平常五十年一百年倏忽的流过去，真是如同朝暮一般，而人事和环境依然如故，所以在过去的时候谈谈往事，没有什么难懂的地方，可是现在却迥不相同了。社会情形改变得太多了，有些一二十[③]前的事情，说起来简直如同隔世，所谓去者日以疏，来者日以亲，我想这就因为中间缺少连络的缘故。老年人讲故事多偏于过去，又兼讲话唠叨，有地方又生怕年青的人不懂，更要多说几句，因此不免近于烦琐，近代有教养的青年恐不满意，特在此说明，特别要请原谅为幸。

二　老人转世

我于前清光绪十年甲申十二月诞生，实在已是公元一八八五年的一月里[④]。照旧例的干支说来，当然仍是甲申，在中国近代史上，的确是多难的一年，法国正在侵略印度支那，中国战败，柬蒲寨就不保了。不过在那时候，相隔又是几千里，哪里会有什么

---

① “药堂谈往”三育本作“知堂回想录”，桂本同手稿。〖*1*，倒*5*、倒*4*〗

② “五六十前”三育本同，桂本作“五六十年前”。此就年龄而言，隐去“岁”字。若五六十年前为知堂的青少年时代，作为老人谈往针对的时间段明显不合。〖*1*，倒*3*〗

③ “一二十”三育本、桂本均作“一二十年”。〖*2*，*4*〗

④ “一月里”后手稿涂去一字，三育本、桂本均添“了”字。〖*2*，*12*〗

影响，所以我很是幸运的，在那时天下太平的空气中出世了。

我的诞生是极平凡的，没有什么事先的奇瑞，也没不见[①]恶的朕兆。但是有一种传说，后来便传讹，说是一个老和尚转生的，自然这都是迷信罢了。事实是有一个我的堂房阿叔，和我是共高祖的，那一天里出去夜游，到得半夜里回来，走进内堂的门时，仿佛看见一个白须老人站在那里，但转瞬却是不见了。这可能是他的眼花，所以有此错觉，可是他却信为实有，传扬出去，而我适值恰于这后半夜出生，因为那时大家都相信有投胎转世这一回事，也就信用了他，后来并且以讹传讹的说成是老和尚了。当时我对这种浪漫的传说，颇有点喜欢，一九三一[②]年曾经为人写一单条云：

> 一月三十日晨，梦中得一诗云，偃息禅堂中，沐浴禅堂外，动止虽有殊，心闲故无碍。族人或云余前身为一老僧，其信然耶。三月七日下午书此，时杜逢辰君养病北海之滨，便持赠之，聊以慰其寂寞。

本来是想等裱装好了送去，后乃因循未果，杜君旋亦病重谢世了。两三年之后，我做那首打油诗，普通被称为“五十自寿”的七律，其首联云：“前世出家今在家，不将袍子换袈裟。”即是用的这个故典。我自信是个“神灭论者”，如今乃用老人转世的故典，其

① “没不见”三育本作“不见”，桂本作“没有见”。“没不”或属我手写我口。〖*2*，倒*8*〗

② “一九三一”手稿作“一九二一”，三育本同，桂本改。后文所言杜君即杜逢辰，桂本全集卷九《记杜逢辰君的事》附记言及这单条，“一月三十日”前有“民国二十年”，此处引用略去。〖*3*，*2*〗

打油的程度为何如，正是可想而知了。

因为我是老头子转世的人，虽然即此可以免于被称作“头世人”，——谓系初次做人，故不大懂得人世的情理，至于前世是什么东西，虽然未加说明，也总是不大高明的了，——但总之是有点顽梗，其不能讨人们的喜欢，大抵是当然的了。我不想举出事实，也实在没有事实，可以证明这事，现在只想一讲我在四五岁的年头上遇着的一个大灾难，即是出天花，这不但几乎夺去了我的生命，而且即使性命保全了，却变了麻子，一个麻脸的老和尚，这是多么的讨厌的东西呀！说到这里，应当赶紧的声明一句，幸而二者都不，这是对于我的祖母母亲的照顾应该感谢的。

痘为小儿的一大病，凡人都要经过这一难关。但是只要人工的种过痘，无论土法或洋法这便是牛痘，就可保无危险，可怕的痘神给种的“天然痘”，它的死亡率不知百分之几，幸免的也要脸上加上密圈。我所出的便是这种“天花”。据说在那偏僻地方，也有打官话的医官有时出张，施种牛痘，但是在那两三年内大约医官不曾光临，所以也就淡然处之，直待痘儿哥哥或痘儿姐姐来给种上了。那时是我先出天花，不久还把只有周岁左右的妹子也给感染了。妹子名叫端姑，如果也是在北京的祖父给取的名字，那么一定也是得家信的这一天里，有一位姓端的旗籍大员适值来访，所以借用的，不过或者是女孩，不用此例，也未可知。据说这个妹子长得十分可喜，有一回我看她脚上的大拇趾，太是可爱了，便不禁咬了它一口，她大声哭了起来，大人急忙走来，才知道是我的顽劣行为。当天花初起时，我的症状十分险恶，妹子的却很顺当，大家正很放心，把两个孩子放在一间房里睡，有一天两人都在睡觉，忽然听见呀的叫了一声（不知道是谁在叫，据推测这是天花鬼的叫声，它从我这边出来，钻到妹子那里去了，那么在我也没有叫唤之必要，所以只好存疑了）。大人惊起看时，妹子的痘便都已陷入，我却显是好转了。急忙的去请天花专门的王医师来看，已经来不及挽回，结果妹子终于死去，后来葬在龟山的山后，父亲自己写了“周端姑之墓”五个字，凿一小石碑立于坟前，直到一九一九年鲁迅回去搬家，才把这坟和四弟的坟都迁葬于逍遥溇的。

鲁迅在种牛痘的时候，也只有两三岁光景，但他对于当时情形记得清清楚楚，连医官的墨晶大眼镜和他的官话，都还不曾忘记，我出天花是四五岁了，比他那时要大两三岁，可是什么都不记得了。只是听大人们追述，这才知道一点，据说因为病人发热怕光，一半也因了迷信关系，把房间窗门都用红纸糊封，而且还把眼睛也糊了红纸。这当时不晓得是否玩笑话，但听去又像在讲真话，所以我那眼睛实在有没有被封过，封了又是什么用意，现在已经无法质询，因此无从知道了。在天花结痂的时候，据说很是要紧，因为很痒不免要去搔爬，而这一搔爬可就坏了大事，脸上麻点的有无或多少，就在这里决定了。我是幸亏祖母看得很好，将两只手紧紧的捆住了，不让它动一动，当时虽然很窘，大约哭得很凶吧，然而也因此得免于脸上雕花，这与我的出天花而幸得不死，都是很可庆幸的。

我在十岁以前，生过的病很多，已经都记不得，而且中医的说法都很奇怪，所以更说不清是食裹火或火裹痰了。不过其中顶利害的是因为没有奶吃，所以雇了一个奶妈，而这奶妈原来也是没有什么奶的，为的骗得小孩不闹，便在门口买种种东西给他吃，结果自然是消化不良，瘦弱得要死，可是好像是害了馋痨病似的，看见什么东西又都要吃。为的对症服药，大人便什么都不给吃，只准吃饭和腌鸭蛋，——这是法定的养病的唯一的副食物。这在馋痨病的小孩一定是很苦痛的，但是我也完全不记得了，这是很可感谢的。只记得本家的老辈有时提起说：

“二阿官那时的吃饭是很可怜相的，每回一茶盅的饭，一小牙（四分之一）的腌鸭子，到我们的窗口来吃。”她对我提示这话，我总是要加以感谢的，虽然在她同情的口气后面，可能隐藏着有什么恶意，因为她是挑拨离间的好手，此人非别，即鲁迅在《朝花夕拾》里所写的“衍太太”是也。

三　风暴的前后 上

上文曾经说过，我在天下太平的空气中出世，一直生活到十岁，虽然本身也是多病多灾，却总是平稳中渡过去了。但是在癸巳（一八九三）年遇着了风暴，而推究这风暴的起因，乃是由于曾祖母的去世。曾祖号苓年公，大排行第九，曾祖母在本家里的通称是“九太太”，她的母家姓戴，父亲是个监生，所以大概也是本城的富翁，但在我有知识以来，过年过节已经没有她的娘家人往来，可能亲丁都已断绝了吧。苓年公早年去世，没有人看见他过，但性情似乎很是和顺，不大容易发脾气的，因为传说他好种兰花，有两间房内特设地板，称为“兰花间”，还是他的遗迹，据说有一天他钻到床底下去安排花盆，当时祖父的保姆吴妈妈误当是一只狗，唆唆的吆喝想赶他出去，这话流传下来，可以为例。

但是曾祖母的相貌很是严正，看去有点可怕，其时她已年将望八了，——她去世时年七十九，恰在除夕了，其实算是八十也无不可，——终日笔挺的坐一把紫檀的一字椅上边，在她房门外的东首，我记得她总是这个姿势，实在威严得很。我们小孩却不顾什么，偏要加以戏弄，记得（这是我自己第一次记得的事了）同了鲁迅走到她的旁边，故意假作跌倒，睡在[①]地上，那么她必定说道：

"阿呀，阿宝（这是她对曾孙辈的总称），这地下很脏呢。"那时已是她的晚年，火气全然没有了，在壮年时代她的脾气实在怪僻得很哩。据我的一个堂叔"观鱼"所著《三台门的遗闻轶事》所记，大抵流传于本家老辈口中，虽系传闻，未必全属子虚吧。现在抄录在这里：

"九老太太系介孚公的母亲，孤僻任性，所言所行多出常人意料以外。当介孚公中进士，京报抵绍，提锣狂敲，经东昌坊、福彭桥分道急奔至新台门，站在大厅桌上敲锣报喜之际，这位九老太太却在里面放声大哭。人家问她说，这是喜事为什么这样哭？她说，拆家者，拆家者！"

拆家者是句土话，意思是说这回要拆家败业了。她平常就是这种意见，做官如不能赚钱便要赔钱，后来介孚公知县被参革了，重谋起复，卖了田产捐官（内阁中书）纳妾，果然应了她的话，不待等科场案发，这才成为预言。平常介孚公在做京官，每有同乡回去的时候，多托带些食品去孝敬母亲，有一回记得是两三只火腿，外加杏脯桃脯蒲桃干之类，装在一只麻袋里，可是曾祖母见了怫然不悦道：

---

① "在"手稿作"也"，三育本、桂本同改。〖*6*，倒*3*〗

“谁要吃他这样的东西！为什么不寄一点银子来的呢。”她这意思是前后相符，可以贯穿得起来的。

我们小孩暂时能够在风平浪静的时期，过了几年安静的生活，只在有时候和老太太们开点小玩笑，这实在是很幸福的。上面说过的“兰花间”及其毗连的一部分，已经分给共高祖的“诚房”，——我们是“兴房”居长，第二是“立房”，至于“诚房”这是智字派下的第三房了，——租给一家姓李的，是李越缦的本家，主人名为李楚材。我所记得的恰巧也是对于老人的小玩笑，这是很有意思的偶合了。鲁迅在《朝花夕拾》的一篇里记有一节，现在就借了过来应用吧。

“冬天，水缸里结了薄冰的时候，我们大清早起一看见，便吃冰。有一回给沈四太太看到了，大声说道：‘莫吃呀，要肚子疼的呢！’这声音又给我母亲听到了，跑出来我们都挨了一顿骂，并且有大半天不准玩。我们推论祸首，认定是沈四太太，于是提起她就不用尊称了，给她另外起了一个绰号，叫作肚子疼。”这里所谓“我们”，当然一个是我了，至于另外一件事乃是我单独干的，也是对于李家的一位房客。这是一个四五十岁的很高大的人，却长着很是细小的辫子，顶上戴着方顶的瓜皮帽，样子颇为滑稽。有一天在门外看见许多人围着，是在看新嫁娘，这位高个子小辫子的人也在那里。我便忍不住偷偷的走近前去，将他的辫子向上一拉，那顶帽子就立刻砰的飞掉了。为什么辫子一扯帽子就会掉呢，这是因为辫子太细小了，深压在帽子里面，所以一掣动它，帽子便向前翻掉了。可是那人却并不发怒，只回过头来说道：

“人家连新娘子也看不得么？”小孩虽然淘气，只因他的态度应对得很好，所以第二次便不再和他开玩笑了。

四　风暴的前后 中

曾祖母于光绪十八年壬辰的除夕去世，她于两三日以前，从她照例坐的那把紫檀椅子想站起来时，把身体略为矬了一矬，立即经旁人扶住了，此后随即病倒，人家说是中风，其实不是，大约只是老衰罢了。

她是阖台门六房人家里最年长的长辈，中间的“大堂前”要让出来给她使用，本来是死人要大过活人，何况又是长辈呢。恰巧这年我家正是“佩公祭”（是智仁勇三派九房人家的祖先）值年，照例应当在堂前悬挂祖像，这也只好让出来，移挂外边大厅西南的大书房里，可是陈设的祭器很值钱，恐防被人偷去，须要雇人看守才行，乃去找用人章福庆的儿子来担任这件事。他名叫运水，这便是鲁迅在小说《故乡》里所说的闰土，是十四五岁的乡下少年，正是我们的好伴侣，所以小孩们忙着同他玩耍，听他讲海边的故事，丧事虽然热闹，也没有心思来管了。

祖父得到了电报，便告了假从北京回来，那时海路从天津到上海已有轮船，所以在一个月之内，便已到了家里。他同了他小女儿同年纪的潘姨太太和当时十二岁的儿子，轻车简从的走回来，大约原是预备服满再进京去的，却不料演成那大风暴。这风暴计算起来是两面的，其一方面是家庭的，那是不可避免的事，其第二乃是社会的，它的发生实在乃是出于预料之外的了。

祖父回家来，最初感到的乃是住屋有了变更的事，当初父母住的两间西边的屋腾了出来，让给祖父，搬到东偏的屋里来，从前曾祖母的房子则由祖母和我同住。祖父初到觉得陌生，又感觉威严难以接近，但潘姨太太虽然言语不通，到底年轻和蔼一点，所以时常到那里去玩。这样胡里胡涂过了几天，大约不很长久吧，突然在曾祖母五七这一天，这距离她的死只有三十五天，祖父到家也还不到半个月，祖父忽尔大发雷霆，发生了第一个风暴。大约是他早上起来，看见家里的人没有早起，敬谨将事，当时父亲因为是吃洋烟的，或者也不能很早就起床，因此迁怒一切，连无辜的小孩子也遭波及了。那天早上我还在祖母的大床上睡着，忽然觉得身体震动起来，那眠床咚咚敲得震天价响，赶紧睁眼来看，只见祖父一身素服，拚命的在捶打那床呢！他看见我已是捶醒了，便转身出去，将右手大拇指的爪甲，放在嘴里咬的戛戛的响，喃喃咒骂着那一班 “速死豸” 吧。我其时也并不哭，大概由祖母安排我着好衣服，只是似乎惊异得呆了，也没有听清祖母的说话，仿佛是说 “为啥找小孩子出气呢”。但是这种粗暴的行为只卖得小孩们的看不起，觉得不像是祖父的行为，这便是第一次风暴所得到的结果了。

五　风暴的前后 下

不久以后，大约过了曾祖母的 “百日” 之后，他渐作外游的打算，到七八月的时候，就前往苏州去了。不知道的或者以为是去打官场的秋风，却不料他乃是去找本年乡试的主考，于是第二次风暴就爆发了。现在借用《鲁迅的青年时代》里我所写的一节，说明这件事情：

那年正值浙江举行乡试，正副主考都已发表，已经出京前来，正主考殷如璋可能是同年吧，同介孚公是相识的。亲友中有人出主意，招集几个有钱的秀才，凑成一万两银子，写了钱庄的期票，由介孚公去送给主考，买通关节，取中举人，对于经手人当然另有酬报。介孚公便到苏州等候主考到来，见过一面，随即差遣“二爷”（这是叫跟班的尊称）徐福将信送去。那时恰巧副主考周锡恩正在正主考船上聊天[①]，主考知趣得信不立即拆看，那跟班乃是乡下人，等得急了，便在外边叫喊，说银信为什么不给回条。这件事便戳穿了，交给苏州府去查办。知府王仁堪想要含胡了事，说犯人素患怔忡，便是有神经病，照例可以免罪。可是介孚公本人却不答应，在公堂上振振有词，说他并不是神经病，历陈某科某科的某某人，都通关节中了举人，这并不算什么事，他不过是照样的来一下罢了。事情弄得不可开交，只好依法办理，由浙江省主办，呈报刑部，请旨处分。这所谓科场案在清朝是非常严重的，往往交通关节的双方都处了死刑，有时要杀戮几十人之多。清朝末叶这种情形略有改变，官场多取敷衍政策，不愿深求，因此介孚公一[②]案也得比较从轻，定为“斩监候”罪名，一直押在杭州府狱内，前后经过了八个年头，至辛丑年乃由刑部尚书薛允升上奏，依照庚子年乱中出狱的犯人，事定后前来投案，悉予免罪的例，也把他放免了。

① “聊天”手稿作“天”，三育本添“聊”，桂本作“谈天”。〖*11，1*〗

② “一”手稿先写“得”字，后改为“一”。〖*11，11*〗

此外在本家中又有一种传说，便是说介孚公的事情闹大，乃由于陈秋舫的报复。陈秋舫名章锡，为仁字派下“礼房”的一个女婿，曾来岳家久住，介孚公加以挖苦道：

“蹋在布裙底下的是没出息的东西，哪里会得出山？”陈秋舫知道了，立即辞去，并扬言不出山不上周家门，后来中了进士，果然如愿以偿，改作幕友，正在王仁堪那里，便竭力阻止东家的办法，力主法办云。其实这里陈秋舫以直报怨，也不能算错，况且苏州府替人开脱，也是很负风险的事，师爷不赞成，正是他的本色吧。

六　避难

第二次风暴已经到来了，小孩们却还什么都不知道，仍然游嬉着。直到得一天，大约是七八月里，母亲把我们叫去说，现今到外婆家住几时，便即动身，好在时间不会很长，到那时候就会叫回到家里来的。这样便开始了避难的生活了。

外婆家原来在安桥头，大概自从外祖父鲁晴轩公中举人之后，嫌它太狭窄，便迁居皇甫庄，典了范姓的半所房屋，这个范姓便是有名的《越谚》的著者范啸风，名寅，别号扁舟子的便是。那时外祖父已经去世，只剩外祖母在，此外是母亲的一兄一弟，大舅父号怡堂，小舅父字继香，都是秀才，住在家里。大舅父生有子女各一，小舅父却只有四个女儿，因此我们两个人都只好交给大舅父，但因为没有地方歇宿，所以又把我送给小舅父处的老仆妇，通称塘港妈妈（妈妈者犹上海称娘姨），叫她带领我睡觉。这是在一间宽而空的阁楼上，一张大眠床里，此外有一个朱红漆的皮制方枕头，最特别的是上边镂空有一个窟窿，可以安放一只耳朵进去，当时觉得很有趣味，这事所以至今还是记得。我大约向来是够浑浑噩噩的，什么事都记不清，十岁以前的事情至今记忆的很是有限，只是有一件事却还记的很是清楚。这便是到了那时候还要"溺床"（见刘侗著《帝京景物略》），在夏天的早朝起来，席子有一两回都溺得很湿的，主客各不说破，便自麻糊过去了。

这阁楼上只是晚间才来，在白天里是在大舅父那边，怎么样的混过一天，回想起来什么都不记得，这也可见浑噩之一般了。但是也有零星的记忆可以一说的事。大舅父是吸雅片烟的，终日在床上，帐子放了下来，经常很少见他的面，但见帐内点着烟灯，知道他醒着，便隔着帐子叫他一声算了。我只记得在他那里，有很希奇的一只烧茶的炉子，大抵也只是黄铜所做的，但奇怪是用纸煤烧的。这是一种用"煤头纸"折成的长条，据说烧十几根纸煤，一小壶水就开了。这不晓得叫做什么炉（不是神仙炉吧），我时常看表姊珠姊姊在那里折这种细长条的纸煤。

在大舅父卧房间壁的一间屋内，是我们避难时起居之处，鲁迅便在那里影写《荡寇志》的插画，表兄绅哥哥也和我们在一起，有时帮助了写背面题字，至于图画则除鲁迅之外，谁都动手不来了。《荡寇志》是一部立意很是反动的小说，他主张由张叔夜率领官兵来荡平梁山泊的草寇，但是文章在有些地方的确做得不坏，绣像也画得很好，所以鲁迅觉得值得去买了"明公纸"来，一张张影描了下来。此外也是在这间屋里，我们初次见到了石印本的《毛诗品物图考》，后来鲁迅回到家里，便去搜求了来，成为购求书籍的开始。这是日本冈元凤所著，天明四年甲辰（*1784*）[①]木板刊行，雕刻甚精，我曾得有原本一部，收藏至今。

总而言之，我们在皇甫庄的避难生活，是颇愉快的，但这或者只是我个人的感觉，因为我在那时候是有点麻木的。鲁迅在回忆这时便很有不愉快的印象，记得他说有人背地里说我们是要饭的，大概便是这时候的事情，但详情如何不得而知，或者是表兄们所说的闲话也难说吧。但是我们皇甫庄的避难也就快结束了，大约是租典的期限已满，屋东要将房屋回收的关系吧，所以小舅父搬回安桥头老家去，大舅父一家人迁居小皋埠，我们也就于癸巳（一八九三）年底一同搬去了。

七　关于娱园

小皋埠秦氏是大舅父的先妻的母家，先世叫作秦树铦，字秋伊，也是个举人，善于诗画，是皋社主要诗人之一，家里造有娱园，也算是名胜之地。大舅父寄居在厅堂西偏的厢房里，我们便很有机会到这园里玩耍。秋伊的儿子字少伊，家传的也善于画梅花，我们叫他做友舅舅，常跑去他那里玩，鲁迅尤其同他谈得来，只是雅片烟大瘾，上午总是高卧，所以只有午后才找得他着。他好看小说，凡是那时通行的小说在他那里都有，不过都是铅印石印者，尽量的借给人看，鲁迅便不再画人像，却看本文了，我那

① “*1784*”三育本、桂本均作“一七八四”。〖*13*，倒*6*〗

时读书才读到《大学》，所以如入宝山却是空手而回了。

讲到娱园，那里直到庚子那年，有七八年我还时常前去，所以约略记得，但是也没有什么值得说的，因为我从头就不了解这种花园的好处在哪里，我所觉得好的只是以“百草园”的那样菜园①或是类似的地方罢了。李越缦在②一篇《庚午九日曹山宴集夜饮秦氏娱园诗序》，我最初在父亲伯宜公的遗书《娱园诗存》中看到它，随后又在《越缦堂骈体文》里见到，对于这个园颇有点感情，不过感情是一回事，而兴趣又是别一回事，就园说园，实在说不出他的好处来。大抵在一个四周造有围墙内，又是一块块的区划开来设计建造起来，要做成好园林是很艰难的。在那里一座微云楼，就我所记得的来说，只是普通的楼房罢了，另外在院子里挖了一个一丈左右见方的水池，池边一间单面开着门窗的房子，匾额题曰潭水山房，实在看了很是阴郁。又有一所留鹤庵，名字倒是顶好，却在园门之外，事实是一间侧屋，前面是石板铺的“明堂”即是院子，不见得留得鹤住。后来曾经游过观音桥赵氏的省园废址，和偏门外的快阁，所得到的也是同一的印象。苏州多有名园，其中我只见过刘园，比较的还是整齐，可是总觉得是工笔画的样子，很少潇洒之致。中国绝少南宗风趣的园林，这是我个人的偏见，因此对于任何名园，都以为不及百草园式的更为有趣。关于百草园的记述，最好的还是让我来引一节《朝花夕拾》里的文章吧：

---

① “只是以‘百草园’的那样菜园”三育本同，桂本作“只是似‘百草园’那样的菜园”。知堂如此用“以”字并非孤例，“的那样”则是活活泼泼的口语。〖*14*，倒*6*〗

② “在”三育本同，桂本作“有”。这个长句子是说李越缦在那篇序里很表现出对这个园子的感情，可是好处究竟也说不出什么来，中间几句是交代那文章的出处。〖*14*，倒*6*〗

不必说碧绿的菜畦，光滑的石井栏，高大的皂荚树，紫红的桑椹，也不必说鸣蝉在树叶里长吟，肥胖的黄蜂伏在菜花上，轻捷的叫天子忽然从草间直窜向云霄里去了。单是周围的短短的泥墙根一带，就有无限趣味。油蛉在这里低唱，蟋蟀在这里弹琴。翻开断砖来，有时会遇见蜈蚣，还有斑蝥，倘若用手指按住它的脊梁，便会拍的一声，从后窍喷出一阵烟雾。何首乌藤和木莲藤缠络着，木莲有莲房一般的果实，何首乌有臃肿的根。如果不怕刺，还可以摘到覆盆子，像小珊瑚珠攒成的小球①，又酸又甜，色味都比桑椹要好得远。

八　书房

我们在外婆家避难，大约不到一年，于第二年甲午（一八九四）的上半年回家里来了。鲁迅一回来，就往三味书屋寿家上学去了，这大约是在端午节吧，他是在这以前就已在那里读书了，记得初去的时候，还特地花了两块钱，买了一顶两只抽屉的书桌，这个我还记得很是清楚。后来关于这书桌流传有许多神话，说这桌子是楠木的啰，又说鲁迅因为要立志不迟到，在桌面刻有一个“早”字啰，这些话我却是不知道的了。至于我自己，到三味书屋去大概是第二年乙未的正月，不过这却不能确定了。

① 此句手稿“小珊瑚珠”之“珠”未写完，“小球”作“小珠”，三育本作“小珊瑚珠攒成的小珠”，桂本据《鲁迅全集》改。〖*15*，倒*3*〗

我在癸巳年避难以前，曾经在“厅房”——大厅西偏的小书房里，同了庶出的叔父伯升，读过半年的书。伯升是跟着祖父从北京回来的，本来应当叫作“仲升”，但是因为北京音读“仲升”与“众生”相同，这两个字本来自从佛经用起头，只当一切有生命的东西讲，别无什么恶意，但是后来用称牲畜，含有骂人的意味，所以他不愿用，硬要改号伯升[①]。这本来也是极为平常的事，但是小孩们的看法却是不同，以为他行第二而要称伯，未免有僭越之感，因此背地里故意叫他做仲升。不过这位伯升先生事实上乃是极和气的人，虽然是庶出却不是姨太太的一党，对于祖母特别恭而有礼，待我们年纪比他小的侄儿也平易可[②]亲近，癸巳上半年我便同他两个人在厅房里读书，以后在南京学堂里同学，可以用了亲历的事实保证的。在厅房里就只请了一个同族的叔辈做先生，他本身只是个文童，始终没有考进“秀才”，没有什么本事，可喜也并不严厉，因此也少来管束我们，我至今记不起在他手里读了些什么，事实上我那时《中庸》还未读了呢。因此我所记得的便是在厅房的一间小花园玩耍的事情，那里有一株月桂，一年里有好几个月都继续开花，一株罗汉松，一株茶花，其馀有木瓜枇杷，树阴底下还有秋海棠之类，不过这些都不是我所注意的，我最记得的乃是罗汉松树根下所埋着的两只“荫缸”。这乃是不大不小的缸，埋在土里，缸里盛着水，这水不是清澈的雨水，却是不知经历几多年的青黑色的水，里边积存腐烂的树叶大半缸，这是我们亲手淘过，所以知道的。说也奇怪，我们托词读书，躲在厅房里边，关上了门，却终日在园里淘那两只水缸，将里边的树叶瓦

① “伯升”手稿作“仲升”，三育本、桂本同改。〖*16*，倒*9*〗

② “可”手稿系涂后重写，三育本、桂本均无。〖*16*，倒*4*〗

砾清理出来，居然没有中什么毒，连在预料中的蜈蚣毒蛇癞虾蟆之属，也一只都没有碰见过，真是奇事。那位文童先生平常也就只是早晚来到一遍，虚应故事罢了，我们并不怕他，虽然后来出外就馆，说是出外也就只是在本县的乡下，却忽然暴虐起来，据说曾经用竹枝抽打学生之后，再拿擦牙齿的盐来擦上，用了做腊鸭的法子整治学生，学生当然是受不了的，结果是被辞了馆完事。又有一个塾师，将学生的耳朵夹在门缝①里，用力的夹，这是用轧胡桃的方法引申出来的，却不能确说是否他的故事了。我们在厅房里游嬉，那时亏得他还没有变得这样严厉，但是祖父知道了怎么样呢？这当然是很严重的一个问题，可是我们中间有一个乃是伯升叔，有他在里边这就是另外一件事，当然是不要紧的了。

九　三味书屋

旧日书房有各种不同的式样，现今想约略加以说明。这可以分作家塾和私塾，其设在公共地方，如寺庙祠堂，所谓“庙头馆”者，不算在里边。上文所述的书房，即是家塾之一种，——我说一种，因为这只是具体而微，设在主人家里，请先生来走教，不供膳宿，而这先生又是特别的麻胡，所以是那么情形。李越缦有一篇《城西老屋赋》，写家塾情状的有一段很好，其词曰：

① “门缝”手稿作“耳缝”，三育本、桂本同改。〖*17*，倒*6*〗

维西之偏，实为书屋。榜曰水香，逸民所目。窗低迫檐，地窄疑艞。庭广倍之，半割池渌。隔以小桥，杂莳花竹。高柳一株，倚池而覆。予之童骙，踞觚而读。先生言归，兄弟相速。探巢上树，捕鱼入洑。拾砖拟山，激流为瀑。编木叶以作舟，揉篠枝而当轴。寻蟋蟀而劚墙，捉流萤以照牍。候邻灶之饭香，共抱书而出塾。

这里先生也是走教的，若是住宿在塾里，那么学生就得受点苦，因为是要读夜书的。洪北江有《外家纪闻》中有一则云：

“外家课子弟极严，自五经四子书及制举业外，不令旁及，自成童入塾后晓夕有程，寒暑不辍，夏月别置大瓮五六，令读书者足贯其中，以避蚊蚋。”鲁迅在第一次试作的文言小说《怀旧》中描写恶劣的塾师“秃先生”，也假设是这样的一种家塾，因为有一节说道：

初亦尝扳王翁膝，令道山家故事，而秃先生必继至，作厉声曰，孺子勿恶作剧，食事既耶，盍归就尔夜课矣！稍忤，次日即以界尺击吾首，曰，汝作剧何恶，读书何笨哉！我秃先生盖以书斋为报仇地者，遂渐弗去。

第二种是私塾，设在先生家里，招集学生前往走读，三味书屋便是这一类的书房。这是坐东朝西的三间侧屋，因为西边的墙特别的高，所以并不见得西晒，夏天也还过得去。《从百草园到三味书屋》里说明道：

出门向东，不上半里，走过一道石桥，便是我的先生的家了。从一扇黑油的竹门进去，第三间是书房。中间挂着一块匾道：三味书屋。匾下面是一幅画，画着一只很肥大的梅花鹿伏在古树下。没有孔子牌位，我们便对着那匾和鹿行礼。第一次算是拜孔子，第二次算是拜先生。

三味书屋后面也有一个园，虽然小，但在那里也可以爬上花坛去折蜡梅花，在地上或桂花树上寻蝉蜕。最好的工作是捉了苍蝇喂蚂蚁，静悄悄的没有声音。然而同窗们到园里的太多，太久，可就不行了，先生在书房里便大叫起来：

“人都到哪里去了！”人们便一个一个陆续走回去，一同回去也不行的。他有一条戒尺，但是不常用，也有罚跪的规则，但也不常用，普通总不过瞪几眼，大声道：

“读书！”

从这里所说的看来，这书房是严整与宽和相结合，是够得上说文明的私塾吧。但是一般的看来，这样的书房是极其难得的，平常所谓私塾总还是坏的居多，塾师没有学问还在其次，对待学生尤为严刻，仿佛把小孩子当作偷儿看待似的。譬如用戒尺打手心，这也罢了，有的塾师便要把手掌拗弯来，放在桌子角上，着实的打，有如捕快拷打小偷的样子。在我们往三味书屋的途中，相隔才五六家的模样，有一家王广思堂，这里边的私塾便是以苛刻著名的。塾师当然是姓王，因为形状特别，以绰号“矮癞胡”出名，真的名字反而不传了，他打学生便是那么打的，他又没收学生带去的烧饼糕干等点心，归他自己享用。他设有什么“撒尿签”的制度，学生有要小便的，须得领他这样的签，才可以出去。这种情形大约在私塾中间，也是极普通的，但是我们在三味书屋的学生得知了，却很是骇异，因为这里是完全自由，大小便时径自往园里走去，不必要告诉先生的。有一天中午放学，我们便由[1]鲁迅和章翔耀的率领下，前去惩罚这不合理的私塾。我们到得那里，师生放学都已经散了，大家便攫取笔筒里插着的“撒尿签”撅折，将朱墨砚覆在地下，笔墨乱撒一地，以示惩罚，矮癞胡虽然未必改变作风，但在我们却觉得这股气已经出了。

下面这件事与私塾不相干，但也是在三味书屋时发生的事，所以连带说及。听见有人报告，小学生走过绸缎衖的贺家门口，被武秀才所骂或者打了，这学生大概也不是三味书屋的，大家一听到武秀才，便不管三七二十一的觉得讨厌，他的欺侮人是一定不会错的，决定要打倒他才快意。这回计划当然更大而且周密了，约定某一天分作几批在绸缎衖集合，这些人好像是“水浒”的好汉似的，分散着在武秀才门前守候，却总不见他出来，可能他偶尔不在，也可能他事先得到消息，怕同小孩们起冲突，但在这边认为他不敢出头，算是屈服了，由首领下令解散，各自回家。这些虽是琐屑的事情，但即此以观，也就可以想见三味书屋的自由的空气了。

---

①“由”三育本同，桂本作“在”。〖*20*，*10*〗

十　父亲的病 上

我于甲午年往三味书屋读书，但细想起来，又似乎是正月上的学，那么是乙未年了，不过这已经记不清楚了，所还记得的是初上学时的情形。我因为没有书桌，就是有抽屉的半桌，所以从家里叫用人背了一张八仙桌去，很是不像样，所读的书是《中庸》上半本，普通叫作“上中”，第一天所上的“生书”我还记得清清楚楚的是“哀公问政”这一节，因为里边有“夫政也者蒲芦也”这一句，觉得很是好玩，所以至今不曾忘记。回想起来，我的读书成绩实在是差得很，那时我已是十二岁，在本家的书房里也混过了好几年，但是所读的书总计起来，才只得《大学》一卷和《中庸》半卷罢了。本来这两种书是著名的难读的，小时候所熟知的儿歌有一首说得好：

大学大学，
屁股打得烂落！
中庸中庸，
屁股打得好种葱！

本来大学者“大人之学”，中庸者“以其记中和之为用”，不是小学生所能懂得的事情，我刚才拿出《中庸》来看，那上边的两句即“人道敏政，地道敏树”，还不能晓得这里讲的是什么，觉得那时的读不进去是深可同情的。现今的小学生从书房里解放了出来，再不必愁因为读书不记得，屁股会得打的稀烂，可以种葱的那样，这实在是很可庆幸的。

现在话分两头，一边是我在三味书屋读书，由“上中”读到《论语》、《孟子》，随后《诗经》刚读完了“国风”，就停止了。一边是父亲也生了病，拖延了一年半的光景，于丙申（一八九六）[①]年的九月弃世了。

父亲的病大概是在乙未年的春天起头的，这总不会是甲午，因为这里有几件事可以作为反证。第一个是甲午战争。当时乡下没有新闻，时事不能及时报道，但是战争大事，也是大略知道的，八月里黄海战败之后，消息传到绍兴，我记得他有一天在大厅明堂里，同了两个本家兄弟谈论时事，表示忧虑，可见他在那时候还是健康的。在同一年的八月中，嫁在东关金家的小姑母之丧，也是他自己去吊的，而且由他亲自为死者穿衣服，这是一件极其不易的工作，须得很细心谨慎，敏捷而又亲切的人，才能胜任。小姑母是在产后因为“产褥热”而死的，所以母家的人照例要求做法事“超度”，这有两种办法，简单一点的叫道士们来做“炼度”，凡继续三天，其一种是和尚们的“水陆道场”，前后时间共要七天。金家是当地的富家，所以就答应“打水陆”，而这道场便设在长庆寺，离我们的家只有一箭之路，来去非常方便，但那时的事情已都忘记了。小姑母是八月初十日去世的，法事的举行当在“五七”，计时为九月十五日左右，这也足以证明他那时还没有生病。有一天从长庆寺回来，伯宜公在卧室的前房的小榻上，躺着抽烟，鲁迅便说那佛像有好许多手，都拿着种种东西，里边也有枯髅，当时我不懂枯髅的意义，经鲁迅说明了就是死人头骨

① “一八九六”手稿作“一八九七”。〖*22*，*5*〗

之后，我感到非常的恐怖，以后到寺里去对那佛像不敢正眼相看了。关于水陆道场，我所记得的就只是这一点事，但这佛像是什么佛呢，我至今还未了然，因为“大佛”就是释迦牟尼的像不曾见有这个样子的，但是他那丈六金身[1]坐在大殿上，倒的确是伟大得很呢。

十一　父亲的病 中

伯宜公生病的开端我推定在乙未年的春天，至早可以提前到甲午年的冬天，不过很难确说了。最早的病象乃是突然的吐狂血。因为是吐在北窗外的小天井里，不能估量其有几何，但总之是不很少，那时大家狼狈情形至今还能记得。根据旧传的学说，说陈墨可以止血，于是赶紧在墨海里研起墨来，倒在茶杯里，送去给他喝。小孩在尺八纸上写字，屡次舔笔，弄得“乌嘴野猫”似的满脸漆黑，极是平常，他那时也有这样情形，想起来时还是悲哀的，虽是朦胧的存在眼前。这乃是中国传统的“医者意也”的学说，是极有诗意的，取其墨色可以盖过红色之意，不过于实际毫无用处，结果与“水肿”的服用“败鼓皮丸”一样，从他生病的时候起，便已注定要给那唯心的哲学所牺牲的了。

父亲的病虽然起初来势凶猛，可是吐血随即停止了，后来病情逐渐平稳，得了小康。当初所请的医生，乃是一个姓冯的，穿

① “身”手稿仅有左边两笔，略似单人旁，三育本作“刚”，桂本作“身”。亦可推测为“像”。〖*23，5*〗

了古铜色绸缎的夹袍，肥胖的脸总是醉醺醺的。那时我也生了不知什么病，请他一起诊治，他头一回对我父亲说道：

“贵恙没有什么要紧，但是令郎的却有些麻烦。”等他隔了两天第二次来的时候，却说的相反了，因此父亲觉得他不能信用，就不再请他。他又说有一种灵丹，点在舌头上边，因为是[①]“舌乃心之灵苗”，这也是“医者意也”的流派，盖舌头红色，像是一根苗从心里长出来，仿佛是“独立一枝枪”一样，可是这一回却不曾上它的当，没有请教他的灵丹，就将他送走完事了。

这时伯宜公的病还不显得怎么严重，他请那位姓冯的医生来看的时候，还亲自走到堂前的廊下的。晚饭时有时还要喝点酒，下酒物多半是水果，据说这是能喝酒的人的习惯，平常总是要用什么肴馔的。我们在那时便去围着听他讲聊斋的故事，并且分享他的若干水果。水果的好吃后来是不记得，但故事却并不完全的忘记，特别是那些可怕的鬼怪的故事。至今还鲜明的记得的，是《聊斋志异》里所讲的“野狗猪”，一种人身兽头的怪物，兵乱后来死人堆中，专吃人的脑髓，当肢体不全的尸体一起站起，惊呼道：

“野狗猪来了，怎么好！”的时候，实在觉得阴惨得可怕，至今虽然现在[②]已是六十年后，回想起来与佛像手中的枯髅都不是很愉快的事情。

不过这病情的小康，并不是可以长久的事，不久因了时节的转变，大概在那一年的秋冬之交，病势逐渐的进于严重的段落了。

---

①“是”三育本同，桂本删。〖*24，4*〗

②“现在”三育本同，桂本删。〖*24，倒7*〗

十二　父亲的病 下

伯宜公的病以吐血开始，当初说是肺痈，现在的说法便是肺结核，后来腿肿了，便当作臌胀治疗，也究竟不知道是哪里的病。到得病症严重起来了，请教的是当代[①]的名医，第一名是姚芝仙，第二名是他所荐的，叫做何廉臣，鲁迅在《朝花夕拾》把他姓名颠倒过来写作“陈莲河”，姚大夫则因为在篇首讲他一件赔钱的故事，所以故隐其名了。这两位名医自有他特别的地方，开方用药外行人不懂得，只是用的“药引”，便自新鲜古怪，他们决不用那些陈腐的什么生姜一片，红枣两颗，也不学叶天士的梧桐叶，他们的药引起码是鲜芦根一尺。这在冬天固然不易得，但只要到河边挖掘总可到手，此外是经霜三年的甘蔗或萝卜菜，几年陈的陈仓米，那搜求起来就煞费苦心了。前两种不记得是怎么找到的，至于陈仓米则是三味书屋的寿鉴吾先生亲自送来，我还记得背了一只“钱搭”（装铜钱的搭连），里边大约装了一升多的老米，其实医方里需用的才是一两钱，多馀的米不晓得是如何处分了。还有一件特别的，那是何先生的事，便是药里边外加有一种丸药，而这丸药又是不易购求的，要配合又不值得，因为所需要的不过是几钱罢了。普通要购求药材，最好往大街的震元堂去，那里的药材最是道地可靠，但是这种丸药偏又没有，后来打听得在轩亭口有天保堂药店，与医生有些关系，到那里去买，果然便顺利的得到了。名医出诊的医例是“洋四百”，便是大洋一元四角，一

---

① “当代”三育本同，桂本作“当地”。“当代”不必指我们的此时代，亦可指他们之彼时代。〖*25*，*2*〗

元钱是诊资，四百文是给那三班的轿夫的。这一笔看资，照例是隔日一诊，在家里的确是沉重的负担，但这与小孩并无直接关系，我们忙的是帮助找寻药引，例如有一次要用蟋蟀一对，且说明须要原来同居一穴的，这才算是“一对”，随便捉来的雌雄两只不能算数。在“百草园”的菜地里，翻开土块，同居的蟋蟀随地都是，可是随即逃走了，而且各奔东西，不能同时抓到。幸亏我们有两个人，可以分头追赶，可是假如运气不好捉到了一只，那一只却被逃掉了，那么这一只捉着的也只好放走了事。好容易找到了一对，用绵线缚好了，送进药罐里，说时虽快，那时却不知道要花若干工夫呢。幸喜药引时常变换，不是每天要去捉整对的蟋蟀的，有时换成“平地木十株”，这就毫不费寻找的工夫了。《朝花夕拾》说寻访平地木怎么不容易，这是一种诗的描写，其实平地木见于《花镜》，家里有这书，说明这是生在山中树下的一种小树，能结红子如珊瑚珠的。我们称它作“老弗大”，扫墓回来，常拔了些来，种在家里，在山中的时候结子至多一株树不过三颗，家里种的往往可以多到五六颗。用作药引，拔来就是了，这是一切药引之中，可以说是访求最不费力的了。

经过了两位“名医”一年多的治疗，父亲的病一点不见轻减，而且日见沉重，结果终于在丙申年（一八九六）九月初六日去世了。时候是晚上，他躺在里房的大床上，我们兄弟三人坐在里侧旁边，四弟才只四岁，已经睡熟了，所以不在一起。他看了我们一眼，问道：

“老四呢？”于是母亲便将四弟叫醒，也抱了来。未几即入于弥留状态，是时照例有临终前的一套不必要的仪式，如给病人换衣服，烧了经卷把纸灰给他拿着之类，临了也叫了两声，听见他不答应，大家就哭起来了。这里所说都是平凡的事实，一点儿都没有诗，没有“衍太太”的登场，很减少了小说的成分。因为这是习俗的限制，民间俗信，凡是“送终”的人到“转繝”当夜必须到场，因此凡人临终的时节只是限于并辈以及后辈的亲人，上辈的人决没有在场的。“衍太太”于伯宜公是同曾祖的叔母，况且又在夜间，自然更无特地光临的道理了，《朝花夕拾》里请她出台，鼓励作者大声叫唤，使得病人不得安静，无非想当她做小说里的恶人，写出她阴险的行为来罢了。

十三　炼度

伯宜公去世，照例有些俗礼，举行殓葬事宜，没有什么特别的事可说，但在五七的时候，叫道士来做“炼度”的法事，这是很难得遇见的一桩事情。本来这种特别法事，只有妇女产难这才适用，因为世俗相信《刘香宝卷》里的话，“生男育女秽天地”，倘若因此死了，就要落血污池，不得超生，这便需要他力济度，在佛教是水陆道场，道教则为炼度是也。伯宜公因为病的起头是吐血，所以牵强附会的也有人主张用炼度法事，我们小孩不懂得什么，只觉热闹得很好玩，虽然价值也很不便宜，凡三昼夜，计共须银洋四十几元，比起水陆道场来却又少得多了。

我们周家所用的道士，俗名阿金，法号不详，住在城庙里，乃是道士的正宗，与普通所谓野道士不同，虽然他平常因为和俗人一样的打扮，也看不出什么区别来。说也奇怪[①]，民国革命把和尚道士颠倒了一下。和尚以前是光头的，与俗人迥不相同，现在俗人多变成光头，和尚却留了五分长的头发，一眼看去毫无区[②]别，道士则蓄发古装，仿佛国画里人物了。在那时候的阿金，还是拖辫子穿大衫的人，及至装束登场，身披鹤氅，头戴道冠，上边插着金如意，手执牙笏，足踏禹步，便有一股道气，觉得全不像他本人了。但是阿金自己并不当那“大道士”，他去请别一个年老的来担任，他自己只充当那三个主要脚色之一罢了。

炼度的法事主要是在晚间，白天共念三天的道经，只知道他们对着三清的画像行礼，口里念“至心朝礼”什么什么天尊而已。到了夜里，炼度的精彩节目就开始了。第一天是“上表”，大道士率领孝子背着表文，大约是请求为死者赎罪的表文吧，俯伏在坛下，约莫在个把钟头，据说这是大“入定”，神魂到天上去面圣去了。第二天晚上，是表演“破地狱”。这里前后的关系不大明白，似乎有点儿凌乱了。刚才上了表章，怎么不等等结果，却用自力去强暴的打开了地狱城呢？当时没有想到这个问题，去问阿金师父一声，只是看了那戏剧似的演出，仿佛是《闹天宫》里的一场，觉得很是痛快有趣。白天里先拿来了一座四五尺见方的纸糊的酆都城，城门城墙都画得很整齐，放在大厅当中，临时大道士走来作法，末了将手里的七星剑戳进城门去，把它撕得粉碎，这时节众多道士都扮成各色鬼魂，四散奔走，是观众们所最所欣赏[③]的一幕。记得鬼里边有大头鬼和小头鬼，五伤鬼因为不祥所

① “奇怪”三育本作“大可怪”（或抄录人之误），桂本作“可怪”。〖*27*，倒*1*〗

② “区”三育本、桂本均作“分”。〖*28*，*2*〗

③ “所最所欣赏”三育本同，桂本作“所最欣赏”。〖*28*，倒*3*〗

以或者没有，但的确记得有死在考场的“科场鬼”，以及赌鬼鸦片烟鬼，种种引人发笑的情状。众鬼仓皇奔走一通之后，又回到当作后台的厅房里去，这一幕精彩的表演就算完结了。末了的一天是“炼幡”，便是炼度的正文。其法系将记着死者姓名的幡，折叠藏在里边，外边层层包裹，用耐火的包装，据说是多用盐卤，每一层里藏着一种纸糊物件，约有十层光景，扎缚得像一个莲蓬或是胡蜂窠相似。还有左右两副，是金童玉女，也是如法泡制。这三个包好的东西，放在三堆劈柴的火里烧炼，在适宜的时间抖去外壳，将里边的彩物挥舞一会儿，复又烧却，等候第二重的彩物出现，直至最后将主幡烧炼出来，象征从火中将死者超度出了。这做幡与烧幡的工作很是烦难，却要真实的本领才行，因为万一炼不出来，道士便要受罚，得从新做过一场的。因此这主要的幡乃是由阿金自己来烧，也不复怎么打扮，只是穿着斜领的短袄，头戴普通的道士冠而已。到得烧到最后的一层，即是主幡将要出来的时候，不但道士们非常紧张，有的走到太上老君像的前面，捧拳礼拜，祈祷求祐，就是观众也无不替他们捏一把汗呢。幸而诸事顺遂的结束，便把烧出来的三道幡送往灵前供了起来，于是这一场法事遂完全了结了。

十四　杭州

伯宜公的出丧大约是在七七日，就是世间所谓“断七”，未必是“百日”吧，因为照例出丧是在这两个日子，但是百日该是十二月中旬，已经接近年关了，所以推想是如此。出殡的地方是在南门外的龟山头，在这里有周氏的殡屋，但是不凑巧我家殡屋的空位借给别房用了，所以这回倒不能不出了租钱，去借远房本家的来使用。还记得前几天，鲁迅还用了朱漆特地在棺材后方写一个篆文的“寿”字做记号，在那里还殡着他生前很要好的族兄桂轩，也就是在《鲁迅的故家》里所提起兰星的父亲。伯宜公得年三十七岁，可在殡在[①]龟山，自光绪丙申（一八九六）至民国己未（一九一九），也经了二十四年之久，到是年这才因为移家北京，始安葬于逍遥溇坟地。乙巳岁暮，独自留在南京学堂里，偶作旧诗，记得有一联云，独向龟山望松柏，夜乌啼上最高枝，便是指的那龟山，其实山很低小，就只是一个高坡罢了，在乡下这种山叫作龟山或蛇山，平常是颇多的。

丙申年匆匆的过去，至丁酉（一八九七）年新正，我遂往杭州去陪侍祖父去了。祖父于癸巳年入狱，一直就在杭州，最初是由潘姨太太和伯升随侍，他们不知道是什么时候前去的，但在长庆寺“打水陆”，似乎已经不曾见伯升的面，那么可能总在甲午年间吧。后来因为伯升决计进南京水师学堂去，所以叫我去补他的空缺，这是我所以往杭州的原因了。在丁酉年中几乎没有什么值得记录的记忆，现在所还约略记得的，不过那时一点生活的情形罢了。

我们住的地方是在杭州花牌楼，大概离清波门头不很远，那是清朝处决犯人的地方。这里并无什么牌楼，只是普通的一条小巷，走一点路是“塔儿头”，多少有些店铺，还有一所银元局，

① “可在殡在”三育本同，桂本作“可是殡在”，未视“在殡”为一个词。在殡，卒而未葬也。借用远房本家的殡屋（或即坟圹）不算安葬，所以这样说的吧。〖*30*，*5*〗

它的大烟通是近地都能看得见的。这地点的好处是离开杭州府署很近，因为祖父便关在杭州府的司狱司里，我每隔三四天去看他一回，陪他坐到下午方才回来。祖父虽然在最初的风暴里显示得很可怕，但是我在他身边的一年有半，却还并不怎样，他的发起怒来咬手指甲，和畜生虫豸的咒骂，还是仍旧，却并不对于我生气，所以容易应付。等到辛丑年遇赦回家，却又那么的苛刻执拗起来，逼得我只好也逃往南京，寻找生路。当时他的日课，是上午默念《金刚经》若干遍，随后写日记，吃过午饭，到各处去串门，在狱神祠和禁卒等聊天。他平常苛于论人，自从呆皇帝昏太后（指光绪和西太后）起，下至本家子弟，几乎没有一个好人，但是他对那些禁子犯人，却绝少听见贬词，这也是很特别的。他那里备有图书集成局印的“四史”，明季南略和北略，明季稗史彙编，官书局的《唐宋诗醇》，木板的《纲鉴易知录》，此外还有一册铅印的徐灵胎四种，这些我都可以自由阅读的。他也管我的正式功课，便是关于读经作文的，不过这由我自己去读，书房里没有读完的《诗经》以及《书经》，但这成绩是可以想见的了。学做八股文和试帖诗，别的没有什么进步，但抄过《诗韵》两三遍，这步工夫总算是实在的，虽然后来也并无什么实在的用处。总之我在他旁边过来的这一年半的日子，实在要算平稳的，觉得别无什么要诉说的事情。

我的写日记，开始于戊戌（一八九八）年正月二十八日，以后断断续续的记到现在，已经有六十三年了。关于杭州，无论在日记上，无论在记忆上，总想不起有什么很好的回忆来，因为当时的背景实在是太惨淡了。只记得在新年时候（大概是戊戌，但当时还没有记日记）同了仆人阮标曾到梅花碑和城隍山一游，四月初八那天游过西湖，日记里有记载，也只是左公祠和岳坟这两处，别的地方都不曾去。我的杭州的印象，所以除花牌楼塔儿头以外，便只是这么一些而已。

十五　花牌楼 上

花牌楼的房屋，是杭州那时候标准的市房的格式。临街一道墙门，里边是狭长的一个两家公用的院子，随后双扇的宅门，平常有两扇向外开的半截板门关着。里边一间算是堂屋，后面一间稍小，北头装着楼梯，这底下有一副板床，是仆人晚上来住宿的床位，右首北向有两扇板窗，对窗一顶板桌，我白天便在这里用功，到晚上就让给仆人用了。后面三分之二是厨房，其三分之一乃是一个小院子，与东邻隔篱相对。走上楼梯去，半间屋子是女仆的宿所，前边一间则是主妇的，我便寄宿在那里东边南窗①。一天的饭食，是早上吃汤泡饭，这是浙西一带的习惯，因为早上起来得晚，只将隔日的剩饭开水泡了来吃，若是在绍兴则一日三餐，必须从头来煮的。寓中只煮两顿饭，菜则由仆人做了送来，供中午及晚餐之用。在家里住惯了，虽是个破落的“台门”，到底房屋是不少，况且更有“百草园”的园地，十足有地方够玩耍，如今拘在小楼里边，这生活是够单调气闷的了。然而不久也就习惯了。前楼的窗只能看见狭长的小院子，无法利用，后窗却可以望

① “南窗”三育本同，桂本作“南窗下”。〖*32*，倒*11*〗

得很远，偶然有一二行人走过去。这地方有一个小土堆，本地人把它当作山看，叫做“狗儿山”，不过日夕相望，看来看去也还只是一个土堆，没有什么可看的地方。花牌楼寓居的景色，所可描写的大约不过如此。

初到杭州，第一觉得苦恼的是给臭虫咬的事。有些人被它咬了，要大块的肿痛，好几天不能消，有的甚至变成疮毒，我虽然当初也很觉得痛痒，但是幸亏体质特殊，据说这是“免疫”了，以后便什么也不知道。虽是如此，但是被白吃了血去，也不甘心，所以还是要捉。在帐子的四角，以及两扇的合缝处，只要一两天没有看，便生聚了一大堆，底下用一个脸盆盛上冷水，往下一拨，就都浮在水面，只消撩出来把它消灭好了。这实在是一件很讨厌的工作。但是那时更觉得苦恼的，乃是饥饿。其实吃饭倒并不限制，可是那时才十二三岁，正是生长的时期，这一顿稀饭和两餐干饭的定时食，实在不够，说到点心也不是没有，定例每天下午，一回一条糕干，这也是不够的。没有别的办法，我就来偷冷饭吃，独自到灶头，从挂着的饭篮内拣大块的饭直往嘴里送，这淡饭的滋味简直无物可比，可以说是一生所吃过的东西里的最美味吧。可是这事不久就暴露出来了，主妇看出冷饭减少，心里猜想一定是我偷吃了，却不说穿，故意对女仆宋妈说道：

“这也是奇怪的，怎么饭篮悬挂空中，猫儿会来偷吃去了的呢？”她这俏皮的挖苦话反引起了我的反感，心想在必要的时候我就决心偷吃下去，不管你说什么。但是平心的说来，这潘姨太太人还并不是坏的，有些事情也只是她的地位所造成的，不好怪得本人。在行为上她还有些稚气，例如她本是北京人，爱好京戏，不知从哪里借来了两册戏本，记得其二是《二进宫》，心想抄存，却又不会徒手写字，所以用薄纸蒙在上面，照样的描了下来，而原本乃是石印小册，大约只有二寸多长，便依照那么的细字抄了，我也被要求帮她描了一本。我在杭州的日记中，没有说过她的坏话，而且在三月廿一日的项下还记着是她的生日，她盖是与祖父的小女儿同岁，生于同治戊辰（一八六八），是年刚三十一岁。

因饥饿而想了起来的，乃是当时所吃到的“六谷糊”的味道。这是女仆宋妈所吃的自己故乡里的食品，就是北京的玉米面，里边加上白薯块，这本是乡下穷人的吃食，但我在那时讨了来吃，乃是觉得十分香甜的，便是现在也还是爱喝。宋妈是浙东的台州人，很有点侠气，她大概因为我孤露无依，所以特意加以照顾的吧，这是我所不能不对她表示感谢的。

十六　花牌楼 中

我写日记始于戊戌正月，开头的一天便记着鲁迅来杭州的事。今将头几天的日记照抄于下：

正月廿八日，阴。去（案即去看祖父的略语）。下午，豫亭兄偕章庆至，坐谈片刻，偕归。收到《壶天录》四本，《读史探骊录》五本，《淞隐漫录》四本，《阅微草堂笔记》六本。

廿九日，雨。上午兄去，午餐归。兄往申昌购《徐霞客游记》六本，《春融堂笔记》二本，宋本唐人合集十本有布套，画报二本，白奇（旱烟）一斤，五香膏四个。

三十日，雨。上午兄去。食水芹紫油菜，味同油菜，第茎紫如茄树耳，花色黄。兄午餐归，贻予建历一本，口香饼二十五枚。

二月初一日，雨。上午予偕兄去，即回。兄往越，带回《历下志游》二本，《淮军平捻记》二本，《梅岭百鸟画谱》二本锦套，《虎口馀生记》一本，画报一本，《紫气东来图》一张着色，中西月份牌一张。予送之门外，顷之大雨倾盆，天色如墨。

至闰三月初九日，记着接越中初七日来信，云拟往南京投考水师学堂，隔了两日即于十二日来杭州作别，盖不及等祖父的许可，已决定前去了。本来伯升已在那里，也并无不许可的理由，但总之即此可见鲁迅离家的心的坚决了。我在花牌楼却还是浑浑噩噩的，不觉得怎么样，还是按期作文诗，至四月廿六日这才“窗课完篇”，便是试作八股文是整篇的了，有了文童应考的资格了。五月初七日仆人阮标告假回越，叫他顺便往家里取几部书来，但是十二日归来，书并没有拿，却说母亲有病，叫我暂时回去，我遂于十七日离杭，从此与花牌楼永别了。当天的日记云：

十七日，晴。黎明与阮元甫收拾行李动身，时方夜半，残月尚在屋角，行至候潮门，门尚未开，坐等许久始启，行至江边，日方衔山而上，光映水中，颇觉可观。乘渡船过江，步至西兴，时方清晨，在饭馆饭毕，下四摇头（一种快航船，用四人摇橹故名），过钱清柯亭诸处，下午至西郭门育婴堂门口上岸，唤小舟至大云桥，步行至家，祖母母亲均各安健，三四弟亦安，不禁欢然。

原来母亲并没有什么病，只是因为挂念我，所以托词叫我回来，我写的杭州日记也就至此为止，不再写下去了。

戊戌这年，是中国政治上新旧两派势力作殊死斗的那一年，关系很大，可是在那日记上看不到什么。这原因是日记写到五月为止，没有八月十三的那一场。祖父平常租看《申报》，我的日记里也一鳞半爪的记有时事，如三月十七日项下，“报云俄欲占东三省，英欲占浙”，又关于德国亨利亲王觐见的事，再三的记载，最后于互相送礼一节说道：

“亨利送上礼物四抬，中有珊瑚长八尺馀，上送以十六抬，中珍珠朝珠一串，每粒重钱馀云，吁！”虽然祖父骂呆皇帝昏太后，推想起来，对于主张维新诸人也不会有什么好评，但总之不一定反对变法，那是大抵可信的。五月十三日记初五日奉上谕，科举改策论，十四日往见祖父，便改定作文的期日，定为逢三作文，逢六作论，逢九作策，可见他不是死硬的要八股文的了。

十七　花牌楼 下

我与花牌楼作别，已经有六十多年了，可是我一直总没有忘记那地方，因为在那一排三数间房屋内，有几个妇女，值得来说她们一说。其中的一个自然是那主妇，就是潘姨太太，据伯升告诉我们，说是名叫大凤，乃是北京人氏，因为身份是妾，自然有些举动要为人所误解，特别是主人无端憎恶本妻所出的儿孙的时候。及至祖父于光绪甲辰（一九〇四）年去世，遂觉得难于家居，渐渐“不安于室”，乃于宣统己酉（一九〇九）年冬天得到主母的谅解，辞别而去。最初据说是跟了一个自称是姜太公后人的本地小流氓走的，可是后来那人的眼瞎了，所以她的下落也就不得而知了。这里第二个人，便是女仆宋妈，她是台州的黄岩县人，却在杭州做工，她的生活大概是普通的穷苦妇人一样，也经过好些事情，那时她大约四十几岁，嫁了一个轿夫，也是穷得可以的绍兴乡下人。但她似乎很是乐观，对丈夫照料得很是周到，还拿些家乡土产的六谷粉来吃，这个在上边已经说及，我常是分得一杯羹的。

门外是东边的邻居，已经不在一个墙门之内，住着一家姓石的，男人名叫石泉新，是在塔儿头开羊肉店的，他的妻子余氏是绍兴人，和潘姨太太是好朋友，时常过来谈心。那余氏人颇聪明，学的杭州话很不错，但是据她自述，她的半生也是够悲惨的。起初她是正式嫁在山乡，照例是母家要得一笔“财礼”，这有时要的太多了，便似乎是变相的“身价”，结果就不很好了。过去之后不中那老姑之意，生生的把他们分离了，夫家因为要收回那一笔钱，遂将她转卖给人，便是那羊肉“店倌”。幸而羊肉店倌是独身的，没有父母兄弟，而且夫妻感情很好，但是“活切头”的境遇到底不是很好受的。民间称妇人再醮者为“二婚头”，其有夫尚存在者则为“活切头”，尤其不是出于合意离婚，不免有“藕断丝连”之恨，我们看陆放翁沈园的故事，虽然男女关系不同，但也约略的可以了解了。

花牌楼的东邻贴隔壁是一家姚姓的，姚老太太年约五十馀岁，看去也还和善，却不知道什么缘故与潘姨太太处得不很好，到后来几乎见面也不打招呼了。姚家有一个干女儿，她本姓杨，家住清波门头，因为行三，人家都称她作三姑娘，姚老太太便叫作“阿三”。她不管大人们的纠葛，常来这边串门，大抵先到楼上去，同潘姨太太搭赸一回，随后走下楼来，站在我同仆人公用的一张板桌旁边，看我影写陆润庠的木刻的字帖。我不曾和她谈过一句话，也不曾仔细的看过她的面貌与姿态。在此时回想起来，仿佛是一个尖面庞，乌眼睛，瘦小身材，年纪十二三岁的少女，并没有什么殊胜的地方，但是在我性生活上总是第一个人，使我对于自己以外感到对于别人的爱着，引起我没有明了的概念的，对于异性的恋慕的第一个人了。

有一天晚上，潘姨太太忽然又发表对于姚姓的憎恨，末了说道：

“阿三那小东西，也不是好货，将来总要落到拱辰桥去做婊子的。”我不很明白做婊子这些是什么事情，但当时听了心里想道：

“她如果真是流落做了婊子，我必定去救她出来。”

大半年的光阴这样消费过了。到了夏天因为母亲生病，便离开杭州回家去了。一个月以后，阮元甫告假回去，顺便到我家里，说起花牌楼的事情，说道：

“杨家的三姑娘患霍乱死了。”我那时听了也很觉得不快，想像她悲惨的死相，但同时却又似乎很是安静，仿佛心里有一块大石头已经放下了。

丙戌（一九四六）年在南京，感念旧事，作《往昔》诗三十首，以后稍续数章，有《花牌楼》三首，即写当时情事者，今将末章钞录于后，算作有诗为证吧。

吾怀花牌楼，难忘诸妇女。主妇有好友，东邻石家妇。自言嫁山家，会逢老姑怒。强分连理枝，卖与宁波贾。后夫幸见怜，前夫情难负。生作活切头，无人知此苦。佣妇有宋媪，一再丧其侣。最后从轿夫，肩头肉成阜。数月一来见，呐呐语不吐。但言生意薄，各不能相顾。隔壁姚氏妪，土著操杭语。老年苦孤独，瘦影行踽踽。留得干女儿，盈盈十四五。家住清波门，随意自来去。天时入夏秋，恶疾猛如虎。婉娈杨三姑，一日归黄土。主妇生北平，髫年侍祖父。嫁得穷京官，庶几尚得所。应是命不犹，适值暴风雨。中年终下堂，漂泊不知处。人生良大难，到处闻凄楚。不暇哀前人，但为后人惧。

十八　四弟

我从五月十七日回到家以后，就不写日记，一直到戊戌十一月，这才又从廿六日写起，到己亥年的六月，成为日记第二卷。在这没有写的期间，却不是没有事情可记，而且还是颇为重大的，至少在家族里这影响很是不少。这便是四弟的病殁，和鲁迅的回家来考“县考”。

日记虽然不写，然而大事情还有记录，十一月中记有初六日县试，予与大哥均去，初七日记四弟病甚重，初八日记四弟以患喘逝世，时方辰时。前一天的初七日，我还独坐小船，赶到小皋埠的大舅父家里去，请他来看四弟的病，因为他是懂得中医的，但是他来看了之后，并不开方，却自回去了，他不是行时的“名医”，知道这无可救，所以不肯用了鲜芦根之类来骗人的。四弟的病大概是急性肺炎吧，当时的病象只是气喘，这在现时是可以有救的，有青霉素等药存在，但是在六十馀年前这有什么办法呢。母亲的悲伤是可以想像得来的，住房无可掉换，她把板壁移动，改住在朝北的套房里，桌椅摆设也都变更了位置。她叫我去找那画神像的人，给他凭空画一个小照，说得出的特征只是白白胖胖的，很可爱的样子，顶上留着三仙发。感谢那画师叶雨香，他居然画了这样的一个，母亲看了非常喜欢，虽然老实说我是觉得没有什么像。这画得很特别，是一张小中堂，一棵树底下有一块圆扁的大石头，前面站着一个小孩，头上有三仙发，穿着藕色斜领的衣服，手里拈着一朵兰花，如不说明是小影，当作画看也无不可，只是没有一点题记和署名。这小照的事是我一手包办的，在己亥年日记的二月里，记有下列三项：

“十一日，雨。同方叔访叶雨香画师，不值。

十二日，雨。重访叶雨香，适在，托画四弟小影。

十三日，晴。往狮子街取小影，所画‘头子’[1]尚可用，使绘秋景。”其后装裱，也是我在大庆桥文聚斋所办的，可是在日记[2]却找不到了。母亲拿这画挂在她的卧房里，前后足足有四十五年，

---

① 古代称画像为“头子”，此处似指画中人物或其面容。日记云“头子惟肖”，或可为证。〖*40*，倒*6*〗

② “日记”三育本同，桂本作“日记中”。〖*40*，倒*4*〗

在她老人家八十七岁时撒手西归之后，我把这幅画卷起，连同她所常常玩耍，也还是祖母所传下来的一副骨牌，拿了回来，一直放在箱子里，不曾打开来过。这画是我亲手去托画裱好了拿来的，现在又回到我的手里来，我应当怎么办呢？我想最好有一天把它火化了吧，因为流传下去它也已没有什么意义，现在世上认识他的人原来就只有我一个人了。但是转侧一想，它却有最适当的一个地方，便由我的儿子拿去献给了文化部，现在它又挂在鲁老太太的卧房门口了。

四弟名椿寿，因为他的小名是“春”，在祖父接到家信的那天，又不晓得遇着了姓春的京官，或者也是一个满人，这也是说不定的吧。

十九　县考

县考是件小事，似乎没有什么值得讲的，这在清朝还举行科举的时代，每年在各县都有一次，并不是希罕的事情。但是它的意义却很是重大。这是知识阶级，那时候称作士人或读书人的，出身唯一的正路，很容易而又极其艰难的道路。这有如彩票，人只要有几毛钱就可以去买，也有人居然得中了头二彩，顷刻发了大财，但有人而且这是大多数，连末尾也没有份。这样可以一年年的考下去，到得须发皓白了，还是提了考篮做“考相公”，外号被不客气的称作“场楦”，言其长在考场里混过日子，正如鞋匠用以楦大鞋子的“鞋楦”相似。这考试的本钱是什么呢？买彩票还得要几个银角子，这却更是省事，只要会诌几句半通不通的烂时文就成了。说起时文来，现在的人大半要不懂得了，或者要误会是时髦文章上去也说不定吧。换句话说，时文便是八股文章，四书读熟会得背诵了，学做“破题”以及“起讲”，一直加到“后股”，共成八股，算是“完篇”了，这便有进考场的资格，够得上“文童”或童生的称号。这时文里的奥妙没有穷尽，我们这里只能姑就“破题”一件事，略为谈谈吧。八股文是题目都是出在四书上面，所以说这是“代圣人①立言”，是非常可尊贵的。破题是开头的两句话，须将题目的意思讲说清楚，这便叫作“破”。俗语说初次遇着的事情，是破题儿第一回，也就是借用这个意思。因为八股文里出来的尽是圣贤，所以破题上也有一个规则，便是“破”孔子时务必称“圣人”，孟子等人则称大贤或先贤，此外无名之辈一律号为“时人”。我现在引用一个故事，来说明破题是怎么一回事，这虽然是用诙谐的说法，当不得真，但是它把题意破得极妙，可以说是无以复加的了。题目是“三十而立”，这是孔子说的一句话，所以“破题”说道：

“圣人两当十五之年，虽有板凳椅子而不敢坐焉。”此外还有一个正经的例，是八股名家章日价所作“父母惟其疾之忧”的文中的两股，发挥尽致，并且音韵铿锵，读起来兼有音乐之美。其文曰：

罔极之深恩未报，而又徒遗留不肖之肢体，贻父母以半生莫殚之忧。

---

①“圣人”手稿作“圣圣”，后一“圣”字为细笔加圆括弧，或系曹聚仁先生所为。三育本作“圣人”，桂本作“圣贤”。〖*42，5*〗

> 百年之岁月几何，而忍吾亲以有限[1]之精神，更消磨于生我劬劳之后。

不过光是这么样子，还没有多少意思，据说有一个名流的儿子不思上进，流留荒亡，父亲将这上半股的文章，写在儿子的书房墙壁上，儿子看见了无话可说。可是那个做父亲的也不大规矩，有一天宿妓回来，给他儿子知道了，于是乃高吟下半股，这里边的意义字字针锋相对，尤为妙绝人工，我想父亲听了更是说不出话，只有苦笑了吧。

文章居然“完篇”了，凑足有三四百字，试帖诗也勉强可以做成六韵，这样便可去“观场”了，这是一句“术语”，也是说得颇为谦虚的。天下的文风未必真是在“敝邑”，但是应考的人却实在不少，在当时山阴会稽还未合并为绍兴县的时候，会稽一县的考生总有五百馀人，当时出榜以五十人为一图，写成一个圆图的样子，共有十图左右，若在邻县诸暨恐怕还要多些。而每[2]“进学”就是考取秀才的定额只有四十名，所以如考在第十图里，即使每年不增加来考的人，只就这些人中拔取，待到自己进学，也已在十多年以后了。这些被淘汰下来的人，那么哪里去了呢？他们如不是改变计画，别寻出路，便将“场檀”进而为“街檀”，——在街上游荡的人，落到孔乙己的地位里去了。

① “有限”手稿作“有忍”，三育本、桂本同改。〖42，倒5〗
② 此“每”字用法与后面《北大感旧录》“每送聘书”同。〖43，10〗

二〇 再是县考

上边所说是关于县考的一般情形，底下却要讲自己所经历的事了。考试既然是士人出身的正路，那么我们那时没有不是从这条路走的，等得有点走不下去了，这才去找另外的道路，那自然都是后话，如今且表过不提。日记里记戊戌年（一八九八）十一月初六日，我同大哥往应县试，但是以后便不再记，而且也于廿四日回南京去，等我的第二册日记于戊戌十一月廿六日重写开头，县考的“招覆”悉已过去，均不及记，但于廿九日项下，记有往看“大案”一事而已。“大案”云者，县考初试及四次覆试之后，再将总应考的人数计算一遍，出一总榜，只要榜上有名的人，便可以去应府试，再经过院试，就决定名额，算是合格的秀才了。当时大案的情形如下：

“会稽凡十一图，案首为马福田，予在十图三十四，豫才兄三图三十七，仲翔叔头图廿四，伯文叔四图十九。”这里须得说明，马福田即是浙江的名流马一浮，仲翔伯文乃是我们的族叔，不过已经很疏远，只是和我们同太高祖，即是同五世祖而已。这里鲁迅着实考的不坏，只是考了一次，也不曾去覆试，还是巴在三图里，所以一同去考的叔辈竭力怂恿母亲，府试的时候找一个人，去枪替一下子，明年可以去院试，这很有希望。因为请人当“枪手”，是要花钱的，其实也只两三块钱吧，所以母亲不愿意，后来撺掇再三，这才答应了，便请仲翔的妻弟莫与京去，这我还记得很清楚，是十二月初二日府试，四更进场，会稽“已冠”的题目，首题是“孔子尝为委吏矣曰会计”，次题是“未有义而后其君者也”，诗题赋得既雨晴亦佳，得晴字。“未冠”的首题是“有事弟子”，次题是“能竭其力”，诗题同已冠。当时童生分已冠未冠两种，二十岁以上的人称作已冠，以下的则为未冠，题目略分难易，但是这未冠的也是“截搭题”，便是文句没有完全，只截取一半，搭在上面，原文是“有事弟子服其劳”，这里却把“服其劳”半句截去了，实也[①]并不好做，但是比那已冠的好一点罢了。初七日去看榜，我在六图廿七名，那位枪手先生却不知在哪里，不曾记得，总之是没有考掉，廿四日大案出来，我在四图四十七，大哥八图三十，伯文叔二图廿二，仲翔叔二图第四。

次年己亥（一八九九）十月初五日院试，周姓三人前去应考，鲁迅不曾回来，因为那时他已经考进了矿路学堂，总办是讲维新的俞明震，空气比较开明，他就安定了下来了。考试的首题是“四海之内”，注明是“皆举首而望之”的上边的，次题则是“则不如无书”，诗题赋得诗中定合爱陶潜，得潜字。初八日出榜，结果是仲翔以“周开山”的官名，考取了四十名即末名的秀才，也是清朝以八股文取士的最后的一次考试了。庚子年后废止八股，改用策论，不过那也是换汤不换药的办法，假如前者是土八股，那么这后者也无非是洋八股罢了。

前清时代士人所走的道路，除了科举是正路之外，还有几路权路可以走得。其一是做塾师，其二是做医师，可以号称儒医，比普通的医生要阔气些。其三是学幕，即做幕友，给地方官“佐治”，称作“师爷”，是绍兴人的一种专业。其四则是学生意，但也就是钱业和典当两种职业，此外便不是穿长衫的人所当做的了。

---

①“也”三育本、桂本均作“在”。〔*44*，倒*3*〕

另外是进学堂，实在此乃是歪路，只有必不得已，才往这条路走，可是“跛者不忘履”，内心还是不免有连恋的。在庚子年的除夕我们作“祭书神长恩文”，结末还是说，“他年芹茂而樨香兮”，可以想见这魔力之着实不小了。

二一　县考的杂碎

关于县考已经写了两节，要说的话都已说过了，但是有些零碎的事情，至今还是记得，似乎已[①]值得顺便记了下来。第一是“下考场”的情形。我们住在府城里的人，比起乡下或是外县的住民来，实在要方便的很多。他们前来应试，须得坐船进城，在船里过些日子，或者是到试院左近人家暂时租住，我们却只是走了去便成了。从我们所住的东昌坊口向西北走去，大约有十里以上的路，就是“大街”，也就是试院所在的地方。东昌坊口是个十字路，向北拐弯一直走过长庆寺和马梧桥，到大坊口再往西走，经过开元寺，到清道桥再北折，这就是“大街”，直至[②]小江桥为止。不过往“新试前”（这即是试院的名称）去，不必走得那么远，过了水澄桥往西，不久就到了，或者在大街入口的清风里口就转了湾，走那仓桥直街，过了仓桥，在路北的就是。民国以前在科举既废之后，试院就改作了绍兴府中学堂，到了民国改称浙江第五中学校，我在那里教过英文有四五年，这条路几乎每天要走，

① “已”三育本、桂本同手稿，似为“也”之误。〖*46，1*〗

② “至”三育本、桂本均作“到”。〖*46，9*〗

也走熟了。大街上毂击肩摩，拥挤得不大好行走，所以那条后街倒还清爽的，不过是在那考试时候却也无所谓，因为那时是在后半夜，行人本来是稀少的了。这条路平常走起来，共总要花一个钟头的样子，但是夜间却可以减少三分之一的时间吧。只须步行这三刻钟的时候，就可以省去寄寓的麻烦，那岂不是很便宜的事情吗？

县考大抵在阴历十一月初，府试则在十二月中旬，正是大寒的时节，考试的前一天在半夜里起床，洗脸吃过什么油炒饭之后，便准备出发了。将考篮托付给同去的工人，自己只提着一盏考灯，是四方的玻璃灯，中间点着一枝洋蜡烛，周身是一副“考相公”装束，棉袍棉马褂棉鞋，头上披着“风兜”，是一种呢制的风帽，普通多用红色呢，下连肩背，前面包住两颊下巴，仿佛古人画踏雪寻梅的高士所戴的那样。沿路阒寂无人，只有塔子桥马梧桥等地方，设有冬防民团，才有几个人半醒半睡的坐着，在一个铜鼓的旁边。走近新试前的时候，人就多起来了，反正都是与考试有关的。不是院试，考场的关防是照例不严密的，所以人们都可以进去，找适宜的位置坐定，叫人代去点名接了卷子回来，一面安排考具。这是甬道两旁的东西两个大的厂子，里边又用短墙隔开，每一区域可以容得两三排长板桌，每排可坐一二十个人吧，这在院试时节才有坐号，现①是不妨乱坐的。不久便封门了，是时天色也已是鱼肚白，快要天亮了，题目也就发下，这是写了贴了②一块板上，由人佚擎着走的。题目有了便要开始作文，于是场中一时便静了下来，但闻咿唔之声随之而起，不过这与前回的很有

①“现”三育本同，桂本作“现在”。〖*47*，*12*〗

②“贴了”三育本、桂本均作“贴在”。〖*47*，倒*11*〗

不同，以前的喧嚣是热闹，现在则有点凄凉之感罢了。

九十点钟光景，听见外边有人传呼道：“盖戳！”此盖是一种监察制度，凡考生作文到一个段落，便须经“学老师”在卷子上文句完处，盖上一个戳记，这在县府考时是由考生自由去盖，所以往往延长至中午，若在院试时乃由学老师亲自光临，挨名盖去，有的只做得“破题”，也就盖上了，虽然一般的情形是要盖在“起讲”的末尾，这才算是合格的。盖戳以后，便任你自由安排，将两篇四书文、一首五言六韵诗做好誊正，就算完事了。

二二　县考的杂碎 续

说到考场中的吃食，这一天的食粮原应由本人自备，有的只带些干粮就满足了，如松子糕枣子糕红绫饼等，也有半湿的茯苓糕，还有咸的茶叶鸡子，也有带些年糕薄片，到那里用开水一泡，就可以吃了，水果则甘蔗桔子也可以多少带得。不过开水在考场就很是名贵，这其实也是难怪的，因为考场算是禁地，在里边做生意，当然要费用，自然“水涨船高”了。平常泡一壶茶，用水不过一二文，现在差不多要四十文，至少加了二十倍，所以如泡一碗年糕也要花不少的钱，此外茶摊上也有东西可吃，这便是粉丝煮汤，可以当面，但看去既不好吃，价钱也贵，始终没有请教过它。此外也有阔人去洗脸的，那自然要比沏茶更贵，一般的人也是不敢去领教的。

冬天日短，快近冬至了，下午的太阳特别跑的快，一会儿看看就要下山去了，这时候就特别显得紧张，咿唔之声也格外凄楚，在暮色苍然之中，点点灯火逐渐增加，望过去真如许多鬼火，连成一片，在这半明不灭的火光里，透出呻吟似的声音来，的确要疑非人境。但是过了这个时候，情形[1]便又一变，忽然的现出活气，仿佛“考先生”的精神便又复活了。这是有些人文章已经做了，要求赶快出去的时候。这些人大抵多是少年，气盛好闹，把卷子交了，随来到甬道上高呼道：“放班来！”或者溜到大堂上去，把那里放着的铜鼓咚咚的敲上两三声，这时文章还没有做完的人便大声嚷道：“打！打！”这样的闹着，等到真正放班了，才算了结，自放头班以至溜四班，场内的人遂悉出去了。

在县府考的时节，也有一种乐趣，便是买书和文房具，这仿佛与北京的厂甸有点相样[2]，今略举数例于后。戊戌十二月初七日记项下云：

> 往试前，购竹筒一方，洋五分，上面刻诗一绝曰，红粉溪边石，年年漾落花，五湖烟水阔，何处浣春纱。下刻八大山人四字。小信纸一束四十张，洋二分，上印鸦柳，五色信纸廿张，洋一分六，上绘佛手柿二物，松鹤纸四张，四文；洋烛四支，洋一角一分。

十一日记项下云：

---

① 手稿无“形”字，三育本、桂本同添。〖*48*，倒*6*〗

② “相样”三育本作“相似”，桂本作“相像”。手稿“样”字系后改定，当是口语，并非笔误。〖*49*，*3*〗

在试前购信纸廿张，一种上印帘外牡丹一株，题曰一帘花影诗中画，十张，一种上印一人背后有泉作听状，题曰听泉，五张，一种上印竹一枝，题曰竹报平安，五张，共洋一分。

十三日记项下云：

至试前看案尚未出，购《思痛记》二卷，江宁李圭小池撰，木刻本，洋一角。

己亥九月廿七日记项下云：

至试前文奎堂购《搜神记》二本，晋干宝撰，凡二十卷，石印本，洋二角。

廿八日又记云：

至试前文奎堂购《七剑十三侠》一部，凡六本。阅一过，颇新奇可喜，闻是俞荫甫所作，丁酉年石印，凡六十回，有绘图数页，亦七侠五义之流亚也。

这里爱读《七剑十三侠》的事也颇有意思的[①]，自从《剑侠传》以后，这类的书一向受人的欢迎，我也自然不是例外，回想当时的

①“也颇有意思的”手稿作“也有颇有意思的”，第一个“有”有涂抹痕迹，似写错不算。三育本作“也有，颇有意思的”，桂本作“也是颇有意思的”。〖*49*，倒*4*〗

情形觉得深可记念。[1]辛丑三月十九日记项下尚记有至试前看案，购《后七剑十三侠》一部，计洋一角八分，可见还是热心于此书，以后凡有续集刊行，必去购求得来，所以我当初所得是首尾完具的。

二三　义和拳

己亥的第二年，乃是光绪庚子，这不但是十九世纪的末年，而且也可说是清朝的末年，因为在这一年里闹过所谓拳匪事件，弄得不成样子，结果不出十年，这清朝的天下遂告终结了。所以这庚子年影响的重大，并不下于戊戌，可是它在我们乡下少年，浑浑噩噩不知世事，一知半解的人，有怎么样的影响呢？就我自己来说，这影响不怎么大，只就以庚子为中心的前后两年看来，胡涂的思想，游荡的行为，那么的下去，怕不变成半个小拳匪和半个小流氓么？这个变化，乃是因为后来事情的偶然的转变而阻止了，我被逼而谋脱出绍兴，投入南京水师，换了一个新的环境，这件事且等下节再来叙说，如今先来就日记里所说这一点儿，看我那时对于义和团是什样[2]的态度吧。

头一次的记录是在庚子年五月十九日，日记原文云：

---

① 手稿此处原有一句："现今写《十二金钱镖》的天津宫白羽先生，在他还是叫宫竹心的时候，我们也曾经见过面，回忆起来已是四十年前的事了。"复被墨笔划去，知堂改文之例一。〖*49*，倒*2*—*50*，*1*〗

② "什样"三育本作"什么"，桂本作"什么样"。〖*50*，倒*8*〗

闻天津义和拳匪三百人，拆毁洋房电杆，铁路下松桩三百里，顷刻变为麸炭，为首姓部，盖妖术也。又闻天津水师学堂亦已拆毁。此等教匪，虽有扶清灭洋之语，然总是国家之顽民也。

至廿四日记云：

接南京大哥十七日函，云拳匪滋事是实，并无妖术，想系谣传也。

六月中记载尤多，初五日云：

闻拳匪与夷人开仗，洋人三战三北，今决于十六上海大战，倘拳匪不胜，洋人必下杭州，因此绍人多有自杭逃归者。时势如此，深切杞忧。

初六日云：

闻近处教堂洋人皆逃去，想必有确信，或拳匪得胜，闻之喜悦累日。又闻洋人愿帖中国银六百兆两求和，义和拳有款十四条，洋人已依十二条云。

初八日云：

晨在大云桥，忽有洋人独行，路人见之，哗称洋鬼子均已逐出，此何为者，俱噪逐之，追者有五六十人。洋人趋蹶而逃，几为所执，后经人劝解，始获逃脱，闻之捧腹。

这几天日记的书眉上，有大字题曰：

“驱逐洋人，在此时矣！”又曰：

“非我族类，其心必异。”

“卧榻之侧，岂容他人酣睡。”

但是最紧张的时候，却在这以后，今节录日记于后：

廿二日，傍晚予正在廊下纳凉，忽闻总府点兵守城，山会本府均同在嵇山旱门防堵，云台州殷万登之子称报父仇，并拆教堂，已在于村过宿，距城只七八十里矣。予闻之骇然，少顷惠叔亦来，因遣人去探，所云亦然。街上人声不绝，多有连夜逃避城外者，船价大贵，每只须洋七八元。家中疑惧颇甚，不能成寐，十二点钟始寝。闻城门船只放行，纳洋一元，九城门合计总有千馀元云。

廿三日，谣言益夥，人心摇摇。谦婶家拟逃避城外，予家亦有逃避之意，后闻信息稍平，因此不果，然对门傅澄记（米店）、间壁张永兴（寿材铺）均已逃去矣。

廿四日，闻本府出示，禁止讹言，云并无其事，百姓安业，不得惊慌，人心稍定。傅张二姓逃出在外，下午逡巡自归，闻之不觉发噱。

日记里关于义和拳的事只有这些，这却已经够了。它表示是赞成义和拳的“灭洋”的，就是主张排外，这坏的方面是“沙文主义”，但也有好的方面，便是民族革命与反帝国主义的，但它又怀疑乃是“顽民”，恐它的“扶清”不真实，则又是保皇思想了。这两重的思想实在胡涂得很，但是照眉批的话看来，它的根源是从书本上来的，所以结果须得再从书本增加力量，这便是后来“民报”一派的革命宣传了。

二四　几乎成了小流氓

我说小流氓，意思是说他地位的大小，并不专指年纪，虽然年龄的大小也自然包括在内，因为年轻的人就不可能成为大脚色。在我们的乡下，方言称流氓为“破脚骨”，这个名词的本意不甚明了，但望文生义的看去，大约因为他们要被打破脚骨，所以这样称的吧。

一个人要做流氓，须有相当的训练，与古代的武士修行一样，不是很容易的事。流氓的生活里最重要的事件是挨打，所以非有十足的忍苦忍辱的勇气，不能成为一个像样的“破脚骨”。大流氓与人争斗，并不打人，他只拔出尖刀来，自己指他的大腿道：“戳吧！”敌人或如命而戳一下，则再命令道：“再戳！”如戳至再至三而毫不呼痛，刺者却不敢照样奉陪，那便算大败，要吃亏赔偿，若是同行的流氓，也就从此失了名誉了。能禁得起殴打，术语曰“受路足”，乃是流氓修养的最要之一。此外官司的经验也很重要，他们往往大言于茶馆中云，“屁股也打过，大枷也戴过”，亦属流氓履历中很出色的项目。有些大家子弟转入流氓者，因门第的馀荫，无被官刑之虑，这两项的修炼或可无须，唯挨打仍属必要。我有一个同族的长辈，通文，能写二尺见方的大字，做了流氓，一年的春分日在宗祠中听见他自伐其战功，“打翻又爬起，爬起又打翻”，这两句话实在足以代表“流氓道”之精义了。

法律上流氓的行为是违法的，在社会上也不见得有名誉，可是有一点可取的地方，即是崇尚义气与勇气，颇有古代游侠的意思，即使并非同帮，只要在酒楼茶馆会见过一两面，他们便算有交情，不再来暗算，而且有时还肯帮助保护。当时我是爱读《七剑十三侠》的时代，对于他们并不嫌忌，而且碰巧遇见一个人，年纪比我们要大几岁，正好做嬉游的伴侣，这人却是本地方的一个小流氓。他说是跟我们读书，大约我那时没有到三味书屋去，便在[①]祖父住过的一间屋布置为书房，他读他的《幼学琼林》，我号称做文章预备应考，实际上还是游荡居多。他自称为姜太公的后人，因为姓姜所以名字便叫作“渭河”，不过他在社会上为人所知的名字乃是“阿九”。他的母亲是做“卖婆”的，这种职业是三姑六婆之一种，普通规矩的大家是不轻易让进门里来的，因为她们以卖买首饰为名，容易做些坏事，不过阿九的母亲乃是例外的一个，还是老实的人。她也做那所谓“贳花”的勾当，这是一种变相的“高利贷”，却更为凶恶，便是把珠花首饰租赁给人，按日收钱，租赁的人拿去典当，结果须得拿出当铺、贳主与经手人三方面的利钱，而且期间很短，催促得很凶，所以不是寻常妇女所能经手办理的。阿九和他的姊姊时常代表他们的母亲，来我

① “便在”三育本同，桂本作“便将”。〖*53*，倒*9*〗

们的同门居住的本家里来催促，可是他却不大以为然，只是轻描淡写的去到债主家里一转，说我母亲叫我催钱来了，说了就走到这边来和我们出去玩耍去了。

说是玩耍也就是在城内外闲走，并不真去惹事，总计庚子那一年里所游过的地方实在不少，街坊上的事情，知道的也是很多。游荡到了晚上，就到近地吃点东西。我们隔壁的张永兴是一家寿材店，可是他们在东昌坊口的南边都亭桥下开了一爿“荤粥店”，兼卖馄饨切面，都做得很好。荤粥乃是用肉骨头煮粥，外加好酱油和虾皮紫菜，每碗八文钱，真可以算得价廉物美。我们也就时常去光顾，有一回正在[①]吃粥，阿九忽然正色问道：

“这里边你们下了什么没有？”店主愕然不知所对。阿九慢慢的笑说道：

“我想起你们的本行来，生怕这里弄点花样。”棺材店的主人听他这说明，不禁失笑，这就是小流氓的一点把戏了。这样的事是常见的，例如小流氓寻事，在街上与人相撞，那人如生了气，小流氓反诘问说：

“倒还碰患带者？”这里我们只好用方言来写，否则不能表现他的神气出来，意思则云“难道撞了倒反不好了么”，这是一种诡辩，便是无理取闹的表示。同样的事情，阿九也曾有过。其时我已经不在家，我的兄弟同母亲往南街看戏，那时还没有什么戏馆，只在庙台上演戏敬神，近地的人在两旁搭盖看台，租给人家使用，我们便也租了两个坐位。后来台主不知为何忽下逐客令，大约要租给阔人了，坐客大窘，恰巧阿九正在那里看戏，于是便

---

①“正在”手稿作“正有”，三育本、桂本同改。〖*54*，倒*10*〗

去找来，他也并不怎么蛮来，只对台主说道：

“你这台不租了么？那么由我出租给他们了。”台主除收回成命之外，还对他赔了许多小心，这才了事。在他这种不讲道理的诡辩里边，实在含有很不少的诙谐与爱娇。我从他的种种言行之中，着实学得了些流氓的手法。后来我离开绍兴，便和他断了联系，所以我的流氓修业也就此半途而废了。到了宣统元年（一九〇九），这位姜太公的后人把潘姨太太拐跑了，不过这件事情，或者也不好专怪他们的，现在就不再谈了。

二五　风暴馀波[①]

上面关于风暴讲的很多，但是我个人只受到了一点，后来差不多就淡忘了。我在杭州的一年多，经常在祖父的身边，也并不觉得怎么严厉，生活过的还好，原想后来再去的。己亥年冬天，对于自己的游荡很不满意，十月三十日日记有“学术无进，而马齿将增，不觉恧然”的话，十一月十二日项下记云：

“忽作奇想，思明春往杭州去，拟大哥归后再议。”次年三月廿一日阮元甫来，云欲往杭，予以河水涨暂不去。至四月初二日发杭州信，使阮元甫初六来接，至期已收拾行李什物，而等候阮元甫不至，事遂中止。不料事情才隔半年，家中情形又复发生极大变化。介甫公自癸巳入狱，关在杭州八年，终于辛丑年

① 本节标题三育本、桂本均依知堂先拟之《药堂谈往目次》作“风暴的馀波”。〔*55*，倒*10*〕

（一九〇一）正月里奉旨准其释放，回到家里来了。这件事是由刑部尚书薛允升附片奏明，因拳匪闹事时，在刑部狱中的犯人都已逃了出来，可是到事平的时候又自去投首，刑部遂奏请悉予免罪，薛公乃援例推广，把在杭州的介甫公也拉了进去，请准一律释放，这里明系有人情关系，虽然介甫公不曾自去活动，或者薛公因为是秦人，性情厚道的缘故，顾念年谊，所以肯这样的援手的吧。虽然后来介甫公偶尔谈到薛允升，仍然说他乃是胡涂人，他平常总说“呆皇帝、昏太后”的，那么那种批评也是难怪的，不过薛公的“出力不讨好”的做事精神，总是值得佩服的吧。

正月廿七日得到杭州的信，知道释放的消息，二月十三日信里说，部文已到杭州府，即可回家，十九日云已定廿一[①]晨动身，可雇舟至西兴来接。现在便把有关这事的几天日记抄录于后：

> 二十日，晴。晚下舟放至西郭，已将初鼓，门闭不得出，予以钱二十，启焉。行里许，予始就寝，春雨潇潇，打篷甚厉，且行舟甚多，摩舷作声，久之不能成睡。披衣起阅汤氏《危言》一篇，坐少刻，就枕即入寐矣。少选，又为舟触岸惊醒，约已四下钟，遂不复睡，挑灯伏枕，作是日日记，书讫推篷一望，曙色朗然，见四岸菜花，色黄如金，纵观久之，怡然自得，问舟子已至何处，则已到迎龙闸左近矣。大雨。
>
> 廿一日，晴。晨过萧山，巳刻至西兴，停泊盛七房门首，见祖父已在，候少顷行李始至。午开船，晚至柯亭，

① “廿一”三育本、桂本均作“廿一日”。〖*56*，倒*9*〗

就寝，二鼓至西郭门，夜深门已扃，至晨始得入。

廿二日，晴。晨至家。

祖父在离家八年之后[①]，当然是一件大可喜事，但是这中间只隔了十二三日，到了二月初五日家里的大风暴却又即开始了。是日记载道：

初五日，雨。上午同伯文叔往舒家墺上坟，未刻归家。祖父信衍生谗言，怒詈。

初七日，雨。下午，祖父信衍谗，骂玉田叔祖母，大闹。

关于这事件，须得来说明一下缘因。自从戊戌冬四弟病故，母亲甚为悲伤，改变住房格式，绘画小影，上边已曾说及，其时本家妯娌中有一个人，特别关切，时常走来劝慰。这人便是玉田叔祖母的儿媳，也即是上文预备逃难的谦婶。其人系出观音桥赵氏，是很漂亮的善于交际的一位太太，她同鲁太夫人特别说得来，因此拉她到她那边去玩。凑巧的是鲁太夫人的住房和那里堂屋只隔着一个院子，虽然当初分家，在院子中央砌了一堵墙，将两边分开了，但是那边如高呼一声，这边还是听得见的。在晚饭后，常听见“请来玩吧”的呼声，这边也就点灯走了过去，因为中间墙壁隔着，所以须得由外边绕了过去，而这条路又一定要经过“衍太太”的门口，因此看在眼里，以为她们必然得到许多好处，得

① “在离家八年之后”三育本同，桂本作“在离家八年之后回来”。〖57，6〗

有机会焉能不施报复呢？其实那里也只是打马将消遣，没有什么输赢，只醵出几角钱来，作为吃炒面及供油火费之用，乃一经点染，遂为大闹的资料。[①] 谗人的手段便是那么高明的，后来衍生病死，祖母于无意中念了一句阿弥陀佛，可见他影响之多么深远了。

祖父对于儿媳，不好当面斥骂，便借我来做个过渡。他叫我出去教训，倒也不什么的[②] 疾言厉色，只是讲故事给我听，说某家子媳怎样不孝公婆，赌钱看戏，后来如何下场，流落成为乞丐，饥寒至死，或是遇见兵乱全家被难。这里明示暗喻，备极刻薄，说到愤极处，咬嚼指甲戛戛作响，仍是常有的事情。至于对了祖母，则是毫不客气的破口大骂了，有一回听他说出了“长毛嫂嫂”，还含胡的说了一句房帏隐语，那时见祖母哭了起来，说“你这成什么话呢”，就走进她的卧房去了。我当初不很懂，后来知道蒋老太太的家曾经一度陷入太平军中，祖父所说的即是那事，自此以后，我对于说这样的话的祖父，便觉得毫无什么的威信了。

二六　脱逃

鲁迅在《朝花夕拾》的一篇《琐记》里，说他的想离开绍兴，乃是“衍太太”所逼成的，因为她最初劝导他偷家里的东西，后

① 手稿此处原有一句：“介甫公平常骂衍太太不务正业，但是却爱听他们的话。”复被墨笔划去，知堂改文之例二。〖*58，2、3*〗

② “不什么的”三育本同，桂本作“不怎么的”。〖*58，7*〗

来又造他的谣言，使他觉得家里不能再蹲下去。但是我却是衍生所间接促成的。本来衍生和衍太太的不正当的结合，虽然由旷达的人看去，原算不得一回什么事，因为本家的房份远了，与路人相差无几，但到底是 “有乖伦常”，至少也是可笑的。介甫公对于这事很是不满，不过因为事属暧昧，也只好用他暗喻的方法，加以讽刺，于是有在堂前讲《西游记》的事情，据族叔官五（别号观鱼）所记，所讲的是猪八戒游盘丝洞这一节，这故事如何活用，我因为没有听到过，无从确说，但总之是讽刺他们两个人的。虽然明知他们是怎样的人，而独深信他们的说话，这实在是不可理解的一个矛盾。

但是我想从家里脱逃的原因，这还只是一半，其他一半乃是每天上街买菜，变成了一个不可堪的苦事。每天早起，这在我并不难，就是换取了九十几文大小不一的铜钱，须得掺杂使用，讨价还价的买东西，什么四两虾，一块胖头鱼，一把茭白，两方豆腐，这个我也干得来，虽然不免吃亏，但是买了回来祖父看了，总还说是要比[①]用人买的更是便易[②]，所以在这些上面都没有什么困难。其最为难的是，上街去时一定要穿长衫。早市是在大云桥地方，离东昌坊口虽不很远，也大约有二里左右的路吧，时候又在夏天，这时上市的人都是短衣，只有我个人穿着白色夏布长衫，带着几个装菜的 “苗篮”，挤在鱼摊菜担中间，这是什么一种况味，是可想而知了。我想脱去长衫，只穿短衣也觉得凉快点，可是祖父坚决不许，这虽是无形的虐待，却也是忍受不下去的。

我想脱逃的意思是四月里发生的，在祖父回家后刚两个月的

---

①“比”手稿作“比更”，三育本同，桂本删。手稿“更”似写错不算。〖*59*，倒*12*〗

②“便易”三育本、桂本均作“便宜”。〖*59*，倒*11*〗

时候，我就写私信给大哥，“托另图机会，学堂各处乞留意”，这是四月初四日的事情。本来祖父是赞成各种职业，他认为读书不成，倒不如去学做豆腐，还可以自立，见于他所著的《恒训》。他在己亥年十二月十八日给我的信，有过这样的话：

> 杭省将有求是书院，兼习中西学，各延教习。在院诸童日一粥两饭，菜亦丰。得考列上等，每月有三四元之奖，且可兼考各书院。明正二十日开考，招儒童六十人，如有志上进，尽可来考。

可见他对于学堂也是赞成的，他的爱子长孙都已在南京，而且认为考求是书院，亦是有志上进的表示呢。尽管如此，不过当时我如提出此种要求，倘或他觉察了我想脱逃的意思，那也可能不许可的，因此我不敢来直接请求，宁可转弯抹角的去想办法，叫南京方面替我说话，那就可以保险了。

过了两个月的光景，南京的消息来了，最初乃是伯升来的信。五月廿六日记项下云：

> 廿六日，小雨。下午升叔来函云，已禀叔祖，使予往充当额外学生，又允代缴饭金，其意颇佳。

伯升已在水师学堂四年，现为二班学生，其三班则称额外生，最初一年须自备伙食。其时有同族叔祖在那里当国文教习兼管轮堂监督，信中所说的便是这人。再过了半个月，得到大哥来信，事情更是具体化了。日记里说：

十二日，晴。下午接大哥初六日函，云已禀明叔祖，使予往南京充额外生，并属予八月中同封燮臣出去。又附叔祖致封君信，使予持函往直乐施（地名）一会，托其临行关会。

脱逃的计划既已成功，现在只等实行罢了。

二七　夜航船

有一个号叫作鸣山的，是我们同高祖的族叔，曾经在水师学堂当过一时的学生，记得几句“喝茶抽烟”的英语，与封燮臣或者还是同年，其时在宋家溇的北乡义塾改作学堂，请他去当教习，我便请他给我与封君连络。七月十八日下午同鸣山至昌安门外趁陶家埭埠船，傍晚至宋家溇，次日往直乐施会见封燮臣，约定廿九日一同启行。封君是水师学堂管轮班学生，于今年毕业，所以搬家前往南京，同去的有封君母堂①，封君的两个兄弟，此外还有一位女客，仿佛说是表姊，大约是个寡妇，也随同前去。廿八日仍同鸣山至宋家溇，次日上午至直乐施封宅，下午趁姚家埭往西兴的航船，日记里记着傍晚至东浦，黄昏至柯桥，夜半至钱清看夜会，天气甚冷遂睡。

在这里我须得来把埠船与航船的区别来讲一讲。绍兴和江浙

① “母堂”三育本同，桂本作“母亲”。此系尊称，语气有别。〖*61，9*〗

一带都是水乡，交通以船为主，城乡各处水路四通八达，人们出门一步，就须靠仗它，而使船与坐船的本领也特别的高明，所谓南人使船如马这句话也正是极为确当的。乡下不分远近，都有公用的交通机关，这便是埠船，以白天开行者为限，若是夜里行船的则称为航船，虽不说夜航船而自包含夜航的意思。普通船只，船篷用竹编成梅花眼，中间夹以竹箬，长方的一片，屈两头在船舷定住，都用黑色油漆，所以通称为乌篷船，若是埠船则用白篷，航船自然也是事同一律。此外有戏班所用的“班船”，也是如此，因为戏班有行头家伙甚多，需要大量的输送地方，便把船舱做得特别的大，以便存放“班箱”，舱面铺板，上盖矮矮的船篷，高低只容得一人的坐卧，所以乘客在内非[①]相当局促的，但若是夜航则正是高卧的时候，也就无所谓了。绍兴主要的水路，西[②]边自西郭门外到杭州去的西兴，东边自都泗门外到宁波去的曹娥，沿路都有石铺的塘路，可以供舟夫拉纤之用，因此夜里航行的船便都以塘路为标准，遇见对面的来船，辄高呼曰“靠塘来”，或“靠下去”，以相指挥，大抵以轻船让重船，小船让大船为原则。旅客的船钱，以那时的价格来说，由城内至西兴至多不过百钱，若要舒服一点，可以“开铺”，即摊开铺盖，要占两个人的地位，也就只要二百文好了。

航船中乘客众多，三教九流无所不有，而且夜长岑寂，大家便以谈天消遣，就是自己不曾插嘴，单是听听也是很有兴趣的。十多年前做过《往昔》三十首，里边有一篇《夜航船》，即是纪

---

① “非”三育本同，桂本作“是”。此“非”系以否定字表达肯定的意思，如北方人常说的“非得”如何，隐去“不可”二字，听者也不会错解。〖*62，2*〗

② “西”手稿作“东”，三育本同，桂本改。〖*62，4*〗

念当年的情形的，今抄录于后：

往昔常行旅，吾爱夜航船。船身长丈许，白篷竹叶苫。旅客颠倒卧，开铺费百钱。来船靠塘下，呼声到枕边。火舱明残烛，邻坐各笑言。秀才与和尚，共语亦有缘。尧舜本一人，澹台乃二贤。小僧容伸脚，一觉得安眠。晨泊西陵渡，朝日未上檐。徐步出镇口，钱塘在眼前。

我这里又来引一段古人的文章，来做注脚。这是出在张宗子的《瑯嬛文集》卷一的《夜航船序》里，文云：

昔有僧人与士子同宿夜航船，士人高谈阔论，僧畏慑，拳足而寝。僧听其语有破绽，乃曰，请问相公，澹台灭明是一个人，是两个人？士子曰，是两个人。僧人曰，这等，尧舜是一个人，是两个人？士子曰，自然是一个人。僧人乃笑曰，这等说起来，且待小僧伸伸脚。

二八　西兴渡江

七月三十日，晴。晨至西兴，落俞天德行。上午过江，午至斗富三桥沈宏远行，下午下驳船，至拱辰桥，下大东小火轮拖船。

日记上简单的记载如此，现在来说得稍为详细一点吧。

西兴是萧山县的一个市镇，也即是由绍兴西郭北海桥到杭州的第一个驿站，计程是水路九十里。这虽是一个小镇，可是因为是通达杭沪宁汉各大商埠，出入必由之路，所以着实繁盛，比那东路通达宁波的曹娥站，要热闹得多了。讲到市面来，也只是平常的一个市镇罢了，却自有一种驿站的特色，这便是有许多的“过塘行”，专门管理客货，上边所说的俞天德行就是其一，又在第二十五节里我提到盛七房，那也是一家过塘行，不过不称什么行而已。过塘行的隔壁或对门，照例是一家小饭店，那里的店主兼伙计十分有礼貌，看见客人落行洗过了脸，便过来招呼，请在他那里吃便饭。客人反正是要吃饭的，而且盛情难却，也便欣然应命，自己命驾前去，或者懒得行动，要叫送过来吃，也无不可。店主人又很是[①]殷勤的推荐“下饭”的小菜[②]，总是些绍兴的家常菜蔬，无非那些煎鱼烤虾腌鸭子之类，吃得很是舒服而并不怎么耗费的。这里主客欢然作别，随后是过塘行了，要挑行李过江反正是有定价的，而且东西也一件都不会失落，若是要坐轿，也可以代雇，这要看潮水涨落移动，沙滩路程长短而定时价，但总也定得公道，不大会得超出一元钱的。你同过塘行的主人也欢然别过之后，便可以准备过那钱塘江了。

过钱塘江是一件危险的事，恐怕要比渡黄河更为危险，因为在钱塘江里特别有潮汛，在没有桥也没有轮渡的时候这实在是非常可怕的。但是这在我们水乡的居民这算得什么事呢？实在是，

---

① “又很是”三育本同，桂本作“又是很”。〖*63*，倒*4*〗

② “小菜”之“小”手稿先写“菜”，后改为“小”，复印件看得不甚真切，故桂本出注。〖*63*，倒*4*〗

也哪里顾得这许多呢？身边四面都是河港，出门一步都是用船，一层薄板底下，便是没有空气的水。我们暂时称强便只在水上的一刻，而一生中却是时时刻刻都可以落到水中去，若要怕它岂不是没有工夫做别的事情了吗？但从积极的方面去想，那些渡船上的“老大”，都是饱经风险过来的，我们倚靠着他，是决不会出什么危险的。过渡虽是安全了，可是上船的这一幕，却仍不免有多少危险。那些坐轿的君子是可以不必愁的，只有徒步的人，看见那很长的许多“跳板”，难免要心惊肉跳了。特别是沙滩浅而远，渡船不能靠近的时候，需要跳板接出来，而这跳板长而且软，前面有人走着，两条板一高一低，后边走的着实困难，差不多要被攧下水去的样子。等到上了船，这才可以安心了，因为沙滩只在西兴这边才有，杭州那面的松毛场是渡船可以靠岸停泊的。

上了渡船之后，还得要看那天的风色，这并不是占卜天候如何，乃是这里是不是顺风，或虽是偏风而可以利用风篷的。如若可以利用，那么百事大吉，只消挂上布帆，便一直前去了。万一全然不能利用，则乘客就大倒其霉，要洗耳恭听船夫的各种恶骂了。一只渡船的船夫本来就只是三四个人，不使帆时须凭摇橹，原是不够用的，所以须得由乘客义务的帮着去摇。据渡船不文律的规定，凡坐轿的和徒步而穿长衫的都照例得免，其抬轿挑脚，及一切短衣人等则均有帮摇的义务。有些乖觉的人看见风帆空悬着的时候，便自动的去摇橹，到了适当时节就可以退了下来，但懒人倒底[①]居多，船夫看摇橹的人不够，就开始说话，起初是一般的要请，其次则指名，如说那位戴凉帽的，那个抽旱烟的，最

①“倒底”三育本同，桂本作“到底”。〖*65，8*〗

后则破口大骂了。绍兴船夫的善于骂人，是向来很著名的，似乎别处也是一样，辱及祖先，并及内外姻亲，很是恶毒难听，可是有一点很是奇怪，它决不侵犯对方的配偶方面的。因此我颇疑心，此乃是诅咒而非是骂詈，盖诅咒对方为是乱伦的事，若是牵涉其配偶，那么便是夫妇的“敦伦”，不成且[①]为咒骂了。可是骂的虽是厉害，也有听的恬然毫不为意的，终于不去摇橹，这时候渡船也就快到埠头，大家不一会儿一哄而散了。

二九　拱辰桥

斗富三桥的沈宏远行也是与俞天德行同性质的一家过塘行，旅客借他的地方略为休息之后，便下驳船，往拱辰桥，船钱大约是一角吧。不知道有多少里路，坐在船上总要花费三四小时，这是在狭窄的内河里行走，须用竹篙来撑，所以花的时候很多。在将近拱辰桥的地方，须得过一个“坝”，这乃是一个土坡，介在内河外江的中间，船只经过这坡，须用绳索络在船首，用绞盘倒拖上去，普通总是外江水涨，所以出去很是费力，进来便只是顺流而下罢了。有些地方内外河距离颇远，所以过坝费事得很，须得把船抬着走一段路，像拱辰桥的要算是最便利的了。

拱辰桥是杭沪运河的尽头，在那里开辟商埠，设有租界，像上海似的，论理是应该很繁华热闹，但在那里设有租界的只有日

① “不成且”三育本同，桂本作“不成其”。〖*65*，倒*10*〗

本，诸事苟简，很不像个样子，可是既名夷场，总有些玩艺儿，足够使得乡下有几个钱的人迷魂失魄的了。我从南京回家，一共有过四五次，那么总也有八九回要走过拱辰桥，却不曾下去细细观察过，总只是从驳船跳到拖船上，所见到感到的只有那浑浊污黑的河水，烟雾昏沉的天空，和喧嚣杂乱的人声而已。有一回，我却终于上岸去了，这也不记得哪一年，总之是在夏天，平常小火轮要走上两夜一天才到，这时不知是什么缘故，只走了一昼夜就到了。前天下午四时上海开的船，到第二天的傍晚已到了拱辰桥，想要进城已经来不及，而船到了埠便不让客人在船上过夜，所以唯一的办法只有上陆去。这是我第一次瞻仰拱辰桥商埠，结果乃使我大大的吃惊，以后便不敢赐顾了。我住在一家客栈里，隔壁便是一个“野鸡”的住房，刚才要了一碗汤面来吃，茶房就来劝驾去“白相”，接着那“小姐”和她的“大姐”（大应照方音读若渡或陀）也亲自过来，苦口婆心的劝说。好容易总算打发走了，预备睡觉，则帐子里的臭虫实在厉害，走出外边则蚊虫又多得很，而且白相也似乎没有生意，隔壁的主仆喁喁的说闲话，虽是低声却也听了实在心烦。混过了半夜，到了天蒙亮的时候赶紧下楼去找茶房，搬行李下驳船进城去了。拱辰桥就只这一回上去过，以后没有再上去的勇气了。

由拱辰桥开往上海的小火轮，那时计有两家公司，即戴生昌与大东。戴生昌首先开始，大东是日本人开的，继之而起，又加以改良，戴生昌系是旧式，散舱用的是航船式的，舱下放行李，上面住人，大东则是各人一个床铺，好像是分散的房舱，所以旅客多喜欢乘坐大东。价钱则是一样的一元五角，另外还有一种便宜的，号称“烟篷”，系在船顶上面，搭盖帐幕而成，若遇风雨则四面遮住，殊为气闷，但价钱也便宜得多，只要八角钱就好了。普通在下午[①]四时左右开船，次日走一天，经过嘉兴嘉善等处，至第三天早晨，那就一早到了上海码头了。

三〇　青莲阁[②]

我们于辛丑（一九〇一）八月初二日到上海，在那里耽搁三天，初四日乘轮船出发，至初六日上午到南京。据日记上所载如下：

> 初二日，晴。晨至上海，寓宝善街老椿记客栈。上午至青莲阁，啜茶一盏。夜至四马路春仙茶园看戏，演《天水关》、《蝴蝶杯》二剧，归寝。
>
> 初三日，晴，在上海。
>
> 初四日，晴。下午，下江永轮船。夜沈子香失去包裹一个，陈文玲亦来。夜半开船，至吴淞口，已五更矣。舟行震动，甚觉不安。
>
> 初五日，晴，在舟中。
>
> 初六日，晨小雨，至江阴雨止，到镇江，上午至南京下关。

---

① “下午”手稿作“下下”，三育本、桂本同改。〖*67*，*12*〗

② 本章标题手稿作“长江轮船”，三育本、桂本同改。〖*67*，倒*11*〗

当时上海洋场上所特有的东西，第一是洋房和红头巡捕。但这与过客无缘，住的客栈是中国旧式房子，平常出去只要不在马路边上小便，也不会碰见印度巡捕的麻烦，若是在小巷里那是照例可以的。其次多的便是“野鸡”。她们散居在各处衖堂里，但聚集最多的地方乃是四马路一带，而以青莲阁茶楼为总汇。所以凡往上海观光的乡下人，必定首先到那里去，我们也不是例外。那里茶也本来颇好，不过“醉翁之意不在酒”，目的乃是看女人，你坐了下来，便见周围走着的全都是做生意的女人，只等你一句话或者示意，便兜搭着坐下了。楼上内部是售卖鸦片烟的，放着一张张的精巧的卧榻，可以容得两个人对抽，五光十色的尤其可观。青莲阁外边有一个很特别的书摊，摆摊的姓徐，绰号叫作“野鸡大王”，除普通书报以外，还带卖各种革命刊物，那时还没有什么东西出板，后来我看见的那些《新广东》和《革命军》，便都是从他那里得来的。这也可以说是青莲阁外的一个奇人吧。

上海的“茶园”那时由我们看来也是颇特别的。在绍兴还只有“社戏”，是地方上出份子，会首去招戏班来，在庙台上或是搭台开演，各人可以自由站立着看，不费一文。我上文讲的“杏花寺”演戏①，便是那一种类，其在乡间把戏台搭在半河的，便于在船上观看，尤其方便。社戏的戏班不是“高调”，就是“乱弹”，后来有所谓“徽班”者出现，但演的仍旧是绍兴府下的人，总之不是京戏。上海的“茶园”，盖是仿北京的什么茶楼而起，以吃茶为名，附带的看戏，但也似乎不是京戏，因为记忆起来，虽是十分模胡了，不记得有嗳嗳嗳的力竭声嘶的叫唤模样。地方戏我

---

① 上文未言及此，恐知堂错记。据《小破脚骨》（*1950*年*6*月*1*日《亦报》），第二四章言及南街庙台演戏，租座位起纠纷，那庙便是杏花寺。〖*68*，倒*2*〗

都看得，就只是那京戏里老生的唱法，在一个字的母音上拉长了变把戏，这和中医的医理一样，我是至今不敢领教的。绍兴城内有新式戏园，可以买票去听的，还是始于布业会馆，是一个姓陶的卖布商人仿照上海开办，时间已经在民国初年了。那时演的是所谓坤伶，民间称髦儿戏，又称“的笃班”，乃是现今越剧的前身，一经蜕化，真是光辉万丈了。从前有个同乡的人曾经说笑话道：现今绍兴酒不好吃了，善酿酒尤其甜俗得可以，以后替绍兴扬名的恐怕要推越剧了吧。虽然说的是笑话，事情倒是实在的。

三一　长江轮船

这里所要说的是上海地方的流氓以及“扒手”，他们对于旅客的恶事计分明暗两种做法，暗的是偷窃行李，明的则是讹诈敲竹杠。他们并不全是本地人，乃系来自各处，以苏北一带为最多，因为接近淮河，地方十年九荒，流亡者多，以致“江北人”这一个名词，在江南人心目中，含有特别的一种意义。他们分布在长江一带，以沿江码头及轮船为其活动地区，而以上海和汉口为总汇。他们有严密的组织，属于什么帮会，不过这些事情并非我们外人所能得知就是了。现在只就我个人所见所知，约略记述一二，以见一斑。

日记里说封君的同班毕业生沈子香失掉了包裹一个，这就是着了扒手的道儿了。沈君乃是上海本地人，尚且不能预防，从别处地方来的自然更是难免了。大抵在船停着还未开行，或者中途停泊，都是他们最为活动的时节，你就是熬夜睁着眼睛看着，它也会从你的鼻子底下拿走的。但是他们很有规矩，对于自家人是决不侵犯的。关于这件事，我有过一个经验，因为是亲身经历的，虽然事情并不关联我自己。

有一回我从上海往南京，坐在长江轮船里，可能是招商局的，也可能是太古或怡和公司的，因为长江里的这三家的船都差不多，通常称作“三公司”的船，碰着谁家就坐谁，虽然招商局是中国官督商办，而太古怡和乃是外国商人所办的。他们的船在各埠大抵都有“趸船”，读若“顿船”，这乃是一种浮着的码头，可以随着水位高下而升降，随后再用桥梁似的东西与陆地相联接，所以是颇为便利。此外还有一家日本公司，因为开办得迟，不但没有趸船，沿路要停泊在江心，用摆渡上岸，而且上海的码头又在对岸浦东，也须得过渡，更多有流氓活动的馀地，因此旅客对于这一家的船特别怀有戒心，不敢轻易搭乘的。总之我趁的是三公司船，老早就已上去，虽然占不到十分好的位置，也还是适中的得到一个中层的散舱铺位，看看时间渐晚，来者愈多，后来不但是没有床位，连床位中间的空隙也有人打开铺盖来了。我的床位前面，却来了一位衣服华丽的旅客，穿的大概是宁绸吧，约在四十以上年纪，看情形也似乎是上等人，在摊开被铺之后，开始抽起鸦片烟来。没有什么值得特别注意，我便不去看他了，这时大约船已开行，我也朦胧的假寐一会儿，再睁眼看时已近半夜，那位阔客却还是不睡，点着烟灯，不知是在抽烟，还是干什么。那时忽然听见有人走来，口里一面骂着，一面四顾寻觅，好像要找一个人的样子，嘴里说着宁波话，意思是说“怎么对我也开起玩笑来了”。那人走到阔客面前，便停了下来，也不说别的话，径自屈身向他怀中掏摸，便叽哩咕噜的拉出一连串的东西来，乃是一只表和它的索子。拉出表来之后，看也不一看，装进自己的口袋里，嘴里还是唠叨着，仍走原路回去，这边的阔客则不作一声，任他掏了表去，若无其事的样子。我看了心里正自纳闷，不晓得是怎么一回事，及至回头再来注意阔客时，则不知在什么时候已经收拾了烟盘和铺盖，搬到别处去了。这时才了解这是他错拿了同帮的人的东西，所以弄得当众出丑，露出了马脚，只好偷偷的躲避过了。

另外一件事，乃是当事人告诉我的，所以也是的确可靠。此人我们姑且叫他小土，乃是北大校长蒋梦麟的得力的秘书，在张作霖进京做大元帅的时节，逃出北京，由天津南归，是一九二六年的事。当时他率领妻子，并且带有若干件行李，生怕在上海码头上遇着流氓要敲他的竹杠，所以他预先写信，通知北新书局的李老板，请求照顾一下。李小峰虽是他住同安公寓时节的老友，应当给他帮忙的，但李老板乃是有名的忠厚老实人，恐怕没有什么力量，不过久在上海，总可以代找一个“场面上人”替他出一臂之力吧。及至轮船到了“金利源码头”，看不见救兵的来，只见黑压压儿站满了脚夫流氓，小土这才着了忙，眼看那些行李都被运到码头，东一件西两件的分散放着，这是流氓的照例的做法，教人不好照管，以便从中做些手脚。其时才见李老板到场了，仍然咧着嘴笑，随带着一个人，却是衣裳楚楚的白面书生，不像是个虬髯着短后衣保镳人的模样。小土这时心想百事休矣，行李准定要失少一半了，可是那书生不动声色，和主人招呼过后，便回转来对脚夫骂了一句，这是极普通的骂法，因为用的太广泛了，有点失去了原来恶意，犹如绍兴的“仰东硕杀”，——见于《杂纂四种》序中所引用的鲁迅书简中，算不得什么骂了。原语当然是句上海话，仿佛是什么“触倷娘”之类，可是这句话一说，恍如五雷真诀一样的有灵，听的人耸然震动，立刻把分散的行李归在一处，立在旁边听候吩咐。书生乃问明行李件数，再查问流氓头儿的姓名，叫留下几名挑夫，责成头子阿什么负责送到什么地方。吩咐既毕，便对主人说道：“我们走吧。”各自分路而去，小土到了地点，果然见行李随到，一件都不短少，挑夫各受应得的工资而去。小土随后告诉我这件经过，他说他还清清楚楚的记得那句真言，后来遇着机会很想依样壶卢的来试它一试，可是也就害怕，生怕真如五雷真诀一样，万一念的不很准确，不但不见灵验，还会惹得雷火烧身，所以不敢照样的做。但是传到了我的手里，这句真言只存了大意，已经把原语也已失传了。

三二　路上的吃食

从前大凡旅行，路上的吃食概归自备，家里如有人出外，几天之前就得准备“路菜”。最重要的是所谓“汤料”，这都①好吃的东西配合而成，如香菇、虾米，玉堂菜就是京冬菜，还有一种叫做“麻雀脚”的，乃是淡竹笋上②嫩枝的笋干，晒干了好像鸟爪似的。它的用处是用开水冲汤，此外当然还有火腿家乡肉，这是特制的一种腌肉，酱鸡腊鸭之类，是足够丰美的。后来上海有了

①“都”三育本、桂本均作“都用”。〖*73，3*〗

②“上”三育本同，桂本删。〖*73，5*〗

陆稿荐紫阳观，有肉松薰鱼，及各种小菜可买，那就可以不必那么预备了。

由杭州到上海的路上，船上供给旅客的饭食，而且菜蔬也相当的好。房舱二十个人一间，分作前后两截，上下两层床铺各占一人，饭时便五个一桌，第一天供应晚餐一顿，次日整天两顿，都在船价一元五角之内，这实在要算便宜的。沪宁道中船票也是一元五角，供应餐数大略相同，可是它只管三顿白饭，至于下饭的小菜，因为人数太多，也实在是照管不来了。这且不谈也罢，那轮船里茶房对客人的态度也比较的差，譬如送饭来的时候，将装饭的大木桶在地上一放，大声喊道："来吃吧！"这句话意思是如此，可是口调还有不同，仿佛有古文里所谓"嗟，来食"之意，而且他用宁波话说，读作"来曲"，这自然更不好听了。不过那时候谁也计较不得这些，只等到"来曲"一声招呼，便蜂拥的奔过去，用了脸盆及各种合用的器具，尽量的盛饭，随后退回原处，静静的去享用。这是杭沪以及沪宁两条路上，不同的吃饭的情形。

路过各处码头，轮船必要停泊下来，上下客货，那时有各种商人携百货兜售，这也是很有趣味的事。不过所记得的大抵以食物为多，即如杭沪道上的糕团，实在顶不能忘记的了。这种糕团乃是一种湿点心，是用糯米或粳米粉蒸成，与用麦粉所做的馒头烧卖相对，似乎是南方特有的东西，我说南方还应修正，因为我在嘉兴和苏州看见过它，在南京便没有了，北京所谓饽饽，乃全是干点心而已。大概因为儿时吃惯了"炙糕担"上的东西，所以对于糕团觉得很有情分。鲁迅也是热爱糕团，因此在嘉兴曾闹过一个小小的笑话。他看见一种糕，块儿很不小，样子似乎很好吃，便问几钱一块，卖糕的答说，“半钱”。他闻之大为惊异，心想怎么这样的便宜，便再问一遍，结果仍是“半钱”。他于是拿了四块糕，付给他两文制钱，不料卖糕的大不答应，吵了起来。仔细一问，原来是说“八钱一块”，只因方言八半二音相近，以致造成这个误会，这也是很有意思的一件事。

此外在沪宁路上，觉得特别记得的，是在镇江码头停泊的时节，大约是以“下水”便是船向着长江下游走的时候居多，总在夜晚，而且因为货多，所以停船的时间也就很长。那时便有一种行贩，曼声的说，“晚米稀饭，阿要吃晚米稀饭”。说也奇怪，我没有一回吃过它，因此终于不知道这晚米稀饭是怎么一个味道，但想像它总不会得坏，而且也就永远的记住了它。怕得稀饭里会放进“迷子”这一类东西去，所以不敢去请教的么？这未必是为此，只是偶然失掉了这机会罢了。江湖上虽然尽多风险，但是长江上还没有像《水浒》上的山东道上一样，有这样的危难。可是后来有一年，我在礼拜天同伯升到城南去，在夫子庙得月台喝茶，遇着一位巡城的“总爷”。他穿着长衫马褂，头戴遮阳的大草帽，手里拿着一支藤条，虽是个老粗，却甚是健谈，与伯升很是说得来。据他说，骗子手里的迷药确是有的，他曾经抓住过这样的一个人，还从他问得配合迷药的药方。伯升没有请教他这个方子，想来他也未必肯告诉我们，那么何必去碰这个钉子。——而且或者他这番的话本来全是他编造的，拿来骗我们的也未可知呢。

三三　南京下关

到了南京下关，再走一步路，便是江南水师学堂，是我们此次旅行的目的地了。南京也是长江上一个大码头，照例有些流氓，旅客上下也是很有些不方便的。下关是学堂的大门口，不能眼看受人家的欺负，所以非想个法子来抵制不可。好在那时学堂还算是歪路，当学生的也是一种“吃粮”的朋友，借了那一套红青羽缎的操衣、一双马靴的装备，穿起来像个“丘八”的样子，也就可以混进去了。这是“自力更生”的办法，还有一种是“他力”的，便是利用学堂里的“听差”，叫他去码头上接送。这些名叫王福徐贵的人，在学堂里当听差，伺候诸位“少爷”，但是他们却自有地位，多是什么帮会里的人物，那时最有势力的是青帮，其次是洪帮（当初还以为是红帮，是颜色的区别呢）和所谓“安清道友”。叫他随从着，不希望怎么帮忙，但已足够阻止他们的进攻，这就尽够好了。说起校役中多有帮会的人，真是周知的事情，谁也用不着怎么惊怪的。从前我在学堂里的时候，汉文讲堂有一个听差，名字也无非王福刘贵之类，只是模样很是奇异，所以特别记得。他的辫发异常粗大，而且编的很松，所以脑后至少有一尺头发，散拖着不曾编辫，这怪样子是只够[①]惊人的。那时有革命思想的人，很讨厌这辫发，却不好公开反对，只好将头发的“顶搭”剃得很小，在头顶上梳起一根细小的辫子来，拖放在背后，当时看见徐锡麟，便是那个模样的。如今所说松编的大辫

① “只够”三育本同，桂本作“真够”。〖*76，5*〗

子，却正是相反，虽然未必含有反革命的意义，总之不失为奇装异服的一种，有些风厉的地方官，看见了就要惩办的。我们上汉文讲堂，因为暂时不曾看见那副怪相，有一天便问那后任的听差，说那人哪里去了，他的后任若无其事似的坦然回答道："他么，被他们帮里做掉了。"我们知道他们帮里的"行话"，所谓做掉，就是说他违反帮规，依照最高的法律，将他消灭了，其执行办法，则据传说是办一桌酒，请他吃了，随后传达命令，请他自裁，若是不能办到，便装入一个口袋内，扔到长江里去了事。这是传说如此，究竟事实若何，那就不能知道，但总之那大辫子之被做掉，乃是确实的事情，而且众人皆知，毫无隐讳，在此活生生的事实前面，足证帮会势力在南京是如何的活跃了。

江南水师学堂靠近下关，下关乃是轮船码头，有相当的店铺市街，所以是颇为方便的。我们说是靠近，其实还隔着一座城，也有几里路，不过比往南走，到北门桥去要近得多，而且轮船开行时放汽的声音也听得见，所以感觉得很近就是了。江边因为洋船上下，所以特别设了几家"办馆"，这是一种简单的洋货店，但其重要职务则是在给洋人代办食物，所以有此名称，不过我们也可以买到些东西，如"摩尔登糖"和一种成听的普通方块饼干，价廉而物美，所以也是很方便的。再过来便是新开的邮政局，以上是在江干的一块地方，也就是惠民桥的那边，其普通市街则是在桥的这一边。惠民桥下因为要通船只，都是竖有很高的桅竿的，而桥上面又要通车马，所以桥是做得可以开关的，一不凑巧遇着开桥的时候，便须等候着，要花费个把时辰。桥的这边有一道横街，道路很狭，有各种街铺，最后至江天阁，可以吃茶远眺，顾名思义当是可以望见长江，其实也只是一句话而已。由惠民桥沿着马路进城，走上一个颇长的高坡，就是仪凤门，门的左手是狮子山，上边设有炮台，但是没有上去过，那里驻守的官兵是不准闲人去看的，本来炮台哪里可以随便看得呢？可是那里洋人却可以上去“游览”的。过了仪凤门走不多远，就可以望得见机器厂的大烟通了，虽然是烟通终年到头不冒烟，但总之烟通是在那里，那即是我们的水师学堂了。

三四　入学考试

等考学堂，平常必须暂住客栈，而且时间久暂不能预定，花费也就不小，幸而我有本家的叔祖在学堂里当管轮堂的监督，可以寄寓在他那里，只要每月贴三块钱的饭钱给厨房就行了。我于八月初六日到来，初九日即考试额外生，据当日旧日记说是共有五十九人，难道真是有那么多吗，现在却也记不清了。考的是作论一篇，题云：

“云从龙风从虎论”。一上午做了，日记上说有二百七十字，不知是怎么说的，至今想起来也觉得奇怪。十一日的项下说：

“下午闻叔祖说，予卷系朱颖叔先生延祺所看，批曰文气近顺，计二十本，予列第二，但未知总办如何安排耳。”朱颖叔系杭州人，亦是水师学堂的汉文教习，其批语很有意思，文气只是“近”顺，可见也还不是真正顺了。但是十六日出榜，取了三名，正取胡鼎，我是备取第一，第二是谁不记得了。我颇怀疑我这列了备取第一，是很有情面关系的，论理恐怕还应名落孙山才是呢。

十七日覆试，更是难了，因为题目乃是十足的八股题：

“虽百世可知也论”。以后不曾发榜，大概这样就算都已考取了吧，到了九月初一日通知到校上课。这两回的论题真是难的很，非是能运用试帖诗八股文的作法者都不能做得好，初试时五十几个人一齐下了第，就是我们三人也不知怎样逃过第二难关的，因为那要比第一个题目更是空洞了。覆试的结果虽是不曾发表，据说也是胡鼎的卷子做得最好，因为他在末后说西洋有一种新的学问，叫做哲学，仿佛说凭了这个，就可以推知百世以后的事情。在那时候国文教员听见了这个新名词，的确要大吃一惊的。——可是且慢，难的还在后头，我们上课一个月之后，遇着全校学生汉文分班考试，策论的题目如下：

“问孟子曰，我四十不动心。又曰，我善养吾浩然之气。平时用功，此心此气究如何分别，如何相通，试详言之。”列位看了这个题目，有不对我们这班苦学生表示同情的么？一星期后榜出来了，计头班二十四名，二班二十名，其馀都是三班，总有五六十吧，大抵什九是老班学生，大家遇到此心此气，简直是一败涂地了。这入学考试的两个题目乃是总办方硕辅自己所出，就只是难做而已，还可以从字面来敷衍，后来请来了一位桐城派大家，又是讲道学的，向我们讲话，首先提出须得每人备一部《古文词类纂》，及至考问“平时用功”，就叫做那条策问，这便是那题目的来源。那一次汉文分班考试我也混过去了，结果还考列头班的二十名，现在想起来还要出冷汗，不知道那里是怎么样的胡说八道的，当时考卷如能找得到，倒的确想要看它一看呢。

三五　学堂大概情形

江南水师学堂本来内分三科，即是驾驶、管轮和鱼雷，但是在一九〇一年时鱼雷班已经停办，驾驶与管轮原设有头二三班，预定每班三年，那时候三班也已裁去，事实上又不能招收新生直接加入二班，所以又改头换面的添了一种副额，作为三班的替代。招生时称为额外生，考取入堂试读三个月，甄别一次，只要学科成绩平均有五成，就算及格，比后来的六十分还要宽大，这之后就补了副额学生了。各班学生除膳宿、衣靴、书籍仪器，悉由公家供给外，每月各给津贴，称为赡银，副额是起码的一级，月给银一两，照例折发银洋一元，制钱三百六十一文。我自九月初一日进堂上课，至十二月十三日挂牌准补副额，凡十二人，遂成为正式学生，洋汉功课照常进行，兵操打靶等则等到了次年壬寅（一九〇二）年三月，发下操衣马靴来，这才开始。我这里说“洋汉功课”，用的系是原来的术语，因为那里的学科总分为洋文汉文两大类，一星期中五天上洋文课，一天上汉文课。洋文中间包括英语、数学、物理、化学等中学课程，以至驾驶管轮各该专门知识，因为都用的是英文，所以总名如此。各班由一个教习专任，从早上八时到午后四时，接连五天，汉文则另行分班，也由各教习专教一班，不过每周只有一天，就要省力得多了。就那时计算，校内教习计洋文六人，汉文四人，兵操体操各一人，学生总数说不清，大概是在一百至一百二十人之间吧。

讲到学堂的大概情形，须得先把房屋来说明一下才行。从朝东的大门进去，一条阔长的甬道，二门朝南，偏在西头，中间照例是中堂签押房等，附属有文书会计处。后边乃是学生的饭厅，隔着院子南北各三大间，再往北是风雨操场，后面一片广场，竖立着一根桅竿，因为底下张着粗索的网，所以占着不小的面积。以上算是中路。东面靠近大门，有一所小洋房，是给两个头班教习住的。那时驾驶的是何利得，管轮的是彭耐尔，都是英国人，大概不过是海军的尉官吧。隔墙一长埭是驾驶堂，向西开门，其迤北一部与操场相并，北边并排着机器厂与鱼雷厂，又一个厂分作两部，乃是翻沙厂与木工厂。到这里东路就完了。西路南头是一个小院子，接着是洋文讲堂，系东西两面各独立四间，中为砖路甬道，小院有门通外边，容洋教习出入，头班讲堂即在南头，其次为二三班，北头靠东一间原为鱼雷讲堂，靠西的是洋枪库。汉文讲堂在其东偏，系东向的一带厢房，介于中路与东路之间。洋文讲堂之北是一小块空地，西边有门，出去是兵操和打靶的地方，乃是学堂的外边了。管轮堂即在此空地之北，招牌挂在向东的墙外，也是一长埭，构造与驾驶堂一样。后面西北角旧有鱼雷堂，只有十几间房屋，东邻是一所关帝庙。这里本来是一个水池，据说是给学生学游泳用的，因为曾经淹死过两个年幼的学生，所以不但填平了，而且还造了一所“伏魔大帝”的庙。庙里住着打更的老头子，他在清朝打过太平军，是个不大不小的“都司”，我在将来还要说到他，现在只是讲房屋，所以只能至此为止了。

三六　管轮堂

管轮堂坐北朝南，长方一块。外院南屋一排九间，中间是走向洋文讲堂等处的通路，其馀是教习的听差和吹号人等所住的房间。北屋也有九间，中间通往宿舍，左右住着教习们，中央靠东的一间是监督所住。院子的东墙开一头门，外挂管轮堂三字的木板，接着是一条由西北往东南的曲折的走廊，走到饭厅，穿过那院子，再往南折，便是出门去的路。内院即是学生的宿舍，这建筑在光绪初年，与后来北大清华的新宿舍迥不相同，或者多分近似旧书院的制度也未可知。那是一个大院子，东西相对各是十六间的平房，门外有廊，其第八间外面中盖有过廊，所以不能使用，空着不算，号舍共总算是三十间，这大概总占地面五分之四吧，还有西边五分之一，则是听差的住处，由那空间的通路走到宿舍里来，那里的一条长衖往北去可以通到便所，往南则是茶炉，再出去就是监督的门口了。宿舍定规每间住两个人，照例一人发给床板一副，床架有柱，可挂帐子，两抽屉半桌一张，凳子一个，大书架，箱子架和面盆架各一个，可以够用。又油灯一盏，油钱二百文，交给听差办理，若是要点洋油灯，则须自己加添一百文，那玻璃油壶的洋灯也须得自己置办。大抵当副额时只好用香油灯对付，到得升了二班，便可换用洋灯，但这只是说那穷学生，后来有些带钱到学堂里来用的人，那也就并不是那么寒酸的了。

宿舍南北两边都是板壁，东西一面开门，旁边是两扇格子糊纸的和合窗，对面中间开窗，是直开的玻璃门，外边有铁栅栏。房间里布置没有一定，可以随各人的意思，但是归结起来，大抵也只有三类。甲式是床铺南北对放，稍偏近入口，桌子也拼合放在玻璃窗下，两人对坐，书架衣箱分列坐后。这种摆法房内明朗，空气流通，享用平等，算是最好，但这须二人平日要好，才能实行。乙式是床铺一横一直，直的靠板壁一面，横的背门靠对面的板壁，空间留得稍大，桌子可以拼合，也可一人靠近窗下，一人在横放的床前壁下，便于各做各人的事。丙式是最差的一种办法，床铺也是一横一直，不过横的在里边，如乙式而略向前，约占房间的大半，而直的则靠近门口放在窗下，本来也只一小半，又空出门口一段，实际上他所有的才是全部三分之一罢了。新生入堂，被监督分配在有空位的那一号里去住，不但人情不免要欺生，而且性情习惯全不了解，初步隔离的办法也不算坏，虽然在待遇上要吃些亏。日久有朋友，再来请求迁居别号，或者与居停主人意气投合，也会得协议移动床位。其有长久那么株守门口的人，大抵总有什么缘故，与人合作不来，只好蛰居方丈（实在还不到一方丈）的斗室中了。三者之中，以甲式最为大方，因为至少总没有打马将什么这种违法的企图也。

三七　上饭厅

学生每天的生活是，早晨六点钟听吹号起床，过一会儿吹号吃早饭，午饭与晚饭都是如此。说到吃饭，这在新生和低年级生是一件难事，不过早饭可以除外，因为老班学生那时大都是不来吃的。他们听着这两遍号声，还在高卧，厨房按时自会有人托着长方的木盘，把稀饭和一碟腌萝卜或酱莴苣送上门来，他们是熟悉了哪几位老爷（虽然法定的称号是少爷）是要送的，由各该听差收下，等起床后慢慢的吃。这时候饭厅里的坐位是很宽裕的，吃稀饭的人可以随便坐下来，从容的喝了一碗又一碗，但是等到午饭或是晚饭，那就没有这样的舒服了。饭厅里用的是方桌，一桌可以坐八个人，在高班的桌上却是例外，他们至多不坐六人①，坐位都有一定，只是同班至好或是低级里附和他们的小友，才可以参加，此外闲人不能阑入。年级低的学生，一切都没有组织，他们一听吃饭的号声，便须直奔向饭厅里去，在非头班所占据的桌上见到一个空位，赶紧坐下，这一顿饭才算安稳的到了手。在这大众奔窜之中，头班却比平常更安详的，张开两只臂膊，像是螃蟹似的，在曲折的走廊中央大摇大摆的踱方步。走在他后面的人，不敢绕越僭先，只能也跟他踱，到得饭厅里，急忙的各处乱钻，好像是晚上寻不着窠的鸡，好容易找到位置，一碗雪里蕻上面的几薄片肥肉也早已不见，只好吃餐素饭罢了。

学堂里上课的时间，似乎是在沿用书房的办法，一天中间并不分作若干小时，每小时一堂课，它只分上下午两大段，午前八点至十二点，午后一点半至四点，但于上午十点时休息十分钟，打钟为号，也算是吃点心的时间。关于这事，汪仲贤先生在《十五年前的回忆》（还是一九二二年所写，所以距今已经是五十五年前了）里有几句话，说的很有意思：

---

①“至多不坐六人”三育本同，桂本作“至多坐六人”，牛津本作“至多不过坐六人”。“至多不坐六人”犹言最多也就坐六个人，语气与“不过”云云有别。以否定字表示肯定的意思，如“好不热闹”、“可不是”、“那可不”、“那不是”等，亦是文理，前例如第二七节《夜航船》所云“非相当局促的”。〖*83*，倒*4*〗

早晨吃了两碗稀饭，到十点下课，往往肚里饿得咕噜噜的叫，叫听差到学堂门口买两个铜元山东烧饼，一个铜元麻油辣酱和醋，拿烧饼蘸着吃，吃得又香又辣，又酸又点饥，真比山珍海味还鲜。

这里我只须补充说一句，那种烧饼在当时通称为“侉饼”，意思也原是说山东烧饼，不过这里用了一个雅号，仿佛对于山东人有点不敬，其实南京人称侉子只是略开玩笑，并无别的意思，山东朋友也并不介意的。这是两块大约三寸见方的烧饼连在一起，中间勒上一刀，拗开来就是两块，其实看它的做法也只是寻常的烧饼罢了，但是实在特别的好吃，这未必全是由于那时候饿极了的缘故吧？但是这做侉饼的人，却有一种特别的习惯，很是要不得的，即是每逢落雨落雪，便即停工，在茅篷里打起纸牌来，因为茅篷狭小而打牌的人多，所以坐在门口的就把背脊露出在外边。这于吃惯辣酱蘸侉饼的人非常觉得不方便，去问他为什么今天不做侉饼，他就会反问道：“今天不是下雨么？”为什么下雨就做不成侉饼，这理由当初觉得不容易懂，但是查考下去，这也就明白了。下雨天没有柴火，因为卖芦柴的人不能来的缘故。后来我问南京的人，已经不知有侉饼的名称，似乎是没有这东西买了，但是那麻油辣酱还有，其味道厚实非北京的所能及，使我至今不能忘记。那十点钟时候所吃的点心当然不止这一种，有更阔气的人，吃十二文一件的广东点心，一口气吃上四个，也抵不过一只侉饼，我觉得殊无足取，还不如大饼油条的实惠了。汪仲贤先生所说是一九一〇年左右的事，大概那种情形继续到清朝末年为止，一直没有变为每一小时上一堂的制度吧。

三八　讲堂功课

洋文功课是没有什么值得说的，头几年反正教的都是普通的外国语和自然科学，头班以后才弄航海或机械等专门一点的东西，倒是讲堂的情形可以一讲，因为那是有点特别的。洋文讲堂是隔着甬道，东西对立，南北两面都是玻璃窗，与门相对的墙上挂着黑板，前面是教习的桌椅，室内放着学生的坐位四排，按着名次坐。南京的冬天本不很冷，但在黑板左近总装起一个小火炉来，上下午生一点炉火，我想大概原来是对付洋教习的吧，我们却并不觉得它有什么好处，特别如有一时期代理二班教习的奚清如老师，他还把桌子挪到门口那边去，有点避之若浼的意思。到了夏天，从天井上挂下一大块白布做的风扇，由绳子从壁间通出去，有听差坐在屋后小弄堂里拉着，这也是毫无用处的东西，只是装个样子，后来学堂也作兴放暑假若干天，那时候或者这也就取消了吧。汉文讲堂只是旧式的厢房，朝东全部是门，下半是板，上部格子上糊纸，地面砌砖，与洋文讲堂比较起来差得多了，那些火炉风扇也并没有，好在每星期只有一天，也就敷衍过去，谁都没有什么不平。还有一层汉文简直没有什么功课，虽说上课实际等于休息，而且午后溜了出来，回到宿舍泡一壶茶喝，闲坐一会儿也无妨碍，所以这一天上课觉得轻松，不过那时要走间道，通过文书房到宿舍里去，不是新生所能够做到的罢了。

我说汉文功课觉得轻松，那是因为容易敷衍之故，其实原来也是很难的，但是谁都无力担负，所以只好应付了事了。那时汉文教习共有四人，一位姓江，一位姓张，都是本地的举人，又两位是由驾驶堂监督朱、管轮堂监督周兼任，也是举人，但两个是浙江的人。总办方硕辅是候补道，大概也是秀才出身吧，他的道学气与鸦片烟气一样的重，仿佛还超过举人们，这只要看入学考试和汉文分班的那些题目就可知道。我的国文教员是张然明老师，辛丑十月的日记上记有几个作文题目，今举出二十日一个来为例：

“问秦易封建为郡县，衰世之制也，何以后世沿之，至今不改，试申其义。”这固然比那“浩然之气”要好一点，但没法办还是一样的，结果只能一味的敷衍，不是演义便是翻案，务必简要，不可枝蔓，先生一半因为改卷省力，便顺水推舟，圈点了事，一天功课就混过去了。这种事情很是可笑，但在八股空气之下，怎么做得出别的文章来呢。汪仲贤先生说：

“有一位教汉文的老夫子说，地球有两个，一个自动，一个被动，一个叫东半球，一个叫西半球。”这不知道是哪一位所说的，我们那时代的教员还只是旧的一套，譬如文中说到“社会”，他误认为说古代的结社讲学，删改得牛头不对马嘴，却还不来掺讲新学，汪先生所遇见的已经是他们的后辈，所以不免有每下愈况之感了。

三九　打靶与出操

吃过早饭后，在八点钟上课之前，每天的功课是打靶，但是或者因为子弹费钱的缘故罢，后来大抵是隔日打一次了。打靶是归兵操的徐老师指挥的，那时管轮堂监督暂兼提调，所以每回总是由他越俎经管，在一本名册上签注某人全中，某人中一两枪，或是不中。后来兵操换了军队出身的梅老师，打靶也要先排好了队出去，末了整队回来，规矩很严了，最初却很是自由，大家零零落落的走去，排班站着，轮到打靶之后，也就提了枪先回来了，看去倒很有点像绿营的兵，虽然号衣不是一样。老学生还是高卧着听人家的枪声，等到听差一再的来叫，打靶回来的人也说，站着的人只有两三个了，老爷们于是蹶然而起，操衣袴脚散罩在马靴外边，蓬头垢面的走去，不管三七二十一的开上三枪，跑回宿舍来吃冷稀饭，上课的钟声也接着响了起来了。学堂以前打靶只是跪着放枪，梅老师来后又要大家卧放立放，这比较不容易，不免有些怨言，但是他自己先来，也不管草里泥里，随便躺倒，拿起枪来打个全红，学生们也就无话可说，古人云，“以身教者从”，这话的确是不错的。梅老师年纪很青，言动上有些粗鲁的地方，但也很有[①]直爽，因此渐渐得到学生的佩服，虽然我因为武功很差，在他所担任的教科中各项成绩都不好，和他不接近，但是在许多教习中，我对于他的印象倒要算是顶好的。

午饭吹号召集体操，这有点不大合于卫生，但这些都没有排在上课时间里，因为那时间是整个的被洋文汉文所占去了，所以只好分配到上课的前后去了。新生只舞弄哑铃，随后改玩那像酒瓶似的木制棍棒，有点本事的人则玩木马、云梯及杠干等，翻跟斗、竖蜻蜓的把戏，虽然平日功课不大好，但在大考时节两江总督会得亲自出马，这些人便很有用处，因此学校里对于他们也是相当的看重的。每星期中爬桅一次，这算是最省事，按着名次两

---

① “很有”三育本同，桂本作“很是”。或应作“很有点”、“很有些”。〖*88，9*〗

个人一班，爬上爬下，只要五分钟了事，大考时要爬到顶上，有些好手还要虾蟆似的平伏在桅尖上，平常却只到一半，便从左边转至右边，走了下来了。最初的教习是林老师，乃是本校老毕业生，年纪并不大，因为吃鸦片烟，很是黑瘦，他只是来喊几句英语号令，他的本领大概也只能玩那种棍棒而已。后来更换来了新军出身的梅老师，那是一位很有工夫的人，诸事都整顿起来了，但是爬桅也归了他指导，这于他多少是觉得有点别扭的。兵操在晚饭以前，虽然不是天天有，但一星期总有四次以上吧。梅老师之前教操的是一位徐老师，不知道他的履历，仿佛听说也是陆军出身，平时下操场他自己总还是穿着长袍，所以空气很是散漫，只是敷衍了事。到得考试时候，照例有什么官来监考，多是什么"船主"之类，那一天里他这才穿起他的公服来，水晶顶的大帽，身穿马褂，底下是战裙似的什么东西，看去有点滑稽，仿佛像是戏台上的人物。

四〇　点名以后

出操回来，吃过晚饭之后，都是学生自己所有的时间了。用功的可以在灯下埋头做功课，否则也可以看闲书，或者找朋友谈天，有点零钱的时候，买点白酒和花生米或是牛肉，吃喝一顿，也是一种快乐。到了九点三刻，照例点名，吹号不久，即由监督同着提了风雨灯的听差进来，按着号舍次序走过去，只看各号门口站着两个人便好，并不真是点呼，这样就算完了。十点钟在风雨操场上吹就眠的号，那里有厨房里所养的两只狗，听了那一套号声，必定要长嗥相和，就是发出那做狼时代的叫声，数年来如一日，可是学生们听了却毫不关心，要用功或谈天到十二点一点都无所不可，问题只是灯油不够，要另外给钱叫听差临时增加，因为一个月三百文的洋油，每天一定的分量是不大多的。两堂宿舍中以管轮堂第十六至三十号这一排为最好，因为坐东朝西，西面是门，有走廊挡住太阳，东窗外是空地，种着些杂树，夏天开窗坐到午夜，听打更的梆声自远而近，从窗下走过，很有点乡村的感觉。后来回想起来，曾写过一首打油诗以为记念，其词云：

> 昔日南京住，匆匆过五年。炎威虽可畏，佳趣却堪传。喜得空庭寂，难消永日闲。举杯倾白酒，买肉费青钱。记日无馀事，翻书尽一编。夕凉坐廊下，夜雨溺门前。板榻不觉热，油灯空自煎。时逢击柝叟，隔牖问安眠。

题目乃是“夏日怀旧”，原是说暑假中的事情的。所说打更的人，便是那位都司君，那时已有六十多岁的光景，一个人住在关帝庙里，养着几只母鸡，有时隔着窗门来兜售他的鸡蛋，我因为住在路东的第二十三号宿舍，所以多有机会，和他打这种交道的。

星期日照例是宿舍一空，凡是家住城南的学生都回家去了，一部份手头宽裕的也上夫子庙去游玩，其次也于午后出城到下关去，只有真是穷得连一两毛钱都没有的才留在学堂里闲坐。这所谓周末空气，在星期六下午便已出现，出操回来之后，本城学生便纷纷告假回去，大抵要到星期日点名前才回校来，但也有少数的节俭家特别要吃了星期六的晚饭后才去，次日也于饭前赶回学堂，鲁迅曾很挖苦他们，说在阴间七月半开放地狱门，有些鬼魂于饭后出来，到了十六那天跑回地狱去吃晚饭，可以说是刻画尽致了。往城南去大抵是步行到鼓楼，吃过小点心，雇车到夫子庙，在得月台吃茶和代午饭的馒头面，游玩一番之后，迤逦走到北门桥，买了油鸡咸水鸭各一角之谱，坐车回学堂时，饭已开过，听差各给留下一大碗白饭，开水一泡，如同游是两个人，刚好吃得很饱很香。若是下关，那很可以步行来回，到江边一转，看上下水轮船的热闹之后，在一家镇江扬州茶馆坐下，吃几个素包子，确是价廉物美，不过这须是在上午才行罢了。学生告假出去，新生和低班学生总喜欢穿着操衣，有点夸示的意思，老班则往往相反，大都改穿了长衣，这原因很有点复杂，有的倚老卖老，有的世故渐深，觉得和光同尘，行动稍为方便，但有的也由于要躲避人家的耳目，有如抽两口鸦片烟，在每班里这种仁兄也总是会有个把人的。

四一　老师①

在学堂里老师不算少，计算起来共有八位，但是真是师父似的传授给一种本事的却并没有。即如说英文吧，从副额时由赵老师奚老师教起，二班是汤老师，头班是郑老师，对于这几位我仍有相当敬意，可是老实说，他们并没有教我怎么看英文，正如我

① 本节标题三育本、桂本均加序号“一”。〔*91*，*12*〕

们能读或写国文也不是哪一个先生教会的一样，因为学堂里教英文也正是那么麻胡的。我们读的是印度读本，不过发到第四集为止，无从领解那些“太阳去休息，蜜蜂离花丛”的诗句，文法还不是什么纳思菲耳，虽然同样的是为印度人而编的，有如读《四书章句》，等读得久了自己了解，我们同学大都受的这一种训练。于我们读英文有点用处的，只是一册商务印书馆的《华英字典》，本是英语用汉文注释，名字却叫作“华英”，意思是为国家争体面，华字不能居于英字的底下，我们所领到的大约还是初版所印，用薄纸单面印刷，有些译语也非常的纯朴，一个极少见的字，用学堂的方言用语可以叫做“契弟”的，字典上却解作“卖屁股者”，这也是特别有意思的。可是比我们低一级的人，后来所领来的书里已经没有这一项，书名也不久改正为英华字典了。本来学堂里学洋文完全是敲门砖，毕业之后不管学问的门有没有敲开，大家都把它丢开，再也不去读它了，虽然口头话还是要说几句的。我是偶然得到了一册英文本的《天方夜谈》，引起了对于外国文的兴趣，做了我的无言的老师，假如没有它，大概是出了学堂，我也把那些洋文书一股脑儿的丢掉了吧。有些在兵船上的老前辈，照例是没有书了，看见了我的这本《天方夜谈》，也都爱好起来，虽然这一册书被展转借看而终于遗失了，但这也是[①]还是愉快的事情，因为它能够教给我们好些人读书的趣味。

我的这一册《天方夜谈》乃是伦敦纽恩士公司发行的三先令六便士的插画本，原来是赠送小孩的书，所以装订颇是华丽，其中有阿拉廷拿着神灯，和阿利巴巴的女奴挥着短刀跳舞的图，我

① “是”三育本同，桂本删。〖*92*，倒*11*〗

都还约略记得。其中的故事都非常怪异可喜，正如普通常说的，从八岁至八十岁的老小孩子大概都不会忘记，只要读过它的几篇。中间篇幅顶长的有水手辛八自讲的故事，其大蛇吞人，缠身树上，把人骨头绞碎，和那海边的怪老人，骑在颈项上，两手搭着脖子，说得很是怕人，中国最早有了译本，记得叫作“航海述奇”的便是。我看了不禁觉得“技痒”，便拿了《阿利巴巴和四十个强盗》来做试验，这是世界上有名的故事，我看了觉得很有趣味，陆续把它译了出来。虽说是译当然是用古文，而且带着许多误译与删节，第一是阿利巴巴死后，他的兄弟凯辛娶了他的寡妇，这本是古代传下来的闪姆族的习惯，却认为不合礼教，所以把它删除了，其次是那个女奴，本来凯辛将她作为儿媳，译文里却故意的改变得行踪奇异，说是“不知所终”。当时我的一个同班朋友陈作恭君定阅苏州出板的《女子世界》，我就将译文寄到那里去，题上一个“萍云”的女子名字，不久居然分期登出，而且后来又印成单行本，书名是“侠女奴”。译本虽然不成东西，但这乃是我最初的翻译的尝试，时为乙巳（一九〇五）年的初头，是很有意义的事，而这却是由于《天方夜谈》所引起，换句话说也就是我在学堂里学了英文的成绩，这就很值得纪念的了。

四二　老师　二

汉文老师我在学堂里只有一个，张然明名培恒，是本地举人，说的满口南京土话，又年老口齿不清，更是难懂得很，但是他对于所教汉文头班学生很是客气，那些汉文列在三等，虽然洋文是头班，即是那螃蟹似的那么走路的仁兄，在他班里却毫不假以词色，只为他是只以汉文为标准来看的。说到教法自然别无什么新意，只是看史记古文，做史论，写笔记，都是容易对付的，虽然用的也无非是八股作法。辛丑十一月初四日课题是：

“问汉事大定，论功行赏，纪信追赠之典阙如，后儒谓汉真少恩，其说然欤？”我写了一篇很短的论，起头云：

“史称汉高帝豁达大度，窃以为非也，帝盖刻薄寡恩人也。”张老师加了许多圈，发还时还夸奖说好，便是一例。那时所使用的，于正做之外还有反做一法，即是翻案，更容易见好，其实说到底都是八股，大家多知道，我也并不是从张老师学来的，不过在他那里应用得颇有成效罢了。所以我在学堂这几年，汉文这一方面未曾学会什么东西，只是时时要点拳头给老师看，骗到分数，一年两次考试列在全堂前五名的时候，可以得到不少奖赏，要回家去够做一趟旅费，住在校里大可吃喝受用。所看汉文书籍于后来有点影响的，乃是当时书报，如《新民丛报》，《新小说》，梁任公的著作，以及严幾道林琴南的译书，这些东西那时如不在学堂也难得看到，所以与学堂也可以说是间接的有点儿关系的。

我说在学堂里不曾学到什么汉文，那么我所有的这一点知识是从哪里来的，难道是在书房里学[①]的么？书房里的授业师，有三味书屋的寿鉴吾先生和洙邻先生父子两位，那是很好的先生，我相当的尊敬他们，但是实在也没有传授给我什么。老实说，我的对于汉文懂得一点，这乃是从祖父那里得来的。他是个翰林出

① “学”三育本、桂本均作“学来”。〖*94*，倒*9*〗

身的京官，只懂得做八股文章，而且性情乖僻，喜欢骂人，那种明比暗喻、指桑骂槐的说法，我至今还很是厌恶，但是他对于教育却有特殊的一种意见，平常不禁止小孩去看小说，而且有点奖励，以为这很能使人思路通顺，是读书入门的最好方法。他时常同我讲《西游记》，说是小说中顶好的作品。猪八戒怎样的傻，孙行者怎样的调皮，有一次战败逃走，摇身一变，变做一座古庙，就只有一根尾巴无处安放，乃把它变成一枝旗竿，竖在庙后面。哪里有光是一枝旗竿，而且竖在庙后面的呢，他又被人所识破了。讲这故事时似乎是很好笑的样子，他便自己呵呵的笑了起来了。不过在杭州寓里，他只有一部铅印的《儒林外史》，我们所常拿来看的。等到戊戌秋间回到家里，我就找各种小说来乱看，在母亲的大厨角落里，发见一部《绿野仙踪》，这就同《七剑十三侠》一起的看。及到南京时差不多大旨已经毕业，只有《野叟曝言》未曾寓目，但从同学借来石印的半部，没有看完，却还了他了。我的读书的经验即是这样的从看小说入门的，这个教会我读书的老师乃是祖父，虽然当初他所希望的“把思想弄通”，到底是怎样一个情形，而且我的思想算不算通，在他看来或者也还是个疑问，不过我总觉得有如朱颖叔批的考卷，所谓“文气近顺”罢了。一九二六年我曾写过一篇《我学国文的经验》，叙说[①]这一段情形，里边说道：

“我在南京的五年，简直除了读新小说以外，别无什么可以说是国文的修养。”这便是继承了上边的经验，由旧小说转入新小说的一个段落了。

---

①“叙说”三育本、桂本均作“叙述”。〖*95*，倒*8*〗

四三　风潮[①]

学堂里的生活照上边所说的看来，倒是相当的写意的，但是那里的毛病也渐渐的显现出来，在我们做了二班学生的时候，有好些同学不约而同的表出不满意来了。其一是觉得功课麻胡，进步迟缓，往往过了一年半载，不曾学得什么东西。因此大家都想改良环境，来做这个运动。壬寅冬天总办换黎锦彝，也是候补道，却比较年轻，两江总督又叫他先去日本考察三个月，校务令格致书院的吴可园兼代。听说他要带四名学生同去，觉得这是一条出路，我便同了胡鼎、张鹏、李昭文四人，往找新旧总办，上书请求，结果说是带了毕业生去，这计画也完全失败了。胡鼎又对江督及黎氏上条陈，要怎样改革学堂，才能面目一新，大概[②]因为理想太高，官僚也于改革缺少兴趣，自然都如石沉大海，没有一点影响。

其二是乌烟瘴气的官僚作风，好几年都是如此，以我进去的头两年为最甚。鲁迅在《朝花夕拾》里，说他在水师学堂过了几个月，觉得住不下去，说明理由道：

“总觉得不大合适，可是无法形容出这不合适来。现在是发见了大致相近的字眼了，乌烟瘴气，庶几乎其可也。”这乌烟瘴气的具体的例，可以我的壬寅（一九〇二）年中所记的两件事作为说明，都是在方硕辅做总办时代的事情。正月廿八日，下午挂牌革除驾驶堂学生陈保康一名，因为文中有“老师”二字，意存讥刺云。又七月廿八日，下午发赡银，闻驾驶堂吴生扣发，并停止

---

① 本节标题三育本、桂本均加序号“一”。〖*95*，倒*4*〗

② “大概”手稿作“太概”，三育本、桂本同改。〖*96*，*8*〗

其春间所加给的银一两，以穿响鞋故，响鞋者上海新出红皮底圆头鞋，行走时吱吱有声，故名。在这种空气之中，有些人便觉得不能安居，如赵伯先、杨曾诰、秦毓鎏等人，均自行退学，转到陆师或日本去了。可是这不但总办有这样威势，就是监督也是着实厉害，或者因为是本家的缘故，所以更加关心也说不定。《朝花夕拾》里记有一段说：

"你这孩子有点不对了，拿这篇文章去看去，抄下来去看去。一位本家的老辈严肃对我说，而且递过一张报纸来。接来看时，臣许应骙跪奏，……那文章现在是一句也不记得了，总之是参康有为变法的，也不记得可曾抄了没有。"这位本家的老辈便是管轮堂的监督椒生公，他是道学家兼是道教的信徒，每天早上在吃过稀饭之后要去净室里朗诵几遍《太上感应篇》的。他有一回看见我寄给鲁迅的信，外面只写着公元的年月，便大加申斥，说是"无君无父"，这就可以见一斑了。

但是不平和风潮的发现，并不是在方硕辅时代，而是在黎锦彝新接任的这一个月里，这虽似乎是偶然的矛盾，却是有时势的因缘在里面的。当时讲维新，还只有看报，而那时最为流行的是《苏报》，苏报上最热闹的是学堂里的风潮，几乎是天天都有的。风潮中最有名的是"南洋公学"的学生退学，以后接续的各地都发生了，仿佛是不闹风潮、不闹到退学便不成其为学堂的样子，这是很有点可笑的，却也是实在的事情。这时候新总办到来，两堂的监督都已换了人，驾驶堂的姓詹，管轮堂的姓唐，椒生公则退回去单做国文教习，虽然没有新气象，却也并不怎么样坏。我们四个人——即我和胡鼎、江际澄、李昭文的小组，可是觉得水师学堂是太寂寞了，想响应苏报，办法是报告内情，写信给报馆去。内容无非说学生的不满意，也顺便报告些学堂的情形，却是很幼稚的说法，如说管轮堂监督姓唐的绰号“糖菩萨”，驾驶堂的姓詹，绰号就叫“沾不得”，这些都没有什么恶意，其重要的大约还是说班级间的不平，这事深为老班学生所痛恨。这是四月中间的事，到了四月廿八日学堂遂迫令胡鼎退学，表面理由是因为他做“颖考叔茅焦论”，痛骂西太后，为大不敬，以禀制台相恫吓，未几胡君遂去水师，转到陆师去了。

四四　风潮　二

汪仲贤先生在一九二二年所写的《十五年前的回忆》中，曾经说道：

> 校中驾驶堂与管轮堂的同学隔膜得很厉害，平常不很通往来。据深悉水师学堂历史的人说，从前两堂的学生互相仇视，时常有决斗的事情发生，有一次最大的械斗，双方都殴伤了许多人，总办无法阻止，只对学生叹了几口气。

这一节话当出于传闻之误，我们那时候两堂学生并无仇视的事情，虽然隔膜或未能免，倒是同属一堂的学生因了班次高低很不平等，特别是头班对于二班和副额，如不附和他们做小友，便一切都要被歧视，以至受到压迫。例如学生房内用具，都向学堂领用，低级学生只可用一顶桌子，但头班却可以占两顶以上，有时便利用了来打牌。我的同班吴志馨君同头班的翟宗藩同住，后来他迁住别的号舍，把自己固有的桌子以外，又分去了那里所有的三顶之一，翟某大怒骂道：“你们即使讲革命，也不能革到这个地步！”过了几天，翟某的好友戈乃存向着吴君寻衅，说我便打你们这些康党，几乎大挥其老拳。又有高先澍也附和着闹，撒泼骂街，大家知道这都是那桌子风潮的馀波。查癸卯（一九〇三）年的旧日记，有好几处记着高先澍的骂街的事：

> 三月初三日，礼拜二，晴。夜看苏报，隔巷寒犬，吠声如豹，闻之令人发指。
>
> 初五日，礼拜四，晴。夜看《夜雨秋灯录》，读将终卷，吠声忽作，蛙鸣聒耳，如置身青草池塘，陶子缜诗云，春蛙逞烦吠，呜呼，可憎也。古人双柑斗酒，听两部鼓吹，以为雅人深致，惜我身无雅骨，殊不耐也。一笑。

这因为是高某的宿舍适在我的贴夹壁，所以他故意如此，是骂给我听的。日记里也就没有明写，只以隐喻出之，对于其人的品格倒亦是适合的。

但是后来事情也并不闹大，只是这样的僵持下去，直到甲辰（一九〇四）年头班毕业离校为止。本来对于学生间的不平等，想要补救，空谈是无用的，只能用实行来对抗，剥削役使一切不承受，也不再无理地谦逊，即如上文说过的上饭厅的时候，尽管老学生张开了螃蟹的臂膀在踱着方步，后边的人就不客气的越过去，他们的架子便只好摆给自己看了。这种事情积累起来，时常引起冲突，老班只有谩骂恫吓，使用无赖的手法，但是武力不能解决问题，经过一次争闹，他们的威风也就减低一层，到后来再也抖不起来了。而且他们也有很大的缺点，往往为学校所查获，而我们却没有，这是于我们很有利的。如上边记高某谩骂的第二天，就记着道：

> 初七日，礼拜六。点名后炒面一盆，沽白酒四两，招升叔同吃，微醉遂睡。少顷监督来，有恶少数人聚赌为所获，此辈平日怙恶不悛，赌博已二阅月矣，今已败露，必不免矣。

这里所谓恶少数人，盖有高某在内。

那时候我们做二班的只注意于反抗头班的压迫，打破不平等，这事总算终于成功了。但这只是消极的一面，以后升了头班，决不再去对别班摆架子，可是并没有更进一步的做，去同他们亲近交际，班次间的不平等是没有了，但还存在着一种间隔，可以说是疏远，这风气不知道后来什么时候才有转变，——总不会因此而酿成那样的大械斗的吧？

四五　考先生

上边所说差不多全是客观的、集体的事情，没有多少是我个人的事，但是我原是在这个集体之中，那么这里也可以有我的一份行动在内。现在却要来说我个人的事情了。我在学校里前后六个年头，自光绪辛丑（一九〇一）九月至丙午（一九〇六）七月，十足也只是五年罢了，告假在家的时候要占了一年有馀，有好几次几乎离脱学堂了，却不知以何种关系，终于得以维系住，想起来是极有意思的。现今就把这个来叙述它一下。

我到南京以后，第一次回家去，是在壬寅年的四月里，初一日接家信，知母亲患病，祖父谕令归视，遂于初三日同了头班的胡恩诰君离宁到沪，胡君原籍安徽，说到杭州分路，其实却是家住上海，所以到了上海就不动了。我乃独自旅行，于初七日到家，则母亲病已快好了，遂于十四日离家，十九日重返学堂了。是年六月二十四日记项下有云：

> 二十四日，礼拜，晴。下午接家信，促归考，即作答历陈利害，坚却不赴。

这是很严重的一个诱惑，可是胜利的拒绝了。为什么说是严重的呢？缘因是由于混过几回的考场，对八股的应付办法也相当的得到训练，所以在庚子年的县府考时，以“周珠”的名义应试，虽是在二三图里滚上滚下，最高也到过第二图的第五名，即是总数第五十五名，纵使距及格的四十名还差得远，但是比戊戌年的第十图三十四即四百八十四名看起来，实在已经进步不少了。当时家里的人大概还觉得当水手不及做秀才的正路，或者由于本家文童的力劝，也未可知，而同时在学堂本身也存在着这样的空气，这是很奇妙的，虽然是办着学堂，实际却还是提倡科举，即如我们同班丁东生告假去应院试，进了秀才，总办还特别挂虎头牌，褒奖他一番呢。这事不记得这[①]一年了，但总之这乃是方硕辅当总办的时候的事，那是无可疑的，那么这总当在癸卯以前吧。这样里外夹攻的诱惑可以说是很厉害了吧，但是它也干脆的被击退，因为这时我的反汉文的空气也很严重。如十月二十四日项下云：

> 今日汉文堂已收拾，即要进馆，予甚不乐。人若有以读书见询者，予必曰否否，宁使人目予为武夫，勿使人谓作得好文章也。

又十一月十六日项下云：

> 上午作论，文机钝塞，半日不成一字，饭后始乱写得百馀字，草率了事。顾予甚喜，此予改良之发端，亦进步之实证也，今是昨非，我已深自忏悔，然欲心有所得，必当尽弃昔日章句之学方可，予之拚与八股尊神绝交者，其义盖如此。

癸卯年两江师范学堂成立，秋天仍举行乡试，夫子庙前人山人海的，算是绝后的热闹，因为甲辰年以后科举遂永远停止了。那年暑假适值鲁迅回来，我也回到家里，于七月十六日偕至上海，鲁迅往日本去，我则同了伍仲学坐长江轮船，一路与“考先生”为伍，直至南京。今抄录当时的日记两节于后：

---

① “这”三育本作“那（哪）”，桂本同手稿。〖*101*，倒*8*〗

晚九下钟始至招商轮船码头，人已满无地可措足，寻找再三，始得一地才三四尺，不得已暂止其处。天热甚，如处甑中，二人交代看守行李，而以一人至舱面少息。途中倦甚，蜷屈倚壁而睡，而间壁又适为机器房，壁热如炙，烦燥欲死，至夜半尚无凉气。四周皆江南之考先生，饶有酸气，如入火炎地狱，见牛首阿旁，至南京埠，始少凉爽。

江南考先生之情状，既于金陵卖书记中见之，及亲历其境，更信不谬。考先生者在船上者[①]，皆行李累累，遍贴乡试字样，大约一人总要带书百许斤，其馀家居用具靡不俱备[②]，堆积如山，饭时则盘辫捋袖，疾走抢饭，不顾性命。及船至埠，则另有一副面目，至入场时，又宽袍大袖，项挂卷袋，手提洋铁罐，而阔步夫子庙前矣。

其时对于“考先生”的印象既然十分恶劣，那么自己之得以幸免，当然很是可以喜庆的事了。

四六　生病前

癸卯暑假的日记改了体例，不再是按日填注，改为纪事体，

① “考先生者在船上者”三育本同，桂本作“考先生之在船上者”，牛津本作“考先生在船上者”（同日记）。〖*102*，倒*6*〗

② “俱备”三育本同，桂本作“具备”。日记作“毕具”。〖*102*，倒*4*〗

有事情的时候写它一段，以详实为主，因此这半年——实在只有一个月半[1]里的日记显得比较实在。起头是记鲁迅的从家出发，到上海上轮船的情形，第一节是七月十六日，题目为“冒雨之启行之[2]珠岩之泊”：

> 予与自树（鲁迅当时的别号）既决定启行，因于午后束装登舟。雨下不止，傍晚至望江楼少霁，舟人就岸市物，予亦登，买包子三十枚，回舟与自树大啖。少顷开舟，雨又大作。三更至珠岩寿拜耕家，往谈良久，啜茗而返，携得国民日报十数纸，爇烛读之，至四更始睡。雨益厉，打篷背作大声。次晨，至西兴埠。

这里且来让我作一点注解，是关于望江楼的包子的。所谓包子，实在用的乃是普通话，在绍兴是不论有馅无馅，统称馒头的，其无馅的则特别称为实心馒头。这是绍兴城内的名物，个子很小，只有核桃那么大，名为“候口馒头”，正好一口一个，分肉馅和糖馅两种，都是两文钱一个。望江楼照那名字看来，一定是座高大洞桥，上有楼阁，因为否则哪能够望得见江呢？岂知这地方是在大街正中，居水澄桥与江桥的中央，虽然是道桥，可是阶层只有一级，底下通着河流，但是走过去的人不容易发见，因为这桥上有屋顶，两面是有墙壁遮住的。为什么是这样的呢，谁也不能

① “一个月半”三育本、桂本均作“一个半月”。二十多年前在石家庄念书，听人说起当地习俗，概括性的一句话是“沾不沾，两块半”，“两块半”的表述方式跟“一个月半”正同。〖*103*，*5*〗

② “之”日记作“及”。〖*103*，*7*〗

知道，向来就是这样的嘛。而这馒头店又是特别得很，它只有一个摊，摆在桥上边，带着缸灶、锅镬蒸笼，一边做着一边蒸，生意十分兴隆，但是买的人随来随买，也不用排队，不晓得什么缘故。因为馒头个子很小，所以两人吃三十个是绰有馀裕的，这也是值得说明的。

第二节是记十七日在杭州的事，题目是“白话报馆之寄宿”：

> 大雨中雇轿渡江，至杭州旅行社，在白话报馆中，见汪素民诸君。自树已改装，路人见者皆甚为诧异。饭后自树往城头巷医疗齿疾，予着外套冒雨往清和坊[①]，为李复九购白菊，苦甚，中道迷路问行人，答甚详，以予洋服故也。又得一老人，亦往清和坊[②]者，同行始得达，途中彼问予是红毛国人否，予告以系越人，似不信。回来已晚，夜宿楼上。次日伍仲学来访，云今日往上海，因约定同行。下午予两人乘舟至拱辰桥，彼已先在，包一小舱同住，舟中纵谈甚欢。

伍仲学是鲁迅的路矿同班，当时也在东京留学，他是南京的人，回家去后随复往日本去了。我到了学堂里遇见许多的朋友，在城南聚会了一次，这就是日记的第七节纪事，题目是 “三山街同人之谈话”，是七月二十九日的事：

> 前一日得锷刚信，命予与复九至城南聚会，当日乃

① “清和坊”手稿作“清河坊”，三育本、桂本均同。日记作“清和坊”。〖*104，9*〗
② “清和坊”三育本同，桂本作“清河坊”，或为与前出者划一。〖*104，11*〗

偕侠畊复九二人至承恩寺万城酒楼，为张伟如邀午餐，会者十六人。食毕至刘寿昆处，共拍一照以为纪念，名氏列后：张莫臣，孙竹丹，赵伯先，濮仲厚，张伟如，李复九，胡侠耕，方楚乔，王伯秋，孙楚白，吴锷刚，张尊五，江彤侯，薛明甫，周起孟，刘寿昆。散后复至铁汤池，晤张伯纯，及回城北已晚。

以后是“江干两次之话别”，系送张伟如往浙及李复九往日本去的，又一节是“明故宫之印象”，与王伯秋王毅轩钟佛汰刘寿昆共“往吊明故宫”，里边含有民族革命的意思，则已是八月十四日的事了。从这上边的事情看来，神气非常旺盛，可是才过了一星期却不意生了病，竟至缠绵四阅月之久，于是那日记也就中断了。

四七　生病后

我到了南京才得一个月，却不料就生起重病来。这一天是八月二十一日正逢礼拜，患了近似时症的病，当初昏不知人，样子十分沉重。学堂里的医官照例是不高明的，所以医药毫无效验，朋友们劝去住医院，那时这只有外国教会所开的医院，穷学生怎么住得起呢，承蒙同班的柯采卿自动的借给我六七块钱，侠畊从陆师赶来，雇车送我进了美国医院。这所医院设在鼓楼，大概创办人的名字是啤勃（Beebe）吧，一般的人都称它作“啤啤医院”[①]。我是下午进院的，办好手续，交了饭费，大约这所住的是免费的一种吧，所以不记得要收住院费用。但是因此待遇也就特别的糟，我被放在一大间里，住有十多个病人，那时我还发着高热，睡在众人中间，好像是在长江轮船的散舱里，觉得骚扰不堪，这中间有一个腰腿不便的病人，在地上爬着行走，却特别显得活泼，一忽儿到这边床前说些话，一忽儿又跑到那边去了。这很令人想起多年不见的“孔乙己”来，但是孔乙己盘着腿在地上拖，两只手全是乌黑的泥，他的样子又十分颓唐，所以叫人感到一种怜悯，但这个瘸子却只令人发生厌恶之感罢了。这一天的夜里真是不好过，况且进院以后医生也没有来看过，我便在第二天决心搬出去，办好退院交涉之后，又要等厨房算还饭钱，麻烦了好半天这才算清楚了。但是回学堂来病仍是没有好，亏得别的朋友帮忙，这回是刘寿昆君招我到他的店里去住。他的底细我不知道，只晓得他是湖南人，暗中在做联络革命的工作，在贡院左近临时开了一家书店，收罗当时时务书以及禁书，以备来乡试的考先生们的愿者上钩，结果自然是像姜太公的一无所得。我的床便放在书架后面，有兴致时可以自己抽看，一面也听着买书人的说话，与站在柜台前无异。刘君应付着主顾，又隔日同我去找香山邓云溪看病，煎药煮稀饭，忙得要命，我也十分过意不去，一直住了十多天光景，病已渐见轻减，才回到学堂去，那时已是重阳前后了。这书架子后边的生活，我到后来还不能忘记，回想起来也很是有趣，但特别感到困难的，乃是大小便的时候，因为这样的临时小店中是没有便所的设备的。所以在那时候必须走出门去，

---

① “啤啤医院”三育本同，桂本疑当作“啤勃医院”。民间的俗称不会怎么规范、准确，否则前文也不会说“大概”是啤勃所创办。〖*105*，倒*9*〗

而且走的相当的远，在一块空地里在人家的后墙下，找两块断砖来垫脚，构成急就的厕所，这在有病的人是相当吃力的。书店主人在医药饮食方面，都想得很周到，唯独对于这一件事觉得无能为力了。不过这种经验也是很难得的，我在南京这几年里头，在野地里拉屎，这也只是第一次哩。

我回到学堂里来，不意又生起病来了。这回却不是旧病重犯，乃是一种新的病，——我也不明白从前生的是什么病，这回的又是什么，这其间有没有因缘的关系，总之这回所患的病是两脚从膝盖以下都肿胀了，后来是连面部都显得浮肿起来。我因为不相信学堂的医官，所以也并不去请教他，只是由它拖着。这回好意的自动来给我帮助的，却不是我的朋友和同学，乃是学堂里的听差。他名叫刘贵，想来也是应付公家的姓名，是南京本地人，平日看他很是粗鲁，对我却相当关心，有一天午饭时他忽然拿来一个盘子，说这是乌鱼，用火煨熟，可以治水肿，只是要淡吃，一次吃完才好。我谢谢他的好意，如法的吃了，虽然病依然没有好，但他的意思总是很可感谢的。刘贵平时对头班的老爷们很不客气，如吃点心的时候问他要，他硬不肯给，说已经有人定下了，却拿来给我们。我和柯采卿同住在二十三号，离听差的房间不很远，但是我们不愿学头班那样，在自己房里大声叫嚷，所以总走到穿堂那里去叫，可是一叫就来了。他便是这样一个吃软不吃硬的人。回想到过去，自己受过人家的照顾很是不少，有的就此分散，连生死的消息也不知道，很觉得有点怅然，这两位刘君的事正是最早的一例了。

病既然没有好，赖在学堂里也不是办法，凑巧这时候椒生公被辞退了国文教习，正要回家去，就顺便带了我回绍兴了。这是九月二十九日的事情，于十月初三日抵家，请包越湖诊治。包越湖是诸暨县人，在“诸暨册局”应诊，我坐轿子隔日一去，轿钱来回只要两角，比较的还不算贵。到了十一月腿肿已经消了，左侧项上在耳朵背后忽然生了一个大疽，这地位既已不好，况且疖子在冬天发生，更不是寻常的事。这是第三种的毛病，不但苦痛，也很觉得危险，据说这名为“发际”，因为生在头发边沿的关系，特别有了名称，便是不好医治的证据。幸亏得南街的外科医李介甫给我开刀，加上“润子”，——这是一种纸捻，加药插入疮口，防止它的愈合，与现代的纱布有同样的效用，经过了月馀的治疗，这才逐渐的好起来了。李介甫是三味书屋的同学李孝谐的父亲，也是大舅父怡堂的亲家，本来也是大家子弟，因为自己喜欢搞这一门[①]，所以做了外科，否则外科地位很低，多少与剃头修脚相像，平常人是不肯干的。他到了晚年，称呼却仍是“李大少爷”，这可见是他初做外科时人家这样叫他，表示尊重，就一直沿用下来了。癸卯年底我差不多已经复原了，可以到大街去蹓跶，甲辰（一九〇四）年二月遂决行回学堂去，乃于初五日启行，初十日到了南京了。

四八　祖父之丧[②]

我于壬寅癸卯年间，曾经三次回到家里，却没有遇着祖父大

① “门”三育本、桂本均作“行”。〖*108*，*10*〗

② 手稿本章标题作“东湖学堂”，作者在该页左端注：“编辑人请注意，一百〇八页第四八节题目，请代为改正：‘祖父之丧’四字。”〖*108*，倒*8*〗

发雷霆骂人的事情，好像是脾气已经改过了，或者是对于跑出在外的孙子辈表示严厉，没有什么意思了吧。但是这时候没有了“挑剔风潮”的人，也是一个大的原因。在壬寅十一月二十七日项下有云：

“仲翔叔来信云，五十（即衍生的小名）已于十八日死矣，闻之雀跃，喜而不寐，从此吾家可望安静，实周氏之大幸也。”据说在衍生死信传出的时候，祖母听了不禁念了一句阿弥陀佛，她是笃信神佛，决不是幸灾乐祸的人，但这时也就忍不住表出她的感情来了。话虽如此，祖父就只不再怒骂而已，平常怪话还是时常有的，譬如伯升在学堂考试得了个倒数第二，我则在本班第二名，他便批评说：

“阿升这回没有考背榜，倒也亏他的。阿魁考了第二，只要用功一点本来可以考第一的，却是自己不要好。”这样的话，听惯了也就不算什么了。这里只须说明一句，学堂榜上的末名称为“背榜”，或称“坐红椅子”，因为照例于末了的这一名加上朱笔的一钩。阿魁则是我的小名，因为当日接到家信的时候，有一个姓魁的京官去访他，所以就拿来做了小名，这是他给孙子们起名字的一个定例。

我于癸卯年在家里养病过了年，至第二年二月始回到南京，但是过了四个月又是暑假，我便又到家里来了。不过这一回不凑巧，正赶上祖父的丧事，差不多整个假期就为此断送了。祖父当时六十八岁，个子很是魁梧，身体向来似乎颇好的，却不知道生的是什么病，总之是发高烧，没有几天便不行了。他辈分高，年纪老，在本台门即是本家合住的邸宅里要算是最长辈了，亲丁也不少，但是因为脾气乖张的关系，弄得很是尴尬，所以他的死是相当的寂寞的。讲到排场，当然有那一大套，甚至还弄什么“门讣”，以及大门口钉上麻布等，和尚道士的“七七做、八八敲”自然是不用说了。他的长子早死了，照例要长孙“承重”，但是鲁迅也在日本，于是叫我顶替，我迫于大义，自不得不勉为其难。但是不久在学堂里的伯升奔丧回来了，我以为可以卸责了吧，可是不行，一定要我顶替下去，我不知道这是礼教所规定的呢，还是只因为他是庶出的缘故，所以对他特别歧视的。倘若是后面的原因，那么我倒替伯升说一句话，这实在是极不公平的。平心的说，伯升的立场倒无宁是站在我们这一边的，我们那时虽是多数，但是被损害与被侮辱者，他不去附和那强者的那边，这或者是他的聪明处，但是也很可佩服。他对蒋老太太恭而有礼，过于看领他大的潘姨太太，有一回彼此闹别扭，他不肯叫一声“妈”，便不给他绵袴穿，害得他终于“拉稀”——这就是患肚泻，后来经蒋老太太的干涉，这才穿上了绵袴。伯升是十二岁的时候从北京回去的，随后学得了一口绍兴话，常有一句口头禅，是“伊拉话啦”，普通话就是说“他们说的”，在讲了一通海阔天空，难以置信的话以后，必定添一句“伊拉话啦”，极有天真烂漫之趣。他因为生长在北京，故极爱京戏，在南京时极醉心于当时的旦角粉菊花，几乎每星期日必跑往城南去听戏。监督公想法羁縻他，特于前晚对他说道：

“你明天早上来我这里吃稀饭，有很可口的扬州小菜。”伯升唯唯，可是第二天一清早就溜了出去，床上只留帐子低垂着，床前摆着一双马靴，像是还高卧着的样子，及至监督觉察，这时人已走远，差不多已经过了鼓楼了。又有一回遇见非常的穷困，礼拜日无聊心想出去，问我借钱，适值我也没有，只剩了三角小洋，他乃自告奋勇，说到城南买点心去，果然徒步来回走了三四十里路，从夫子庙近旁的稻香村买了好些很好吃的点心来，在宿舍里饱吃一顿，现在说了也觉难信，那时候的点心的确这样的价廉而物美。他似乎平时很是乐天，所以总是那么吊儿郎当的，有时又似乎世故很深，万事都不大计较的样子，所以他对于我的充当承重孙也别无什么不满意。其后祖母去世，家里没有他的长辈了，但他仍旧守着“长嫂如母”的古训，着实不敢放肆，就是母亲给他包办的婚姻，他也表示接受，虽然这事结果弄得很是不幸，却终不明白反抗。民国六年（一九一七）三月我从绍兴往北京，知道他的兵船在宁波停驻，就特地绕道前去相会，在率春楼吃了晚饭，是为最后的一次会见，至第二年的一月二十七日得到二十三日家信，得知他已经在南京病故了，享年三十七，刚过了“本寿”，与伯宜公是一样的。身后遗留下来，一位傅氏太太，没有子女，要母亲留养她到百草园故家卖去，随后分了钱走散，一位在外的徐氏太太带着一个小孩，并且还有遗腹儿未生，则不知行踪若何，这也是十分遗憾的事。他的正式官名是“联鲸兵轮轮机正海军上尉周文治”，在公文书上是这样称呼的。我在记祖父的丧事这一节里，趁这机会讲他一番，聊作纪念。

四九　东湖学堂

椒生公在南京学堂的势力与地位开始渐渐的下降，由提调而监督，又由监督而国文教习，末了连教习也保不住了，便只好回家吃老米饭去。不过他在本地还是一时有声望的，因为一向在外边办学务多年，纵使不很高明，办学的经验总是有的。所以他回到绍兴，最初也得到相当的地位，便是请他去当绍兴府学堂的监督。这里名称虽是监督，实际乃是校长，权力很大，而同时有一个副监督，这人却不好相与，此人非别，即是后来过了三年实行暗杀造反的徐伯荪即徐锡麟便是。这两个人共处一堂办起事来，其不能顺利进行，盖是必然的道理。一个是矮胖拥肿[①]的身材，身穿一件“接衫”，上半截的白布，有下半截绿绸的三分之二的长，——接衫者穿在马褂底下的衬袍，因为有马褂遮盖着的缘故，为节省绸料起见，用白布替代，古时马褂特别的长，故下边露出的绸料只有三分之一，——蹒跚行来，看来的人都不禁要喝一声彩，说好一个“荡湖船”的老爷出来也。又一个则是苍老精悍的小伙子，顶上留着一个小顶搭和一条细辮子，夏天穿着一件竹布长衫，正在教学生们兵操，过了一会儿他叫学生走到墙阴地方，立定少息，自己便在太阳地里晒着。这是两个人形象具体的描写，是我亲自看来的。后来监督公还自夸口，说他在三年前就知道他是乱党，自己有先见之明呢。他既然有了职业，不成什么问题了，可是对于我在南京还是不放心，假如参加了乱党，这怎么办呢，不如叫回绍兴来，便可以不负当初介绍的责任了。这回凑巧我因祖父的丧事，在家里耽搁很久，他便劝我去教英文，地方在东湖，这也算是近时名胜之一，所以我就答应去试试看。幸而这事只试了两个月，我便仍旧回学堂里去，不然的话就会教书下去，于未来生活发生一个巨大的变化了。

---

① “拥肿”三育本同，桂本作“臃肿”。〖*112，5*〗

东湖的这个学堂，门前扁额上写着“东湖通艺学堂”，不知道是什么性质，是私立呢还是公立，只有问那创办人陶心云去才晓得。在一九三一年出板尹幼莲所编的《绍兴地志述略》第十四章说名胜古迹的地方，东湖底下注道：

“东湖在城东十里，有陶氏屋，面山带水，风景颇佳。”这话说得很含蓄而得要领，因为地是官地，用的是公款修造，但是房屋却为陶氏占为私有，为敷衍门面计，分定作三种办法。其一是所谓“稷庐”，即是东头的一部份纯粹是该观察公的私人住宅，游人不得阑入的，其二是中间也就是靠近西头的几间，作为“学堂”，这是要和学堂有关系的人才能进出。其三是一片水面和几条堤防，说是“放生池”，是公开给大众的，但是东湖的建筑是在箬篑山即绕门山的脚下，和北岸隔着一条运河，运河上架有一座石桥，却在稷庐之东，从这桥绕道入湖，便要走过住宅部分，这是断乎不可，但游人既无翅膀，又不会水上行走，如要看看放生池的风景，势非用船不可，从学堂东边的“濠梁”桥进去，而这桥下却有铁门锁着，若要开时须出“酒钱”，请陶府的做工的人特别来开锁才行。因此之故，这个公开地方倒实在是很闲静的，平常管领着这大片土地的也就是稷庐陶家有关的几个人罢了。

我到东湖学堂去是教英文，学生记得是两班一共三个人，初级是陶望潮，是陶心云的本家，现今尚健在，高级是陶缉民，乃是心云的承继的孙子，那时还只是十二三岁的小孩，现在却已经故去了，还有一个忘记了名字，但总之不是姓陶的。每天上午是由我教英文，下午由两位教员分教国文和算学。教室便在一间大屋内，东湖的屋都建造在一道筑成的堤上面，所以进身都不能很深，这间要算顶大的了，面北两扇黑漆大门，上边红地黑字，大书道："临渊无羡，大德曰生。"这对联以文句论，以笔画论，都要算是屋主人的最成功的杰作，东湖所有的大小扁额柱联无一不是他的手笔，实在绍兴人已经看的厌了，只这八个字似乎还没有那种呆板相。我的住房便在"临渊无羡"那一边的耳房里，那里又分为南北二间，南边的一间稍为大点，只是因为北墙临运河，只有一个很高的窗，西面又是房屋尽头，不好开窗门，所以很是黑暗，蚊子非常的多，但是因为临河的关系，回家去时在那里等候趁"埠船"，却是很方便的。当初口头说好，每月薪水是二十元，学堂供给食宿，但是到了下旬时节，有一个自称是观察公的表侄的会计走来找我，说什么经费困难，只能姑且奉送这么多，就送来英洋十六元。我也无意于较量多少，便同意收下了，到了第二个月也是如此，但是两个月快满，学堂方面通知椒生公说，因为学生们说英文口音不大准确，所以拟不再聘请了。南京同学碰巧也这时来信，说要冬季例考了，赶紧前来销假，我遂即回去，学校是十二月初一日起举行考试，大概是在十月中回到学堂里的。

东湖时代的学生虽然不多，可是与我却是有缘，长久保持着联络，如陶望潮君，关于他的事后来还要说及。陶缉民君于民国二十一二年时，来北京大学，见面多次，当时曾写了一幅字送他，现在便抄在这里，作为纪念。原文收在《夜读抄》的苦雨斋小文里边，题目是"书赠陶缉民君"：

绕门山在东郭门外十里，系石宕旧址，水石奇峭，与吼山仿佛。陶心云先生修治之，称曰东湖，设通艺学堂，民国前八年甲辰秋余承命教英文，寄居两阅月，得尽览诸胜，曾作小诗数首纪之，今稿悉不存，但记数语曰，岩鸽翻晚风，池鱼跃清响。又曰，潇潇数日雨，开落白芙蓉。忽忽三十年，怀念陈迹，有如梦寐，书此数行以赠缉民兄，想当同有今昔之感也。廿二年十一月二十三日，在北平。

五〇　东湖逸话

我在上边只是讲得东湖学堂，对于东湖本身还没有讲到，现在就来补说几句话。东湖在绍兴如以山水论，那是没有什么值得说的，因为它的奇怪不及吼山的水石宕，若欲和西湖对峙，那简直是笑话了。但是它在近时却非常有名，这是什么缘故呢？我想这第一是因为它离城近，交通方便，往往可以顺路去一瞻仰，不比别的名胜多在偏僻地方，去走一趟要费一天的工夫。第二是因为这是近来新添出来的，看的觉得新鲜，不管这好看不好看。其实看它当初造成的原因，就可以看出它的特色来，这也就是缺点。我们这里姑且借用张宗子的《越山五佚记》中说曹山的话，来做个石宕的山水的说明。原文云：

曹山，石宕也。凿石者数什百指，绝不作山水想，凿其坚者，瑕则置之，凿其整者，碎则置之，凿其厚者，薄则置之。日积月累，瑕者堕则块然阜也，碎者裂则岿然峰也，薄者穿则砑然门也。由是坚者日削，而峭壁生焉，整者日琢，而广厦出焉，厚者日礝，而危峦突焉，石则苔藓，土则薜荔，而蓊翳兴焉，深则重渊，浅则滩濑，而舟楫通焉，低则楼台，高则亭榭，而画图萃焉。

正因为这奇峭的山水是因为采取山石而成功的，故长处在于它的雕琢，而这雕琢也就是短处，张宗子记他的祖父张雨若的檄语云：

“谁云鬼刻神镂，竟是残山剩水。”为此种名胜最确切的评语，连吼山也在其内。李越缦在《七居》中第六说到吼山，也说道：

“其山劖削，其水浏疾，故其人罕寿，而性剽急。”还有一层，我是在那里住过两个月的，所以深知道夜景的可怕，为白天游湖的人所不曾见到的。我在室外南廊下站着，面对着壁立千仞的黝黑的石壁，在微细的月光下，恍然如见法国陀勒的有名的《神曲》中地狱篇的插画，别有一种阴森凄惨的可怖景象，觉得此地不宜长住，不仅是办学校和医院是非所宜，别的事情也办不来，——除非是图谋造反，这才是适合的背景。哪知事有凑巧，这恰成为革命计画的原始地，而是与徐锡麟有密切的关系的。

原来徐伯荪的革命计画是在东湖开始的，不，这还说不到什么革命，简直是不折不扣的“作乱”，便是预备“造反”，占据绍兴，即使“占据一天也好”，这是当日和他同谋的唯一的密友亲口告诉我说的。当初想到的是要招集豪杰来起义，第一要紧的是筹集经费，既然没有地方可抢劫，他们便计画来拦路劫夺钱店的送现款的船只。那时绍兴钱店一礼拜里有一次送款的船，由一个店伙押送，坐了脚踏的小船前去，因为往东走，大约是经过曹娥往宁波去的吧，也应该有往西到杭州去的，但因为西路太是热闹，所以不曾计画也说不定。而且，这与东湖的预谋地点也有关系，遂决定在东路实行了。

他们的计画是借东湖办什么事业，主要却是夜间，由徐伯荪和他的同谋陈君二人，在湖中练习划船，这时期大概也不很早，在我教书去的一二年前吧。学会了划船之后，便于“月黑杀人夜，风高放火天”，出外实行路劫，钱店店伙和小船船夫由他们一人对付一个，请他们吃了“板刀面”，把洋钱抢了来，做“造反”的本钱。这个计画实在迂缓得很，但是他们竭力进行，正在这个时节却来了一位军师，一席话把这可笑的计画全盘推算[①]，他们同意这种小生意没有做头，决心来大干一番。这位军师即是陶成章号焕卿，乃是陶观察的一位本家，他主张联络浙东会党，招集各地豪杰，都“动”起来，然后大事可成，这是他的“光复会”的主张，民族革命的一张大纛。徐伯荪听从了他的话，便去运动人替他出钱捐候补道，到安徽省去候补，结果做了那惊天动地的一幕，却不料这事发端是在东湖，也是在那里定策的。和他同谋的陈君名字叫一个“濬”字，号曰子英，比较不大知名，他在安庆事发的当时逃到东京，时常到鲁迅所住的公寓里来，这是当时听他自己所讲，由我听着记了下来的。现在他也久已逝世，大约听过他讲这故事的人也只有我存在，今因说到东湖，就把它记录下来，且当作一则东湖的逸话讲讲吧。

---

①“推算”三育本同，桂本作“推翻”。推算犹言一步步分析，结论是“不行”二字。手稿“算”字或为特意改写，剪纸如格大小贴上去，故“推”字下端被盖住一部分。该页左端有注：“此页与下一页的页号编重，但内容衔接无误，故暂定此页为一一七之一，下页为一一七之二。（蒺志）。”〖*117之一，12*〗

五一　我的新书　一

我们的英语读本《英文初阶》的第一课第一句说："这里是我的一本新书，我想我将喜欢它。"我的第一本新书，使我喜欢看的，在上边已经说过，乃是英国纽恩斯（Newnes）公司的送礼用本《天方夜谈》，装订的颇精美，价值却只是三先令六便士。我有了这部书，有事情做了，就安定了下来，有如阿利巴巴听来的"胡麻开门"的一句咒语，得以进入四十个强盗的宝库，不再见异思迁了，同时也要感谢东湖学堂，假如要我在那里教书，那也就将耽误了我的工作，不及赶那笨驴去搬运山中的宝贝了。我回到学校，感谢功课教得那么麻胡，我也便赶上考试，而且考得及格，只是告假过多，要扣分数，结果考在前五名以外，这半年的赡银也多少要少得一两，这就算是我的损失了。

但是我的新书并不只限于这《天方夜谈》，还有一种是开这边书房门的钥匙，我们姑且称它的名字是"酉阳杂俎"吧。因为它实在杂得可以，也广博得可以，举凡我所觉得有兴味的什么神话传说，民俗童话，传奇故事，以及草木虫鱼，无不具备，可作各种趣味知识的入门。我从皇甫庄看来的石印《毛诗品物图考》——后来引伸到木板原印，日本天明四年（一七八四）所刊的旧本，至今还宝存着，和《秘传花镜》，已经被引入了唐代丛书的"药谱"里，得了《酉阳杂俎》却更是集大成了。在旧的方面既然有这基础，这回又加上了新的，这便有势力了。十多年前，我做了一首打油诗，总括这个"段十六成式"所做的书，现在引了来可以做个有诗为证：

往昔读说部，吾爱段柯古。名列三十六，姓氏略能数。不爱馀诗文，但知有杂俎。最喜诺皋记，亦读肉攫部。金经出鸠异，黥梦并分组。旁笣得金椎，灰娘失玉履。童话与民谭，纪录此鼻祖。抱此一函书，乃忘读书苦。引人入胜地，功力比水浒。深入而不出，遂与蠹鱼伍。

旧书堆里没有怎么深入，这回却又钻进了新书里去，虽然也还是“半瓶醋”，可是这一回却是泡得很久，有一次曾经说过，自己的那些“杂学”，十之七八都是从这方面来的。我的一个从前的朋友，曾说我是“横通”，这句褒贬各半的话，我却觉得实在恰如其分的。没有一种专门知识与技能，怎么能够做到“直通”呢？我弄杂学虽然有种种方面的师传，但这《天方夜谈》总要算是第一个了。我得到它之后，似乎满足一部份的欲望了，对于学堂功课的麻胡，学业的无成就，似乎也没有烦恼，一心只想把那夜谈里有趣的几篇故事翻译了出来。那时我所得到的恐怕只是极普通的雷恩的译本罢了，但也尽够使得我们向往，哪里梦想到有理查白敦勋爵的完全译注本呢，就是现在我们也只得暂且以美国的现代丛书里的选本为满足，世间尚有不少笃信天主教的白敦夫人，白敦本就不见得会流行吧。这阿利巴巴与四十个强盗是谁也知道的有名的故事，但是有名的不只是阿利巴巴，此外还有那水手辛八和得着神灯的阿拉廷，可是辛八的旅行述异既有译本，阿拉廷的故事也着实奇怪可喜，我愿意译它出来，却被一幅画弄坏了。这画里阿拉廷拿着神灯，神气活现，但是不幸在他的脑袋瓜儿上拖着一根小辫子，故事里说他是支那人，那么岂能没有辫子呢，况且有了它也很好玩，小时候看那变把戏的人，在开始以前说白道:“在家靠父母，出家[①]靠朋友。”说话未了只把头一摇，那条辫发便像活的蛇一样，已蟠在额上，辫梢头恰好塞在圈内。这怎能怪得画家，要利用作材料呢，但是在当时看了，也怪不得我得[②]发生反感，不愿意来翻译它了。还有一层，阿利巴巴故事的主人公是个女奴，所以译了送登《女子世界》，后来由“小说林”单行出版，卷头有说明道：

> 有曼绮那者波斯之一女奴也，机警有急智，其主人偶入盗穴为所杀，盗复迹至其家，曼绮那以计悉歼之。其英勇之气颇与中国红线女侠类，沉沉奴隶海，乃有此奇物，亟从欧文移译之，以告世之奴骨天成者。

倘若是译出阿拉廷的故事为“神灯记”，当然就不能出这样的风头了。

五二　我的新书 二

《侠女奴》单行本是在光绪乙巳，我所有的一册破书已是丙午（一九〇六）年三月再板,《玉虫缘》刊行在于《侠女奴》之后，初板的年月是乙巳年五月，这是书本的纪录。再查日记，可惜这不完全了，甲辰年只有十二月一个月，乙巳年至三月为止，但在

① “出家”三育本同，桂本作“出外”。五度所记得的是“出门”。〖*119*，*3*〗

② “得”三育本同，桂本作“要”。〖*119*，*6*〗

这寥寥一百二十天的记载里边，却还有点可以查考，今抄录于后。甲辰十二月十五日条下云：

终日译侠女奴，约得三千字。

这大概不是起头，可见这时正在翻译，十八日寄给丁初我，这是女子世界的主编，也是上海小说林的编者之一。乙巳正月初一日云：

元旦也，人皆相贺，予早起译书，午饮于堂中。

至十四日，又记云：

译美国坡原著小说山羊图竟，约一万八千言。

二十四日寄给丁初我，至二月初四日得到初我回信，允出板后以书五十部见酬。十四日条下云：

译侠女奴竟，即抄好，约二千五百字，全文统一万馀言，拟即寄去，此事已了，如释重负，快甚。

由是可知《侠女奴》着手在前，因在报上分期发表，故全文完成反而在后了。二十九日[①]条下云：

① 据日记所载，此为三月二十九日。〖*120*，*8*〗

接初我廿六日函，云山羊图已付印，易名玉虫缘。又云侠女奴将印单行，有所入即以补助女子世界社。下午作函允之，并声明一切，于次日寄出。

这里那两本小书的译述年月已经弄明白，即虚假的署名，一个是萍云，一个是碧罗，而且都是女士，也均已声明，虽然无此必要，因为这在编者原是一目了然的。

“玉虫缘”这名称是根据原名而定的，本名是“黄金甲虫”（*The Gold-bug*），因为当时用的是日本的《英和辞典》，甲虫称为玉虫，实际是吉丁虫，我们方言叫它做“金虫”，是一种美丽的带壳飞虫。这故事的梗概是这样的，著者的友人名莱格阑，避人住于苏利樊岛，偶然得到一个吉丁虫，形状甚为奇怪，颇像人的枯颅，为的要画出图来给著者看，在裹了吉丁虫来的偶从海边捡得的一幅羊皮纸上，画了图递给著者的时候，不料落在火炉旁边了，经著者拾起来看时，图却画得像是一个人的髑髅。莱格阑仔细检视，原来在画着甲虫的背面对角地方，真是髑髅的图，是经炉火烘烤出现的，而在下方则显出一只小山羊，再经洗刷烘烤，乃发见一大片的字迹，是一种用数字及符号组成的暗码。他的结论是这是海贼首领甲必丹渴特（Kidd）的遗物，因为英语小山羊的发音与渴特相同，而髑髅则为海贼的旗帜，所以苦心研究，终于将暗号密码翻译了出来，掘得海贼所埋藏的巨额的珍宝。这是安介亚伦坡（Edgar Allen Poe，1809—1849）所作中篇小说之一，坡少孤受育于亚伦氏，故兼二姓，性脱略耽酒，终于沉醉而死，诗文均极瑰异，人称鬼才，我后来在《域外小说集》里译有他的一篇寓言《默》，此外亦不能多译。这篇《玉虫缘》的原文系依据日本山县五十雄的译注本，系是他所编的《英文学研究》的一册，题目是“掘宝”。所以在译本后边，有译者的附识道：

译者曰，我译此书，人勿疑为提倡发财主义也。虽然，亦大有术，曰有智慧，曰细心，曰忍耐。三者皆具，即不掘藏亦致富，且非独致富，以之办事，天下事事皆可为，为无不成矣。何有于一百五十万弗之巨金。吾愿读吾书者知此意。乙巳上元，译竟识。

这是还没有侦探小说时代的侦探小说，但在翻译的时候，《华生包探案》却早已出板，所以我的这种译书，确是受着这个影响的。但以侦探小说论，这却不能说很通俗，因为它的中心在于暗码的解释，而其趣味乃全在英文的组织上，因此虽然这篇小说虽是[1]写得颇为巧妙，可是得不到很多的外国读者，实在是为内容所限，也是难怪的。因为敝帚自珍的关系，现在重阅，觉得在起首地方有些描写也还不错，不免引用在这里：

此岛在南楷罗林那省查理士顿府之左近，形状甚奇特，全岛系砂砾所成，长约三英里，广不过四分之一，岛与大陆毗连之处，有一狭江隔之，江中茅苇之属甚茂盛，水流迂缓，白鹭水凫多栖息其处，时时出没于荻花芦叶间。岛中树木稀少，一望旷漠无际，岛西端尽处，墨而忒列炮台在焉。其旁有古朴小屋数椽，每当盛夏之

① “虽是”三育本同，桂本删。〖*121*，倒*3*〗

交，查理士顿府士女之来避尘嚣与热病者，多僦居之。屋外棕榈数株，绿叶森森，一见立辨。全岛除西端及沿海一带砂石结成之堤岸外，其馀地面皆为一种英国园艺家所最珍重之麦妥儿树浓阴所蔽，岛中此种灌木生长每达十五尺至二十尺之高，枝叶蓊郁，成一森密之矮林，花时游此，芬芳袭人，四围空气中，皆充满此香味。

五三　我的笔名

我的别名实在也太多了，自从在书房的时候起，便种种的换花样，后来看见了还自惊讶，在那时有过这称号么，觉得很可笑的，不值得再来讲述了。现在只就和写文章有关系的略为说明，这便是所谓“笔名”，和普通一般的别名不同，是专用作文章的署名的。

我的最早的名字是个“魁”字，这个我已经说明过，原来乃是一个在旗的京官的姓，碰巧去访问我的祖父，那一天里他得到家信，报告我的诞生，于是就拿来做了我的小名，其后检一个木旁的同音的字，加上“寿”字，那么连我的“书名”也就有了。但是不凑巧，木部找不着好看的字，只有木旁的一个魁字，既不好写，也没有什么意思，就被派给我做了名字，与那有名的桐城派大家刘大櫆一样。他的大名为什么也弄得这样怪里怪气的呢？这个理由，我也还没有机会查得清楚。总之我觉得没有意思，而且有北斗星的关系的号——“星杓”，也不中意，还不如叫做槐寿的好，虽然木旁一个鬼字，但比较鬼在踢斗总要好得多了。后来因为应考，请求祖父改名，他命改为同音的“奎绶”，这仍旧不脱星宿的关系，而且“奎”又训作“两髀之间”，尤其是不大雅驯，但随后看见有名的坤伶，名字叫作“喜奎”，颇疑心是促狭的文人的作怪呢。奎绶云者，也不过是挂在前面的阔带子，即古代之所谓韨也。

我既然决定进水师学堂，监督公用了“周王寿考，遐不作人”的典故，给我更名，又起号曰朴士，不过因为叫起来不响亮，不曾使用，那时鲁迅因为小名曰“张”，所以别号“弧孟”，我就照他的样子自号曰“起孟”。这个号一直沿用下来，直到后来章太炎先生于一九〇九年春夏之间写一封信来，招我们去共学梵文，写作“豫哉启明兄”，我便从此改写启明，随后《语丝》上面的岂明、开明以及难明，也就从这里引伸出来了。

如今说话且退回去，讲那萍云女士吧。这萍云的号也只是那时别号之一，如日记上见着的什么不柯、天欷、顽石一样，不久也就废弃了吧。但是因为给女子世界做文章的关系，所以加上女士字样，至于萍云的文字大抵也只取其漂泊无定的意思罢了。碧罗是怎么来的呢，那已经忘记是什么用意，或者是“秋云如罗”的典故吧，或者只是临时想起，以后随即放下了也未可知。萍云的名字在《女子世界》还是用着，记得有一回抄撮《旧约》里的夏娃故事，给它写了一篇《女祸传》，给女性发过一大通牢骚呢。少年的男子常有一个时期喜欢假冒女性，向杂志通信投稿，这也未必是看轻编辑先生会得重女轻男，也无非是某种初恋的形式，是慕少艾的一种表示吧。自己有过这种经验，便不会对于后辈青年同样的行为感到诧异与非难了。

离开南京学堂以后，所常用的笔名是一个“独应”，故典出在《庄子》里，不过是怎么一句话，那现在已经记不得了。还有一个是“仲密”，这是听了章太炎先生讲《说文解字》以后才制定的，因为《说文》里说，周字从用口，训作“密也”，仲字则是说的排行。前者用于刘申叔所办的《天义报》，后来在《河南》杂志上做文章也用的是这个笔名，后者则用于《民报》，我在上边登载过用“仲密”名义所译的两篇文字，其一是斯谛普虐克的宣传小说《一文钱》，现在收入《域外小说集》中，其二是克罗泡金的《西伯利亚纪行》，不过这登在第二十四期上，被日本政府禁止了。其后国民党（那时还是同盟会）在巴黎复刊民报，却另外编印第二十四期，并未将东京民报重新翻印，所以这篇文章也就从此不见天日了。

其后翻译小说卖钱，觉得用笔名与真姓名都不大合适，于是又来用半真半假的名氏，这便是《红星佚史》和《匈奴奇士录》的周逴。当初只读半边字，认为从卓声，与“作”当是同音，却不晓得这读如“绰”，有点不合了，不过那也是无碍于事的。民国以来还有些别的笔名，不过那是另一段落的事了，现在这里姑且从略，——我只可惜不曾使用那“槐寿”的笔名，这其实是我所很喜欢的名字，很想把它来做真姓名用呢。

五四　秋瑾

乙巳（一九〇五）年里我在南京有一件很可纪念的事，因为见到一位历史上有名的人物，虽然当时一点都看不出来，她会得有那伟大的气魄。此人非别，即是秋瑾是也。日记里三月十六日条下云：

> 十六日，封燮臣君函招，下午同朱浩如君至大功坊辛卓之君处，见沈翀、顾琪、孙铭及留日女生秋琼卿女士，夜至悦生公司会餐，回[①]至辛处畅谈至十一下钟，往钟英中学宿，次晨回堂。

至二十一日项下，有记录云：

> 前在城南夜，见唱歌有愿借百万头颅句，秋女士笑云，但未知肯借否？信然，可知作者亦妄想耳。

据当时印象，其一切言动亦悉如常人，未见有慷慨激昂之态，服装也只是日本女学生的普通装，和服夹衣，下着紫红的裙而已。这以前她在东京，在留学生中间有很大的威信，日本政府发表取缔规则，这里当然也有中国公使馆的阴谋在内，留学生大起反对，主张全体归国，这个运动是由秋瑾为首主持的。但老学生多不赞成，以为"管束"的意思虽不很好，但并不限定只用于流氓私娼等，从这文字上去反对是不成的，也别无全体归国之必要，这些人里边有鲁迅和许寿裳诸人在内，结果被大会认为反动，给判处死刑。大会主席就是秋女士，据鲁迅说她还将一把小刀抛在桌上，

---

① "回"三育本、桂本均作"同"。〖*125*，*12*〗

以示威吓。当时还有章行严等人是中间派，主张调停其间，但是没有效，秋瑾的一派便独自回来了。她其时到了上海，但没有立刻回绍兴去，却溯江而上来到南京，那天的谈话似乎也没有谈到，看她的态度似乎很是明朗，仿佛那一件事的成功失败，都没有多少关系的样子。第二年丙午初夏我因为决定派往日本留学，先回到家里一走，这时秋女士已经在绍兴办起大通学堂来，招集越中绿林豪杰，实行东湖上预定的“大做”的计画，但是我那时不曾知道，所以没有到豫仓去访问。其时鲁迅回家来完婚，也在家里，谈起取缔规则风潮的始末，和那一班留学生们对于“鉴湖女侠”的恭顺的情形，也就把她那边的事情搁下了。及至安庆的枪声一举世震惊，秋女士只留下“秋雨秋风愁杀人”的口供，在古轩亭口的丁字街上被杀。革命成功了六七年之后，鲁迅在《新青年》上发表了一篇《药》，纪念她的事情，夏瑜的名字这是很明显的，荒草离离的坟上有人插花，表明中国人不曾忘记了她。

五五　大通学堂的号手

秋瑾从日本归国后，据《传略》里说，“主讲浔溪学校，旋在上海主持同盟会通讯机关，尝与陈墨峰会同造炸弹，弹药爆炸创甚，几以此被捕，因无左证得免。寻办中国女报，以母丧返浙，居于徐伯荪所创办之大通体育会，往来江浙，连络会众，得数千人，编为光复汉族大振国权八军，以徐为长，已副之，张恭等为分统”[1]。这时候已经在徐伯荪进日本陆军学校不成，捐了候补道，到安徽去候补，陶成章则在芜湖的皖江中学教书，监督是张伯纯，名通典，是候补道中的开明人物。陈子英的行踪未明，大约仍住在绍兴东浦，与徐伯荪是同村的人，后来安庆事发，他便是直接从那里逃往日本去的。

大通体育会即是大通体育学堂，是徐伯荪等人所设，用以收罗绿林豪杰的机关，表面说是学堂，但是那些不三不四的赳赳武夫说是学什么好呢？只有体育还说得过去，所以这名字定得恰好，可以和东湖通艺学堂竞爽的。造反的计画始于东湖，而终于大通，这是绍兴闹革命的一幕。大通学堂设在豫仓，我没有到来那地方，但是那学堂却和我有过一番交涉。这一时期我没有写日记，所以月日无可考了，但总之是在乙巳（一九〇五）年的下半年吧。有一天接到封燮臣君的一封信，说大通学堂要找一名吹号的人，叫我给他们介绍一个。那时我们大家真是胡涂，大通学堂如有吹号，照例应当是陆军的，理应给他们去陆师学堂找一个德国式的号手才对，我们水师所用系是英国式的，当然不能适用。但是那时大家都是稀里胡涂一起，封君和我只是自己在水师里，听惯了英国的号声，以为这就是了。我于是找管轮堂的号手来一谈，托他介绍一位，他当然欣然承诺，不久便前去赴任去了。我的介绍就此完了，但事情还不完了，因为此后还有那包抄豫仓的大通学堂的这一件事呢。

我介绍号手在一九〇五年，第二年离开学堂往日本去了，就不曾知道那里的消息，大概这两年间总是平安无事的吧。包抄的

---

① 手稿此处无下引号，三育本同，桂本引文止于此处。〖*126*，倒*1*〗

结果，大家都知道牺牲了秋女士，其馀的伤亡的人大约也有吧，范文澜君的回忆文中便说，有人中枪毙命，人家当作他的堂兄，混了过去，即此可以知道。但是我所介绍的号手呢，就此信息杳然，他本来是江北人，异言异服的很容易被人注意，可能就捉将官里去了。

事过十馀年之后，在一九一八年左右，封燮臣君又在北京遇见，这才听到这位号手的消息。原来他倒是运气，仍然回到他的故乡去了，生性来得机警，又熟知号声的缘故，大概晓得来势不善，所以越墙而遁，亏他在“人生路弗熟”的地方，逃出了性命。这是他亲自告诉给他介绍的原经手人的。我很高兴，他能够逃出“豫仓”，——因为这个地方，经民国后改为“民团”总部，乃是风水很不好的地方，谁进去了就不容易出得来的。

上边说到 “民团”，不免蛇足的来说明几句。民团这东西本是地主乡绅的武装势力，民国初年便由徐伯荪的兄弟仲荪来担任团长，这已经很是滑稽了，而徐团长却又做得不甚好看。听说有一回民团枪毙强盗，团长骑了高头大马，亲来监刑，在强盗已经中弹毙命之后，团长再亲手打他一手枪。这事就出在豫仓，我说豫仓风水不好，意思里就有这故事包含在内的。

五六　武人的总办

在学堂方面这时也有了一个变更，这事大约是在乙巳年三月以后，因为日记上没有记载。所谓变更乃是又换了总办，总办换人也是常事，但是这回换的不是候补道，不是文人而是武人，是一位水师的老军官。这或者可以说是破天荒的事，因为无论军事或非军事的学堂，向来做总办的人总是候补道，似乎候补道乃是万能的人，怎么事都能够包办的。可是这回到来的却不是官样十足的道台，只是一介武弁，他的姓名是蒋超英，官衔是“前游击”。为什么不写现在的官衔的呢？因为他没有现在的官，只是从前做过游击，——这是前清的武官的名称，地位居参将之次，等于现在的中校，本是陆军的官名，但那时海军也是用的陆军的官制。他做着游击的时候，还是光绪甲申（一八八四）以前的事吧，据说他带领一只兵船，参加马江战役，后来兵败，船也沉掉了，有人说是他自己弄沉的，但是这或是谣言也说不定，总之是船没有了而人却存在，因此犯了失机的罪就把他革了职。听说凡是官革职，是革去现在的职务，他本身所有的官衔——诰封三代所留下的自己这一代，还是存在的，所以他还是“前游击”，而且可以用那前游击的“蓝顶子”的三四品顶戴。前头说过管轮堂监督椒生公有一个侄儿，最早进水师学堂，分在驾驶班，这位蒋超英其时担任驾驶堂监督，因为和椒生公有意见，便藉口功课不及格，把他开除了。这人便是曾在宋家溇北乡义塾教过英文的周鸣山，在学校的名字是周行芳，他本人和椒生公都这样说，归罪于监督的不公平，其实功课不行或者是真的，监督只是不留情面而已，说是由于什么恶意，恐怕未必如此，这是我从他来做总办以来观察所得，可以替他说明的。武人做总办，他与文人很有点不同。他第一是来得鲁莽些，也就率直些，不比文人们的虚假。方硕辅是一股假道学气，黎锦彝比较年轻漂亮，但是很滑头，总之是不脱候补道的习气。蒋总办的作法便很是不同，他在“下车伊始”，即开始拟订一种详细规则，大约总有几十条之多，指导学生的生活，写了两大张，贴在两堂宿舍的入口。条文都已忘记了，只是有一条因为成为问题，所以还记得。那一条的意思是说，宿舍内禁止两个人在一张床上共睡。学生们看了都是心照不宣，但是觉得这种所谓契弟的恶习虽然理应严禁，可是这样写着“堂而皇之”的贴在斋舍外面，究竟不大雅观，便推派代表去找学堂当局，请求适当处理。其时学堂里又新添了提调一职，由总办的一个同乡同事姓黄的充任，这人身体不很高大，又因姓黄的关系，所以学生们送他一个徽号叫“黄老鼠”，可是话虽如此，这却是别没有什么恶意，因为他也是很漂亮，与学生相处得很是不错。代表去找他一说，他随即了解，便叫人用了一细长条的白纸，把那禁令糊上，这样一来那满纸黑字的挂牌中间，留有一条空白，是这事件所遗留下的痕迹。还有一回，我们下操场出操，蒋总办亲临训话，也无非鼓励的话，但是措辞很妙，他说你们好好用功，毕业便是十八两、十六两、十四两，将来前程远大，像萨镇冰何心川那样的，都是红顶子、蓝顶子。这一篇训话虽然后来传为笑柄，但是他的直爽处却还是可取的。又如有一回我们同班的福建同学陈崇书，因事除名，我们几个人代表全班前去说情，结果是不成功，但总办的态度还不十分官僚的，这或者是由于他夹说英语的关系，他连说“埃姆索勒”，这虽是一句口头语，但因为意思可以解作“我很抱歉”，所以在听者也就少有反感了。

五七　京汉道上

甲辰（一九〇四）年冬天，上一班的头班学生已经毕业，我们升了头班，虽然功课还是那么麻胡，但留学转学都没有办法，大抵只好忍耐下去，混过三年再说了。想不到刚过了一个年头，忽然有了新的希望，北京练兵处（那时还没有什么海陆军部）要派学生出国去学海军，叫各省选送。我们便急起来运动，要求学堂里保送我们出去，一面又各自向本省当道上禀请求，浙省计有林秉镛柯樵和我三名，就联名上书，此外也代别省同学做过禀帖，可是都如石沉大海，一去没有消息，只有山东给了一个回电给学堂里，应允以在学的山东学生魏春泉补充，那时山东巡抚不知道是什么人，就这一件事看来，可以说是胜于东南各省的大官远甚了。学校里没有法子规定，为免得大家争吵起见，乃决定将头班学生都送往北京应考，由练兵处自己选择。手边留有一本《乙巳北行日记》，实在只有两叶，简单的记着事项，还可以知一个梗概。

十一月十一日，晴。上午因北上应考事，谒见两江总督，又至督练公所。夜，赴总办饯行之宴。

十二日，晴。整理行李。下[①]午六点钟至下关，宿于第一楼旅馆，同行者学友二十三人，提调黄暨听差二人。

---

①“下”三育本、桂本均作“上”。〖*131*，倒*3*〗

十三日，晴。侵晨至顿船，候招商局江孚上水船，至下午不至，后知因机损不能来，复回至第一楼宿。

十四日，晴。晨两下钟下怡和公司瑞和船，上午九点到芜湖，下午六点到大通，十二点到安庆。

十五日，阴。晨到湖口，上午十点到九江，下午五点到蕲州，七点到黄石冈即赤壁，九点到黄州。

十六日，晴。晨四点到汉口，寓名利栈。

长江一路，无事可记，唯船泊九江的时候，曾登岸游览，偶过一瓷器店，见有一种茶盅，白地蓝边，上有暗花，以三角钱买得十个。今年在北京新街口的店中，见有饭碗亦是此种质地和花纹，心甚喜爱，亟买两个，价共九角四分。

十七日在汉口大智门车站上火车，八点开车。那时京汉铁路虽已通车，只是夜间是不走的，所以从汉口到北京要走上四天，若是有特别情形，还要加上一天的工夫。是日下午六点到驻马店，宿连元栈。

十八日上午六点开车，下午三点到黄河，即渡河，至八点始到达对岸河北，火车已开，宿三元栈。这时候黄河铁桥大概在修理吧，车到南岸，用船过渡，河北岸火车等着，九点可到新乡住宿。可是那一天过河特别困难，有桥的地方虽只有六里三分的路程，河中间却有一条沙埂，船须逆流上行，绕越过去，这一来便成了五倍多，到岸时已是八时了。河水流甚迅速，所以舟行十分困难，舟夫甚至赤体窜入河中背纤，那时已是阴历十一月冬至前后的天气，艰苦生涯可以想见，但中途勒索酒资，其势汹汹，也很觉可怕。好容易船靠了岸，看见岸边的黄土大块的坼裂下来，整个儿的掉下河里去，这也显得黄河的可怕，印象是十分深刻的。其时火车早已开走，我们只得在河边住下，侥幸那里也有客栈，或者是专为渡河误了车的人们开设的吧，墙壁只用芦柴编成，上面也不抹灰，床也是芦干所编的，同学魏春泉君站了上去想打开铺盖，刚一用力，两只脚踏断了芦柴，就陷了下去了。客栈里欢迎我们，特别杀鸡煮饭，饭米也不坏，煮饭的当然都是黄河里的水，所以饭吃起来却是有沙的。

> 十九日，晴。下午四点上火车，七点开行，九点到新乡县，属卫辉府，寓源和栈。
>
> 二十日，阴。上午十点半钟开车，下午五点二十分到顺德府，寓聚丰栈。
>
> 廿一日，晴。上午八点开车，下午八点[①]到北京，寓西河沿全安栈。因屋隘不能住下，予与柯樵林秉镛魏春泉三君分居新丰栈。

五八　在北京[②]

这是我第一次到北京，在庚子事变后的第五年，当时人民创痛犹新，大家有点谈虎色变的样子，我们却是好奇，偏喜欢打听拳匪的事情。我们问客栈的伙计，他们便急忙的分辩说：

---

① “八点”日记作“六点”。〖*133*，*13*〗

② 本节标题三育本、桂本均加序号“一”。〖*133*，倒*11*〗

“我们不是拳匪，不知道拳匪的事。”其实是并没有问他当不当过拳匪，只是问他那时候的情形是怎么样罢了。可是他们恰如惊弓之鸟，害怕提起这件事来，这实在也是难怪的。因为我们虽然都还有辫子，却打扮得不三不四，穿了粗呢的短衣，戴着有铁锚模样的帽徽的帽子，而且口音都是南方人，里边虽然也有山东河南的同学，但在老北京看去也要算是南边，这便是一群异言异服的人，那样的盘问他，不知是何用意。何况在那时的形势之下，有谁不是反对“毛子”的人呢？民国初年钱玄同在北京做教员，雇有一个包车夫，他自己承认做过拳匪，但是其时已经是热心的天主教徒了，在他的房里供有耶稣和圣母马利亚的像，每早祷告礼拜很是虔诚。问他什么缘因改信宗教的呢？他回答得很是直截了当道：

“因为他们的菩萨灵，我们的菩萨不灵嘛。”这句话至少去今已有四十多年了。在那时候，我第二次来北京，到西河沿去看过一趟，再也找不到客栈的一点痕迹，这其间虽然只隔着十整年，可是北京的变迁却很大，不但前门已经拆通，那比人行道洼下的道路也都不见了。我们的那客栈，想起来只是一个小四合房，临街的南屋是老板夫妇住房，本是旗人，都吸雅片烟，我们中间有林秉镛君也吸几口，所以他虽是满口黄岩口音，却主客很讲得来，常在他们房里闲坐。两间南向的上房，便分给我们客人居住，林柯二人住在东边，我和魏春泉君住在西[①]边，此外似乎不曾见有

①“西”手稿写“東”差末两笔未完，三育本作“車”，桂本改。东西两字旧写前三笔完全一样，极易误写，此或因觉察写错中止而忘记改正。〖*134*，倒*9*〗

别的住客，显得十分冷静。白天多在外面行走，吃饭也集中在全安栈，只是晚上回来睡觉，在那没有火气的房间里的冷炕上边，所以留下来的是一个暗淡阴冷的印象。在学堂里，我们穿的棉操衣袴，用红青羽毛纱做的，也并不寒伧，但是大家不满意，由学堂去代办了黑色粗呢的制服来，原来是供应新军用的吧，但只是单层呢，虽然是颇厚实，此外各人预备了一套棉织卫生衣袴，用了这服装就在北京过了一个寒冬。据那年的冬至算来，其时正是“二九三九”的天气，我们那么的在冷屋里睡，寒风里走，当初大家都有一件拟毛织的“一口钟”大衣，经吕得元提议，瑟毕[①]的披着走不大好看，以后便只穿了呢制服挺去，结果谁也不曾伤风，可以说是很难得的。我们于廿一日抵京之后，隔了一天由黄老师率领了往练兵处，先见了提调达寿，随后过了些时候徐世昌出来，他是那里的头儿吧，名称不记得是练兵处大臣或是什么了，照例慰劳几句之后，回过头去对那跟随的人说道：

“北京天气很冷，给他们做皮外套吧。”后边站着的达寿等人都齐声答应是是。我们听了这话，当时以为可以得到一件北京巡警穿的那种狗皮领子的大衣了。岂知到出发那天仍旧毫无消息，这才知道是没有希望了，但是究竟是说了话就不算，还是皮外套是报销了，不过这实物却并没有呢，那就终于不能知道罢了。

---

① “瑟毕”三育本作“瑟悉”，桂本作“瑟瑟”。知堂曾用“毕瑟”一词，两字颠倒意思仍一样。〖*135，2*〗

五九　在北京 二

我们到了北京，第一要做的事，是去访问在北京学校里的同乡。次日是十一月廿二日，便同了林秉镛柯樵二君至医学馆去看俞榆荪君，俞君是台州黄岩人，又曾经在水师是同学，是从前相识的，此外又至京师大学堂译学馆各处，却不曾去找人。至初六日又访榆荪，同柯采卿（樵）三人照相，并在煤市街饭馆吃饭，十六日同采卿访榆荪，见到温州永嘉的胡俨庄，因同至广德楼观剧，十八日晚，同了柯采卿徐公岐吴椒如至榆荪处告别。在初七那一天里，曾经到大学堂，访问绍兴同乡冯学壹，不料一见就是满口北京话，打破了同乡人的空气，不觉兴味索然，便匆匆别去，以后也就不再去找别的同乡了。榆荪因为是旧友，所以特别过往频繁，而且为人也很诚实，在医学馆毕业后在北京做事，逐渐升为医务处长。有一年东北闹鼠疫，情形很是猖獗，他前去视察，已是任务完毕了，临行因为往看一个病人，终于自己也染病而亡，这事问医学界的朋友，或者还有人知道的吧。

我们于十一月廿五日至练兵处报到后，廿八日起在军令司考试各项学科，至十二月初二日上午这才考毕。详细情形已经不记得了，大抵只是上午考一两门，下午是休息吧。由军学司长谭学衡来监考，他是广东人，也是水师出身，与黄老师谈得很投机，戴着蓝顶花翎说英语，很是特别的事。考试完了以后，不知为什么事又耽搁好久，至十九日才乘火车出京。据日记上说，火车是二等室，价二十九元，也实在贵得很，与民国后的京浦路二等车差不多了，不过那时所谓二等实际与头等也相差无几，四个人一间房，上下四个床位，但只是这样罢了，此外设备是什么也没有。火车仍旧要行走四天，便是第一天停在顺德，第二天渡过黄河，停在郑州，第三天停在驻马店，第四天到汉口的大智门。这一次却可以住宿车中，不要搬上搬下的住客栈了，所以方便得多，吃饭却仍要到各站时自办，其时卖东西的很多，不成什么问题。记得梨子特别好吃，一路上买了不少，虽然小贩因为我们是“外江佬”，多少要欺侮一点，仿佛是要一个“大子”（二分铜币）一个，但在我们看来却不算贵，便买了有半网篮，路上削了来吃，我当初不会旋转削梨法，一路学着削，走了半路梨将要吃完，整个削梨，梨皮一长条接连不断的削法也给我学会了。

说到北京的名物，那时我们这些穷学生实在谁也没有享受到什么，我们只在煤市街的一处酒家，吃过一回便饭，问有什么菜，答说连鱼都有，可见那时候活鱼是怎么难得而可贵了。但是我们没有敢于请教那鱼，而且以后来的经验而论，这鱼似乎也没有什么了不得，那有名的广和居的“潘鱼”，在江浙人尝来，岂不也是平常得很么？至于烤鸭子，就是后来由于红毛人的赏识而驰名世界的“北京鸭子”，也无缘享受，因为那时是整只不能另售的。我们那时可以买得的北京名物，无非只是一两把王麻子的剪刀，两张王回回的狗皮膏，和一两几十小粒的同仁堂万应锭，俗称“耗子屎”的一种可吃可搽的药，回南京后狗皮膏的用处不得而知了，但这“耗子屎”却帮助我医好了腿上的疮，是于我大有好处的。

六〇　北京的戏

北京的戏是向来有名的，我在上文说过潘姨太太在影抄石印小本的《二进宫》，伯升的每星期往城南看粉菊花，这似乎含有双重意义，因为在这里有着对于北京的“乡愁”，是生长在北京的人所特别有的，此外则是对于那声调的迷恋，这却是很普遍的情形了。我们在北京这几天里，一总看了三回戏，据日记里说：

> 十一月初九日下午，偕采卿公岐至中和园观剧，见小叫天演时，已昏黑矣。
>
> 初十日下午，偕公岐椒如至广德楼观剧，朱素云演《黄鹤楼》，朱颇通文墨。

此外十六日还同了采卿榆荪至广德楼，和温州胡君看过一回戏。三回看的不算多，但我看到了京戏的精华，同时也看了糟粕，给我一个很深的印象。京戏的精华是什么呢？简单的回答是：小叫天的演戏，这总是不大会错吧。谭鑫培别号“叫天”，大概是说他的唱声响彻云霄吧，他是清末的有名京剧演员，我居然能够听见他的唱戏，不能不说是三生有幸了。鲁迅在他的《社戏》这一篇小说里，竭力表扬野外演出的地方戏，同时却对于戏园里做的京戏给予一个极不客气的批评。他说在近二十年中只看过两次京戏，但不是没有看成，便是看得极不愉快。第一次他的耳朵被戏场里的“咚咚喤喤”吓慌了，而且又忍受不住狭而高的凳子的优待，所以不看而出来了。第二次呢，因为决心听谭叫天，虽然也仍是“咚咚喤喤”，但是从九点钟忍耐到十二点，“然而叫天竟还没有来”，结果他也只得走了。那么他终于没有能够听见叫天的戏，而我却是看见了，虽然那时已是昏黑，看不清他的相貌，然而模样还是约略可辨的。那天因为演的是白天戏，照例不点灯，台上已是一片黑暗，望过去只见一个人黑须红袍，逛荡着唱着。唱的怎么样呢，这是[①]外行是不能赞一辞的。老实说，我平常也很厌恶那京戏里的拿了一个字的子音拉长了唱，嗳嗳嗳或呜呜呜的纠缠不清，感到一种近于生理上的不愉快，但那谭老板的唱声却是总没有这样的反感的。

所谓糟粕一面乃是什么呢？这是戏剧上淫亵的做作。在小说戏剧上色情的描写是不可避免的，但作公开的表演的时候这似乎总应该有个斟酌才对。京戏里的，特别那时我所看到的那可真是太难[②]了。我记不清是在中和园或广德楼的哪一处了，也记不得戏名，可是仿佛是一出《水浒》里的偷情戏吧，台上挂起帐子来，帐子乱动着，而且里面伸出一条白腿来，还有一场是丫环伴送小姐去会情人，自己在窗外窃听，一面实行着自慰。这些在我用文字表白，还在几费踌躇，酌量用字，真亏演员能在台上表现得出来。这一面与那时盛行的“像姑”制度也有关系，所以这种人材也不难找，若在后来恐怕就找不到肯演这样的戏的人了。说到底，这糟粕也只是一时的事，但是在我的印象上却仍是深刻，虽然知道这和京戏完全是分得开的事情，但是因为当初发生在一起，也

① “这是”三育本同，桂本作“这在”。这件事我是个外行，所以不能说什么话。〖*138*，倒*10*〗

② “太难”三育本同，桂本作“太难看”。所“难”者不限于眼睛的“看”（或者正是相反的怪好看），主要的怕还是心理上的感受。《文明之基础》（*1910*年*7*月*28*日《绍兴公报》）言及演戏曰，“往在北京所见至为难堪，然绍兴班时亦有之”，可证。〖*138*，倒*3*〗

就一时分拆不开了。我第二次来北京以后，已经有四十馀年，不曾一次看过京戏，而且听见“嗳嗳嗳”那个唱声，便衷心发生厌恶之感，这便是那时候在北京看戏所种的病根，有如吃贝类中了毒，以后便是看见蛎黄也是要头痛了。

六一　鱼雷堂

我们北京考试的成绩都是及格的，那么就算是考取了，在派遣出国以前暂时仍旧在学堂里居住。这一群人中间差不多有一大半是本地人，他们乐得回家去，剩下来的也只有十一二人了，不过人数虽少，在学堂方面应付也颇有困难，因为他们虽是旧学生，却又大半算是已经脱离了，把他们放在宿舍里，和别的学生在一起，管理上不免有些不大方便。这大概是黄老师的计画吧，的确不失为一个好办法，就是请这班仁兄们住到鱼雷堂里去。鱼雷班停办已经很久，几间宿舍本来空闲着，又远在校内西北角，与各处都有相当距离，在种种方面是再也适当不过的了。那是向东开门的一个狭长院子，我住在内院朝南靠西的一间里，东邻是谁已记不得了，对面朝北的两间中间打通，南边又有窗门，算是最好的房间，为徐公岐所得，与其他两人共住，但因为稍为宽畅，也被指定为吃饭的地方，一天三次难免有些烦扰。外院即迤东的院子里房屋大抵与内院相同，如何分配居住，不知怎的全不清楚了，只是由宿舍拨来的听差也即是徐公岐原来所用的王福住在那里，那总是确实的。这里与管轮堂等的宿舍不同，没有走廊，所以下雨时候稍感困难，不但是小便时要走一段湿路，而且檐溜直落到窗门前面来，也是很忧郁的。鱼雷堂在学堂西路的西北角，厨房则在于东路的中间靠东，冬天雨夹雪的时候从那边送饭菜过来，总是冷冰冰的，这多少是一个缺点，除此以外，则因为环境特别，好处很多，寄住在那里的两三个月的光阴可以说是很愉快的了。

住在鱼雷堂的几个人因为是学生，所以仍是学生待遇，照旧领取赡银，但一方面又有点不是了，没有功课，也没有监督，出入也不必告假，晚上也不点名了。可是他们也还能自肃，那种滥用自由，夜游不归的人始终没有，虽然或者打小牌是难免的。从前头班学生夜半在宿舍里打牌，窗上挂了被单，廊下布置巡风的事是有过的，这下一班的人是反对他们这样的行动，所以自己不肯再犯，但是搬到这幽僻的地域来了之后，不免似乎受了暗示，有点技痒起来，在徐公岐的房里便有时要打起麻将来，这差不多是半公开的了，所以也没有那些巡风等的勾当。好在当时有一种不文律，或者是有过这样的命令也未可知，在堂学生都不到鱼雷堂里来，所以也不至于有什么坏影响。丙午（一九〇六）新年过去不久之后，有几个同学缺少零用，走去找黄老师借支赡银，他听了微笑说道：

“以前发钱不久，输去了么？”大家也只一笑，仍旧借了两三元回来。其实他是在说玩笑话，这里是不曾有过什么输赢的。我住在那里的时候，只记得右边大腿上长了一个疮，这并不很深，但是椭圆形的有一寸来长，没有地方去找医生，便用土医方，将同仁堂的万应锭，用醋来磨了，摊在油纸上贴着，这样的弄了一两月才算好了，但是把一条衬袴都染了脓血，搞得不成样子了。此外一件事，是半做半偷的写了一篇文言小说，——为什么说“偷”的呢，因为抄了别人的著作，却不说明是译，那么非偷而何？我当初执笔，原想自己来硬做的，但是等到那小主人公“阿番”长大了之后，却没有办法再写下去，结果只好借用雨果——当时称为嚣俄，因为在梁任公的《新小说》上介绍以后，大大的有名，我们也购求来了一部八大册的英译选集，长篇巨著啃不动，便把他的一篇顶短的短篇偷了一部分，作为故事的结束。故事讲一个孤儿，从小贫苦，藏身土穴，乞讨为活，及长偶为窃盗，入狱作苦工，因为袒护同监的犯人，将看守长杀死，被处死刑，临死将所馀的一点钱捐了出来，说道：“为彼孤儿。”这里明明是说的外国事情，因为其时还没有什么孤儿院的设备，不过那是只好不管，抄的乃是人家的“刊文”嘛。原本前一半却是苦心的做了，说到那土穴的确用了点描写的工夫，可惜原书既然没有，也不可能来抄录了，只是有蛇在草间蜿蜒自去，却拉扯到“天可见怜，蛇虫也不见害”，未免有点幼稚可笑了。书名是“孤儿记”，有两万多字，卖给上海小说林书店，为“小本小说”的第一册，得洋二十元，是我第一次所得的稿费，除在南京买了一只帆布制的大提包以外，做了我后来回乡去的旅费，输给徐公岐他们的大概没有什么。

六一【又】 吴一斋[①]

我们进学堂的时候，只考了一篇汉文，虽然很难，但是只此一关，过了这关便没事了。到北京练兵处考试，没有这样简单了，学科繁多倒还没有多大关系，问题是在于体格检查，在这关上我们里边就有两个通不过，因为都是眼睛近视。一个是我，一个是驾驶堂的吴秉成。在练兵处和学堂两边都没有发表什么，但是我们自己知道，墙上挂的那些字这个也不知道，那个也不明白，在视力这一项上总不能算是及格，那么这整个的留学考试岂不是完了么。可是不及格到底又不就是开除，所以结果仍是回来住在鱼雷堂里，和及格的同班一样待遇，至于下文如何，谁也不能知道。我与吴君虽是同班，就是同一年里进去的学生，但他是驾驶堂的学生，又是河南固始人，所以并无什么交际，这回因有同病之雅，关系便密切起来，特别是春风得意的同学走了之后，于是吴一斋——这是吴君的号——成为我唯一的座上客了。他们去了的时候，鱼雷堂又非关门不可，我们乃被请回驾驶堂和管轮堂去住，又不好放到宿舍里去，吴君的住处记不清了，我的房间是在管轮堂门内东口第一间，以前是二班的汤老师所住的，房内设备很是不错，但是门外有很深的走廊，那里又是拐角，廊是曲尺形的，显得房内更是阴暗。独住倒也不妨，反正并不怕鬼，只是每

① 手稿本章序号亦为“六一”，三育本、桂本均改为“六二”，以下顺延，后文数次提及前文第几章所云某事，为求呼应，只好改动本文。今改换思路，加“【又】”以区分，后面序号均与手稿一致，亦可省去改动原文的麻烦。〖*142，4*〗

顿顿[①]饭都是送进来独吃，觉得十分乏味，这样大概也住了有两个月，比起鱼雷堂来真是有天壤之殊了。

我同吴一斋成了学堂里的两个遗老之后，每天相见只有愁叹，瞻望前途，一点光明都没有，难道就是这样请学堂供养下去，这又有什么意思呢？大概是三四月时候，忽然听差来说，江督视察狮子山炮台，顺便来学堂里，要叫考取留学而未去的两个学生来一见，我们走到风雨操场，看见周玉山便服站在那里，像是一个老教书先生，他问我们学过哪些学科，随后回顾跟在后边的一群官说道：

“给他们两个局子办吧。”照例是一阵回答“是是”。我们却对他申明不想办“局子”，仍愿继续去求学，他想了一想说道：

“那么，去学造房子也好。”这会见的情形虽还不错，但是我们有过了那皮外套的经验，不敢相信这事就会成功，不过既然有了这一句话，我们总可以去请学堂去催询，或直接上书去请求了。不知道是什么缘故，这回周玉山所说的话，与水竹村人的迥不相同，大抵在一个月之后，就得到江南督练公所的消息，决定派遣吴一斋和我往日本去学建筑，于秋间出发。不过督练公所的官在这里小小的弄了一点手脚，便是于我们两人之外，另外加添了一个周某一同去学“造房子”，这人不知道是何等样人，也一直没有见到过，但是这于我们是毫无损害的，所以就不管他了。我得着消息之后，就先回家乡去一走，将来由上海上船，不再回到南京去，把一只木箱托付了吴君，连治装费代领了一并带到东京。那是一只笨重的木板箱，里边装有八册英文的雨果小说集，这是

---

① “顿顿”三育本同，桂本作“顿”。此等用法原无不可，如桂林人说“一下下”便是一下也。〖*142*，倒*2*、倒*1*〗

我的又一部新书，虽然不曾翻译应用，可是于我很有影响，一直珍藏着，到了民国二十年左右才卖给北大图书馆的。此外又有一把茶壶，用黄沙所做，壶嘴及把手等处都做成花生菱角百果模样，是孙竹丹君托带，交给在东京留学的吴弱男女士的，孙吴都是安徽巨族，大概他们还是亲族，还有一件羊皮背心，也托带去，那个只好收在我的帆布提包里，后来由鲁迅特地送了去，叫那宫崎寅藏就是那自称“白浪庵滔天”的代收转交的。这只箱子承他辛苦的送到下宿，连治装费一百元，却不知听了哪个老前辈的忠告，还给兑换了日本的金币，一块值二十日圆的五个，结果又赔钱换回纸币才能使用。幸亏他没有完全听了忠告，像鲁迅在《朝花夕拾》所说那样，买些中国的白布袜子来，那便是全然的废物，除了塞在箱子底下别无用处，在日本居住期间，那足趾分作两杈的日本布袜真是方便，只是在包过脚的男子，因为足指重叠，这才不能穿用罢了。

六二　五年间的回顾

在南京的学堂里五年，到底学到了什么呢？除了一点普通科学知识以外，没有什么特别的东西。但是也有些好处，第一是学了一种外国语，第二是把国文弄通了，可以随便写点东西，也开始做起旧诗来。这些可以笼统的说一句，都是浪漫的思想，有外国的人道主义，革命思想，也有传统的虚无主义，金圣叹梁任公的新旧文章的影响，杂乱的拼在一起。这于甲辰乙巳最为显著，现在略举数例，如甲辰“日记甲”序云：

世界之有我也，已二十年矣，然廿年以前无我也，廿年以后亦必已无我也，则我之为我亦仅如轻尘栖弱草，弹指终归寂灭耳，于此而尚欲借驹隙之光阴，涉笔于米盐之琐屑，亦愚甚矣。然而七情所感，哀乐无端，拉杂记之，以当雪泥鸿爪，亦未始非蜉蝣世界之一消遣法也。先儒有言，天地之大，而人犹有所恨，伤心百年之际，兴哀无情之地，不亦傎乎，然则吾之记亦可以不作也夫。甲辰十二月，天欹自序。

是岁除夕记云：

岁又就阑，予之感情为何如乎，盖无非一乐生主义而已。除夕予有诗云：东风三月烟花好，秋意千山云树幽，冬最无情今归去，明朝又得及春游。可以见之。

然予之主义，非仅乐生，直并乐死。小除诗云：一年倏就除，风物何凄紧。百岁良悠悠，白日催人尽。既不为大椿，便应如朝菌。一死息群生，何处问灵蠢。可以见之。

这里的思想是很幼稚的，但却是很真挚，因为日记里一再的提及，如乙巳元旦便记着：

是日也，贺者贺，吊者吊，贺者无知，吊者多事也。予则不喜不悲，无所感。

又初七日[①]记云：

世人吾昔觉其可恶，今则见其可悲，茫茫大地，荆蕙不齐，孰为猿鹤，孰为沙虫，要之皆可怜儿也。

那时候开始买佛经来看。最初是十二月初九日，至延龄巷金陵刻经处买得佛经两本，记得一本是《投身饲饿虎经》，还有一本是经指示说[②]，初学最好看这个，乃是《起信论》的纂注。其实我根本是个"少信"的人，无从起信，所以始终看了"不入"，于我很有影响的乃是投身饲虎的故事，这件浪漫的本生故事一直在我的记忆上留一痕迹，我在一九四六年做《往昔》三十首，其第二首是咏菩提萨埵，便是说这件事的，前后已经相隔四十多年了。

丙午（一九〇六）年以后，因为没有写日记，所以无可依据了，但是有一篇《秋草闲吟序》，是那年春天所作，诗稿已经散逸，这序却因鲁迅手抄的一本保存在那里，现在得以转录于下：

予家会稽，入东门凡三四里，其处荒僻，距市辽远，先人敝庐数楹，聊足蔽风雨，屋后一圃，荒荒然无所有，枯桑衰柳，倚徙墙畔，每白露下，秋草满园而已。予心

① 据日记所载，此为二月初七日。〖*145*，倒*10*〗

② "经指示说"三育本同手稿，桂本加书名号视为佛书。〖*145*，倒*5*〗

爱好之，因以园客自号，时作小诗，顾七八年来得辄弃去，虽衰之可得一小帙，而已多付之腐草矣。今春无事，因摭存一二，聊以自娱，仍名秋草，意不忘园也。嗟夫，百年更漏，万事鸡虫，对此茫茫，能无怅怅，前因未昧，野花衰草，其迟我久矣。卜筑幽山，诏犹在耳，而纹竹徒存，吾何言者，虽有园又乌得而居之？借其声，发而为诗，哭欤歌欤，角鸱山鬼，对月而夜啸欤，抑悲风戚戚之振白杨也。龟山之松柏何青青耶，茶花其如故耶？秋草苍黄，如入梦寐，春风虽至，绿意如何，过南郭之原，其能无惘惘而雪涕也。丙午春，秋草园客记。

在这里青年期的伤感的色彩还是很浓厚，但那些烂调的幼稚笔法却已逐渐减少了。上文说过的诗句，“独向龟山望松柏，夜乌啼上最高枝”，大抵是属于这一时期的，这里显然含着怀旧的意味。乙巳二月中记云：

过朝天宫，见人于小池塘内捕鱼，劳而所获不多，大抵皆鳝鱼之属耳。忆故乡菱荡钓鲦，此乐宁可再得，令人不觉有故园之思。

这与辛丑鲁迅的《再和别诸弟原韵》第二首所云，“怅然回忆家乡乐，抱瓮何时共养花”，差不多是同一样的意思。

六三　家里的改变

自从甲辰年的冬天回到学堂，一直到了丙午（一九〇六）年的夏天再回家去，时间隔的很长，所以家里的情形也改变得不少了。第一是房屋的改变。以前我们“兴房”派下的房子乃是在本宅的西北角一带，这是宅内的第四五进，本来也有“立房”的一部分在内，后来“立房”的十二世子京身死无后，拟以伯升承继，所以并入这一边了。第四进计有前后五大间，南边对着桂花明堂（院子），尽西头的一间出典给了吴姓，隔壁即是祖父居住的地方，中间隔了一个堂屋，东边的两间原为祖母和母亲的住房。路北院子的对面即是第五进了，原来偏东的两间划归“仁房”，院子里对半分开，砌上了一个曲尺形的墙，西头的两间经了太平军的战乱已经残毁，只剩下南边的一部分房屋尚可住人，与中堂相对的一间作为女仆们的宿舍，后边朝北的一间则因楼板和窗户都已没有了，所以空着，只供存放谷米之用，东偏一间即是在《鲁迅的故家》里所说的“桔子屋”，乃是子京所原住，他在这里教书，掘藏，也在这里发疯的地方。楼上也是空着，却比东边仓间的楼上更是荒废了，因为那边只是没有楼板，空空洞洞的没有什么奇怪，这边却仍是一间空着的房子，却是窗户全无，隔墙又是梁姓的竹园，所以有种种鸟兽前来借住，往往在夏天黄昏时候，阵雨将要到来，小孩向北窃窥，看见楼上窗口伸出猫脸似的，或狗头似的，不晓是什么鸟兽的脸孔来，觉得又是害怕又是爱看，着实很有兴趣。现在却把这一部分全都改造了，东边是一间南向的堂屋，后面朝北的一间作为母亲的住房，西边朝南的是祖母的住房，后边一间是通往第六进的厨房的通路，以及楼梯的所在。楼上也都修复了，共有两间，则作为鲁迅的住房。为什么荒废了几十年的破房子，在这时候重新来修造的呢？自从房屋被太平天国战役毁坏以来，已经过了四十多年，中间祖父虽然点了翰林，却一直没有修复起来，后来在北京做京官，捐内阁中书，以及纳妾，也只是花钱，没有馀力顾到家里，这回却总算修好，可以住得人了。这个理由并不是因为有力量修房子，家里还是照旧的困难，实在乃因必要，鲁迅是在那一年里预备回家，就此完姻的。楼上两间乃是新房，这也是在我回家之后才知道的。当初重修房屋与鲁迅结婚的事情，我在南京仿佛事前并不得知，那时或者也曾信里说及，不知怎的现在却全不记得了。总之鲁迅的结婚仪式是怎么样的，我不在场，故全然不清楚，想必一切都照旧式的吧。头上没有辫子，怎么戴得红缨大帽，想当然只好戴上一条假辫吧？我到家的时候，鲁迅已是光头着大衫，也不好再打听他当时的情形了。“新人”是丁家弄的朱宅，乃是本家叔祖母玉田夫人的同族，由玉田的儿媳伯㧑夫人做媒成功的，伯㧑夫人乃出于观音桥赵氏，也是绍兴的大族，人极漂亮能干，有王凤姐之风，平素和鲁老太太也顶讲得来，可是这一件事却做的十分不高明。新人极为矮小，颇有发育不全的样子，这些情形姑媳不会得不晓得，却是成心欺骗，这是很对不起人的。本来父母包办子女的婚姻，容易上媒婆的当，这回并不是平常的媒婆，却上了本家极要好的妯娌的当，可以算是意外的事了。

第二卷

六四　往日本去

这回的启行也同癸卯（一九〇三）年秋天那一回差不多，有伴侣偕行，而且从绍兴直到日本，所以路上很是不寂寞。这同行的是什么人呢？这人乃是邵明之，名文镕，绍兴人留学日本北海道札幌地方，学造铁路，北海道是日本少数民族多须的虾夷聚居之地，多雪多熊，邵君面圆而黑，又多胡子，所以鲁迅送他一个日本绰号叫作“熊爷”。（日本语用一个“样”字，加在名氏下面，用作称呼，不问身分高低，悉可通用，很是方便，犹如法文里的M一样。就是中国没有适宜的字，现在一般公用，例如税关邮局银行的通信，一律都是直呼姓名，未免太是简单。老实说来，那种称呼或者是封建遗风倒未可知，直截的叫法反是民主的，现在学生中间和一般社会通行，可以为证。但是也有应了年龄，加上一个老字或是小字的，例如说“老赵”或是“小钱”，或将老字加在姓的底下，表示尊敬，可见也有相同的表示，不过没有一个可以一切通用的称呼罢了。）平常鲁迅是很看不起学铁路的，虽然自己是矿路学堂的出身，因为那一班进岩仓铁道学校的速成班的，目的只是在赚钱，若是进高等专门的学习铁道，那自然是另眼相看的。在《鲁迅的青年时代》里面，有一张插画，后边站着许寿裳和鲁迅，在许寿裳前面的即是邵明之其人，鲁迅前面的则是陈公侠，即是后来的陈仪，一时改为陈毅，民国以后这才恢复原名。在照相那时，可能是弘文学院刚毕业，开始分别进高等专门，经过两年的学习，鲁迅已经学完医学校的前期功课，因思想改变，从救济病苦的医术，改而为从事改造思想的文艺运动了，所以决心于医校退学之后回家一转，解决多年延搁的结婚问题，再行卷土重来，作“新生”的文学活动。其时邵君适值回乡，于是约定一同回日本去，那时候有邵君的友人张午楼也要同行，所以我们这一行总共有四个人，都是由绍兴出发，可是分作两批，约定在西兴会合，共乘小火轮拖船前往上海。到了上海之后，由于邵君的主意，特别在后马路或是五马路的一家客栈里住下，这不是普通的客栈，乃是湖州丝业商人的专门住宿的地方，不过别人也可以住得，邵君不晓得以什么关系，得到了这一种的特权，现在却是忘记了。因为不是普通的客店，所以多少觉得清净，可是因为我们住客太不老实了，以致别的客人啧有烦言，这其实要怪我们的不好。那时我们几个人都年少气盛，难免自高自大，蔑视别人，因为主张打倒迷信，破除敬惜字纸的陋习，平常上厕所去总使用报纸，其实这是很不合卫生的一件事，尤其是犯人家的嫌恶，讨厌你亵渎字纸还是其次，第一是要连累他也犯了罪了。那客栈的住客于是联合抗议，表面上很是和平，说愿意供给上茅厕用的草纸，请勿用字纸，以免别人望而生畏。对于这种内刚而外柔的抗议，结果只好屈服了事，因为没法僵持下去，事实显然是我们理曲的。在这里大约也停留了三五天之久，因为一则要候买船票，二则我和张午楼都要剪去辫子。我的剪发很花工本，那时上海只有一个剃头匠，他有一把“轧剪”，能够轧平而不是剃光，轧发的工钱只要大洋一元，但是附带有一个条件，剪下来的辫子是归他所有，由他去做成假发或假辫，又有二三元的进益。他寄住在一家什么小客栈里，顾客跑去请教，倒还相当便利清闲，张午楼为的贪图便利，只叫普通剃头匠一刮了事，虽然是省事，但是刮得精光像是一个和尚，一时长不起来，在日本去的船上很被人家所注目，却也是一种讨厌的事情。

六五　最初的印象

一个人初到外国的地方，最是觉得有兴趣的，是那里人民的特殊的生活习惯，其有一般习得的文化生活，虽然其时也颇觉得新奇，不过总是还在其次了。我们往日本去留学，便因为它维新成功，速成的学会了西方文明的缘故，可是我们去的人看法却并不一致，也有人以为日本的长处只有善于吸收外国文化这一点，来留学便是要偷他这记拳法，以便如法泡制。可是我却是有别一种的看法，觉得日本对于外国文化容易模仿，固然是他的一样优点，可是不一定怎么对，譬如维新时候的学德国，现在的学美国都是，而且原来的模范都在，不必要来看模拟的东西，倒是日本的特殊的生活习惯，乃是他所固有也是独有的，所以更值得注意去察看一下。这个看法或者是后来经过考虑这才决定的也未可知，大体从头就是这样看法，不过后来更是决定罢了。

关于日本民族的问题，我们是门外汉，不容得来乱开口的，但说他是属于太平洋各岛居民有关的大洋洲系统，那总是没有十分错误的吧。他的根本精神是巫来由的，但是表面却又受了很浓厚的汉文化与佛教文化，所[1]显出很特殊的色彩来，这是我所觉得看了很有兴趣的。要了解日本的国民性，他的一切好的和坏的行动，不单是限于文学艺术一方面的成就，这需要从宗教下手，从他的与中国人截不相同的宗教感情去加以研究，这事现在无法讨论，所以只好不谈，因为这所谓宗教当然并不是佛教，乃是佛教以前固有的“神道”，这种宗教现在知道与朝鲜满洲的萨满教是一体的，但与南洋的宗教的关系现今还没有听说去调查研究，我们外行更不配来插嘴了。因此我们这里所谈的，也只是一个旅客在日本所得的最初的印象，说是最初却也可以延长到最后，因为在这方面我的意见始终没有什么改变。

我初次到东京的那一天，已经是傍晚，便在鲁迅寄宿的地方，本乡汤岛二丁目的伏见馆下宿住下，这是我和日本[2]初次的和日本生活的实际的接触，得到最初的印象。这印象很是平常，可是也很深，因为我在这以后五十年来一直没有什么变更或是修正。简单的一句话，是在它生活上的爱好天然，与崇尚简素。我在伏见馆第一个遇见的人，是馆主人的妹子兼做下女工作的乾荣子，是个十五六岁的少女，来给客人搬运皮包，和拿茶水来的。最是特别的是赤着脚，在屋里走来走去，本来江南水乡的妇女赤脚也是常有的，有如张汝南在所著《江南好词》中第九十九首，便是歌咏这事的，其词云：

“江南好，大脚果如仙。衫布裙绸腰帕翠，环银钗玉鬓花偏。一溜走如烟。”原注云：

“大脚妇女其美者皆呼为大脚仙，其妆饰如此，过者能知之。

① “所”三育本同，桂本作“所以”。〖*151*，倒*4*〗

② “和日本”三育本同，桂本作“在日本”。或系多写。〖*152*，*11*〗

谚云，大脚仙，头绾白玉簪，脸像米粉团，走街边，走起来一溜烟。”但这是说街边行走，不是说在屋里。我在一九二一年写过一篇名为“天足”的短文，第一句便说道：

“我最喜见女人的天足。”但后边却做的是反面文章，随即翻过来说道：

“这实在是我说颠倒了。我意思是说，我嫌恶缠足。”二十年后，在我给日本二千六百年纪念作《日本之再认识》那篇文章，里边仍是说这个话，不过加以引伸道：

> 日本生活里的有些习俗我也喜欢，如清洁，有礼，洒脱。洒脱与有礼这两件事一看似乎有点冲突，其实却并不然。洒脱不是粗暴无礼，他只是没有宗教的与道学的伪善，没有从淫佚发生出来的假正经，最明显的例是对于裸体的态度。蔼理斯（H. Ellis）在他的论“圣芳济及其他”的文中有云：
>
> “希腊人曾将不喜裸体这件事看作波斯人及其他夷人的一种特性，日本人——别一时代与风土的希腊人——也并不想到避忌裸体，直到那西方夷人的淫佚的怕羞的眼告诉他们，我们中间至今还觉得这是可嫌恶的，即使单露出脚来。”我现今不想来礼赞裸体，以免骇俗，但我相信日本民间赤脚的风俗总是极好的，出外固然穿上木屐或草履，在室内席上便白足行走，这实在是一种很健全很美的事。我所嫌恶的中国恶俗之一是女子的缠足，所以反动的总是赞美赤脚，想起两足白如霜不着鸦头袜之句，觉得青莲居士毕竟是可人，在中国古人中殊

> 不可多得。我常想，世间鞋类里边最善美的要算希腊古代的山大拉，闲适的是日本的下驮，经济的是中国南方的草鞋，而皮鞋之流不与也。凡此皆取其不隐藏，不装饰，只是任其自然，却亦不至于不适用与不美观。此亦别无深意，不过鄙意对于脚或身体的别部分以为解放总当胜于束缚与隐讳，故于希腊日本的良风美俗不得不表示赞美，以为诸夏不如也。希腊古国恨未及见，日本则幸曾身历，每一出门去，即使别无所得，只是憧憧往来者皆是平常人，无一裹足者在内，如现今在国内行路所常经验，见之令人愀然不乐者，则此一事亦已大可喜矣。

这文章写了之后，现今又过了二十年了，可是出去的时候，还皆遇见“愀然不乐”的现象，这不能不感慨系之了。

六六　日本的衣食住　上[①]

我对于日本的平常生活方式，即是衣食住各方面的事情，觉得很有兴趣，这里有好些原因，重要的大约有两个，其一是由于个人的性分，其二可以说是思古之幽情吧。我是生长于东南水乡的人，那里民生寒苦，冬天屋内没有火气，冷风可以直吹进被窝里来，吃的通年不是很咸的腌菜也是很咸的腌鱼，有了这种训练

①《日本的衣食住》一文桂本全集卷六已收，在回想录则析为上、中、下及结论四章，多有修改，尤其《结论》一章等于完全改写，故桂本卷十三仍予保留。

去过东京的下宿生活，自然是不会不合适的。我那时又是民族革命的一信徒，凡民族主义必含有复古思想在里边，我们反对清朝，觉得清朝以前或元朝以前的差不多都是好的，何况更早的东西。听说夏穗卿钱念劬两位先生在东京街上走路，看见店铺招牌的某文句或某字体，常指点赞叹，谓犹存唐代遗风，非现今中国所有。冈千仞著《观光纪游》中亦纪杨惺吾回国后事云：

"惺吾杂陈在东所获古写经，把玩不置曰，此犹晋时笔法，宋元以下无此真致。"这句话是很有道理的，其实不但"古写经"是如此，即现时墨笔字也可以这么说，因为不单是唐朝书法的传统没有断绝，还因为做笔的技术也未变更，不像中国看重翰林的楷法，所以笔也做成那种适宜于书写白折纸的东西了。用了翰林们所爱用的毛笔来写字，又加上翰林字的范本，自然也只是那一派的末流罢了。

纪录日本生活，比较详细而明白合理的，要推黄公度在《日本杂事诗》注里所说的为第一。卷下关于房屋的注有云：

> 室皆离地尺许，以木为板，藉[①]以莞席，入室则脱屦户外，袜而登席。无门户窗牖，以纸为屏，下承以槽，随意开阖，四面皆然，宜夏而不宜冬也。室中必有阁以庋物，有床笫以列器皿陈书画。（室中留席地，以半掩以纸屏，架为小阁，以半悬玩器，则缘古人床笫之制而亦仍其名。）楹柱皆以木而不雕漆，昼常掩门而夜不扃钥。寝处无定所，展屏风，张帐幙，则就寝矣。每日必洒扫

①"藉"三育本同，桂本作"借"。藉，铺垫也，"借"则不可解。繁简汉字转化，尤其两个完全不同的文字系统所带来的思维方式的差异，导致诸多问题，此为一典型例证。〖*155，7*〗

拂拭，洁无纤尘。

又一则云：

> 坐起皆席地，两膝据地，伸腰危坐，而以足承尻后，若趺坐，若蹲踞，若箕踞，皆为不恭。坐必设褥，敬客之礼有敷数重席者。有君命则设几，使者宣诏毕，亦就地坐矣。皆古礼也。因考《汉书·贾谊传》，文帝不觉膝之前于席。《三国志·管宁传》，坐不箕股，当膝处皆穿。《后汉书》，向栩坐板，坐积久板乃有膝踝足指之处。朱子又云，今成都学所存文翁礼殿刻石诸像，皆膝地危坐，两蹠隐然见于坐后帷裳之下。今观之东人，知古人常坐皆如此。

这种日本式的房屋我觉得很喜欢。这却并不由于好古，上文所说的那种坐法实在有点弄不来，我只能胡坐，即不正式的趺跏，若要像管宁那样，则无论敷了几重席也坐不到十分钟就两脚麻痹了。我喜欢的还是那房子的简素适用，特别便于简易生活。杂事诗注已说明屋内铺席，其制编稻草为台，厚可二寸许，蒙草席于上，两侧加麻布黑缘，每席长六尺宽三尺，室之大小以席数计算，自两席以至百席，而最普通者则为三席、四席半、六席、八席，学生所居以四席半为多。户窗取明者用格子糊以薄纸，名曰障子，可称纸窗，其他则两面裱糊暗色厚纸，用以间隔，名曰唐纸，可云纸屏耳。阁原名户棚，即壁厨，分上下层，可分贮被褥及衣箱杂物，床第原名“床之间”，即壁龛而大，下宿不设此，学生租民房时可利用此地堆积书报，几乎平白的多出一席地也。四席半一室面积才八十一方尺，比维摩斗室还小十分之二,四壁萧然，下宿只供一副茶具，自己买一张小几放在窗下，再有两三个坐褥，便可安住。坐在几前读书写字，前后左右凡有空地都可安放书卷纸张，等于一张大书桌，客来遍地可坐，容六七人不算拥挤，倦时随便卧倒，不必另备沙发，深夜从壁厨取被摊开，又便即正式睡觉了。昔时常见日本学生移居，车上载行李只铺盖衣包小几或加书箱，自己手拿玻璃洋油灯在车后走而已。中国公寓住室总在方丈以上，而板床桌椅箱架之外无他馀地，令人感到局促，无安闲之趣。大抵中国房屋与西洋的相同，都是宜于富丽而不宜于简陋，一间房子造成，还是行百里者半九十，非是有相当的器具陈设不能算完成，日本的则土木功毕，铺席糊窗，即可居住，别无一点不足，而且还觉得清疏有致。从前在日本旅行，在吉松高锅等山村住宿，坐在旅馆的朴素的一室内凭窗看山，或着浴衣躺席上，要一壶茶来吃，这比向来住过的好些洋式中国式的旅舍都要觉得舒服、简单而省费。这样房屋自然也有缺点，如杂事诗注所云宜夏而不宜冬（虽然日本北方的屋里，别有一种取暖的所谓“围炉里”的设备），其次是容易引火，还有或者不大谨慎，因为槽上拉动的板窗木户易于偷启，而且内无扃钥，贼一入门便可以各处自在游行也。

六七　日本的衣食住 中

关于衣服，日本杂事诗注只讲到女子的一部分，卷二中云：

> 宫装皆披发垂肩，民家多古装束，七八岁丫髻双垂，尤为可人。长，耳不环，手不钏，髻不花，足不弓鞋，皆以红珊瑚为簪，出则携蝙蝠伞。带宽咫尺，围腰二三匝，复倒卷而直垂之，若襁负者。衣袖尺许，襟广微露胸，肩脊亦不尽掩。傅粉如面然，殆《三国志》所谓丹朱坋身者耶。

又云：

> 女子亦不着裤，里有围裙，《礼》所谓中单，《汉书》所谓中裙，深藏不见足，舞者回旋偶一露耳。五部洲[①]唯日本不着裤，闻者惊怪。今按《说文》，袴胫衣也。《逸雅》，袴两股各跨别也。袴即今制，三代前固无。张萱《疑耀》曰，袴即裤，古人皆无裆，有裆起自汉昭帝时上官宫人。考《汉书·上官后传》，宫人使令皆为穷袴。服虔曰，穷袴前后有裆，不得交通，是为有裆之袴所缘起。

① “洲”三育本、桂本均作“州”。〖*157*，倒*10*〗

这个问题其实本很简单。日本上古有袴，与中国西洋相同，看“埴轮”土偶便可知道，后受唐代文化衣冠改革，由筒管袴而转为灯笼袴，终乃袴脚益大，袴裆渐低，今礼服的所谓袴已几乎是裙了。平常着袴，故里衣中不复有袴类的东西，男子但用犊鼻裈，女子用围裙，就已行了，迨后民间平时可以衣而不裳，遂不复着袴，只用作乙种礼服，学生如上学或访老师则和服之上必须得着袴才行。现今所谓和服实即古时的“小袖”，袖本小而底圆，今则甚深广，有如口袋，可以容手巾钱袋等物，与中国和尚所穿者相似，西人称之曰 Kimono，原语云“着物”，实只是衣服的总称。日本衣裳之制大抵都根据中国，而逐渐有所变革，乃成今状，盖与其房屋起居最适合，若以现今和服住于洋房中，或以华服住日本房，亦不甚相适也。杂事诗注又有一则是关于鞋袜的云：

> 袜前分歧为二靫，一靫容拇指，一靫容众指。屐有如丌字者，两齿甚高，又有作反凹者。织蒲为苴，皆无墙有梁，梁作人字，以布绠或纫蒲系于头，必两指间夹持用力乃能行，故袜分作两歧。考《南史·虞玩之传》，一屐着三十年，蒵[①]断以芒接之。古乐府，黄桑柘屐蒲子履，中央有丝两头系。知古制正如此也，附注于此。

这个木屐也是我所喜欢着用的，我觉得这比广东的用皮条络住脚背的还要好些，因为这似乎更着力可以走路。黄公度说必两指间夹持用力乃能行，这大约是没有穿惯，或者因为中国男子多包脚，

① “蒵”三育本作“屐”，桂本同手稿。蒵即络住脚趾的人字形梁，断了可用芒草接上，屐断则不可以芒接。〖*158*，倒*12*〗

脚指互叠不能衔梁，衔亦无力，所以觉得不容易，其实是套着自然着力，用不着什么夹持的。甲戌（一九三四）年夏间我往东京去，特地到大震灾时没有毁坏的本乡菊坂去寄寓，晚上穿了和服木屐，曳杖往帝大前面一带去散步，看看旧书店和地摊，很是自在，若是穿着洋服就觉得拘束，特别是那么大热天。不过我们所能穿的也只是普通的“下驮”，即所谓反凹字形状的一种，此外名称“日和下驮”，底作丌字形而不很高的，从前学生时代也曾穿过，至于那两齿甚高的 “足驮”，那就不敢请教了。在大正时代以前，东京的道路不很好，也颇有雨天变酱缸之概，足驮是雨具中的要品，后来却是可以无需，不穿皮鞋的人只要有日和下驮就可应付，而且在实际上连这也少见了。

六八　日本的衣食住 下

黄公度在《日本杂事诗》注里，关于食物说的最少，其一是说生鱼片的：

> 多食生冷，喜食鱼，聂而切之，便下箸矣，火熟之物亦喜寒食。寻常茶饭，罗卜竹笋而外，无长物也。近仿欧罗巴食法，或用牛羊。

又云：

自天武四年（案即公元六七六年，但史称三年诏禁食牛马鸡犬猿等，次年乃令诸国放生），因浮屠教禁食兽肉，非饵病不许食。卖兽肉者隐其名曰药食，复曰山鲸。所悬望子，画牡丹者豕肉也，画丹枫落叶者鹿肉也。

讲到日本的吃食，第一感到奇异的事的确是兽肉的稀少。四十多年前，我在三田地方确实还看见过山鲸的招牌，这是卖猪肉的，画牡丹枫叶的却已不见，马肉称为樱花肉，但也不曾见诸招牌。虽然近时仿欧罗巴法，但肉食不能说很盛，不过已不如从前以兽肉为秽物禁而不食，肉店也在“江都八百八街”到处开着罢了。平常鸟兽的肉只是鸡与猪牛，羊肉简直没处买，鹅鸭也极不常见。平民的下饭的菜到现在仍旧还是蔬菜以及鱼介。中国学生初到日本，吃到日本饭菜那么清淡、枯槁，没有油水，一定大惊大恨，特别是在下宿或分租房间的地方。这是大可原谅的，但是我自己却不以为苦，还觉得这有别一种风趣。——的确有过一次，因为下宿的老太婆三日两头的给吃“圆油豆腐”，有点受不住了，只好买罐头咸牛肉来下饭。这是因为烹调得不好的缘故，这种圆豆腐原名为“假雁[①]肉”，用胡萝卜等切成丁，和在豆腐内制成，加酱油糖煮，也是很好吃的，但是那老太婆似乎只拿盐水来煮，而且几乎天天是这个，所以吃厌了，那只算是例外吧。——吾乡穷苦，人民努力日吃三顿饭，唯以腌菜臭豆腐螺蛳为菜，故不怕咸与臭，亦不嗜油若命，到日本去吃无论什么都不大成问题。有些东西可以与故乡的什么相比，有些又即是中国某处的什么，这样

① “雁”手稿写作“鴈”，三育本、桂本均作“鷹”。〖*160，5*〗

一想就很有意思。如味噌汁与干菜汤，金山寺味噌与豆板酱，福神渍与酱咯哒，牛蒡独活与芦笋，盐鲑与勒鲞，皆相似的食物也。又如大德寺纳豆即咸豆豉，泽庵渍即福建的黄土萝卜，蒟蒻即四川的黑豆腐，刺身即广东的鱼生，寿司即古昔的鱼鲊，其制法见于《齐民要术》，此其间又含有文化交通的历史，可资研究。——刺身读如萨西米，即是杂事诗注所说“聂而切之”的鱼肉。黄君乃广东嘉应州人，是知道鱼生的，但日本所不同的就是这样的生吃了，这在中国也不是没有先例的，如吃醉虾即是。鱼用鲔和鲷，亦有用鲤者，此外多骨的河鱼皆不适用。——家庭宴集自较丰盛，但其清淡则如故，亦仍以菜蔬鱼介为主，鸡豚在所不废，唯多用其瘦者，故亦不油腻也。近时社会上亦流行中国及西洋菜，则并没有什么高明，盖以日东手法调理西餐（日本昔时亦称中国为西方）难得恰好。东京神田有“维新号”，当初系一小杂货店，乃浙江宁波郑君所经营，专售卖中国食品，略如稻香村那样，小楼一间作为雅座，可以小吃，昔日曾经请教过，却做得很好，四十年来闻已大为发展，开有各处分号了。

日本食物之又一特色为冷，确如杂事诗注所说。下宿供膳尚用热饭，人家则大抵只煮早饭，家人之为官吏教员公司职员工匠学生者皆裹饭而出，名曰“便当”，匣中盛饭，别一格盛菜，上者有鱼，否则苦咸的梅干一二而已。傍晚归来，再煮晚饭，但中人以下之家便吃早晨所馀，冬夜苦寒，乃以热苦茶淘之。中国人惯食火热的东西，有海军同学昔日为京官，吃饭恨不热，取饭锅置左右，由锅到碗，由碗到口，迅疾如暴风雨，乃始快意，此固是极端，却亦是一好例。总之对于食物中国一般大抵喜热恶冷，所以留学生看了“便当”恐怕无不头痛的，不过我觉得这也很好，不但是故乡有吃“冷饭头”的习惯，说得迂腐一点，也是人生的一点小小的训练。中国有一句很是陈旧，却很是很有道理的格言道：人如咬得菜根则百事可做。所以学会能吃生冷的东西，虽然似乎有背卫生的教条，但能够耐得刻苦的生活，不是没有什么益处的吧。

六九　结论[①]

刚才说到了东京，就说上这一大堆话，总论日本的衣食住，也可以说是结论，这是什么缘故呢？总之这似乎不是说初到时最初的印象吧？是的，这的确是结论，是我多年之后观察所得的结果，如今说在起头的地方，实在有点倒果为因的毛病。不过这有什么办法呢，大凡一个人对于一地方的意见，无论是爱憎如何，总是有一种结论做根据。我现在便把这个根据说在前边，再来叙述我的事情，希望它可以说得清楚一点。老实说，我在东京的这几年留学生活，是过得颇为愉快的，既然没有遇见公寓老板或是警察的欺侮，或有更大的国际事件，如鲁迅所碰到的日俄战争中杀中国侦探的刺激，而且最初的几年差不多对外交涉都是由鲁迅替我代办的，所以更是平稳无事。这是我对于日本生活所以印象很好的理由了。

我那时对于日本的看法，或者很有点宿命观的色彩也说不定。

① 本节标题三育本同，桂本作“观察的结论”。〖*161*，倒*7*〗

我相信日本到底是东亚或是亚细亚的，他不肯安心做一个东亚人，第一次明治维新，竭力挣扎学德国，第二次昭和战败，又学美国，这都于他自己没有好处，反给亚细亚带来了许多灾难。我最喜欢的是永井荷风的在所著《江户艺术论》第一篇“浮世绘之鉴赏”中说过的一节话，虽然已是五十年前的旧话了，但是我还要引用了来，说明我的一点意思：

> 我反省自己是什么呢？我非是威耳哈伦似的比利时人，而是日本人也，生来就和他们的运命及境遇迥异的东洋人也。恋爱的至情不必说了，凡对于异性的性欲的感觉悉视为最大的罪恶，我辈即奉戴此法制者也。承受“胜不过啼哭的小孩和地主”的教训的人类也，知道“说话则唇寒”的国民也。使威耳哈伦感奋的滴着鲜血的肥羊肉与芳醇的蒲桃酒与强壮的妇女之绘画，都于我有什么用呢？我爱浮世绘。苦海十年，为亲卖身的游女的绘姿使我泣。凭倚竹窗，茫然看那流水的艺妓的姿态使我喜。卖宵夜面的纸灯，寂寞的停留着的河边的夜景使我醉。雨夜啼月的杜鹃，阵雨中散落的秋天树叶[①]，落花飘风的钟声，途中日暮的山路的雪，凡是无常无告无望的，使人无端嗟叹此世只是一梦的，这样的一切东西，于我都是可亲，于我都是可怀。

他的话或者也有过于消极悲观的地方，但是在本篇的末尾这样说，

①“树叶”手稿作“树声”，三育本同，桂本改。〖*163*，*1*〗

觉得是很有道理的：

> 日本之都市外观和社会的风俗人情，或者不远将全都改变了吧。可伤痛的，将美国化了，可鄙夷的，将德国化了吧。但是日本的气候与天象与草木，和为黑潮的水流所浸的火山质的岛屿存在的时候，初夏晚秋的夕阳亦将永远如猩猩绯的深红，中秋月夜的山水将永远如蓝靛的青，落在茶花与红梅上的春雪也将永远如友禅印花绸的绚烂。如不把妇女的头发用了烙铁烫得更加卷缩了，恐怕也将永远夸称水梳头发之美吧。然则浮世绘者，将永远对于生在这太平洋上岛屿的日本人，在感情方面传达亲密的私语。浮世绘的生命，实与日本的风土，永劫存在，盖无可疑。而其杰出的制品，今乃悉不在日本了，岂不悲哉！

这是著者论“浮世绘”的几节话，但是这里我引用了来，却也觉得是恰好。我那时喜欢这“东洋”的环境，所以愉快的过了留学时期，不过这梦幻的环境却也到时候打破了，那便在我关闭了“日本研究”的小店的门，正式发表在《日本管窥之四》里边，已经是在卢沟桥[①]的前夕了。关于日本的衣食住的结论我还是没有什么修正，但是日本人是宗教的国民，感情超过理性，不大好对付，这是我从前看错了的。

① “卢沟桥”三育本同，桂本作“卢沟桥事变”。〖*163*，倒*5*〗

七〇　下宿的情形

我最初来到东京，住在伏见馆下宿屋里。伏见馆在东京的本乡区汤岛二丁目，是中下等的下宿，——我这样说也是没有什么根据的，只是凭我的估计罢了。本来下宿是按月计算房饭钱，与按日计算的旅馆不同，这是最大的区别。至于下宿本身的等级也大有高下，大的有三四层的楼房，用人众多，有点像是旅馆的样子，小的则房子不到十间，只用着一两个下女，有的还用自己的女儿们充任。伏见馆的情形是这样的，一进栅栏门是脱鞋的地方，走上去时右手是一个楼梯，随后即是所谓账房即是店主人的住所，便所与厨房就在这后边，左手外边是两间四席半的房间，大约就算是第一二号，不过因为房间太是气闷也不方便，所以不大有人居住，只有我们有一个时候，曾经借住第一号有一个月左右，再往后是一个通往便所的楼梯，以后是一间浴室，这之后是一间安放什物的房间，楼下的情形便是如此。楼上楼梯之后是第一间客房，却算是第八号，因为这就是鲁迅所住的房间，所以记得清楚，上边偶然需要茶水，一按电铃，底下便有人报告说，“八番样”，这意思也就是说第八号叫，但是直译起来是“第八号的先生”，而意义又略为不同，“样”字很有一种柔软性，这里译作先生也觉得有点儿硬了。第九号是一间三席的，平常总是闲空着，本来也尽有较为寒苦的学生足够居住，但这里是专住中国留学生的，所以没有人看得起这种小屋，一般的房间总要有四席半大小才好，里边是往三楼的楼梯了，其实三层楼上只有一间四席半的房间，便是第十号了。再回来说二楼，楼梯上面右边一间，左边接连三间，其第三间便与第八号相对，便算是第三至第六号，第七号单独一间，位置在往便所去的楼梯与往三楼的楼梯的交叉点，最是静僻，没有左右邻居的烦扰。据上边所说的情形看来，我那中下的考语或者下得算是公平吧。它的确有浴堂的设备，每星期或者烧两三次，但这乃是一种家常的入浴，并不是什么特别的待遇，那里也设有叫人的电铃，却是还没有电灯，仍旧用洋油灯照明，电铃是用干电池的。高等下宿则每间房里都装有电话，可以与账房通话，也可以打到外边去，从前蒋观云住的地方便是这样的。

下宿屋所供给客人用的，除房间之外，有一个火盆，这并不限于冬天取暖，平常也供烧热开水并点火之用，和一套茶具，但如是客人自己有，就不再供给了，不过谁也觉得麻烦去自办，故而多是借用下宿的，此外则晚上点的洋油灯，以及三餐所需的食器，也都由下宿制办。坐具即垫子之类，也可以暂时借用，但这样东西既是必需的，所以结果以自备为宜，此外则有书桌也须自备，大小悉可随意，但是一般留学生习惯于桌椅的生活，不肯席地而坐，在日本房子里也一定要用桌椅，不特狼抗很占地方，也觉得不合适，如穿和服而冬天高坐，实在也是很冷的。我们所用便只是日本的“几”，这与日本房屋是相配合的，而且坐在垫子上面，即使不能正式跪坐，就是胡坐也不妨事，也总是盖住两腿，比“垂脚而坐”要暖和得多了。房饭钱每月不出十元，中午和晚上两餐饭，早上两片面包加黄油，牛奶半磅，也就够了。但留学经费实在也很少，进国立大学的每年才有五百日圆，专门高校则四百五十，别的学校一律四百圆，一个月领得三十三圆，实在是很拮据的，不过那时管理也特别麻胡，就是你不进什么学校，也不顾问[①]，一样可以领取学费，只要报告说是在什么地方读书就好了。

七一　学日本语

我们在伏见馆住了下来之后，要做的事情第一件是学习日本话，其次是预备办文艺杂志的事情，不过那是一件长期的工作，不是在短时间所能完成的。我第一年学日本话，乃是在一个讲习班里，这是中华留学生会馆所组织的，彼此也不曾会面，愿意加入的只须在名单上签个姓名，按期缴纳学费就行。时间是每天上午九点至十二点，教师名菊地勉，年纪大约三十几岁，手里一笔好白话文，写在黑板上很得要领，但是嘴里仍是说日本话，这样的教员曾经见过好几个，这套工夫实在是很可佩服的。教场设在留学生会馆内一间侧屋里，容得下二三十个人的坐位。留学生会馆是一所洋房，在东京市神田区骏河台上，这是本乡与神田两区的交界处，那时我们住在本乡的汤岛，靠近“御茶水桥”，一过桥就是神田的甲贺町，桥旁右折即是骏河台了。所以从下宿去上课，倒是极近便的，走了去至多只花十分钟左右罢了，但是我去听课却不能说是怎么的勤，大约一星期里也只是去上三四次吧，因为一则是懒，其二讲的也是颇慢，所以脱了几堂课没有什么关系，总之彼此都很是麻胡。可是话虽如此，我的一点日本语基本

① “顾问”三育本、桂本均作“过问”。不顾问，不管不问也。〖*166，2*〗

知识，却是从菊地先生学得的，但是话又说了回来，这于我却没有什么用处，因为那时候跟鲁迅在一起，无论什么事都由他代办，我用不着自己费心，平常极少一个人出去的时候，就只是偶然往日本桥的丸善书店，买过一两册西书而已。这种情形一直继续有三年之久，到鲁迅回国时为止。讲习会是私人组织，毕业了也没有文凭，进学堂不方便，所以在第二年便是丁未（一九〇七）年的夏天，又改进了法政大学的特别豫科。这种豫科期限一年，教授日文以及英算历史浅近学科，学了之后可以进专门科，若是要进大学本科另有一种豫科，学习普通中学课程，须三年工夫才能毕业。我因为中学普通知识在南京差不多都已学过，现在补习日文和日本历史就已够了，所以进了这特别豫科，这计划是很合理的，可是实际上却是很有不利。我因为总算学过一年的日本语，而英算等学科又都是已经学过了，所以没有兴味去听，这样就奖励我的偷懒，缴了一年的学费，事实上去上学的日子几乎才有百分之几，到了考试的时候，我得到学校的通知，这才赶去应考，结果还考了一个第二名。在校里遇到事务员，说你要不是为了迟到缺考一门功课，怕不是第一么？很替我可惜，但是这却省得我好些麻烦，不必去当同班的代表，去致毕业式的答辞，只领到学校所发给的一本奖品日本译的伊索寓言就算完事了。我这样说，好像是在同班里自己是怎么了不得的样子，这当然不是的，但事实上的确有些怪人，说来像是笑话，却是实在的事情。有一个英文教员姓风见，年纪五十来岁，看样子似乎是很神经质的，教学生拼法，说 ba——赔，学生跟不上，说错了，也是有的，总不会差得很远。可是班里有一位仁兄，却错得很离奇，不是说 ba——罗，便是说 ba——歪，先生以为是故意开玩笑，气得个不亦乐乎，而那位仁兄却是神气坦然，一点都没有捣乱的模样。风见先生终于因此辞职了，换了一位教日文的兼任，这位先生的对付的方法很好，毫不生气，于是结果成功了。他只是一味的镇静，说道：“不是的，不是罗。ba 是赔。”如果学生这回说是歪，他便说道：“不是的，也不是歪。ba 是赔。”他不厌其烦的回答，听着的人觉得十分好笑，但是奏了效，那位有特别拼法的人也逐渐会得学说普通的拼法了。这种怪人怪事，我以后也没有遇见过，但那时读书人初次从书房里解放出来，与外边的事情相接触，便会现出类似的情形来。鲁迅当时形容他们，常与许寿裳骂“眼睛石硬”，的确非常切贴而且得神，到了近几十年来，这似乎已过了时，说起来有点不尽可信了，辛亥革命以来这五十年间，社会情形确实改变了不少，这是很好的事情，虽然在讲故事的时候要多费一点事，需要些多馀的说明罢了。

七二　筹备杂志

刊行杂志，开始一种文学运动，这是鲁迅在丙午（一九〇六）年春天，从仙台医学校退学以后，所决定的新方针。在这以前他的志愿是从事医药，免除国人的病苦，至是翻然变计，主张从思想改革下手，以为思想假如不改进，纵然有顽健的体格，也无济于事。他本来也曾经在同乡留学生所办的杂志《浙江潮》上写过些文章，又翻译焦尔士威奴的《月界旅行》，但还没有强调文学的重要作用，大约只是读了梁任公的《新小说》，和他的所作的

《论小说与群治的关系》，所受的一点影响罢了。当时的计画是发刊“新生”杂志，这件事便开始筹备。一九二〇年的三月在《域外小说集》的新板序文上，他曾这样说道：

> 我们在日本留学时候，有一种茫漠的希望，以为文艺是可以转移性情、改造社会的。因为这意见，便自然而然的想到介绍外国新文学这一件事。但做这事业，一要学问，二要同志，三要工夫，四要资本，五要读者。第五样逆料不得，上四样在我们却几乎全无。

虽然是这样说，其实所缺少的就只是资本，在当初筹办的时候上三样东西原是充分满足的。所说第一件是学问，说没有原是句客气话，其实要来领导一种文学运动，至少对于自己的主张有些自信，至于第二件的工夫，则事实上是多得很，因为既如上边所说，我在起头的两年麻麻胡胡的学日本话，大半是玩耍的时候，鲁迅则始终只在独逸语学协会附设的学校里挂名学习德文，自然更多有自己的工夫了。倒是同志的确很是稀少，最初原只有四个人，鲁迅把我拉去也充了一个，此外是许季茀和袁文薮。鲁迅当初对于袁文薮期望很大，大概彼此很是谈得来，我却不曾看到过，因为他从日本转往英国留学，等得我到日本的时候，他已经往英国去了。可是袁文薮离开日本以后就一直杳无消息，本来他答应到英国后就写文章寄去，结果不但没有文章，连通信都不曾有过一封。这是“新生”运动最不利的事情，在没有摆出阵势之前，就折了一员大将，不，这还是顶得力的一员大将哩。可是“新生”却似乎没有受到什么影响，还是默不作声的筹备着。在这以前，朋友中间还有时谈起，所以有人便开玩笑，说这是新进学的生员，但自从袁文薮脱走以后，这个问题便冷落起来了，至少对外是如此，剩下的我们三个人却仍旧是那么积极，总之是一点都没有感到沮丧。

我在南京的时候所受到的文学的影响，也就只是梁任公的《新小说》里所载的那些，主要是焦尔士威奴的科学小说，以及法国雨果——当时因为用英文读法称为嚣俄的名字，此外则是林琴南所译的哈葛德等，后来有司各得，其《萨克逊劫后英雄略》比较的有点意思。至于我所有的外文本文学书，就只有一册英文天方夜谈，八册英文雨果选集，和美国朗斐罗的什么诗，坡的中篇小说《黄金甲虫》的翻印本罢了。我到达东京的时候，下宿里收到丸善书店送来的一包西书，是鲁迅在回国前所订购的，内计美国该莱（Gayley）编的《英文学里的古典神话》，法国戴恩（Taine）的英国文学史四册，乃是英译的。说也可笑，我从这书才看见所谓文学史，而书里也很特别，又说上许多社会情形，这也增加我不少见闻。《古典神话》虽是主要在于说明英文学上的材料，但也就有了希腊神话的大概，卷首并说及古今各派的不同解释，使我对于安特路朗的人类学派的说法有了理解。恰巧在骏河台下的中西屋书店里有多少本的“银丛书”，安特路朗的主要著作就收在这里边，这便是《习俗与神话》（*Custom and Myth*）和两册《神话仪式和宗教》（*Myth, Ritual and Religion*），我便去都买了来，这就是研究神话最早的根据。后来弄希腊神话，更得到弗来则与哈利孙女士的著作，更有进益，但在那时候觉得有了新园地跃跃欲试，便在那一年里（一九〇六）用了新生稿纸，开始写一篇《三辰神话》，意思是说日月星的，刚起了头，才写得千馀字，有一天许季茀来访，谈起新生的稿件，鲁迅还拿出来，给他阅看。大概他对于这些问题没有兴趣，我的文章也当然写得很糟，他什么也没有说，然而也算侥幸新生未曾出板，不然这样不成样子的东西发表出来，岂不是一件笑话吗。

七三　徐锡麟事件

我们在伏见馆始终住的是第八号房间，后来对面的第六号空出来了，遂并借了这一间，因为仿佛是朝东的，所以在夏天比较要好一点。到了第二年的春天，忽然的来了新客，不得不让给他们住了，来客非别，乃是蔡谷卿[①]君夫妇，蔡君名元康，是蔡鹤卿即孑民的堂兄弟，经常在《绍兴公报》上面写些文章，笔名国亲，与鲁迅本不熟识，是邵明之所介绍来的。蔡君是新近才结了婚，夫人名郭珊，她的长姊嫁给了陈公猛，即是陈公侠的老兄，二姊是傅写臣的夫人，这时同了她的妹子来到日本，要进下田歌子的实践女学校，可是就生了病，须得进病院，而这病乃是怀了孕，她那一方面是由邵明之照料，弄得做翻译的十分狼狈，时常来伏见馆诉说苦况。这大抵是关于妇女生活的特殊事情，鲁迅经手办理的也有这种的事，不过最初由男人传述，还没有什么困难，第二步却要说给下女听，如托她们代买月经带等，这在当时实在有点别扭的。好在这事也只头一次为难，以后进了学校，她们会

① “蔡谷卿”三育本同，桂本作“蔡谷清”。此处谷卿、鹤卿是一对兄弟。后面有几处写作“蔡谷清”，旧时文人有种习惯，称呼友朋名号往往取同音之异字。〖*171*，*9*〗

得自己办理了。

那年夏天，确实的说是阴历五月廿六日，中国突然发生一件不平常的革命事情，这便是徐伯荪刺杀恩铭的所谓安庆事件。如今暂且借用鲁迅的《朝花夕拾》里的文章，写范爱农的起头一节如下：

> 在东京的客店里，我们大抵一起来就看报，学生所看的多是《朝日新闻》和《读卖新闻》。一天早晨，辟头就看见一条从中国来的电报，大概是：——
>
> "安徽巡抚恩铭被 Jo Shakurin① 刺杀，刺客就擒。"
>
> 大家一怔之后，便容光焕发的互相告语，并且研究这刺客是谁，汉字是怎样三个字。但只要是绍兴人，又不专看教科书的，却早已明白了。这是徐锡麟，他留学回国之后，在安徽做候补道，办着巡警事务，正合于刺杀恩铭的地位。
>
> 大家接着就豫测他将被极刑，家族将被连累。不久秋瑾姑娘在绍兴被杀的消息也传来了（案，这是六月初五日的事），徐锡麟是被挖了心，给恩铭的亲兵炒食净尽。人心很愤怒。有几个人便秘密的开一个会，筹集川资，这时用得着日本浪人了，撕鱿鱼下酒，慷慨一通之后，他便登程去接徐伯荪的家属去。

接着是绍兴同乡会开了一个会，讨论到发电报的事，结果分成两派，主张发的是想借了主持公论的幌子，去和当时满清政府

---

① 原注：Jo Shakurin 原书作 Jo Shikirin，系是错误的，今为改正。〖*172*，右端〗

发生接触，所以表面主张民主，要政府文明处理，以后不再随便处刑。这派的首领是蒋观云，他本是老诗人，寄寓在东京，素来受到同乡青年们的尊敬，鲁迅和许季茀等人也时常去问候，可是这时受了康梁立宪派的影响，组织“政闻社”，预备妥协了，所以这时竭力主张发电报，去和政府接近。反对的是比较激烈的，以为既然革命便是双方开火了，说话别无用处，鲁迅原来也是这一派，所以范爱农所说的话：

“杀的杀掉了，死的死掉了，还发什么屁电报呢！”根本是不错的，鲁迅当然也是这个意思，不过他说话的口气和那态度很是特别，所以鲁迅随后还一再传说，至于意见却原来是一致的。那篇《范爱农》的文章里说，自己主张发电报，那为的是配合范爱农反对的意思，是故意把“真实”改写为“诗”，这一点是应当加以说明。关于蒋观云的事，我有一节文章收在“百草园的内外”[①]里，节录于下：

> 当时绍属的留学生开了一次会议，本来没有什么善后办法，大抵只是愤慨罢了。不料蒋观云已与梁任公连络，组织政闻社，主张君主立宪了，在会中便主张发电报给清廷，要求不再滥杀党人，主张排满的青年们大为反对。蒋辩说猪被杀也要叫几声，又以狗叫为例，鲁迅答说，猪才只好叫叫，人不能只是这样便罢。当初蒋观

---

① “百草园的内外”三育本同，桂本作“园的内外”，或与知堂某文集中标题保持一致。在那文集里本有前后的脉络，不需着“百草”二字让读者晓得说的是百草园。此处去掉园名，读者要知道是哪个园，除非是熟读知堂的，就得费劲去查找。这固然是知堂为读者考虑的好意，亦表现出他作文的不拘泥，照录旧文实在等于某种程度的再创作，不可以别处的现成文章替换了事。〖*173*，*5*〗

云有赠陶焕卿诗，中云，敢云吾发短，要使此心存，鲁迅常传诵之，至此时乃仿作打油诗云，敢云猪叫响，要使狗心存。原有八句，现在只记得这两句而已。

七四　法豪事件

自从安庆事件以后，来伏见馆访问的客人似乎要比从前增加了。以前来访的人无非是南京矿路学堂的同学张协和，或是弘文学院的同学许季茀，要不然便是新来的张午楼和吴一斋罢了。这回来的却很有不同，大都是与革命案件有关的人，首先是在东湖里与徐伯荪一同练习路劫，豫备在绍兴城关门造反的陈子英，他是在绍兴闻警逃回日本来的。还有游说两浙绿林豪侠起义，要做到天下人都有饭吃的，后来被蒋介石所刺杀的陶焕卿，他这时不知在什么地方，却也逃到东京，经常带了龚未生来，谈论革命大势。此外还有他的本家陶望潮，本来是在日本留学，专门药学，后来又笃信佛教，但是在当时却很热心于革命事业，也时常跑来谈天。不过那些事情大半乃是我们迁居东竹町以后了，这里须得来说明一下，为什么我们要搬出伏见馆的因缘了。

简单的一句，由于环境不合适，住的很不痛快。老实说，下宿生活不会是住得痛快的，寓居的人既然杂乱，吵闹势所难免，但伏见馆的情形还算好的，因为它房间少，住不到十个人，而且多数是岩仓铁道学校的学生，虽然志趣很低，为鲁迅所看不起，却还是专心用功，整天上学，晚上也很安静，所以一时可以共处得来。可是后来蔡君夫妇后来[①]搬到别处去了，我也另外找了第七号住下，这边第五六号来了几个江西客人，这情形便大不相同了。不晓得共总有几个人，但是却也同我们一样，平常不上学校去，一天里以在家的时候为多，而且经常高谈阔论，又复放声狂笑，对门第六号里住的一位豪杰，尤其是了不得，醒时大笑大叫，睡了又立即鼾声大作，声如猪嗥，他的同伴叫他做“法豪”，——后来在民国初年在议员当中，发见了江西的一位议员名叫欧阳法孝，才知道他的正式的大名。这位法豪老爷又似乎头脑特殊的坏，日本房子特别是下宿的房间，外观构造都很相似，可是外边标着号数，自己住惯了也很有数，可是他却时常走错，冲进别人的住房里去，又复愕然退出，也不打一个招呼。这些江西客人似乎对于洗澡又特有兴趣，本来下宿里有一个不文律，凡是住得最久的客人对于洗浴有优先权，遇着澡堂烧开了之后，由下女按着次序来请，大约那里是平日一星期两次吧，每逢期日水刚烧好，法豪便不等来通知，径自钻了进去。鲁迅并不怎么热心于剃头沐浴，平常住在没有洗澡设备的下宿的时候，往往两三个月也难得去浴堂一次，可是这回因为憎恶这班人的缘故，又因他们大抵不懂得入浴的规矩之故，时常把浴汤弄得稀脏，尤其令人觉得不快。这仿佛是一件小事情，不值得计较，但是日日听着狗叫似的吵闹，更是四日两头的有那洗澡这一幕，实在叫人不好受，所以在踌躇好久之后，终于决心迁居，离汤岛不过一箭之路，在东竹町的一

① “后来”三育本、桂本均删。〖*174，10*〗

户人家租借了两间房，住了下来了。这一件小小的“法豪事件”虽然是渺小得很，可是搅乱我们的心绪，影响实在很大，所以这里用了这样的一个题目，或者不算是怎么夸大吧。

七五　中越馆

东竹町在顺天堂病院的右侧，中越馆又在路右，讲起方向来，大概是坐北朝南吧。我们的住房是在楼下，大小两间，大的十席，朝西有一个纸窗，小的六席，纸都南向①，要比下宿的普通房间为宽大。人家住房照例有板廊，外边又有一个曲尺形的一个天井，有些树木，所以那西向的窗户在夏天也并②不觉得西晒。这是一家住家，有房间出租给人，只因为寄居的客共有三人，警察方面一定要以下宿营业论，所以后来挂了一块中越馆的招牌。主人的二房东是一个老太婆，带了她的小女儿，住在门口一间屋里，西边的两大间和楼上一间都租给人住，地点很是清静，没有左右邻居，可是房饭钱比较贵，吃食却很坏。有一种圆豆腐，中间加些素菜，径可两寸许，名字意译可云素天鹅肉，本来也很可以吃，但是煮得不入味，又是三日两头的给吃，真有点吃伤了，我们只好随时花五角钱，自己买一个长方罐头盐牛肉来补充。那老太婆

---

①“纸都南向”三育本作“纸窗南向”，桂本作“纸门都南向”。前文说十席的房间纸窗西向，且“都”字兼及两个房间，所谓“纸”恐不止是门，而是一整面带推拉门的纸墙。〖*175*，倒*12*〗

②“并”三育本、桂本均无。〖*175*，倒*9*〗

赚钱很凶，但是很守旧规矩，走进屋里拿开水壶或是洋灯来的时候，总是屈身爬着似的走路。这种爬走便很为鲁迅所不喜欢，可是也无可奈何她。那小女儿名叫富子，大概是小学三四年级生，放学回来倒也是很肯做事的。晚上早就睡觉，到了十点钟左右，老太婆总要硬把她叫醒，说道：

“阿富，快睡吧，明天一早要上学哩。”其实她本来是睡着了的，却被叫醒了来听她的训诲，这也是我们所讨厌的一件事。好在阿富并不在乎，或者连听也不大听见，还是继续她的甜睡，这事情也就算完了。

在中越馆里还有一个老头儿，不知道是房东的兄弟还是什么，白天大抵在家，屋角落里睡着，盖着一点薄被，到下午便不见了。鲁迅睡得很迟，吃烟看书，往往要到午夜，那时听见老头儿回来了，一进门老太婆便问他今天哪里有火烛。鲁迅当初很觉得奇怪，给他起了一个绰号叫“放火的老头儿”，事实上当然并非如此，他乃是消防队瞭望台的值夜班的，时间大概是从傍晚到半夜吧。

这下宿因为客人少，所以这一方面别无什么问题。楼上的房客是但焘，后来也是政治界的名人，但他是很安静的，虽然他的同乡刘麻子（本名是刘成禺，可是刘麻子的名字却更为人所知）从美国回来，在他那里住了些时，闹了点不大不小的事件。有一天刘麻子外出，晚上没有回来，大门就关上了。次早房东起来看时，门已大开，吓了一跳，以为是着了贼，可是东西并没有什么缺少，走到楼上一看，只见刘麻子高卧未醒，元来是他夜里回来并未叫门，不知怎么弄开了就一直上楼去了。又有一次，刘麻子拿着梳子梳发，奔向壁间所挂的镜面前去，把放在中间的火钵踢翻了，并不返顾一下，还自在那里理他的头发，由老太婆赶去收拾，虽然烧坏了席子，总算没有烧了起来。不久他离开中越馆，大概又往美国去了吧，于是这里边的和平也就得以恢复了。

大概因为这里比普通的下宿较为方便的缘故，所以来访的人也多一点了，主要是因安庆事件而亡命来日本的几个同乡，便是陶焕卿和龚未生，他们常是一起来的，陈子英，陶望潮是东湖时代的学生，但因年龄关系，还只能算是朋友，因为他只比我小三四岁罢了。其中最常①的要算是陶焕卿，他一来就大谈其中国的革命形势，说某处某处可以起义，这在他的术语里便是说可以“动”，其讲述春秋战国时代的军事和外交，说的头头是道，如同目睹一样，的确是有一种天才的。谈到吃饭的时候，假如主人在抽斗里有钱，便买罐头牛肉来添菜，否则只好请用普通客饭，大抵总只是圆豆腐之外，一木碗的豆瓣酱汤，好在来访的客人只图谈天，吃食本不在乎，例如陶焕卿即使给他燕菜，他也只当作粉条喝了下去，不觉得有什么好的。记得有一回是下雨天气，焕卿一个人匆匆的跑到中越馆来，夹着一个报纸包，说这几天日本警察似乎在注意他，恐怕会要来搜查，这是他联络革命的文件，想来这里存放几天。因为这是机密文件，所以我们只是替他收了起来，不曾检查它的内容，后来过了若干时日又走来拿去，这时他打开给我们看，原来乃是联合会党的章程，以及有些空白的“票布”，有一种是用红缎子印制的，据说这是“正龙头”所用，他还开玩笑的对我们说道：“要封一个么？”章程只有十来条的样子，末了一条是说对违反上列戒条的处置，简单的说“以刀劈之”。

---

①“最常”三育本、桂本均作“最常来”。〖*177，11*〗

七六　翻译小说 上

我们留学日本，准备来介绍新文学，这第一需要资料，而搜集资料就连带的需要买书的钱，于是便想译书来卖钱的事。留学费是少得可怜，也只是将就可以过得日子罢了，要想买点文学书自然非另筹经费不可，但是那时稿费也实在是够刻苦的，平常西文的译稿只能得到两块钱一千字，而且这是实数，所有标点空白都要除外计算，这种标准维持到民国十年以后，一直没有什么改变。我在这几年间所译出者，计有长篇中篇小说共五种：

一、《红星佚史》，英国哈葛德与安特路朗共著，共有十万字左右。

二、《劲草》，俄国托尔斯泰著，约有十多万字。

三、《匈奴奇士录》，匈牙利育凯摩耳著，六万多字。

四、《炭画》，波阑显克微支著，约四万字。

五、《黄蔷薇》，育凯著，三万多字。

上边中间只有一三两种，总算买卖成功，得到若干钱，买了些参考书，馀下的也都贴补了日用，其他便卖不出去，就此搁浅了。第二种《劲草》是比较有趣味的一部历史小说，也正是在中越馆的时期所翻译，似乎值得来一说，至于其馀的也就只是连带的说及罢了。

我译《红星佚史》，因为一个著者是哈葛德，而其他一个又是安特路朗[①]的缘故。当时看小说的影响，虽然梁任公的《新小

① “安特路朗”下面两处写作“安得路朗”。〖*178*，倒*2*〗

说》是新出，也喜欢它的科学小说，但是却更佩服林琴南的古文所翻译的作品，其中也是优劣不一，可是如司各得的《劫后英雄略》和哈葛德的《鬼山狼侠传》，却是很有趣味，直到后来也没有忘记。安得路朗本非小说家，乃是一个多才的散文作家，特别以他的神话学说和希腊文学著述著作[①]，我便取他的这一点，因为《红星佚史》里所讲的正是古希腊的故事。这书原名为“世界欲”(*The World's Desire*)，因海伦佩有滴血的星石，所以易名为“红星佚史”，说老实话这里面的故事虽然显得有点“神怪”，可是并不怎么见得有趣味，至多也就只是同那《金字塔剖尸记》仿佛罢了。不过不知道为了什么缘故，总觉得这里有一部分是安得路朗的东西，便独断的认定这是书里所有诗歌，多少有这可能，却没有的确的证据。这在哈葛德别的作品确是没有这许多的诗，大概总该有十八九首吧，在翻译的时候很花了气力，由我口译，却是鲁迅笔述下来，只有第三编第七章中勒尸多列庚的战歌因为原意粗俗，所以是我用了近似白话的古文译成，不去改写成古雅的诗体了。据序文上所记是在丁未（一九〇七）年二月译成，那时还住在伏见馆里，抄成后便寄给商务印书馆去看，回信说可以接收，给予稿费二百元，还要一个卖稿的中保人，这时我们恰好便请蔡谷卿做了，因为他是当时场面上的人物，是最好没有的了。十一月中《红星佚史》就出板了，作为说部丛书的初集的第七十八种，但是我们所苦心搜集的索引式的附注，却完全芟去了，这是关于古希腊埃及神话的人物说明，虽然当时没有知识，还把希腊罗马的神名混在一起，而且音译也不正确，——如把阿普洛狄德照英

① 这句初看似乎有点别扭，“以……著名”才对，但与另外两处“以”字相同用法对照，其实没问题。〖*179，5*〗

文读作亚孚罗大谛之类，但总之是很费些工夫去抄集拢来的，但似乎中国读者向来就怕“烦琐”的注解的，所以编辑部就把它一裹脑儿的拉杂摧烧了，不过这在译者无法抗议，所以也就只好默尔而息，好在学了一个乖，下次译书的时候不来再做这样出力不讨好的傻事情，这就很好了。

七七　翻译小说 下

初次出马成功，就到手了两百块钱，这是很不小的一个数目，似乎可以买到好些外国书了。在钱还没有寄来之前，先向蔡谷清通融了一百元，去到丸善书店买了一部英译屠介涅夫选集，共有十五本，每本里有两三张玻璃板插画[①]，价钱才只六十先令，折合日金三十元，实在公道得很。我们当时很是佩服屠介涅夫，但不知为了什么缘故，却总是没有翻译他的小说过，大约是因为过服[②]的缘故，所以不大敢轻易出手吧。此外又看见出板的广告，见有丹麦的勃阑兑斯的《波兰印象记》在英国出板，也就托丸善书店去订购一册，这书是伦敦的海纳曼所出，与屠介涅夫选集是同一书店印行的。勃阑兑斯大概是犹太系的丹麦人，所以有点离经畔道，同情那些革命的诗人，但这于我们却是很有用的。他有一册《俄国印象记》，在很早以前就有英译了，在东京也很容易得到，这与后出的克鲁泡金的《俄国文学上的理想和现实》，同是讲十九

① “画”三育本、桂本均作“图”。〖*180，11*〗

② “过服”三育本作“过于佩服”，桂本作“佩服”。〖*180，13*〗

世纪俄国文学的好参考书。至于《波阑印象记》，尤其难得，在后来得着札倍耳的德文《世界文学史》以前，差不多没有讲波兰文学的资料，替《河南》杂志写《摩罗诗力说》的时候，里边讲到波兰诗人，尤其是密克威支与斯洛伐支奇所谓“复仇诗人”的事，都是根据《波兰印象记》所说，是由我口译转述的。讲匈牙利的，有一册《匈牙利文学史论》，是奥大利系的匈牙利人赖息所著，也是很有用处，但那是偶然买到，不是这一回所特地去订购的。

我们第二种翻译的乃是俄国的一部历史小说，是大托尔斯泰所著，他与《战争与和平》的作者同姓，但是生的更早，所以加一“大”字以为识别。原书名叫“克虐支绥勒勃良尼”，译起意思来是“银公爵”，是书中主人公的名字，英译则称为“可怕的伊凡”，伊凡即是教名约翰的转变，伊凡四世是俄国十八世纪中的沙皇，据说是很有信心而又极是凶暴，是个有精神病的皇帝，被人称作可怕的伊凡。银公爵虽是呱呱叫的忠臣义人，也是个美男子，可是不大有什么生气，有如戏文里的落难公子，出台来唤不起观众的兴趣，倒是那半疯狂的俄皇以及懂得妖法的磨工，虽然只是二花面或小丑脚色，却令人读了津津有味，有时回想起来还不禁要发笑。这部小说很长，总有十多万字吧，阴冷的冬天，在中越馆的空阔的大房间里，我专管翻译起草，鲁迅修改誊正，都一点都不感到困乏或是寒冷，只是很有兴趣的说说笑笑，谈论里边的故事，一直等到抄成一厚本，蓝格直行的日本皮纸近三百张，仍旧以主人公为名，改名“劲草”，寄了出去。可是这一回却是失败了，不久接到书店的覆信，说此书已经译出付印，原稿送还，这是没有办法的事，自然只好罢了，但是觉得这《劲草》却还有它的长处，过了几时那译本果然出来了，上下两册，书名

“不测之威”。看了并不觉得怎样不对，但敝帚自珍，稿本一直也保存着，到了民国初年鲁迅把它带到北京，送给杂志或日报社，计划发表，但是没有成功，后来展转交付，终于连原稿也遗失了。

这回的译稿卖不出去，只好重新来译，这一回却稍为改变方针，便是去找些冷僻的材料来，这样就不至于有人家重译了。恰巧在书店里买到一册殖民地版的小说，是匈牙利育凯所著，此人乃是革命家，也是有名的文人，被称为匈牙利的司各得，擅长历史小说，他的英译著作我们也自搜藏，但为译书卖钱计，这一种却很适宜。盖此书原本很长，英译者稍事删节，我们翻译急于求成，所以这是颇为相宜的，书中讲一神宗徒的事情，故书名“神是一个”，即不承认三位一体之说，但里边穿插恋爱政治，写的很是有趣，所以出板者题作“爱情小说”，可见商人是那么样鉴定的。这一部稿子算是顺利的卖成功了，可是寄卖稿契约和钱来的时候，却是少算了一万字之谱，当初就这样的收下了，等到半年后书印了出来，特地买来一册，一五一十的仔细计算，查出数目的确不对，于是去信追补，结果要来了大洋十几元几角几分，因为那书店是一个字算几个钱，是那么样的精算的。翻译是在中越馆进行，但是序文上题戊申五月，已是在迁居西片町之后了。

七八　学俄文

如果丁未（一九〇七）[①] 年在中越馆的时候，有一件值得记述

---

① “一九〇七”手稿作“一九〇六”。〖*182*，倒*6*〗

的事情，是学俄文这事件，那么戊申（一九〇八）[①]年住在伍舍时期该是民报社听讲说文这事吧。当初由陶望潮发起，一共六个人，每人每月学费五元，在晚间上课一小时，地点在神田，由本乡徒步走去，路不很远。教师名玛理亚孔特夫人，这姓是西欧系统，可能是犹太人吧，当时亡命日本，年纪大约三四十岁的光景，不会得说日本话，只用俄语教授，有一个姓山内的书生，这是寄食于主人的家里，半工半读的学生，是外国语专门学校的俄语系肄业生，有时叫来做翻译，不过那些文法上的说明大家多已明白，所以山内屡次申说，如诸位所已经知道，呐呐的说不好，来了一两次之后便不再来了。大家自己用字典文法查看一下，再去听先生讲读，差不多只是听发音，照样的念而已。俄文发音虽然不很容易，总比英语好，而且拼音又很规则，在初学觉得长一点罢了。不知怎的有一位汪君总是念不好，往往加上些杂音去，仿佛多用“仆”字音，每听他仆仆的读不出的时候，不但教师替他着急，就是旁边坐着的许寿裳和鲁迅也紧张得浑身发热起来，他们常开玩笑说，上课犹可，仆仆难当。汪公权[②]是刘申叔家的亲戚，陶望潮所拉来参加的，后来在上海为同盟会人所暗杀，那时刘申叔投在端方那里，汪君的死大概与此有关，但这已是两三年后的事情了。同学的六个人除我们两个以外，有陶望潮和许寿裳，此外则是汪公权和陈子英，但是这个班却是不久就散，我记得托教员从海参威去买来的一册初级教本，都还没有念完，可以证明这时期是不很长的了。这中间是教师先发生了事件，因为有俄国青年出入，所以外边便有些流言，其实这大约也只是在本国人中间流传

① “一九〇八”手稿作“一九〇七”。〖*182*，倒*5*〗

② “汪公权”三育本同，桂本作“这位汪公权”。〖*183*，倒*13*〗

着罢了，外边的人本来并不知道，可是女人到底心窄，用了手枪自杀了，但是没有打中要害，所以不久伤口愈合，仍旧可以上课了。我们这俄文班当初成立原有点勉强，因为学费太大了，有点难以持久，就有些动摇，陈子英首先提出独自学习，同班的又减少了一个，不久发起的陶望潮也要退出去了，说要往长崎跟俄国人学制造炸弹去，这也只得让他走了。结果这俄文班只好散伙了事，六个人中间恐怕就只有陈子英继续的学下去，可以看书，其馀的便都已半途而废，我们学俄文为的是佩服它的求自由的革命精神及其文学，现在学语固然不成功，可是这个意思却一直没有改变。这计划便是用了英文或德文间接的去寻求，日本语原来更为方便，但在那时候俄文翻译人材在日本也很缺乏，经常只有长谷川二叶亭和升曙梦两个人，偶然有译品在报刊发表，升曙梦的还算老实，二叶亭因为自己是文人，译文的艺术性更高，这就是说也更是日本化了，因此其诚实性更差，我们寻求材料的人看来，只能用作参考的资料，不好当作译述的依据了。

七九　民报社听讲

假如不是许季茀要租房子，招大家去品住①，我们未必会搬出中越馆，虽然吃食太坏，鲁迅常常诉苦说被这老太婆做弄（欺侮）

① “品住”三育本作“同住”，桂本同手稿。品或犹言合、拼（三个口堆在一起的字形也很直观），此外知堂还用过几次。〖*184*，倒*12*〗

得够了，但住着的确是很舒服的。许季茀那时在高等师范学校已经毕业，找到了一所夏目漱石住过的房屋，在本乡西片町十番地吕字七号（伊吕波是伊吕波歌的字母次序，等于中国千字文的天地玄黄，后来常被用于数目次序），硬拉朋友去凑数，因此我们也就被拉了去，一总是五个人，门口路灯上便标题曰“伍舍”，近地的人也就称为“伍舍样”。我们是一九〇八年四月八日迁去的，因为那天还下大雪，因此日子便记住了。那房子的确不错，也是曲尺形的，南向两间，西向两间，都是一大一小，即十席与六席，拐角处为门口是两席，另外有厨房浴室和下房一间。西向小间住着钱家治，大间作为食堂和客室，南向大间里住了许季茀和朱谋先，朱是钱的亲戚，是他介绍来的，小间里住了我们二人，但是因为房间太窄，夜间摊不开两个铺盖，所以朱钱在客室睡觉，我则移往许季茀的房内，白天仍在南向的六席上面，和鲁迅并排着两张矮桌坐北。房租是每月三十五元①，即每人负担五元，结果是我们担受损失，但因为这是许季茀所办的事，所以也就不好说得了。

往民报社听讲，听章太炎先生讲《说文》，是一九〇八至九年的事，大约继续了有一年多的光景。这事是由龚未生发起的，太炎当时在东京一面主持同盟会的机关报《民报》，一面办国学讲习会，借神田地方的大成中学讲堂定期讲学，在留学界很有影响。鲁迅与许季茀和龚未生谈起，想听章先生讲书，怕大班太杂沓，未生去对太炎说了，请他可否于星期日午前在民报社另开一班，他便答应了。伍舍方面去了四人，即许季茀和钱家治，还有我们两人，未生和钱夏（后改名玄同）、朱希祖、朱宗莱，都是

---

①“每月三十五元”疑当作“每月二十五元”。〖*185，6*〗

原来在大成的，也跑来参加，一总是八个听讲的人。民报社在小石川区新小川町，一间八席的房子，当中放了一张矮桌子，先生坐在一面，学生围着三面听，用的书是《说文解字》，一个字一个字的讲下去，有的沿用旧说，有的发挥新义，干燥的材料却运用说来，很有趣味。太炎对于阔人要发脾气，可是对青年学生却是很好，随便谈笑，同家人朋友一般，夏天盘膝坐在席上，光着膀子，只穿一件长背心，留着一点泥鳅胡须，笑嘻嘻的讲书，庄谐杂出，看去好像是一尊庙里哈喇菩萨。中国文字中本来有些素朴的说法，太炎也便笑嘻嘻的加以申明，特别是卷八尸部中“尼”字，据说原意训近，即后世的暱字，而许叔重的“从后近之也”的话很有点怪里怪气，这里也就不能说得更好，而且又拉扯上孔夫子的“尼丘”来说，所以更显得不大雅驯了。

《说文解字》讲完以后，似乎还讲过《庄子》，不过这不大记得了，大概我只听讲《说文》，以后就没有去吧。这《庄子》的讲义后来有一部分整理成书，便是《齐物论释》，乃是运用他广博的佛学知识来加以说明的，属于佛教的圆通部门，虽然是很可佩服，不过对于个人没有多少兴趣，所以对于没有听这《庄子》讲义并不觉得有什么懊悔，实在倒还是这中国文字学的知识给予我不少的益处，是我所十分感谢的。那时太炎的学生一部分到了杭州，在沈衡山领导下做两级师范的教员，随后又做教育司（后来改称教育厅）的司员，一部分在北京当教员，后来汇合起来成为各大学的中国文字学教学的源泉，至今很有势力，此外国语注音字母的建立，也是与太炎有很大的关系的。所以我以为章太炎先生对于中国的贡献，还是以文字音韵学的成绩为最大，超过一切之上的。

八〇　河南——新生甲编

鲁迅计画刊行文艺杂志，没有能够成功，但在后来这几年里，得到《河南》发表理论，印行《域外小说集》，登载翻译作品，也就无形中得了替代，即是前者可以算作新生的甲编，专载评论，后者乃是刊载译文的乙编吧。留日学生分省刊行杂志，鼓吹改革，乃是老早就有了的事，两湖江浙出的最早，在我往东京的那时候，有的就已停刊了。《河南》系是河南留学同乡会所出，是比较晚出的一种，其第一期出板时日是一九〇七年的十二月，大概至多也出到十期吧。鲁迅在第一期上边发表了一篇《人间之历史》，写作的时期自然更在其前，那时候是还住在中越馆里，河南的朋友只有我的一个同学吴一斋，但来拉写文章的却并不是他，乃是安徽寿州的朋友孙竹丹，而《河南》的总编辑则是江苏仪征的刘申叔。稿子写好，便由孙竹丹拿去，日后稿费也是由他交来，大约待遇总要比书店卖稿好些吧，就只是支付不确实，虽然不至于落空，但总之拖延是难免的。那时节问孙竹丹，他总说，程克现在旅行，等他回来时一定送来。程克记得也是民国初年的一个议员，那时不知道在学什么，为什么老是在日本旅行，也不明白他与《河南》的关系，是同乡会长么，是杂志社长，还是会计呢？总之关于这月刊杂志的一切都不明了，只听得一种传说，说河南有一位富家寡妇，带着一个独生儿子过活，本家的人觊觎她的财产，阴谋侵略，她觉得不能安居，只能叫儿子来东京留学，自己也跟了出来，她把一笔款捐给同乡会，举办公益事情，一面也求点保护，这样便是《河南》月刊的缘由，至于事实有无出入，那就不得而知了。刘申叔是扬州有名的国学世家，以前参与《国粹学报》，所做文章久已闻名，这时在东京专替他的夫人何震出名，创办破天荒的女性无政府主义杂志，尤其声名很大，这事常有龚未生来谈，从章太炎和苏曼殊方面得来的消息，所以知道得很多。他为《河南》做总编辑，是否也是像《天义报》似的出力宣传“安那其”主义，却记不得了，似乎也不可能，而且无此必要吧，大约只是写他那国粹学报派烦冗的考据文章，至于谈论的是什么事情，那因为年代太是久远，已经全不记得了。

我对于《河南》的投稿，一共只有两篇，分在三期登出，因为有一篇的名目仿佛是“论文学之界说与其意义，并及近时中国论文之失”，上半杂抄文学概论的文章，凑成一篇，下半是根据了新说，来批评那时新出板的《中国文学史》的，这本文学史是京师大学堂教员林传甲所著，里边妙论很多，就一条一条的抄了出来，不惮其烦的加以批驳，本来就可以独立的自成一篇，却拿来与上篇联合了，因为鲁迅在《坟》的题记上说：“那是寄给河南的稿子，因为那编辑先生有一种怪脾气，文章要长，愈长稿费便愈多。”此外另有一篇，那就很短了，题目是“哀弦篇”。鲁迅一总写了六篇文章，两篇是谈文艺的，《摩罗诗力说》分作两次登载，是最为用力之作，又有《裴彖飞诗论》惜未曾译全，因为这些诗人是极值得介绍的，此外四篇则属于学术思想范围，是在西片町所写的了。当时也拉许季茀写文章，结果只写了半篇，题名“兴国精神之史耀”，踌躇着不知道用什么笔名好，后来因了鲁迅的提议，遂署名曰“旒其”（俄语意曰“人”），这也是共同学习俄文的唯一纪念了。

八一　学希腊文

在伍舍居住的期间，还有两件事值得记述，其一便是在这年（一九〇八）的秋天，我开始学习古希腊文，其二则是太炎先生叫我给他译印度的“邬波尼沙陀”（*Upanishad*），——可惜终于因为懒惰，没有实现。那时日本学校里还没有希腊文这一科目，帝国大学文科有开倍耳在教哲学，似乎设有此课，但那最高学府，不是我们所进得去的，于是种种打算，只能进了筑地的立教大学。这是美国的教会学校，校长是姓忒喀（Tucker），教本用的是怀德的《初步希腊文》，后来继续下去的，是克什诺芬（Xenophon）的《进军记》（*Anabasis*）。但是我并不重视那正统古文，却有时候还到与立教大学有关系的“三一学院”去听希腊文的《福音书》讲义，这乃是那时代的希腊白话文，是一般“引车卖浆”之徒所用的语言，所以耶稣的弟子那班犹太人也都懂得，能够用以著书。我这样做，并不是不知道古希腊学术的重要，不想去看那些学者们的著作，实在我是抱有另外一种野心的。正如严幾道努力把赫胥黎弄成周秦诸子（虽然章太炎先生说他“载飞载鸣”的不脱时文调子），林琴南把司各得做得像司马迁一样，我也想把《新约》或至少是四福音书译成佛经似的古雅的。我在南京学堂里时候，听过比我高两班的同学胡朝梁——这是他的原名，后来成为诗人，称作胡诗庐了——的议论，强调“圣书”的文学性，说学英文的人不可不读。这在一六一一年英王钦定的译本是不错的，但是我读汉文译的圣书，白话本是不必说了，便是用古文写的，也总是觉得不够古奥，不能与佛经相比。佛经本来读得很不多，但那时已经读到《楞严经》和《菩萨投身饲饿虎经》，觉得这中间实在很有一段距离，我的野心便是来弥补这个缺恨。但是天下事不可预料，等得我学了几年，回到本国来之后，复古思想慢慢的改变了，后来翻看圣书，觉得那官话和合译本就已经十分好了，用不着再来改译，至于希腊哲人的文史著作，实在望之生畏，自己估量力不能及，不敢染指。这样的过了几年，一转眼间已是民国二十年即是一九三一年，距我初学希腊文的那年已经有了二十多个年头了。这样搁置下去，觉得有点像是学了屠龙之技，不大很好，心想译点东西出来，聊以作个纪念，但是伟大的作品不敢仰攀，回过来弄亚力山大时代的著作，于是找到了希腊拟曲这个题目。这只是戋戋的小册子，计海罗达思的七篇，谛阿克利多思的五篇，一总才有四万字的样子，但是写了有大半年，这才成功了。里边有些秽亵字样，翻译很费斟酌，我去对当时的编译委员会的主任胡适之说明了，说我要用"角先生"这字，请他谅解，他笑着答应了，所以现在还是这样印刷着。这本稿子卖了四百块钱，花了三百六十元买得板井村的一块坟地，只有二亩地却带着三间房屋，后来房子倒坍了，坟地至今还在，先后埋葬了我的末女若子、侄儿丰三和我的母亲。这是我学希腊文的好纪念了。解放以后，又开始希腊文翻译工作，译出的有《伊索寓言》，阿波罗陀洛斯《希腊神话》，阿里斯托芬喜剧一种，欧里庇得斯悲剧十三种，总计约百万言，然而这又在希腊拟曲的二十年之后了。现在所拟翻译的，还有路喀阿诺斯的散文集，著作年代在公元的一世纪，差不[①]是中国的东汉中间了。

① "差不"三育本同，桂本作"差不多"。〖*190*，倒*7*〗

八二　邬波尼沙陀

这也是在一九〇八年的事，大概还在去听讲说文的前几时吧。有一天龚未生来访，拿了两册书，一是德人德意生（Deussen）的《吠檀多哲学论》的英译本，卷首有太炎先生手书邬波尼沙陀五字，一是日文的印度宗教史略，著者名字已经忘记。未生说先生想叫人翻译邬波尼沙陀，问我怎么样。我觉得此事甚好，但也太难，只答说待看了再定。我看德意生这部论却实在不好懂，因为对于哲学宗教了无研究，单照文字读去觉得茫然不得要领。于是便跑到丸善书店，买了“东方圣书”中的第一册来，即是几种邬波尼沙陀的本文，系麦克斯穆勒博士的英译，虽然也不大容易懂，不过究系原本，说的更素朴简洁，比德国学者的文章似乎要好办一点。下回我就便顺①告诉太炎先生，说那本吠檀多哲学论很不好译，不如就来译邬波尼沙陀本文，先生亦欣然赞成。这里所说泛神论似的道理虽然我也不甚懂得，但常常看见一句什么“彼即是你”的要言，觉得这所谓奥义书仿佛也颇有趣，曾经用心查过几章，想拿去口译，请太炎先生笔述，却终于迁延不曾实现得，这实在是很可惜的事。大概我那时候很是懒惰，住在伍舍里与鲁迅两个人，白天逼在一间六席的房子里，气闷得很，不想做工作，因此与鲁迅起过冲突，他老催促我译书，我却只是沉默的消极对付，有一天他忽然愤激起来，挥起他的老拳，在我头上打上几下，便由许季茀赶来劝开了。他在《野草》中说曾把小兄

① “便顺”三育本同，桂本作“顺便”。〖*191*，*7*〗

弟的风筝折毁，那却是没有的事，这里所说乃是事实，完全没有经过诗化。但这假如是为了不译吠檀多的关系，那么我的确是完全该打的，因为后来我也一直在懊悔，我不该是那么样的拖延的。

太炎先生一方面自己又想来学梵文，我也早听见说，但时[①]找不到人教。日本佛教徒中常有通梵文的，太炎先生不喜欢他们，有人来求写字，辄录《孟子》里逢蒙学射于羿这一节给他。苏曼殊也学过梵文，太炎先生给他写梵文典序，不知为什么又不要他教。东京有些印度学生，但没有佛教徒，梵文也未必懂，因此这件事也就搁了好久。有一天，忽然得到太炎先生的一封信，这大约也是未生带来的，信面系用篆文所写。本文云：

> 豫哉、启明兄鉴。数日未晤。梵师密史逻已来，择于十六日上午十时开课，此间人数无多，二君望临期来赴。此半月学费弟已垫出，无庸急急也。手肃，即颂撰祉。麟顿首。十四。

其时为民国前三年己酉（一九〇九）春夏之间，却记不得是哪一月了。到了十六那一天上午，我走到"智度寺"去一看，教师也即到来了，学生就只有太炎先生和我两个人。教师开始在洋纸上画出字母来，再教发音，我们都一个个照样描下来，一面念着，可是字形难记，音也难学，字数又多，简直有点弄不清楚。到十二点钟，停止讲授了，教师另在纸上写了一行梵字，用英语说明道："我替他拼名字。"对太炎先生看看，随念道："披遏耳羌。"

---

① "时"三育本、桂本均作"一时"。〖*191*，倒*3*〗

太炎先生和我都听了茫然。教师再说明道："他的名字，披遏耳羌。"我这才省悟，便辩解道："他的名字是章炳麟，不是披遏耳羌（P. L. Chang）。"可是教师似乎听惯了英文的那拼法，总以为那是对的，说不清楚，只能就此了事。这梵文班大约我只去过两次，因为觉得太难，恐不能学成，所以就此中止了。

太炎先生学梵文的事情，我所知道的本来只有这一点，是我所亲身参与的，但是在别的地方，还可以得到少许文献的旁证。杨仁山的《等不等观杂录》卷八中有《代余同伯答日本末底书》二通，第一通附有来书，案末底梵语，义曰慧，系太炎先生学佛后的别号，其致宋平子书亦曾署是名，故此书即是先生的手笔。其文云：

顷有印度婆罗门师，欲至中土传吠檀多哲学，其人名苏蕤奢婆弱，以中土未传吠檀多派，而摩诃衍那之书彼土亦半被回教摧残，故恳恳以交输知识为念。某等详婆罗门正宗之教本为大乘先声，中间或相攻伐，近则佛教与婆罗门教渐已合为一家，得此扶掖，圣教当为一振，又令大乘经论得返彼方，诚万世之幸也。先生有意护持，望以善来之音相接，并为洒扫精庐，作东道主，幸甚幸甚。末底近已请得一梵文师，名密尸逻，印度人非人人皆知梵文，在此者三十馀人，独密尸逻一人知之，以其近留日本，且以大义相许，故每月只索四十银圆，若由印度聘请来此者，则岁须二三千金矣。末底初约十人往习，顷竟不果，月支薪水四十圆非一人所能任，贵处年少沙门甚众，亦必有白衣喜学者，如能告仁山居士设法资遣数人到此学习，相与支持此局，则幸甚。

此书未署年月，但看来似学梵文时所写，计时当在己酉的夏天。太炎先生以朴学大师兼治佛法，又以依自不依他为标准，故推重法华与禅宗，而净土真言二宗独所不取，此即与普通信徒大异，宜其与杨仁山言格格不相入。且先生不但承认佛教出于婆罗门正宗（杨仁山答夏穗卿书便竭力否认此事），又欲翻读吠檀多奥义书，中年以后发心学习梵天语，不辞以外道梵志为师，此种博大精进的精神，实为凡人所不能及，足以为后世学者之模范者也。

八三　域外小说集——新生乙编

"新生"式的论文既然得在《河南》上边得到发表的机会，还有翻译这一部分，不久也就以别一种形式发表，这就是《域外小说集》了。但那是己酉年的事，那时已从伍舍搬在"波之十九号"居住，在讲"小说集"之前，我们须得先把迁居的事情以及民报案说明一下。本来往民报社听讲，许季茀拉了钱家治同去，那是很有点勉强的，他本来对于中国学问没有什么兴趣，所以不久就有点生厌了。这一天我们听讲已毕，因为谈什么事，重又坐下了，钱家治就很不高兴，独自先走了。此后就发生了迁移的问题，他同亲戚朱谋先随搬了出去，我们和许季茀仍在一起，在西片町十号内另外找到了一所房子，便移过去了。这屋是朝南的，靠东一间是十席，由许君和我居住，西边一间六席，是鲁迅所居，此外是三席一间，作为食堂，门口两席，下房三席，接着是浴室以及厨房和男女厕所各一间。住的比较舒适了，我的书桌摆在房间的西南角，可以安静的做一点事，便翻译些文章，交未生拿去在民报上发表，有斯谛普虐克的《一文钱》和克鲁泡金的《西伯利亚纪行》。斯谛普虐克是有名的俄国革命者，这篇小说乃是在本国游说农民时所作，写地主牧师榨取农民，用笔非常滑稽，选载在英国伏伊尼支编译的《俄国的诙谐》里边，她是有名的《牛虻》的著者，这也是值得一提的。克鲁泡金的那篇纪行，那是从他的《在英法狱中》选出，登在民报最后这一期上，未及发行，就被日本政府禁止没收了。这即是所谓的民报案了。

《民报》以前的编辑人用的是章炳麟名义，这时不知道为了什么缘故，却换了陶成章，没有报告该管官厅，就要出板了。日本政府这时是等着机会的，因为有满清政府的要求，想禁止《民报》，就趁这个机会来小题大做了，说是违反出版法，不但禁止发刊，而且对于原编辑人科以罚金一百五十元，如过限不交，改处惩役，以一元一天折算。民报社经济很窘，没有钱来付这笔罚款，拖到最后这两天里，龚未生走来告诉鲁迅，大家无法可想，恰巧这时许季茀经手替湖北留学生译印《支那经济全书》，经管一笔经费，便去和他商量，借用一部分，这才解了这一场危难。为了这件事鲁迅对于孙系的同盟会很是不满，特别后来孙中山叫胡汉民等在法国复刊《民报》，仍从被禁止的那一期从新出起，却未重印太炎的那一份，更显示出他们偏狭的态度来了。《民报》的文章虽是古奥，未能通俗，大概在南洋方面难得了解，于宣传不很适宜，但在东京及中国内地的学生中间，力量也不小，不过当时的人不大能够看到这一点罢了。

《支那经济全书》为东亚同文会所编，调查中国经济社会情形，甚为详细，湖北留学生计画翻译出板，其时张之洞为两湖总督，赞成其事，拨款筹办，由许季茀的一个湖北朋友陈某总管，后来陈某毕业回去，托季茀代为管理未了的事情。他因此能够做了几件好事，即是代民报垫付罚款，救了太炎的急难，又给鲁迅找到校对的事务，稍为得到一点报酬。报酬很有限，但因此鲁迅认识了印刷所的人，这完全是偶然的机会，却是很有关系，承印经济全书的是神田印刷所，那里派来接洽的人很是得要领，与鲁迅颇说得来，所以后来印《域外小说集》，也是叫那印刷所来承办的。这时候有不速之客到来，听见译印小说的计画欣然赞同，慷慨的借垫印刷费用，于是《域外小说集》也就是“新生”的译文部分也就完成了。

八四　蒋抑卮

时间大约是在戊申（一九〇八）年的初冬，我们刚搬家到波十九号，就来了两位不速之客，这时幸而已进搬了家[①]，若是在伍舍，就有点不好办了。这客人乃是夫妇两位，大概是鲁迅认识的人，所以他只好将房子让出来，请他们暂住，自己归并到许季茀的这边来，变成三个人共住一间八席的房间，虽然不算很挤，已经足够不方便的了。这人便是蒋抑卮，名曰鸿林，本身是个秀才，很读些古书以及讲时务的新书，思想很是开通，他这回到东京来，乃是为的是[②]医病，他的耳朵里有什么毛病，那时在国内没

① “已进搬了家”三育本作“已搬进了家”，桂本作“已经搬了家”。〖*196，3*〗
② “是”三育本同，桂本删。〖*196，10*〗

有办法，所以出国来请教专家的。他要在东京居住相当长久的时候，预备租借房子，但是一时找不着，而且这又有条件，便是非在近地不可，因为他们二人且[①]不懂日本话的，诸事要别人招呼，不能住在远隔的地方。但是过了不久，大概也就是两三个礼拜吧，托了出入的商人打听，也在西片町十号，离波之十九相去不很远的地方，找到一所房子，就迁移过去了。白天里由他夫人同下女看家，他自己便跑到这边来谈天，因为人颇通达，所以和鲁迅很谈得来，我那时只是在旁听着罢了。他一听译印小说的话，就大为赞成，愿意垫出资本来，助成这件事，于是《域外小说集》的计画便骤然于几日中决定了。

蒋抑卮的上代是绍兴人，似乎他的父亲也还是的，少年时代很是贫穷，常背负布匹包裹，串门做生意，由此起家，开设绸缎庄，到了蒋抑卮的时代，兼做银行生意，是浙江兴业银行的一个股东了。他平常有一句口头禅，凡遇见稍有窒碍的事，常说只要"拨伊铜钱"（即是"给他钱"的绍兴话，是他原来的口气）就行了吧，鲁迅因此给他起绰号曰"拨伊铜钱"，但这里并没有什么恶意，只是举出他的一种特殊脾气来，做一个"表德"罢了。天下事固然并不都是用钱便可以做得到的，但是他这"格言"如施用得当，却也能做成一点事情来，这里他只垫出了印刷费二百元之谱，印出了两册小说集，不能不说是很有意义的事情。

不久他与医生接洽好了，这自然也是鲁迅一手代他翻译经理的，进了耳鼻咽喉的专门医院，要开刀医治耳疾了。院长本是鼎鼎大名的博士，不知为什么会得疏忽，竟因手术而引起了丹毒，

① "且"三育本、桂本均作"是"。且不懂，并且是不懂。〖*196*，倒*13*〗

这不得不说是大夫的责任。丹毒的热发的很高，病人时说胡话，病情似颇危险，时常找鲁迅说话，说日本人嫉妒中国有他那么的人，蓄意叫医生谋害，叫鲁迅给他记着，由此可知他平常自己看得甚是了不得，这也是很有意思的事情。他在呓语里也说到我，说启明这人甚是高傲，像是一只鹤似的，这似乎未必十分正确，我只是不善应酬，比较沉默，但在形迹上便似乎是高傲，这本来是我所最为不敢的。后来鲁迅便给我加上一个绰号，平常他喜欢给人起诨名，有些是很巧妙的，如上文所说的“拔伊铜钱”，但这回只是把鹤字读成日本话，称作“都路”（Tsuru），我从前有一个时候，为上海《亦报》写文章，也用过“鹤生”这笔名，即是从这个故典出发的。

八五　弱小民族文学

《域外小说集》第一册于己酉（一九〇九）年二月间出版，接着编印第二集，在六月里印成，这时鲁迅已经预备回国，到杭州的两级师范去教书，那里的校长便是沈钧儒，很招罗了些有名的浙江留学生去当教员，许季茀便早已进去，蒋抑卮此时也已病好，回到上海去了。

《域外小说集》在那时候要算印的特别考究，用一种蓝色的“罗纱纸”做书面，中国可以翻作“呢纸”吧，就是呢布似的厚纸，上边印着德国的图案画，题字是许季茀依照《说文》所写的五个篆文，书的本文也用上好洋纸，装订只切下边，留着旁边不切，可是定价却很便宜，写明是“小银圆贰角”，即是小洋两角。卷首有一篇序言，是已酉正月十五日写的，其文曰：

域外小说集为书，词致朴讷，不足方近世名人译本，特收录至审慎，移译亦期弗失文情。异域文术新宗，自此始入华土。使有士卓特，不为常俗所囿，必然[①]犁然有当于心，按邦国时期，籀读其心声，以相度神思之所在。则此虽大海之微沤欤，而性解思惟，实寓于此。中国译界，亦由是无迟暮之感矣。

短短的一小篇序言，可是气象多么的阔大，而且也看得出自负的意思来，这是一篇极其谦虚也实在高傲的文字了。虽然是不署名，这是鲁迅的笔墨，后来在一九二〇年的三月群益书社重印《域外小说集》的时候，有一篇署我的名字的序文，也是他做的，里边说当初的经过，今抄录于左：

当初的计画，是筹办了连印两册的资本，待到卖回本钱，再印第三第四，以至第X册的。如此继续下去，积少成多，也可以约略绍介了各国名家的著作了。于是准备清楚，在一九〇九年的二月，印出第一册，到六月间，又印出了第二册。寄售的地方，是上海和东京。

半年过去了，先在就近的东京寄售处结了账。计第一册卖去了二十一本，第二册是二十本，以后可再也没

① “必然”三育本、桂本均作“必将”。〖*198*，倒*13*〗

有人买了。那第一册何以多卖一本呢？就因为有一位极熟的友人，怕寄售处不遵定价，额外需索，所以亲去试验一回，果然划一不二，就放了心，第二册不再试验了。但由此看来，足见那二十位读者，是有出必看，没有一人中止的，我们至今很感谢。

至于上海，是至今还没有详细知道。听说也不过卖出二十本上下，以后再没有人买了。于是第三册只好停板，已成的书便都堆在上海寄售处堆货的屋子里。过了四五年，这寄售处不幸失了火，我们的书和纸板都连同化成灰烬，我们这过去的梦幻似的无用的劳力，在中国也就完全消灭了。

但是这劳力也并不是完全消灭，因为在“五四”以后发生新文学运动，这也可以看作“新生”运动的继续。当初《域外小说集》只出了两册，所以所收各国作家偏而不全，但大抵是有一个趋向的，这便是后来的所谓东欧的弱小民族。统计小说集两册里所收，计英法美各一，俄国七，波兰三，波思尼亚二，芬兰一，这里俄国算不得弱小，但是人民受着迫压，所以也就归在一起了。换句话说，这实在应该说是，凡在抵抗压迫，求自由解放的民族才是，可是习惯了这样称呼，直至“文学研究会”的时代，也还是这么说，因为那时的《小说月报》还出过专号，介绍弱小民族的文学，也就是那个运动的馀波了。

八六　学日本语 续①

我学日本语已经有好几年了，但是一直总没有好好的学习，原因自然一半是因为懒惰，一半也有别的原因，我始终同鲁迅在一处居住，有什么对外的需要，都由他去办了，简直用不着我来说话。所以开头这几年，我只要学得会看书看报，也就够了。而且那时的日本文，的确也还容易了解，虽然已经不是梁任公《和文汉读法》的时代，只须倒钩过来读便好，总之汉字很多，还没有什么限制，所以觉得可以事半功倍。后来逐渐发生变化，汉字减少，假名（字母）增多，不再是可以“眼学”的文，而是须要用耳朵来听的话了。其时不久鲁迅要到杭州教书去，我自己那时也结了婚，以后家庭社会的有些事情都非自己去处理不可，这才催促我去学习，不过所学的不再是书本上的日本文，而是在实社会上流动着的语言罢了。论理最好是来读现代的小说和戏曲，但这范围很大，不晓得从哪里下手好，所以决心只挑诙谐的来看。这在文学上便是那“狂言”和“滑稽本”，韵文方面便是“川柳”这一种短诗，——日本诗句无所谓韵，因为日本语是母音结末的，它一总只有五个母音，如要押韵很是单调，所以诗歌是讲音数的，便是五个字七个字分句，交错组成，这里川柳这种诗形，是十七个字，分作五七五三段，与俳句同一格式。此外还有一种是笑话，称作“落语”，谓末了有一个着落，便是发笑的地方。当初很是简短，后来由落语家来口演，把它拉长了，

① 本节标题手稿无“续”字，三育本、桂本均添。〖*200*，*1*〗

可能要十分钟光景，在杂耍场里演出，与中国的相声仿佛，不过中国是用两个人对说，它却是单口相声，只是一个人来说罢了。那时富山房书房出板的“袖珍名著文库”里，有一本芳贺矢一编的《狂言二十番》，和宫崎三昧编的《落语选》，再加上三教书院的“袖珍文库”里的《俳风柳樽》初二编共十二卷，这四册小书讲价钱一总还不到一元日金，但是作为我的教科书却已经尽够了。可是有了教本，这参考书却是不得了，须要各方面去找，因为凡是讽刺总有个目标存在，假如不把它弄清楚，便如无的放矢，看了不得要领。《落语选》中引有“座笑土产”的一条笑话道：

> 近地全是各家撒豆的声音。主人还未回来，便吩咐叫徒弟去撒也罢。这徒弟乃是吃吧，抓了豆老是说，鬼鬼鬼。门口的鬼打着呵欠说，喊，是出去呢，还是进来呢？

写的很是简炼，但这里倘若不明白立春前夜撒豆的典故，便没有什么意思。据村濑栲亭著《艺苑日涉》卷七说：

> 立春前一日谓之节分，至夕家家燃灯如除夜，炒黄豆供神佛祖先，向岁德方位[①]撒豆以迎福，又背岁德方位撒豆以逐鬼，谓之傩豆。

---

① “方位”手稿作“方供”，三育本、桂本同。今据《药味集·撒豆》改。〖*201，12*〗

又蜀山人著《半日闲话》中云：

> 节分之夜，将白豆炒成黑，以对角方升盛之，再安放簸箕内，唱福里边两声，鬼外边一声，撒豆，如是凡三度。

那店家的徒弟因为口吃的缘故，要说“鬼外边”却到鬼字给吃住了，老是说不下去，所以鬼听了纳闷，但是人却觉得可以发笑了。狂言里有一篇《节分》，也是说这事情的，不过鬼却更是吃亏了。蓬莱岛的鬼于立春前夜来到日本，走进人家去，与女主人调戏，被女人乘隙用豆打了出来，只落得将隐身笠隐身蓑和招宝的小槌都留下在屋里了。川柳里边有一句道：

“寒念佛的最后回向，给鬼戳坏了眼睛。”这话说的有点别扭，并不是很好的作品，但也是说事的，所以引用在这里。小寒大寒称作寒中，这三十日里夜诵佛号，叫作寒念佛，及功德圆满做回向时正是立春前夜，这时候鬼被豆打得抱头鼠窜，四处奔走，一不小心会得碰得角上，戳伤了眼睛，因为日本的鬼是与中国的不同，头上有两只角的。这与“幽灵”不一样，幽灵乃是死后的鬼，这是一种近似生物的东西，大约中国古时称为“物魅”的吧。

狂言是室町时代的文学，属于中古时期，去今大约有四百年了，川柳与滑稽本虽然是[①]近世的江户时代，但计算起来也已是二百年前左右的东西，落语的起源也约略在这时候，所以这些参考的资料，大半是在书里，这就引我到杂览里边去了。川柳在现

① “虽然是”三育本同，桂本作“虽然属”。〖*202，3*〗

今还有人做着，落语则在杂耍场里每天演着，与讲谈音曲同样的受人欢迎，现代社会的人情风俗更是它的很好资料，闲来到“寄席”去听落语，便是我的一种娱乐，也可以说学校的代用，因为这给予我语言风俗的帮助是很大的。可是我很惭愧对于它始终没有什么报答，我曾经计画翻译出一册《日本落语选》来，但是没有能够实现，因为材料委实难选，那里边的得意的人物不是“长三倌人”便是败家子弟，或是帮闲，否则是些傻子与无赖罢了。森鸥外在《性的生活》中有一节云：

> 刚才饶舌着的说话人起来弯着腰，从高座的旁边下去了，随有第二个说话人交替着出来。先谦逊道：人是换了，却也换不出好处来。又作破题道：爷儿们的消遣就是玩玩窑姐儿。随后接着讲工人带了一个不知世故的男子到吉原（吉原为东京公娼所在地）去玩的故事，这实在可以说是吉原入门的讲义。我听着心里佩服，东京这里真是什么知识都可以抓到的那样便利的地方。

川柳与吉原的关系也正是同样的密切，而且它又是韵文，这自然更没有法子介绍了。倒是狂言，我却译了二十五篇，成功了一册的《日本狂言选》，滑稽本则有式亭三马著的《浮世风吕》（译名浮世澡堂）和《浮世床》（浮世理发馆）两种也译出了，便是还有十返舍一九著的《东海道中膝栗毛》（膝栗毛意云徒步旅行）没有机会翻译，未免觉得有点可惜，因为这也是我所喜欢的一册书。

八七　炭画与黄蔷薇

我这时学日本话，专是为的应用，里边包括应付环境，阅览书报，却并不预备翻译，我从日本语译小说第一次在民国七年戊午（一九一八），译的是江马修著的《小小的一个人》，这以前的翻译还是都从英文转译的。当时[①]我所最为注重的是波兰，其次是匈牙利，因为他们都是亡国之民，尤其值得同情。在《域外小说集》第一二集里，我便把显克微支译出了三篇，就是《乐人扬珂》、《天使》和《灯台守》，其所著顶有名的《炭画》，在己酉春天也已译成，不知道为什么缘故不曾登入。大概因为分期登载不很方便吧，但第二集的末尾以后拟译作品的预告上面，记得里边有匈牙利的密克札忒的《神盖记》，即是《圣彼得的伞》，那篇分量还要多，自然更非连续登载不可了。《神盖记》的第一分的文言译稿，近时找了出来，已经经过鲁迅的修改，只是还未誊录，本来大约拟用在第三集的吧。这本小说的英译后来借给康嗣群，由他译出，于一九五三年由平明出板社印行，那也是很有意思的作品，不过是彻头彻尾的明朗的喜剧，与匈牙利的革命问题没有什么关系了。

且说那篇《炭画》是一篇中篇小说，大抵只是三万多字吧，据勃阑兑斯在《波阑印象记》说：

显克微支系出高门，天才美富，文情菲恻，而深藏

① “当时”手稿作“当”，三育本同，桂本添。〖*202*，倒*1*〗

讽刺，所著《炭画》[1]记一农妇欲救其夫于军役，至自卖其身，文字至是，已属绝技，盖写实小说之神品也。

我于民国七年在北京大学，编“欧洲文学史”讲义，里边记述他的作品道：

显克微支所作短篇，种类不一，叙事言情，无不佳妙，写民间疾苦诸篇尤胜。事多惨苦，而文特奇诡，能出以轻妙诙谐之笔，弥足增其悲痛，视戈果尔笑中之泪殆有过之，《炭画》即其代表。显克微支旅美洲时著此书，此言记故乡事实，唯托名羊头村而已。村虽称自治，而上下离散，不相扶助，小人遂得因缘为恶，良民又多愚昧，无术自卫，于是悲剧乃成。书中所言，舍来服夫妇外，自官吏议员至于乞丐，殆无一善类，而其为恶又属人间之常，别无夸饰，虽被以诙谐之词，而令读者愈觉真实，其技甚神，馀人莫能拟也。

可是译本的运气很坏，归国以后，于民国二年寄给商务印书馆的小说月报社，被退了回来，回信里说：

“虽未见原本，以意度之，确系对译能不失真相，因西人面目俱在也，行文生涩，读之如对古书，颇不通俗，殊为憾事。”这里所说，对于原文的用古文直译的方法，褒贬得宜，后来又寄给中华书局去看，则不赞一词的被退回了。近年人民文学出板社印

① “炭画”手稿作“灰画”，三育本同，桂本改。〖*203*，*13*〗

行《显克微支小说集》，复由我用白话来译了一遍，收在里边。

在这之后，我又翻译了一本《黄蔷薇》，这乃是匈牙利小说家育凯摩耳所著，也是中篇小说，原本很长，经英译者节译成了中篇，一总只有三万字左右，因为后来卖稿给商务印书馆得了六十元，但那时已去译出的十年之后了。原译本有庚戌（一九一〇）十二月的序文，在一九二〇年日记上有卖稿的记事，是托蔡孑民先生介绍的：

八月九日，校阅旧译《黄蔷薇》。

十日，往大学，寄蔡先生函，又稿一本。

十六日，晚得蔡先生函附译稿。

十七日，上午寄商务印书馆译稿一本。

十月一日，商务分馆送来《黄蔷薇》稿值六十元。

时间距《红星佚史》的丁未（一九〇七）已经隔了有十四个年头，但稿费还是一样的二元一千字，又搁了六七年，这才印了出来，那时的广告恰巧尚是保存着，便录于后：

“此书体式取法于牧歌，描写乡村生活，自然景物，虽运用理想，而不离现实，实为近世乡土文学之杰作。周君译以简练忠实之文言，所译牧歌尤臻胜境。”这广告里的话虽是多半从序言里取来，但是他称赞译诗的话，却不是原来所有的。原书的足本当然还要佳胜，听说俄国有足译本，中国近来有孙用君译本，大约据世界语译或者亦是足本，不过我还没有①机会看到，不能确说罢了。

① “没有”手稿作“有”，三育本、桂本同添。〖*204*，倒*5*〗

八八　俳谐

这时我所注意的一种日本文学作品，乃[①]是俳谐，这也称作俳句，是一种古老的文学，但在现在也还有人做，而且气势很是旺盛。这本是日本诗歌的一种形式，我自己知道不懂得诗，况且又是外国的东西，要想懂它已是妄想，若说是自己懂得，那简直是说诳话了。不过我对于它有兴趣，时常去买新出板的杂志来看，也从旧书地摊上找些旧的来，随便翻阅。俳谐乃是俳谐连歌的缩称，古时有俳谐连歌，是用连歌的体裁，将短歌的三十一音，分作五七五及七七两节，由两个人各做一节，联续下去，但其中含着诙谐的意思，所以加上俳谐两字。后来觉得一首连歌中间，只要发句，即五七五的第一节，也可以独立成诗，便成功为别一种东西了。其后经过变迁发展，有始祖松尾芭蕉的正风，幽玄闲寂的禅趣味，与谢芜村的优美艳丽的画意，晚近更有正冈子规的提倡写生，这是受了写真主义文学的影响了，但是尽管如此，它却始终没有脱掉“俳谐”的圈子，仍旧是用“平淡俗语”来表达思想，这是我所以觉得很有意思的地方。可是他们却又反对因袭的俗俳，芜村在《春泥集》序文上说：

> 画家有去俗论，曰画去俗无他法，多读书，则书卷之气上升而市俗之气下降矣，学者其慎旃哉。夫画之去俗亦在投笔读书而已，况诗与俳谐乎。

---

① “乃”三育本同，桂本作“仍”。〖*204*，倒*2*〗

子规也常反对庸俗的俳人，赞成芜村的“用俗而离俗”。子规住在根岸，称作根岸派，发刊杂志题名“保登登岐须”，意云子规鸟，他自己生肺病咯血，故别号子规，杂志的名字或者也是这个意思吧。当时所出杂志并不单是提倡俳句，里边还有散文部分，包括小说随笔，子规所提倡的“写生”亦应用于散文方面，有一种特别的成就。我还保存着一册旧杂志，是丙午（一九〇六）年四月所发刊的，登有夏目漱石的小说《我是猫》的第十章，和他的中篇小说《哥儿》（普通这样译，其实是江浙方言的“阿官”，或如普通话可以说是“大少爷”，意指不通世故的男子）。有些写生文派的作家如长塚节、高滨虚子、坂本四方太等人的著作，又常在那上边发表，长塚的长篇小说《土》，短篇《太十和他的狗》，高滨的《俳谐师》，坂本的《梦一般》，都是我所喜欢的，可惜我只译出《梦一般》，也未能印成单行本，却随即散失了。

《梦一般》是己酉年民友社出板，菊判半截一册，红洋布面，定价金三十五钱。这书乃是在三田散步时于路旁一小书店中所得，甚为欢喜，曾写入《药堂语录》。全书共总有九章，另另碎碎的记录儿时的事情，甚有情趣，第一章里记故家情状，有这样的一节：

> 我们家的后边是小竹林，板廊的前面即是田地。隔着砂山，后方是海。澎湃的波浪的声音不断的听到，无论道路，无论田地，全都是沙，穿了木屐走起来也全没有声响，不管经过多少年，木屐的齿也不会得磨减①。建造房屋的时候，只在沙上泼去五六担的水，沙便坚固的

①“磨减”三育本、桂本均作“磨灭”。磨减只是有所损缺，磨灭则是完全没有了。〖*206，7*〗

凝结，变得比岩石还要硬。在这上边放下台基石，那就成了。这自然是长大了以后听来的话，但是我们的家是沙地中间的独家，这事却至今还好好的记忆着。家是用稻草盖的。在田地里有梅树，总有两三株。竹林里有螃蟹。泽蟹很多，像是乱撒着小石子一般。人走过去，他们便出惊，沙沙的躲到枯竹叶底下去的声音，几乎比竹林的风雨声还要利害。不但竹林子里，在厨房的地板上也到处爬，也在天花板上头行走。夜里睡静了之后，往往惊醒，在纸隔扇外边，可不是偷儿的脚步声么，这样的事也不止有过一两次，这是后来从母亲听来的话。

那时候写的文章已经没有存留了，故纸中找得一纸，是记钓鱼的，但没有写上题目，其文云：

庚戌秋日，偕内人、内弟重久及保坂氏媪早出，往大隅川钓鱼。经蓬莱町，出驹入病院前，途渐寂静，隘但容车，两旁皆树木杂草，如在山岭间。径尽忽豁朗，出一悬崖上，即为田端。下视田野罗列，草色尚青，屋宇点缀其间，左折循崖而下为大路，夹路流水涓涓然。行未十丈许，雨忽集，以雨具不足，踌躇久之遂决行。前有田家售杂品，拟求竹笠，问之无应者。重久言当冒雨独行，乃分果饵与之使去，而自先归。遂至田端驿乘电车至巢鸭，欲附马车而待久不至，保坂媪请先行，未几车至即乘之。意媪去未远，留意觇之，见前有人折裾负包而行，呼之果媪也，令同乘。至铃本亭前下车，雨已小霁，归家饥甚，发食合取团饭啖之甚旨，其味为未尝有也。未几雨复大至，旁午重久亦返，言至川畔而雨甚，因走至羽太家假伞而归，所持饵壶钓竿，则已弃之矣。是日为月曜，十月顷也。

拟作写生文，而使用古文辞，似忘记了俳谐的本意，此事甚可笑，唯因可为一时的纪念，故录于此。

八九　大逆事件

上面这篇小文是庚戌（一九一〇）年十月所写，这提醒我其时还住在本乡的西片町，铃本亭在这条街的尽头，便是我们时常去听落语的“寄席”（杂耍场）。在十一月中我们便又搬家了，这回却搬出了本乡区，到了留学生所极少去的麻布，那里靠近芝区，只有在庆应义塾读书的才感觉方便，其次则是立教大学了。但其时在庆应读书的似乎不大有人，立教则以前只有过一个罗象陶，不过我进去的时候他已经不在那里了，虽然似乎他还在留学，却不知道在干什么。他是龚未生陶冶公的朋友，大概也是在搞革命，民国以后听说他因此很失意，我曾给他遗札题字，表示悼惜之意，这手札是陶冶公所藏的。其文云：

光绪末年余寓居东京本乡，龚君未生时来过访，辄谈老和尚及罗黑子事。曼殊曾随未生来，枯坐一刻而别，黑子时读书筑地立教大学，及戊申余入学则黑子已转学他校，终未相见。倏忽二十年，三君先后化去，今日披览冶公所藏黑子手札，不禁怃然有今昔之感。黑子努力革命，而终乃鸟尽弓藏以死，尤为可悲，宜冶公兼士念之不忘也。民国廿三年三月十日，识于北平。

我们迁居的地方是麻布区森元町，靠近芝公园与赤羽桥，平常往热闹场所去是步行到芝园桥，坐往神田的电车，另外有直通赤羽桥的一路，但是路多迂回，要费加倍的时间，所以平常不很乘坐，只有夜里散步看完了旧书店之后，坐上就一直可到家门近旁，虽是花费工夫，却可省得走路，也是可取的事。因此之故，虽然住在偏僻的地方，上街并无不便之处，午后仍是往本乡的大学前面，或晚饭后上神田神保町一带看书，过着游惰的生活。可是在这期间，却遇见一件事，给我一个很大的刺激。这是明治四十四年（一九一一）[①]一月廿四日的事，那时正在大学赤门前行走，忽然听见新闻的号外呼声，我就买了一张，拿来一看，不觉愕然立定了。这乃是“大逆事件”的裁判与执行。这是五十年前的事情，那时候日本有没有共产党虽然未能确说，但是日本官宪心目中所谓“社会主义者”，事实上只是那些无政府主义思想的人和急进的主张社会改革家罢了。这一案里包含二十四个人，便是把各色各样的人，只要当时政府认为是危险的，不管他有无关系，都罗织在内，作一网打尽之计，罪名便是“大逆”，即是谋杀天皇。他们所指为首魁的是幸德传次郎（秋水）和他的爱人菅

① “一九一一”手稿作“一九一〇”。〖*208*，*3*〗

野须贺，其实幸德是毫不相干的，因为他最有名，居于文笔领导的地位，所以牵连上了。原来是只有四个人共谋，内有宫下太吉与菅野须贺，都是无政府主义者，想合炸药炸明治天皇，目的是证明他也是会死的凡人，并非神的化身，所查获的证物只是洋铁罐和几根铁丝，火药及盐酸加里少许，——我想当年陶冶公说要到长崎跟俄国人去学的炸弹，大约也就是这种东西吧。差不多同时候，有佛教徒内山愚童，单独计画谋刺皇太子，发觉了也随作为同党，并案办理。他们与幸德当然也有往来，宫下太吉曾同幸德到熊野川舟游，这便说是密谋，大石诚之助松尾卯一太曾到平民社访问过幸德，便说是率死党若干人赴会，这些都是检事小山松吉的杰作，其实也正是政府传统的手法，近年的三鹰和松川事件就用了同样的方法锻炼成功的。他们将二十几个不相统属的人做成一起，说是共谋大逆，不分首从悉处死刑，次日又由天皇特饬减刑，只将一半的人处死，一半减为无期徒刑，以示天恩高厚，这手段凶恶可憎也实在拙笨得可怜。当时我所看见的号外，即是这一批二十四个人的名单。

这时候我侨居异国，据理说对于侨居国的政治似别无关心之必要，这话固然是不错的，但这回的事殆已超过政治的范围，笼统的说来是涉及人道的问题了。日本的新闻使我震惊的，此外还有一次，便是一九二三年九月一日大震灾的时节，甘粕宪兵大尉杀害无政府主义者大杉荣的①夫妇，并及他的六岁的外甥橘宗一的这一件事。日本明治维新本来是模仿西洋的资本主义的民主，根本是封建武断政治，不过表面上还有一点民主自由的迹象，但

①“的”三育本同，桂本删。这是知堂常用的表述方式。〖*209，2*〗

也逐渐消灭了。这一桩事在他们本国思想界上也发生不少影响，重要的是石川啄木，佐藤春夫、永井荷风、木下木太郎（本名太田正雄，木太郎的木字本从“木工”二字合成）皆是。石川正面的转为革命的社会主义者，永井则消极自承为“戏作者”，沉浸于江户时代的艺术里边，在所著《浮世绘的鉴赏》中说明道：

“现在虽云时代全已变革，要之只是外观罢了，若以合理的眼光一看破其外皮，则武断政治的精神与百年以前毫无所异。”写这文章的时候为大正二年（一九一三）[①]二月，即是“大逆事件”解决一年之后也。

九〇　赤羽桥边

我们以前都是住在本乡区内，这在东京称为“山手”，意云靠山的地方，即是高地，西片町一带更是有名，是知识阶级聚居之处，吕之七号以前夏目漱石曾经住过，东边邻居则是幸田露伴，波之十九号的房东乃是顺天堂医院的院长佐藤进。现在一下子搬到麻布，虽然不能算是出于乔木，迁于幽谷，总之[②]是换了一个环境了。那里的房屋比较简陋，前门临街，里边是六席的一间，右手三席，后面是厨房和厕所，楼上三席和六席各一间，但是房租却很便宜，仿佛只是十元日金，比本乡的几乎要便宜一半的样

① “一九一三”手稿作“一九一一”。“大逆事件”解决一年之后应是一九一二年（大正元年）。〖*209*，*12*〗

② “总之”手稿作“换之”，三育本、桂本同改。〖*209*，倒*9*〗

子。在本乡居住的时候，似乎坐在二等的火车上，各自摆出绅士的架子，彼此不相接谈，而且还有些不很愉快的经验，例如在吕之七号贴近邻居有一家是植物分类学者，名叫牧野富太郎，家里下女常把早上扫地的尘土堆到我们这边来，这或者不是牧野的主意，但总之可见他的没有什么家教了。在森元町便没有这种事情，这好像是火车里三等的乘客，都无什么间隔，看见就打招呼，也随便的谈话。不过这里也有利有弊，有些市井间的琐闻俗事，也就混了进来，假如互相隔离的住着，这就不会得有了。我们的右邻是一个做裱糊工的，家里有一妻一女，这女儿是前妻所生，与后母相处自然是不很和协，而那后母又似乎是故意放纵她，或者真是不能管教呢，总之那女儿渐渐流为“不良少女”了。每天午后，我们胡同里便听见有男子在吹口哨，这是召集的口号，于是她便溜出门去，到附近的芝公园里与她的那些男女同志会合了。晚上父亲回来，听了后母的诉说，照例来一通大嚷大骂，以至痛打，但是有什么用呢？第二天到那时候，召集的口哨又来了，弱小的心灵恍如受了符咒的束缚，不觉仍旧冲了出去，结果又是那一场的吵闹。有时邻妇看见她，顺便劝说道：

“你也何妨规矩点，省得你父亲那样生气呢？”但是她却笑嘻嘻的回答道：

“你不知道在外边玩耍是多么有趣哩。”这是很有意义的一句话，很值得人去思索玩味的。我们在森元町住了大半年，到了暑假就回中国来了，在我们离开那里以前，那情形一直是如此，至于后事如何就不得而知了。

在赤羽桥左近，那里还有一个畸人，他那地方我却是时常去的，虽然并不曾谈什么天，因为他乃是理发师，所以我总是两三星期要去找他一趟的。他据说也有妻子，但是却独自住着，在芝公园的近旁，孤另另的一所房屋，外边一间店面，设备得很考究，后边一间三席的住房，左右几十步之内并无什么邻舍。他的店里比较清净，这是因为[①]价格特别高之故，所以我去理发的时候，总见他是闲空着，用不着在那里坐等。还有一种缘由，人们不大去请教他，便是传闻他是有点精神病的，试想一个人怎肯伸着脖子，听凭一个手执锋利的剃刀的精神病患者去播弄呢？我到他那里去尝试，本来是颇有点危险的，但是幸而他却不曾发病，这个危险也就过去了。其实他或者性情乖僻则是有之，看他那样的生活形式可以想见，人们加盐加醋的渲染，所以说他有精神病，虽然也是难怪，但总是不足凭信的。我的危险的经验，纵然不能证明他没有神经病，但至少说明人言之不尽可信了。

九一　辛亥革命一——王金发

现在已是辛亥这一年了。这实在是不平常的一个年头，十月十日武昌起义，不久全国响应，到第二年便成立了中华民国，人民所朝夕想望的革命总算实现了。可是这才是起了一个头，一直经过了四十年，这个人民解放事业才是[②]成功，以前所经过的这

① “因为”手稿作“因是”，三育本、桂本同改。〖*210*，倒*8*〗

② “才是”三育本同，桂本作“才算”。〖*211*，*5*〗

些困难时代，实在是长的很，也是很暗淡的。何况在当时革命的前夜，虽是并没有疾风暴雨的前兆，但阴暗的景象总是很普遍，大家知道风暴将到，却不料会到得这样的早罢了。这时清廷也感到日暮途穷，大有假立宪之意，设立些不三不四的自治团体，希图敷衍，我在翻译波阑显克微支的《炭画》[①]，感觉到中国的村自治如办起来，必定是一个“羊头村”无疑，所以在小序里发感慨说：

> 民生颛愚，上下离析，一村大势，操之凶顽，而农妇遂以不免，人为之亦政为之耳。古人有言，庶民所以安其田里，而亡叹息愁恨之心者，政平讼理也。观于羊头村之事，其亦可以鉴矣。

及至回到故乡来一看，果然是那一种情形，在日本其时维新的反动也正逐渐出现，而以大逆案作为一转折点，但那到底是别国的事情，与自己没有多少迫切的关系，这回却是本国了，处于异族与专制两重的压迫下，更其觉得难受。那时将庚戌秋天钓鱼的记事抄录了出来，后边加上一段附记道：

> 居东京六年，今夏返越，虽归故土，弥益寂寥，追念昔游，时有怅触。宗邦为疏，而异地为亲，岂人情乎。心有不能自假，欲记其残缺以自慰焉，而文情不副，感兴已隔。用知怀旧之美，如虹霓色，不可以名，一已且尔，

① “我在翻译波阑显克微支的《炭画》”三育本同，桂本作“我在翻译波阑显克微支的《炭画》时”。前文“这时清廷也感到日暮途穷”云云，已经点明时间。〖*211，9*〗

若示他人，更何能感，故不复作，任其飘泊太虚，时与神会，欣赏其美，或转褪色，徐以消灭，抑将与身命俱永，溘然相随，以返虚浩，皆可尔。所作一则，不忍捐弃，且录存之，题名未定，故仍其旧。辛亥九月朔日记。

后末有九月初七日夜中作诗一首，题在末后云：

远游不思归，久客恋异乡。寂寂三田道，衰柳徒苍黄。旧梦不可道[①]，但令心暗伤。

但是十月十日"霹雳一声"，各地方居然都"动"了起来了，不到一个月的工夫，大势已经决定，中国有光复的希望了。在那时候也有种种谣言，人心很是动摇，但大抵说战局的胜败，与本地没有多少关系，到了浙江省城已经起义，绍兴只隔着一条钱塘江，形势更是不稳，因此乘机流行一种谣言，说杭州的驻防旗兵突围而出，颇有点儿危险，足以引起反动的骚乱，但是仔细按下去，仍是不近情理，不过比平常说九龙山什么地方的白帽赤巾党稍好罢了。一有谣言，照例是一阵风的"逃难"，鲁迅在一篇文言的短篇小说《怀旧》里描写这种情形，有一节云：

予窥道上，人多于蚁阵，而人人悉函惧意，惘然而行。手多有挟持，或徒其手，王翁语予，盖图逃难者耳。中多何墟人，来奔芜市，而芜市居民则争走何墟。李媪

① "不可道"三育本同，桂本据另外一件手迹作"不可追"。〖*211*，倒*2*〗

至金氏问讯，云仆犹弗归，独见众如夫人方检脂粉芗泽、纨扇罗衣之属，纳行箧中，此富家姨太太似视逃难亦如春游，不可废口红眉黛者。

这篇小说是当时所写，记的是辛亥年的事，而逃难的情形乃是借用庚子夏天的事情，因为本家少奶奶预备逃难，却将团扇等物装入箱内，这是事实，但是辛亥年的谣言却只一天就过去了，只是人心惶惶，仿佛大难就在目前的样子。有一位少奶奶，乃是庚子年那一位的妯娌，她的丈夫是前清秀才现任高小教员，当时在学校里不曾回家，她就着急的说道："大家快要杀头了，为什么还死赖在外边？"她大约是固守着"长毛"时候的教训，以为是遇乱当然要杀头，所以是在准备遭难而不是逃难了。幸而这恐慌只是一时的，城内经了学生们组织起来，武装但是拿着空枪出去游行，市面就安定下来了，接着省城里也派了"王逸"率领少数军队到来接防，成立了绍兴军政分府。这王逸本来名叫王金发，是绍兴人所熟知的草泽英雄，与竺酌仙齐名，还是大通学堂的系统，他的两年来在绍兴的行事究竟是功是过，似乎很难速断，后来他被袁世凯派的浙江督军朱瑞所诱杀，实在可是死得很冤的。

九二　辛亥革命二——孙德卿

辛亥秋天我回到绍兴，一直躲在家里，虽是遇着革命这样大事件，也没有出去看过，所以所记录的大抵只是一些得之传闻的事情，如今且来做一回文抄公，从《略谈关于鲁迅的事情》里抄来，这乃是我的兄弟所写，我想这大约是写得可靠的。他叙述游行及欢迎的情形如下：

> 这时候城内的一个寺里就开了一个大会，好像是越社（案即南社的绍兴分社）发动的，到了许多人，公举鲁迅做主席。鲁迅当下提议了若干临时办法，例如提议组织讲演团，分发各地去演说，阐明革命的意义和鼓动革命情绪等。关于人民的武装，他说明在革命时期，人民武装实属必要，讲演团亦须武装，必要时就有力量抵抗反对者。他每一提议刚要说完而尚未说完的时候，就有一个坐在前排的头皮精光的人，弯着腰，作要站起来但没有完全站起来的姿势，说一句“鄙人赞成”，又弯着腰坐下去，提议就很快的通过。这人不是别人，便是后来鲁迅文章里曾经说起的孙德卿。他虽是乡下的地主家庭出身的人，但对于推翻满清政权这件事是热心的。他曾经拿明朝人的照片去分送给农民，我看到的一张是明太祖的像，约莫三寸来长，分明是从画像上照下来的。他并且向农民说明，清朝的政府是外面侵入的人组成的，我们应当把他们打出去。对于这主张，农民都赞成，愿意起来去打。《扬州十日记》之类的小册子，这时候也流行到民间。这孙德卿在[①]秋瑾案发生时曾一次下狱，但不久就出来了。

① “在”手稿作“在在”，三育本、桂本同删。〖*213*，倒*10*〗

但是鲁迅提议的武装讲演等，大家虽然都赞成，可是缺少准备，力量也不够。第一件是缺少枪械。府学堂里虽然有些枪，但没有真的子弹，有一些也是操演时用的那种只能放响的弹子，只有在近距离内大概能伤人。于是人民终于恐怖起来了。有一天，鲁迅从家里出去，到府学堂去，到了离学校不远，见有些店铺已在上排门，有些人正在张皇的从西往东奔走。鲁迅拉住一个问他为什么，他说不知道究竟什么事。鲁迅知道问亦无益，不如到学堂去了再说。他走进校门，已有一部分学生聚在操场里讨论这件事，才知道市民因为听了有败残清兵要渡江过来，到绍兴来骚扰的谣言，所以起恐慌的。于是鲁迅主张整队上街解释，以镇定人心。手脚很快，一歇工夫就印好了许多张油印的传单，大概是报告省城克复的经过，和说明决没有清兵过来的事情。即刻打起钟来，学生立时齐集于操场，发了枪，教兵操的先生也跑来了，满头是汗，他还没有[①]剪掉辫发，把它打了一个大结子。他不拿平常用的狭细的指挥刀，挂上一把较阔厚的可以砍刺的长刀，这无非防备万一的。小心怕事的校长，抖零零的到操场上来讲话，想设法拦阻，但没有用处。在路上，鲁迅一班人分送传单，必要时更向人说明，叫他们不要无端恐慌，的确这很有用处，学生们走到之处，人心立刻安定下来，店铺关的也仍然开了。时间在下午，一班人回到学校时，天已黑下去了。

---

①“没有”手稿作“有”，三育本、桂本同添。〖*214，4*〗

离这事情不久（案大概就是第二天吧），就有人告诉鲁迅，说王金发的军队大约今晚可以到绍兴，我们应当去接他和他的军队，这回仍在府学堂里会集，学生也去的。晚饭后大家兴高采烈的走到西郭门外。到了黄昏，不见什么动静，到了二更三更，还是不见军队开到。学生穿的操衣很是单薄，夜深人静时觉得很寒冷，于是只好敲开育婴堂的门，到里面去休息，叫起茶房，贴还些柴钱，叫他们烧茶来喝。这时候才看见穿制服的学生们之外，还有头皮精光的孙德卿，头戴毡帽的范爱农，好像和徐伯荪一起捐道台出洋的陈子英也在内。但是夜深了，不特冷，而且也饿，学生们大家摸钱袋，设法敲开店门买东西吃。孙德卿拿出钱来，叫人去买了几百个鸡蛋，大家分吃了。这以后不久，有人来报信，说军队因为来不及开拔，大概须明天才可开到，今晚不来了。

于是第二天晚上再去，这回不往西郭，却往东边的偏门，人还是这一大批。黄昏以后，月亮很皎洁，正盼望间，远远的听到枪声响，以后每隔一定的时间枪声响一下。不多时看见三两只白篷船，每只只有一个船夫摇着，然而很快的摇来。船吃水很深，可见人是装的满满的。各船都只有一扇篷开着，过一歇时候船中就有兵士举起枪来，向空中放一响。先前的兵队老是这样做，在有开仗可能的情势下，常常一响一响的放着枪。不多时候船已靠岸，王金发的军队很快的上了岸，立刻向城内进发。兵士都穿蓝色的军服，戴蓝色的布帽，打裹腿，穿草鞋，拿淡黄色的枪，都是崭新的。带队的人骑马，服装不一律，有的穿暗色的军服，戴着帽子，有的穿淡黄色军服，光着头皮。

这时候是应该睡的时候了，但人民都极兴奋，路旁密密的站着看，比看会还热闹，中间只留一条狭狭的路，让队伍过去，没有街灯的地方，人民都拿着灯，有的是桅杆灯，有的是方形玻璃灯，有的是纸灯笼，也有照着火把的。小孩也有，和尚也有，在路旁站着看。经过教堂相近的地方，还有传道师，拿着灯，一手拿着白旗，上写欢迎字样。兵士身体都不甚高大，脸上多数像饱经风霜的样子，一路过去，整齐，快捷。后面跟的人，走的慢一点的便跟不上。不久到了指定驻扎的地方，去接的人们有跟了进去，也有站住在门外面，大家都高叫着革命胜利和中国万岁等口号，情绪热烈，紧张。不久就有人来叫让路，一班人把酒和肉等挑进去，是慰劳兵士去的，外面的人们也就渐渐的散去了。

我这一节文章写得特别的长，而且里边又是大都抄的别人的文章，这是什么缘故呢？因为我很珍重那一回革命的回忆，可是我自己没有直接的经历，所以只能借用人家所写的，写的虽是实朴[①]却很诚实，后来对于王金发的批评也下的很有分寸，其写孙德卿也颇是简单得要领，活画出一个善良的人来。军政分府成立，政治上没有什么建设，任用的人很不得当，有三个姓王的，颇弄

① “实朴”三育本、桂本均作“质朴”。〖*215*，倒*9*〗

权敛钱，人民倒不大怪王金发，大家都责备“三王”，当时老百姓利用一句“戏文”上的句子，唱道“可恨三王太无礼”，却不晓得是什么戏上边的。这时候府学堂的学生用了鲁迅和孙德卿的名义，办了一个越铎日报，时常加以讽刺，有一回军政分府布告，说要出去视察，却说是“出张”，报上就挖苦说：“都督出张乎，宜乎门庭如市也！”别一篇的文章的结末，则有“悲夫”二字，这本是从前常用的字眼，没甚希奇，可是实际上是在讥刺何悲夫，他也是军政分府的一个要人。

后来那报馆被兵士毁坏了一部分，孙德卿大腿上被刺了一尖刀，但并非要害，伤亦不重。这也许是三王指使的，也许是王金发自己的主意，即使是他的主意，比之于后来军阀的随便杀人，实在是客气得多了。孙德卿被刺伤后，想要去告诉各位老朋友，并且预备把伤痕照了相给老朋友去看。但是很为难，因为身体大而伤痕小，如果只照局部，伤痕是极清楚了，但看的人不晓得受伤者是孙德卿，如果照全身，面貌是照出来了，但伤痕就看不清楚了。因为照相总不能照得太大呀。结果终于照了全身，但照片并不大。鲁迅接到照片，拆开来看时只见赤条条的一个孙德卿，不看见伤痕，不觉吓了一跳，还以为他发痴了，等到看了他的说明，才知道原来是这样一件事情。

九三　辛亥革命三——范爱农

辛亥革命的时候，我所直接见到的人物，只有一个范爱农，——王金发做都督的时候，没有机会见到，只在杂志上看见他在二次革命后被朱瑞诱杀的一张死后照相，孙德卿则始终没有看到，那张裸体照相也因为不是原本，只是翻印登在报上的，所以记不清楚了。范爱农却是亲自见过的，虽然在安庆事件当时反对打电报，蹲在席子上那种情形，不曾看见过，却也大略可以想像得来。绍兴军政分府成立，恢复师范学堂，那时是在民国改元以前，还称“学堂”，委派鲁迅为校长，爱农为监学，二人重复相会，成为好友。因为学堂在“南街”，与东昌坊相距不到一里路，在办公完毕之后，爱农便身着棉袍，头戴农夫所用的卷边毡帽，下雨时穿着钉鞋，拿了雨伞，一直走到“里堂前”，来找鲁迅谈天。鲁老太太便为[①]他们预备一点家乡菜，拿出老酒来，听主客高谈，大都是批评那些“呆虫”的话，老太太在后房听了有时难免[②]独自匿笑。这样总要到十点钟以后，才打了灯笼回学堂去，这不但在主客二人觉得愉快，便是鲁老太太也引以为乐的。但是好景不常，军政府本来对于学校不很重视，而且因为鲁迅有旧学生在办报，多说闲话，更是不高兴，所以不久鲁迅自动脱离，只留下爱农一人，有点孤掌难鸣了。

这时候已经是民国元年壬子，改用阳历，师范学堂也改称第五师范学校了，鲁迅以后的校长是傅力臣，即是当时的孔教会会

---

① “便为”手稿作“便”，三育本、桂本同添。〖*216*，倒*6*〗

② “有时难免”手稿作“有免”，三育本添，桂本作“不免”。〖*216*，倒*5*，倒*4*〗

长，县署里教育科长是孙幾仲[①]，也就是《阿Q正传》里所说的“柿油党”，挂着一个银桃子的徽章的，此外也有罗飏伯朱又溪等人。这个情形正是鲁迅《哀范君》诗中所说的“狐狸方去穴，桃偶尽登场”是也。范爱农一个人独自在他们中间，这情形就可想而知的了。我这里为的记载诚实起见，便来借用他自己信里的话，叙述前后的事情。

这里第一封信，是壬子（一九一二）年三月二十七日从杭州所发，寄给在绍兴的鲁迅的，其文云：

> 豫才先生大鉴：晤经子渊，暨接陈子英函，知大驾已自南京回。听说南京一切措施与杭绍鲁卫，如此世界，实何生为，盖吾辈生成傲骨，未能随波逐流，惟死而已，端无生理。弟于旧历正月二十一日动身来杭，自知不善趋承，断无谋生机会，未能抛得西湖去，故来此小作勾留耳。现承傅励臣函邀担任师校监学事，虽未允他，拟阳月杪返绍一看，为偷生计，如可共事，或暂任数月。罗扬伯居然做第一科课长，足见实至名归，学养优美。朱幼溪亦得列入学务科员，何莫非志趣过人，后来居上，羡煞羡煞。令弟想已来杭，弟拟明日前往一访。相见不远，诸容面陈，专此敬请著安，弟范斯年叩，二十七号。越铎事变化至此，恨恨，前言调和，光景绝望矣。又及。

这里需要附带说明我往杭州的事，那时浙江教育司（后来才改称

① “孙幾仲”三育本同，桂本“何”作“孙”。〖*217，3*〗

教育厅）司长是沈钧儒，委我当本省视学，因事迟去，所以不曾遇见爱农。越铎变化不是说被军人捣毁，乃是说内部分裂，李霞卿宋紫佩等人分出来，另办民兴报，后来鲁迅的《哀范君》的诗便是登在这报上的。第二封信的是[①]五月九日，也是从杭州发出，寄往北京的，距前回寄信的日子才有一个月半，范爱农却已被人赶出师范学校了。原信云：

豫才先生钧鉴：别来数日矣，屈指行旌已可到达。子英成章（校务）已经卸却，弟之监学则为二年级诸生斥逐，亦于本月一号午后出校。此事起因虽为饭菜，实由傅励臣处置不宜，平日但求敷衍了事，一任诸生自由行动所致。弟早料必生事端，唯不料祸之及己。推及己之由，现统悉系何幾仲一人所主使，惟幾仲与弟结如此不解冤，弟实无从深悉。盖饭菜之事，系范显章朱祖善二公因二十八号星期日起晏，强令厨役补开，厨役以未得教务室及庶务员之命拒之，因此深恨厨役，唆令同学于次日早膳，以饭中有蜈蚣，冀泄其忿。时弟在席，当令厨役换掉，一面将厨役训斥数语了事。讵范朱等忿犹未泄，于午膳时复以饭中有蜈蚣，时适弟不在席，傅励臣在席，相率不食（但发现蜈蚣时有半数食事已毕），坚欲请校长严办厨房，其意似非撤换不可。傅乃令学生询弟，弟令厨役重煮，学生大多数赞成，且宣言如菜不敷，由伊等自购，既经范某说过重煮，定须令厨役重煮。厨

① “第二封信的是”三育本同，桂本作“第二封信是”。〖*217*，倒*5*〗

役遂复煮，比熟已在上课时刻，乃请诸候选教员用膳，请之再三，而胡问涛朱祖善范显章赵士璨等一味喧扰不来。傅乃嘱弟去唤，一面摇铃，令未饱者赶紧来吃，其馀均去上课。弟遂前往宣布，胡问涛以菜冷且不敷为词，弟乃云前此汝等宣言菜如不敷，由汝等自备，现在汝等既未备，无论如何只有勉强吃一点。胡等犹复刺刺不休，弟遂宣言，不愿吃又不上课，汝等来此何干，此地究非施饭学堂（施饭两字系他们所出报中语），如愿在此肄业，此刻饭不要吃了，理当前去听讲，否则即不愿肄业，尽可回府，即使汝等全体因此区区细故退学亦不妨。于是欲吃者还赴膳厅，其已毕者去上课。次日早膳，校长俟诸生坐齐后乃忽宣言，此后诸生如饭菜不妥，须于未坐定前见告，如昨日之事可一不可再，若再如此，决不答应。诸生复愤，俟食毕遂开会请问校长，以罢课为要挟，此时系专与校长为难，未几乃以弟昨日所云退学不妨一语为词，宣言如弟在校，决不上课，系专与弟为难，延至午后卒未解决。弟以弟之来师范非学生之招，系校长所聘，非校长辞弟，或弟辞校长，决不出校，与他们寻开心。学生往告诉幾仲，傍晚幾仲遂至校，嘱校长辞弟，谓范某既与学生不洽，不妨另聘，傅未允，怏怏而去。次日仍不上课，傅遂悬牌将胡问涛并李铭二生斥退（此二生有实据，系与校长面陈换弟），胡李遂与赵士璨朱祖善等持牌至知事署，并告幾仲。幾仲遂于午后令诸生将弟物件搬出门房，幾仲亦来，并令大白暨文灏登报（案金伯桢后改名刘大白，当时办《禹域日报》，王文灏办《越铎日报》)。弟适有友来访，遂与偕出返舍。刻因家居无味，于昨日来杭，冀觅一栖枝，且陈子英亦曾约弟同往[①]西湖闲游，故早日来杭，因如是情形现有祭产之事，日前晤及，云须事毕方可来杭也。专此即询兴居，弟范斯年叩，五月九号。

还有第三封信，今从略。鲁迅在壬子日记七月项下，记有范爱农的最后消息道：

十九日晨得二弟信，十二日绍兴发，云范爱农以十日水死，悲夫悲夫，君子无终，越之不幸也，于是何幾仲辈为群大蠹。

又云："二十二日夜作韵言三首，哀范君也，录存于此。"第二日抄录一本，稍加修改寄给我，其第一首次联云："华颠萎摇落，白眼看鸡虫。"后附一纸说明道：

我于爱农之死，为之不怡累日，至今未能释然。昨忽成诗三章，随手写之，而忽将鸡虫做入，真是奇绝妙绝，霹雳一声，群小之大狼狈。今录上，希大鉴定家鉴定，如不恶乃可登诸民兴也。天下虽未必仰望已久，然我亦岂能已于言乎。二十三日，树又言。

① "往"手稿作"住"，三育本、桂本同改。〖*219*，*5*〗

日记八月项下云：

> 二十八日收二十及二十一二日民兴日报一分，盖停板以后至是始复出，余及启孟之哀范君诗皆在焉。

我的一首诗题作“哀爱农先生”，其词云：

> 天下无独行，举世成萎靡。皓皓范夫子，生此寂寞时。傲骨遭俗忌，屡见蝼蚁欺。坎壈终一世，毕生清水湄。会闻此人死，令我心伤悲。峨峨使君辈，长生亦若为。

范爱农之死是在壬子年七月十日，是同了民兴报馆的人乘舟往城外游玩去的，有人说是酒醉失足落水，但颇有自杀的嫌疑，因为据说他能够游水，不会得淹死的，他似乎很有厌世的倾向，这是在他被赶出师范以前所写的信里，也可以看出痕迹来的了。

九四　望越篇

辛亥革命的前景不见得佳妙，其实这并不是后来才看出来，在一起头时实在就已有的了。且不说大局，只就浙江来看，军政府的都督要捧一个汤寿潜出来，这人最是滑头，善于做官，有一个时候蒋观云批评他最妙，他说，蛰仙的手段很高，他高谈阔论一顿，人家请他出来，便竭力推辞，说我不干，及至把他搁下了，他又来捞一下子，再请他来，仍说不干，但是下回仍是这样捞法，却把地位逐渐的提高了。后来他升任临时政府的交通部长，后任有陶成章的呼声，可是为陈英士所忌，陶住在上海法租界的广慈医院，终于壬子一月十三日为刺客所暗杀。陶焕卿是个革命勇士，他的联络草泽英雄，和要使天下人都有饭吃的主张，确是令人佩服，但看去仿佛有点可怕，似乎是明太祖一流人物，所以章太炎尝戏呼为“焕皇帝”，或“焕强盗”，鲁迅也曾同许季茀评论他道：“假如焕卿一旦造反成功，做了皇帝，我们这班老朋友恐怕都不能幸免。”虽然如此，可是同盟会人那样的争权夺利，自相残杀，不必等二次革命的失败，就可知道民军方面的不成了。不过那也是关于本省大局的事，我们不去管它，单说绍兴本地，而且只是教育文化一面的事情也罢。

说到绍兴教育界的情形，其实也未必比别处特别坏，不过说好那也是不然。大约在光绪末年的乙巳年间吧，他们请蔡孑民去办学务公所，蔡君便托封燮臣来叫我，去帮他的忙，我因为不愿意休学，谢绝了他，可是没有多久，蔡君自己也就被人赶走了。这为什么缘故呢？那时学务公所是当地最肥的缺，有每月三十元的薪水，想谋这缺的人多了，所以就是蔡孑民也不能安坐这把交椅了。自从“桃偶尽登场”以后，这情形自然就更糟了。应运而生的“自由党”做了教育科长，其馀人物也是一丘之貉，鲁迅那三首诗的后面所说那几句幽默话，即是他们的典故。什么“大鉴定家”啦，什么“天下仰望已久”啦，都是朱又溪平常恭维人的话，据蔡谷卿传说，在绍兴初办警察局（还在前清时代）的时候，他致辞道：

“绍兴警察，十分整顿。

杭州警察，腐败不堪。

两相比较，相去天壤。”这比孙德卿的演说，在胡乱说了一番之后，突然的说：“那么（读作难末，意思是‘如今’）警察局万岁！”便收了场，虽是也觉得可笑，却显得性格善良，没有那种恶劣气了。

大约是在这个时候，便是桃偶已经登场，鲁迅还没有到南京教育部去的时候，我写了那篇《望越篇》[①]，在报上（或是民兴报，但总之不是越铎）发表，因为留着草稿，上边有鲁迅修改的笔迹，所以略可推测这篇文章的年月。今将全文录存于后：

盖闻之，一国文明之消长，以种业为因依，其由来者远，欲探厥极，当上涉幽冥之界。种业者本于国人彝德，驸以习俗所安，宗信所仰，重之以岁月，积渐乃成，其期常以千年，近者亦数百岁，逮其宁一，则思感咸通，立为公意，虽有圣者，莫能更赞一辞。故造成种业，不在上智而在中人，不在生人而在死者，二者以其为数之多与为时之永立其权威，后世子孙，承其血胤者亦并袭其感情，发念致能，莫克自外，唯有坐绍其业而收其果，为善为恶，无所撰别，遗传之可畏，有如是也。

盖民族之例，与他生物同。大野之鸟，有翼不能飞；冥海之鱼，有目不能视；中落之民，有心思材力而不能用。习性相传，流为种业，三者同然焉。中国受制于满洲既二百六十馀年，其局促伏处专制政治之下者，且二千百三十载矣，今得解放，会成共和，出于幽谷，迁

---

①《望越篇》全文桂本全集卷一已收，文句完全相同。〖*221，7*〗

于乔木，华夏之民，孰不欢欣，顾返瞻往迹，亦有不能不惧者，其积染者深，则更除也不易。中国政教，自昔皆以愚民为事，以刑戮慑俊士，以利禄招黠民，益以酷儒莠书，助张其虐。二千年来，经此淘汰，庸愚者生，佞捷者荣，神明之胄，几无孑遗，种业如斯，其何能臧，历世忧患，有由来矣。

今者千载一时，会更始之际，予不知华土之民，其能洗心涤虑，以趣新生乎，抑仍将伈伈伣伣，以求禄位乎？于彼于此，孰为决之？予生於越，不能远引以观其变，今唯以越一隅为之征。当察越之君子，何以自建；越之野人，何以自安？公仆之政，何所别于君侯；国士之行，何所异于臣妾？凡兹同异，靡不当详，国人性格之良窳，智虑之蒙启，可于是见之。如其善也，斯於越之光，亦夏族之福，若或不然，利欲之私，终为吾毒，则是因果相寻，无可诛责，唯有撮灰散顶，诅先民之罪恶而已。仲尼《龟山操》曰，吾欲望鲁兮，龟山蔽之，手无斧柯，奈龟山何！今瞻禹域，乃亦唯种业因陈，为之蔽耳，虽有斧柯，其能伐自然之律而夷之乎？吾为此惧。

这篇文章写的意思不很彻透，色采也很是暗淡，大有定命论一派的倾向，虽然不是漆黑一团的人生观，总之是对于前途不大乐观，那是很明了的了。但这正是当时情势的反映，也是一种资料，所以抄录在这里。在那时候所写的文言的文章也只难得的保存了这一篇，抄下来重看一遍，五十年漫长的光阴，却一眨眼间便已在这中间过去了。

九五　卧治时代

在东京留学这六年中都没有写日记，所以有些事情已经记不起来了，到了民国元年这才[①]又继续来写，从十月一日起，一直写到现在。但是壬子年十月以前的事情，也大抵年月无可查考了，这些事例如范爱农的一件，幸而有他的亲笔信札和鲁迅的日记，还可知道一点，我自己的往杭州的教育司当视学，在那里“卧治”的事迹，那就有点茫然了。辛亥革命起事的前后几个月，我在家里闲住，所做的事大约只是每日抄书，便是帮同鲁迅翻看古书类书，抄录《古小说钩沉》和《会稽郡故书杂集》的材料，还有整本的如刘义庆的《幽明录》之类。壬子元旦临时政府成立，浙江军政府的教育司由沈钧儒当司长，以前他当两级师范[②]学堂校长时代在那里任教的一班人，便多转到这边来了，一部分是从前在民报社听过章太炎讲说文的学生，其中有朱逷先钱玄同（其时他还叫钱夏，号中季），这就是[③]朱逷先，他介绍我到教育司去的。起初是委任我当第几科的课长，但是不久又改任了本省视学，这时期大概是三月里的事情，所以范爱农在三月廿七日的信里提到这事，但是我因为家里有事，始终没有能够去，一直拖延到大约六七月中，这才前去到差。那时教育司的办公处是租用头发巷丁氏的房屋，这丁家便是刻那《武林掌故丛编》的，在前清咸同

① “才”字手稿先写“来”，后似以粗笔改写，三育本作“来”，桂本删。〖*222*，倒*12*〗

② “范”手稿先写“级”，待改未改，三育本、桂本均作“范”。〖*222*，倒*5*〗

③ “这就是”三育本同，桂本作“就是这”。前者以“这”指事，如对面聆，流转多致；后者以“这”指人，中规中矩，呆板生硬。〖*222*，倒*3*〗

时代很是有名，是杭州的一个大家，但是我觉得这住屋并不怎么好。我在教育司的这多少天里，并没有遍看教育司的房屋，我只到过那客厅、饭厅，和楼上的住室，都是很湫隘的地方。客厅里摆列着许多石头，是那有名的“三十六峰”，我却看不出它的好处来，而且那间房子很是阴暗，那时又值夏天，终日有蚊子飞鸣着，这上边就是我的宿舍，因为我到来晚了，所以床位已经是在旁边楼门口，楼梯下院子里是一个小便桶，虽然臭气并不薰蒸，却总也不是什么好地方。视学的职务是在外面跑的，但是平常似乎也该有些业务，可是这却没有，所以也并没有办公的坐位，每日就只是在楼上坐地，看自己带来的书，看得倦了也就可以倒卧在床上，我因为常是如此，所以钱玄同就给我加了一句考语，说是在那里“卧治”。在楼下“三十六峰”的客厅里，有些上海的日报，有时便下去阅看，不过那里实在暗黑得可以，而且蚊子太多，整天在那里做市的样子，看一会儿的报就要被叮上好几口。因此我“卧治”的结果，没有给公家办得一点事，自己却生起病来了。当初以为是感冒风寒，可是后来因为寒热发得出奇，知道是给“三十六峰”室的蚊子叮的发疟疾了。本来疟疾自有治法，只要吃金鸡纳霜即可以好的，但是在那蚊子窝里起居，一面吃药，一面被叮，也不是办法，所以就告了假，过江回家来了。我这回到杭州到差，大概前后有一个月光景，因为我记得领过一次薪水，是大洋九十元，不过这乃是浙江军政府新发的“军用票”。我们在家的时候，一直使用的是现大洋，乃是墨西哥的铸有老鹰的银元，这种军用票还是初次看见，我在领到之后，心里忐忑不知是否通用，于是走到清和坊的抱经堂，买了一部广东板朱墨套印的陶渊明集，并无什么麻烦的使用了，这才放心，以后便用这个做了旅费，回到家里来了。

我往杭州的月日，因为那时没有写日记，所以无可考查，但我查鲁迅的壬子日记，却还可以找到一点资料。五月项下有云：

> 二十三日，下午得二弟信十四日发，云望日往申，迎羽太兄弟。又得三弟信云，二弟妇于十六日分娩一男子，大小均极安好，可喜，其信十七日发。

上面所说因为私事不曾往杭州去，便是这事情，又因分娩在即，要人照管小孩，所以去把妻妹叫来帮忙，这时她只有十五岁的样子，由她的哥哥送来，但是到得上海的时候，这边却是已经生产了。六月项下记云：

> 九日，得二弟信，三日杭州发。

这时大概我已到了教育司，可见是六月初前去到差的。随后在七月项下记云：

> 十九日，晨得二弟信，十二日绍兴发，云范爱农以十日水死，悲夫悲夫，君子无终，越之不幸也，于是何幾仲辈为群大蠹。

这样看来，那么我到杭州去的时期，说是从六月一日以后，七月十日以前，那大概是没有大差的吧。

九六　在教育界里

壬子年总算安然的过去了，“中华民国”也居然立住，喜是很可喜的事，可是前途困难正多得很，这也是很明显的。新建设的一个民国，交给袁世凯去管理，而他是戊戌政变的罪魁祸首，怎么会靠得住呢？到了癸丑（一九一三）年的春天，便开始作怪了，第一件便是三月二十日的暗杀宋教仁，这事大概在当时很令人震惊，因为宋遯初这人在民党里算是顶温和的，他主张与袁合作，现在却把他来开刀，那下文是可想而知了。这件新闻在我的日记里记在廿三日项下，平时日记里边都不记这种政治要闻，查阅鲁迅日记便不曾记着，就是我以后日记也是如此，便是乙卯三月被迫取消帝制，也没有记录，直至丙辰六月八日得县署通告，有一条“袁总统于六日病殁，由黎副总统代行职务”的记事。从癸丑至乙卯这两年里，因为二次革命失败，袁认为天下已莫予毒，可以为所欲为，先是终身总统，随后想做皇帝，发起筹安会的帝制运动，厉行特务政治，搜捕异己，这种情形以北京为最甚，绍兴因天高皇帝远，还不十分紧张，但也觉得黑暗时代到来，叫人渐渐有点喘不过气来了。我在这个时期内，一直在干着中学教书的职务，一面在本县教育会内做着会长，在教育界里浮沉了四个年头，也就是在那里扮一名“桃偶”的脚色。虽然那时中学与师范都已改属省里领导，改称第五中学等，本县的教育部[①]也换了人，不复是何幾仲罗飏伯，虽然朱又溪似乎还在。碰巧是教育会副会

① “教育部”三育本同，桂本作“教育科”。〖225，4〗

长陈津门来告诉我，教育会选举我做会长，劝我就职的是四月廿一日，即是我听到宋遯初被刺消息的那一天，蒋庸生来邀我到第五中学担任英文，乃是四月廿九日，仿佛我是这时决心到那里去“躲雨”似的。古人句云，山雨欲来风满楼，不过老实说，我们其时还没有这样的敏感，预料到一两年后的事情，也只是偶尔的遭逢，有了这样的两个机会，就抓住了就是了。

我在浙江省立第五中学，自癸丑四月至丙辰三月，十足四个年期[①]，在这时期一共换了三个校长，最初是钱遹鹏，接着是朱宗吕和徐晋麒。我是在钱君的时候进去的，恰巧那时的聘书还是保留着，现在钞录在下面，也是当时的文献，看了很有趣味的。

> 浙江第五中学校代表钱遹鹏，敦聘
>
> 周启明先生为本校外国语科教授，订约如右：
>
> 一、教授时间每周十四小时。
>
> 一、月俸墨银伍拾元，按月于二十日致送，但教授至十四小时以外，按时加奉。
>
> 一、除灯油茶水外，均由本人自备。
>
> 一、此约各执一纸。
>
> 中华民国二年四月　日订。

八月校长易人，新来的朱渭侠是教育司的旧同事，又是朱蓬仙的兄弟，蓬仙名宗莱，乃是民报社听讲的一人。渭侠任中校校长甚久，至丙辰十一月，因患伤寒专看中医，及病去而体已不支，

---

① “期”三育本、桂本同，疑系“头”（頭）之误。〖*225，11*〗

终以是无疾而卒，乃由徐锄棒补充，系两级师范旧生。我的薪水自癸丑八月起，是每周十八小时，每月六十八元，较以前稍好。渭侠人甚勤恳，唯对学生似微失之过严，有一次在教务室内训饬一个学生，有一个名叫钱学曾的，自己因有事去找校长，在旁等候着，看了不平，便上前给了他一拳。钱生是嵊县人，“两火一刀”的地方的人，生性本来刚直，本来事不干己，大可不管，乃遽尔动手对付，只落得自己除名了事，听说的都为叹惜，却已无济于事了。

我在教育会里，也是无事可做，反正是敷衍故事罢了，但因为县署有每月五十元的津贴，所以要办点事业，除雇用一个事务员和一名公役及支付杂费之外，印行一种教育杂志，以及有时调查小学，展览成绩，有一回居然办过一回教科书审查的事。本来小学教科书向由各校自由在商务中华两家出板物中选用，这回由教育会审定似乎也有点越俎之嫌，但是大家不曾反对，结果审定国文一科是中华书局的当选。原来书局方面谁也没有运动，不意中获了胜利，在中华书局固然是喜出望外，可是商务印书馆却气炸了肺，声言要去告状，后来却不知道怎样的不告了，大概查不到我们有接受中华书局的贿赂的证据吧。当时我们的行动，实在①有点幼稚而且冒失，在教育界上有那么大势力的一只大老虎头上，居然想去抓它一下痒，那可不是玩的呀！我们办教育杂志，现在想起来也有许多好笑的事，文章是用古文，那是不必说了，起初几期还是每句用圈断句，等到后来索性不断句了，理由是古文本不难懂，中国人的义务本应该能读懂古文的文章，所以没有

①“实在”手稿作“有实在”，三育本、桂本同删。〖*226*，倒*13*〗

加圈点的必要。这主张简直有点荒谬了，复古到了极端，这便与清朝的江声书小札或购物开账用篆文差不多，现在这种实物已经找不到，如能找出来看看，那一定也是好玩的吧。

九七　自己的工作　一

我在绍兴教育会混迹四五年，给公家做的事并不多，剩下来做的都是私人的事，这些却也不少，现在可以一总的说一下子。我于一九三六年写《关于鲁迅》这篇文章里，曾经说过：

> 他写小说，其实并不始于《狂人日记》，辛亥年冬天在家里的时候，曾经用古文写过一篇，以东邻的富翁为模型，写革命前夜的情形，有性质不明的革命军将要进城，富翁与清客闲汉商议迎降，颇富于讽刺色彩。这篇文章未有题名，过了两三年由我加了一个题目与署名，寄给小说月报，那时还是小册，系恽铁樵编辑，承其覆信大加称赏，登在卷首，可是这年月与题名都完全忘记了，要查民初的几册旧日记才可知道。

这回查看日记，居然在壬子十二月里找到这几项纪事：

“六日，寄上海函，附稿。”

“十二日，得上海小说月报社函，稿收，当复之。下午寄答。”

“廿八日，由信局得上海小说月报社洋五元。”

此后遂渺无消息，直至次年癸丑七月这才出板了，大概误期已很久，而且寄到绍兴，所以这才买到：

“五日，怀旧一篇，已载《小说月报》中，因购一册。”廿一日又往大街，记着“又购《小说月报》第二期一册”，可知上面所说的一册乃是本年的第一期，卷头第一篇便是《怀旧》，文末注云：

> 实处可致力，空处不能致力，然初步不误，灵机人所固有，非难事也。曾见青年才解握管，便讲词章，卒致满纸饾饤，无有是处，亟宜以此等文字药之。焦木附志。

本文中又随处批注，共有十处，虽多是讲章法及用笔，有些话却也讲的很是中肯的，可见他对于文章不是不知甘苦的人。但是批语虽然下得这样好，而实际的报酬却只给五块大洋，这可以考见在民国初年好文章在市场上的价格，——然而这一回还算是很好的，比起《炭画》的苦运来，实在是要说有“天壤之殊”了。虽然那篇文章本来不是我所写的，我自己在同时候也学写了一篇小说，题目却还记得是“黄昏”，是以从前在伏见馆所遇见的老朋友“法豪”为模型，描写那猫头鹰似的呵呵的笑声似乎也很痛快，但是大约当时自己看了也不满意，所以也同样的修改抄好了，却是没有寄去。至于那篇《怀旧》，由我给取了名字，并冒名顶替了多少年，结果于鲁迅去世的那时声明，和《会稽郡故书杂集》一并退还了原主了。我们当时的名字便是那么用法的，在新青年投稿的时节，也是这种情形，有我的两三篇“杂感”所以就混进到《热风》里去，这是外边一般的人所不大能够理解的。

九八　自己的工作 二

《炭画》是波阑显克微支所著的中篇小说，还是我于戊申己酉之交，在东京时所译出，原稿经鲁迅修改誊正后，一直收藏在箱子里面，没有法子出板。这回觉得小说月报社颇有希望，便于癸丑二月廿五日寄了去，到了三月一日便得覆信云：

> 大著《炭画》一卷已收到，事冗仅拜读四之一，虽未见原本，以意度之，确系对译能不失真相，因西人面目俱在也。但行文生涩，读之如对古书，颇不通俗，殊为憾事。林琴南今得名矣，然其最初所出之《茶花女遗事》及《迦因小传》，笔墨腴润轻圆，如宋元人诗词，非今日之以老卖老可比，吾人若学林氏近作，鲜能出色者。质之高明，以为何如？原稿一本，敬以奉还。二月二十七号。

这当然也是恽铁樵所写的，因为他是于旧文学颇有了解的人，所以说的话有些也很有道理，他看出我们很有点受林琴南的影响，但我们一面主张直译，竭力保存“西人面目”，却又主张复古，多用古奥难懂，超出“宋元诗词”的文句，这种意思却不是他所能了解的了。总之这结果是“行文生涩，读之如对古书”，不能通俗，就难得为世人所欢迎，这即是所谓遗憾，被碰了回来正是当然的，但是领了“落卷”回来，得了一句中肯的批语，失意之中也还有几分的得意。过了小半年之后，我又把译稿寄到中华书局去试试看，这回可是预料是要失败，《中华小说界》的编辑原是不大高明的，因为预防这一着，接着又把一篇新写成的《童话略论》送了去，说明不想卖钱，只希望采用后给我一年份的杂志，大约价值一元钱，例如《中华小说界》，——不料这也是不成功。过了些时候，得到回信道：

> 日前接到来示及《童话略论》，具见著作宏富，深为钦佩。前《炭画》稿一本，本欲寄还，兹以《童话略论》亦不甚合用，故与《炭画》一并交邮挂号奉赵，乞即察收。八月二十七日。

既然两次碰了钉子，只好向别的方面去另找出路，但是也没有很好的方法，只得寄到北京托想办法，于是于九月三日将《炭画》和那册《黄蔷薇》（当时为得古雅，称作“黄华”，因为蔷薇的名称不见经传）的译稿，都寄北京去。鲁迅甲寅日记在正月项下记云：

“十六日，晚顾养吾招饮于醉琼林，以印二弟所译《炭画》事，与文明书局总纂商榷也，其人为张景良字师石，允代印，每册售去酬二成。”随后由文明书局写了一个合同送给我，这合同条例也偶然保存着，是很难得的资料，今不嫌烦琐的抄录在这里。

> 立合同上海文明书局，今承周作人先生以所译小说《炭画》一书，委敝局出资印行，以后应得权利均经双方商定，爰订合同，彼此各执，条例如次。
>
> 一、此书初板印壹仟册，每售一册，著者应得照定

价拾分之贰之利益。

二、文明书局每逢三节结账一次，将所售书数报告译者，并将译者应得之利益邮寄译者，或译者之代理人。

三、此书未销罄期内，译者不得将稿他售。

四、此书文明书局不得延至四个月后出板。

五、译者倘违第三条之规定，对于文明书局应负印资之赔偿。

六、文明书局倘违第四条之规定，对于译者应负壹佰伍拾圆之赔偿。

七、初板售罄后，译者得将稿自印或他售。

八、译者售稿时，文明书局得买稿之优先权（即文明书局所出稿价，与他处相等时，译者应[①]此稿售与文明书局）。

九、初版售罄后，倘译者与文明书局双方仍欲继续合印，应另订合同。

十、此书印成后，须粘有译者之印花，或印有译者之图章，方能发行。

十一、此书定价每册银二角伍分。

十二、此书印成后，译者于壹仟册内，应提取叁拾册，文明书局不计价值。

中华民国三年一月　日　　文明书局代表　俞仲还

证人顾养吾　张师石

周作人先生存照

① “应”三育本同，桂本作“应将”。〖*229*，倒*5*〗

《炭画》居然照合同所说的那样，于四月里出板了。鲁迅日记里说：

“二十七日，午后稻孙持来文明书局所印《炭画》三十本，即以六本赠之。校印纸墨俱不佳。”这书面的图案系是钱稻孙所画，四角里是一个斧头，就是第十一章“凶终”里来服杀妻所用的斧子，中间一株受风的弯曲的杨柳，乃是农妇受难的象征，至于题字则似是陈师曾所写。印刷纸张的确不大好，但是书能够出板，总算是难得的了，初版一千册也不知卖了多少，事隔几年之后去问他算账，书局里说换了东家，以前的事不认账了，版税百分之二十，一总也不过是五十元，可是一个钱也没有拿到。一九二六年由北京北新书局重新付印，可能印过两三板，解放后由我改译白话，收在施蛰存译的《显克微支短篇小说集》中，通行于世。总之，这主人翁来服的夫妇的命运[①]是够苦恼的了。

九九　自己的工作　三

癸丑九月三日寄往北京的旧译小说，共有三种，除《炭画》和《黄蔷薇》以外，还有一大本的《劲草》。关于《劲草》这本翻译，在本文第七七[②]节中已经说过，乃是丁未（一九〇七）年在

①“来服的夫妇的命运”三育本同，桂本作“来服的夫妇命运”。从文句上看，似欲删前一个“的”字而编辑弄错。〖*230*，倒*13*〗

②“七七”三育本同，桂本作“七八”。〖*230*，倒*9*〗

东京时代所译，因为与书店的《不测之威》重复，卖不出去，所以搁下来的，但是我们对于这书却有点敝帚自珍的意思，觉得内容很好，总想把它印了出来，为此种种设法，寄给各报馆杂志社的人去看，可是没有用处，到了末后连原稿也没有能够要得回来。据鲁迅说，这可能是寄给庸言报馆，终于失踪了。《黄蔷薇》的原稿却幸而不曾遗失，这篇中篇小说总算是出板了，但是在它的出板经过上也有一段很好玩的历史。我于一九二八年开始写“夜读抄”，第一篇便是讲《黄蔷薇》的，里边曾这样的说过：

> 《黄蔷薇》，匈加利育凯摩耳所著，我的文言译小说的最后的一种，于去年（即是一九二七年）冬天在上海出板了。这是一九一〇年所译，一九二〇年托蔡孑民先生介绍，卖给商务印书馆的。在八月项下有这几项记事：
>
> “九日，校阅旧译《黄蔷薇》。
>
> 十日，上午往大学，寄蔡先生函，又稿一本。
>
> 十六日，晚得蔡先生函，附译稿。
>
> 十七日，上午寄商务印书馆译稿一册。
>
> 十月一日，商务分馆送来《黄蔷薇》稿值六十元。”

这是二十年前我们卖给《红星佚史》的时候的价值，每千字大洋二元，因为那篇译稿是“毛估”三万字的样子，虽然一个字一个字的除去空白计算起来，实在有几何字，那就不得而知了！

上文说《黄蔷薇》乃是我的文言译小说的最后的一种，这句话似乎应该加以修正才对，因为我用白话写文章是从丁巳

（一九一七）年来到北京，在《新青年》上边发表文章时才开始的，在这以前的一切译作用的都是文言。例如辛亥归国后给绍兴公报译的安兑尔然（今通称安徒生）的《皇帝之新衣》，壬子在教育司时所译的显克微支的《酋长》，蔼夫达利阿谛斯的《老泰诺思》、《秘密之爱》和《同命》，须华勃的“拟曲”五小篇，都是如此。后来一九二〇年群益书社发起重刊《域外小说集》的时节，我便把上边所说的长短十篇，连同到北京后所译梭罗古勃的《未生者之爱》以及他的十篇寓言，一并加了进去，这末后的一篇才可以说是我的最后的一种文言译品了。但是此外也写些随笔小品，多是介绍外国的文艺的，作有《希腊之小说》一二两篇，一是讲公元前三世纪时朗戈斯的所谓牧歌小说，二是叙述二世纪时叙利亚文人路吉阿诺斯的讽刺小说，题目是“信史”，可是里面说的全是神异的故事，讥刺历史家说诳话的风气。又写了一篇公元前六世纪时的女诗人萨福的事迹和她的遗作，题名“希腊女诗人”，还写了《希腊之牧歌》，是讲牧歌诗人谛阿克利思多斯的。另外也写些别的，如根据古英文的史诗“倍阿乌耳夫”——意云蜜蜂狼，即是熊，是主人翁的名字，作《英国最古之诗歌》，又抄安徒生的传记，做成一篇《安兑尔然传》，送给绍兴公报。在乙卯年十月里，将那讲希腊的几篇抄在一起，加上一个总名“异域文谈”，寄给小说月报社去看，乃承蒙赏识，覆信称为“不可无一，不能有二”之作，并由墨润堂书坊转送来稿酬十七元，这一回似乎打破了过去的纪录，大约千字不只两块钱了吧。

一百[①] 自己的工作 四

以前因为涉猎英国安特路朗的著作，略为懂得一点人类学派的神话解释法，开始对于“民间故事”感到兴趣，觉得神话传说、童话儿歌，都是古代没有文字以前的文学，正如麦卡洛克的一本书名所说，是“小说之童年”。我就在民初这两三年中写了好些文章，有《儿歌之研究》、《童话略论》与《童话之研究》，又就《酉阳杂俎》中所纪录的故事加以解释，题作“古童话释义”，可是没有地方可以发表，那篇《童话略论》怎么的碰钉子，前边已经说过了。那时因为模仿日本，大书店已仿作童话，但是研究的文章却不大欢迎，所以就是送给白登，也是不要。我因为没有办法，只能送到北京去，恰好教育部的编纂会办有一种月刊，便在这上边发表了。后来连同我在北京所写的几篇白话文章，头一篇是在孔德学校讲演的《儿童的文学》，一总收集起来，定名为“儿童文学小论”，由上海儿童书局出版，这书局乃是张一渠君所办，他原名张锡类，是我在绍兴中学教过的一个学生。现在这书局早已没有，我手头也已没有那本小书，所以其内容详细情形，也已无法说起了。从癸丑年起，我又立意搜集绍兴儿歌，至乙卯春初草稿大概已定，但是一直无暇整理，一九三六年五月写过一篇《绍兴儿歌述略序》，登在当时复刊的北京大学歌谣周刊上边，但是这个工作直至一九五八年九月这才完成，二十多年又已过去了。当时原拟就语言及名物方面，稍作疏证的工夫，故定名“述略”，

---

① 因序号六一重出，本节标题三育本、桂本均作“一〇一”。〖*232*，*7*〗

后来却不暇为此，只是因陋就简的稍加注解，名字便叫做“绍兴儿歌集”。可是现今因为兴起“新民歌”运动，这是旧时代的儿歌，它的出板不能不稍要等待了。

此外我在绍兴所做的一件事情，是刊刻那《会稽郡故书杂集》。这原稿是由鲁迅预备好了，订成三册，甲寅（一九一四）年十一月十七日由北京寄到，廿五日至清道桥许广记刻字铺定刻木板，到第二年的五月廿一日，这才刻成，全书凡八十五叶，外加题叶一纸，连用粉连纸[①]印刷一百本，共付洋四十八元。书于六月十四日印成，十五日寄书二十本往北京，这书是我亲自校对的，自己以为已是十分仔细了，可是后来经鲁迅覆阅，却还错了两个字，可见校书这件事是很困难的。“故书杂集”的题叶系是[②]陈师曾所写，乙卯日记（鲁迅）四月项下记云：

“八日，托陈师曾写《会稽郡故书杂集》书衣一叶。”陈君那时也在教育部里的编审处，是很杰出的艺术家，于书画刻石都有独自的造就，和鲁迅是多年的旧交，因为从前在江南陆师学堂的时代便已相知了。他们因此很是托熟，在鲁迅日记上很可看得出来，例如丙辰年六月项下云：

“廿二日，上午铭伯先生来，属觅人书寿联，携之部，捕陈师曾写讫，送去。”两人的交情，约略可以想见。师曾所刻图章，鲁迅有“会稽周氏”及“竢堂”诸印，又尝省去兄弟三人名字的“人”字，模仿汉人两个字的名字，我也得到一方白文的印章，文曰“周作”，又另外为刻一方，是朱文“仿砖文”的，很是古拙，

① “连用粉连纸”三育本作“连用粉纸”，桂本作“用粉连纸”。〖*233，5*〗

② “系是”三育本作“是”，桂本作“系”。类似用法如“即是”。〖*233，8*〗

我曾利用汉砖上的一个“作”字，原有外廓方形，将拓本缩小制为锌板，其古趣可与相比。这里附带说及，也是很可纪念的。师曾的国画世上早有定评，普通所见的都是些花鸟之类，但看到他的“北京风俗图”的印本，觉很这别有一种趣味，也似乎有特别的价值。这是民国十七年北京淳菁阁出板的，那时师曾已经逝世，是他的友人姚茫父把所收藏的他的遗作三十四幅，各题词一首，分作两册印行，题曰“菉漪室京俗词，题陈朽画十七阕”，但是现在早已绝板了。其第十九图“送香火”，画作老妪蓬头垢面，敝衣小脚，右执布帚，左持香炷，逐洋车乞钱，程穆庵题词曰：

“予观师曾所画北京风俗，尤极重视此幅，盖着笔处均极能曲尽贫民情状，昔东坡赠杨耆诗，尝自序云，女无美恶富者妍，士无贤不肖贫者鄙，然则师曾此作用心亦良苦矣。”其实这三十几幅多是如此，除旗装仕女及喇嘛外皆是[①]无告者也，其意义与流民图何异，只可惜朽道人死后，此种漫画成了广陵散，而后人亦无复知道他的人物画的了。

刻书以后，木板一直放在刻字铺里，不曾取回，直至丙辰年的九月十八日始从许广记取来刻板，放在楼上堆放书籍杂物的一间屋里。到得民国八年己未[②]（一九一九）冬天，全家预备搬到北京来住，鲁迅一个人回家整理，那时看见一堆木板，以为那些都是先代的试草朱卷的板片，不曾细看，便一裹脑儿付之一炬。结果这杂集算是绝板了，只有一百本印本留存在世间罢了。钱玄同在去世的一年前，便是戊寅（一九三八）年二月一日给我的信里说道：

---

① “是”三育本、桂本均无。〖*234，4*〗

② “己未”手稿作“己卯”。〖*234，8*〗

阏逢摄提格年之木刻大著（搜辑亦著录也，故称著无语病），其价总与七五有关，可谓奇矣。这话怎讲？原来昨晚得书后，我想今日去代为再碰碰看，不料一问，竟大出意外之表，盖时经两日而已涨价为三元矣。我说，未免太贵了。他答道，不贵，还已经说少了！应该是三元五毛呢。我只好扬长而去了。查来函谓他说二元而您要打七五扣，则是一元五毛矣，而今他说应是三元五毛，然则二元尚须加七成五矣。何此书之价之增减皆为七五乎？何其奇也。其实此摊若让我来摆，我要价还要大呢。因为我知道此书之板已燬，又知此书印得很少，然则当以准明板书论，非当古董卖不可。

所说木刻书即《会稽郡故书杂集》，序文署阏逢摄提格即是甲寅年秋，刻成则已在次年乙卯之夏，所谓已燬乃是指上面当试草刻板烧了的事情。

一〇一　金石小品

我在绍兴的时候，因为帮同鲁迅搜集金石拓本的关系，也曾收到一点金石实物。这当然不是什么贵重的东西，——这里所谓贵重，可以分作两种来说，其一是宝贵，例如商彝周鼎，价值甚高，财力不及，其二是笨重，例如造象墓志，分量不轻，拿它不动，便都不能过问，馀下来的只是那些零星小件了。这种金石小品，制作精工的也很可爱玩，金属的有古钱和古镜，石类则有古砖，尽有很好的文字图样，我所有的便多是这些东西，但是什九多已散失，如今只把现在尚存的记录于下。乙卯八月日记里说：

十七日，下午往大街，于大路口地摊上得吉语大泉一枚，价三角，文曰龟鹤齐寿。罗泌谓字壮劲如大观泉，信然。

其钱直径市尺一寸八分，字作六朝楷体，甚有雅趣，尝手拓制为锌板，印成信封，但因龟字适居中央，如写信时适当姓名之首，虑或犯忌讳，故迄未使用。砖则有“凤皇砖”，尚是绍兴所得，日记五月项下云：

十七日，在马梧桥下小店得残砖一，文曰凤皇三年七月，下缺，盖三国吴时物。

云此砖乡人得之溪水中，故文字小有磨灭，弥增古趣。“凤皇”三年为公元二七四年，系孙皓年号，过了六年，皓遂降于晋，去做所谓降王长去了。同样是南朝的东西，却是在北京所得，因为原物也恰在手头，所以就附记在这里。这乃是南齐年号的砖砚，于癸酉（一九三三）年四月七日买得，查旧日记云：

七日下午往后门外，在品古斋以三元得一砖砚，文曰永明三年，永字上略见笔画，盖是齐字也，笔势与永明六年妙相寺石佛铭相似，颇可喜。

曾手拓数本，写题记于上曰：

此南朝物也，乃于后门外桥畔店头得之，亦奇遇也。南齐有国才廿馀年，遗物故不甚多，余前在越，曾手拓妙相寺维卫尊像背铭，今复得此，皆永明年间物，而字迹亦略相近，亦至可宝爱。大沼枕山句云，一种风流吾最爱，南朝人物晚唐诗，此意余甚喜之。古人不可见，尚得见此古物，亦大幸矣。中华民国廿二年重五日，知堂题记于北平苦雨斋。

或者有人要批评说，这砖文恐怕是假的，其实我也是这样想，两个永明笔势仿佛，便是顶显著的证据，因为没有别的文字可以做根据来模仿，所以只好采用这巧妙的笨法子了。但是这总值得我们的感谢的，虽然是说假冒，它反正没有大敲我们的竹杠，一总只要了三块钱去，而且给我们来模造出一件希有的东西，孔文举把虎贲士权当蔡中郎，说道：“虽无老成人，尚有典型。”我们对于有些古物，也该是这样说吧。

此外还有一块砖砚，也是在北京所得的，但至今尚留存在我的身边，似乎也值得来一说。这是没有年号的残砖，只剩了下端，文曰“大吉”，右侧则只有末字曰“作”，上文已经说及，便是我缩小制板，当作名章用，又用原来尺寸，作为《苦口甘口》的书面，后来的《立春以前》也是使用这个封面的。“作”字上边原来该是造砖的人名和年代，不幸断缺了，但也幸而断了，只剩了这一小部分，可以制为砚台（虽然我个人是不赞成利用古器物，把它改制为日用品的），若是整个的，那就有一尺多长，要显得笨重累坠了。这虽是没有年号，但看它文字的古拙疏野，可以推想是汉人的笔墨，绍兴在跳山有一块大吉磨崖，是建初年间的刻石，我看这个大吉砖未必在它之后，不过不知道是在哪里出土的罢了。这个砖砚有木制底盖，是用极平凡的木材所做，上面有刻字曰“砖研”，二字并列，下系四字一行云：

“称即墨侯，有石有瓦，兹以砖为，古而尤雅。甲戌首夏，曙初宗兄大人属，弟锦春并记。”其制为砚的年月大概是同治甲戌，即一八七四年，去今也已将有八九十年了。

一〇二 故乡的回顾

这回我终于要离开故乡了。我第一次离开家乡，是在我十三岁的时候，到杭州去居住，从丁酉正月到戊戌的秋天，共有一年半。第二次那时是十六岁，往南京进学堂去，从辛丑秋天到丙午夏天，共有五年，但那是每年回家，有时还住的很久。第三次是往日本东京，却从丙午秋天一直至辛亥年的夏天，这才回到绍兴去的。现在是第四次了，在绍兴停留了前后七个年头，终于在丁巳（一九一七）年的三月，到北京来教书，其时我正是三十三岁，这一来却不觉已经有四十几年了。总计我居乡的岁月，一裹脑儿的算起来不过二十四年，住在他乡的倒有五十年以上，所以说对于绍兴有怎么深厚的感情与了解，那似乎是不很可靠的。但是因为从小生长在那里，小时候的事情多少不容易忘记，因此比起别的地方来，总觉得很有些可以留恋之处。那么我对于绍兴是怎么样呢？有如古人所说，维桑与梓，必恭敬止，便是对于故乡的事物，须得尊敬。或者如《会稽郡故书杂集》序文里所说，“序述名德，著其贤能，记注陵泉，传其典实，使后人穆然有思古之情”，那也说得太高了，似乎未能做到。现在且只具体的说来看：第一是对于天时，没有什么好感可说的。绍兴天气不见得比别处不好，只是夏天气候太潮湿，所以气温一到了三十度，便觉得燠闷不堪，每到夏天，便是大人也要长上一身的痱子，而且蚊子众多，成天的绕着身子飞鸣，仿佛是在蚊子堆里过日子，不是很愉快的事。冬天又特别的冷，这其实是并不冷，只看河水不冻，许多花木如石榴柑桔桂花之类，都可以在地下种着，不必盆栽放在屋里，便可知道，但因为屋宇的构造全是为防潮湿而做的，椽子中间和窗门都留有空隙，而且就是下雪天门窗也不关闭，室内的温度与外边一样，所以手足都生冻疮。我在来北京以前，在绍兴过了六个冬天，每年要生一次，至今已过了四十五年了，可是脚后跟上的冻疮痕迹却还是存在。再说地理，那是“千岩竞秀，万壑争流”的名胜地方，但是所谓名胜多是很无聊的，这也不单是绍兴为然，本没有什么好，实在倒是整个的风景，便是这千岩万壑并作一起去看，正是名胜的所在。李越缦念念不忘越中湖塘之胜，在他的几篇赋里，总把环境说上一大篇，至今读起来还觉得很有趣味，正可以说是很能写这种情趣的。至于说到人物，古代很是长远，所以遗留下有些可以佩服的人，但是现代才只是几十年，眼前所见[1]就是这些人，古语有云，先知不见重于故乡，何况更是凡人呢？绍兴人在北京，很为本地人所讨厌，或者在别处也是如此，我因为是绍兴人，深知道这种情形，但是细想自己也不能免，实属没法子，唯若是叫我去恭惟那样的绍兴人，则我唯有如《望越篇》里所说，“撮[2]灰散顶”，自己诅咒而已。

对于天地与人既然都碰了壁，那么留下来的只有“物”了。鲁迅于一九二七年写《朝花夕拾》的小引里，有一节道：

> 我有一时，曾经屡次忆起儿时在故乡所吃的蔬果，菱角，罗汉豆，茭白，香瓜。凡这些，都是极其鲜美可口的，都曾是使我思乡的蛊惑。后来，我在久别之后尝到了，也不过如此，惟独在记忆上，还有旧来的意味留存。他们也许要哄骗我一生，使我时时反顾。

这是他四十六岁所说的话，虽然已经过了三十多年的岁月，我想也可以借来应用，不过哄骗我的程度或者要差一点了。李越缦在《城西老屋赋》里有一段说吃食的道：

> 若夫门外之事，市声沓嚣。杂剪张与酒赵，亦织簾而吹箫。东邻鱼市，罟师所朝。魴鲤鲢鳒，泽国之饶。鲫阔论尺，鮆铦若刀。鳗鳝虾鳖，稻蟹巨螯。届日午而戢集，响腥沫而若潮。西邻菜佣，瓜茄果匏。蹲鸱芦菔，

① “所见”三育本、桂本均作“所见的”。〖*237*，倒*6*〗

② “撮”手稿作“撒”，三育本、桂本同，今改。〖*237*，倒*2*〗

夥颐菰茭。绿压村担，紫分野舠。葱韭蒜薤，日充我庖。值夜分之群息，乃谐价以杂嘈。

罗列名物，迤逦写来，比王梅溪的《会稽三赋》的志物的一节尤其有趣。但是引诱我去追忆过去的，还不是这些，却是更其琐屑的也更是不值钱的，那些小孩儿所吃的夜糖和炙糕。一九三八年二月我曾作《卖糖》一文写这事情，后来收在《药味集》里，自己觉得颇有意义。后来写《往昔》三十首，在四续之四云：

往昔幼小时，吾爱炙糕担。夕阳下长街，门外闻呼唤。竹笼架熬盘，瓦缽炽白炭。上炙黄米糕，一钱买一片。麻餈值四文，豆沙裹作馅。年糕如水晶，上有桂花糁。品物虽不多，大抵甜且暖。儿童围作圈，探囊竞买啖。亦有贫家儿，衔指倚门看。所缺一文钱，无奈英雄汉。

题目便是“炙糕担”。又作《儿童杂事诗》三编，其丙编之二二是咏果饵的，诗云：

儿曹应得念文长，解道敲锣卖夜糖。想见当年立门口，茄脯梅饼遍亲尝。

注有云：

> 小儿所食圆糖，名为夜糖，不知何义，徐文长诗中已有之。

详见《药味集》的那篇《卖糖》小文中。这里也很凑巧，那徐文长正是绍兴人，他的书画和诗向来是很有名的。

第三卷

一〇三　去乡的途中　一

大概是在绍兴住得有点烦腻了，想到外边，其实是北京方面，找点别的事情做做看，也就是什么科员之类，这不记得是哪一年的事情了，总之是袁世凯势力很旺盛的时候吧，所以这事就一直搁下来了。查鲁迅的甲寅日记，在八月项下有记录道：

> 十一日下午，得朱逷先信，问启孟愿至太学教英文学不？
>
> 十二日晚，覆朱逷先信。

这事在我的日记上没有什么记载，大概鲁迅也不曾写信告知我，因为他知道我自揣没有能力到大学去教英文学，也无此兴趣的，所以也不用问我的意思怎样，便径自回信谢绝了。朱逷先是在东京民报社听章太炎先生讲说文的同学八人之一，平常虽然不常往来，却[①]是很承他的关切，壬子年的在浙江教育司的位置，当初是课长随后改为视学，也是由他的介绍，这一回的事虽未成，但是其好意总是很可感谢的。其后过了两年，洪宪帝制既然明令取

---

① “却”手稿作“却卻”，三育本作“却都”，桂本作“却”。〖*239*，*10*、*11*〗

消，袁世凯本人也已不久去世，北京人心安定了下来，于是我转业的问题乃重新提起来了。这回的事却不知道是谁的主动，大约不是朱逷先总是许季茀吧，那时是黎元洪继任大总统，教育总长是范源廉[①]，请蔡孑民来做北京大学校长，据说要大加改革，新加功课有希腊文学史和古英文，可以叫我担任。我因为好奇，有一个时候曾经自修学过古代英文，就是盎格鲁索逊的文字，这经过司各得的《劫后英雄略》(*Ivanhoe*)的提倡，我们对于这民族有相当的敬意，便就史诗《倍阿乌耳夫》的原文加以研究，这种艰苦的学习没有给我什么别的好处，只是在后来涉猎斯威忒的“新英文文法”的时候，稍有便利而已。

关于此次北行的事前的商谈，在我们的日记上都没有记载，只于鲁迅丁巳日记的二月项下，有这两条：

十五日，寄蔡先生信。

十八日上午，得蔡先生信。

虽然没有说明事件，可能是关于这事的。二十日得北京十六日信，隔了三天特别寄一封快信去，此信于廿八日到达北京，即日有一封信寄给我，这北行的事就算决定了。我在日记上记着四月[②]四日接到北京的廿八日信之后，次日写着：

五日上午，至中校访徐校长，说北行事。

---

①“范源廉”三育本同，桂本作“范源濂”。〖*239*，倒*11*〗

② 推算收发信的时日，此处及下文“四月七日”似均应作“三月”。下节说三月廿七日自绍兴起程，可证。三育本、桂本均同手稿。〖*240*，*1*、*5*〗

隔了一个星期，又记道：

> 十一日，得北京七日信，附兴业汇券九十，又挂号信一，内只《群强报》一片，不具寄者姓名，不知何为也。

这里我们查对鲁迅的日记，在四月七日条下写道：

> 寄二弟信，附旅费六十，季茀买书泉卅。

上文汇票九十元的来源是明白了，但是同时寄到那一封挂号的群强报呢？当初一看，似乎是大有文章隐藏在后面，值得用显微镜看，或是化学药水去泡，仿佛是什么秘密文件似的，但是仔细的反复一想，这里的用意也就清楚的了解了。先祖介孚公当了二十多年的“京官”，没有什么好处，可是因此懂得北京的“听差”哲学，有些简直可以和斯威夫忒的“婢仆须知”媲美，我因为得闻绪论，所以也就能够了解此种疑难问题了。我们首先要知道，这类附寄汇票的信件，照例应当挂号，而这却没有挂，这是一个要点。同时寄来的一封却是挂号信，而信内别无他物，只有群强报一片，群强报不群强报且不去管它，但这总就有了一张挂号回执了，这又是一个要点。两个要点归并在一起，这问题便解决了：寄信的听差忘记了挂号，就将报纸一片装入信封，追补挂号，拿了回执可以消差，至于收件人得到这样怪信，将如何惊疑，则他是不管的了。日记里的话多少还有当时惊异的口气，但当时得到了解答，也就付之不问了。后来见到鲁迅，谈到这件事的时候，他也只是微笑，说我的推测是不错的，这正是“公子”所干的事。“公子”便是那时所用的听差的“别号”，因为他有那么从容不迫的态度，无论什么困难的事都有应付的办法，自己可以免于“老爷”的责骂，至于达到这目的的手段如何则在所不问的。这种高明的手法也只是在“辇毂之下”才有，若是绍兴小地方，那还似乎没有，所以在《阿Q正传》里边，也还缺少这种人物，作者不曾借用“公子”，也正是他描写忠实的地方吧。

一〇四　去乡的途中　二

我将离去绍兴的一个月以前，那个曾任江南水师学堂管轮堂监督的叔祖椒生公终于去世了。他的顽固和迷信都是小事情，顶不行者是假道学，到得晚年便都暴露出来，特别是关于女色方面，所以在《回忆鲁迅房族和社会环境三十五年间的演变》中间，著者“观鱼”是椒生公的胞侄，也只有感慨的说道：

“但他到了将近古稀的时候，突然的变了，一反以前的道学面孔，竟至沦于荒谬。”他的儿媳本来并不是怎么的好，现在却更为家人所看不起，于二月廿一的夜里死了，也不知道是几点钟死的，入敛的时候亲丁都藉口避忌，躲了开去，只剩下我们几个疏远的本家在场送殓，“中”字派芹侯的次子仲皋，也是椒生公的侄辈，人甚洒脱有趣，看见入敛时无人给死人“捧头”，这本是儿子的职务，他就笑着自告奋勇说：

“暂且由我来当临时的孝子也罢。”次日他的儿子仲翔叫我替他做一副联，那时就给他杂凑道：

“数十年鞠养劬劳，真是恩并昊天，至今饱食暖衣，固无弗尽由慈荫。廿馀日淹留床箦，遽尔痛兴风木，并此啜粟饮水，亦不容长报春晖。”我自己也做了一副，于第三日送过去，其词曰：

“白门随侍，曾几何时，忆当年帷后读书，窃听笑言犹在耳。玄室永潜，遂不复返，对此日堂前设奠，追怀謦欬一伤神。”他的一生纯是为假道学所害，在南京的时代尝同伯升给他起一个诨名是“圣人”，觉得这个名字很得要领，实在可以当作他的谥法用了。我于三月廿七日由绍兴起程往宁波，是日恰值椒生公的“五七”，中午往拜后，随于傍晚下船往曹娥去了。

我将启行的前两天，第五中校的同事十四人为我饯别于偏门外快阁的花园。饯行也是平常的事，似乎不值得记，我在这里记的是那地方，因为据今人尹幼莲在《绍兴地志述略》第十四章里所说：

“快阁，在城西南三里，宋陆放翁小楼听雨处。”据说放翁诗有“小楼一夜听春雨，深巷明朝卖杏花”之句，即是在这里所做的。快阁在常禧门外跨湖桥边，俗称偏门外，正是鉴湖的胜处，近处有桥名为“杏卖桥”，也是用这典故的。但是那七言律诗的题目，却是“临安春雨初霁”，乃是淳熙十三年（一一八六）丙午初春在杭州所作，与快阁是没有什么关系的。快阁的花园也只是那么一回事，平凡局促的，看不出好处在哪里，和前后看见的娱园与苏州留园一样，虽然大小有点差别。所以我这一回的快阁饯别也只是徒有其名，在花厅里设席宴饮，就那么走散便算了。

丁巳年（一九一七）三月廿七日晚，我从绍兴启行，同了我的兄弟和工人王鹤招坐了一只中船，到曹娥埠去。绍兴城至曹娥是一站水路，这是在曹娥江东边，渡江便是上虞县界，地名百官，据传说是虞舜的典故，那时浙江铁路才造了一段，从宁波通到百官镇。我往北京去，这样的走法，目的是顺路从宁波过，一看伯升叔，他在联鲸军舰上任“轮机正”，便是俗语说的“大伡”，那时正停泊在宁波。我们于次日廿八日晨到曹娥，就过江在百官坐火车，八时开车，十一时到宁波，住江北岸华安旅馆。伯升叔来访，因一同进城，至率春楼饮茶，并吃饭，遂回寓，谈至十一时睡。廿九日晨，打发三弟鹤招回去，同伯升叔至新宁绍轮定舱位，饮茶于江岸，旋下船，下午四时半开轮，伯升叔别去。这两天的事情我在这里就照日记所记的直抄了，原因是借此来做一点记念，因为我这算是与伯升叔的最后一次的会面了。查戊午（一九一八）年日记一月项下记云：

“廿七日，得廿三日家信，云升叔在宁病故。”后来检查关系文件，云在阴历十二月初九日身故，可能这就是一月廿一日，次日得到电报，又次日乃寄此信。这样计算起来，他也是刚得年三十七岁，就是俗传过了本寿，同我的父亲正是一样。他虽然是我的叔父，但是比我只大得两岁，从前在家里念书，后来进南京的学堂，也有好几年全在一起，关系都是很好的，如今回想起来，绝无一点欺侮或什么不愉快的事迹。他为人很聪明，但只是不用功，性喜玩耍，可是性情和易，不喜欢和人闹别扭，他对于我们小辈尚且如此，何况并辈以及他所视为尊长的人呢。他平常对于我的祖母和母亲都非常尊敬，常说“长嫂如母”的古老话，因此对于家里其实是我的母亲做主代定的婚姻，也不敢表示反抗，终于酿成家庭的悲剧。母亲也有她自己的旧的看法，她常说道，一家的主妇如不替子女早点解决婚事，那就失了主妇的资格。她替伯升订定了松陵傅家的一头亲事，伯升见不能躲避，于壬子十一月廿四日结了婚，带到武昌去，不久却回来了，当初不敢抗争，后来想要离婚，这明明是不可能的了。到了伯升死后，家里有一个傅氏太太，当地又有一个徐氏太太，和一个小孩据说还有遗腹，抚恤费除还债馀剩只有二百五十元，四六分得，有小孩的多得了五十元，就是这样了事了。我在这里详细的把这事写出来，意思是给伯升做个供养，说明他的善良成为他的缺点，而尊长的好意乃反是祸根，想起来时是很可叹息的。

我此次北行，仿佛是一个大转折，过去在南京时代很有关系的椒生公和从小就是同学似的伯升，适值都在这个时期过去了，似乎在表示时间的一个段落吧。

一〇五　从上海到北京

范啸风在《越谚》卷上，占验之谚第六载，“长江无六月”，注云：

“越人皆有四方之志，不敢偷安家居，无六月者，言其通气风凉，虽暑天亦可长征也。”其实各处的人都不敢偷安家居，如冯梦龙在《笑府》里讲“馀姚先生”的故事，说道：

“馀姚师多馆吴下，春初即到，腊尽方归，本土风景反认不真，便见柳丝可爱，向主人乞一枝寄归种之。主人曰，此贱种是处都有，贵处宁独无耶？师曰，敝地是无叶的。”——话虽如此，长江这条路我的确有点儿怕。它要经过全国顶有名的都市，即是上海，从前是诸恶毕备，平常的人偶尔通过，便说不定要吃什么亏的。我往来南京学堂，过去曾经走过十几回，总算幸而没有碰到什么，这回从宁波到上海，却不意着了他们一回道儿。我坐了“新宁绍”客船到上海，到埠之后却没有客栈接客的上去，便只好叫茶房帮忙，雇了一辆黄包车，到山西路周昌记客栈里去。那拉车的江北人，似乎开头便打主意，拉了一段路说要换车，我也不加警惕，就下了车，拉车的就向我身边紧挤，这一挤便把我放在衩袋里的一个名片钞票夹子掏了去了。换坐的车子也不好好的走，似乎老在拐湾，又脱下夹衣，放在我脚下的皮包上头，费了好些工夫，这才引起我的怀疑，叫他站住，他不听命令还想前去，我就一手提了皮包，一手按住车沿，蹦了下来，这时拉车的就一溜烟的奔向一边去了。我跳下来的地方，适值前面有巡警站岗，他听我的陈述以后，说道：

“可惜他逃到那边界线外去了，没法再去找他。”似乎这是中国地方和租界分界之处，我因为不明白情形，所以也弄不清楚。从那里又坐车到山西路，这回总算平安无事的到了。查衩袋里的失去的名片夹子，其中有几张名片，两块现洋和几个角洋，损失还不大，但是危险的乃是那个皮包，它只是帆布所做的，上边带有锁钥，也是值逢其会，我在从轮船上下来的时候，碰巧把它锁上了，那车夫假装脱衣服，便动手想把它打开，却是没有能够，这里边却是有好些现款，其未被掏摸去，真是侥幸万分了。这一回我算是请教了“扒儿手”一次，大概他们的技艺并不是很高明的一种，而自己也实在是够迟钝的了，所以受到这一个小损失。北京竹枝词有云：

“短袍长褂着镶鞋，摇摆逢人便问街。扇络不知何处去，昂头犹自看招牌。”这虽然是说北京的考相公的事，但在码头上受骗的人总归是寿头码子，其迂阔是一样的。我也曾听老辈的教训，说“出门”的时候应该警惕的事，便是要到处提防，遇见人要当他骗贼看，要尽量的说诳话[①]，对于自己的姓名和行踪，也可能[②]要加隐讳，不过听了不能照办，也是枉然。大约这事须得要居心刻薄，把别人都当小偷看待，才能防备得来，不是平常听几句指示的话，所能学得这种本领的。

从上海到北京，虽然已是通着火车，却并不是接连着，还要分作三段乘坐。第一段是在上海北站乘车，到南京的下关，称作沪宁铁路，随后渡过长江，从浦口直到天津，是为第二段的津浦铁路，这时还要改乘第三段的京奉铁路，乃能到达北京。到得坐上了浦口列车，这趟旅行才算是大半成功，可以放了心，其实如误了点，在天津换不了车，也仍是有问题，不过那并不算是什么，因为京津近在咫尺，所以觉得已经到了家门口了。从下关一渡过了长江，似乎一切的风物都变了相，顿然现出北方的相貌，这里主观的情绪也确实占大部分势力，叫人增加作客之感。那列车也似比江南的要差些，但是设备虽然稍差，坐在上面的感觉却并不坏，原因是坐的是二等车，这车上大抵是走津浦远道的才坐二等，近路的便都不坐，所以列车很是宽畅，我们一人不但可以占用两个坐位，而且连对面也都占用了，夜间车上的茶房给垫上一片什么板，成为急就的卧铺。大概在乘客和茶房中间，成立一种心照不宣的约束，这边在相当时期特别给予相当丰富的酒钱，那边也就随时供给设备，足以供一宵的安睡了。我知道这个情形，所以

---

① “诳话”手稿作“诳说”，三育本、桂本同改。〖*244*，倒*6*〗

② “可能”三育本同，桂本作“尽可能”。〖*244*，倒*5*〗

虽然初次乘车，却是无事的到了北京，于四月一日下午八时下车，径自雇洋车到了绍兴县馆里来了。

一〇六　绍兴县馆 一

绍兴县馆当时在北京宣武门外南半截胡同，这地方有点不大好，因为是个南北胡同，北头的就叫北半截胡同，它的出口即是那有名的菜市口，——是前清时代杀人的地方，所谓刑人于市，与众共弃之，就是古人所说的“弃市”。在那时没有几年前，戊戌政变时杀“六君子”，庚子义和团起事时杀那“三忠”和许多难民，都在那地方，就是西鹤年堂药店所在的丁字街口。似乎明朝杀人还在靠北，因为我看那明末的有名屠杀案之一的剐郑鄤案的纪载，是在西四牌楼举行的，那里一个牌楼标明“大市街”字样，便说明是那遗迹，但现在那牌坊却早已不见了。或者在清朝早已改在菜市口，所以这里就发生了一种神奇的传说，说在“弃市”的那一天夜里，那里常出现一只异乎寻常的大狗，来舔血吃，偶然被人看去①，便一道火光，冲上天去，人们才知道它是“神獒”，不是普通的狗。我们不在三更半夜里出门的人，轻易不会得遇见它，但是那与众共弃的人，却不免有碰见的可能，有如我过去在故乡清早上“大街”去，走过轩亭口，那时路上还没有行人，却看见有两个赤脚朋友，倒卧在街心，——轩亭口也是一个

① “看去”三育本同，桂本作“看见”。〖*245*，倒*2*〗

丁字街，与菜市口一样，上身合盖着一张草荐，虽然没有揭起来看，但我知道大概是没有头的。还有一回是在南京，徒步走过制台衙门，在前面的马路边上，看见躺着一个死尸，赤膊反剪着两手，身子颇为肥壮，穿了一条类似绸类的袴子，头也没有了，但是杀得很是高明，旁边挖了一个小坑，血都聚在里边，没有乱喷。我从旁边走过，看得很是清楚，心里纳闷，不晓得是怎么一回事，近处又无一人可以打听，我便只能独自推想，这大约是衙门里的人，因为坏事发觉，赶紧请“王命”把他干掉了，俾大事化小，这也是[①]一种标准的官僚主义吧。这两回的经验都是五十年前的事了，可是至今留下一个不愉快的印象，终于不能忘记，幸而自从民国成立以来，北京杀人换了地方，不再在菜市口，改在天桥了，使得我们出入自由，夜里固然免得遇着神煞，白天也不至于遇到什么东西，会得引起了梦魇。

绍兴县馆在名义上是绍兴县人的会馆，所谓会馆乃是来北京应考的人的公寓，有些在京候补的官，自己没有公馆的或者也住在那里。这是山阴会稽两县的人所共有的，从前称为“山会邑馆”，自从宣统年间废除府制，将山阴会稽合并，称作绍兴县以后，这也就改称为“绍兴县馆”了。但是绍兴人似乎有点不喜欢“绍兴”这个名称，这个原因不曾深究，但是大约总不出这几个理由。第一是这不够古雅，於越起自三代，会稽亦在秦汉，绍兴之名则是南宋才有。第二是小康王南渡偷安，使用吉祥字面做年号，妄意改换地名，这是很可笑的事情。第三是绍兴人满天飞，《越谚》也登载“麻雀豆腐绍兴人”的俗语，谓三者到处皆有，实际是到

---

① “也是”手稿作“也”，三育本同，桂本添。〖*246*，*10*〗

处被人厌恶，即如在北京这地方绍兴人便不很吃香，因此人多不肯承认是绍兴人，鲁迅便是这样，人家问他籍贯，只答说是浙江。旧绍兴府属八县的会馆，向来也称为“越中先贤祠”，这原因自然是先贤始自范蠡（？是否待考，但里边没有汉代的王充，因为李越缦说他讲父亲的坏话，所以把他扣除了），那时没有[①]绍兴府名称呢。一总计算起来，浙江十一府的名号，绍兴要算顶是寒伧的了。我之所以讨厌这个名称，其理由完全是为了那第二个，其实假如他用了“建炎”两字做地名，那就没有这样可憎，因为里边颂圣的份子比较的少了。

从前的山会邑馆里也有一间房间，供奉着先贤牌位，这是馆里边的正厅，名字叫做“仰蕺堂”，一望而知是标榜刘蕺山的了，因为这里既然没有那为李越缦所不喜欢的王仲任，连王阳明与黄太冲都不在内，这是因为他们是外县人的关系，所以这个招牌便落下在《人谱》著者的身上了。我虽是在会馆住过三年，但对于先贤是哪些人，终于[②]没有弄清楚，其原因固然由于对刘蕺山等人没有什么兴趣，那仰蕺堂终年关闭，平时不好闯进去，一年有春秋两次公祭，我也没有参加过。公祭择星期日举行，在那一天鲁迅总是特别早起，我们在十点钟以前逃往琉璃厂，在几家碑帖店聊天之后，到青云阁吃茶和点心当饭，午后慢慢回来，那公祭的人们也已散胙回府去，一切都已恢复了以前的寂静了。

---

①“没有”三育本同，桂本作“还没有”。〖*247*，*1*〗

②“终于”手稿作“但终于”，三育本同，桂本删。〖*247*，*9*〗

一〇七　绍兴县馆 二

上边写的是关于绍兴县馆的外面情形，这里想来把会馆里面说明一下子。这[①]虽如此，我对于里面的事或者比较外面知道得更少，也未可知，仰蕺堂是会馆里南边一部分，我尚且不曾走到过，何况是与我们无关的西北方面呢。去年夏天，鲁迅博物馆的干部来邀我同去，一看那里“补树书屋”的现状，以及所谓藤花馆是在哪里，结果是什么都没有看得。诚然是门庭院落依然如故，那圆洞门已经毁坏，槐树也不见了，补树书屋做了什么车间，狼藉不堪，没有能进去。至于西北一部分，更是住民杂乱，看见有人进来了，纷纷质问，是不是“房管局”的人，来干什么的？我们只得乘兴而来，却是扫兴而退了。不过现在所记的乃是四十多年前[②]的绍兴县馆，在记忆中还是完全无损的，有去年夏天所见现状的对比，似乎过去一时的这影象更是着实实在，这里来纪录一回，或者不是多馀的吧。

会馆在南半截胡同的北头路东，门面不大，有魏龙常所写的一块匾，文曰绍兴县馆。他是山阴县人，但生长在广西桂林，他能写魏碑，那块匾大概也是那一体，却是记不得了，只记署名魏繊[③]，这是他后来的改名。他在绍兴很有点名气，说是他能打拳，后来知道这种传说很普遍，高伯雨著《听雨楼杂笔》中有一篇《精于技击的诗人魏铁珊》，就是讲他的故事的。说他会“壁

---

① “这”三育本同，桂本作“话”。〖*247*，倒*10*〗

② “四十多年前”手稿作“四十多年”，三育本同，桂本添。〖*247*，倒*3*〗

③ “繊”三育本空缺，桂本造为左有右惑的一个字。〖*248*，*3*〗

虎功”，即学壁虎爬墙壁，但是他却比那师父要高一着，便是他能“以背缘壁”而行，这就是在四脚有吸盘的壁虎也敬谢不敏了。幼时听见先君讲魏龙常的一件故事，说他能纵跳如飞，做秀才的时候曾在镇东阁上头挟妓饮酒，镇东阁在府横街的西头，与杀人的轩亭口遥遥相对，其北接近绍兴府的衙门，是差役聚集的地方。这事为他们所知道，自然认为讹诈的好机会，便有几个差人走上前去恐吓他，意在敲竹杠。魏龙常一声不响，只提起一个差人来，向窗外一扔，这镇东阁至少乃是同小城门一样的高，如一个[①]摔到地上，一定粉身碎骨了。魏龙常却随即一跳，自己也纵身而下，在还未到地的时候，将差人一把抓住，以是没有跌死，但也吓的几乎昏过去了。故事是这么说，不过这里应当有一点订正，似乎应当说魏龙常抓住差人，和他一起从窗子上跳下，这才可能把差人吓了而没有摔死，因为若是先后跳窗便不能同时落地，他纵有内功，但不可能与这物理的定律争胜的。我是一个少信的唯物论者，但是平常很不愿意给人家扫兴，所以讲神异的传说的时候也竭诚静听，所谓“姑妄言之姑听之”是也，可是假如要收入我的文章里去，便不得不稍稍有所订正了，虽然上文所说的故事乃是我父亲对我们讲的。他本来也是无鬼论者，不过也是随便讲新奇的故事，没有注意到不合事理的情形，而且要找漏洞那么别的还有，魏龙常既是生长桂林，那么这在绍兴闹事也似乎可成为问题了。为了一块匾的事情，不料引起技击内功的议论来，这实在是节外生枝，可以结束了事。

现在我们来说会馆内部的情形吧。上边已经说及，我所能说

---

① “一个”三育本同，桂本作“一下”。或可解作“一个不小心”、“一个跟头”等，东北称跟头为“个子”。〖*248*，*13*〗

的只是会馆里边的一部分，即是进门靠南的两个院子。藤花馆是在西北方面，但鲁迅于丙辰（一九一六）年五月搬往“补树书屋”了。日记里说：

“六日晴，下午以避喧移入补树书屋住。”这补树书屋便在会馆南边的两个院子的里进。一进大门的过厅，右手的门里就是第一进的一个大院子，北京房屋在城外的与城内构造大不相同，城里都是“四合房”，便是小型的宫殿式，城外却是南方式的，一个院子普通只是上下两排，这里就是这个样子。在大院子的东西方面，各有房屋一排，上边是正厅三间，南边留一条过道，下边大约四间，前面都有走廊，靠北一带也有廊，为的是雨天可以不走湿路。从南边过道进去，是为第二进的院子，路南的墙上有一个圆洞门，里边朝东四间房屋，在第二间中间开门，南首住房一间，北首两间相连。院中靠北墙是一间小屋，内有土炕，是预备给用人住的，往东靠大厅背后一条狭弄堂内是北方式的便所，即是蹲坑。因为这小屋突出在前面，所以正房北头那一间的窗门被挡住阳光，很是阴暗，鲁迅住时便索性不用，将隔扇的门关断，只使用迤南的三间。靠近圆洞门的东头有一株大槐树，这树极是平常，但是说来很有因缘，据说在多少年前有一位姨太太曾经在这里吊死了，可能就是这棵槐树上，在那时树已高大，妇女要上吊已经够不着了，但在几十年以前或者正是刚好吧。因此之故，会馆便特别有这一条规定，凡住户不得带家眷，这使得会馆里比较整齐清净，而对于鲁迅亦不无好处，因为保留下补树书屋，容得他搬来避喧，要不然怕是早已有人抢先住了去了。

一〇八　补树书屋的生活

补树书屋是一个独院，左右全没有邻居，只有前面是仰蕺堂，后边是希贤阁，那里我没有进去看过，听说阁上是供着魁星，差不多整个书屋包围在鬼神窝中，原是够偏僻冷静的，可是住了看也并不坏，槐树绿阴正满一院，实在可喜，毫无吊死过人的迹象，缺点只是夏秋之交有许多的槐树虫，遍地乱爬，有点讨厌。成虫从树上吐丝挂下来的时候，在空中摆荡，小孩们都称之为“吊死鬼”，这又与那故事有点关联了，不过它并不“吊死”，实在是下地来蜕化的，等到它钻到土里去，变成小蝴蝶出来的时候，便并不觉得讨厌了。“补树”不知道是什么故典，难道这有故事的槐树原是补的么？总之这院子与树那么有关系，是很有意思的一件事。在房屋里边有一块匾写这四个字，也不晓得是谁所写的，因为当时不注意，不曾看得清楚，现在改作工场的车间，怕早已不见了吧。

这三间补树书屋的内部情形且来说明一下。中间照例是“风门”，对门靠墙安放一顶画桌，外边一顶八仙桌，是吃饭的地方，桌子都极破旧，大概原是会馆里的东西。南偏一室原是鲁迅住的，我到北京的时候他让了出来，自己移到北头那一间里去了。那些房屋都是旧式，窗门是和合式的，上下都是花格糊纸，没有玻璃，到了夏季，上边糊一块绿色的冷布，做成卷窗。我找了一小方的玻璃，贴在自己房的右手窗格里面，可以望得见圆洞门口的来客，鲁迅的房里却是连冷布的窗也不做，说是不热，因为白天反正不在屋里。说也奇怪，补树书屋里的确不大热，这大概与那槐树很有关系，它好像是一顶绿的大日照伞，把可畏的夏日都给挡住了。这房屋相当阴暗，但是不大有蚊子，因为不记得用过什么蚊香，也不曾买有蝇拍子，可见没有苍蝇进来，虽然门外面的青虫很有点儿讨厌。那么旧的屋里该有老鼠，却也并不见，倒是不知道谁家的猫常来屋上骚扰，往往叫人整半夜睡不着觉。查一九一八年旧日记，里边便有三四处记着，“夜为猫所扰，不能安睡”。不知道鲁迅在日记上有无记载，事实上在那时候大都是大怒而起，拿着一[①]枝竹竿，我搬了小茶几，在后檐下放好，他便上去用竹竿痛打，把它们打散，但也不能长治久安，往往过了一会儿又回来了。《朝花夕拾》中间有一篇讲到猫的文章，其中有些是与这有关的。

南头的一间是我的住房兼作客室，床铺设在西南角上，东南角窗下一顶有抽屉的长方桌，迤北放着一只麻布套的皮箱，北边靠板壁是书架，里边并不放书，上隔安放茶叶火柴杂物以及铜元，下隔堆着些新旧报纸。书架前面有一把藤的躺椅，书桌前是藤椅，床前靠壁排着两个方凳，中间夹着狭长的茶几，这些便是招待客人的用具，主客超过四人时，可以利用床沿。平常吃茶一直不用茶壶，只在一只上大下小的茶盅内放一点茶叶，泡上开水，也没有盖，请客人吃的也只是这一种。饭托会馆长班代办，菜就叫长班的儿子随意去做，当然不会得好吃，客来的时候则到外边去叫了来。在胡同的口外有一家有名的饭馆，就是李越缦等有些名人

---

① “一”手稿作“一一”，三育本、桂本同删。手稿重字多在两行之间，即前行末字与次行首字重，似有其因。〖*250*，倒*8*、倒*7*〗

都赏识过的广和居，有些拿手好菜，例如潘鱼、沙锅豆腐、三不粘等，我们大抵不叫，要的只是些炸丸子、酸辣汤，拿进来时如不说明，便要怀疑是从什么蹩脚的小饭馆里叫来的，因为那盘碗实在坏得可以，价钱也便宜，只是几个铜元罢了。可是主客都不在乎，反正下饭这就行了，擦过了脸，又接连谈他们的天，直至深夜，用人在煤球炉上预备足了开水，便也径自睡觉去了。

我们在补树书屋所用的听差即是会馆里老长班的大儿子，鲁迅戏称之为“公子”，而叫长班为“老太爷”，这两个诨名倒是适如其分，十分确切的。公子办事之巧妙而混，我在前回的挂号寄一片群强报这一件事里已经领教过了，长班的徽号则是从他的整个印象得来的，他状貌清瘦，显得是吸雅片烟的，但很有一种品格，仿佛是一位太史公出身的京官。他姓齐，自称原籍绍兴，这可能是真的，不过不知道已在几代之前了，世袭传授当长班的职务，所以对于会馆的事情是非常清楚的。他在那时已经将有六十岁了，同治光绪年间的绍兴京官他大概都知道，对于鲁迅的祖父介孚公的事情似乎知道得更多。介孚公一时曾住在会馆里，或者其时已有不住女人的规定，他畜了妾之后就移住在会馆近旁了。鲁迅初来会馆的时候，老长班对他讲了好些老周大人的故事，家里有两位姨太太，怎么的打架等等。这在长班看来，原是老爷们家里的常事，如李越缦也有同样情形，王止轩在日记里写得很热闹，所以随便讲讲，但是鲁迅听了很不好受，以后便不再找他来谈，许多他所知悉的名人轶事都失掉了，也是一件无可补偿的，很可惜的事情。

一〇九　北京大学

我于丁巳年四月一日晚上到了北京，在绍兴县馆找好了食宿的地方，第二天中午到西单牌楼教育部的近旁益锠大菜馆同鲁迅吃了西餐，又回会馆料理私事，三日上午叫了一辆来回的洋车，前往马神庙北京大学，访问蔡孑民校长，接洽公事。从南半截胡同坐洋车到马神庙，路着实不少，大约要走上一个钟头，可是走到一问，恰巧蔡校长不在校里，我便问他家在什么地方，这其实是问得很傻的，既然不在学校，未必会在家里的，不过那时候胡涂的问了，答说是在遂安伯胡同多少号。我便告诉车夫转到那里去，不过我的蓝青官话十分蹩脚，说至再三也听不懂，后来忽然似乎听懂了，捏起车把来，便往西北方面走去。假如其时我知道一点北京地理，便知道这方向走的不对，因为遂安伯胡同是在东城，那么应该往东南方面才是，可是当时并不知道，只任凭着他拉着就是了。后来计算所走的路线是，由景山东街往北，出了地安门，再往西顺着那时还有的皇城，走过金鳌玉蝀桥，——提起这桥来，有一段故事应当说一说，民国成立后这一条走路是总算开放了，但中南海还是禁地，因为这是大总统府所在，照例不准闲人窥探，而金鳌玉蝀桥却介在北海与中海之间，北海不得已姑且对于人民开放了眼禁，但中南海却断乎不可，所以在南边桥的上面筑起一堵高墙来，隔断了人们的视线，这墙足有一丈来高，与皇城一样的高，我们并不想偷看禁苑的美，但在这样高墙里边走着，实在觉得不愉快的很。感谢北伐成功，在一九二九年的秋天这墙才算拆除，在金鳌玉蝀桥上的行人于是可以望得见三海了。

且说那天车子过了西压桥，其时北海还没有开放做公园，向北由龙头井走过护国寺街，出西口到新街口大街，随后再往西进小胡同，说是到达地点了。我仔细一看，乃是四根柏胡同，原来是车夫把地名听错了，所以拉到这地方来，这倒也罢了，而这四根柏胡同乃是离我现在的住处不远，只隔着一两条街，步行不要三五分钟可到，所以来时的这一条路即是我后来往北大去的道路，实在可以说是奇妙的巧合了。从四根柏回南半截胡同去，只是由新街口一直往南，走过西四牌楼和西单牌楼（那些牌楼现今都已移到别处去，但名称还是仍旧留下）出宣武门，便是菜市口了。

四月三日上午到遂安伯胡同访蔡校长，又没有见到，及至回到寓里，已经有信来，约明天上午十时来访，遂在寓等候，见到了之后，则学校功课殊无着落，其实这也是当然的道理，因为在学期中间不能添开功课，还是来担任点什么预科的国文作文吧。这使我听了大为丧气，并不是因为教不到本科的功课，实在觉得国文非我能力所及，但说的人非常诚恳，也不好一口拒绝，只能含混的回答考虑后再说。这事本①用不着什么考虑，所以回来的路上就想定再在北京玩几天，还是回绍兴去。十日下午又往北大访蔡校长，辞教国文的事，顺便告知不久南归，在校看见陈独秀沈尹默，都是初次相见，竭力留我担任国文，我却都辞谢了。到了第二天，又接到蔡校长的信，叫我暂在北大附设的国史编纂处充任编纂之职，月薪一百二十元，那时因为袁世凯筹备帝政，需要用钱，令北京的中国交通两银行停止兑现，所以北京的中交票

① “事本”手稿作“本事”，三育本、桂本均作“本是”。〖*253，8*〗

落价，一元只作五六折使用，却也不好推辞，便即留下，在北京过初次的夏天，而这个夏天却是极不平常的，因为在这年里就遇见了复辟。

十二日上午又至北京大学，访问蔡校长，答应国史编纂处的事情，说定从十六日开始，每日工作四小时，午前午后各二小时，在校午餐。这时大约因为省钱，裁撤国史馆，改归北大接办，除聘请几位历史家外，另设置编纂员管理外文，一个是沈兼士，主管日本文，一个是我命收集英文资料，其实图书馆里没有什么东西，这种职务也是因人而设，实在没有什么成绩可说的。其时北京大学只有景山东街这一处，就是由四公主府所改造的，设有本科，北河沿的译学馆乃是预科，此外是汉花园的一所寄宿舍，通称东斋，后来做文科的“红楼”尚在修建未成，便是大学（即后来的第一院）的大门也还在改修，进出都是从西边旁门，其后改作学生宿舍，所谓西斋的便是。但是校中并没有我们办事的地方，沈兼士是在西山养病，我只是一个人，结果在图书馆的堆放英文杂志的小屋里，收拾出地方来，放上桌椅，暂作办公之用，一切由馆员胡质庵商契衡招呼，午饭也同商君一起在庶务课品吃，所以说也奇怪，我在北大为时甚久，但相识最早的乃是庶务课的各位职员，这可以说是奇缘了。我还记得在那里等待开饭，翻看《公言报》与《顺天时报》，一面与盛伯宣诸君谈论时局的情形，如今已事隔四十馀年，盛君也已早归道山了吧。

一一〇　往来的路

四月十六日以后，我便每天都往北京大学上班，地点是图书馆的单独一室，这图书馆是有名的四公主的梳妆楼，广阔的几间楼房，涂饰得非常华丽，我的办公室乃是孤独对立的小房，样子似乎寺庙的钟鼓楼，不知道是什么用的，原来也很不错，如今被旧杂志堆放得没有隙地，实在有点儿气闷。但是我在那里却也过了些有趣的时光，在那旧杂志上面找到几篇论文，后来由我翻译了，登在《新青年》上面，这是一篇《陀思妥也夫斯奇之小说》，另一篇是《俄国革命之哲学的基础》。胡质庵是福建人，当时是图书馆的最高的职员，但是似乎身体不大好，后来于六月底因患猩红热死去了。商契衡则是绍兴的嵊县人，原是鲁迅在中学任教时的学生，其后在北京大学毕业，鲁迅曾供给他的学费，在日记上常有纪载。

我从绍兴县馆往北京大学，经常往来有东西两条路线。其一是由菜市口往东，走骡马市到虎坊桥北折，进五道庙经由观音寺街，出至前门，再经南池子北池子走到北头，便是景山东街了。其二是一直往北进宣武门，由教育部街东折经绒线胡同和六部口，走出西长安街，再前进时是天安门广场，过去便是南池子，以后的路和前边一样，但不到天安门也可向北进南长街北长街，这一条直街是和南池子并行的，北头直通北海的三座门大街，往东去经过景山前街。这里是故宫的后门神武门所在，宣统在退位之后还保留皇帝称号，他便在这里边设立小朝廷，依旧每天上朝，不过悉由后门出入罢了，我午前往校经过此处，就常见有红顶花翎的官员，坐了马车进宫，也有徒步走着的，这事在复辟败后尚未停止，这是很奇怪的一件事情。还看见有一辆驴子拉的水车，车上盖着黄布，这乃是每天往玉泉山取水，来供给“御用”的，但是这似乎不久停止，因为清宫里随后也装了自来水了。

北京的街路以前是很坏的，何况这是四十多年前的事了。交通不便，许多地方都不能通行，须要绕一个大圈子，我到北京的时候看着南北池子这条马路，是正方开辟的。至于小胡同的难走，是很有名的，我的住处外边一条胡同叫作“前公用库”，每到秋天久雨，便泥水一滩，废名走过这里，遇见一个年过古稀的老太婆在太息说，这条路怎么总是这样的难走，便可以想见它的年代久远了。这是到了近来的这几年，才算改好了。因为这个缘故，街上的有些景象也改变了，譬如“泼水夫”，便已绝迹，只剩下陈师曾在北京风俗图中留下的一幅画，两个人都穿着背有圆图的号衣，脚下马靴，头戴空梁的红缨帽，一个手握木勺，一个侧着水桶，神情活现，但是现在的人已经不能了解，因为早已不曾看见过他们了。此外还有一种是扫雪的人，我于一九一九年一月十三日曾经做过一首诗，题曰“两个扫雪的人”，是在天安门前车上所作，便录在这里：

　　阴沉沉的天气，
香粉一般的白雪，下的漫天遍地。
天安门外，白茫茫的马路上，
全没有车马踪迹，
只有两个人在那里扫雪。
　　一面尽扫，一面尽下，

扫净了东边，又下满了西边，
扫开了高地，又填平了坳地。
粗麻布的外套上已经积了一层雪，
他们两人还只是扫个不歇。
　　雪愈下愈大了，
上下左右都是滚滚的香粉一般的白雪。
在这中间，好像白浪中漂着两个蚂蚁。
他们两人还只是扫个不歇。
　　祝福你扫雪的人！
我从清早起，在雪地里行走，不得不谢谢你。

这种人夫在北京也已经不见，而且说起来也很奇怪，似乎近来这若干年里，雪也的确少下，仿佛是天气也是多少有了变化了。

一一一　复辟前后　一

我来到北京，正值复辟的前夜，这是很不幸的事情，但也可以说是一件幸事，因为经历这次事变，深深感觉中国改革之尚未成功，有思想革命之必要。当时袁世凯死了，换了一个全无能力的黎元洪当大总统，一切实权还在北洋派军阀的手里，而国务总理是段祺瑞，正是袁世凯的头号伙计，因此府（总统府）院（国务院）两方面的冲突，是无法避免的。府方的谋臣便只是掉笔头的几个文官，院方的党羽却都是带枪的丘八，他们逐渐的结合起来，联合所谓“督军团”，与当时的中央政府相对立了。我在北大庶务课所看的公言报顺天时报上时局消息，便都是关于这一件事，公言报是他们的机关，顺天时报则是日本人所办的汉文报纸，一向是幸灾乐祸，尤其是颠倒黑白，没有什么好话了。督军团的首领是有名的两个坏人，即是徐州的张勋和蚌埠的倪嗣冲。倪嗣冲已经够反动的了，张勋更是不法，自己做了民国的官，却仍以前清遗老自居，不曾剪去辫发，不但如此，而且招用有辫子的军队，便是所谓“辫子兵”，驻屯山东一带，凡旅行过那地方的人无不怀有戒心，怕被扰害。鲁迅一九一三年日记六月项下，便有云：

“二十日夜，抵兖州，有垂辫之兵时来窥窗，又有四五人登车，或四顾，或无端促卧人起，有一人则提予网篮而衡之，旋去。”现今的人，没有见过“辫子兵”的恐怕不能想像那时情景吧，因为一个人如剃去头上四周头发，只留中间一块，留长了梳成一条乌梢蛇似的大辫，拖在背上，这决不是一种好看的形相，如果再加上凶横的面目，手上拿着凶器，这副样子才真够得吓人哩。如今听说这位张大帅将以督军团首领的资格，率领他的辫子兵进驻京津，这岂不是最可怕的恶消息么？

在当时风声很紧，正是所谓“山雨欲来风满楼”的时候，我却个人先自遇到了一件灾难，生了一场不小不大的病，我说不大，因为这只是一场麻疹，凡是小孩子都要出一遍的，只要不转成肺炎，是并无什么危险的。但这里我又说是不小，则因我终究不是小孩了，已经是三十以上的成人，生这种病是颇有危险，因为发热很高，颇有猩红热的嫌疑，但是我信凭西医的诊断，相信这是疹子，不过何以小时候没有出过，直到成人以后再出，则与我在四岁时候的出天花，同是不可解的事情。当时热高的时候，的确有点儿危险，鲁迅也似乎有点儿[①]张皇了，决定请德国医生来看，其时狄博尔是北京外国医生最有权威的人，虽然他的诊费不及意大利的儒拉大夫的贵，要十二块钱看一趟。我现在来抄录当年一部分的旧日记在这里，这是从五月八日起头的：

> 八日晴，上午往北大图书馆，下午二时返。自昨晚起稍觉不适，似发热，又为风所吹少头痛，服规那丸四个。
>
> 九日晴风。上午不出门。
>
> 十一日阴风。上午服补丸五个，令泻，热仍未退，又吐。
>
> 十二日晴。上午往首善医院，俄国医生苏达科甫出诊，云是感冒。
>
> 十三日晴。下午请德国医院医生格林来诊，云是疹子，齐寿山君来为翻译。
>
> 十六日晴。下午请德国医生狄博尔来诊，仍齐君译。
>
> 二十日晴。下午招匠人来理发。
>
> 廿一日晴。下午季茀贻菜汤一器。
>
> 廿六日晴风。上午写日记，自十二日起未写，已阅二星期矣。下午以小便请医院检查，云无病，仍服狄博尔药。
>
> 廿八日晴。上午季茀贻炖鸭一器。下午得丸善十五日寄小包，内梭罗古勃及库普林小说集各一册。
>
> 六月三日晴。午服狄博尔药已了。

---

① “有点儿”手稿作“有儿”，三育本、桂本同添。〖*257*，*12*〗

五日晴。上午九时出会馆往大学，又访蔡先生，下午一时返。

以上便是生病的全部过程，日子并不算怎样长，在二十[①]左右便已好起来了，那天里已可理发，而且在第二天许季茀送一碗菜来，吃时觉得特别鲜美，因为那时候似乎遍身都蜕了一层皮，连舌头上也蜕到了，所以特地有一种感觉，但是过了一天便又是如常的长上舌苔了。鲁迅在《彷徨》边里[②]有一篇题名“弟兄”的小说，是一九二五年所作，是写这件事的，虽然也是“诗与事实[③]”的结合，但大概却是与事实相合，特别是结末的地方：

“他旋转身子去，对了书桌，只见蒙着一层尘，再转脸去看纸窗，挂着的日历上，写着两个漆黑的隶书：廿七。”又说收到寄来的西书，这就与上面所记的廿八日的事情相符，不过小说里将书名转化为“胡麻与百合”罢了。但是小说里说病人“眼里发出忧疑的光，显系他自己也觉得是不寻常了”，那大抵只是诗的描写，因为我自己没有这种感觉，那时并未觉得自己是恐怕要死了，这样的事在事实上或者有过一两回，我却总未曾觉到，这原因是我那么乐观以至有点近于麻木的。在我的病好了之后，鲁迅有一天说起，长到那么大了，却还没有出过瘄子[④]，觉得很是可笑，随后又说，可是那时真把我急坏了，心里起了一种恶念，想这回须要收养你的家小了。后来在小说《弟兄》末尾说做了一个恶梦，

---

① “二十”三育本同，桂本作“二十日”。〖*258，6*〗

② “边里”三育本同，桂本作“里边”。《童谣研究手稿》(福建教育出版社2004年版)第〇七二页：“粪缸边里磨薄刀，马桶边里切年糕。”〖*258，9*〗

③ “事实”三育本同，桂本作“真实”。〖*258，11*〗

④ “瘄子”三育本作“疹子”，桂本同手稿。这是兄弟在打乡谈。〖*258，倒8*〗

虐待孤儿，也是同一意思，前后相差八年了，却还是没有忘却。这个理由，我始终不理解，或者须求之于佛洛伊德的学说吧。

一一二　复辟前后 二

当初在绍兴的时候，也曾遇见不少大事件，如辛亥革命、洪宪帝制等，但因处在偏陬，“天高皇帝远”，对于政治事情关心不够，所以似乎影响不很大，过后已就[①]没有什么了。但是在北京情形就很不同，无论大小事情，都是在眼前演出，看得较近较真，影响也就要深远得多，所以复辟一案虽然时间不长，实际的害处也不及帝制的大，可是给人的刺激却大得多，这便是我在北京亲身经历的结果了。

复辟之变，是由张勋主动，但实在是闇而懦的黎元洪叫他进京的，结果是由段祺瑞利用了做他政治上的资本，这手段可以说是巧妙极了，于是黎元洪被封为武义亲王，只好逃进东交民巷去，段祺瑞却以讨逆军总司令出现，“再造共和”，成为内阁总理，只落得张勋成为“火中取栗”的猴子，也逃到荷兰公使馆里去躲去了。不过在那黎段交恶，督军团与议院对立，事情日益恶化的那时间，情形是够紧张的，我还记得于六月廿六日往北京大学时，走访蔡先生，问他对于时局的看法和意见，他只简单的说道，只要不复辟，我总是不走的。这话的预兆虽然不大好，但是没有料

① “已就”三育本同，桂本作“也就”。〖*259，1*〗

到在五天工夫里边，这件事却终于实现了。

七月一日是星期日，因为是夏天，鲁迅起来得相当的早，预备往琉璃厂去。给我们做事的会馆长班的儿子进来说道，外边都挂了龙旗了。这本来[①]并不是意外的事，但听到的时候大家感到满身的不愉快。这感情没法子来形容，简单的方法只可打个比喻，前回匈牙利事情逐渐闹大，到了听说连“红衣大主教”也出现在政治舞台上了，那种感觉多少有点相近，虽然那时所听的是属于外国的事情。当时日记上没有什么记载，但是有一节云：

“晚饮酒大醉，吃醉鱼干，铭伯先生所送也。”这里可以看出烦闷的情形。鲁迅的有些教育界的朋友最初打算走避，有的想南下，有的想往天津，但是在三四天里军阀中间发现分裂，段祺瑞在马厂誓师，看来复辟消灭只是时间[②]，我们既然没有资力逃难，所以只好在北京坐等了。

段派李长泰的一师兵渐渐逼近北京，辫子兵并不接战，只是向城里面退，结果是集中于外城的天坛，和内城南河沿的张勋的住宅附近一带。从六日起城内的人开始往来避难，怕的不是巷战的波及，实在还是怕辫子兵的抢劫罢了。会馆在外城的西南，地方很是偏僻，难免觉得不安，便于七日搬到东城，我在日记上只记录着：

> 七日晴。上午有飞机掷弹于宫城。十一时同大哥移居崇文门内船板胡同新华饭店。

---

① “本来”手稿作“来来”，三育本作“来”，桂本改。〖*259*，倒*12*、倒*11*〗

② “只是时间”三育本同，桂本作“只是时间问题”。手稿“是”字缺末笔，似待改未改。〖*259*，倒*5*〗

同日的鲁迅日记则比较详细，文云：

> 七日晴热。上午见飞机。午齐寿山电招，同二弟移寓东城船板胡同新华旅馆，相识者甚多。

以下都是我的日记：

> 九日阴。托齐君打电报至家，报平安。夜店中人警备，云闻枪声。
>
> 十二日晴。晨四时半闻枪炮声，下午二时顷止，闻天坛诸处皆下，复辟之事凡十一日半而了矣。出至八宝胡同，拟买点心，值店闭，至崇文门大街亦然，遂返。晚同大哥至义兴局吃饭，以店中居奇也。

义兴局系齐寿山君家所开的店铺，出售粮食，在东裱褙胡同。鲁迅同日日记所记颇详，可供比较参考：

> 十二日晴。晨四时半闻战声甚烈，午后二时许止，事平，但多谣言耳。觅食甚难，晚同王华祝、张仲苏及二弟往义兴局，觅齐寿山，得一餐。

这底下又是根据我的日记：

> 十三日晴。上午同大哥往访铭伯季茀二君，饭后至

会馆一转，下午三[①]后回饭店，途中见中华门匾复挂上，五色旗东城已有，城外未有。晚饮酒，夜甚热。

十四日晴。上午十时先返寓，大哥随亦来，令齐坤往取铺盖来，途中五色旗已遍矣。改悬竹帘于补树书屋门外，稍觉凉爽。

那一天的枪炮声很是猛烈，足足放了十小时，但很奇怪的是，死伤却是意外的稀少，谣言传闻说都是朝天放的，死的若干人可能是由于流弹。东安门三座门在未拆除之前，还留下一点战迹，在它的西面有些弹痕，乃是从南河沿的张公馆向着东南打过来的。烧残的张公馆首先毁去，东安门近年也已拆除，于是这复辟一役的遗迹就什么都已看不到了。

一一三　复辟前后 三

在旧笔记稿本中，找到一篇小文章，题曰“丁巳旧诗”，是关于那时的事情的，现在便抄录在这里：

偶然整理二十年前故纸，于堆中得一纸片，写七言绝句二首云：

天坛未洒孤臣血，地窖难招帝子魂。一觉苍黄中夜梦，又闻蛙蛤吠前门。（其一）

① “三”三育本、桂本均作“三时”（同日记）。〖*260*，倒*11*〗

落花时节无多日，遥望南天有泪痕。槐茧未成秋叶老，闲繙土偶坐黄昏。（其二）末署曰，六年七月二十一日。以诗意与时日考之，可知是为张勋复辟战后之作。查旧日记，七月二十一日项下只记云，阴，上午雨，终日未霁。但十八日云，得丸善书店五日所寄劳苐尔著《支那土偶考》第一分一册。诗中所翻即系是书，斋中虽有若干六朝土偶，但块然一物，不能翻也。张勋率辫子兵驻于天坛，战败乃只身逃入东交民巷，前门为商会所在地，本事惜不复能详，大抵当时多有奇论怪话，第二首云南天何事，今亦已不复记忆矣。其时寓居南半截胡同旧邑馆，院中有大槐树，相传昔有乡人携眷居此，其妾缢死此树下，后遂定例馆内不得住女眷云。每至夏日，槐蚕满地，穴土作茧，故诗语及之。菖蒲溇人谢甲携妾来避难，馆中人共哄，在院外争执，力竭声嘶，甘乙出而调停，许留一宿，其事始解。乙为内务部司官，为鲁迅之三味书屋同学，常督其幼子读《古文观止》，朝夕出入，遥闻其哀吟声，为之恻然，自己虽曾在书房读过旧书，殊不知古文之声，其悲切乃如斯也。因槐茧而想起当年的邑馆，牵连书之，事虽琐碎，亦殊可记，廿馀年前往事多如轻尘过目，无复留影，偶得一二事，亦正是劫灰之馀，致可珍重者也。

关于谢甲的事，鲁迅日记上一点都没有记载，在我的日记里却记的颇为详细。其文云：

六日晴。下午客来谈。傍晚闷热。菖蒲溇谢某携妾来避难，住希贤阁下，同馆群起难之，终不肯去，终乃由甘润生调停，许其暂住一晚。闲谈，至一时半始睡。

那时我们觉得会馆地僻，不甚安全，想要避往东城，同时也有人想来会馆避难，可见各人看法不同，正如鲁迅在《怀旧》中所说的那样子，“逃难者中多何墟人，来奔芜市，而芜市居民则争走何墟”。北京市商会一向多有“怀古”之情，特别对于满清更是留恋，大约因为久居辇毂之下的原故，所以养成了这一种根性，这时大概又发什么议论，替清室有辩解的话。不过这也是没有什么值得惊奇的事，“讨逆军”既然胜利，总司令便可仍旧做他的内阁总理，那个替他取火中栗子的猴子烫了一下子，也就逃掉了，可以不必追究，这复辟一案就此云消雨散，商会的给清室呼冤，不免多此一举，所以等于一阵的田鸡叫而已。

上边日记里屡次提到国旗的事，说中华门匾额又复挂上，并悬五色旗，次日又说，途中五色旗已遍，这与前面七月一日的“龙旗”对比起来，情形便显然不同了。其实黄龙旗的式样并不难看，从前在《龙是什么》这篇文章的第十一节结论里说：

但是最明显的是在艺术上，它的生命更是长久，图画和壁画的水墨龙，古寺院柱上的蟠龙，北京北海的九龙壁，都永久有人赏鉴，龙袍与龙头拐杖没有人使用了，但这刺绣与雕刻还是一样的有价值，至于一般工艺上装饰施用龙头，也是很好看的。龙头并没有什么意义，难在经过人民意匠的陶镕，把怪异与美和合在一处，比单独一个牛马或骆驼的头更好看，这是很难得的事。将来龙在俗信上的势力和在文艺上的影响会得逐渐稀薄下去，但在艺术上保留着它的痕迹，此在四灵之中最为幸运，谁也比它不上的了。

不过在感情上那又是另一问题，当时因为这是代表满清的势力的，所以看了发生一种憎恶，后来看见临时粗制的龙旗，画的龙有些简直像一条死鳗，心里很是快痛[①]，及至五色旗重又挂上，自然是惊喜之馀，情见乎辞了。可是后来这五色旗变成了北洋军阀的旗帜，便又觉得不顺眼，当时有些“醒狮”派的国家主义者发起护旗运动，觉得很是无聊，曾经写些文章挖苦他们过。后来“北伐军”进北京，故友马隅卿首先在孔德学院揭起“青天白日”旗来欢迎，可是一转瞬间人民的感情又生了转变，于是那面青白旗难免走上第三个龙旗的旧路去了。

一一四　蔡孑民　一

复辟的事既然了结，北京表面上安静如常，一切都恢复原状，北京大学也照常的办下去，到天津去避难的蔡校长也就回来了，因为七月三十一日的日记上载着至大学访蔡先生的事情。九月四日记着得大学聘书，这张聘书却经历了四十七年的岁月，至今存

① “快痛”三育本、桂本均作“痛快”。〖*262*，倒*5*〗

在，这是很难得的事情，上面写着“敬聘某某先生为文科教授，兼国史编纂处纂辑员”，月薪记得是教授初级为二百四十元，随后可以加到二百八十元为止。到第二年（一九一八）四月却改变章程，由大学评议会议决“教员延聘施行细则”，规定聘书计分两种，第一年初聘系试用性质，有效期间为一学年，至第二年六月致送续聘书，这才长期有效。施行细则关于“续聘书”有这几项的说明：

> 六、每年六月一日至六月十五日为更换初聘书之期，其续聘书之程式如左，敬续聘某某先生为某科教授，此订。
>
> 七、教授若至六月十六日尚未接到本校续聘书，即作为解约。
>
> 八、续聘书止送一次，不定期限。

这样的办法其实是很好的，对于教员很是尊重，也很客气，在蔡氏“教授治校”的原则下也正合理，实行了多年没有什么流弊。但是物极必返，到了北伐成功，北京大学由蒋梦麟当校长，胡适之当文科学长的时代，这却又有了变更，即自民国十八年（一九二九）以后仍改为每年发聘书，如到了学年末不曾收到新的聘书，那就算是解了聘了。在学校方面生怕如照从前的办法，有不合适的教授拿着无限期的聘书，学校要解约时硬不肯走，所以改用了这个方法，比较可以运用自如了吧。其实也不尽然，这原在人不在办法，和平的人就是拿着无限期聘书，也会不则一声的走了，激烈的虽是期限已满，也还要争执，不肯罢休的。许之衡便是前者的实例，林损（公铎）则属于后者，他在被辞退之后，大写其抗议的文章，在《世界日报》上发表的致胡博士的信中，有“遗我一矢”之语，但是胡博士并不回答，所以这事也就不久平息了。

蔡孑民在民国元年（一九一二）南京临时政府任教育总长的时候，首先即停止祭孔，其次是北京大学废去经科，正式定名为文科，这两件事在中国的影响极大，是绝不可估计得太低的。中国的封建旧势力倚靠孔子圣道的空名，横行了多少年，现在一股脑儿的推倒在地上，便失了威信，虽然它几次想卷土重来，但这有如废帝的复辟，却终于不能成功了。蔡孑民虽是科举出身，但他能够毅然决然冲破这重樊篱，不可不说是难能可贵。后来北大旧人仿“柏梁台”做联句，分咏新旧人物，其说蔡孑民的一句是，“毁孔子庙罢其祀”，可说是能得要领，其馀咏陈独秀胡适之诸人的惜已忘记，只记得有一句是说黄侃（季刚）的，却还记得，这是“八部书外皆狗屁”，也是适如其分。黄季刚是章太炎门下的大弟子，平日专攻击弄新文学的人们，所服膺的是八部古书，即是《毛诗》、《左传》、《周礼》、《说文解字》、《广韵》、《史记》、《汉书》、《文选》是也。蔡孑民的办大学，主张学术平等，设立英法德俄日各国文学系，俾得多了解各国文化，他又主张男女平等，大学开放，使女生得以入学。他的思想办法有人戏称之为古今中外派，或以为近于折衷，实则无宁说是兼容并包，可知其并非是偏激一流，我故以为是真正儒家，其与前人不同者，只是收容近世的西欧学问，使儒家本有的常识更益增强，持此以判断事物，以合理为止，所以即可目为唯理主义。《蔡孑民先生言行录》二册，辑成于民国八九年顷，去今已有四十年，但仍为最好的结集，如或肯去虚心一读，当信吾言不谬。旧业师寿洙邻先生是教我读四书的先生，近得见其评语题在《言行录》面上者，计有两则云：

> 孑民学问道德之纯粹高深，和平中正，而世多訾嗷，诚如庄子所谓纯纯常常，乃比于狂者矣。
>
> 孑民道德学问，集古今中外之大成，而实践之，加以不择壤流，不耻下问之大度，可谓伟大矣。

寿先生平常不大称赞人，唯独对于蔡孑民不惜予以极度的赞美，这也并非偶然的，盖因蔡孑民素主张无政府共产，绍兴人士造作种种谣言，加以毁谤，乃事实证明却正相反，这有如蔡孑民自己所说，“惟男女之间一毫不苟者，夫然后可以言废婚姻”。其古今中外派的学说看似可笑，但在那时代与境地却大大的发挥了它的作用，因为这种宽容的态度，正与统一思想相反，可以容得新思想长成发达起来。

一一五　蔡孑民　二

讲到蔡孑民的事，非把林蔡斗争来叙说一番不可，而这事又是与复辟很有关系的。复辟这出把戏，前后不到两个星期便收场了，但是它却留下很大的影响，在以后的政治和文化的方面，都是关系极大。在政治上是段祺瑞以推倒复辟的功劳，再做内阁总理，造成皖系的局面，与直系争权利演成直皖战争，接下去便是直奉战争，结果是张作霖进北京来做大元帅，直到北伐成功，北洋派整个坍台，这才告一结束。在段内阁当权时代，兴起了那有名的五四运动，这本来是学生的爱国的一种政治表现，但因为影响于文化方面者极为深远，所以或又称以后的作新文化运动。这名称是颇为确实的，因为以后蓬蓬勃勃起来的文化上诸种运动，几乎无一不是受了复辟事件的刺激而发生而兴旺的。即如《新青年》吧，它本来就有，叫作青年杂志，也是普通的刊物罢了，虽是由陈独秀编辑，看不出什么特色来，后来有胡适之自美国寄稿，说到改革文体，美其名曰“文学革命”，可是说也可笑，自己所写的文章都还没有用白话文。第三卷里陈独秀答胡适书中，尽管很强硬的说：

> 独至改良中国文学当以白话为文学正宗之说，其是非甚明，必不容反对者有讨论之馀地，必以吾辈所主张者为绝对之是，而不容他人之匡正也。

可是说是这么说，做却还是做的古文，和反对者一般。（上边的这一节话，是抄录黎锦熙在《国语周刊》创刊号所说的。）我初来北京，鲁迅曾以《新青年》数册见示，并且述许季茀的话道，“这里边颇有些谬论，可以一驳”。大概许君是用了民报社时代的眼光去看它，所以这么说的吧，但是我看了却觉得没有什么谬，虽然也并不怎么对，我那时也是写古文的，增订本《域外小说集》所收[①]梭罗古勃的寓言数篇，便都是复辟前后这一个时期所翻译

① “所收”手稿作“所说”，三育本同，桂本改。〖*265*，倒 *1*〗

的。经过那一次事件的刺激，和以后的种种考虑，这才翻然改变过来，觉得中国很有“思想革命”之必要，光只是“文学革命”实在不够，虽然表现的文字改革[①]自然是联带的应当做到的事，不过不是主要的目的罢了。所以我所写的第一篇白话文乃是《古诗今译》，内容是古希腊谛阿克列多思的牧歌第十，在九月十八日译成，十一月十四日又加添了一篇题记，送给新青年去，在第四卷中登出的。题记原文如下：

一、谛阿克列多思（Theokritos）牧歌是希腊二千前[②]的古诗，今却用口语来译它，因为我觉得它好，又相信中国只有口语可以译它。

什法师说，译书如嚼饭哺人，原是不错。真要译得好，只有不译。若译它时，总有两件缺点，但我说，这却正是翻译的要素。一、不及原本，因为已经译成中国语。如果还同原文一样好，除非请谛阿克列多思学了中国文自己来做。二、不像汉文——有声调好读的文章——因为原是外国著作。如果用汉文一般样式，那就是我随意乱改的胡涂文，算不了真翻译。

二、口语作诗不能用五七言，也不必定要押韵，只要照呼吸的长短作句便好。现在所译的歌就用此法，且试试看，这就是我所谓新体诗。

① “文字改革”三育本同，桂本作“文体改革”，依据是后文第一二一节首段言及“文体改革”。《思想革命》（1919年3月2日《每周评论》第11期）：“所以我说，文学革命上，文字改革是第一步，思想改革是第二步，却比第一步更为重要。我们不可对于文字一方面过于乐观了，闲却了这一方面的重大问题。”〖*266，2*〗

② “前”三育本、桂本均作“年前”。〖*266，7*〗

三、外国字有两不译，一人名地名（原来著者姓名系用罗马字拼，今改用译音了），二特别名词，以及没有确当译语，或容易误会的，都用原语，但以罗马字作标准。

四、以上都是此刻的见解，倘若日后想出更好的方法，或有人别有高见的时候，便自然从更好的走。

这篇译诗与题记都经过鲁迅的修改，题记中第一节①的第二段由他添改了两句，即是“如果”云云，口气非常的强有力，其实我在那里边所说，和我早年的文章一样，本来也颇少婉曲的风致，但是这样一改便显得更是突出了。其次是鲁迅个人，从前那么隐默，现在却动手写起小说来，他明说是由于“金心异”（钱玄同的诨名）的劝驾，这也是复辟以后的事情。钱君从八月起，开始到会馆来访问，大抵是午后四时来，吃过晚饭，谈到十一二点钟回师大寄宿舍去。查旧日记八月中的九日、十七日、廿七日来了三回，九月以后每月只来过一回。鲁迅文章中所记谈话，便是问抄碑有什么用，是什么意思，以及末了说，“我想你可以做一点文章”，这大概是在头两回所说的。“几个人既然起来，你不能说决没有毁灭这铁屋的希望”，这个结论承鲁迅接受了，结果是那篇《狂人日记》，在《新青年》次年四月号发表，它的创作时期当在那年初春了。如众所周知，这篇《狂人日记》不但是篇白话文，而且是攻击吃人的礼教的第一炮，这便是鲁迅钱玄同所关心的思想革命问题，其重要超过于文学革命了。

---

①“第一节”之“一”手稿先写“二”，后改为“一”，三育本作“第二节”，桂本同手稿。〖*266*，倒*6*〗

一一六　蔡孑民 三

如今说到了林蔡闹争[①]的问题，不由得我在这里不作一次“文抄公”了，但在抄袭之先，还须得让我来说明几句。北洋派的争斗，如果只是几个军阀的争权夺利，那就是所谓狗咬狗的把戏，还没有多大的害处，假如这里边夹杂着一两个文人，便容易牵涉到文化教育上来，事情就不是那么的简单了。段祺瑞派下有一个徐树铮，是他手下顶得力的人，不幸又是能写几句文章，自居于桐城派的人，他办着一个成达中学，拉拢好些文人学士，其中有一个自称清室举人的林纾，以保卫圣道自居，想借了这武力，给北大以打击，又连络校内的人做内线，于是便兴风作浪起来了。最初他在上海新申报上发表《蠡叟丛谈》，是《谐铎》一流的短篇，以小说的形式，对于在北大的《新青年》的人物加以辱骂与攻击，记得头一篇名叫“荆生”，说有田必美、狄莫与金心异——影射陈独秀、胡适与钱玄同的姓名——三个人，放言高论，诋毁前贤，被荆生听见了，把这班人痛加殴打，这所谓荆生乃是暗指徐树铮。用意既极为恶劣，文词亦多草率不通，如说金心异“畏死如猬”，畏死并不是刺猬的特性，想见写的时候是气愤极了，所以这样的乱涂。随后还有一篇《妖梦》，说梦见这班非圣无法的人都给一个怪物拿去吃了，里边有一个名元绪公，即是说的蔡孑民，因为《论语》注有“蔡大龟也”的话，所以比他为乌龟，这元绪公尤其是刻薄的骂人话。蔡孑民答覆法科学生张厚载的信

① “闹争”三育本同，桂本作“斗争”。〖267，10〗

里说得好：

> 得书知林琴南君攻击本校教员之小说，均由兄转寄新申报。在兄与林君有师生之谊，宜爱护林君；兄为本校学生，宜爱护母校。林君作此等小说，意在毁坏本校名誉，兄徇林君之意而发布之，于兄爱护母校之心，安乎否乎？仆生平不喜作谩骂语轻薄语，以为受者无伤，而施者实为失德。林君詈仆，仆将哀矜之不暇，而又何憾焉。惟兄反诸爱护本师之心，安乎否乎？往者不可追，望此后注意。

林琴南的小说并不只是谩骂，还包含着恶意的恐吓，想假借外来的力量，摧毁异己的思想，而且文人笔下辄含杀机，动不动便云宜正两观之诛，或曰寝皮食肉，这些小说也不是例外，前面说作者失德，实在是客气话，失之于过轻了。虽然这只是推测的话，但是不久渐见诸事实，即是报章上正式的发表干涉，成为林蔡斗争的公案，幸而军阀还比较文人高明，他们忙于自己的政治的争夺，不想就来干涉文化，所以幸得苟安无事，而这场风波终于成为一场笔墨官司而完结了。我因为要抄录这[①]场斗争的文章，先来说明几句，却是写得长了，姑且作为一段，待再从头从《公言报》的记事说起吧。

① 手稿“这”字位置上是一个逗点，三育本、桂本同改。〖*268*，倒*13*〗

一一七　林蔡斗争文件 一

《公言报》是段派的一种报纸，不知道是谁主笔，有人说是后来给张宗昌所枪毙的林白水，它的论调是一向对于北大没有好意，可以说是有点与日本人所办的《顺天时报》同一鼻孔出气的。其时为民国八年（一九一九）三月十八日，在报上登出长篇的记事，题曰“请看北京学界思潮变迁之近状”，其全文如下：

北京大学之新旧学派　北京近日教育虽不甚发达，而大学教师各人所鼓吹之各式学说，则五花八门，颇有足纪者。国立北京大学自蔡孑民任校长后，气象为之一变，尤以文科为甚。文科学长陈独秀氏以新派首领自居，平昔主张新文学甚力，教员中与陈氏沆瀣一气者，有胡适钱玄同刘半农沈尹默等，学生闻风兴起，服膺师说，张大其辞者，亦不乏人。其主张以为文学须顺应世界思潮之趋势，若吾中国历代相传者，乃为雕琢的阿谀的贵族文学，陈腐的铺张的古典文学，迂晦的艰涩的山林文学，应根本推翻，代以平民的抒情的国民文学，新鲜的立诚的写实文学，明了的通俗的社会文学，此文学革命之主旨也。自胡适氏主讲文科哲学门后，旗鼓大张，新文学之思潮亦澎湃而不可遏，既前后抒其议论于新青年杂志，而于其所授授[①]之哲学讲义，亦且改用白话文体裁。近又由其同派之学生，组织一种杂志曰新潮者，以

① “授授”三育本同，桂本作“教授”。〖*269，6*〗

张皇其学说。

两种杂志之对抗　新潮之外，更有每周评论之印刷物发行，其思想议论之所及，不仅反对旧派文学，冀收摧残廓清之功，即于社会所传留之思想，亦直接间接发见其不适合之点，而加以抨击，盖以人类社会之组织，与文学本有密切之关系，人类之思想更为文学实质之所存，既反对旧文学，自不能不反对旧思想也。顾同时与之对峙者，有旧文学一派。旧派中以刘师培氏为之首，其他如黄侃马叙伦等，则与刘氏结合，互为声援者也，加以国史馆之耆老先生，如屠敬山张相文之流，亦复深表同情于刘黄。刘黄之学以研究音韵说文训诂为一切学问之根，以综博考据讲究古代制度，接迹汉代经史之轨，文章则重视八代而轻唐宋，目介甫子瞻为浅陋寡学，其于清代所谓桐城派之古文则深致不满，谓彼辈学无所根，而徒斤斤于声调，更藉文以载道之说，假义理为文章之面具，殊不值通人一笑。从前大学讲坛为桐城派古文家所占领者，迄入民国，章太炎学派代之以兴，在姚叔节林琴南辈，目击刘黄诸后生之皋比坐拥，已不免有文艺衰微之感，然若视新文学派之所主张，当更认为怪诞不经，以为其祸之及于人群，直无异于洪水猛兽，转顾太炎新派，反若涂轨之犹能接近矣。顷者刘黄诸氏以陈胡等与学生结合，有种种印刷物发行也，乃亦组织一种杂志曰国故，组织之名义出于学生，而主笔政之健将教员实居其多数，盖学生中固亦分新旧两派，而各主其师说者也。二派杂志旗鼓相当，互相争辨，当然有裨于文化，第不免忘其辩论之范围，纯任意气，各以恶声相报复耳。

第三者之调停派学说　至于介乎二派者，则有海盐朱希祖氏，朱亦太炎之高足弟子也，邃于国学，且明于世界文学进化之途径，故于旧文学之外兼冀组织新文学，惟彼之所谓新者，非脱却旧之范围，盖其手段不在于破坏而在于改良，以记者之愚，似觉朱氏之主张较为适当也。

三者以外之学者议论　日前喧传教育部有训令达大学，令其将陈钱胡三氏辞退，但经记者之详细调查，则知尚无其事，唯陈胡等对于新文学之提倡，不第旧文学一笔抹杀，而且绝对的菲弃旧道德，毁斥伦常，诋排孔孟，并且有主张废国语而以法兰西文字为国语之议，其卤莽灭裂，实亦太过。顷林琴南氏有致蔡孑民一书，洋洋千言，于学界前途深致悲悯，兹将原书刊布于下，读者可以知近日学风变迁之剧烈矣。”

一一八　林蔡斗争文件　二

林琴南致蔡孑民书云：

鹤卿先生太史足下，与公别十馀年，壬子一把晤，匆匆八年，未通音问，至为歉仄。辱赐书以遗民刘应秋先生遗著属为题辞，书未梓行，无从拜读，能否乞赵君作一短简事略见示，谨撰跋尾归之。呜呼，明室敦气节，故亡国时殉烈者众，而夏峰黎洲亭林杨园二曲诸老，均脱身斧钺，其不死幸也。我公崇尚新学，乃亦垂念逋播之臣，足见名教之孤悬，不绝如缕，实望我公为之保全而护惜之，至慰至慰。虽然，尤有望于公者，大学为全国师表，五常之所系属，近者外间谣诼纷集，我公必有所闻，即弟亦不无疑信，或且有恶乎阘茸之徒，因生过激之论，不知救世之道，必度人所能行，补偏之言，必使人以可信，若尽反常轨，侈为不经之谈，则毒粥既陈，旁有烂肠之鼠，明燎宵举，下有聚死之虫，何者？趋甘就热，不中其度，则未有不毙者。方今人心丧敝，已在无可救挽之时，更侈奇创之谈，用以哗众，少年多半失学，利其便已，未有不麋沸麇至而附和之者，而中国之命如属丝矣。晚清之末造，慨世者恒曰去科举，停资格，废八股，斩豚尾，复天足，逐满人，扑专制，整军备，则中国必强，今百凡皆遂矣，强又安在？于是更进一层，必覆孔孟，铲伦常为快，呜呼！因童子之羸困，不求良医，乃追责其二亲之有隐瘵，逐之，而童子可以日就肥泽，有是理耶。外国不知孔孟，然崇仁仗义矢信尚智守礼，五常之道，未尝悖也，而又济之以勇。弟不解西文，积十九年之笔述，成译著一百二十三种，都一千二百万言，实未见中有违忤五常之语，何时贤乃有此叛亲蔑伦之论，此其得诸西人乎，抑别有所授耶。我公心右汉族，当在杭州时间关避祸，与夫人同茹辛苦，宗旨不变，勇士也。方公行时，弟与陈叔通惋惜公行，未及一送，申伍异趣，各衷其是。盖今公为民国宣力，弟仍清室举人，交情固在，不能视若冰炭，故辱公寓书，殷殷于刘先生之序跋，实隐示明清标季各有遗民，其志均不可夺也。弟年垂七十，富贵功名，前三十年视若弃灰，今笃老尚抱守残缺，至死不易其操。前年梁任公倡班马革命之说，弟闻之失笑，任公非劣，何为作此媚世之言，马班之书读者几人，殆不革而自革，何劳任公费此神力。若云死文字有碍生学术，则科学不用古文，古文亦无碍科学。英之迭更累斥希腊拉丁罗马之文字为死物，而至今仍存者，迭更虽躬负盛名，固不能用私心以蔑古，矧吾国人尚有何人如迭更者耶。须知天下之理，不能就便而夺常，亦不能取快而滋弊，使伯夷叔齐生于今日，则万无济变之方，孔子为圣之时，时乎井田封建，则孔子必能使井田封建一无流弊，时乎潜艇飞机，则孔子必能使潜艇飞机不妄杀人，所以名为时中之圣，时者与时不悖也。卫灵问阵，孔子行，陈恒弑君，孔子讨，用兵与不用兵，亦正决之以时耳。今必曰天下之弱弱于孔子，然则天下之强宜莫强于威廉，以柏林一隅，抵抗全球皆败衄无措，直可为万世英雄之祖，且其文治武功，科学商务，下及工艺，无一不冠欧洲，胡为恹恹为荷兰之寓公。若云成败不可以论英雄，则又何能以积弱归罪孔子。彼庄周之书，最摈孔子者也，然《人间世》一篇盛推孔子，所谓人间世者，不能离人而立之谓，其托颜回，托叶公子高之问难孔子，陈以接人处众之道，则庄周亦未尝不近人情而忤孔子，乃世士不能博辩，为千载以上之庄周，竟咆勃为千载以下之桓魋，一何其可笑也。且天下唯有真学术，真道德，始足独树一帜，使人景从，若尽废古书，行用土语为文字，则都下引车卖浆之徒，所操之语，按之皆有文法，不类闽广人无为文法之啁啾[①]，据此则凡京津之稗贩，均可用为教授矣。若水浒红楼皆白话之圣，并足为教科之书，不知水浒中辞吻多采岳珂之《金陀萃编》，红楼亦不止为一人手笔，作者均博极群书之人，总之非读破万卷，不能为古文，亦并不能为白话。若化古子之言为白话演说，亦未尝不是，按说文，演长流也，亦有延之广之之义，法当以短演长，不能以古子之长演为白话之短。且使人读古子者，须读其原书耶，抑凭讲师之语即算为古子，若读原书则又不能全废古文矣。矧于古子之外，尚以说文讲授，说文之学非俗书也，当参以古籀，证以钟鼎之文，试思用籀篆可化为白话耶。果以篆籀之文杂之白话之中，是引汉唐之环燕与村妇谈心，陈商周之俎豆为野老聚饮，类乎不类。弟闽人也，南蛮鴃舌，亦愿习中原之语言，脱授我者以中原之语言，仍令我为鴃舌之闽语，可乎。盖存国粹而授说文，可也，以说文为客以白话为主，不可也。乃近来尤有所谓新道德者，斥父母为自感情欲，于己无恩，此语曾一见之随园文中，仆方以为不伦，斥袁枚为狂谬，不图竟有用为讲学者，人头畜鸣，辩不屑辩，置之可也。彼又云，武曌为圣王，卓文君为名媛，此亦拾李卓吾之馀唾，卓吾

① “无为文法之啁啾”三育本同，桂本作“为无文法之啁啾”。〖*272，3*〗

有禽兽行，故发是言，李穆堂又拾其馀唾，尊严嵩为忠臣，今试问二李之名，学生能举之否。同为澌灭，何苦增兹口舌，可悲也。大凡为士林表率，须圆通广大，据中而立，方能率由无弊，若凭位分势利而施趋怪走奇之教育，则惟穆罕默德左执刀而右传教，始可如其愿望。今全国父老以子弟托公，愿公留意，以守常为是，况天下溺矣，藩镇之祸迩在眉睫，而又成为南北美之争，我公为南士所推，宜痛哭流涕，助成和局，使民生有所苏息，乃以清风亮节之躬，而使议者纷集，甚为我公惜之。此书上后可以不必示覆，唯静盼好音，为国民端其趋向，故人老悖，甚有幸焉。愚直之言，万死万死。林纾顿首。

林琴南的信原本只是每句圈断，这回重抄，很想给它断句分节，但是这个极不容易，因为文章头绪不清，找不到主意之所在，所以只好勉强断句，其馀便是那么囫囵一大团罢了。

一一九　林蔡斗争文件　三

蔡孑民答林琴南书云：

琴南先生左右，于本月十八日《公言报》中得读惠书，索刘应秋先生事略，忆第一次奉函时，曾抄奉赵君原函，恐未达览，特再抄一通奉上，如荷题词，甚幸。

公书语长心重，深以外间谣诼纷集为北京大学惜，甚感。惟谣诼必非实录，公爱大学，为之辨正可也。今据此纷集之谣诼而加以责备，将使耳食之徒，益信谣诼为实录，岂公爱大学之本意乎？原公之所责备者不外两点，一曰，覆孔孟，铲伦常，二曰，尽废古书，行用土语为文字。请分别论之。

对于第一点，当先为两种考察。甲、北京大学教员曾有以覆孔孟铲伦常教授学生者乎？乙、北京大学教授曾有于学校以外，发表其覆孔孟铲伦常之言论者乎？

请先察覆孔孟之说。大学讲义涉及孔孟者，惟哲学门中之中国哲学史，已出板者为胡适之君之《中国上古哲学史大纲》，请详阅一过，果有覆孔孟之说乎？特别讲演之出板者有崔怀瑾君之《论语足征记》、《春秋复始》。哲学研究会中有梁漱溟君提出“孔子与孟子异同”问题，与胡默青君提出“孔子伦理学之研究”问题。尊孔者多矣，宁曰覆孔？

若大学教员于学校以外，自由发表意见，与学校无涉，本可置之不论，当姑进一步而考察之，则惟新青年杂志中，偶有对于孔子学说之批评，然亦对于孔教会等托孔子学说以攻击新学说者而发，初非直接与孔子为敌也。公不云乎？“时乎井田封建，则孔子必能使井田封建一无流弊，时乎潜艇飞机，则孔子必能使潜艇飞机不妄杀人。卫灵问阵，孔子行，陈恒弑君，孔子讨。用兵与不用兵，亦正决之以时耳。”使在今日，有拘泥孔子之说，必复地方为封建，必以兵车易潜艇飞机，闻俄人之死其皇，德人之逐其皇，而曰必讨之，岂非昧于时之义，为孔子之罪人，而吾辈所当排斥者耶？

次察铲伦常之说。常有五，仁义礼智信，公既言之矣。伦亦有五，君臣父子兄弟夫妇朋友，其中君臣一伦不适于民国，可不论。其他父子有亲，兄弟相友（或曰长幼有序），夫妇有别，朋友有信，在中学以下修身教科书中详哉言之。大学之伦理学涉此者不多，然从未有以父子相夷、兄弟相阋、夫妇无别、朋友不信教授学生者。大学尚无女学生，则所注意者自偏于男子之节操。近年于教科以外，组织一进德会，其中基本戒约，有不嫖不娶妾两条。不嫖之戒，决不背于古代之伦理，不娶妾一条则且视孔孟之说之尤严矣①。至于五常，则伦理学中之言仁爱，言自由，言秩序，戒欺诈，而一切科学皆为增进知识之需，宁有铲之之理欤？

若大学教员既于学校之外，发表其铲伦常之主义乎？则试问有谁何教员，曾于何书何杂志，为父子相夷、兄弟相阋、夫妇无别、朋友不信之主张者？曾于何书何杂志，为不仁不义不智不信及无礼之主张者？公所举斥父为自感情欲，于己无恩，谓随园文中有之。弟则忆《后汉书·孔融传》，路粹枉状奏融有曰："前与白衣祢衡跌荡放言，云父之于子，当有何亲，论其本意，实为情欲发耳；子之于母亦复奚为，譬如寄物瓶中，出则离矣。"孔融祢衡并不以是损其声价，而路粹则何如者。公能指

① "之尤严矣"三育本同，桂本作"尤严矣"。或应作"为尤严矣"。〖*274，10*〗

出谁何教员，曾于何书何杂志，述路粹或随园之语，而表其极端赞成之意者？且弟亦从不闻有谁何教员，崇拜李贽其人而愿拾其唾馀者，所谓武曌为圣王，卓文君为贤媛，何人曾述斯语，以号于众，公能证明之欤？

对于第二点，当先为三种考察。甲、北京大学是否已尽废古文而专用白话？乙、白话果是否能达古书之义？丙、大学少数教员所提倡之白话的文字，是否与引车卖浆者所操之语相等？

请先察北京大学是否已尽废古文而专用白话。大学预科中有国文一课，所据为课本者，曰模范文，曰学术文，皆古文也。其每月中练习之文，皆文言也。本科中国文学史、西洋文学史、中国古代文学、中古文学、近世文学，又本科预科皆有文字学，其编成讲义而付印者，皆文言也。于北京大学月刊中，亦多文言之作。所可指为白话体者，惟胡适之君之《中国古代哲学史大纲》，而其中所引古书，多属原文，非皆白话也。

次考察白话是否能达古书之义。大学教员所编之讲义固皆文言矣，而上讲坛后决不能以背诵讲义塞责，必有赖于白话之讲演，岂讲演之语必皆编为文言而后可欤？吾辈少时读《四书集注》、《十三经注疏》，使塾师不以白话讲演之，而编为类似集注类似注疏之文言以相授，吾辈岂能解乎？若谓白话不足以讲说文，讲古籀，讲钟鼎之文，则岂于讲坛上当背诵徐氏说文解字系传、郭氏汗简、薛氏钟鼎款识之文，或编为类此之文言而后可，必不容以白话讲演之欤？

又次考察大学少数教员所提倡白话的文字，是否与引车卖浆者所操之语相等。白话与文言形式不同而已，内容一也。《天演论》、《法意》、《原富》等，原文皆白话也，而严幼陵君译为文言。小仲马、迭更司、哈葛德等所著小说，皆白话也，而公译为文言。公能谓公及严君之所译，高出于原本乎？若内容浅薄，则学校报考时之试卷，普通日刊之论说，尽有不值一读者，能胜于白话乎？且不特引车卖浆之徒而已，清代目不识丁之宗室，其能说漂亮之京话，与《红楼梦》中宝玉黛玉相埒，其言果有价值欤？熟读水浒红楼梦之小说家，能于《续水浒传》、《红楼复梦》等书以外，为科学哲学之讲演欤？公谓“水浒红楼作者均博极群书之人，总之非读破万卷，不能为古文，亦并不能为白话”。诚然，诚然。北京大学教员中善作白话文者，为胡适之、钱玄同、周启孟诸公。公何以证知为非博极群书，非能为古文，而仅以白话文藏拙者？胡君家世从学，其旧作古文虽不多见，然即其所作《中国哲学史大纲》言之，其了解古书之眼光，不让于清代乾嘉学者。钱君所作之文字学讲义学术文通论，皆古雅之古文。周君所译之域外小说，则文笔之古奥，非浅学者所能解。然则公何宽于水浒红楼之作者，而苛于同时之胡钱周诸君耶？

至于弟在大学，则有两种主张如左：一、对于学说，仿世界各大学通例，循“思想自由”原则，取兼容并包主义，与公所提出之“圆通广大”四字颇不相背也。无论有何种学派，苟其言之成理，持之有故，尚不达自然淘汰之运命者，虽彼此相反，而悉听其自由发展。此义已于月刊之发刊词言之，抄奉一览。

二、对于教员，以学诣为主，在校讲授以无背于第一种之主张为界限。其在校外之言动悉听自由，本校从不过问，亦不能代负责任。例如复辟主义，民国所排斥也，本校教员中有拖长辫而持复辟论者，以其所授为英国文学，与政治无涉，则听之。筹安会之发起人，清议所指为罪人者也，本校教员中有其人，以其所授为古代文学，与政治无涉，则听之。嫖赌娶妾等事，本校进德会所戒也，教员中间有喜作侧艳之诗词，以纳妾挟妓为韵事，以赌为消遣者，苟其功课不荒，并不诱学生而与之堕落，则姑听之。夫人才至为难得，若求全责备，则学校殆难成立。且公私之间，自有天然界限。譬如公曾译有《茶花女》、《迦茵小传》、《红礁画桨录》等小说，而亦曾在各学校讲授古文及伦理学等，使有人诋公为以此等小说体裁讲文学，以狎妓奸通争有夫之妇讲伦理者，宁值一笑欤？然则革新一派即偶有过激之论，苟于校课无涉，亦何必强以其责任归之于学校耶？此复，并候著祺。八年三月十八日，蔡元培敬启。

此外还有一封致公言报的信，其词曰：

公言报记者足下，读本月十八日贵报，有《请看北京大学思潮变迁之近状》一则，其中有林琴南君致鄙人一函，虽原函称不必示覆，而鄙人为表示北京大学真相起见，不能不有所辨正，谨以答林君函抄奉，请为照载。又贵报称陈胡等绝对菲弃旧道德，毁斥伦常，诋排孔孟，大约即以林君之函为据，鄙人已于致林君函辨明之。惟所云主张废国语而以法兰西文字为国语之议，何所据而云然？请示覆。

结果是《公言报》并无什么答复。

一二〇　卯字号的名人①

为了记录林蔡二人的笔墨官司，把两方面的文件抄写了一通，不意有六七千字之多，做了一回十足的“文抄公”，给“谈往”增加了不少的材料，但是这实在乃是为欲了解“五四”以前的北大情形的资料，不过现在已经很是难得，我恰有一册《蔡孑民先生言行录》下，里边收有此文，所以拿来利用了。我本来还有公言报上的原本，却已经散失，这回转录难免有些错字，只是随了文气加以订正，恐怕是不很靠得住的。现在这重公案既然交代清楚，我们还是回过头去，再讲北京大学的事情。那时是民国六年（一九一七）的秋天，距我初到北京才只有五六个月，所以北大的情形还是像当初一个样子，所谓北大就是在马神庙的这一处，第一院的红楼正在建筑中，第三院的译学馆则是大学预科，文理

① 本节标题三育本、桂本均加序号“一”。〖*277，1*〗

本科完全在景山东街，即是马神庙的“四公主府”，而且其时那正门也还未落成，平常进出总是走西头的便门，即后来叫做西斋的寄宿舍的门的。进门以后，往北一带靠西边的围墙有若干间独立的房子，当时便是讲堂，进去往东是教员的休息室，也是一带平房，靠近南墙，外边便是马路，不知什么缘故，普通叫作“卯字号”，随后改做校医室，一时又当作女生寄宿舍。但在最初却是文科教员的预备室，一个人一间，许多名人每日都在这里聚集，如钱玄同、朱希祖、刘文典，以及胡适博士，还有谈红楼故事的人所常谈起的三[①]沈二马诸公——但其时实在还只有沈尹默与马裕藻而已，沈兼士在香山养病，沈士远与马衡都还未进北大，刘半农虽然与胡适之是同在这一年里进北大来，但是他担任的是预科功课，所以住在译学馆里。卯字号的最有名的逸事，便是这里所谓两个老兔子和三个小兔子的事。这件事说明了极是平常，却很有考据的价值，因为文科有陈独秀与朱希祖是己卯年生的，又有三人则是辛卯年生，即[②]是胡适之刘半农和刘文典，在民六才只二十七岁，过了四十多年之后再提起来说，陈朱二刘已早归了道山，就是当时翩翩年少的胡君也已成了十足古希的老博士了。[③]

这五位卯年生的名人之中，在北大资格最老的要算朱希祖，他还是民国初年进校的吧，别人都在蔡孑民长校之后，陈独秀还在民五冬天，其他则在第二年里了。朱希祖是章太炎先生的弟子，

---

①“三”手稿空缺，三育本添逗号，桂本添“三”字。〖*277*，倒*9*〗

②“即”三育本、桂本均作“那”。〖*277*，倒*4*〗

③ 三育本此处加括注：“胡氏亦已逝世。”桂本注明本章写作时间为一九六一年十月七日，胡适尚健在；《北大感旧录》写到第七节的时候得到胡适的死讯，所以写了一篇作为纪念，桂本所注写作时间为一九六二年二月二十五日，如果是准确的那就在他去世的次日。回想录全书的出版，又在多年后了。〖*277*，倒*1*〗

在北大主讲中国文学史，但是他的海盐话很不好懂，在江苏浙江的学生还不妨事，有些北方人听到毕业还是不明白。有一个同学说，他听讲文学史到了周朝，教师反复的说孔子是“厌世思想”的，心里很是奇怪，又看黑板上所写引用孔子的话，都是积极的，一点看不出厌世的痕迹，尤其觉得纳闷，如是过了好久，后来不知因了什么机会，忽然省悟教师所说的“厌世”思想，实在乃是说“现世”思想，因为朱先生读“现”字不照国语发音如“线”，仍用方音读若“艳”，与厌字音便很相近似了。但是北方学生很是老实，虽然听不懂他的说话，却很安分，不曾表示反对，那些出来和他为难的反而是南方尤其是浙江的学生，这也是一件很有趣的事。在同班的学生中有一位姓范的，他捣乱得顶利害，可是外面一点都看不出来，大家还觉得他是用功安分的好学生。在他毕业了过了几时，才自己告诉我们说，凡遇见讲义上有什么漏洞可指的时候，他自己并不出头开口，只写一小纸条搓团，丢给别的学生，让他起来说话，于是每星期几乎总有人对先生质问指摘。这已经闹得教员很窘了，末了不知怎么又有什么匿名信出现，作恶毒的人身攻击，也不清楚这是什么人的主动。学校方面终于弄得不能付之不问了，于是把一位向来出头反对他的学生，在将要毕业的直前[①]除了名，而那位姓范的仁兄安然毕业，成了文学士。这位范的[②]是区区的同乡，而那顶了缸的姓孙的则是朱老夫子自己的同乡，都是浙江人，可以说是颇有意思的一段因缘。

后来还有一回类似的事，在五四的前后，文学革命运动兴起，

---

① 此处及下文“的直前”三育本同，桂本均作“之前”。“毕业的直前”是说马上就要毕业的时候，所以被开除尤为可惜，毕业之前则一年级的时候也是的。〖*278*，倒*8*〗〖*279*，*5*〗

② “范的”三育本同，桂本作“姓范的”。〖*278*，倒*7*〗

校内外都发生了反应，校外的反对派代表是林琴南，他在《新申报》、《公言报》上发表文章，肆行攻击，顶有名的是《新申报》上的《蠡叟丛谈》，本是假聊斋之流，没有什么价值，其中有一篇名叫“荆生”和“妖梦”的小说，是专门攻击北大，想假借武力来加以摧毁的。北大法科有一个学生叫张谬子，是徐树铮所办的立达中学出身，林琴南在那里教书时的学生，平常替他做些情报，报告北大的事情，又给林琴南寄稿至新申报，这些事上文都曾经说及，当时蔡孑民的回信虽严厉而仍温和的加以警告，但是事情演变下去，似乎也不能那么默尔而歇，所以随后北大评议会终于议决开除他的学籍，虽然北大是向来不主张开除学生，特别是在毕业的直前，但这两件似乎都是例外。从来学校里所开除的，都是有本领好闹事的好学生，北大也是如此。张谬子是个剧评专家，在北大法科的时候便为了辩护京戏，关于脸谱和所谓摔壳子的问题，在《新青年》上发生过好几次笔战。范君是历史大家，又关于《文心雕龙》得到黄季刚的传授，有特别的造诣。孙世旸是章太炎先生家的家庭教师还是秘书，也是黄季刚的高足弟子，大概是由他的关系而进去的。这样看来，事情虽是在林琴南的信发表以前，这正是所谓新旧学派之争的一种表现，黄季刚与朱希祖虽然同是章门，可是他排除异己，却是毫不留情的。我与黄季刚同在北大多年，但是不曾见过面，和刘申叔也是这样，虽然他在办《天义报》、《河南》的时候我都寄过稿，随后又同在北大，却只有在教授会议的会场上远远的望见过一次颜色，若黄季刚连这也没有，也不曾见过照相，这不能不说是一个缺恨①了。

①“缺恨”三育本同，桂本作“缺憾”。〖*279*，倒*11*〗

一二一　卯字号的名人 二

这里第二位的名人乃是陈独秀。他是蔡孑民长校以后所聘的文科学长，大约当初也认识吧，但是他进北大去据说是由于沈君默（当时他不叫尹默，后来因为有人名沈默君，所以他把口字去了，改作尹默，老朋友叫他却仍然是君默，他也不得不答应）的推荐，其时他还没有什么急进的主张，不过是一个新派的名士而已，看早期的青年杂志当可明了，及至杂志改称“新青年”，大概在民六这一年里逐渐有新的发展，胡适之在美国，刘半农在上海，校内则有钱玄同，起而响应，由文体改革进而为对于旧思想之攻击，便造成所谓文学革命的运动。到了学年开始，胡适之刘半农都来北大任教，于是新青年的阵容愈加完整，而且这与北大也就发生不可分的关系了。但是月刊的效力还觉得是缓慢，何况《新青年》又并不能按时每月出板，所以大家商量再来办一个周刊之类的东西，可以更为灵活方便一点。这事仍由新青年同人主持，在民七（一九一八）的冬天筹备起来，在日记上找到这一点记录：

> 十一月廿七日，晴。上午往校，下午至学长室议创刊每周评论，十二月十四日出板，任月助刊资三元。

那时与会的人记不得了，主要的是陈独秀、李守常、胡适之等人。结果是十四日来不及出，延期至廿一日方才出第一号，也是印刷得很不整齐。当初我做了一篇《人的文学》，送给每周评论，得独秀覆信云：

大著《人的文学》做得极好，唯此种材料以载月刊为宜，拟登入《新青年》，先生以为如何？周刊已批准，定于本月二十一日出板，印刷所之要求下星期三即须交稿，唯纪事文可在星期五交稿。文艺时评一阑，望先生有一实物批评之文。豫才先生处，亦求先生转达。十四日。

我接到此信，改写《平民的文学》与《论黑幕》二文，先后在第四五两期上发表。随后接连地遇见“五四”和“六三”两次风潮，《每周评论》着实发挥了实力，其间以独秀守常之力为多，但是北洋的反动派却总是对于独秀眈眈虎视，欲得而甘心，六月十二日独秀在东安市场散放传单，遂被警厅逮捕，拘押了起来。日记上说：

六月十四日，同李辛白王抚五等六人至警厅，以北大代表名义访问仲甫，不得见。

九月十七日，知仲甫昨出狱。

十八日下午，至箭竿胡同访仲甫，一切尚好，唯因粗食故胃肠受病。

在这以前，北京御用报纸经常攻击仲甫，以彼不谨细行，常作狭斜之游，故报上纪载时加渲染，说某日因争风抓伤某妓下部，欲以激起舆论，因北大那时有进德会不嫖不赌不娶妾之禁约也，至此遂以违警见捕，本来学校方面也可以不加理睬，但其时蔡校长也经[①]出走，校内评议会多半是“正人君子”之流，所以任凭陈氏之辞职，于是拔去了眼中钉，反动派乃大庆胜利了。独秀被捕后，每周评论暂由李守常胡适之主持，二人本来是薰莸异器，合作是不可能的，但事实上没有别的办法。日记上说：

六月廿三日，晴。下午七时至六味斋，适之招饮，同席十二人，共议每周评论善后事，十时散。

来客不大记得了，商议的结果大约也只是维持现状，由守常适之共任编辑，生气虎虎的每周评论已经成了强弩之末，有几期里大幅的登载学术讲演，此外胡适之的有名的“少谈主义多谈问题”的议论恐怕也是在这上边发表的。但是反动派还不甘心，在过了一个多月之后，每周评论终于在八月三十日被迫停刊了，总共出了三十六期。新青年的事情以后仍归独秀去办，日记上记有这一节话：

十月五日，晴。下午二时至适之寓所，议新青年事，自七卷始，由仲甫一人编辑，六时散，适之赠所著《实验主义》一册。

在这以前，大约是第五六卷吧，曾议决由几个人轮流担任编辑，记得有独秀、适之、守常、半农、玄同和陶孟和这六个人，此外有没有沈尹默那就记不得了，我特别记得是陶孟和主编的这一回，

① “也经”三育本同，桂本作“已经”。也经，也已经。〖*280*，倒*2*〗

我送去一篇译稿，是日本江马修的小说，题目是“小的一个人”，无论怎么总是译不好，陶君给我加添了一个字，改作“小小的一个人”，这个我至今不能忘记，真可以说是“一字师”了。关于新青年的编辑会议，我一直没有参加过，每周评论的也是如此，因为我们只是客员，平常写点稿子，只是遇着兴废的重要关头，才会被邀列席罢了。

一二二　卯字号的名人 三

上边说陈仲甫的事，有一半是关系胡适之的，现在要讲刘半农，这也与胡适之有关，因为他之成为法国博士，乃是胡适之所促成的。我们普通称胡适之为胡博士，也叫刘半农为刘博士，但是很有区别，刘的博士是被动的，多半含有同情和怜悯的性质，胡的博士却是能动的，纯粹是出于嘲讽的了。刘半农当初在上海卖文为活，写“礼拜六”派的文章，但是响应了《新青年》的号召，成为文学革命的战士，确有不可及的地方。来到北大以后，我往预科宿舍去访问他，承他出示所作《灵霞馆笔记》的资料，原是些极为普通的东西，但经过他的安排组织，却成为很可诵读的散文，当时就很佩服他的聪明才力。可是英美派的绅士很看他不起，明嘲暗讽，使他不安于位，遂想往外国留学，民九乃以公费赴法国，留学六年，终于获得博士学位，而这学位乃是国家授与的，与别国的由私立大学所授的不同，他屡自称国家博士，虽然有点可笑，但这却是很可原谅的。他最初参加新青年，出力奋斗，顶重要的是和钱玄同合“唱双簧”，由玄同扮作旧派文人，化名王敬轩，写信抗议，半农主持答覆，痛加反击，这些都做得有些幼稚，在当时却是很有振聋发聩的作用的。他不曾与闻每周评论，在“五四”时却主持高等学校教职[①]联合会事务，后来归国加入语丝，作文十分勇健，最能吓破绅士派的苦胆。后来至绥远作学术考察，生了回还热[②]，这本来可以医好，为中医所误，于一九三四年去世，在追悼会的时候，我总结他的好处共有两点。其一是他的真，他不装假，肯说话，不投机，不怕骂，一方面却是天真烂漫，对什么人都无恶意。其二是他的杂学，他的专门是语音学，但他的兴趣很广博，文学美术他都喜欢，做诗，写字，照相，蒐书，讲文法，谈音乐，有人或者嫌他杂，我觉得这正是好处，方面广，理解多，于处世和治学都有用。当时并做了一副挽联送去，其文云：

十七年尔汝旧交，追忆还从卯字号。
廿馀日驰驱大漠，归来竟作丁令威。

在第二年的夏天，下葬于北京西郊，刘夫人命作墓志刻石，我遂破天荒第一次正式做起文章来，写成《故国立北京大学教授刘君墓志》一篇，其文如下：

君姓刘，名复，号半农，江苏江阴县人，生于清光绪十七年辛卯四月二十日，以中华民国二十三年七月

① “教职”三育本同，桂本作“教职员”。〖*282*，*9*〗
② “回还热”三育本同，桂本作“回归热”。〖*282*，*10*〗

十四日卒于北平，年四十四。夫人朱惠，生子女三人，育厚、育伦、育敦。

君少时曾奔走革命，已而卖文为活，民国六年被聘为国立北京大学预科教授，九年教育部派赴欧洲留学，凡六年。十四年应巴黎大学考试，受法国国家文学博士学位，返北京大学，任中国文学系教授，兼研究所国学门导师。二十年为文学院研究教授，兼研究院文史部主任。二十三年六月至绥远调查方音，染回归热，返北平，遂卒。二十四年五月葬于北平西郊香山之玉皇顶。

君状貌英特，头大，眼有芒角，生气勃勃，至中年不少衰。性果毅，耐劳苦，专治语音学，多所发明。又爱好文学美术，以馀力照相，写字，作诗文，皆精妙。与人交游，和易可亲，善谈谐[①]，老友或与戏谑以为笑。及今思之，如君之人已不可再得。呜呼，古人伤逝之意其在兹乎。

将葬，夫人命友人绍兴周作人撰墓志，如皋魏建功书石，鄞马衡篆盖。作人、建功、衡于谊不能辞，故谨志而书之。

第五个卯字号的名人乃是刘文典，但是这里馀白已经不多，只好来少为[②]讲几句，虽然他的事情说来很多。他是安徽合肥县人，乃是段祺瑞的小同乡，为刘申叔的弟子，擅长那一套学问，所著有《淮南子集解》(？)，有名于时。其状貌甚为滑稽，口多

① “谈谐”三育本同，桂本作“诙谐”。谈谐，说笑也。〖*283，7*〗

② “少为”三育本同，桂本作“稍为”。〖*283，11*〗

微词，凡词连段祺瑞的时候，辄曰，“我们的老中堂……”，以下便是极不雅驯的话语，牵连到“太夫人”等人的身上去。刘号曰叔雅，常自用文字学上变例改为“狸豆乌”，友人则戏称之为“刘格拉玛”，用代称号。因为昔曾吸食雅片烟，故面目黧黑，亦不讳言，又性喜食猪肉，尝见钱玄同在餐馆索素食，便来辩说其不当，庄谐杂出，玄同匆遽避去。后来北大避难迁至昆明，于是相识友人遂进以尊号，曰二云居士，谓云土与云腿，皆所素嗜也。平日很替中医辩护，谓世上混账人太多，他们“一线死机”唯以有若辈在耳，其持论奇辟大抵类此。

一二三　三沈二马 上

平常讲起北大的人物，总说有三沈二马，这是与事实有点不很符合的。事实上北大里后来是有三个姓沈的和两个姓马的人，但在我们所说的“五四”前后却不能那么说，因为那时只有一位姓沈的即是沈尹默，一位姓马的即是马幼渔，别的几位都还没有进北大哩。还有些人硬去拉哲学系的马夷初来充数，殊不知这位“马先生”——这是因为他发明一种“马先生汤”，所以在北京饭馆里一时颇有名——乃是杭县人，不能拉他和鄞县的人做是一家，这尤其是可笑了。沈尹默与马幼渔很早就进了北大，还在蔡孑民长北大之前，所以资格较老，势力也比较的大，实际上两个人有些不同，马君年纪要大几岁，人却很是老实，容易发脾气，沈君则更沉着有思虑，因此虽凡事退后，实在却很起带头作用。朋友们送他一个徽号叫“鬼谷子”，他也便欣然承受，钱玄同尝在背地批评，说这混名起得不妙，鬼谷子是阴谋大家，现在这样的说，这岂不是自己去找骂么？但就是不这样说，人家也总是觉得北大的中国文学系里是浙江人专权，因为沈是吴兴人，马是宁波人，所以有“某籍某系”的谣言，虽是“查无实据”，却也是“事出有因”，但是这经过闲话大家陈源的运用，移转过来说绍兴人，可以说是不虞之誉了。我们绍兴人在“正人君子”看来，虽然都是绍兴师爷一流人，性好舞文弄墨，但是在国文系里我们是实在毫不足轻重的。他们这样的说，未必是不知道事实，但是为的“挑剔风潮”，别有作用，却也可以说弄巧成拙，留下了这一个大话柄了吧。

如今闲话休题，且说那另外的两位沈君。一个是沈兼士，沈尹默的老弟，他的确是已经在北大里了，因为民六那一年我接受北大国史编纂处的聘书为纂辑员，共有两个人，一个便是沈兼士，不过他那时候不在城里，是在香山养病。他生的是肺病，可不是肺结核，乃是由于一种名叫二口虫的微生物，在吃什么生菜的时候进到肚里，侵犯肺脏，发生吐血，这是他在东京留学时所得的病，那时还没有全愈。他也曾从章太炎问学，他的专门是科学一面，在“物理学校”上课，但是兴味却是国学的“小学”一方面，以后他专搞文字学的形声，特别是“右文问题”，便是凡从某声的文字也含有这声字的意义。他在西山养病时，又和基督教的辅仁学社里的陈援庵相识，陈研究元史，当时著《一赐乐业考》、《也里可温考》等，很有些新气象，逐渐二人互相提携，成为国学研究的名流。沈兼士任为[①]北大研究所国学门主任，陈援庵则由导师转升燕京大学的研究所主任，再进而为辅仁大学校长，更转而为师范大学校长，至于今日。沈兼士随后亦脱离北大，跟陈校长任辅仁大学的文学院长，终于因同乡朱家骅的关系，给国民党做教育的特务工作，胜利以后匆遽死去。陈援庵同胡适之也是好朋友，但胡适之在解放的前夕乘飞机仓黄逃到上海，陈援庵却在北京安坐不动，当时王古鲁在上海，特地去访胡博士，劝他回北京至少也不要离开上海，可是胡适之却不能接受这个好意的劝告。由此看来，沈兼士和胡适之都不能及陈援庵的眼光远大，他的享有高龄与荣誉，可见不是偶然的事了。

另外一个是沈大先生沈士远，他的名气都没有两个兄弟的大，人却顶是直爽，有北方人的气概，他们虽然本籍吴兴，可是都是在陕西长大的。钱玄同尝形容他说，譬如有几个朋友聚在一起谈天，渐渐的由正经事谈到不很雅驯的事，这是凡在聚谈的时候常有的现象，他却在这时特别表示一种紧张的神色，仿佛在声明道，现在我们要开始说笑话了！这似乎形容的很是得神。他最初在北大预科教国文，讲解的十分仔细，讲义中有一篇《庄子》的天下篇，据说这篇文章一直要讲上一学期，这才完了，因此学生们送他一个别号便是“沈天下”。随后转任为北大的庶务主任，到后来便往燕京大学去当国文教授，时间大约在民国十五年（一九二六）吧，因为第二年的四月李守常君被捕的那天，大家都到他海甸家里去玩，守常的大儿子也同了同学们去，那天就住在他家里，及至次晨这才知道昨日发生的事情，便由尹默打电话

① “任为”三育本同，桂本作“被任为”。〖*284*，倒*1*〗

告知他的老兄，叫暂留守常的儿子住在城外。因此可以知道他转往燕大的时期，这以后他就脱离了北大，解放后他来北京在故宫博物院任职，但是不久也就故去了。至今三位沈君之中，只有尹默还是健在，但他也已早就离开北大，在民国十八年北伐成功之后，他陆续担任河北省教育厅长、北平大学校长、女子文理学院院长，后到上海任中法教育职务，他擅长书法，是旧日朋友中很难得的一位艺术家。

一二四　三沈二马 下

现在要来写马家列传了。在北大的虽然只有两位马先生，但是他家兄弟一共有九个，不过后来留存的只是五人，我都见到过，而且也都相当的熟识。马大先生不在了，但留下一个儿子，时常在九先生那里见着，二先生即是北大的马幼渔，名裕藻，本来他们各有一套标准的名号，很是整齐，大约还是他们老太爷给定下来的，即四先生名衡，字叔平，五先生名鉴，字季明，七先生名准，本字绳甫，后来曾一度出家，因改号太玄，九先生名廉，字隅卿，照例二先生也应是个单名，字为仲什么，但是他都改换掉了，大约也在考取“百名师范”，往日本留学去的时候吧。不晓得他的师范是哪一门，但他在北大所教的乃是章太炎先生所传授的文字学的音韵部分，和钱玄同的情形正是一样。他进北大很早，大概在蔡孑民长校之前，以后便一直在里边，与北大共始终，民国廿六年（一九三七）学校迁往长沙随后又至昆明，他没有跟了去，学校方面承认几个教员有困难的不能离开北京，名为北大留校教授，凡有四人，即马幼渔、孟心史、冯汉叔和我，由学校每月给予留京津贴五十元，但在解放以前他与冯孟两位却已去世了。

马幼渔性甚和易，对人很是谦恭，虽是熟识朋友也总是称某某先生，这似乎是马氏弟兄的一种风气，因为他们都是如此的。与旧友谈天颇喜诙谐，唯自己不善剧谈，只是傍听微笑而已。但有时迹近戏弄的也不赞成，有一次刘半农才到北京不久，也同老朋友一样和他开玩笑，在写信给他的时候，信面上写作“鄞县马厩”，主人见了艴然不悦，这其实要怪刘博士的过于轻率的。他又容易激怒，在评议会的会场上遇见不合理的议论，特别是后来“正人君子”的一派，他便要大声叱咤，一点不留面子，与平常的态度截然不同。但是他碰见了女学生，那就要大倒其楣，他平时的那种客气和不客气的态度都没有用处。现在来讲这种轶事，似乎对于故人有点不敬的意思，其实是并不然的，这便是说他有特别的一样脾气，便是所谓誉妻癖。本来在知识阶级中间这是很寻常的事，居家相敬如宾，出外说到太太时，总是说自己不如，或是学问好，或是治家有方，有些人听了也不大以为然，但那毕竟与季常之惧稍有不同，所以并无什么可笑之处，至多是有点幽默味罢了。他有一个时候曾在女师大或者还是女高师兼课，上课的时候不知怎的说及那个问题，关于“内人”讲了些话，到了下星期的上课时间，有两个女学生提出请求道：

“这一班还请老师给我们讲讲内人的事吧。”这很使得他有点为难，大概只是嗨嗨一笑，翻开讲义夹来，模胡过去了吧。这班学生里很出些人物，即如那捣乱的学生就是那有名的黄瑞筠，当时在场的她的同学后来出嫁之后讲给她的“先生”听，我又是从那里转听来的，所以虽然是间接得来，但是这故事的真实性是十分可靠的。——说到这里，联想所及不禁笔又要岔了开去，来记刘半农的一件轶事了。这些如教古旧的道学家看来，就是“谈人闺阃”，是很缺德的事，其实讲这故事其目的乃是来表彰他，所以乃是当作一件盛德事来讲的。当初刘半农从上海来北京，虽然有志革新，但有些古代传来的“才子佳人”的思想还是存在，时常在谈话中间要透露出来，仿佛有羡慕“红袖添香”的口气，我便同了玄同加以讽刺，将他的号改为龚孝拱的“半伦”，因为龚孝拱不承认五伦，只馀下一妾，所以自认只有半个“伦”了。半农禁不起朋友们的攻击，逐渐放弃了这种旧感情和思想，后来出洋留学，受了西欧尊重女性的教训，更是显著的有了转变了。归国后参加语丝的工作，及张作霖入关，语丝被禁，我们两人暂避在一个日本武人的家里，半农有《记砚兄之称》一小文记其事云：

余与知堂老人每以砚兄相称，不知者或以为儿时同窗友也。其实余二人相识，余已二十七，岂明已三十三。时余穿鱼皮鞋，犹存上海少年滑头气，岂明则蓄浓髯，戴大绒帽，披马夫式大衣，俨然一俄国英雄也。越十年，红胡入关主政，北新封，语丝停，李丹忱捕，余与岂明同避菜厂胡同一友人家。小厢三楹，中为膳食所，左为寝室，席地而卧，右为书室，室仅一桌，桌仅一砚。寝，食，相对枯坐而外，低头共砚写文而已。居停主人不许多友来视，能来者余妻岂明妻而外，仅有徐耀辰兄传递外间消息，日或三四至也。时为民国十六年，以十月二十四日去，越一星期归，今日思之，亦如梦中矣。

我所说的便是躲在菜厂胡同的事，有一天半农夫人来访，其时适值余妻亦在，因避居右室，及临去乃见其潜至门后，亲吻而别，此盖是在法国学得的礼节，维持至今者也。此事适为余妻窥见，相与叹息刘博士之盛德，不敢笑也。刘胡二博士虽是品质不一样，但是在不忘故剑这一点上，却是足以令人钦佩的，胡适之尚健在，若是刘半农则已盖棺论定的了。

一二五　二马之馀

上边讲马幼渔的事，不觉过于冗长，所以其他的马先生只能写在另外的一章了。马四先生名叫马衡，他大约是民国八九年才进北大的吧，教的是金石学一门，始终是个讲师，于校务不发生什么关系，说的人也只是品凑“二马”的人数，拉来充数的罢了。他的夫人乃是宁波巨商叶澄衷堂家里的小姐，却十分看不起大学教授的地位，曾对别人说：

“现在好久没有回娘家去了，因为不好意思，家里问起叔平干些什么，要是在银行什么地方，那也还说得过去，但是一个大学的破教授，教我怎么说呢？”可是在那些破教授中间，马叔平却是十分阔气的，他平常总是西服，出入有一辆自用的小汽车，胡博士买到福特旧式的“高轩”，恐怕还要在他之后哩。他待人一样的有礼貌，但好谈笑，和钱玄同很说得来，有一次玄同与我转托黎劭西去找齐白石刻印，因为黎齐有特别关系，刻印可以便宜，只要一块半钱[①]一个字，叔平听见了这个消息，便特地坐汽车到孔德学校宿舍里去找玄同，郑重的对他说：

“你有钱尽有可花的地方，为什么要去送给齐白石？”他自己也会刻印，但似乎是仿汉的一派，在北京的印人经他许可的只有王福庵和寿石工，他给我刻过一方名印，仿古人“庾公之斯”的例，印文云“周公之作”，这与陈师曾刻的省去“人”字的“周作”正是好一对了。他又喜欢喝酒，玄同前去谈天留着吃饭的时候，常劝客人同喝，玄同本来也会喝酒，只因血压高怕敢多吃，所以曾经写过一张“酒誓”，留在我这里，因为他写了同文的两张，一张是给我的，却不知道是什么缘故，都寄到这里来了。原文系用九行行七字的急就庼自制的红格纸所写，其文曰：

> 我从中华民国二十二年七月二日起，当天发誓，绝对戒酒，即对于马凡将周苦雨二氏，亦不敷衍矣。恐后无凭，立此存照。钱龟竞十。

下盖朱文方印曰龟竞，十字甚粗笨，则是花押也。给我的一纸文字相同，唯周苦雨的名字排在前面而已。看了这写给“凡将斋”的酒誓，也可以想见主人是个有风趣的人了。他于赏鉴古物也很有工夫，有一年正月逛厂甸，我和玄同叔平大家适值会在一起，又见黎子鹤张凤举一同走来，子鹤拿出新得来的“酱油青田”的印章，十分得意的给他看，他将石头拿得很远的一看（因为有

---

①“一块半钱”的用法，说明称五毛为半块的不止石家庄人。北方人说几块几毛钱，大多省去“毛”或“钱”，如两块五；初来桂林的时候买菜，听卖菜的说“一块七钱”，很觉新奇。知堂为文鲜活如此。〖*288*，倒*7*〗

点眼花了），不客气的说道：

“西贝，西贝！”意思是说“假”的。玄同后来时常学他的做法，这也是可以表现他的一种性格。自从一九二四年宣统出宫，故宫博物院逐渐成立以后，马叔平遂有了他适当的工作，后来正式做了院长，直到解放之后这才故去了。

此外还有几位马先生，虽然只有一位与北大有关系，也顺便都记在这里。马五先生即是马鉴季明，他一向在燕京大学任教，我在那里和他共事好几年，也是很熟习的朋友，后来转到香港大学，到近年才归道山。马七先生马准，法号太玄，也是一个很可谈话有风趣的人，在有些地方大学教书，只是因为曾有嗜好，所以不大能够得意，在他的兄弟处时常遇见，颇为谂熟。末了一个是马九先生隅卿，他曾在鲁迅之后任中国小说史的功课，至民国二十四年（一九三五）二月十九日在北京大学第一院课堂上因脑出血去世。隅卿的专门研究是明清的小说戏曲，此外又搜集四明的明末文献，这件事是受了清末的民族革命运动的影响，大抵现今的老年人都有过这种经验，不过表现略有不同，如七先生写到清乾隆必称曰弘历，亦是其一。因为这些小说戏曲从来是不登大雅之堂的，所以隅卿自称曰不登大雅文库，隅卿没后，听说这文库以万元售给北大图书馆了。后来得到一部二十回本的《平妖传》，又称平妖堂主人，尝复刻书中插画为笺纸，大如册页，分得一匣，珍惜不敢用，又别有一种画笺，系《金瓶梅》中插图，似刻成未印，今不可得矣。居南方时得话本二册，题曰“雨窗集”、“欹枕集”，审定为清平山堂同型之本，旧藏天一阁者也，因影印行世，请沈兼士书额云雨窗欹枕室，友人或戏称之为雨窗先生。隅卿用功甚勤，所为札记甚多，平素过于谦退不肯发表，尝考冯梦龙事迹著作甚详备，又抄集遗文成一卷，屡劝其付印亦未允。二月十八日是阴历上元，他那时还出去看街上的灯，一直兴致很好，不意到了第二天便尔溘然了。我送去了一副挽联，只有十四个字：

月夜看灯才一梦，

雨窗欹枕更何人。——中年以后丧朋友是很可悲的事，有如古书，少一部就少一部，此意惜难得恰好的达出，挽联亦只能写得像一副挽联就算了。当时写一篇纪念文，是这样的结末的。

一二六　五四之前

关于北大里的人物的事情，讲的已经不算少了，现在来讲一点学校那时的一点情形吧。其时我才从地方中学出来，一下子就进到最高学府，不知道如何是好，也只好照着中学的规矩，敷衍做去。点名划到，还是中学的那一套，但是教课，中学是有教科书的，现在却要用讲义，这须得自己来编，那便是很繁重的工作了。课程上规定，我所担任的欧洲文学史是三单位，希腊罗马文学史三单位，计一星期只要上六小时的课，可是事先却须得预备六小时用的讲义，这大约需要写稿纸至少二十张，再加上看参考书的时间，实在[①]是够忙的了。于是在白天里把草稿起好，到晚上等鲁迅修正字句之后，第二天再来誊正并起草，如是继续下去，

① “实在”手稿作“实用”，三育本、桂本同改。〖*290*，倒*5*〗

在六天里总可以完成所需要的稿件，交到学校里油印备用。这样经过一年的光阴，计草成希腊文学要略一卷，罗马一卷，欧洲中古至十八世纪一卷，合成一册《欧洲文学史》，作为北京大学丛书之三，由商务印书馆出板。这是一种杂凑而成的书，材料全由英文本各国文学史、文人传记、作品批评杂和做成，完全不成东西，不过在那时候也凑合着用了。但是这里也有一种特色，便是人地名都不音译，只用罗马字拼写，书名亦写原文，在讲解时加以解说，所以是用横行排印，虽然用的还是文言。后来商务印书馆要出一套大学的教本，想把这本文学史充数，我也把编好了的十九世纪文学史整理好，预备加进去，可是拿到他们专家审订的意见来一看，我就只好敬谢不敏了。因为他说书中年月有误，那可能是由于我所根据的和他的权威不合，但是主张著作名称悉应改用英文，这种英语正统的看法在那些绅士学者的社会虽是当然，但与原书的主旨正是相反，所以在绅士丛书中间只得少陪了。曾见欧洲分期文学史中一册“十四世纪”，是英国圣兹伯利所编，他在例言里边说，因为编写这册书的缘故，重新将十四世纪的作品读了一遍，一切悉依原文，自己说明只有爱尔兰古文不懂，所以用了译文。我看了只能叫声惭愧，编文学史的工作不是我们搞得来的，要讲一国一时期的文学照理非得把那些作品都看一遍不可，我们平凡人哪里来这许多精力和时间？我的那册文学史在供应了时代的需要以后，任其绝板，那倒是很好的事吧。

北大那时还于文科之外，还早熟的设立研究所，于六年（一九一七）十二月开始，凡分哲学、中文及英文三门，由教员拟定题目，分教员公同研究及学生研究两种。我于甲种中选择了“改良文字问题”，同人有钱玄同马裕藻刘文典三人，却是一直也没有开过研究会，乙种则参加了“文章”类第五的小说组，同人有胡适刘复二人，规定每月二次，于第二第四的星期五举行开会，照例须有一个人讲演。我们的小说组于十二月十四日开始，一共有十次的集会，研究员[①]只有中文系二年级的崔龙文和英文系三年级的袁振英两人。我记得讲演仅有胡刘二君各讲了一回，是什么题目也已忘记了，只仿佛记得刘半农所讲是什么“下等小说”，到了四月十九日这次轮到应该我讲了，我遂写了一篇《日本近三十年小说之发达》，在那里敷衍的应用。大意是说它学西洋学得好，能够彻底的去模仿外国，随后就可以蜕化出自己的东西来，随后讲到中国，便大发其牢骚，现在虽已是过时，不妨抄在这里，以供参考：

> 中国讲新小说也二十多年了，算起来却毫无成绩，这是什么理由呢？据我说来，就只在中国人不肯模仿，不会模仿。因为这个缘故，所以旧派小说还出几种，新文学的小说就一本也没有。创作一面姑且不论也罢，即如翻译，也是如此。除却一二种节译的小仲马《茶花女遗事》，托尔斯泰《心狱》外，别无世界名著。其次司各得、迭更司还多，接下去便是高能达利、哈葛得、白髭拜（Buothby）、无名氏诸作。这宗著作，固然没有什么可模仿，也决没人去模仿它，因为译者本来也不是佩服他的长处所以译它，所以译这本书者便因为它有我的

①“研究员”三育本同，桂本作“研究生”。这种研究所分教员公同研究及学生研究两种，小说组所属的文章类为后者，参加的学生身份等于研究员，不是毕了业发给学历证明的研究生。〖*291*，倒*5*〗

长处，因为他像我的缘故。所以司各得小说之可译可读者，就因为他像史汉的缘故，正与将赫胥黎《天演论》比周秦诸子同一道理。大家都存着这样一个心思，所以凡事都改革不完成，不肯自己去学别人，只愿别人来像我，即使勉强去学，也仍是打定老主意，以“中学为体，西学为用”。学了一点，更①上下古今扯作一团，来作他的传奇主义的“聊斋”，自然主义的“子不语”，这是不肯模仿不会模仿的必然的结果了。

我说这番话，完全是针对那时上海的小说界而说的，当时除风行一时的“鸯鸳②蝴蝶派”而外，就是刘半农所说的下等小说和“黑幕”派，所指的翻译界现象则是林琴南派的说法了。这里反面的发牢骚，就是对于当时小说界的批评，至今觉得很对，但是正面说日本的话，却似乎现在要加以修正了。日本文化的特色固然是在于“创造的模仿”，但是近来却有点过分的模仿西洋，尤其是美国，连言语也生了变化，混杂了许多不必要的“英文”，仿佛成功了一种新的混血日本语，而且听说书法家也传染了美国什么叫做抽象派画家的习气，大幅的涂抹，这不但浪费纸墨，也简直可以说是风雅扫地了。这个缘因大抵是由于资本主义的报馆和文人一同起哄，造成这种混乱情形，或者这是在西方式的所谓自由社会里应有的现象吧。

北京大学经过改革，两年来逐渐就绪，马神庙的校舍改造成功，称为第二院。在汉花园建筑也于民国七年（一九一八）落成，

① “更”三育本同，桂本作“便”。〖*292*，倒*13*〗

② “鸯鸳”三育本、桂本均作“鸳鸯”。〖*292*，倒*10*〗

上下共有五层，本来原拟作为宿舍用的，现在却改为文科，称为第一院，译学馆则称第三院，专办法科。第二院因为房屋较好，作为理科之用，校长办公室也就留在那里，但是以后文化活动的中心却也同文科一起搬到第一院来了。旧日记在民国七年九月项下云：

"廿七日，晴。下午同半农秣陵往看新筑文科。"据褚保衡编的《北大生活》里大事记说，五年六月借比国仪品公司款二十万元，建造预科宿舍，至七年十月落成，改为文科，就是后来的所谓红楼。

一二七　每周评论　上

《北大生活》的大事记上有这几项记录：

"民国七年十二月三日，新潮杂志成立。"

"八年一月，新潮杂志出板。"

"同月，国故月刊社成立。"这样，《公言报》所夸张的新旧学派对立的情形已经开始，刚到两个月便兴起了那武力干涉的阴谋，但是其实那异军突起的却并不是每月一回的月刊，乃是七年十一月廿七日成立，而于十二月廿一日创刊的《每周评论》。所谓新旧派的论争实在也争不出什么来，新派纯凭文章攻击敌方的据点，不涉及个人，旧派的刘申叔则只顾做他的考据文章，别无主张，另一位黄季刚乃专门泼妇式的骂街，特别是在讲堂上尤其大放厥词，这位国学大师的做法实是不足为训。这手法传给了及门弟子，所以当时说某人是“黄门侍郎”（即是说是黄季刚的得意门生），谁也感到头痛，觉得不敢请教的。新潮的主干是傅斯年，罗家伦只是副手，才力也较差，傅在研究所也单认了一种黄侃的文章组的“文”，可以想见在一年之前还是黄派的中坚，但到七年十二月便完全转变了，所以陈独秀虽自己在编新青年，却不自信有这样大的法力，在那时候曾经问过我：“他们可不是派来做细作的么？”我虽然教过他们这一班，但实在不知底细，只好成人之美说些好话，说他们既然有意学好，想是可靠的吧。结果仲甫的怀疑到底是不错的，他们并不是做细作，却实在是投机，“五四”以后罗家伦在学生会办事也颇出力，及至得到学校的重视，资送出洋，便得到高飞的机会了。他们这种做法实在要比旧派来得高明，虽然其动机与旧派一流原是一样的。

每周评论预定于十二月十四日创刊，我乃写了一篇《人的文学》，于十二月七日脱稿，送了过去，十四日得仲甫回信道：

> 大著《人的文学》做得极好，唯此种材料以载月刊为宜，拟登入新青年，先生以为如何？周刊已批准，定于本月二十一日出板，印刷所之要求，下星期三即须交稿。文艺时评一栏，望先生有一实物批评之文。

因此我就改作了一篇《平民的文学》，是二十日做成的，此外又写了一篇《论黑幕》，这两篇文章在每周评论第四五两期上登载了出来。此后在二月十四日又写了《再论黑幕》，不晓得发表在什么时候，现在这两篇关于黑幕的文章都没有收在集子里，所以说些什么，已经完全忘记了。比较的至今还是记得清楚的，是两篇别的文章，因为这些乃是由衷之言，可以说是近于“言志”的东西[①]，这即是《祖先崇拜》与《思想革命》，在《谈虎集》上卷收在开头的地方。两篇文章的末尾都只记着“八年三月”，查日记里也没有记载，只有二日下午记着“作文”，可能就是这个。《祖先崇拜》是反对中国的尊重国粹，主张废止祖先崇拜而改为子孙崇拜，主要说：

> 我不信世上有一部经典，可以千百年来当人类的教训的，只有纪载生物的生活现象的学问，才可供我们的参考，定人类行为的标准。在自然律上面的确是祖先为子孙而生存，并非子孙为祖先而生存的。

我这伦理的生物学的解说不管它的好坏得失如何，的确跟了我一辈子，做了我一切意见的根柢，而其实关于生物学的学问，不说是外行，也只有中学的程度。第二篇《思想革命》则是正面的主张，强调思想改革之必要，仿佛和那时正出风头的“文学革命”即是文字改革故意立异，实在乃是补足它所缺少的一方面罢了。这主要所说固然是文学里的思想，但实际包含着一切的封建的因袭道德，若是借了大公报的说法，那也就是“划伦常”的一种变相了。我给每周评论帮忙，在前三个月中间就只有这一点，因为四月里我告假出京，先往绍兴家中一转，再到日本东京，所以“五四”时候不曾在场，待得我从东京回得北京来，却已是五月十八日了。

---

① “东西”手稿作“东”，三育本、桂本同添。〖*294，13*〗

一二八　每周评论 下

“五四”的情形因为我不在北京，不能知道，但是一个月之后，遇见“六三”事件，我却是“亲眼目睹”的，有些事情便在每周评论上反映了出来。五四是大学生干预国政运动的开始，所以意义很是重大，六三则是运动的扩大，中小学生表示同情，援助大学生，出来讲演游行，北洋政府慌了手脚，连忙加以镇压，可是对于幼小学生，到底不好十分乱来，只好遇见就拘捕起来。那一天下午，我在北大新造成的第一院，二楼中间的国文系教授室那时作为教职员联合会办事室的一间屋里，听说政府捉了许多中小学生拘留各处，最近的北路便是第三院法科那里，于是陈百年刘半农王星拱和我四人便一同前去，自称系北大教员代表，慰问被捕学生，要求进去，结果自然是被拒绝，只在门前站着看了一会儿。三院前面南北两路断绝交通，隔着水沟（那时北河沿的沟还未填平）的东边空地上聚集了许多看热闹的男女老幼都有，学生随时被军警押着送来，有的只是十三四岁的初中学生，走到门前，在门楼上的有些同学，便拍手高呼欢迎他，那看热闹的人也拍手相应。有的老太婆在擦眼泪，她眼看像她孙儿那么大的小学生被送进牢门（虽然这原是译学馆的门）里不见了，她怎能不心酸呢？反动政府对于革命运动的无理的镇压，不但给予革命者本身，也给予一般民众以最好的训练，使得他们了解并同情于革命，往往比运动本身更有效力。

这一天就在混乱中过去了，第二天是六月四日，下午二时至第二院理科赴职教员会，没有什么结果，又回至文科，则门外已驻兵五棚，很有不稳的形势。五日下午仍至文科，三时半出校，步行至前门内警察厅门前，有学生讲演不能通行，大队军警包围着他们，我们正想挤过去，马队便过来冲散行人，有一老翁忽然大怒，说我们平民为什么路都不能走，要奔去马队拼命，好容易由旁人劝止，这一件小事也就可以证明，和平的小市民怎么的被激动而引起反政府的感情，这全由于北洋政府自己的行动，并不单是学生的讲演所能造成的。那一天回到会馆里，在灯下做了一篇《前门遇马队记》，于次日上午往北大上课的时候，送到图书馆主任室交给守常，请他编入每周评论，那天似是星期五，所以可能在下一期上登了出来了。其文曰：

中华民国八年六月五日下午三时后，我从北池子往南走，想出前门买点什物。走到宗人府夹道，看见行人非常的多，我就觉得有点古怪。到了警察厅前面，两旁的步道都挤满了，马路中间站立着许多军警。再往前看，见有几队穿长衫的少年，每队里有一张国旗，站在街心，周围也是军警。我还想上前，就被几个兵拦住。人家提起兵来，便觉得害怕。但我想兵和我同是一样的中国人，有什么可怕呢？那几位兵士果然很和气，说请你不要再上前去。我对他说："那班人都是我们中国的公民，又没拿着武器，我走过去有什么危险呢？"他说："你别见怪，我们也是没法，请你略候一候，就可以过去了。"我听了也便安心站着，却不料忽听得一声怪叫，说道什么"往北走"，后面就是一阵铁蹄声，我仿佛见我的右肩旁边，撞到了一个黄的马头。那时大家发了慌，一齐向北直奔，后面还听得一阵马蹄声响和怪叫。等到觉得危险已过，立定看时，已经在“履中”两个字的牌楼底下了。我定一定神，再计算出前门的方法，不知如何是好，须得向哪里走才免得被马队来冲。于是便去请教那站岗的警察，他很和善的指导我，教我从天安门往南走，穿过中华门，可以安全出去。我谢了他，便照他指导的走去，果然毫无危险。我在甬道上走着，一面想着，照我今天遇到的情形，那兵警都待我很好，确是本国人的样子，只有那一队马煞是可怕。那马是无知的畜生，它自然直冲过来，不知道什么是共和，什么是法律。但我仿佛记得那马上似乎也骑着人，当然是兵士或警察了。那些人虽然骑在马上，也应该还有自己的思想和主意，何至任凭马匹来践踏我们自己的人呢？我当时理应不要逃走，该去和马上的“人”说话，谅他一定也很和善，懂得道理，能够保护我们。我很懊悔没有这样做，被马吓慌了，只顾[①]逃命，把我衣袋里的十几个铜元都丢了。想到这里，不觉已经到了天安门外第三十九个帐篷的面前，要再回过和他们说，也来不及了。晚上坐在家里，回想下午的事，似乎又气又喜。气的是自己没用，不和骑马的人说理，喜的是侥幸没有被马踏坏。于是提起笔来，写这一篇做个纪念。从前中国文人遇到一番危险，事后往往做一篇什么思痛记或虎口馀生记之类。我这一回虽然算不得什么了不得的大事，但在我却是初次。我从前在外国走路，

---

① “只顾”手稿作“已顾”，三育本、桂本同改。〖*297*，*2*〗

也不曾受过兵警的呵叱驱逐，至于姓命[①]交关的追赶，更是没有遇着过。如今在本国的首都却吃了这一大惊吓，真是出人“意表之外”，所以不免大惊小怪，写了这许多话。可是我决不悔此一行，因为这一回所得的教训与觉悟比所受的侮辱更大。

这篇文章写的并不怎么的精采，只是装痴假呆的说些讽刺话，可是不意从相反的方面得到了赏音，因为警察厅注意每周评论，时常派人到编辑处去查问，有一天他对守常说道：“你们的评论不知怎么总是不正派，有些文章看不出毛病来，实际上全是要不得。”据守常说，所谓有些文章即是指的那篇“遇马队记”，看来那骑在马上的人也隔衣觉着针刺了吧。

一二九　小河与新村 上

民国八年（一九一九）一月里，我做了一首新诗，题云“小河”。同年七月我到日本去，顺便一看日向地方的“新村”。这两件事情似乎很有连带的关系，所以一起写在这里，题作“小河与新村”。

我写“新诗”，是从民国七年才开始的，所以经验很浅，写那样的长篇实在还是第一次，而且也就是第末次了，因为我写的

① “姓命”三育本同，桂本作“性命”。姓，命也。〖*297，9*〗

稍长的诗实在只有这一篇。现在先来做一回文抄公，把那首诗完全抄在这里吧。

　　一条小河，稳稳的向前流动。
经过的地方，两面全是乌黑的土，
生满了红的花，碧绿的叶，黄色的果实。
　　一个农夫背了锄来，在小河中间筑起一道堰。
下流干了，上流的水被堰拦着，下来不得，
不得前进，又不能退回，水只在堰前乱转。
水要保他的生命，总须流动，便只在堰前乱转。
堰下的土，逐渐淘去，成了深潭。
水也不怨这堰，——便只是想流动，
想同从前一样，稳稳的向前流动。
　　一日农夫又来，土堰外筑起一道石堰。
土堰坍了，水冲着坚固的石堰，还只是乱转。

* * *

　　堰外田里的稻，听着水声，皱着眉说道：
“我是一株稻，是一株可怜的小草，
我喜欢水来润泽我，
却怕他在我身上流过。
小河的水是我的好朋友，
他曾经稳稳的流过我的面前，
我对他点头，他向我微笑。
我愿他能够放出了石堰，

仍然稳稳的流着，
向我们微笑，
曲曲折折的尽量向前流着，
经过的两面地方，都变成一片锦绣。
他本是我的好朋友，
只怕他如今不认识我了，
他在地里底呻吟，
听去虽然微细，却又如何可怕！
这不像我朋友平日的声音，
被微风搀着走上沙滩来时
快活的声音。
我只怕他这回出来的时候，
不认识从前的朋友了，——
便在我身上大踏步过去。
我所以正在这里忧虑。”

田边的桑树，也摇头说：

“我长的高，能望见那小河，——
他是我的好朋友，
他送清水给我喝，
使我能生肥绿的叶，紫红的桑葚。
他从前清澈的颜色，
现在[1]变了青黑，
又是终年挣扎，脸上添出许多痉挛的皱纹。

---

① “现在”手稿作“现成”，三育本、桂本同，今改。〖*299*，倒*12*〗

他只向下钻，早没有工夫对了我[①]点头微笑。
堰下的潭，深过了我的根了。
我生在小河旁边，
夏天晒不枯我的枝条，
冬天冻不坏我的根。
如今只怕我的好朋友，
将我带倒在沙滩上，
拌着他带来的水草。
我可怜我的好朋友，
但实在也为我自己着急。”

田里的草和虾蟆，听了两个的话，
也都叹气，各有他们自己的心事。

* * *

水只在堰前乱转。
坚固的石堰，还是一毫不摇动。
筑堰的人，不知到哪里去了。

（一月二十四日）

一三〇　小河与新村 中

事隔三十五年，在民国甲申（一九四四）的九月，我抄了廿

① “我”手稿作“我的”，三育本同，桂本删。〖*292*，倒*10*〗

四首“弗入调”（方言“弗入调”兼有不遵规则及无赖的意思）的旧诗，题曰“苦茶庵打油诗”，在杂志上发表了。篇末有一段话，涉及《小河》，现在也可以抄了来，做个说明。

> 这些以诗论当然全不成，但里边的意思[①]总是确实的，所以如只取其述怀，当作文章看，亦未始不可，只是意稍隐曲而已。我的打油诗本来写得很是拙直，只要第一不当作[②]游戏话，意思极容易看得出，大约就只有忧与惧耳。孔子说，仁者不忧，勇者不惧。吾侪小人诚不足与语仁勇，唯忧生悯乱，正是人情之常，而能惧思之人亦复为君子所取，然则知忧惧或与知惭愧相类，未始非人生入德之门乎。从前读过《诗经》，大半都已忘记了，但是记起几篇来时，觉得古时诗人何其那么哀伤，每读一过令人不欢。如“王风”里的《黍离》云，知我者谓我心忧，不知我者谓我何求，悠悠苍天，此何人哉。其心理状态则云中心摇摇，终乃如醉以至如噎。又《兔爰》云，我生之初，尚无为，我生之后，逢此百罹，尚寐无吪。小序说明原委，则云君子不乐其生。幸哉我们尚得止于忧惧，这里总还有一点希望，若到了哀伤则一切已完了矣。大抵忧惧的分子在我的诗文里由来已久，最好的例是那篇《小河》，民国八年所作的新诗，可以与二十年后的打油诗做一个对照。这是民八的一月廿四

①“意思”手稿作“意”，三育本同，桂本添。〖*300*，*12*〗

②“当作”三育本同，桂本作“当他作”。本书中知堂照录旧文，指物事之代词多用“它”。〖*300*，倒*13*〗

日所作，登载在《新青年》上，共有五十七行，当时觉得有点别致，颇引起好些注意。或者在形式上可以说，摆脱了诗词歌赋的规律，完全用语体散文来写，这是一种新表现，夸奖的话只能说到这里为止，至于内容那实在是很旧的，假如说明了的时候，简直可以说这是新诗人所大抵不屑为的，一句话就是那种古老的忧惧。这本是中国旧诗人的传统，不过不幸他们多是事后的哀伤，我们还算好一点的是将来的忧虑。其次是形式也就不是直接的，而用了譬喻，其实外国民歌中很多这种方式，便是在中国，《中山狼传》中的老牛老树也都说话，所以说到底连形式也并不是什么新的东西。鄙人是中国东南水乡的人民，对于水很有情分，可是也十分知道水的利害，《小河》的题材即由此而出。古人云，民犹水也，水能载舟，亦能覆舟。法国路易十四云，朕等之后有洪水来。其一戒惧如周公，其一放肆如隋炀，但二者的话其归趋则一，是一样的可怕。把这类意思装到诗里去，是做不[①]好诗来的，但这是我诚恳的意思，所以随时得有机会便想发表，自《小河》起，中间经过好些诗文[②]，以至《中国的思想问题》，前后二十馀年，就只是这两句话，今昔读者或者不接头亦未可知，自己则很是清楚，深知老调无变化，令人厌闻，唯不可不说实话耳。打油诗本不足道，今又为此而有此一番说明，殊有唐丧时日之感，故亦不多赘矣。

① “做不”三育本同，桂本作“做不成”。〖*301，10*〗

② “诗文”三育本同，桂本作“文诗”。〖*301，12*〗

这些诗里边有第十五首，情调最是与《小河》相近，不过那是借种园人的口气，不再是譬喻罢了。原诗云：

野老生涯是种园，闲衔烟管立黄昏。
豆花未落瓜生蔓，怅望山南大水云。

原注："夏中南方赤云弥漫，主有水患，称曰大水云。"这里夏天六月有大水云的时候，什么瓜才生蔓，什么豆花未落，这些都不成题，只是说瓜豆尚未成熟，大水即是洪水的预兆就来了，种园的人只表示他的忧虑而已。这是一九四二年所作，再过五六年北京就解放了，原来大革命的到来极是自然顺利，俗语所谓"瓜熟蒂落"，这又比作妇人的生产，说这没有像想像的那么难，那么这些忧惧都是徒然的了。不过这乃是知识阶级的通病，他们忧生悯乱，叫喊一起，但是古今情形不同，昔人的忧惧后来成为事实，的确成为一场灾难，现在却是因此得到解救，正如经过一次手术，反而病去身轻了。

一三一　小河与新村 下

民国八年我们决定移家北京，我遂于四月告假先回绍兴，将在那里的家小——妻子和子女一共四人，送往日本东京的母家归宁，还没有来得及去逛上野公园，听见"五四"的消息，赶紧回北京来，已经是五月十八日了。到了七月二日，又从塘沽乘船出发，去接她们回来，六日上午到日本门司港，坐火车迂道到日向的福岛町，至石河内，参观“新村”。

这“新村”是什么样的东西呢？原来这乃是武者小路实笃所发起的一种理想主义的社会运动，他本是白桦派的一个人，从一九一〇年四月开始，刊行杂志，提倡人生的文学。当时日本文学上自然主义已经充分发展，那种主张对于人生不求解决，便不免发生一种厌倦与悲观的空气，他们为的不满意于这样现象，所以倾向于一种新的理想，笼统的说一句可以说是人道主义的吧。他们都很受俄国托尔斯泰、陀思妥也夫斯基的影响，武者小路是这派的领袖，尤其佩服托尔斯泰晚年的“躬耕”，从理想转变成现实，这便是所谓“新村”了。他最初在杂志发挥他的主张，后来看见同志的青年逐渐增多，就来着手组织实行，一九一八年在日向儿汤郡地方买了若干亩田地，建立了第一个新村。第二年七月间我去访问的，便是这个“新村”了。

我首先引用几节武者小路的说话，来说明这新村的理想是什么。他在《新村的生活》里说：

> 新时代应该来了。无论迟早，世界的革命总要发生，这便因为要使世间更为合理的缘故，使世间更为自由，更为个人的，又更为人类的——的缘故。

这里俨有一种预言者的态度，很有些宗教气，似乎是受了托尔斯泰的影响，那是很显明的事。他又说道：

> 对于这将来的时代，不先预备，必然要起革命。怕

惧革命的人，除了努力使人渐渐实行人的生活以外，别无方法。

新村的运动便在提倡实行这“人的生活”，顺了必然的潮流，建立新社会的基础，以免将来的大革命，省去一次无用的破坏损失。但是怎样才是人的生活呢，用他自己的话来说，“各人先尽了人生必要的劳动的义务，再将其馀的时间，做各人自己的事”。这就是“各尽所能，各取所需”的社会主义的理想，但他觉得这可以和平的获得，这是他的主张特别的地方。他说：

我极相信人类，又觉得现在制度存立的根基，非常的浅，只要大家都真望着这样社会出现，人类的运命便自然转变。

他又说：

我所说的事，即使现在不能实现，不久总要实现的，这是我的信仰。但这种社会的造成，是将用暴力得来呢，还是不用暴力呢？那须看那时的个人进步的程度如何了。现在的人还有许多恶德，与这样的社会不相适合。但与其说恶，或不如说是不明更为切当。他们怕这样的社会，仿佛地老鼠怕见日光。他们不知道这样的社会来了，人类才能得到幸福。

这里更明白揭示出“信仰”这两个字来了，所以我们无妨总结的断一句说，这“新村”的理想里面确实包含着宗教的分子，不过所信奉的不是任何一派的上帝，而是所谓人类，反正是空虚的一个概念，与神也相差无几了。普通空想的共产主义多是根据托尔斯泰的无抵抗主义，相信人性本善，到头终有觉悟的一天，这里武者小路更称共产主义的生活乃是人类的意志，虽然还是有点渺茫，但总比说是神意要好得多。新村的理想现在看来是难以实现，可是那时创始者的热心毅力是相当可以佩服的，而且那种期待革命而又怀忧虑的心情于此得到多少的慰安，所以对于新村的理论在过去时期我也曾加以宣扬，这就正是做那首《小河》的诗的时代。那时登在《新潮》九月号的《访日本新村记》，是一篇极其幼稚的文章，处处现出宗教的兴奋来，如在高城地方遇见村里来接的横井和斋藤二人的时候，说道：

> 我自从进了日向已经很兴奋，此时更觉感动欣喜，不知怎么说才好，似乎平日梦想的世界已经到了，这两人便是首先来通告的。现在虽然仍在旧世界居住，但即此部分的奇迹，已能够使我信念更加坚固，相信将来必有全体成功的一日。我们常说同胞之爱，却多未曾感到同类之爱，这同类之爱的理论，在我虽也常常想到，至于经验，却是初次。新村的空气中，便只充满这爱，所以令人融醉，几于忘返，这真可说是不奇的奇迹了。

我自己承认是范缜的神灭论者，相信人只有形体，没有精神可以离形体而独存，至于上帝与神更是不在话下了。可是尽管如此相信，却有时也要表现出教徒那种热心，或者以为宗教虽是虚妄，但在某种时地也是有用，有时也还要这样的想，大概到了一九二四年的春天，发表了那篇《教训的无效》[①]之后，才从这种迷妄里觉醒过来吧。

一三二　文学与宗教

"五四"运动是民国以来学生的第一次政治运动，因了全国人民的支援，得了空前的胜利，一时兴风作浪的文化界的反动势力受了打击，相反的新势力俄然兴起，因此随后的这一个时期，人家称为"新文化运动"的时代，其实是也很确当的。在这个时期，我凭了那时浪漫的文艺思想，在做文学活动，这所谓浪漫的思想第一表现在我给《每周评论》所写而后来发表在《新青年》上的一篇《人的文学》里边。虽然我因为考虑妇人问题，归结到"女人的自由到底须以社会的共产制度为基础，只有那种制度，才能在女子为母的时候供给养活她，免得去倚靠男子专制的意志过活"(一九一八年十月论《爱的成年》)，但是文学上所讲到的，还是很空洞的人类。这不只是《人的文学》是如此，便是在一九二〇年我给少年中国学会讲演的"新文学的要求"，也是那样的说法，结末处云：

① "教训的无效"三育本同，桂本作"教训之无用"。〖*304*，*6*、*7*〗

这新时代的文学家是偶像破坏者，但他还有他的新宗教，——人道主义的理想是他的信仰，人类的意志便是他的神。

我给少年中国学会先后讲演过三次，都是邓仲澥（后来改号中夏）高君宇二君来叫我去的，末后两次不记得是讲什么了，但大抵总是这一类的话吧。我除了写些评论之外，尤着力于翻译外国“弱小民族”的作品，在民国以前结集在《域外小说集》里，民国七八年在《新青年》发表的结集为《点滴》——后来改称为“空大鼓”，其后在《小说月报》发表的则编为“现代小说译丛”，始终是一贯的态度。当时我在《点滴》的序文上说，新潮社的傅斯年罗家伦两人说在这里有特别的两点，要我特加说明，这便是一直译的文体，二人道主义的精神，因此在初板时曾将《人的文学》一篇附录在后边，再板时这才撤去了。关于第一点我却仍然坚持，在原序中有一节道：

我以为此后译本，应当竭力保存原作的风气习惯，语言条理，最好是逐字译，不得已也应逐句译，宁可中不像中，西不像西，不必改头换面。但我毫无才力，所以成绩不良，至于方法却是最为适当。

现在不敢说方法一定是正确，因为事实上可能有具备“信达雅”这三样条件的，我只说自己才力不及，所以除直译之外别无更好的方法了。

我的文学活动的第二件，是在燕京大学文学会[①]所讲演的《圣书与中国文学》。这是一九二〇年十一月廿一至廿七日所写成，至三十日晚间在盔甲厂的一间小讲堂里所讲，这当然因为是教会大学的缘故，所以选择了那样的题目，但里边所说的话却是我真实的意思，不是专为应酬教会而说的。从前在南京学堂读书的时候，就听前辈胡诗庐说，学英文不可不看圣书，因为那“钦定”译本是有名的，所以我虽不是基督徒，也在身边带着一册新旧约全书，曾经有过一个时候还想学了希腊文来重译《新约》，至少也把四福音书改写成上好的古文。后来改译的兴趣已经是没有了，觉得它官话的译本已是很好，而且有些地方还可以作现在的参考，一方面当作文学作品来看，也是很有益的，特别是《旧约》里的抒情和感想部分，如《雅歌》、《传道书》和《箴言》等。我的讲演从形式与精神两点上，来讲它和中国文学的关系，很从思想方面把人道主义和基督教牵连在一起，这方面结论上说：

近代文艺上人道主义思想的源泉，一半便在这里，我们要想理解托尔斯泰、陀思妥也夫斯奇的爱的福音之文学，不得不从这源泉上来注意考察。

不但是讲文学时是这样说，就是在别的泛论中国事情的时候，也曾经有这样的意见，仿佛觉得基督教是有益于中国似的。一九二一年的夏天，我在北京西山养病，写有几段《山中杂信》寄给孙伏园，那时报纸还没有“副刊”这东西，那几封便发表在

① “文学会”手稿作“大学会”，三育本同，桂本改。〖*305*，*10*〗

《晨报》的第五板上。第六段是九月三日写的，里边说看见英敛之所著的《万松野人言善录》的感想道：

> 我老实说，对于英先生的议论未能完全赞同，但因此引起我陈年的感慨，觉得要一新中国的人心，基督教实在是很适宜的。极少数的人能够以科学艺术或社会的运动去替代宗教的要求，但在大多数是不可能的。我想最好便以能容受科学的一神教把中国现在的野蛮残忍的多神教打倒，民智的发达才有点希望。

但是这实在能有什么用呢？三年以后在什么书上见到斯宾塞给友人的信里说道德教训的无用，有这几句话道：

> 在宣传了爱之宗教将近二千年之后，憎之宗教还是很占势力，欧洲住着二万万的外道，假装着基督教徒，如有人愿望他们照着他们的教旨行事，反要被他们所辱骂。

这时我对于宗教可以利用的这种迷信方才打破了。上面已经说过，本来我是不信宗教的，也知道宗教乃是鸦片，但不知怎的总还有点迷恋鸦片的香气，以为它有时可以医病，以无信仰的人替宗教作辩护，事实上是有点矛盾也很是可笑的，那时对于非宗教运动的抗议，便是一例。但是这个矛盾，到了一九二七年也就取消，那时主张说：

“假如这不算是积极的目的，现在来反对基督教，只当作反帝国主义的手段之一，正如不买英货等的手段一样，那可是另一问题”，也是可以做的一种事了。关于文学的迷信，自己以为是懂得文艺的，这在“自己的园地”的时代正是顶热闹，一直等到自己觉悟对于文学的无知，宣告文学店关门，这才告一结束。

一三三　儿童文学与歌谣

在一九二〇年我又开始——这说是开始，或者不如说是复活更是恰当，一种特别的文学活动，这便是此处所说的儿童文学与歌谣。民国初年我因为读了美国斯喀特尔（Scudder）、麦克林托克（Maclintock）诸人所著的《小学校里的文学》，说明文学在小学教育上的价值，主张儿童应该读文学作品，不可单读那些商人杜撰的读本，读完了读本，虽然说是识字了，却是不能读书，因为没有养成读书的趣味。我很赞成他们的意见，便在教书的馀暇，写了几篇《童话研究》、《童话略论》这类的东西，预备在杂志上发表。那时中国模仿日本已经发刊童话了，我想这一类的文章或者也还适用吧，便寄给中华书局编辑部去看，当然并不敢希望得到报酬，说明只愿发表后得有一年份的《中华教育界》就好了，——结果却说那篇《童话略论》不甚合用，退了回来，后来寄给鲁迅，承他连同《童话研究》都登在教育部月刊中了。这是民国二年（一九一三）的事情，自然是用文言所写的，在第二年里又用文言写了《儿歌之研究》和《古童话释义》，登在绍兴县教育会月刊上，反正是拿去凑篇幅的，也不见有人要看，所以也不继续写下去了。但是还没有全然的断念，心想本地的儿歌或者还有人感到兴趣吧，说不定可以搜集一点，于是便在第二年的一月号月刊上登载了这样的一个启事：

> 作人今欲采集儿歌童话，录为一编，以存越国土风之特色，为民俗研究、儿童教育之资料。即大人读之，如闻天籁，起怀旧之思，儿时钓游故地，风雨异时，朋侪之嬉游，母姊之话言，犹景象宛在，颜色可亲，亦一乐也。第兹事繁重，非一人才力所能及，尚希当世方闻之士，举其所知，曲赐教益，得以有成，实为大幸。

这个广告登后经过了几个月，总算有一个同志送来了一篇儿歌，没有完全辜负发起人的意思，但是这征集儿歌的一件事不能不就此结束了。

我来到北京以后，适值北京大学的同人在方巾巷地方开办孔德学校，——平常人家以为是提倡孔家道德，其实却是以法国哲学家为名，一切取自由主义的教育方针，自小学至中学一贯的新式学校，我也被学校的主持人邀去参加，因此又引起了我过去的兴趣，在一九二〇年十一月二十六日乃在那里讲演了那篇《儿童的文学》。这篇文章的特色就只在于用白话所写的，里边的意思差不多与文言所写的大旨相同，并没有什么新鲜的东西，大意只在说明儿童的特殊状况，不应当用了大人的标准去判断他。这里分作两点说道：

> 第一，我们承认儿童有独立的生活，就是说他们内面的即精神的生活与大人们不同，我们应当客观的理解

他们，并加以相当的尊重。

第二，我们又知儿童的生活，是转变的生长的。因为这一层，所以我们可以放胆供给儿童需要的歌谣故事，不必愁它有什么坏的影响，但因此我们更须细心斟酌，不要使他停滞，脱了正当的轨道。

譬如儿童相信猫狗能说话的时候，我们便同他讲猫狗说话的故事，不但要使得他们喜欢，也因为知道这过程是跳不过的，——然而又自然的会推移过去的，所以相当的对付了，等到儿童要知道猫狗是什么东西的时候到来，我们再可以将生物学的知识供给他们。我这样的说，仿佛是什么新发见似的，其实是“古已有之”的话，在一千几百年前印度的《大智度论》里已经说过类似的话道：

尔时菩萨大欢喜作是念，众生易度耳，所以者何，众生所著皆是虚诳无实。譬如人有一子，喜在不净中戏，聚土为谷，以草木为鸟兽，而生爱著，人有夺者，瞋恚啼哭，其父知已，此子今虽爱著，此事易离耳。小大自休。何以故，此物非真故。

印度哲人真是了不起，“小大自休”一语有多少斤两，说明儿童的特质，与中国从前的教育家生怕儿童听了猫狗讲话的故事，便会到老相信猫狗能说话的，真不可同日而语了。

民国七年北京大学开始征集歌谣，是由刘半农钱玄同沈尹默诸人主持其事，后来他们知道我也有这兴趣，便拉我参加这个工作。当初在简章上规定入选歌谣的资格，其三是“征夫野老游女怨妇之辞，不涉淫亵而自然成趣者”，但是其后考虑我提出的意见，加以扩大，于十一年（一九二二）发行《歌谣》周刊，改定章程，第四条寄稿人注意事项之四云：

“歌谣性质并无限制，即语涉迷信或猥亵者亦有研究之价值，当一并录寄[①]，不必先由寄稿者加以甄择。”在周刊的发刊词中亦特别声明道：

“我们希望投稿者尽量的录寄，因为在学术上是无所谓卑猥或粗鄙的。”但是征集的结果还是一样，在这一年之内仍旧得不到这种难得的东西。在歌谣周刊的一周年纪念特刊上，我特地写了一篇《猥亵的歌谣》，对于这事稍作说明，随后还和钱玄同与歌谣的编辑人常维钧（惠）商量，用三个人的名义共同发起，专门征集猥亵性质的歌谣故事，我个人所收到的部分便很不少，足有一抽斗之多，但是这些在国民党劫收之馀已几乎散失了，目下只剩了河南唐河和山东寿光的一点寄稿，——玄同已久归道山，维钧还时常会见，但也没有勇气去和他谈当日的事了。至于普通的地方歌谣，我在民国初年曾钞录有一个稿本，计从范啸风的《越谚》中转抄下来，也经过自己的实验的，有五十五篇，由我个人亲自搜集的有七十三篇，此外是别人所记录，虽然没有听到过，也是靠得住的，有八十五篇，一总计有二百二十三首[②]，略为注解，编成了一卷《绍兴儿歌集》，于一九五八年冬天才算告成，但是这种传统的旧儿歌没有出板的机会，所以也只是搁着就是了。

---

① “录寄”三育本同，桂本作“寻寄”。〖*308*，倒*5*〗

② 合计前述各项数目，总数为二百一十三。《民间文化论坛》*2012*年第*6*期有陈泳超一文，题为“周作人手稿《绍兴儿歌集》考述”（《歌谣》周刊创刊九十周年纪念专稿），言《绍兴儿歌集》手稿今尚存世，据该稿本目录所载，第二项即作者亲自搜集的为八十三篇，知堂误写为七十三。〖*309*，*8*〗

一三四　在病院中

民国九年（一九二〇）我很做了些文学的活动，十一月廿三日下午到东城万宝盖胡同（俗语是王八盖）的耿济之君家里开会，大约记得是商量组织“文学研究会”的事情，大家叫我拟那宣言，我却没有存稿，所以记不得是怎么说了，但记得其中有一条，是说这个会是预备作为工会的始基，给文学工作者全体联络之用，可是事实正是相反，设立一个会便是安放一道门槛，结果反是对立的起头，这实在是当初所不及料的了。到了十二月廿二日下午往大学赴歌谣研究会，至五时散会，晚间觉得很是疲倦，到廿四日便觉得有点发热，次日发热三十八度三分，而且咳嗽，廿九日去找医生诊视，据说是肋膜炎，于是这一下子便卧病至[①]大半年之久，到九月里方才好起来，现在且把养病中间的事情来一说吧。

我当初在家中养病，到了三月初头，病好得多了，于是便坐了起来，开始给《妇女杂志》做文章，这是头一年里所约定的，须得赶快交卷才好，题目是“欧洲古代文学上的妇女观”，结果努力写了几天，总算完成了前半篇，是说希伯来思想与希腊思想的，第三节乃是说中古的传奇思想，还没有来得及写，但是病势却因而恶化，比起初更是严重了，遂于三月廿九日移往医院，一直住了两个月，于五月三十一日这才出院，六月二日往西山的碧云寺般若堂里养病，至九月廿一日乃下山来回到家里。我这回生病计共有九月之久，最初的两月是在家里，没有什么可以说的，

① “至”三育本、桂本均无。〖*309*，倒*7*〗

第二段是在医院中的四五两月，第三段是在西山的六至九凡四个月，这里所记述的便是那后边这两段的事情。

在医院里的时候，因为生的病是肋膜炎，是胸部的疾病，多少和肺病有点关系，到了午后就热度高了起来，晚间几乎是昏沉了，这种状态是十分不舒服的，但是说也奇怪，这种精神状态却似乎于做诗颇相宜，在疾苦呻吟之中，感情特别锐敏，容易发生诗思。我新诗本不多做，但在诗集里重要的几篇差不多是这时候所作。有一篇作为诗集的题名的，叫作“过去的生命”，便是“四月四日在病院中”做的，其词云：

　　这过去的我的三个月的生命，哪里去了？
没有了，永远的走过去了！
我亲自听见他沉沉的缓缓的，一步一步的，
在我床头走过去了。
我坐起来，拿了一枝笔，在纸上乱点，
想将他按在纸上，留下一些痕迹，——
但是一行也不能写，
一行也不能写。
我仍是睡在床上，
亲自听见他沉沉的缓缓的，一步一步的，
在我床头走过去了。

这诗并没有什么好处，但总是根据真情实感，写了下来的，所以似乎还说得过去，当时说给鲁迅听了，他便低声的慢慢的读，仿佛真觉得东西在走过去了的样子，这情形还是宛然如在目前。

解放以前，做了好些寒山子体的打油诗，一九四六年编为《知堂杂诗》一卷，题记中有一节云：

> 丁亥所作《修禊》一诗中，述南宋山东义民吃人腊往临安，有两句云，犹幸制熏腊，咀嚼化正气。可以算是打油诗中之最高境界，自己也觉得仿佛是神来之笔，如用别的韵语形式去写，便决不能有此力量，倘想以散文表出之，则又所万万不能者也。关于人腊的事，我从前说及了几回，可是没有一次能这样的说得决绝明快，杂诗的本领可以说即在这里，即此也可以表明它之自有用处了。我从前曾说过，平常喜欢和淡的文章思想，但有时亦嗜极辛辣的，有掐臂见血的痛感，此即为我喜欢那“英国狂生”斯威夫德之一理由，上文的发想或者非意识的由其《育婴刍议》中出来亦未可知，唯索解人殊不易得，昔日鲁迅在时最能知此意，今不知尚有何人耳。

上边所说，或者不免有“自画自赞”和“后台喝彩”之嫌，但是我这里是有些证据的，请看《鲁迅全集》里的书简，有一九三四年四月三十日给曹聚仁的信说：

> 周作人自寿诗诚有讽世之意，然此种微词已为今之青年所不憭解，群公相和则多近于肉麻，于是火上添油，遽成众矢之的，而不作此等攻击文字，此外近日亦无可言。此亦“古已有之”，文人美女必负亡国之责，近似亦有人觉国之将亡，已在卸责于清流或舆论矣。

又五月六日给杨霁云的信说：

> 至于周作人之诗，其实是还藏些对于现状的不平的，但太隐晦，已为一般读者所不憭，加以吹擂太过，附和不完，致使大家觉得讨厌了。

对于我那不成东西的两首歪诗，他却能公平的予以独自的判断，特别是在我们“失和”十年之后，批评态度还是一贯，可见我上边的话不全是没有根据的了。鲁迅平日主张“以眼还眼，以牙还牙”，不会对于任何人有什么情面，所以他这种态度是十分难得也是很可佩服的，与专门“挑剔风潮”，兴风作浪的胡风等辈，相去真是不可以道里计了。

一三五　西山养病

我于六月二日搬到西山碧云寺里，所租的屋即在山门里边的东偏，是三间西房，位置在高台上面，西墙外是直临溪谷，前面隔着一条走路，就是一个很高的石台阶，走到寺外边去。这般若堂大概以前是和尚们“挂单”的地方，那里东西两排的厢房原来是“十方堂”，这块大木牌还挂在我的门口，但现在都已租给人住，此后如有游方僧到来，除了请到罗汉堂去打坐以外，已经没有地方可以安顿他们了。我把那西厢房一大统间布置起来，分作三部分，中间是出入口，北头作为卧室，摆一顶桌子算[①]是书房了，南头给用人王鹤招住，后来有一个时期，母亲带了她的孙子也来山上玩了一个星期，就腾出来暂时让给她用了。

我住在西山前后有五个月，一边养病，一边也算用功，但是这并不是什么重要的工作，主要的只是学习世界语，翻译些少见的作品，后来在《小说月报》上发表的从世界语译出的小说，即是那时的成绩，可是更重要的乃是后来给爱罗先珂做世界语讲演的翻译，记得有一篇是《春天与其力量》，说得空灵巧妙，觉得实在不错。所以在这养病期间，也着实写了不少的[②]东西，在五月与九月之间一总给孙伏园写了六回的《山中杂信》，目的固然在于轻松滑稽，但是事实上不得做到，仍旧还回到烦杂的时事问题上来。如六月廿九日第三回的杂信上说：

> 但是我在这里不能一样的长闲逸豫，在一日里总有一个阴郁的时候，这便是下午清华园的邮差送报来后的半点钟。我的神经易于激动，病后更甚，对于略略重大的问题稍加思索，便很烦躁起来，几乎是发热状态，因常十分留心避免。但每天的报里总是充满着不愉快的事情，见了不免要起烦恼。或者有人说，既然如此，不看岂不好么？但我又舍不得不看，好像身上有伤的人，明知触着是很痛的，但有时仍是不自禁的要用手去摸，感到新的剧痛，保留他受伤的意识。但苦痛究竟是苦痛，所以也就赶紧丢开，去寻求别的慰解。我此时放下报纸，

① “算”手稿作“弄”，三育本同，桂本改。〖*312，4*〗

② “的”三育本、桂本均无。〖*312，11*〗

努力将我的思想遣发到平常所走的旧路上去，——回想近今所看书上的大乘菩萨布施忍辱等六度难行，净土及地狱的意义，或者去搜求游客及和尚们的轶事，我也不愿再说不愉快的事，下次还不如仍同你讲他们的事情吧。

所谓不愉快的事情大抵是中国的内政问题，这时大家最注意的是政府积欠教育经费，各校教员大举索薪，北京大学职教员在新华门前被军警殴伤事件了。事情出在六月上旬，事后政府发表命令，说教员自己“碰伤”，这事颇有滑稽的意味，事情是不愉快，可是大有可以做出愉快的文章的机会，我便不免又发动了流氓的性格，写了一篇短文，名字便叫作“碰伤”，用了子严的笔名，在六月十日的《晨报》第五板上登了出来，原文云：

我从前①曾有一种计划，想做一身钢甲，甲上都是尖刺，刺的长短依照猛兽最长的牙更加长二寸。穿了这甲，便可以到深山大泽里自在游行，不怕野兽的侵害。他们如来攻击，只消同毛栗或刺猬般的缩着不动，他们就无可奈何，我不必动手，使他们自己都负伤而去。

佛经里说蛇有几种毒，最利害的是见毒，看见了它的人便被毒死。清初周安士先生注《阴骘文》，说孙叔敖打杀的两头蛇，大约即是一种见毒的蛇，因为孙叔敖说见了两头蛇所以要死了（其实两头蛇或者同猫头鹰一样，只是凶兆的动物罢了）。但是他后来又说，现在湖南

①“从前”手稿作“从”，三育本、桂本同添。〖*313，6*〗

还有这种蛇，不过已经完全不毒了。

我小的时候，看唐代丛书里的《剑侠传》，觉得很是害怕。剑侠都是修炼得道的人，但脾气很是不好，动不动便以飞剑取人头于百步之外。还有剑仙，更利害了，他的剑飞在空中，只如一道白光，能够追赶几十里路，必须见血方才罢休。我当时心里祈求不要遇见剑侠，生怕一不小心得罪他们。

近日报上说有教职员学生在新华门外碰伤，大家都称咄咄怪事，但从我这古式浪漫派的人看来，一点都不足为奇。在现今的世界上，什么事都能有。我因此连带的想起上边所记的三件事，觉得碰伤实在是情理所能有的事。对于不相信我的浪漫说的人，我别有事实上的例证，举出来给他们看。

三四年前，浦口下关间渡客的一只小轮，碰在停泊江心的中国军舰的头上，立刻沉没，据说旅客一个都不失少（大约上船时曾经点名报数，有账可查的）。过了一两年后，一只招商局的轮船，又在长江中碰在当时国务总理所坐的军舰的头上，随即沉没，死了若干没有价值的人。年月与两方面的船名，死者的人数，我都不记得了，只记得上海开追悼会的时候，有一副挽联道，未必同舟皆敌国，不图吾辈亦清流。

因此可以知道，碰伤在中国是常有的事，至于责任当然完全由被碰的去负担。譬如我穿有刺钢甲，或是见毒的蛇，或是剑仙，有人来触，或看，或得罪了我，那时他们负了伤，岂能说是我的不好呢？又譬如火可以照暗，可以煮饮食，但有时如不吹熄，又能烧屋伤人，小孩不知道这些方便，伸手到火边去，烫了一下，这当然是小孩之过了。

听说这次碰伤的缘故，由于请愿。我不忍再来责备被碰的诸君，但我总觉得这办法是错的。请愿的事，只于现今的立宪国里，还暂时勉强应用，其馀的地方都不通用的了。例如俄国，在一千九百零几年，曾因此而有军警在冬宫前开炮之举，碰的更利害了，但他们也就从此不再请愿了。……我希望中国请愿也从此停止，各自去努力罢。

我这篇文章写的有点别扭，或者就是晦涩，因此有些读者就不大很能懂，并且对于我劝阻向北洋政府请愿的意思表示反对，发生了些误会。但是那种别扭的写法却是我所喜欢的，后来还时常使用着，可是这同做诗一样，需要某种的刺激，使得平凡的意思发起酵来，这种机会不是平常容易得到的，因此也就不能多写了。

一三六　琐屑的因缘

一九二〇年毛子龙做北京女子高等师范学校的校长，叫钱秣陵送聘书来，去那里讲欧洲文学史。这种功课其实是没有用的，我也没有能够讲得好，不过辞谢也不听，所以也就只得去了。其时是女高师，讲义每小时给三块钱，一个月是二十七元，生病的时候就白拿了大半年的钱，到了新学年开始这才继续去上学，但是那里的情形却全然忘记了。后来许季茀继任校长，我又曾经辞过一次，仍是没有能准，可是他自己急流勇退，于改成女子师范大学的时候，却让给了杨荫榆，以为女学校的校长以女子为更适宜，她才从美国回来，自然更好了，岂料女校长治校乃以阿婆自居，于是学生成了一群孤苦仃零的“童养媳”（根据鲁迅的考证），引起了很严重的问题，这时因为我尚在女师大，所以也牵连在内。还有一件事也是发生在一九二〇年里，北大国文系想添一样小说史，系主任马幼渔便和我商量，我一时也麻胡的答应下来了，心想虽然没有专弄这个问题，因为家里有那一部鲁迅所辑的《古小说钩沉》，可以做参考，那么上半最麻烦的问题可以解决了，下半再敷衍着看吧。及至回来以后，再一考虑觉得不很妥当，便同鲁迅说，不如由他担任了更是适宜，他虽然踌躇可是终于答应了，我便将此意转告系主任，幼渔也很赞成，查鲁迅日记，在一九二〇年八月六日项下，记着“马幼渔来，送大学聘书”，于是这一事也有了着落。家里适值有一本一九二二年的中国文学系课程指导书，里边文学分史列着“词史，二小时，刘毓盘，戏曲史，二小时，吴梅，小说史，二小时，周树人”，我的功课则是欧洲文学史三小时，日本文学史二小时，用英文课本，其馀是外国文学书之选读，计英文与日本文小说各二小时，这项功课还有英文的诗与戏剧及日本文戏剧各二小时，由张黄担任，张黄原名张定璜，字凤举，这人与北大同人的活动也很有关系，在这里特预先说明一句。

这一年里在我还发生了一件重大的事情，便是担任燕京大学的新文学的功课，一直蝉联有十年之久，到一九三八年还去做了半年的“客座教授”，造成很奇妙的一段因缘。讲起远因当然是在二年前的讲演，那时因瞿菊农来拉，前往燕京文学会讲点什么，其时便选择了“圣书与中国文学”这个题目，这与教会学校是颇为合适的。后来因时势的要求，大约想设立什么新的课目，前去和胡适之商量，他就推荐我去，这是近因。一九二二年三月四日我应了适之的邀约，到了他的住处，和燕京大学校长司徒雷登与刘廷芳相见，说定从下学年起担任该校新文学系主任事，到了六日接到燕大来信，即签定了合同，从七月发生效力。内容是说担任国文系内的现代国文的一部分，原来的一部分则称为古典国文，旧有两位教员，与这边没有关系，但是现代国文这半个系只有我一个人，唱独脚戏也是不行，学校里派毕业生许地山来帮忙做助教，我便规定国语文学四小时，我和许君各任一半，另外我又设立了三门功课，自己担任，仿佛是文学通论、习作和讨论等类，每星期里分出四个下午来，到燕大去上课。我原来只是兼任，不料要我做主任，职位是副教授，月薪二百元，上课至多十二小时，这在我是不可能，连许地山的一总只是凑成十小时，至于地位薪资那就没有计较之必要。其实教国文乃是我所最怕的事，当年初到北大，蔡校长叫我教国文，曾经坚决谢绝，岂知后来仍旧落到这里边去呢？据胡适之后来解释，说看你在国文系里始终做附庸，得不了主要的地位，还不如另立门户，可以施展本领，一方面也可以给他的白话文学开辟一个新领土。但是据所谓“某籍某系”的人看来，这似乎是一种策略，仿佛是调虎离山的意思，不过我一向不愿意只以恶意猜测人，所以也不敢贸然决定。平心而论，我在北大的确可以算是一个不受欢迎的人，在各方面看来都是如此，所开的功课都是勉强凑数的，在某系中只可算得是个帮闲罢了，又因为没有力量办事，有许多事情都没有能够参加，如溥仪出宫以后，清查故宫的时候，我也没有与闻，其实以前平民不能进去的宫禁情形我倒是愿得一见的。我真实是一个屠介涅夫小说里所谓多馀的人，在什么事情里都不成功，把一切损害与侮辱看作浮云似的，自得其乐的活着，而且还有馀暇来写这篇谈往，将过去的恶梦从头想起，把它经过筛子，捡完整的记录下来，至于有些筛下去的东西那也只得算了。

一三七　爱罗先珂 上

民国十一年（一九二二）里北京大学开了一门特殊的功课，请了一个特殊的讲师来教，可是开了不到一年，这位讲师却是忽然而来，又是忽然而去，像彗星似的一现不复见了。这便是所谓俄国盲诗人爱罗先珂，而他所担任的这门功课，乃是世界语。原来北大早就有世界语了，教师是孙国璋，不过[①]向来没人注意，只是随意科的第三外国语罢了。爱罗先珂一来，这情形就大不相同，因为第一是俄国人，又是盲而且是诗人，他所作的童话与戏曲《桃色的云》，又经鲁迅翻译了，在报上发表，已经有许多人知道，恰巧那时因为他是俄国人的缘故，日本政府怀疑他是苏联的间谍，同时却又疑心他是无政府主义大杉荣的一派，便把他驱

① “不过”手稿作“不是”，三育本同，桂本改。〖*316*，倒*1*〗

逐出国了。爱罗先珂从大连来到上海，大概是在一九二二年的春初，有人介绍给蔡校长，请设法安顿他，于是便请他来北大来教世界语。但是他一个外国人又是瞎了眼睛，单身来到北京，将怎么办呢？蔡孑民于是想起了托我们的家里照顾，因为他除了懂得英文和世界语之外，还在东京学得一口流利的日本语，这在我们家里是可以通用的，我与鲁迅虽然不是常川在家，但内人和他的妹子却总是在的，因为那时妻妹正是我的弟妇。是年二月的日记里说：

> 廿四日雪，上午晴，北大告假。郑振铎耿济之二君引爱罗先珂君来，暂住东屋。

这所谓东屋，是指后院九间一排的东头这三间，向来空着，自从借给爱罗君住后，便时常有人来居住，特别是在恐怖时代，如大元帅时的守常的世兄，清党时的刘女士等人。第二天我带了他去见北大校长，到了三月四日收到学校的聘书，月薪二百元，这足够他生活的需要了。以后各处的讲演，照例是用世界语，于是轮到我去跟着做翻译兼向导，侥幸是西山那几个月的学习，所以还勉强办得来。但是想象丰富，感情热烈，不愧为诗人兼革命家两重性格，讲演大抵安排得很好，翻译却也就不容易，总须预先录稿译文，方才可以，预备时间比口说要多过几倍，其中最费气力的是介绍俄国文学的演说，和一篇《春天与其力量》，那简直是散文诗的样子。最初到北大讲演的时候，好奇的观众很多，讲堂有庙会里的那样拥挤，只有从前胡适博士和鲁迅，随后还有冰心女士登台那个时候，才有那个样子，可是西洋镜看过也就算了，到得正式上课那便没有什么翻译，大约由讲师由英语说明，就没有我的分，所以情形也不大明白。世界语这东西是一种理想的产物，事实上是不十分适用的，人们大抵有种浪漫的思想，梦想世界大同，或者不如说消极的反对民族的隔离，所以有那样的要求，但是所能做到的也只是一部分的联合，即如“希望者”的世界语实在也只是欧印语的综合，取英语的文法之简易，而去其发音之庞杂，又多用拉丁语根，在欧人学起来固属便利，若在不曾学过欧语的人还是一种陌生的外国语，其难学原是一样的。不过写了“且夫”二字，大有做起讲之意，意思自可佩服，且在交通商业上利用起来，也有不少的好处。但在当时提倡世界语的人们大抵都抱有很大的期望，这也是时势使然，北京有一群学生受了爱罗先珂的热心鼓吹的影响，成立世界语学会，在西城兵马司胡同租了会所，又在法政大学等处开设世界语班，结果是如昙花一现，等爱罗先珂离京以后，也都关了门了。他又性喜热闹，爱发议论，不过这在中国是不很适宜的，是年十二月北大庆祝多少年纪念，学生发起演戏，他去旁听了，觉得不很满意，回来写了一篇文章批评他们，说学生似乎模仿旧戏，有欠诚恳的地方，由鲁迅译出登在报上。不意这率直的忠告刺痛了他们，学生群起抗议，魏建功那时还未毕业，做了一篇《不能盲从》的文章最是极讽刺之能事，而且题目于“盲”字上特加引号，尤为恶劣。鲁迅见报乃奋起反击，骂得他咕的一声也不响，那篇文章集子里没有收，只在全集拾遗可以见到。事情是这样下去了，但是第二年正月里，他往上海旅行的时候，不知什么报上说他因为剧评事件，被北大学生撵走了。到了四月他提前回国去了，什么原因别人没有知道，总之是他觉得中国与他无缘吧，那么在某种意义上，说是被撵走了，也未始不可。幸而他眼睛看不见，也不认得汉字，若是知道的话，他该明白中国青年的举动，比较他在离开日本时便衣侦探要挖开他的眼睛看他是不是真瞎，其侮辱不相上下，更将怎样的愤慨呢。

一三八　爱罗先珂 下

爱罗先珂（Eroshenko）这是他在日本时所使用的姓氏的音译，比较准确的写“厄罗申科”，因为我好看字眼所以用了那四个字，其实[①]他本姓是“牙罗申科”，因译音与日本语的“野郎”相近，野郎本义只是汉子，后来转为侮辱的意义，并为男娼的名称，所以避忌了。他的名字是华西利，不过普通只用他的姓，沿用日本的称呼叫他做“爱罗君”（Ero-sang），——日本字母里没有“桑”字音，只有“三”字，但在称呼人的“样”字的发音上，却往往变作“桑”了。他是小俄罗斯人，便是现在的乌克兰，那里的人姓的末尾多用科字，有如俄国的斯奇，如有名的小说家科罗连珂，还有新近给他做逝世一百年纪念的谢甫琴柯，都是小俄罗斯的人。——关于谢甫琴科，民国元年（一九一二）写《艺文杂话》十三则，登在绍兴的《民兴日报》上，其第二篇是讲他的，曾以文言译述其诗一首，今附录于下：

① “其实”手稿作“其字”，三育本、桂本同改。〖*318*，倒*3*〗

是有大道三岐，乌克兰兄弟三人分手而去。家有老母，伯别其妻，仲别其妹，季别其欢。母至田间植三树桂，妻植白杨，妹至谷中植三树枫，欢植忍冬。桂树不繁，白杨凋落，枫树亦枯，忍冬憔悴，而兄弟不归。老母啼泣，妻子号于空房，妹亦涕泣出门寻兄，女郎已卧黄土陇中，而兄弟远游，不复归来，三径萧条，荆榛长矣。

爱罗先珂于一九二二年二月廿四日到京，寄住我们的家里，至七月三日出京赴芬兰第十四回的万国世界语学会的年会，我同内弟重久和用人齐坤送他到东车站，其时离开车还有五十分钟，却已经得不到一个坐位了，幸而前面有一辆教育改进社赴济南的包车，其中有一位尹炎武君，我们有点认识，便去和他商量，承他答应，于是爱罗君有了安坐的地方，得以安抵天津，这是很可感谢的。到了十一月四日，这才独自回来了。十二月十七日北大纪念演戏，就发生了那剧评风潮。第二年一月廿九日利用寒假，又出发往上海去找胡愈之君，至二月廿七日回北京来，但是四月十六日重又出京回国，从此就再没有回到中国来了。爱罗先珂在中国的时期可以说是极短，在北京安住的时间一总不到半年，用句老话真是席不暇暖，在他的记忆上留下什么印象，还有他给青年们有多少影响，这都很是难说，但他总之是不曾白来了这一趟的。在鲁迅的小说《鸭的喜剧》里边，便明朗的留下他的影象，这是一九二二年发表于十二月号的《妇女杂志》的，可能写这篇小说的时期还要早一点吧。爱罗先珂嫌北京的寂寞，便是夏天夜里也没有什么昆虫吟叫，连虾蟆叫都听不到，便买了些科斗子来，放在他窗外的院子中央的小池里。那池的长有三尺，宽有二尺，是掘了来种荷花的，从这荷池里虽然从来没有见过养出半朵荷花来，然而养虾蟆却实在是一个极合式的处所。他又怂恿人买小鸡小鸭，都拿来养在院子里。

> 他于是教书去了，大家也走散。不一会，仲密夫人拿冷饭来喂它们时，在远处已听得泼水的声音，跑到一看，原来那四个小鸭都在荷池里洗澡了，而且还翻[①]筋斗、吃东西呢。等到拦它们上了岸，全池已经是浑水，过了半天澄清了，只见泥里露出几条细藕来，而且再也寻不出一个已经生了脚的科斗了。
>
> "伊和希珂先，没有了，虾蟆的儿子。"傍晚[②]的时候，孩子们一见他回来，最小的一个便赶紧说。
>
> "唔，虾蟆？"
>
> 仲密夫人也出来了，报告了小鸭吃完科斗的故事。
>
> "唉，唉！"……他说。

这一段是小说，但是所写的却是实事，这里边所有的诗便只是池里的细藕罢了。我也曾经做过三篇文章，总名"怀爱罗先珂君"，第一篇是七月十四日所写，在他出发往芬兰去之后，第二篇是十一月一日，大约与《鸭的喜剧》差不多同时之作，第三篇则在他回国去的第二天所写，已是一九二三年的四月了。我在第二篇文章里有一节云：

---

① 手稿无"翻"字，三育本、桂本同添。〖*320，7*〗

② "傍晚"三育本、桂本均作"傍夜"。〖*320，10*〗

他是一个世界主义者，但是他的乡愁却又是特别的深。他平常总穿着俄国式的上衣，尤其是喜欢他的故乡乌克兰的刺绣的小衫，——可惜这件衣服在敦贺的船上给人家偷了去了。他的衣箱里，除了一条在一日三浴的时候所穿的缅甸筒形白布袴以外，可以说是没有外国的衣服。即此一件小事，也就可以想见他是一个真实的“母亲俄罗斯”的儿子。他对于日本正是一种情人的心情，但是失恋之后，只有母亲是最亲爱的人了。来到北京，不意中得到归国的机会，便急忙奔去，原是当然的事情。前几天接到英国达特来夫人寄来的三包书籍，拆开看时乃是七本神智学的杂志名“送光明者”，却是用点字印出的，原来是爱罗君在京时所定，但等得寄到的时候，他却已走的无影无踪了。

爱罗君寄住在我们家里，两方面都很随便，觉得没有什么窒碍的地方。我们既不把他做宾客看待，他也很自然与我们相处，过了几时不知怎的学会侄儿们的称呼，差不多自居于小孩子的辈分了。我的兄弟的四岁的男孩是一个很顽皮的孩子，他时常和爱罗君玩耍。爱罗君叫他的诨名道：“土步公呀！”他也回叫道：“爱罗金哥君呀！”但爱罗君极不喜欢这个名字，每每叹气道：“唉，唉，真窘极了！”四个月来不曾这样叫，“土步公”已经忘记爱罗金哥君这一句话，而且连曾经见过一个“没有眼睛的人”的事情也几乎记不起来了。

以上所记虽是微细小事，却很足以见他生平之一斑，所以抄录于此，这里只须说明一句，那小说里的最小的小孩也即是这个土步公，他的本名是一个“沛”字，但是从小就叫诨名，一直叫到现在。我的儿子本名叫“丰”，上学的时候加上了一个数目字，名为[①]“丰一”，到得土步公该上学了，我想反正将来长大了的时候自己要改换名字的，为的省事起见，现在就叫作“丰二”吧，在他底下还有一个“丰三”，不幸在二十岁时死去了。——可是奇怪的事[②]，他们却并不改换名字，至今那么的用着。至于爱罗君为什么不喜欢爱罗金哥这个名字的呢，因为在日本语里男根这字有种种说法，小儿语则云钦科，与金哥音相近似。

一三九　不辩解说 上

这里且让我来抄一篇刊文吧。普通说刊文有两种意思，其一是已经刊布的文章，不论是谁做的，就抄袭了过来，其二则用于做八股文的时候，遇着做过或是多少相近的题目，便将窗稿中旧作，抄来应付，虽然“刊文”二字似乎用的不很妥当，但是习惯上是那么说的。我这所谓抄刊文乃是兼有此两种的意义，因为这本是我所做的，可以说是后者，但又是刊布过的了，所以说属于前者也未始不可。此篇文章名叫“辩解”，收在《药堂杂文》里边，原本是一九四〇年五月所写，算起来已是二十年前的事了。

---

①“为”三育本同，桂本作“叫”。〖*321，13*〗

②“事”三育本同，桂本作“是”。〖*321，倒12*〗

原文如下：[1]

我常看见人家口头辩解，或写成文章，心里总是很怀疑，这恐怕未必有什么益处吧。我们回想起从前读过的古文，只有杨恽报孙会宗书，嵇康与山涛绝交书，文章实在写得很好，都因此招到非命的死，乃是笔祸史的资料，却记不起有一篇辩解文，能够达到息事宁人的目的的。在西洋古典文学里倒有一两篇名文，最有名的是柏拉图所著的《梭格拉底之辩解》，可是他虽然说的明彻，结果还是失败，以七十之高龄服毒人参了事。由是可知说理充足，下语高妙，后世爱赏是别一回事，其在当时不见得是如此。如梭格拉底说他自己以不知为不知，而其他智士悉以不知为知，故神示说他是大智，这话虽是千真万真，但陪审的雅典人士听了哪能不生气，这样便多投几个贝壳到有罪的瓶里去，正是很可能的事吧。

辩解在希腊罗马称为亚坡罗吉亚，大抵是把事情"说开"了之意。中国民间多叫作冤单，表明受着冤屈。但是"兔在冪下不得走，益屈折也"的景象，平常人见了不会得同情，或者反觉可笑亦未可知，所以这种声明也多归无用。从前有名人说过，如在报纸上看见有声冤启事，无论这里边说得自己如何仁义，对手如何荒谬，

[1]《辩解》全文桂本全集卷八已收，"因文章较长，此处不再重录"，此为其整篇删除《知堂回想录》原文之始。这些文章虽然卷十三回想录部分删去了，但都标明所在卷次及编号以便读者查阅，那就相当于桂本回想录的内容了，故仍称为"桂本"。手稿本文润色增删之处编至10号。

都可以不必理他，就只确实的知道这人是败了，已经无可挽救，嚷这一阵之后就会平静下去了。这个观察已是无情，总还是旁观者的立场，至多不过是别转头去，若是在当局者，问案的官对于被告本来是“总之是你的错”的态度，听了呼冤恐怕更要发恼，然则非徒无益而又有害矣。乡下人抓到衙门里去，打板子殆是难免的事，高呼青天大老爷冤枉，即使侥幸老爷不更加生气，总还是丢下签来喝打，结果是于打一顿屁股之外，加添了一段叩头乞恩，成为双料的小丑戏，正是何苦来呢？古来懂得这个意思的人，据我所知道的有一个倪云林。余澹心编《东山谈苑》卷七有一则云：

“倪元镇为张士信所窘辱，绝口不言，或问之，元镇曰，一说便俗。”两年前我尝记之曰：

“余君记古人嘉言懿行，裒然成书八卷，以余观之，总无出此一条之右者矣。尝怪《世说新语》以后所记，何以率多陈腐，或歪曲远于情理，欲求如桓大司马树犹如此之语，难得一见。云林居士此言，可谓甚有意思，特别如余君之所云，乱离之后，闭户深思，当更有感兴，如下一刀圭，岂止胜于吹竹弹丝而已哉。”此所谓俗，本来虽是与雅对立，在这里的意思当稍有不同，略如吾乡方言里的“魇”字吧，勉强用普通话来解说，恐怕只能说不懂事，不漂亮。举例来说，恰好记起《水浒传》来，这在第七回“林教头刺配沧州道”那一段里，说林冲在野猪林被两个公人绑在树上，薛霸拿起水火棍待要结果他的性命，林冲哀求时，董超道：“说什么闲话，救你不得。”金圣叹在闲话句下批曰：

“临死求救，谓之闲话，为之绝倒。”本来也亏得做书的写出，评书的批出，闲话这一句真是绝世妙文，试想被害的向凶手乞命，在对面看来岂不是最可笑的费话，施耐庵盖确是格物君子，故设想得到写得出也。林武师并不是俗人，如何做的不很漂亮，此无他，武师于此时尚有世情，遂致未脱俗。古人云，死生亦大矣，岂不痛哉。恋爱何独不然，因为恋爱生死都是大事，同时也便是闲话，所以对于“上下”我们亦无所用其不满。大抵此等处想要说话而又不俗，只有看梭格拉底的样一个办法，元来是为免死的辩解，而实在则唯有不逃死才能辩解得好，类推开去亦无异于大辟之唱龙虎斗，细思之正复可以不必矣。若倪云林之所为，宁可吊打，不肯说闲话多出丑，斯乃青皮流氓“受路足”的派头，其强悍处不易及，但其意思甚有风致，亦颇可供后人师法者也。

此外也有些事情，并没有那么重大，还不至于打小板子，解说一下似乎可以明白，这种辩解或者是可能的吧。然而，不然。事情或是排解得了，辩解总难说得好看。大凡要说明我的不错，势必先须说对方的错，不然也总要举出些隐密的事来做材料，这却是不容易说得好，或者不大想说的，那么即使辩解得有效，但是说了这些寒伧话，也就够好笑，岂不是前门驱虎而后门进了狼么。有人觉得被误解以致被侮辱损害都还不在乎，只不愿说说[①]得宥恕

---

①“说说”桂本作“说话”。此非笔误，《我的杂学》之十五“江户风物与浮世绘”引永井荷风语有“说说则唇寒”，可为一证。〖*324*，*1*〗

而不免于俗，即是有伤大雅，这样情形也往往有之，固然其难能可贵比不上云林居士，但是此种心情我们也总可以体谅的。人说误解不能免除，这话或者未免太近于消极，若说辩解不必，我想这不好算是没有道理的话吧。五月二十九日。

一四〇　不辩解说 下

这篇论“辩解”的文章是民国二十九年（一九四〇）里所写，是去今二十年前，那时只为要写一种感想，成功一篇文章，需要些作料，这里边的杨恽嵇康，梭格拉底以及林武师，其实都是肴馔的“垫底”，至于表面的“臛头”实在只是倪元镇这一点。这回讲到一九二三年与鲁迅失和的事件，因为要说明我不辩解的态度，便想到那篇东西可能表明我的理论，所以拿来利用一下，但那些陪衬的废话本来是多馀的，我所要的其实只是最末后的一节罢了。关于那个事件，我一向没有公开的说过，过去如此，将来也是如此，在我的日记上七月十七日项下，用剪刀剪去了原来所写的字，大概有十个左右，八月二日记①移住砖塔胡同，次年六月十一日的冲突，也只简单的记着冲突，并说徐张二君来，一总都不过十个字。——这里我要说明，徐是徐耀辰，张是张凤举，都是那时的北大教授，并不是什么“外宾”，如许季茀所说的。

① 桂本此处据知堂日记添“L夫妇”三字。知堂引日记恒多取舍改写，宗旨是力求明白晓畅，此处则隐去指兄之字，其情当可谅也。〚*324*，倒*13*〛

许君是与徐张二君明白这事件的内容的人，虽然人是比较“老实”，但也何至于造作谣言，和正人君子一辙呢？不过他有一句话却是实在的，这便是鲁迅本人在他生前没有一个字发表，他说这是鲁迅的伟大处，这话说的对了。鲁迅平素是主张以直报怨的，并且还更进一步，不但是以眼还眼，以牙还牙，还说过这样的话（原文失记，有错当改），人有怒目而视者，报之以骂，骂者报之以打，打者报之以杀。其主张的严峻有如此，而态度的伟大又如此，我们可不能学他的百分之一，以不辩解报答他的伟大乎？而且这种态度又并不是出于一时的隐忍，我前回说过对于所谓五十自寿的打油诗，那已经是那事件的十多年之后了，当时经胡风辈闹得满城风雨，独他一个人在答曹聚仁杨霁云的书简中，能够主持公论，胸中没有丝毫蒂芥，这不是寻常人所能做到的了。

或者有人说，书简所说乃是私人间的说话，不能算什么。那么让我们来看他所公表的吧，这第一是小说，收在《彷徨》里边的一篇《弟兄》，是写我在一九一七年初次出疹子的事情，虽然是小说可是诗的成分并不多，主要的全是事实，乃是一九二五年十一月三日所作，追写八年前的往事的。可是最特别的是写成《弟兄》的十一天以前所作，在鲁迅作品中最是难解的一篇，题目乃是“伤逝”，于十月二十一日写成，也不曾在杂志上发表过，便一直收在集子里了。关于这篇小说，我在《鲁迅小说里的人物》里边只在[①]地方略加考证，现在转录一部分，并加以补充于下：

《伤逝》这篇小说大概全是写的空想，因为事实与人

①“在”三育本同，桂本作“对”。〖*325，8*〗

> 物我一点都找不出什么模型或依据。要说是有，那只是在头一段里说："会馆里的被遗忘在偏僻里的破屋是这样的寂静和空虚。时光过得真快，已经快满一年了，事情又这么不凑巧，我重来时偏偏空着的又只有这一间屋。依然是这样的破窗，这样的窗外的半枯的槐树和老紫藤，这样的窗前的方桌，这样的败壁，这样的靠壁的板床。"第二段中又说到那窗外的半枯的槐树的新叶，和挂在铁似的老干上的一房一房的紫白的藤花。我们知道这是南半截胡同的绍兴县馆，著者在民国初年曾经住过一时的，最初在北头的藤花馆，后来移在南偏的独院补树书屋，这里所写的槐树与藤花，虽然在北京这两样东西很是普通，却显然是在指那会馆的旧居，但看上文偏僻里云云，又可知特别是是[①]说那补树书屋了。

当时忘记了说，他从藤花馆搬到补树书屋的时候，日记上说明是为"避喧"，那么更可证明会馆里偏僻的地方只是补树书屋的一处而已。这样的证明于了解那篇小说有什么的用处呢？《伤逝》这篇小说很是难懂，但如果把这和《弟兄》合起来看时，后者有十分之九以上是"真实"，而《伤逝》乃是全个是"诗"。诗的成分是空灵的，鲁迅照例喜欢用《离骚》的手法来做诗，这里又用的不是温李的词藻，而是安特来也夫一派的句子，所以结果更似乎很是晦涩了。《伤逝》不是普通恋爱小说，乃是借假了男女的死亡来哀悼兄弟恩情的断绝的。我这样说，或者世人都要以我为

---

① "是是"三育本同，桂本作"是"。手稿第二个"是"字细笔加圈。〖*325*，倒*8*、倒*7*〗

妄吧，但是我有我的感觉，深信这是不大会错的。因为我以不知为不知，声明自己不懂文学，不敢插嘴来批评，但对于鲁迅写作这些小说的动机，却是能够懂得。我也痛惜这种断绝，可是有什么办法呢，人总只有人的力量。我很自幸能够不俗，对于鲁迅研究供给了两种资料，也可以说对得起他的了，关于鲁迅以外的人我只有对许季茀一个人，有要订正的地方，如上边所说的，至于其他无论什么样人要怎么说，便全由他们去说好了。

一四一　吗嘎喇庙

民国十二三年便是一九二三至二四年，我们在北大里的一群人，大抵是在文科里教书的那些日本留学生，对于中日问题的解决，还有些幻想，所以在对日活动上也曾经努力过，可是后来都归于徒劳，终是失败了事。这一群人有陈百年，他是光复会的旧人，从前同了龚未生两人一直跟着陶焕卿跑，在焕卿著《中国民族权力消长史》的时候，二人都列名校对，未生别号是“独念和尚”，百年则称为“悠悠我思”，这与著书的“会稽先生”是相对成趣，鲁迅所时常引为谈助的。此外是沈尹默，他虽然不是留东学生，可是在这团体里很有势力，算是捏鹅毛扇的，因此朋友们就奉尊号称之为鬼谷子，而实际奔走联络的则是张凤举，他本名张定璜，是京都帝大的学生，后来当国民政府的驻日代表团员，现在就一直住在日本。还有两个人乃是马幼渔和我，本来还有朱希祖钱玄同，但玄同或者因为在北大只是讲师的关系，所以除外了，朱希祖不晓得因为什么，也不去拉他，其实他们倒是民报社听讲的人，即此可见“正人君子”的某籍某系的话是胡乱造谣罢了。

学校方面当初找我们几个人，商谈一下退还庚子赔款的事情。当年组织联军的八国向中国强要了去莫大的赔款，可是后来又由美国发起，退还给中国，用在教育文化事业上面，这于文化侵略是最有效力的。俄国于第一次欧战之后就完全放弃了，英法各国也相继声明退还，其中只是日本做得顶不漂亮，他不好意思说不退，可是退又是实在舍不得，所以经过好几年的曲折，成立了一个什么“对支文化事业委员会”，后来修正成为“东方文化事业委员会”，是属于他们内阁的一个机关，这事是在几年之后，那时中国只能放手不管，由他们自己去搞了。这是后话，且说其时还什么都没有头绪，我们便是我和张凤举同去日本公使馆找吉田参事官一谈，当时所谈只是公事，这是一九二三年三月十三日的事，但是由于这回的访问，渐渐相识，遂于九月二十日在吉田处与坂西诸人相会，商量组织“中日学术协会”，为他日协商的地步。日记上只简单的记着：

“二十日晴，下午往燕大上课，四时后往访凤举，至正昌饮茶，同往吉田君宅晚餐，来者坂西、土肥原、今西、泽村，及北大同人，共十六人，十一时散。”坂西利八郎是日本的陆军中将，一向在北京为北洋政府的军事顾问，是个有名的“支那通”，土肥原贤二那时候还是少佐，是他的帮手，坂西用中国话介绍说，“这是我的伙计”，是后来“侵华”的罪魁祸首，在巢鸭监狱里同了别的战犯一起明正典刑的，不过在那时候还看不出什么来，只是觉得在老奸巨猾的坂西旁边，显得乡下老似的土头土脑，其实后来他的鬼计百出，终于弄得一败涂地，也何尝不是他的笨拙的证据呢。今西龙是研究朝鲜语的，泽村则是讲美术史的，都是东京大学的教授，那时逗留在北京，这里只是来作陪客的罢了。这回宴会不久之后，中日学术协会便告组织完成了，里边的主干在日本方面是坂西和土肥原，土肥原还有一个他的“伙计”，叫方梦超，大概是安徽桐城人，乃沈尹默的亲戚，此外由坂西去拉了些在北京政府各部里做顾问的日本人来充数，却①是无关紧要的了。中国方面是张凤举，他同坂西后来被选作“干事”，其馀的人便都是具员而已，这些人是陈百年、马幼渔、沈尹默和我，此外坂西还想拉李守常，可是不成功。他们的人选是要取北大人里多少和国民党有渊源者，但是对于我却有点看错了，——北伐的时节，沈尹默张凤举和萧子昇组织了特务委员会，很替国民党出过力，后来登记党员，凤举替我和徐耀辰都报了名，但是我们敬谢不敏，没有去应笔试与口试。日本人的用意是，那时北洋政府已是完全无望，眼见国民政府的北伐将要成功，便想来找个桥梁，过去和国民党接洽。据张凤举所说，坂西表示中日谈判很是乐观，因为二十一条本未成立，当然可以破弃，即租界等问题亦可让步，日本所希望者只在保留因日俄战争所得的权利，这些权利取自帝俄，并非由中国夺取，这种辩解虽是强词夺理，但出自日本军人之口，也可以说是难得了。但是不久也觉得这样谈判未必可能得中国的认可，所以又复转为强硬政策，于是中日谈判显然无望，而中日学术协会这种组织也就自然归于消灭了。

中日学术协会于一九二三年十月十四日宣告成立，查旧日记于那一天项下记着道：

---

①“却”三育本、桂本均作“都”。〖*327*，倒*7*〗

“下午三时至西四帝王庙，赴中日学术协会成立之会，会员共十八人，交入会金十元，会费五元。归家已晚。”这一笔钱就交给干事，作为开办的费用，在东城吗嘎喇庙租了一间大屋，算作学术协会的会所，当时坂西就笑着说：“我们怎么配说学术二字，但是招牌却不得不这样挂。”每月规定开一次常会，平常多借用北大第二院的会议厅，唯有遇到招待客人或接收会员等事，才在吗嘎喇庙里聚会。会章像煞有介事的有严格的规定，凡接收会员，须经到场会员全体通过，以黑白棋子表示赞否，凡投票时如有一个黑子即属无效。会员本来是无关紧要的东西，但是这条规则却也发生了一次效力，被否决的人是西本愿寺管长大谷光瑞，这黑子乃是张凤举所投的。这协会自十一月十一日在北大第二院开了第一次的常会，大概维持了将有一年的光景，看看中日形势没有什么好转，特别是一九二三年十一月溥仪出宫以后，日本的汉字新闻《顺天时报》更是兴风作浪的胡闹，感觉到协会再弄下去的无意义，遂于十一月十日写了一封出会声明书寄去，因此这有名无实的所谓学术协会也就解散了。

一四二　顺天时报

凡是不曾于民国早年在北京住过些时候的人，决不会想像到日本人在中国所办的汉字新闻是怎么岂有此理的可气。本来中国的报纸最初都是外国人办的，如上海的《申报》和《新闻报》都是如此，但那是[1]外国商人主意为的赚钱，不像日本的乃是由政府主持，不但诸事替日本说话，便是国内琐事也都加评论指导，一切予以干涉。这从前清时代就已办起，在北京的一个叫做“顺天时报”，在沈阳那时称作奉天的一个叫做“盛京时报”，就名称上看来[2]，也可以知道它成立的长久和态度的陈旧了。日本是一个名称君主立宪，而实际是由军阀专政的国家，民国以来北洋政府虽然还很反动，可是民间有些活动显得有民主的色彩，这与日本人的观点是不大合得来的，其时便在报上大发议论，处处为反动势力张目，其影响实在是很大而且很有害的。五四以后这种现象就特别显著，可是人们都不当它是一回事，以是[3]外国人所办的新闻造谣是常有的，算不得什么，不值得费笔墨来同它斗争，这种理由有一半是不错的，但是一半也在读者，要能够知道它是在造谣才好，可是在中国这怎么能行呢？至少也是在北京“辇毂之下”，数百年来习惯于专制之淫威，对于任何奇怪的反动言论，都可以接受，所以有些北京商会主张[4]，简直是与《顺天时报》同一个鼻孔出气的。这个关系似乎很是重大。结果乃由我匹马单枪去和这形似妖魔巨人的风磨作战，那些文章我都没有搜集，现在就《谈虎集》卷下看来，里边只保存着《中国与日本》等十四篇。这《谈虎集》系取谈虎色变的意思，所收多是攻击礼教的文章，但是因为我是主张中庸的，有的对于个人或是攻击特别粗暴的就一律不曾收入，当时另立一个目录，预备日后另出一册《真谈虎

① “是”三育本同，桂本作“时”。〖*329，1*〗

② “看来”三育本、桂本均作“来看”。〖*329，4*〗

③ “以是”三育本同，桂本作“以为”。〖*329，9*〗

④ “商会主张”三育本同，桂本作“商会的主张”。〖*329，13、14*〗

集》，可是这个也不曾实行，那目录也就不见，只记得里边有篇《恕陈源》和《恕府卫》，——即是三一八开枪的执政府卫队，是在那事件发生以后所写的。我那部《谈虎集》是那样经过精密选择，却保有与日本《顺天时报》闹别扭的文章有十四篇之多，可见那时是怎样的浪费笔墨，大约那时没有收集的文章还有不少。这期间是民国十三至十六年（一九二四——二七），以后不久日本的汉文报纸大概是由外务省撤除了，但是它的宣传的恶影响却是尽够大的了。

就《谈虎集》里的材料看来，最先和顺天时报对抗的是在溥仪出宫的时候，那是在民国十三年的冬天。我在《清朝的玉玺》这一篇文章里说道：

玉玺这件东西，在民国以前或者有点用处，到了现在完全变了古董，只配同太平天国的那块宋体字的印一样，送进历史博物馆里去了。这回政府请溥仪君出宫，讨回玉玺，原是极平常的事，不值得大惊小怪，难道拿几颗印还好去做皇帝不成么？然而天下事竟有出于“意表之外”者，据《顺天时报》说，“市民大为惊异，旋即谣言四起，咸谓……夺取玉玺尤属荒谬”，我真不懂这些“市民”想的是什么。我于此得到两种感想。其一是大多数都是些昏虫。无论所述的市民的意见是否可靠，总之都是遗民，迷信玉玺的奴隶，是的确的，所以别人可以影射或利用。舆论公意，不论真假，多是荒谬的，不可信托。其二是外国人不能了解中国的事情。外国人不是遗民，然而同他们一样的不是本国人，所以意见也一样的荒谬，即使不是恶意的，也总不免于谬误，至少是不了解。……

《顺天时报》是外国人的报，所以对于民国纵使不是没有好意，也总是绝无理解，它的好恶几乎无不与我们的相反，虽说是自然的却也是很不愉快的事。它说清室优待条件系由朱尔典居中斡旋，现在修改恐列国不肯干休，则不但谬误，简直无理取闹了。我要问朱尔典与列国，以及《顺天时报》的记者，当复辟的时候，你们为什么不出来干涉，说优待条件既由我们斡旋议定，不准清室破约复辟？倘若当时说这是中国内政，不加干涉，那么这回据了什么理由可以来说废话？难道清室可以无故破约而复辟，民国却不能修改对待已经复过辟的清室的条件么？虽然是外国人，似乎也不好这样的乱说罢。——但是仔细一想，就是本国人，受过教育的人们中间，这样的人也未必没有，那么吾又于外国人何尤。

这篇文章的口气还是相当的缓和，说外国人不懂中国的事情，所以多有荒谬的议论，就怪中国人不争气，爱听他们的谬论。但是在《谈虎集》所收的第二篇《李佳白之不解》中，却收起这种假客气话，单刀直入的指出这种报纸的用意来了。原文最末的第三节道：

《顺天时报》是外国政府的机关报，它的对于中国的好意与了解的程度是可想而知的，它引李佳白为同调所以正是当然。但我们也可以利用这些荒谬的议论。我们只要看这些外国机关报的论调，他们所幸所乐的事大约在中国是灾是祸，他们所反对的大抵是于中国是有利有益的事。虽然不能说的太决绝，大旨总是如此。我们如用这种眼光看去，便不会上它的当，而且有时还很足为参考的资料。

一四三　顺天时报 续

我这所写的是民国十三年的事情，但是《顺天时报》的事却一直继续着，到民国十六年为止，所以这里记录的年代也不免要混杂一点，把其他事情跳过去，先来把这一事件结束了再说别的了。

民国十五六年广东政府国共合作成功，北伐[①]着着胜利，眼看北洋派的政府就要坍台，于是这边也变本加厉的反共，在这时候正是《顺天时报》得意之秋，造谣生事，无所不用其极。最显著的是关于裸体游行的宣传，十六年四月十五日我写了一篇《裸体游行考订》，前半云：

四月十二日《顺天时报》载有二号大字题目的新闻，题曰"打破羞耻"，其文如下："上海十日电云，据目击者谈，日[②]前武汉方面曾举行妇人裸体游行二次，第一

① "伐"手稿作"代"，三育本、桂本同改。〖*331*，*11*〗

② "日"三育本、桂本均作"目"。〖*331*，倒*11*〗

次参加者只二名，第二次遂达八名，皆一律裸体，唯自肩部挂薄纱一层，笼罩全身，游行时绝叫打倒羞耻之口号，真不异百鬼昼行之世界矣。”该报又特别做了一篇短评，评论这件事情，其第二节里有这几句话：

“上海来电，说是武汉方面竟会有妇人举行裸体游行，美其名曰打破羞耻游行，此真为世界人类开中国从来未有之奇观。”

我以为那种目击之谈多是靠不住的，即使真实，也只是几个谬人的行为，没有多少意思，用不着怎么大惊小怪。但《顺天时报》是日本帝国主义的机关报，以尊皇卫道之精神来训导我国人为职志的，那么苟得有发挥他的教化的机会，当然要大大利用一下，不管它是红是黑的谣言，所以我倒也不很觉得不对。不过该报记者说裸体游行真为世界人类开中国从来未有之奇观，我却有点意见。在中国是否从来未有我不能断定，但在世界人类却是极常见的事。即如在近代日本，直至明治维新的五年（一八七二），就有那一种特别营业，虽然不是裸体游行，也总相去不远，“喊，来吹一吹吧，来戳一戳吧”的故事，现在的日本人还不会忘记吧？据《守贞漫稿》所记，在天保末年（一八四一年顷）大坂庙会中有女阴展览，门票每人八文，原文云：

“在官仓边野外张席棚，妇女露阴门，观者以竹管吹之。每年照例有两三处。展览女阴在大坂仅有正月初九初十这两天，江户（即现今东京）则在两国桥东，终年有之。”明治十七年（一八八四）四壁庵著《忘馀录》，亦在《可耻之展览物》一条下有所记录，本拟并《守贞漫稿》别条移译于此，唯恐有坏乱风俗之虞，触犯圣道，故从略。总之这种可笑之事所在多有，人非圣贤，岂能无过，从事于历史研究文明批评者平淡看过，若在壮年凡心未尽之时，至多亦把卷一微笑而已。如忘记了自己，专门指摘人家，甚且造作或利用谣言，作攻击的宣传，我们就要请他先来自省一下。

怎么样的来反省呢？就是裸体游行可能是谣言，他们却有过同类[①]的女阴展览，这是在文献上有“目击”者的证据，便只是有这一点的不同，因为纳付过八文钱的看资，有合于资本主义的道理，或者因此便可以不算是百鬼昼行了吧。[②]

这时候北洋政府已经完全是奉军的势力，张作霖进入北京，快要做大元帅了，于是有搜查俄国公使馆之举，那时国共合作的党员便全部被捕，这是十六年四月六日事情。经过三个星期，十几个人都被处了死刑，北大教授图书馆长李守常也就在内，《顺天时报》借此机会，又做了一次颠倒黑白宣传。我在《日本人的好意》一篇文章里加以反驳，上半云：

五月二日《顺天时报》上有一篇短评，很有可以注意的地方，今录其全文如下：

“恻隐之心，人皆有之，恩怨是另一问题。贪生怕死，

① “类”三育本、桂本均作“样”。〖*332*，倒*13*〗

② 因手稿本段末多写下引号（三育本同），桂本自“怎么样的来反省呢”至本段末误处理为引文。〖*332*，*13—16*〗

蝼蚁尚然，善恶也是另一问题。根据以上两个原则，所以我对于这次党案的结果，不禁生出下列的感想来。

李大钊是一般人称之为学者的，他的道德如何姑且不论，能被人称为学者，那么他的文章他的思想当然与庸俗不同，如果肯自甘淡泊，不作非分之想，以此文章和思想来教导一般后进，至少可以终身得一部人的信仰崇拜，如今却做了主义的牺牲，绝命于绞首台上，还担了许多的罪名，有何值得。

再说这一般党员，大半是智识中人，难道他们的智识连蝼蚁都不如么，难道真是视死如归的么？要是果真是不怕死的，何不磊落光明的干一下子，又何必在使馆界内秘密行动哩？即此可知他们也并非愿意舍生就死的，不过因为思想的冲动，以及名利的吸引，所以竟不顾利害，甘蹈危机，他们却万料不到秘密竟会泄漏，黑幕终被揭穿的。俗话说得好，聪明反被聪明误，正是这一般人的写照。唉，可怜可惜啊。

奉劝同胞，在此国家多事的时候，我们还是苟全性命的好，不要再轻举妄动吧！”

你看，这思想是何等荒谬，文章是何等不通。我们也知道，《顺天时报》是日本帝国主义的机关，外国人所写的中国文，实字虚字不中律令，原是可恕的，又古语说得好，非我族类，其心必异，意见不同也不足怪。现在日本人用了不通的文字，写出荒谬的思想，来教化我们，这虽是日本人的好意，我们却不能承受的。……照我们的观察说来，日本民族是素来不大喜欢苟全性命的，即如近代的明治维新就是一个明证。日本人自己若不以维新志士为不如蝼蚁，便不应该这样来批评党案，无论尊王与共产怎样不同，但以身殉其主义的精神总是同的，不能加以歧视。日本人轻视生死，而独来教诲中国人苟全性命，这不能不说别有用心，显系一种奴化的宣传。我并不希望日本人来中国宣传轻生重死，更不赞成鼓吹苟全性命，总之这些他都不应该管，日本人不妨用他本国的文字去发表谬论或非谬论，但决用不着他们用了汉文写出来教诲我们。

《顺天时报》上也登载过李大钊身后萧条等新闻，但那篇短评上又有什么如肯自甘淡泊，不作非分之想等语。我要请问日本人，你何以知道他是不肯自甘淡泊，是作非分之想？如自己的报上记载的是事实，那么身后萧条是淡泊的证据，还是不甘淡泊的证据呢？日本的汉字新闻造谣鼓煽是其长技，但像这样明显的胡说八道，可以说是少见的了。……英国虽是帝国主义的魁首，却还没有用这种阴险的手段来办《顺天时报》给我们看，只有日本肯这样屈尊赐教，这不能不说是同文之赐了。“逢蒙学射于羿，尽羿之道，思天下唯羿为愈己，于是杀羿。孟子曰，是亦羿有罪焉。”呜呼，是亦汉文有罪焉欤！

这样的前后搞了四年，白花了许多气力，总写了有十多万字吧，但是这有什么用处呢？结果还是时局变化，张作霖终于在北京也站不住了，只得退出关去，那时《顺天时报》也就只好关门了。

一四四　女师大与东吉祥 一

现在要回过去讲以前的事情，其最为重大的一件，便是举世闻名的所谓女师大的风潮。在这中间，却另有一段和东吉祥胡同派的人往来的经过，另外写作一章，似乎不大好，所以拼写在一起，成了那样一个凑拼而成的题目，实在是很可笑的。大家知道，这二者性质相反，正如薰莸之不能同器，但在那时我却同它们都有些关系，讲起来所以只能混在一处了。

讲到女高师，——它之改称女师大，只是在杨荫榆来做校长之后，这以前都是称为北京女子高等师范学校的，我和它很有一段相当长的历史。在民国十年还是熊崇煦长校的时代，由钱秣陵来说，叫我去担任两小时的欧洲文学史，第二年生了半年的病，这功课就无形的结束了。到了十一年由许寿裳继任校长，他是一个大好人，就是有点西楚霸王的毛病，所谓“印刓不予”，譬如学生有什么要求，可与则与，不可便立即拒绝好了，他却总是迟疑不决，到后来终于依了要求，受者一点都不感谢，反而感到一种嫌恶了。他自己教杜威的《教育与民治》，满口德谟克拉西，学生们就送他一个徽号叫“德谟克拉东”，这名字也够幽默的了。我那里[①] 担任了一年课，到第二年即一九二三年的八月里，我就想辞职。在旧日记里有这几项记载：

八月十日，寄季茀函，辞兼课。

九月三日，季茀来，留女高师教课，只好允之。

① “那里”三育本同，桂本作“在那里”。〖*334*，倒*1*〗

十二月廿六日，寄郑介石函，拟辞女高师课。这时郑君或者是兼职国文系的主任，但辞职仍没有准许，虽然在日记上没有登载。一九二四年夏天许季茀辞去校长，推荐后来引起风潮的杨荫榆继任，杨女士是美国的留学生，许君以为办女校最好是用女校长，况且美国是杜威的家乡，学来的教育一定是很进步的，岂知这位校长乃以婆婆自居，把学生们看作一群的童养媳，酿成空前的风潮，这是和他的希望正相反了。我本来很怕在女学校里教书，尤其怕在女人底下的女学校里，因此在这时更想洗手不干了，在日记里记着这几项，可以约略的知道：

七月二日，晚杨校长招宴，辞不去。

七月十一日，收女高师续聘书，当还之。

七月十四日，送还女高师聘书。

七月二十日，女高师又送聘书来。

七月廿二日，仍送还女高师聘书。

七月廿七日，上午往女高师，与杨校长谈，不得要领。

九月廿一日，马幼渔来，交来女高师聘书。

即此可以看见，我对于女师大的教课一向并无什么兴趣，特别是女校长到任以后更想积极的摆脱，可是摆脱不了，末了倒是由北大“某籍某系”的老大哥马幼渔，不晓得是怎么样找来的，出来挽留我，于是我不得不继续在那里做一名“西席”，后来成为女师大事件中支持学生方面的一个人，一直到大家散伙之后，还留下来与徐耀辰成了女师大方面唯一的代表，和女子大学的学长林素园交涉以至冲突，想起来实在觉得运命之不可测。而在别一方面，我对于东吉祥派的人们，便是后来在女师大事件上的支持校长方面的所谓“正人君子”，我当初却是很拉拢的，旧日记上还留着这些记录：

一九二三年十一月三日，下午耀辰凤举来，晚共宴张欣海、林玉堂、丁西林、陈通伯、郁达夫及士远尹默，共十人，九时散去。这是第一次招待他们，是在后院的东偏三间屋里，就是从前爱罗先珂住过的地方。

十一月十七日，午至公园来今雨轩，赴张欣海陈通伯徐志摩约午餐，同坐十八人，四时返。

一九二四年六月二十四日，六时至公园，赴现代评论社晚餐，共约四十人。

七月五日，下午凤举同通伯来谈，通伯早去。

七月三十日，下午通伯邀阅英文考卷，阅五十本，六时返。

七月三十一日，上午往北大二院，阅英文卷百本。

一九二五年二月十二日，下午同丁西林陈通伯凤举乘汽车，往西山，在玉泉山旅馆午饭，抵碧云寺前，同步行登玉皇顶，又至香山甘露旅馆饮茶，六时回家。

这时候女师大反对校长的风潮已经很是高涨，渐有趋于决裂的形势，在二月廿八日的日记里记有“女高师旧生田罗二女士来访，为女师大事也”的记载，她们说是中立派，来为学校求解决，只要换掉校长，风潮便自平息。那时是马夷初以教育部次长代理部务，我当晚就打电话到马次长的家里转达此意，马次长说这事好办，校长可以撤换，但学生不能指定后任为谁，如一定要易培基，便难以办到。这事我不知底细，不能负责回答，就拖延了下来，到了四月内阁改组，由章行严出长教育，于是局势改变，是“正人君子”的世界了。

一四五　女师大与东吉祥 二

女师大反对校长的风潮发生于一九二四年的秋天，迁延至次年一月，仍未解决，学生代表乃至教育部诉说请求，并发表宣言，坚决拒绝杨荫榆为校长。五月七日该校开国耻纪念讲演会，校长与学生发生冲突，五月九日乃召集评议会开除学生自治会职员六个人，即蒲振声、张平江、郑德音、刘和珍、许广平、姜伯谛（这些年月和人名，我都是查考《鲁迅全集》第三卷的注释才能得来的，因为日记里没有详细的记载）。我们有几个在女师大教书的教员听了不平，便酝酿发表一个宣言，这启事登在五月二十七日的《京报》上，由七个人署名，即是马裕藻、沈尹默、周树人、李泰棻、钱玄同、沈兼士、周作人。照例负责起草的人是署名最后的，这里似乎应该是我拟那宣言的了，但是看原文云："六人学业，俱非不良，至于品行一端，平素又绝无惩戒记过之迹，以此与开除并论，而又若离若合，殊有混淆黑白之嫌。"似乎觉得不像是我自己的手笔，至于这是谁的呢，到现在却也无从去查考了。

这宣言的反响来的真快，在五月三十日发行，而二十九日已经发卖的《每周评论》上，就发现陈西滢即通伯的一篇《闲话》，不但所谓某籍某系的人在暗中"挑剔风潮"的话就出在这里边，而且大有挑唆北洋军阀政府来严厉压迫女师大的学生的意思。我以前因张凤举的拉拢，与东吉祥诸君子谬托知己的有些来往，但是我的心里是有"两个鬼"潜伏着的，即所谓绅士鬼与流氓鬼，我曾经说过，"以开店而论，我这店是两个鬼品开的，而其股份与生意的分配，究竟绅士鬼还只居其小部分"，所以去和道地的绅士们周旋，也仍旧是合不来的，有时流氓鬼要露出面来，结果终于翻脸，以至破口大骂，这虽是由于事势的必然，但使我由南转北，几乎作了一百八十度的大回旋，脱退绅士的“沙龙”，加入从前那么想逃避的[①]女校，终于成了代表，与女师大共存亡，我说运命之不可测就是为此。这之后我就被学生自治会请去开会，时期在五月二十一日，情形如鲁迅在《碰壁之后》一篇文章里所写，眼见一个大家庭里斗争的状况，结果当上了一名校务维持会的会员。而且说也奇怪，我还有一次以学生家长的资格，出席于当时教育部所召开的家长会，——我其实并无女儿在女师大念书，只因有人介绍一个名叫张静淑的学生，叫我做保证人，这只须盖一个图章，本是“不费之惠”，不过有起事情来，家族如不在北京，保证人是要代家长负责的，这是寻常不会有的事情，但是我却是适逢其会的碰着了。我终于不清楚张静淑本人是不是反对校长的，假如她是女附中出身，那么她应该为附中主任欧阳晓澜的威胁利诱而加入对方去了，如今却还找我这保证人去赴会，可以想见她是在反对的一边的。那一天的日记只简单的记着：

“八月十三日，下午四时赴教育部家长会议，无结果而散。”这会议是不可能有结果的，在八月六日北洋政府阁议已经通过教育部解散女师大，改办女子大学的决议，这里招集家长前来，无非叫约束学生，服从命令的意思。当时到场二十馀人，大都没有表示，我便起来略述反对之意，随有两三个人发言反对，在主人地位的部长章士钊看见这个形势，便匆匆离席而去，这便是那天无结果的[②]详情。以后紧接着二十二日武装接收的一幕，由专门

---

① “的”手稿作“的的”，三育本、桂本同删。〖*337*，倒*8*〗

② “的”手稿作“而”，三育本、桂本同改。〖*338*，*10*〗

教育司长刘百昭率领老妈子队伍，开赴石驸马大街，把女学生拖拉出校，就原址开设国立女子大学，派胡敦复为校长。那班被拖出街上的学生们只得另寻栖止，在端王府的西南找到一个地方，作为校址，校长是易培基，这大概是校务维持会所推选的吧。日记里写着这：

“九月十日，上午往宗帽胡同（十四号电话西局一五八五）女师大开校务维持会。”

“九月二十一日，上午赴女师大开学典礼，午返。”这以后就暂时在那里上课，到了十一月底章士钊离开了教育部，女师大随即复校，仍搬回石驸马大街原处。可是在第二年即一九二六年中乃有更不幸的事情发生，这即是三一八事件，女师大死了两个学生，国文系的刘和珍与英文系的杨德群，随后有些教员也被迫胁离开了北京。教育总长换了任可澄，教育界前途一样黑暗，我在女师大渐渐的被挤了上去，充当代表，在八月五六两日里去见任可澄都不曾见到。二十二日是去年“毁校纪念”，开会纪念了不到十日，教育部又发表将女子大学和女师大合并为女子学院，而以女师大为师范大学部，派林素园为学长，于九月四日来校，武装接收了。今据林素园的报告照录于下：

素园本日午前十一时复往该校，维时该校教职员等聚集多人，声势汹汹，当晤教员徐祖正周作人说明接收理由，该徐祖正等声言同人等对于改组完全否认，早有宣言，何竟贸然前来，言时声色俱厉，继复跃起谩骂，户外围绕多人，一齐喝打，经部员劝告无效，并被拳击，素园等只得来部陈明。

这篇布告登在九月六日的《世界日报》上，但记者说据前日报告，仅云“林上午到校，因斥该校教授为共产党，言语之间稍有冲突，并无互殴之说，此种报告似觉离奇，殊与事实颇有出入”。这新闻报道倒是公平的。

一四六　语丝的成立

第二次武装接收女师大，已经是一九二六年的事，《语丝》却是一九二四年创刊的，现在要来讲它，须得退两年回去，可是如来从头讲起，那便非先说孙伏园办《晨报副刊》不可，那就更早了。——但是我且不去管它，如今且来跑一通野马，说一说这件事的始末吧。

孙伏园原名福源，是我在绍兴做中学教员那时候的学生，我查来北京以后的日记，在一九一七年有这一项记载：

“八月廿一日，下午得孙福源十五日上海函。”那年因为有复辟之役，北大的招考改迟了，他来上海是为的应试，但是那一年没有录取。次年暑假里回家去，他来访四次，我于九月十日返北京，可是过了六天，他老先生也飘然的来了。他说想进大学旁听，这事假如当初对我说了，我一定会阻止他的，但是既然来了，也没得话说。日记上说：

“十八日，上午孙福源来，为致学长函。”这是写给陈独秀，代他请求准许旁听的信，当时旁听章程，一年后随班考试及格，可以改为正科生，这条章程可是在第二年就修正了，以后旁听生一律不得改为正科了。那一年入学的旁听生，只有国文系二人，其一是孙福源，其二则是成平，即是办《世界日报》的成舍我，在一榜之中出了两位报人，也可以说不是偶然的事。

他在北大第一院上课听讲，住在第二院对过的中老胡同，和北大有名的师生都颇熟习了，这时五四运动发生，他就得了机会施展他的能力。他最初是据我所记得，[①]同罗家伦在国民公报里工作，后来那报停了，他便转入了晨报。因为这两种报同是研究系报纸，研究系是很聪明的政党，见事敏捷，善于见风使帆，所以对于五四后的所谓新文化运动，它是首先赞助，在这晨报中间更有一位杰出的人物，他名叫蒲伯英，但在前清末年四川争路风潮的时候，已很有名，那时叫蒲殿俊，是清朝的一位"太史公"。孙福源在晨报最初是编第五版，仿佛是文艺栏，登载些随感杂文，我的《山中杂记》便都是在那上边发表的，这是一九二一年的秋天的事情，等到鲁迅的《阿 *Q* 正传》分期登载，已经是《晨报副刊》了。这是报纸对开的四页，虽是附张却有独立的性质，是晨报首创的形式，这可能是蒲伯英孙伏园两个人的智慧，出版的时期是一九二一年的冬天吧。报上有这么一个副刊，让人家可以自由投稿，的确是很好的，孙福源的编辑手段也是很高明，所以一向很是发达，别的新闻[②]都陆续仿照增加。但是好景不长，他的《晨报副刊》只办了三年多，于一九二四年十月便交卸了，查旧日记上记着：

"十月二十四日，下午伏园来，云已出晨报社，在川岛处住一宿。"伏园辞职的原因，据说是因为刘勉已擅自抽去副刊上的稿子，

---

① "据我所记得，"三育本同，桂本处理为括注并删去逗号，变舒缓为急促。〖*340*，*1*〗

② "新闻"三育本同，桂本作"报纸"。〖*340*，*12*〗

这是明明排挤他的意思，所以他觉得不能不走了。伏园既然离开了晨报副刊，便提[①]自己来办一个出板物，大家可以自由发表意见，不受别人的干涉，于是由他自[②]联络筹办，结果除他自己以外还有李小峰章川岛，作为经营出板的人，做文章的则另外约了些人，经过一次会商，这刊物的事情就算决定了。日记上记载着道：

“十一月二日，下午至市场开成北楼，同玄同伏园小峰川岛绍原颉刚诸人，议出小周刊事，定名曰‘语丝’，大约十七日出版，晚八时散。”至于刊物的名字的来源，是从一本什么人的诗集中得来，这并不是原来有那样的一句话，乃是随便用手指一个字，分两次指出，恰巧似懂非懂的还可以用，就请疑古玄同照样的写了。周刊的发刊词是由我所拟的，但是手头没有《语丝》的原本，所以不能记得了，因为本来没有什么固定的宗旨，所以说得很是笼统，到后来与现代评论打架的时候，语丝举出两句口号来，“用自己的钱，说自己的话”，也就是这个意思，不过针对现代评论的接受官方津贴，话里有刺罢了。鲁迅在《我与[③]语丝的始终》一篇文章里说道：

> 于是《语丝》的固定的投稿者，至多便只剩了五六人，但同时也在不意中显了一种特色，任意而谈，无所顾忌，要催促新的产生，对于有害于新的旧物，则竭力加以排击，——但应该产生怎样的新，却并无明白的表示，而一到觉得有些危急之际，也还是故意隐约其词。

① “提”三育本同，桂本作“提出”。〖*340*，倒*11*〗

② “自”三育本作“自己”，桂本作“去”（注云原无今增，似应作“自去”）。〖*340*，倒*10*〗

③ “与”三育本同，桂本作“和”。〖*341*，*3*〗

陈源教授痛斥“语丝派”的时候，说我们不敢直骂军阀，而偏和握笔的名人为难，便由于这一点。但是，叱吧儿狗险于叱狗主人，我们其实也知道的，所以隐约其词者，不过要使走狗嗅得，跑去献功时，必须详加说明，比较地费些气力，不能直捷痛快，就得好处而已。

这一节话很能说明《语丝》杂文的一方面的特色，于叱吧儿狗的确有用，可是吧儿狗也不是好惹的东西，一不小心就要被咬，我自己有过经验，吃了一点亏，但是也怪自己不能彻底，还要讲人情的缘故。我根据张凤举的报告，揭发陈源曾经扬言曰，“现在的女学生都可以叫局”，后来陈源追问来源，欲待发表，而凤举竭力央求，为息事宁人计，只好说是得之传闻，等于认输，当时川岛很是不平，因为他也在场听到张凤举的话，有一回在会贤堂聚会的时候，想当面揭穿，也是我阻止了。这是当断不断的一个好教训。关于《语丝》说了不少的空话，至于实在的文章如何，好在世间还有印本流传，只得请好事者自己去看了。

一四七　五卅

一九二五年五月三十日上海英国租界的巡捕对于示威游行的工人市民开枪，死伤很多，这是极为重大的一桩事件，但是在殖民地却是往往发生的事，所以国人虽然奔走呼号，也是没有别的办法，终于在十月里麻胡的了结了。在北大的人也只是发表几篇外国文的宣言，更无聊的还要打电报给罗马法皇向他们“辩诬”，结果是白讨没趣，也实在[①]十分可笑的事情。鲁迅在《忽然想到》之十里说得很好：

> 我们的市民被上海租界的英国巡捕击杀了，我们并不还击，却先来赶紧洗刷牺牲者的罪名。说道我们并非赤化，因为没有受别国的煽动，说道我们并非暴徒，因为都是空手，没有兵器的。我不解为什么中国人如果真使中国赤化，真在中国暴动，就得听英捕来处死刑？记得新希腊人也曾用兵器对付过国内的土耳其人，却并不被称为暴徒，俄国确已赤化多年了，也没有得到别国开枪的惩罚，而独有中国人，则市民被杀之后，还要皇皇然辩诬，张着含冤的眼睛，向世界搜求公道。

自己被了损害，却要先向人家辩诬，而这些人家原是同凶手一伙儿的，这样的做是很有点离奇的事，然而比较利用了来做生意，总还要好一点。不过这种出于“意表之外”的事情，也竟有之，不能不说是奇怪了。在《泽泻集》里有一篇名叫“吃烈士”的文章，便是讽刺这事的，不能正说，只好像是开玩笑似的，可见这事的重大了，——我遇见同样事情的时候，往往只有说玩笑话的一法，过去的写《碰伤》和《前门遇马队记》，便都是这一类的例子。如今且说那篇《吃烈士》的文章：

---

①“实在”三育本同，桂本作“实在是”。〖*341*，倒*2*〗

这三个字并不是什么音译，虽然读起来有点佶屈聱牙，其实乃是如字直说，就是说把烈士一块块的吃下去了，不论生熟。

中国人本来是食人族，象征的说有吃人的礼教，遇见要证据的实验派可以请他看历史的事实，其中最冠冕的有南宋时一路吃着人腊（案就是人肉干）去投奔江南行在的山东忠义之民。不过这只是吃了人去做义民，所吃的原是庸愚之肉，现在却轮到吃烈士，不可谓非旷古未闻的口福了。

前清时捉到行刺的革党，正法后其心脏大都为官兵所[①]炒而分吃，这在现今看去大有吃烈士的意味，但那时候也无非当作普通逆贼看，实行国粹的寝皮食肉法，以维护纲常，并不是如妖魔之于唐僧，视为十全大补的特品。若现在的吃烈士，则知其为——且正因其为烈士而吃之，此与历来的吃法又迥乎不同者也。

民国以来久矣夫没有什么烈士，到了这回五卅——终于应了北京市民的“杞天之虑”，因为阳历五月中有两个四月（阴历闰四月），正是庚子预言中的“二四加一五”——的时候，才有几位烈士出现于上海。这些烈士的遗体当然是都埋葬了，有亲眼见过出丧的人可以为证，但又有人很有理由的怀疑，以为这恐怕全已被人偷吃了。据说这吃的方法计有两种，一曰大嚼，一曰小吃。大嚼是整个的吞，其功效则加官进禄，牛羊繁殖，田地

① “所”三育本、桂本均无。〖*342*，倒*6*〗

开拓，有此洪福者不过一二武士，所吞约占十分七八，下馀一两个的烈士，供大众知味者之分尝。那些小吃多者不过肘臂，小则一指一甲之微，其利益亦不厚，仅能多销几顶五卅纱秋，几双五卅坤履，或在墙上多标几次字号，博得蝇头之名利而已。——呜呼，烈士殉国，于委蜕更有何留恋，苟有利于国人，当不惜举以遗之耳。然则国人此举既得烈士之心，又能废物利用，殊无可以非议之处，而且顺应潮流，改良吃法，尤为可嘉，西人尝称中国人为精于吃食的国民，至有道理。我自愧无能，不得染指，但闻“吃烈士”一语觉得很有趣味，故作此小文以申论之。乙丑大暑之日。

大暑之日系是阳历七月廿三，距出事的时期只有四五十天，便被敏捷的人这样的利用了，好在殖民地时代是一去不复返了，现在只是当作往事来谈谈而已。我写这种文章，大概系受一时的刺激，像写诗一样，一口气做成的，至于思想有些特别受英国斯威夫德（Swift）散文的启示，他的一篇《育婴刍议》（*A Modest Proposal*）那时还没有经我译出，实在是我的一个好范本，就只可惜我未能学得他的十分之一耳。

一四八　三一八

一九二六年三月十八日下午，北京铁狮子胡同执政府卫队对于请愿的民众开枪，造成死者四十七人，伤者一百五十馀人的惨案，这乃是反动政府与帝国主义互相勾结，布置而成的局面，其手段之凶残，杀伤之众多，都是破天荒的，后来孙传芳蒋介石的肆行残杀，差不多都是由此出发的。当日我到盔甲厂的燕京大学去上课，遇见站在课堂外边的学生，说今天因为请愿去了，所以不上课，我正想回来，这时忽见前去赴会的许家鹏君气急败坏的跑回来，说“了不得了，卫队开枪，死伤了许多人”。他自己好像没有受伤，但一看他戴着的一顶呢帽，在左边上却被子弹穿了个大窟窿。我从东单牌楼往北走，一路上就遇着好些轻伤的人，坐在车上流着血，前往医院里去。第二天真相逐渐明了，那天下着小雪，铁狮子广场上还躺着好些死体，身上盖着一层薄雪，有朋友目击这惨象的，说起三一八来便不能忘记那个雪景。死者多半是青年学生，与我有关系的学校是女师大的刘和珍与杨德群二人，燕大的许君虽是奇迹的没有受伤，可是研究生郭灿然却因此失了一条大腿，一九三一年我在燕大的时候，他还是[①]国文系当秘书，可是后来大概回到河南故乡去了。

三一八事件发生以后，我也只能拿了笔杆[②]以文字纪念死者，做了几副挽联，在三月二十三日给殉难者全体开追悼会的时候，送去一联云：

赤化赤化，有些学界名流和新闻记者还在那里诬陷。

白死白死，所谓革命政府与帝国主义原是一样东西。

---

① “是”三育本同，桂本作“在”。〖*344，8*〗

② “杆”手稿作“幹”，三育本、桂本同改。〖*344，10*〗

二十五日在女师大追悼刘杨二君时，送去对联云：

死了倒也罢了，若不想到二位有老母倚间，亲朋盼信。

活着又怎么着，无非多经几番的枪声震耳，弹雨淋头。

我真运气，得[①]陈源教授替我来做注脚，我在这里说枪声弹雨，本来只是随便的一句熟语，殊有甜熟之感，乃不意在三月二十七日的《现代评论》上的“闲话”里，明说请愿是入“死地”，要“冒枪林弹雨的险，受践踏死伤之苦”的，这不但明言那天开枪是有计划的事，而且这也做了我的文章的出典了。中法大学的胡锡爵君的追悼会不知是哪一天，我的对联是这样的：

什么世界，还讲爱国？

如此死法，抵得成仙！

这里很有一点玩笑的成份，因为这是我照例的毛病，那时也的确写了一篇似乎是游戏的文章，题曰“死法”，是发挥这个意思的，就拿这副挽联来做结束。当时也曾写过些文章，正面的来说愤慨的话，自谴责以至恶骂，如在《京报》上登载的《恕陈源》等，本来想收集拢来归入《真谈虎集》内的，但是不晓得怎么一来，不曾实行，而且把目录也遗失了，或者是绅士鬼临时执政的时候

① “得”三育本同，桂本作“得到”（注云原作“得得”）。案手稿此“得”字后有一写坏不算的“得”字，原件毕竟看得更真切。〖*344*，倒*11*、倒*10*〗

所决定的吧。但我有时也颇想找出来看看，因为那时那东吉祥的一班“东西”——这是鲁迅送给他们的徽号——的谣言实在造得太离奇了，不知道是怎么样“恕”他的。鲁迅在《记念刘和珍君》这篇文章里说：

> 我已经说过，我向来是不惮以最坏的恶意来推测中国人的。但这回却有几点出于我的意外。一是当局者竟会这样的凶残，一是流言家竟至如此之下劣，一是中国的女性临难竟能如是之从容。
>
> 我目睹中国女子的办事，是始于去年的，虽然是少数，但看那干练坚决，百折不回的气概，曾经屡次为之感叹。至于这一回在弹雨中互相救助，虽殒身不恤的事实，则更足为中国女子的勇毅，虽遭阴谋秘计，压抑至数千年，而终于没有消亡的明证了。倘要寻求这一次死伤者对于将来的意义，意义就在此罢。

他的话是对的，此文作于四月一日，我在三月三十一日做了一篇《新中国的女子》，也曾说道：

> 三月十八日国务院残杀学生事件发生以后，日本《北京周报》上有颇为详明的记述，有些地方比中国的御用新闻杂志的记者说的还要公平一点，因为他们不相信群众拿有几支手枪，虽然说有人拿着手杖的。他们都颇佩服中国女子的大胆与从容，明观生在《可怕的刹那》的附记中有这样的一节话：

"在这个混乱之中最令人感动的事，是中国女学生之刚健。凡有示威运动等，女学生大抵在前，其行动很是机敏大胆，非男生所能及，这一天女学生们也很出力。在我的前面有一个女学生，中了枪弹，她用了毛线的长围巾扪住了流出来的血潮，一点都不张皇，就是在那恐怖之中我也不禁感到佩服了，我那时还不禁起了这个念头，照这个情形看来中国将靠了这班女子兴起来罢。"北京周报社长藤原镰兄①也在社论中说及，有同样的意见：

"据当日亲身经历，目睹实况的友人所谈，最可佩服的是女学生们的勇敢。在那个可怕的悲剧之中，女学生们死的死了，伤的伤了，在男子尚且不能支持的时候，她们却始终没有失了从容的态度。其时他就想到中国的兴起或者是要在女子的身上了。以前有一位专治汉学的老先生，离开中国二十年之后再到北京来，看了青年女子的面上现出一种生气，与前清时代的女人完全不同了，他很惊异，说照这个情形中国是一定会兴隆的。我们听②到这句话，觉得里边似乎的确表示着中国机运的一点消息。"

这《北京周报》是用日本文写，办给日本人看的报，所以意

① "藤原镰兄"三育本同，桂本作"藤原君"，所据为《泽泻集·新中国的女子》。该集所收文本有两处"支那"，手稿均写作"中国"，可证知堂照录旧文并非像小学生抄写课文那样死板，从法律角度言之则是行使作者所有的修改权，不可有选择地以往日出过的集子里的文句衡判是非。〖*345*，倒*2*〗

② 手稿无"听"字，三育本添，桂本添"想"字。〖*346*，*6*〗

见有时也还正确，不像汉文报的故意歪曲。但那时候的《顺天时报》是怎么说的呢，想必有很好的妙论，可是那时因为有《现代评论》超过了它，所以对于它不曾注意，已经记不得了。

一四九　中日学院

以前对于中日问题，还不能没有幻想，希望它能够和平解决，因此徒劳的作些活动，第一次的中日学术协会已经失败了，第二次又来计划改革同文书院，设立了中日教育会。这也是由于坂西和土肥原的介绍，与东亚同文会的代表大内见面，商议将天津的同文书院改为中国学生的留日预备学校的事宜。这同文会本是经济文化侵略的机关，它在上海汉口天津各地设立同文书院，养成说中国话的人材，熟悉中国习惯，来中国作种种的活动。这一回却愿将天津的一处学校改作私立中学，招收中国学生，就只是用日本文作为第一外国语，毕业后可以留学日本，直接考入大学。他们请中国人合办这学校，总务即经济一切归日本人担任，教务由中国方面主持，都照教育部章程办理。平常他们办事，凡是要中国人给他帮忙时，总是拉些有小功名的如举人秀才的人，这回却找到大学里来，仍旧在中日学术[①]协会中间找了几个人，即是陈百年、马幼渔、沈尹默、张凤举和我一共是五个。日记上留存

① 手稿无“术”字，三育本同，桂本添。〖*346*，倒*5*、倒*4*〗

着这几项记事：

一九二五年八月三十日，上午往百年处，商议同文书院事。

九月二日，下午往土肥原宅，与大内江藤及北大同人共商同文书院事，晚八时回家。

九月四日，上午十一时往土肥原宅，议定中日教育会契约，午大内约往东兴楼午餐，共计宾主九人。

九月五日，午在东兴楼与尹默幼渔凤举百年，共宴大内江藤土肥原，及方梦超四人。这以后中日教育会便算成立了，议定以天津同文书院为基础，设立中日学院，先办初中高中部分，再扩充到大学部，其教务方面完全由中国人主持，教务长则请原有的张子秀担任，另外请会里派一个院长前去，并请会员二人去任两门功课。结果推定陈百年去教论理学，马幼渔去教国文，每周一次，院长则请沈兼士任之，因为在北京住家，不能常驻天津，所以只好时常往来京津之间。我虽是会长的名义，但只是在有一年的学校纪念日特别开会的那天，我被邀去到校讲演，去过一次，所得的印象实在平凡得很，校舍足够中学之用，但要想办大学哪里能行呢，好在学院方面也是没有诚意，姑且说一句话，后来不再提起，这边也觉得反正不能实现，也没有人认真去追问，便这样虚与委蛇的拖了好久。后来一个时候陈马二君也懒得跑这一段长路了，就都辞了兼职，只让一位由这边介绍去的北大的研究生在支撑门面，总务长江藤则已去世，由藤江递补，这人也看不出别样坏处，就只喜欢钓鱼和喝酒，大半天在学校边的水池里垂钓，院长则时去时归，很有倦勤的样子，等到一九三一年柳条沟的枪声一响，他也就正式的辞职了。土肥原介绍我们改革同文书院，未能成功，可是他在另一方面进行的捣乱工作，却是着着进行，终于引起芦沟桥事件，结果是“神国”成麦克阿塞的领土，而自己也遂为巢鸭殉国的“七英灵”之一人。凡是见过土肥原贤二的人，似乎不大会预料他能做大事情的人[①]，语云，时无英雄，遂使孺子成名，我们看现在的日本好像还缺少真的英雄，这是很可怕的一件事情。

中日学院的院长当初原是想把学校办好所以前去的，事实上他有识力可以足够办好一个大学部，但是事与愿违，使他不得不转为消极，然而却有一件事，着实使他受累不浅，这便是从天津得来的一份小家眷。他本有一子一女，家庭很是圆满，不幸他的夫人得了一种不很利害而是经常的精神病，他就在天津营了一所“金屋”，后来回到北京时又不得不把她移回来，日后他的夫人也常见到，旁人便以某女士的资格向她介绍，这真是一种可悲的喜剧了。我自己虽然没有受什么累，可是在一九三九[②]年的元旦来访的那位刺客，也声称是中日学院的李姓，这当然是假冒的，但是为什么要说是中日学院来的呢？这时土肥原已经阔了起来，称为“土肥原将军”了，我于一月二十四日下午前去访问他一回，拟问此事，没有见到，从此以后就没有看到他了。

一五〇　东方文学系

我到北京大学里来，到底也不知道是干什么来的？最初是讲

① “他能做大事情的人”三育本同，桂本作“他能做大事情”。〖*347*，倒*5*〗

② “一九三九”手稿作“一九二九”，三育本同，桂本改。〖*348*，*5*〗

欧洲文学史，不过这件事并不是我所能担任的，所以不久随即放下了。一九二二年至燕京大学担任现代文学组的主任，一九二五年答应沈尹默君去教孔德学校中学十年级的国文，即是初来北京时所坚决不肯担任的国文功课，想起来觉得十分可笑的。随后还在北大染指于国文系的功课，讲明清散文称曰“近代散文”，至一九三六年则添一门曰“六朝散文”，在大学课程纲要说明道：

伍绍棠跋《南北朝文钞》云，南北朝人所著书，多以骈俪行之，亦均质雅可诵，如范蔚宗沈约之史论，刘勰《文心雕龙》，钟嵘《诗品》，郦道元《水经注》，杨衒之《洛阳伽蓝记》，斯皆篇章之珠泽，文采之邓林。本课即本斯意，择取六朝一二小书，略为诵习，不必持与唐宋古文较短长，但使读者知此类散文亦自有其佳处耳。

后有案语云：

案成忍斋示子弟帖云，近世论古文者以为坏于六朝而振于唐，然六朝人文有为唐人之所必不能为，而唐人文则为六朝才人之所不肯为者矣。

第二年又增加了“佛经文学”，说明道：

六朝时佛经翻译极盛，文亦多佳胜，汉末译文模仿诸子，别无新意味，唐代又以求信故，质胜于文。唯六

> 朝所译能运用当时文调，加以变化，于普通骈散文外，造出一种新体制，其影响于后来文章者亦非浅鲜。今拟选取数种，稍稍讲读，注意于译经之文学的价值，亦并可作古代翻译文学看也。

这时候几乎完全是转了业，可是芦沟桥的炮声起来，我的这一门外道的功课也终于开不成了。

但是在那个中间，有一个时期却很致力于东方文学系的开设，这时间是一九二五[①]至一九三七年，大约有十年的光景。中国过去在高等学校里都是英语当王，有的还用英语授课，北京大学才破天荒的加以改革，一切讲义都改用中文，至于外国语也不偏重英文，设立法德俄文诸系，我们也就想建立起日本文学系起来。可是这事不大容易，俄文系也是若有若无、时有时无的不稳定，何况日本文呢？经过好些商议和等待之后，在顾孟馀任教务长的时代，乃叫我做筹备主任，于一九二五年成立东方文学系，从预科办起。那时我们预备在这系里教书的共有三人，即是张凤举、徐耀辰和我，其实我们三个人都不是研究日本文学的，张徐二君乃是学英文学的，是厨川白村的学生，我则原来是个打杂的，在人手缺少的时候劈柴挑担都可以来一手，至于专门技工实在没得。不过事情既然答应下来，也就只好由我们来分担了，两年的预科还只是语学的功课，这还可来得，等得到了两年完了，已是一九二七年了，这时张大元帅登了台，北大改为京师大学，旧日学制一律取消，就免除了我们不得不负荷的重担了。日文预科的

① “一九二五”三育本同，桂本作“一九二五年”。〖*349，6*〗

几个毕业生也就星散，消纳在文法科各系，我只记得一个进了历史系，一个进了经济系了。但是京师大学的寿命并不久长，它只拖了一年，随即同大元帅同时坍了台了。我们当时便想卷土重来，国民党政府却用了封建思想的头脑把北京改名北平，北京大学也改作北平大学，北大的学生不答应，学校一时开不成，因此担误[①]了一年，到一九二九年的秋天这才恢复了日文预科。这时张凤举到欧洲留学去了，教员只剩了徐耀辰和我两人，预科学生共有三个，便这样的开了班，但是到了本科的时候，教员就不够分配了，于是去拉人来帮忙，请钱稻孙担任《万叶集》的和歌，傅仲涛担任近松的净琉璃戏曲，徐耀辰担任现代文学，我则搞些江户时代的小说，杂凑成一年的课程，四年间敷衍过去，本科就算完毕了。这第一班于一九三五年毕业，第二班毕业于一九三六年，共计二人，第三班毕业于一九三七年，也是二人，一总三班七个人，计共花费了十足的八年，做了这一件略成片段的事情，但是仔细回想，觉得也是没有什么意义。俗语有云，黄胖舂年糕，吃力弗讨好，正是极好的评语。乡间有一种病，称作“黄胖”，极似时行的所谓浮肿病，其人胖而黄，看来好像是很茁壮的人，就只是没有力气，而舂年糕而[②]又是格外要用力的工作，因为这里边多半是糯米粉，乃是很黏的，这里人与工作两相配合，真是相得益彰，老百姓的滑稽实在是十分可以佩服的了。

---

① “担误”三育本同，桂本作“耽误”。〖*349*，倒*4*〗

② “而”三育本同，桂本删。〖*350*，*8*〗

一五一　东方文学系的插话

讲到东方文学系，这里有一个插话，需得说一说，虽然照年代来说或者要差几年，但是迟下来恐没有机会再说了。这事在一九四四年十月里我曾写过一篇文章《记杜逢辰君的事》，后来收在《立春以前》随笔集里，不过那篇文章恐怕看到的人并不多，所以我把它来重录一遍在这里：①

此文题目很是平凡，文章也不会得写得怎么有趣味，一定将使读者感觉失望，但是我自己却觉得颇有意义，近十年中时时想到要写，②直至现在才勉强写出，这在我是很满足的事了。杜逢辰君字辉庭，山东人，前国立北京大学学生，民国十四年入学，二十一年以肺病卒于故里。杜君在大学预科是日文班，所以那两年间是我直接的学生，及预科毕业，正是张作霖为大元帅③，改组京师大学，没有东方文学系了，所以他改入了法科。十八年④北大恢复，我们回去再开始办预科日文班，我又为他系学生教日文，讲夏目氏的小说《我是猫》，杜君一直参加，而且继续了有两年之久，虽然他的学籍仍是

---

①《记杜逢辰君的事》全文桂本全集卷九已收，此处删去。经不完全的统计，该文润色增删之处编至50号，为节省印张，仅择要说明，俾读者略窥知堂为文之手法。三育本系遵照手稿，先抄录后排印，除个别差错外均同手稿。

② 桂本此处有“总未成功”四字。〖350，倒10〗

③ “张作霖为大元帅”桂本作“张大元帅登台”。〖350，倒7、倒6〗

④ “十八年”桂本作“十七年冬”。〖350，倒6、倒5〗

在经济系。我记得那时他常来借书看，有森鸥外的《高瀬舟》，志贺直哉的《寿寿》等，我又有一部高畠素之译的《资本论》，共五册，买来了看不懂，也就送给了他，大约于他亦无甚用处，因为他的兴趣还在于文学方面。杜君的气色本来不大好，其发病则大概在十九年秋后，《骆驼草》第二十四期上有一篇小文曰“无题”，署名“偶影”，即是杜君所作，末署一九三〇年十月八日病中，于北大，可以为证。又查旧日记民国二十年分，三月十九日项下记云，下午至北大上课，以《徒然草》赠予杜君，又借予《源氏物语》一部，托李广田君转交。其时盖已因病不上课堂，故托其同乡李君来借书也。至十一月则有下记数项：

十七日，下午北大梁君等三人来访，云杜逢辰君自杀未遂，便雇汽车至红十字疗养院，劝说良久无效，六时回家。

十八日，下午往看杜君病，值睡眠，其侄云略安定，即回。

十九日，上午往看杜君。

二十一日，上午李广田君电话，云杜君已迁往平大附属医院。

二十二日，上午杜君同乡[1]孟云峤君来访。

杜君不知道是什么时候进疗养院的。在《无题》中他曾说，“我是常在病中，自然不能多走路，连书也不

① 桂本无“杜君同乡”四字。〖351，12〗

能随意读”。前后相隔不过一年，这时却已是卧床不起了。在那篇文章里又有一节云：

“这尤其是在夜里失眠时，心和脑往往是交互影响的。心越跳动，脑里宇宙的次序就越紊乱，甚至暴动起来似的骚扰。因此心也跳动更加利害，必至心脑交瘁，黎明时这才昏昏沉沉地堕入不自然的睡眠里去。这真是痛苦不过的事。我是为了自己的痛苦才了解旁人的痛苦的呀。每当受苦时，不免要诅咒了：天地不仁，以万物为刍狗！”我们从这里可以看出病中苦痛之一斑，在一年后这种情形自然更坏了，其计画自杀的原因据梁君说即全在于此。当时所用的不知系何种刀类，只因久病无力，所以负伤不重，即可治愈，但是他拒绝饮食药物，同乡友人无法可施，末了乃赶来找我去劝说。他们说，杜君平日佩服周先生，所以只有请你去，可以劝得过来。我其实也觉得毫无把握，不过不能不去一走，即使明知无效，望病也是要去的。劝阻人家不要自杀，这题目十分难，简直无从着笔，不晓得怎么说才好。到了北海养蜂夹道的医院里，见到躺在床上，脖子上包着绷带的病人，我说了些话，自己也都记不得了，总之说着时就觉得是空虚无用的，心里一面批评着说，不行，不行。果然这都是无用，如日记上所云劝说无效。我说几句之后，他便说，你说的很是，不过这些我都已经想过了的。末了他说，周先生平常怎么说，我都愿意听从，只是这回不能从命。并且他又说，我实在不能再受痛苦，请你可怜见放我去了罢。我见他态度很坚决，情形与平时也不一样，杜君说话声音本来很低，又是近视，眼镜后面的目光总是向着下，这回声音转高，除去了眼镜，眼睛张大，炯炯有光，仿佛是换了一个人的样子。假如这回不是受了委托专为劝解来的，我看了这个情形恐怕会得默然，如世尊默然表示同意似的，一握手而引退了吧。现在不能这样，只得枝梧了一会儿，不再说道理，劝他好好将息，退了出来。第二天去看，听那看病的侄儿说稍为安定，又据孟君说后来也吃点东西了，大家渐渐放心。日记上不曾记着，不久听说杜君家属从山东来了，接他回家去，服用鸦片剂暂以减少苦痛，但是随后也就去世，这大约是二十一年的事了。

杜君的事本来已是完结了，但是在那以后不知是从哪一位，大概是李广田君吧，听到一段话。据说在我去劝说无效之后，杜君就改变了态度，肯吃药喝粥了，所以我以为是无效，其实却是发生了效力。杜君对友人说，周先生劝我的话，我自己都已经想过了的，所以没有用处，但是后来周先生说的一节话，却是我所没想到的，所以给他说服了。这一节是什么话，我自己忘记了，经李君转述大意如此：周先生说，你个人痛苦，欲求脱离，这是可以谅解的，但在现在你身子不是个人的了，假如父母妻子他们不愿你离去，你还须体谅他们的意思，虽然这于你个人是一种痛苦，暂为他们而留住。老实说，这一番话本也寻常，在当时智穷力竭无可奈何时，姑且应用一试，不意打动杜君自己的不忍之心，乃转过念来，愿以个人的苦痛去抵销家属的悲哀，在我实在是不及料的。我想起几句成语，日常的悲剧，平凡的伟大，杜君的事正当得起这名称。杜君的友人很感谢我能够劝他回心转意，不再求死，但我实很是惶恐，觉得有点对不起杜君，因为听信我的几句话使他多受了许多的苦痛。我平常最怕说不负责任的话，假如自己估量不能做到的事，即使听去十分漂亮，也不敢轻易主张叫人家去做。这回因为受托劝解，搜索枯肠凑上这一节去，却意外的发生效力，得到严重的结果，对于杜君我感觉负着一种责任。但是经过长期的考虑思索①，我却得着了慰解，因为我觉得不曾欺骗了杜君，——我劝他那么做，在他的场合固是难能可贵，在别人也并不是没有。一个人过了中年，人生苦甜大略尝过，这以后如不是老当益壮②，重复想纳妾再做人家，他的生活大概渐倾于为人的，为儿孙作马牛是最下的一等，事实上却不能不认它也是这一部类，其上者则为学问为艺文为政治，他们随时能把生命放得下，本来也乐得安息，但是一直忍受着孜孜矻矻的做下去，牺牲一己以利他人，这该当称为圣贤事业了。杜君以青年而能有此精神，很可令人佩服，而我则因为有劝说的一段关系，很感到一种鞭策，太史公所谓虽不能至，心向往之，或得如传说所云写且夫二字，有做起讲之意，不至全然打诳话欺人，则自己也觉得幸甚矣。

①“经过长期的考虑思索”桂本作“考索思虑，过了十年之后”。〖353，6〗

②“老当益壮”桂本作“老成转为少年”。〖353，9〗

一五二　坚冰至

《周易》上说："履霜，坚冰至。"言事变之来，其所从来者积渐久远，不是一朝一夕的事情。自从新华门"碰伤"事件发生以来，不到四年工夫，就有铁狮子胡同的三一八惨案，这是一九二六年的事情，到了第二年更是热闹了，在北京有张作霖的捕杀大学教授，上海有孙传芳的讨赤，不久各地有蒋介石的清党，杀人如麻，不可胜计。我因为困居北京，对于别处的事多是间接传闻，不很明了，现在只记载在北京所见闻的一点，主要的事是关于李守常先生的。

说到李守常，照普通说法应称李大钊先烈，但是因为称呼熟了，这样说还比较方便，称作烈士仿佛有点生疏。我认识守常，是在北京大学，算来在一九一九年左右，即是五四的前后。其时北大红楼初盖好，图书馆是在地窖内，但图书馆主任室设在第一层，东头靠南，我们去看他便在这间房里。那时我们在红楼上课，下课后有暇即去访他，为什么呢？《新青年》同人相当不少，除二三人时常见面之外，别的都不容易找，校长蔡孑民很忙，文科学长陈独秀也有他的公事，不好去麻烦他们，而且校长学长室都在第二院，要隔一条街，也不便特别跑去。在第一院即红楼的，只有图书馆[①]主任，而且他又勤快，在办公时间必定在那里，所以找他最是适宜，还有一层，他顶没有架子，觉得很可亲近，所谈的也只是些平常的闲话。记得有一回去访问的时候，不久吴弱

① 手稿无"馆"字，三育本、桂本同，今暂添。〖*354，6、7*〗

男女士也进来了，吴女士谈起章行严家里的事情来，她说道："周先生也不是外人，说也没有妨碍。"便说章家老辈很希望儿子出去做官，但是她总是反对，劝他不要加入政界。从这件事情看来，可以知道那些谈话之如何自由随便吧。平常《新青年》的编辑，向由陈独秀一人主持（有一年曾经分六个人，各人分编一期），不开什么编辑会议[①]，只有一九一八年底，定议发刊《每周评论》的时候，在学长室开会，那时我也参加，一个人除分任写文章，每月捐助刊资数元，印了出来便等于白送给人的。在五四之后陈独秀因为在市场发传单，为警厅所捕，《每周评论》由胡适之与守常两人来维持，可是意见不合，发生"问题与主义"之争，就是警厅不来禁止，也有点维持不下去了。《每周评论》出了三十六期，我参与会议就只此一次，可是这情景我至今没有忘记。

我最初认识守常的时候，他正参加"少年中国"学会，还没有加入共产党。有一回是他给少年中国学会介绍，叫我去讲演过一次，因为"少年中国"里许多人，我没有一个相识。说也奇怪，"少年中国"集合两极端的人物，有极左的便是共产主义者，也有极右的，记得后来分裂，组织国家主义团体的，即是这些人物。到了他加入共产党，中国局势也渐形紧张，我便很渐少与他闲谈的机会，图书馆主任室里不大能够找到他了。那时的孔德学校，是蔡孑民及北大同人所创办，教法比较新颖，北大同事的子弟多在这里读书，守常的一个儿子和一个女儿，也都在内。那时我担任孔德高中的一年国文，守常的儿子就在我这班里，最初有时候还问他父亲安好，后来末了这几个月，连他儿子也多告假不来，

① "会议"手稿作"全议"，三育本、桂本同改。〖*354，13*〗

其时已经很近危险了。但是一般还不知道，有一回我到北大去上课，有一个学生走来找我，说他已进了共产党，请我给他向李先生找点事办，想起来这个学生也实在太疏忽，到教员休息室来说这样的话，但是也想见到李葆华，叫他把这件事告诉他父亲知道，可是大约有一个月，却终于没有这机会。

那一天我还记得很清楚，是清明节的这天，那时称作植树节，学校放假[①]一日。是日我们几个人约齐了，同往海甸去找尹默的老兄士远，同时下一辈的在孔德的学生也往那里找他们的旧同学。这天守常的儿子也凑巧一同去，并且在海甸的沈家住下了，我们回到城里，看报大吃一惊，原来张作霖大元帅就在当日前夜下手，袭击苏联大使馆，将国共合作的人们一网打尽了。尹默赶紧打电话给他老兄，叫隐匿守常的儿子，暂勿进城，亦不可外出，这样的过了有两个星期。但是海甸的侦缉队就在士远家近旁，深感不便，尹默又对我说，叫去燕京大学上课的时候，顺便带他进城，住在我那里，还比较隐僻。我于次日便照办，让他住在从前爱罗先珂住过些时的三间小屋里，——这以后也有些人来住过，如女师大的郑德音、北大女生刘尊一等。可是到了次日我们看报，这天是四月二十九日，又是吃了一惊。守常已于前一日执行了死刑，报上大书特书，而且他和路友于张挹兰几个人照相，就登载在报上第一面。如何告诉他儿子知道呢，过一会儿他总是要过来看报的，这又使得我没有办法，便叫电话去请教尹默。他回答说就来，因为我们朋友里还是他会得想办法。尹默来了之后，大家商量一番，让他说话，先来安慰几句，如说令尊为主义而牺牲，本是预

①“放假”手稿作“都假”，三育本改，桂本作“都放假”。〖*355，8、9*〗

先有觉悟的。及至说了，乃等于没有说，因为他的镇定有觉悟远在说话人之上，听了之后又仔细看报，默然退去。守常的儿子以后住在我家有一个多月，后由尹默为经营，化名为杨震，送往日本留学，及济南事件发生，与孔德去的同学这才都退学回来了。

一五三 “清党”

说到“清党”，有什么人会得不感到愤慨的呢？在这回事件里死的人不知有多少，即使自己没有亲属在里边，也总有些友人和学生，不禁叫人时常想起，而且那些就是不认识的，也都是少壮有为的人，如今成批的被人屠杀，哪能不感觉痛惜呢。那时我住在北京，在“张大元帅”辇毂之下，虽说是老牌的军阀，却还比较的少一点这样恐怖与惨痛的经历，在“段执政”的三一八事件之后，也办过些“党案”，杀害了笼统称为党员的，如李守常等人，随后还有高仁山，此外则枪毙了诋毁他们的新闻记者，最有名的是社会日报社长林白水和京报社长邵飘萍，以及演过《卧薪尝胆》的戏的伶人刘汉臣高三奎，真实的缘因说是与“妨害家庭”相关，但是据报上说，他们的罪名也是“宣传赤化”，至于如何宣传法，那自然是无可查考了。总之北方的“讨赤”是颇为温和的，比起南方的联帅孙传芳来，简直如小巫之见了大巫，若是拿去比国民党的“清党”，那是差的更远了。

从仅存在《谈虎集》卷上的几篇杂文里来看，便有好些资料。第一是那篇《偶感》之三，是民国十六年七月五日所作的，文云：

听到自己所认识的青年朋友的横死，而且大都死在所谓最正大的清党运动里边，但是[①]一件很可怜的事。青年男女死于革命原是很平常的，里边如有相识的人，也自然觉得可悲，但这正如死在战场一样，实在无可怨恨，因为不能杀敌则为敌所杀是世上的通则，从本来合作的国民党里被清出而枪毙或斩决的那却是别一回事了。燕大出身的顾千里陈丙中二君，是我所知道的文字思想上都很好的学生，在闽浙一带为国民党出了好许多力之后，据《燕大周刊》报告，这回已以左派的名义而被杀了。北大的刘尊一在北京被捕一次，幸得放免，来我家暂避，逃到南方去，近见报载上海捕"共党"，看从英文译出的名字，其一恐怕是她，不知道吉凶如何。普通总觉得南京与北京有点不同，青年学生跑去不知世故的行动，却终于一样的被祸，有的还从北方逃出去投在网里，令人不能不感到惘然。至于那南方的杀人者是何心理状态，我们不得而知，只觉得惊异，倘若这是军阀的常态，那么这惊异也将消失，大家唯有复归于沉默，于是而沉默遂统一中国南北。

在那时候我写这段杂文，大概对于南方的军阀还多少存有一种幻觉，不想把他来同北方的一样看待，所以那样的说，但是那幻觉却随即打销了，所以复归于沉默，因为那正是军阀的常态，没有什么的例外。同时写一篇《人力车与斩决》，因胡适之演说

① "但是"三育本同，桂本作"这是"。〖*356*，倒*9*〗

中国还容忍人力车，所以不能算是文明国，我便问他不知斩首与人力车孰为不文明。第二节说：

> 江浙党狱的内容我们不得而知，杂志上传闻的罗织与拷打或者是“共党”的造谣，但杀人之多总是确实的了。以我贫弱的记忆所及，《青天白日报》记者二名与逃兵一同斩决，清党委员到甬斩决共党二名，上海枪决五名姓名不宣布，又枪决十名内有共党六名，广州捕共党一百十二人其中十三名即枪决。清法着实不少，枪毙之外还有斩首，不知胡先生以为文明否？

后来九月里有一篇《怎么说才好》，这五个字即是沉默的替代，本文云：

> 九月十九日《世界日报》载六日[①]长沙通讯，记湖南考试共产党员详情，有一节云：
>
> “有郜陈氏者，因其子系西歪（共产青年团）的关系，被逮入狱，作‘旷安宅而弗居舍正路而弗由论’，洋洋数千言，并首先交卷，批评马克司是一个病理家，不是生理家外，并于文后附志略历。各当道因赏其文，怜其情，将予以宽释。”
>
> 原来中国现在还适用族诛之法，因一个初中学生一年级生是CY的关系，就要逮捕其母。湖南是中国最急

① “六日”三育本、桂本均无。〖*357*，倒*12*〗

进的省分，何以连古人所说的“罪人不孥”这句老生常谈还不能实行呢？我看了这节新闻实在连游戏话都不会说了，只能写这两行极迂阔极无聊的废话，我承认这是我所说过的最没有意思的废话，虽然还有些南来的友人所谈的东南清党时的虐杀行为，我连说废话的勇气都没有了。这些事故[①]压在我的心上，我真不知怎样说才好，只觉得小时候读李小池的《思痛记》的时候有点相像。

怎么说才好？不说最好：这是一百分的答案。

但是不说也就是爱憎都尽，给人家看穿了底，不再有什么希望了。北伐成功的时候，马九先生首先在孔德学校揭起青天白日旗来欢迎国民党，但是那最是忠厚的马二先生却对他朋友说道：看这回再要倒霉，那便是国民党了！总算勉强支持了二十年，这句深刻的预言却终于实现了。

①“事故”手稿作“故”，三育本添，桂本作“故事”。〖*357*，倒*1*〗

第四卷

一五四　北大感旧录　一①

我于民国六年（一九一七）初到北大，及至民国十六年暑假，已经十足十年了，恰巧张作霖称大元帅，将北大取消，改为京师大学，于是我们遂不得不与北京大学暂时脱离关系了。但是大元帅的寿命也不久长②，不到一年光景，情形就很不像样，只能退回东北去，于六月中遇炸而死，不久东三省问题也就解决，所谓北伐遂告成功了。经过了③一段曲折之后，北京大学旋告恢复，外观虽是依然如故，可是已经没有从前的“古今中外”的那种精神了，所以将这十年作为一段落，算作北大的前期，也是合于事实的。我在学校里是向来没有什么活动的，与别人接触并不多，但是在文科里边也有些见闻，特别这些人物是已经去世的，记录了下来作为纪念，而且根据佛教的想法，这样的做也即是一种功德

①《知堂回想录》写作之先就拟了目录，名曰“药堂谈往目次”（简称“目次”），相当于提纲，其手稿仅于牛津本前插得见首页。正文各节标题与目次不尽相符，如目次有“序文”，正文无之；目次第三至五节标题作“风暴的前后”上中下，第二五节作“风暴的馀波”，而后者正文作“风暴馀波”。《北大感旧录》手稿正文共十二节，第十节复分上下，故末节序号为十一，均不附列所写故人之名。三育本正文同手稿，目录依目次附列人名。桂本各节标题依目次，再就所涉人物调整附列人名，第十节之下改为第十一节，故末节序号为十二。今正文均遵手稿，目录随之编制。

②“久长”三育本、桂本均作“长久”。〖*358，10*〗

③“了”三育本、桂本均无。〖*358，12*〗

供养，至于下一辈的人以及现在还健在的老辈悉不阑入，但是这种老辈现今也是不多，真正可以说是寥落有如晨星了。

一、辜鸿铭　北大顶古怪的人物，恐怕众口一词的要推辜鸿铭了吧。他是福建闽南人，大概先代是华侨吧，所以他的母亲是西洋人，他生得一副深眼睛高鼻子的洋人相貌，头上一撮黄头毛，却编了一条小辫子，冬天穿枣红宁绸的大袖方马褂，上戴瓜皮小帽，不要说在民国十年前后的北京，就是在前清时代，马路上遇见这样一位小城市里的华装教士似的人物，大家也不免要张大了眼睛看得出神的吧。尤其妙的是他那包车的车夫，不知是从哪里乡下去特地找了来的，或者是徐州辫子兵的馀留亦未可知，也是一个背拖大辫子的汉子，正同课堂上的主人是好一对，他在红楼的大门外坐在车兜上等着，也不失为车夫队中一个特出的人物。辜鸿铭早年留学英国，在那有名的苏格阑大学毕业，归国后有一时也是断发西装革履，出入于湖广总督衙门（依据传说如此，真伪待考），可是后来却不晓得什么缘故变成那一副怪相，满口“春秋大义”，成了十足的保皇派了。但是他似乎只是广泛的主张要皇帝，与实际运动无关，所以洪宪帝制与宣统复辟两回事件里都没有他的关系，他在北大教的是拉丁文等功课，不能发挥他的正统思想，他就随时随地想要找机会发泄。我只在会议席上遇到他两次，每次总是如此，有一次是北大开文科教授会讨论功课，各人纷纷发言，蔡校长也站起来预备说话，辜鸿铭一眼看见首先大声说道：“现在请大家听校长的吩咐！”这是他原来的语气，他的精神也就充分的表现在里边了。又有一次是五四运动时，六三事件以后，大概是一九一九年的六月五日左右吧，北大教授在红楼第二层临街的一间教室里开临时会议。除应付事件外有一件是挽留蔡校长，各人照例说了好些话，反正对于挽留是没有什么异议的，问题只是怎么办，打电报呢，还是派代表南下。辜鸿铭也走上讲台，赞成挽留校长，却有他自己的特别理由，他说道：“校长是我们学校的皇帝，所以非得挽留不可。”新青年的反帝反封建的朋友们有好些都在坐，但是因为他是赞成挽留蔡校长的，所以也没有人再来和他抬杠。可是他后边的一个人出来说话，却于无意中闹了一个大乱子，也是很好笑的一件事。这位是理科教授姓丁，是江苏省人，本来能讲普通话，可是这回他一上讲台去，说了一大串叫人听了难懂，而且又非常难过的单句。那时天气本是炎热，时在下午，又在高楼上一间房里，聚集了许多人，大家已经很是烦躁的了，这丁先生的话是字字可以听得清，可是几乎没有两个字以上连得起来的，只听得他单调的断续的说，我们，今天，今天，我们，北大，今天，北大，我们，如是者约略有一两分钟，不，或者简直只有半分钟也说不定，但是人们仿佛觉得已经很是长久，在热闷的空气中，听了这单调的断续的单语，有如在头顶上滴着屋漏水，实在令人不容易忍受。大家正在焦燥，不知道怎么办才好的时候，忽然的教室的门开了一点，有人伸头进来把刘半农叫了出去。不久就听得刘君在门外顿足大声骂道：“混账！”里边的人都愕然出惊，丁先生以为是在骂他，也便匆匆的下了讲台，退回原位去了。这样会议就中途停顿，等到刘半农进来报告，才知道是怎么的一回事，这所骂的当然并不是丁先生，却是法科学长王某，他的名字忘记了，仿佛其中有一个祖字。六三的那一天，北京的中小学生都列队出来讲演，援助五四被捕的学生，北京政府便派军警把这些中小学生一队队的捉了来，都监禁在北大法科校舍内。各方面纷纷援助，赠送食物，北大方面略尽地主之谊，预备茶水食料之类，也就在法科支用了若干款项。这数目记不清楚了，大约也不会多，或者是一二百元吧，北大教授会决定请学校核销此款，归入正式开销之内。可是法科学长不答应，于是事务员跑来找刘半农，因为那时他是教授会的干事负责人，刘君听了不禁发起火来，破口大喝一声，后来大概法科方面也得了着落，而在当时解决了丁先生的纠纷，其功劳实在也是很大的。因为假如没有他这一喝，会场里说不定会要发生很严重的结果。看那时的形势，在丁先生一边暂时并无自动停止的意思，而这样的讲下去，听的人又忍受不了，立刻就得有挺而走险的可能。当日刘文典也在场，据他日后对人说，其时若不因了刘半农的一声喝而停止讲话，他就要奔上讲台去，先打一个耳光，随后再叩头谢罪，因为他实在再也忍受不下去了。——关于丁君因说话受窘的事，此外也还有些传闻，然而那是属于“正人君子”所谓的“流言”，所以似乎也不值得加以引用了。

一五五　北大感旧录　二

二、刘申叔　北大教授中的畸人，第二个大概要推刘申叔了吧。说也奇怪，我与申叔很早就有些关系，所谓“神交已久”，在丁未（一九〇七）前后他在东京办《天义报》的时候，我投寄过好些诗文，但是多由陶望潮间接交去，后来我们给《河南》写文章，也是他做总编辑，不过那时经手的是孙竹丹，也没有直接交涉过。后来他来到北大，同在国文系里任课，可是一直没有见过面，总计只有一次，即是上面所说的文科教授会里，远远的望见他，那时大约他的肺病已经很是严重，所以身体瘦弱，简单的说了几句话，声音也很低微，完全是个病夫模样，其后也就没有再见到他了。申叔写起文章来，真是“下笔千言”，细注引证，头头是道，没有做不好的文章，可是字却写的实在可怕，几乎像小孩子的描红相似，而且不讲笔顺，——北方书房里的学童写字，辄叫口号，例如“永”字，叫道：“点，横，竖，钩，挑，劈，剔，捺”。他却是全不管这些个，只看方便有可以连写之处，就一直连起来，所以简直不成字样。当时北大文科教员里，以恶札而论申叔要算第一，我就是第二名了，从前在南京学堂里的时候，管轮堂同学中写字的成绩我也是倒数第二，第一名乃是我的同班同乡而且又是同房间居住的柯采卿，他的字也毕瑟可怜，像是寒颤的样子，但还不至于不成字罢了。倏忽五十年，第一名的人都已归了道山，到如今这榜首的光荣却不得不属于我一个人了。关于刘申叔及其夫人何震，最初因为苏曼殊寄居他们的家里，所以传有许多佚事，由龚未生转述给我们听，民国以后则由钱玄同所讲，及申叔死后，复由其弟子刘叔雅讲了些，但叔雅口多微词，似乎不好据为典要，因此便把传闻的故事都不著录了。只是汪公权的事却不妨提一提，因为那是我们直接见到的。在戊申（一九〇八）年夏天我们开始学俄文的时候，当初是鲁迅许季茀陈子英陶望潮和我五个人，经望潮介绍刘申叔的一个亲戚来参加，这人便是汪公权。我们也不知道他的底细，上课时匆匆遇见也没有谈过什么，只见他全副和服，似乎很朴实，可是俄语却学的不大好，往往连发音都不能读，似乎他回去一点都不预备似的。后来这一班散了伙，也就走散了事，但是同盟会中间似乎对于刘申叔一伙很有怀疑，不久听说汪公权归国，在上海什么地方被人所暗杀了。

三、黄季刚　要想讲北大名人的故事，这似乎断不可缺少黄季刚，因为他不但是章太炎门下的大弟子，乃是我们的大师兄，他的国学是数一数二的，可是他的脾气乖僻，和他的学问成正比例，说起有些事情来，着实令人不能恭维。而且上文我说与刘申叔只见过一面，已经很是希奇了，但与黄季刚却一面都没有见过，关于他的事情只是听人传说，所以我现在觉得单凭了听来的话，不好就来说他的短长。这怎么办才好呢？如不是利用这些传说，那么我便没有直接的材料可用了，所以只得来经过一番筛，择取可以用得的来充数吧。

这话须还得说回去，大概是前清光绪末年的事情吧，约略估计年岁当是戊申（一九〇八）的左右，还在陈独秀办《新青年》，进北大的十年前，章太炎在东京民报社里来的一位客人名叫陈仲甫，这人便是后来的独秀，那时也是搞汉学，写隶书的人。这时候适值钱玄同（其时名叫钱夏，字德潜）黄季刚在坐，听见客来，只好躲入隔壁的房里去，可是只隔着两扇纸糊的拉门，所以什么都听得清清楚楚的。主客谈起清朝汉学的发达，列举戴段王诸人，多出在安徽江苏，后来不晓得怎么一转，陈仲甫忽而提起湖北，说那里没有出过什么大学者，主人也敷衍着说，是呀，没有出什么人。这时黄季刚大声答应道：

“湖北固然没有学者，然而这不就是区区，安徽固然多有学者，然而这也未必就是足下。”主客闻之索然扫兴，随即别去。十年之后黄季刚在北大拥皋比了，可是陈仲甫也赶了来任文科学长，且办《新青年》，搞起新文学运动来，风靡一世了。这两者的旗帜分明，冲突是免不了的了，当时在北大的章门的同学做柏梁台体的诗分咏校内的名人，关于他们的两句恰巧都还记得，陈仲甫的一句是“毁孔子庙罢其祀”，说的很得要领，黄季刚的一句则是“八部书外皆狗屁”，也是很能传达他的精神的。所谓八部书者，是他所信奉的经典，即是《毛诗》、《左传》、《周礼》、《说文解字》、《广韵》、《史记》、《汉书》和《文选》，不过还有一部《文心雕龙》，似乎也应该加了上去才对。他的攻击异己者的方法完全利用谩骂，便是在讲堂上的骂街，它的骚扰力很不少，但是只能够煽动几个听他的讲的人，讲到实际的蛊惑力量没有及得后来专说闲话的“正人君子”的十一了。

一五六　北大感旧录 三

四、林公铎　林公铎名损，也是北大的一位有名人物，其脾气的怪僻也与黄季刚差不多，但是一般对人还是和平，比较容易接近得多。他的态度很是直率，有点近于不客气，我记得有一件事，觉得实在有点可以佩服。有一年我到学校去上第一时的课，这是八点至九点，普通总是空着，不大有人愿意这么早去上课的，所以功课顶容易安排，在这时候常与林公铎碰在一起。我们有些人不去像候车似的挤坐在教员休息室里，却到国文系主任的办公室去坐，我遇见他就在那里，这天因为到得略早，距上课还有些时间，便坐了等着，这时一位名叫甘大文的毕业生走来找主任说话，可是主任还没有到来，甘君等久了觉得无聊，便去同林先生搭讪说话，桌上适值摆着一本北大三十几周年纪念册，就拿起来说道：

“林先生看过这册子么？里边的文章怎么样？”林先生微微摇头道：

“不通，不通。”这本来已经够了，可是甘君还不肯干休，翻开册内自己的一篇文章，指着说道：

“林先生看我这篇怎样？”林先生从容的笑道：

“亦不通，亦不通。”当时的确是说“亦”字，不是说“也”的，这事还清楚的记得。甘君本来在中国大学读书，因听了胡博士的讲演，转到北大哲学系来，成为胡适之的嫡系弟子，能作万言的洋洋大文，曾在孙伏园的《晨报副刊》上登载《陶渊明与托尔斯泰》一文，接连登了有两三个月之久，读者看了都又头痛又佩服。甘君的应酬交际工夫十二分的绵密，许多教授都为之惶恐退避，可是他一遇着了林公铎，也就一败涂地了。

说起甘君的交际工夫，似乎这里也值得一说。他的做法第一是请客，第二是送礼。请客倒还容易对付，只要辞谢不去好了，但是送礼却更麻烦了，他是要送到家里来的，主人一定不收，自然也可以拒绝，可是客人丢下就跑，不等主人的回话，那就不好办了。那时雇用汽车很是便宜，他在过节的前几天便雇一辆汽车，专供送礼之用，走到一家人家，急忙将货物放在门房，随即上车飞奔而去。有一回竟因此而大为人家的包车夫所窘，据说这是在沈兼士的家里，值甘君去送节礼，兼做听差的包车夫接收了，不料大大的触怒主人，怪他接受了不被欢迎的人的东西，因此几乎打破了他拉车的饭碗。所以他的交际工夫越好，越被许多人所厌恶，自教授以至工友，没有人敢于请教他，教不到一点钟的功课。也有人同情他的，如北大的单不庵，忠告他千万不要再请客再送礼了，只要他安静过一个时期，说是半年吧，那时人家就会自动的来请他，不但空口说，并且实际的帮助他，在自己的薪水提出一部分钱来津贴他的生活，邀他在图书馆里给他做事。但是这有什么用呢，一个人的脾气是很不容易改变的。论甘君的学力，在大学里教教国文，总是可以的，但他过于自信，其态度也颇不客气，所以终于失败。钱玄同在师范大学担任国文系主任，曾经叫他到那里教“大一国文”（即大学一年级的必修国文），他的选本第一篇是韩愈的《进学解》，第二篇以下至于第末篇都是他自己的大作，学期末了学生便去要求主任把[①]撤换了。甘君的故事实在说来话长，只是这里未免有点喧宾夺主，所以这里只好姑且从略了。

林公铎爱喝酒，平常遇见总是脸红红的，有一个时候不是因为黄酒价贵，便是学校欠薪，他便喝那廉价的劣质的酒。黄季刚得知了大不以为然，曾当面对林公铎说道：“这是你自己在作死了！”这一次算是他对于友人的道地的忠告。后来听说林公铎在南京车站上晕倒，这实在是与他的喝酒有关的。他讲学问写文章因此都不免有爱使气的地方。一天我在国文系办公室遇见他，问在北大外还有兼课么？答说在中国大学有两小时。是什么功课呢？说是唐诗。我又好奇的追问道，林先生讲哪么[②]人的诗呢？他的答覆很出意外，他说是讲陶渊明。大家知道陶渊明与唐朝之间还整个的隔着一个南北朝，可是他就是那样的讲的。这个缘因是，北大有陶渊明诗这一种功课，是沈尹默担任的，林公铎大概很不满意，所以在别处也讲这个，至于文不对题，也就不管了。他算是北大老教授中旧派之一人，在民国二十年顷北大改组时标榜革

---

①“把”三育本、桂本均作“把他”。〔*364*，倒*13*、倒*12*〕

②“哪么”三育本作“哪个”，桂本作“哪些”。〔*364*，倒*4*〕

新，他和许之衡一起被学校所辞退了。北大旧例，教授试教一年，第二学年改送正式聘书，只简单的说聘为教授，并无年限及薪水数目，因为这聘任是无限期的，假如不因特别事故有一方预先声明解约，这便永久有效。十八年以后始改为每[①]送聘书，在学校方面生怕照从前的办法，有不讲理的人拿着无限期的聘书，要解约时硬不肯走，所以改了每年送新聘书的方法。其实这也不尽然，这原是在人不在办法，和平的人就是拿着无限期聘书，也会不则一声的走了，激烈的虽是期限已满也还要争执，不肯罢休的。许之衡便是前者的好例，林公铎则属于后者，他大写其抗议的文章，在《世界日报》上发表的致胡博士（其时任文学院长兼国文系主任）的信中，有“遗我一矢”之语，但是胡适之并不回答，所以这事也就不久平息了。

一五七　北大感旧录 四

五、许守白　上文牵连的说到了许之衡，现在便来讲他的事情吧。许守白是在北大教戏曲的，他的前任也便是第一任的戏曲教授是吴梅，当时上海大报上还大惊小怪的，以为大学里居然讲起戏曲来，是破天荒的大奇事。吴瞿安教了几年，因为南人吃不惯北方的东西，后来转任南京大学，推荐了许守白做他的后任。许君与林公铎正是反对，对人是异常的客气，或者可以说是本来

---

① “每”三育本同，桂本作“每年”。〖*365，5*〗

不必那样的有礼，普通到了公众场所，对于在场的许多人只要一总的点一点头就行了，等到发见特别接近的人再另行招呼，他却是不然。进得门来，他就一个一个找人鞠躬，有时那边不看见，还要从新鞠过。看他模样是个老学究，可是打扮却有点特别，穿了一套西服，推光和尚头，脑门上留下手掌大的一片头发，状如桃子，长约四五分，不知是何取义，有好挖苦人的便送给他一个绰号，叫做“馀桃公”，这句话是有历史背景的。他这副样子在北大还好，因为他们见过世面，曾看见过辜鸿铭那个样子，可是到女学校去上课的时候，就不免要稍受欺侮了。其实那里的学生倒也并不什么特别去窘他，只是从上课的情形上可以看出他的一点窘状来而已。北伐成功以后，女子大学划归北京大学，改为文学理学分院，随后又成为女子文理学院，我在那里一时给刘半农代理国文系主任的时候，为一二年级学生开过一班散文习作，有一回作文叫写教室里印象，其中一篇写得颇妙，即是讲许守白的，虽然不曾说出姓名来。她说有一位教师进来，身穿西服，光头，前面留着一个桃子，走上讲台，深深的一鞠躬，随后翻开书来讲。学生们有编织东西的，有写信看小说的，有三三两两低声说话的。起初说话的声音很低，可是逐渐响起来，教师的话有点不大听得出了，于是教师用力提高声音，于嗡嗡声的上面又零零落落的听到讲义的词句，但这也只是暂时的，因为学生的说话相应的也加响，又将教师的声音沉没到里边去了。这样一直到了下课的钟声响了，教师乃又深深的一躬，踱下了讲台，这事才告一段落。鲁迅的小说集《彷徨》里边有一篇《高老夫子》，说高尔础老夫子往女学校去上历史课，向讲堂下一望，看见满屋子蓬松的头发，和许多鼻孔与眼睛，使他大发生其恐慌，《袁了凡纲鉴》本来没有预备充分，因此更着了忙，匆匆的逃了出去。这位慕高尔基而改名的老夫子尚且不免如此慌张，别人自然也是一样，但是许先生却还忍耐得住，所以教得下去，不过窘也总是难免的了。

六、黄晦闻　关于黄晦闻的事，说起来都是很严肃的，因为他是严肃规矩的人，所以绝少滑稽性的传闻。前清光绪年间，上海出版《国粹学报》，黄节的名字同邓实（秋枚）刘师培（申叔）马叙伦（夷初）等常常出现，跟了黄梨洲吕晚村的路线，以复古来讲革命，灌输民族思想，在知识阶级中间很有些势力。及至民国成立之后，虽然他是革命老同志，在国民党中不乏有力的朋友，可是他只做了一回广东教育厅长，以后就回到北大来仍旧教他的书，不复再出。北伐成功以来，所谓“吃五四饭的”都飞黄腾达起来，做上了新官僚，黄君是老辈却那样的退隐下来，岂不正是落伍之尤，但是他自有他的见地。他平常愤世疾俗，觉得现时很像明季，为人写字常钤一印章，文曰“如此江山”。又于民国廿三年（一九三四）秋季在北大讲顾亭林诗，感念往昔，常对诸生慨然言之。一九三五年一月廿四日病卒，所注亭林诗终未完成，所作诗集曰“蒹葭楼诗”，曾见有仿宋铅印本，不知今市上尚有之否？晦闻卒后，我撰一挽联送去，词曰：

如此江山，渐将日暮途穷，不堪追忆索常侍。

及今归去，等是风流云散，差幸免作顾亭林。

附以小注云：

近来先生常用一印云如此江山，又在北京大学讲亭林诗，感念古昔，常对诸生慨然言之。

七、孟心史　与晦闻情形类似的，有孟心史。孟君名森，为北大史学系教授多年，兼任研究所工作，著书甚多，但是我所最为记得最喜欢读的书，还是民国五六年顷所出的《心史丛刊》，共有三集，搜集另碎材料，贯串成为一篇，对于史事既多所发明，亦殊有趣味。其记清代历代科场案，多有感慨语，如云：

> 凡汲引人材，从古无以刀锯斧钺随其后者。至清代乃兴科场大案，草菅人命，无非重加其罔民之力，束缚而驰骤之。

又云：

> 汉人陷溺于科举至深且酷，不惜借满人屠戮同胞，以泄其多数侥幸未遂之人年年被摈之愤，此所谓天下英雄入我彀中者也。

孟君耆年宿学，而其意见明达，前后不变，往往出后辈贤达之上，可谓难得矣。廿六年华北沦陷，孟君仍留北平，至冬卧病入协和医院，十一月中我曾去访问他一次，给我看日记中有好些感愤的诗，至次年一月十四日乃归道山，年七十二。三月十三日开追悼会于城南法源寺，到者可二十人，大抵皆北大同人，别无仪式，只默默行礼而已。我曾撰了一副挽联，词曰：

野记偏多言外意，
新诗应有井中函。

因字数太少不好写，又找不到人代写，亦不果用。北大迁至长沙，职教员凡能走者均随行，其因老病或有家累者暂留北方，校方承认为留平教授，凡有四人，为孟森、马裕藻、冯祖荀和我，今孟马冯三君皆已长逝，只剩了我一个人算是硕果仅存了。

一五八　北大感旧录 五

八、冯汉叔　说到了“留平教授”，于讲过孟心史之后，理应说马幼渔与冯汉叔的故事了，但是幼渔虽说是极熟的朋友之一，交往也很频繁，可是记不起什么可记的事情来，讲到旧闻佚事，特别从玄同听来的也实在不少，不过都是琐屑家庭的事，不好做感旧的资料。汉叔是理科数学系的教员，虽是隔一层了，可是他的故事说起来都很有趣味，而且也知道得不少，所以只好把幼渔的一边搁下，将他的佚事来多记一点也罢。

冯汉叔留学于日本东京前帝国大学理科，专攻数学，成绩甚好，毕业后归国任浙江两级师范学堂教员，其时尚在前清光绪宣统之交，校长是沈衡山（钧儒），许多有名的人都在那里教书，如鲁迅许寿裳张邦华等都是。随后他转到北大，恐怕还在蔡孑民长校之前，所以他可以说是真正的“老北大”了。在民国初年的冯汉叔大概是很时髦的，据说他坐的乃是自用车，除了装饰斩新之外车灯也是特别，普通的车只点一盏，有的还用植物油，乌黓黓[①]的很有点凄惨相，有的是左右两盏灯，都点上了电石，便很觉得阔气了，他的车上却有四盏，便是在靠手的旁边又添上两盏灯，一齐点上了就光明灿烂，对面来的人连眼睛都要挣[②]不开来了。脚底下又装着响铃，车上的人用脚踏着，一路发出琤𪭢的响声，车子向前飞跑，引得路上行人皆驻足而视。据说那时北京这样的车子没有第二辆，所以假如路上遇见四盏灯的洋车，便可知道这是冯汉叔，他正往“八大胡同”去打茶围去了。爱说笑话的人便给这样的车取了一个别名，叫做“器字车”，四个口像四盏灯，两盏灯的叫“哭字车”，一盏的[③]就叫“吠字车”。算起来坐器字车的还算比较便宜，因为中间虽然是个“犬”字，但比较吠哭二字究竟字面要好的多了。

汉叔喜欢喝酒，与林公铎有点相像，但不听见他曾有与人相闹的事情，他又是搞精密的科学的，酒醉了有时候有点糊涂了，可是[④]一遇到上课讲学问，却是依然头脑清楚，不会发生什么错误。古人说，吕端小事糊涂，大事不糊涂，可见世上的确有这样的事情。鲁迅曾经讲过汉叔在民初的一件故事，有一天在路上与汉叔相遇，彼此举帽一点首后将要走过去的时候，汉叔忽叫停车，似乎有话要说。及至下车之后，他并不开口，却从皮夹里掏出二十元钞票来，交给鲁迅，说“这是还那一天输给你的欠账的”。鲁迅因为并无其事，便说“那一天我并没有同你打牌，也并不输

---

① “乌黓黓”三育本作“乌沉沉”，桂本同手稿。〖*368*，倒*12*〗

② “挣”三育本同，桂本作“睁”。〖*368*，倒*10*〗

③ “一盏的”三育本同，桂本作“一盏灯的”。〖*368*，倒*5*〗

④ “可是”手稿作“可见”，三育本、桂本同改。〖*368*，倒*2*〗

钱给我呀”。他这才说道：“哦，哦，这不是你么？”乃作别而去。此外有一次，是我亲自看见的，在“六三”的前几天，北大同人于第二院开会商议挽留蔡校长的事，说话的人当然没有一个是反对者，其中有一人不记得是什么人了，说的比较不直截一点，他没有听得清楚，立即愤然起立道：“谁呀，说不赞成的？”旁人连忙解劝道：“没有人说不赞成的，这是你听差了。”他于是也说，“哦，哦”，随又坐下了。关于他好酒的事，我也有过一次的经验。不记得是谁请客了，饭馆是前门外的煤市街的有名的地方，就是酒不大好，这时汉叔也在坐，便提议到近地的什么店去要，是和他有交易的一家酒店，只说冯某人所要某种黄酒，这就行了。及至要了来之后，主人就要立刻分斟，汉叔阻住他叫先拿试尝，尝过之后觉得口味不对，便叫送酒的伙计来对他说，一面用手指着自己的鼻子道：“我，我自己在这里，叫老板给我送那个来。”这样换来之后，那酒一定是不错的了，不过我们外行人也不能辨别，只是那么胡乱的喝一通就是了。

北平沦陷之后，民国廿七年（一九三八）春天日本宪兵队想要北大第二院做它的本部，直接通知第二院，要他们三天之内搬家。留守那里的事务员弄得没有办法，便来找那“留平教授”，马幼渔是不出来的，于是找到我和冯汉叔。但是我们又有什么办法呢？走到第二院去一看，碰见汉叔已在那里，我们略一商量，觉得要想挡驾只有去找汤尔和，说明理学院因为仪器的关系不能轻易移动，至于能否有效，那只有临时再看了。便在那里由我起草写了一封公函，同汉叔送往汤尔和的家里。当天晚上得到汤尔和的电话，说挡驾总算成功了，可是只可牺牲了第一院给予宪兵队，但那是文科只积存些讲义类的东西，散佚了也不十分可惜。

这是我最后一次见到冯汉叔，看他的样子已是很憔悴，已经到了他的暮年了。

一五九　北大感旧录 六

九、刘叔雅　刘叔雅名文典，友人常称之为刘格阑玛，叔雅则自称狸豆乌，盖狸刘读或可通，叔与菽通，尗字又为豆之象形古文，雅则即是乌鸦的本字。叔雅人甚有趣，面目黧黑，盖昔日曾嗜鸦片，又性喜肉食，及后北大迁移昆明，人称之谓“二云居士”，盖言云腿与云土皆名物，适投其所好也。好吸纸烟，常口衔一支，虽在说话亦粘着唇边，不识其何以能如此，唯进教室以前始弃之。性滑稽，善谈笑，唯语不择言，自以籍属合肥，对于段祺瑞尤致攻击，往往丑诋及于父母，令人不能纪述。北伐成功后曾在芜湖，不知何故触怒蒋介石，被拘数日，时人以此重之。刘叔雅最不喜中医，尝极论之，备极诙谐谿刻之能事，其词云：

> 你们攻击中国的庸医，实是大错而特错。在现今的中国，中医是万不可无的。你看有多多少少的遗老遗少和别种的非人生在中国，此辈一日不死，是中国一日之祸害。但是谋杀是违反人道的，而且也谋不胜谋。幸喜他们都是相信国粹的，所以他们的一线死机，全在这班大夫们手里。你们怎好去攻击他们呢？

这是我亲自听到，所以写在一篇说“卖药”的文章里，收在《谈虎集》卷上，写的时日是“十年八月”，可见他讲这话[①]的时候是很早的了。他又批评那时的国会议员道：

想起这些人来，也着实觉得可怜，不想来怎么的骂他们。这总之还要怪我们自己，假如我们有力量买收了他们，却还要那么胡闹，那么这实在应该重办，捉了来打屁股。可是我们现在既然没有钱给他们，那么这也就只好由得他们自己去卖身去罢了。

他的说话刻薄由此可见一斑，可是叔雅的长处并不在此，他实是一个国学大家，他的《淮南鸿烈解》的著书出版已经好久，不知道随后有什么新著，但就是那一部书也足够显示他的学力而有馀了。

十、朱逷先　朱逷先名希祖，《北京大学日刊》曾经误将他的姓氏刊为米遇光，所以有一个时候友人们便叫他作“米遇光”，但是他的普遍的绰号乃是“朱胡子”，这是上下皆知的，尤其是在旧书业的人们中间，提起“朱胡子”来，几乎无人不知，而且有点敬远的神气，因为朱君多收藏古书，对于此道很是精明，听见人说珍本旧抄，便揎袖攘臂，连说“吾要”，连书业专门的人也有时弄不过他。所以朋友们有时也叫他作“吾要”，这是浙西的方音，里边也含有幽默的意思，不过北大同人包括旧时同学在内普通多称他为“而翁”，这其实即是朱胡子的文言译，因为《说文解字》上说，“而，颊毛也”，当面不好叫他作朱胡子，但是称

---

①“这话”手稿作“这说”，三育本、桂本同改。“说”字用法在本书不是孤例，恐非笔误。〖*370*，倒*9*〗

“而翁”，便无妨碍，这可以说是文言的好处了。因为他向来就留了一大部胡子，这从什么时候起的呢？记得在民报社听太炎先生讲[①]《说文》的时候，总还是学生模样，不曾留须，恐怕是在民国初年以后吧。在元年（一九一二）的夏天他介绍我到浙江教育司当课长，我因家事不及去，后来又改任省视学，这我也只当了一个月，就因患疟疾回家来了。那时见面的印象有点麻胡记不清了，但总之似乎还没有那古巴英雄似的大胡子，及民六（一九一七）在北京相见，却完全改观了。这却令人记起英国爱德华理亚（Edward Lear）所作的《荒唐书》里的第一首诗来：

那里有个老人带着一部胡子，
他说，这正是我所怕的，
有两只猫头鹰和一只母鸡，
四只叫天子和一只知更雀，
都在我的胡子里做了窠了！

这样的过了将近二十年，大家都已看惯了，但大约在民国廿三四年的时候在北京却不见了朱胡子，大概是因了他女婿的关系移转到广州的中山大学去了。以后的一年暑假里，似乎是在民国廿五年（一九三六），这时正值北大招考阅卷的日子，大家聚在校长室里，忽然开门进来了一个小伙子，没有人认得他，等到他开口说话，这才知道是朱逷先，原来他的胡子剃得光光的，所以是似乎换了一个人了。大家这才哄然大笑，这时的逷先在我这里

① “讲”手稿作“听”，三育本同，桂本改。〖*371*，*11*〗

恰好留有一个照相，这照片原是在中央公园所照，便是许季茀、沈兼士、朱逷先、沈士远、钱玄同、马幼渔和我，一共是七个人，这里边的朱逷先就是光下巴的。逷先是老北大，又是太炎同门中的老大哥，可是在北大的同人中间似乎缺少联络，有好些事情都没有他加入，可是他对于我却是特别关照，民国元年是他介绍我到浙江教育司的，随后又在北京问我愿不愿来北大教英文，见于鲁迅日记，他的好意我是十分感谢的，虽然最后民六（一九一七）的一次是不是他的发起，日记上没有记载，说不清楚了。

一六〇　北大感旧录 七

十一、胡适之　今天听说胡适之于二月二十四日在台湾去世了，这样便成为我的感旧录里的材料，因为这感旧录中是照例不收生存的人的，他的一生的言行，到今日盖棺论定，自然会有结论出来，我这里只想就个人间的交涉记述一二，作为谈话的资料而已。我与他有过卖稿的交涉一总共是三回，都是翻译。头两回是《现代小说译丛》和《日本现代小说集》，时在一九二一年左右，是我在《新青年》和《小说月报》登载过的译文，鲁迅其时也特地翻译了几篇，凑成每册十万字，收在商务印书馆的《世界丛书》里，稿费每千字五元，当时要算是最高的价格了。在一年前曾经托蔡校长写信，介绍给书店的《黄蔷薇》，也还只是二元一千字，虽说是文言不行时，但早晚时价不同也可以想见了。第三回是一册《希腊拟曲》，这是我在那时的唯一希腊译品，一总只有四万字，把稿子卖给文化基金董事会的编译委员会，得到了十元一千字的报酬，实在是我所得的最高的价了。我在序文的末了说道：

> 这几篇译文虽只是戋戋小册，实在也是我的很严重的工作。我平常也曾翻译些文章过，但是没有像这回费力费时光，在这中间我时时发生恐慌，深有“黄胖搡年糕，出力不讨好”之惧，如没有适之先生的激励，十之七八是中途搁了笔了。现今总算译完了，这是很可喜的，在我个人使这三十年来的岔路不完全白走，固然自己觉得喜欢，而原作更是值得介绍，虽然只是太少。谛阿克列多斯有一句话道，一点点的礼物捎着大大的人情。乡曲俗语云，千里送鹅毛，物轻人意重。姑且引来作为解嘲。

关于这册译稿还有过这么一个插话，交稿之前我预先同适之说明，这中间有些违碍词句，要求保留，即如第六篇拟曲《暱谈》里有“角先生”这一个字，是翻译原文抱朋这字的意义，虽然唐译苾刍尼律中有树胶生支的名称，但似乎不及角先生三字的通俗。适之笑着答应了，所以它就这样的印刷着，可是注文里在那“角”字右边加上了一直线，成了人名符号，这似乎有点可笑，——其实这角字或者是说明角所制的吧。最后的一回，不是和他直接交涉，乃是由编译会的秘书关琪桐代理的，在一九三七至三八年这一年里，我翻译了一部亚波罗陀洛斯的《希腊神话》，到一九三八年编译会搬到香港去，这事就告结束，我那神话的译稿也带了去不知下落了。

一九三八年的下半年，因为编译会的工作已经结束，我就在燕京大学托郭绍虞君找了一点功课，每周四小时，学校里因为旧人的关系特加照顾，给我一个“客座教授”(Visiting Professor)的尊号，算是专任，月给一百元报酬，比一般的讲师表示优待。其时适之远在英国，远远的寄了一封信来，乃是一首白话诗，其词云：

藏晖先生昨夜作一梦，
梦见苦雨庵中吃茶的老僧，
忽然放下茶钟出门去，
飘然一杖天南行。
天南万里岂不大辛苦？
只为智者识得重与轻。——
梦醒我自披衣开窗坐，
谁人知我此时一点相思情。
　　一九三八，八，四。伦敦。

我接到了这封信后，也做了一首白话诗回答他，因为听说他就要往美国去，所以寄到华盛顿的中国使馆转交胡安定先生，这乃是他的临时的别号。诗有十六行，其词云：

老僧假装好吃苦茶，
实在的情形还是苦雨，
近来屋漏地上又浸水，

结果只好改号苦住。
晚间拼好蒲团想睡觉，
忽然接到一封远方的信，
海天万里八行诗，
多谢藏晖居士的问讯。
我谢谢你很厚的情意，
可惜我行脚却不能做到，
并不是出了家特地忙，
因为庵里住的好些老小。
我还只能关门敲木鱼念经，
出门托钵募化些米面，——
老僧始终是个老僧，
希望将来见得居士的面。

廿七年九月廿一日，知堂作苦住庵吟，略仿藏晖体，却寄居士美洲。十月八日旧中秋，阴雨如晦中录存。

侥幸这两首诗的抄本都还存在，而且同时找到了另一首诗，乃是适之的手笔，署年月曰“廿八,十二,十三，臧晖”。诗四句分四行写，今改写作两行，其词云：

两张照片诗三首，今日开封一惘然。
无人认得胡安定，扔在空箱过一年。

诗里所说的事全然不清楚了，只是那寄给胡安定的信搁在那里，经过很多的时候方才收到，这是我所接到的他的最后的一封信。及一九四八年冬北京解放，适之仓皇飞往南京，未几转往上海，那时我也在上海，便托王古鲁君代为致意，劝其留住国内，虽未能见听，但在我却是一片诚意，聊以报其昔日寄诗之情，今[①]王古鲁也早已长逝，更无人知道此事了。

末了还得加上一节，《希腊拟曲》的稿费四百元，于我却有了极大的好处，即是这用了买得一块坟地，在西郊的板井村，只有二亩的地面，因为原来有三间瓦屋在后面，所以花了三百六十元买来，但是后来因为没有人住，所以倒塌了，新种的柏树过了三十多年，已经成林了。那里葬着我们的次女若子，侄儿丰二[②]，最后还有先母鲁老太太，也安息在那里，那地方至今还好好的存在，便是我的力气总算不是白花了，这是我所觉得深可庆幸的事情。

一六一　北大感旧录 八

十二、刘半农　讲到胡适之，令人联想起刘半农来，这不但是因为两人都是博士，并且还是同年的关系，他们是卯字号的名人，这事上文已经说过了。刘半农因为没有正式的学历，为胡博

---

①“今”三育本、桂本均作“今日”。〖375，5〗

②“丰二”三育本同，桂本作“丰三”。前面《爱罗先珂下》一节言及二十岁时死去的丰三，此处或知堂记错。〖375，10〗

士他们所[①]看不起，虽然同是“文学革命”队伍里的人，半农受了这个激刺，所以发愤去挣他一个博士头衔来，以出心头的一股闷气，所以后来人们叫他们为博士，其含义是有区别的，盖一是积极的博士，一是消极的也。二人又同为卯字号小一辈的同年生，可是半农卒于一九三四年才及中寿，适之则已是古稀，又是不同的一点。我在上文里关于半农已经说及，现在再来讲他恐有不少重出之处，为此只将那时所作的《半农纪念》一文，钞录在这里，那么即使有些重出，因为那是文中的一部分，或者也无甚妨碍吧。[②]

七月十五日夜我们到东京，次日定居本乡菊坂町。二十日我同妻出去，在大森等处跑了一天，傍晚回寓，却见梁宗岱先生和陈樱女士已在那里相候。谈次陈女士说在南京看见报载刘半农先生去世的消息，我们听了觉得不相信，徐耀辰先生在座也说这恐怕又是别一个刘复吧，但陈女士说报上说的不是刘复而是刘半农，又说北京大学给他照料治丧，可见这是不会错的了。我们将离开北平的时候，知道半农往绥远方面旅行去了，前后相去不过十日，却又听说他病死了已有七天了。世事虽然本来是不可测的，但这实在来得太突然，只觉得出于[③]意外，除了惘然若失而外，别无什么话可说。

半农和我是十多年的老朋友，这回半农的死对于我是一个老友的丧失，我所感到的也是朋友的哀感，这很

① “所”手稿作“为”，三育本、桂本同改。〖*375*，倒*11*〗

②《半农纪念》全文桂本全集卷六已收，此处删去。手稿润色增删之处编至*19*号。

③ “出于”手稿作“出”，据桂本添。〖*376*，*5*〗

难得用笔墨纪录下来。朋友的交情可以深厚，而这种悲哀总是淡泊而平定的，与夫妇子女间沉挚激越者不同，然而这两者却是同样地难以文字表示得恰好。假如我同半农要疏一点，那么我就容易说话，当作一个学者或文人去看，随意说一番都不要紧。很熟的朋友却只作一整个人看，所知道的又太多了，要想分析想挑选了说极难着手，而且褒贬稍差一点分量，心里完全明了，就觉得不诚实，比不说还要不好。荏苒四个多月过去了，除了七月二十四日写了一封信给半农的女儿[①]小蕙女士外，什么文章都没有写，虽然有三四处定期刊物叫我写纪念的文章，都谢绝了，因为实在写不出。九月十四日，半农死后整整两个月，在北京大学举行追悼会，不得不送一副挽联，我也只得写这样平凡的几句话去，敷衍了一下子[②]：

十七年尔汝旧交，追忆还从卯字号；

廿馀日驰驱大漠，归来竟作丁令威。

这是很空虚的话，只是仪式上所需的一种装饰的表示而已。学校决定要我充当致词者之一人，我也不好拒绝，但是我仍是明白我的不胜任，我只能说说临时想出来的半农的两种好处。其一是半农的真。他不装假，肯说话，不投机，不怕骂，一方面却是天真烂漫，对什么人都无恶意。其二是半农的杂学。他的专门是语音学，

---

① “女儿”桂本作“长女”。〖*376*，*13*〗

② 桂本无“敷衍了一下子”六字。〖*376*，倒*10*〗

但他的兴趣很广博，文学美术他都喜欢，做诗，写字，照相，蒐书，讲文法，谈音乐。有人或者嫌他杂，我觉得这正是好处，方面广，理解多，于处世和治学都有用，不过在思想统一的时代自然有点不合式。我所能说者也就是极平凡的这寥寥几句。

两日前阅《人间世》第十六期，看见半农遗稿《双凤皇专斋小品文》之五十四，读了很有所感。其题目曰“记砚兄之称”，文云：

“余与知堂老人每以砚兄相称，不知者或以为儿时同窗友也。其实余二人相识，余已二十七，岂明已三十三。时余穿鱼皮鞋，犹存上海少年滑头气，岂明则蓄浓髯，戴大绒帽，披马夫式大衣，俨然一俄国英雄也。越十年，红胡入关主政，北新封，语丝停，李丹忱捕，余与岂明同避菜厂胡同一友人家。小厢三楹，中为膳食所，左为寝室，席地而卧，右为书室，室仅一桌，桌仅一砚。寝，食，相对枯坐而外，低头共砚写文而已，砚兄之称自此始。居停主人不许多友来视，能来者余妻岂明妻而外，仅有徐耀辰兄传递外间消息，日或三四至也。时为民国十六年，以十月二十四日去，越一星期归，今日思之，亦如梦中矣。”

这文章写得颇好，文章里边存着作者的性格，读了如见半农其人。民国六年春间我来北京，在《新青年》上初见到半农的文章，那时他还在南方，留下一种很深的印象，这是几篇《灵霞馆笔记》，觉得有清新的生气，这在别人笔下是没有的。现在读这遗文，恍然记及十七年前的事，清新的生气仍在，虽然更加上一点苍老与着实了。但是时光过得真快，鱼皮鞋子的故事在今日活着的人里只有我和玄同还知道吧，而菜厂胡同一节说起来也有车过腹痛之感了。前年冬天半农同我谈到蒙难纪念，问这是哪一天，我查旧日记，恰巧民国十六年中间有几个月不曾写，于是查对《语丝》末期出版月日等等，查出这是在十月二十四，半农就说下回要大举请客来作纪念，我当然赞成他的提议。去年十月不知道怎么一混大家都忘记了，今年夏天半农在电话里还说起，去年可惜忘记了，今年一定要举行。然而半农在七月十四日就死了，计算到十月二十四日恰是一百天。

昔时笔祸同蒙难，菜厂幽居亦可怜。

算到今年逢百日，寒泉一盏荐君前。

这是我所作的打油诗，九月中只写了两首，所以在追悼会上不曾用，今见半农此文，便拿来题在后面。所云菜厂在北河沿之东，是土肥原的旧居，居停主人即土肥原的后任某少佐也。秋天在东京本想去访问一下，告诉他半农的消息，后来听说在长崎，没有能见到。[①]民国二十三年（一九三四）十一月三十日，于北平苦茶庵记。

① 原文尚有一节，此处未录，故将落款置于引号之外（今因引文版式需要去除引号）。〖*378,4*〗

一六二　北大感旧录 九

十三、马隅卿　隅卿是于民国二十四年二月十九日在北大上课，以脑出血卒于讲堂里的，我也在这里抄录《隅卿纪念》的一篇文章作替代，原本是登载于《苦茶随笔》里的。[①]

隅卿去世于今倏忽三个月了。当时我就想写一篇小文章纪念他，一直没有能写，现在虽然也还是写不出，但是觉得似乎不能再迟下去了。日前遇见叔平，知道隅卿已于上月在宁波安厝，那么他的体魄便已永久和北平隔绝，真有去者日以疏之惧。陶渊明《拟挽歌辞》云：

向来相送人，各自还其家。

亲戚或馀悲，他人亦已歌。——何其言之旷达而悲哀耶。恐隅卿亦有此感，我故急急的想写了此文也。

我与隅卿相识大约在民国十年左右，但直到十四年我担任了孔德学校中学部的两班功课，我们才时常见面。当时系与玄同尹默包办国文功课，我任作文读书，曾经给学生讲过一部《孟子》、《颜氏家训》和几卷《东坡尺牍》。隅卿则是总务长的地位，整天坐在他的办公室里，又正在替孔德图书馆买书，周围堆满了旧书头本，常在和书贾交涉谈判。我们下课后便跑去闲谈，虽然知道很妨害他的办公，可是总也不能改，除我与玄同以外还有

---

① 《隅卿纪念》全文桂本全集卷六已收，此处删去。手稿润色增删之处编至30号。

王品青君，其时他也在教书，随后又添上了建功耀辰，聚在一起常常谈上大半天。闲谈不够，还要大吃，有时也叫厨房开饭，平常大抵往外边去要，最普通的是森隆、一亚一，后来又有玉华台。民十七以后移在宗人府办公，有一天夏秋之交的晚上，我们几个人在屋外高台上喝啤酒汽水谈天，一直到深夜，说起来大家都还不能忘记，但是光阴荏苒，一年一年的过去，不但如此盛会于今不可复得，就是那时候大家的勇气与希望也已消灭殆尽了。

隅卿多年办孔德学校，费了许多的心，也吃了许多的苦。隅卿是不是老同盟会我不曾问过他，但看他含有多量革命的热血，这有一半盖是对于国民党解放运动的响应，却有一大半或由于对北洋派专制政治的反抗。我们在一起的几年里，看见隅卿好几期的活动，在“执政”治下有三一八时期与直鲁军时期的悲苦与屈辱，军警露刃迫胁他退出宗人府，不久连北河沿的校舍也几被没收，到了“大元帅”治下好像是疔疮已经肿透离出毒不远了，所以减少沉闷而发生期待，觉得黑暗还是压不死人的。奉军退出北京的那几天他又是多么兴奋，亲自跑出西直门外去看姗姗其来的山西军，学校门外的青天白日旗恐怕也是北京城里最早的一面吧。光明到来了，他回到宗人府去办起学校来，我们也可以去闲谈了几年。可是北平的情形愈弄愈不行，隅卿于二十年秋休假往南方，接着就是九一八事件，通州密云成了边塞，二十二年冬他回北平来专管孔德图书馆，那时复古的浊气又已弥漫国中，到了二十四年春他也就与世长辞了。孔德学校的教育方针向来是比较地解放的向前的，在现今的风潮中似乎最难于适应，这是一个难问题，不过隅卿早一点去了世[①]，不及看见他亲手苦心经营的学校里学生要从新男女分了班去读经做古文，使他比在章士钊刘哲时代更为难过，那或者可以说是不幸中之大幸了吧。

隅卿的专门研究是明清的小说戏曲，此外又搜集四明的明末文献。末了的这件事是受了清末的民族革命运动的影响，大抵现今的中年人都有过这种经验，不过表现略有不同，例如七先生写到清乾隆帝必称曰弘历，亦是其一。因为这些小说戏曲从来是不登大雅之堂的，所以隅卿自称曰不登大雅文库，后来得到一部二十回本的《平妖传》，又称平妖堂主人，尝复刻书中插画为笺纸，大如册页，分得一匣，珍惜不敢用，又别有一种《金瓶梅》[②]画笺，似刻成未印，今不可得矣。居南方时得到话本二册，题曰雨窗集及欹枕集，审定为清平山堂同型之本，旧藏天一阁者也，因影印行世，请兼士书额云雨窗欹枕室，友人或戏称之为雨窗先生。隅卿用功甚勤，所为札记及考订甚多，平素过于谦退不肯发表，尝考冯梦龙事迹著作极详备，又抄集遗文成一卷，屡劝其付刊亦未允。吾乡抱经堂朱君得冯梦龙编《山歌》十卷，为《童痴二弄》之一种，以抄本见示令写小序，我草草写了一

① “早一点去了世”桂本作“早死了一年”。〖*379*，倒*10*〗

② 桂本无“金瓶梅”三字。〖*379*，倒*2*、倒*1*〗

篇，并嘱隅卿一考证之，隅卿应诺，假抄本去影写一过，且加丹黄，乃亦未及写成，惜哉。龙子猷殆亦命薄如纸不亚于袁中郎，竟不得隅卿为作佳传以一发其幽光耶。

隅卿行九，故尝题其札记曰劳久笔记。马府上的诸位弟兄我都相识，二先生幼渔是太炎[①]国学讲习会的同学，民国元年我在浙江教育司的楼上“卧治”的时候他也在那里做视学，认识最早，四先生叔平，五先生季明，七先生太玄居士，——他的号本是绳甫，[②]也都很熟，隅卿因为孔德学校的关系，见面的机会所以更特别的多。但是隅卿无论怎样的熟习，相见还是很客气的叫启明先生，这我当初听了觉得有点局促，后来听他叫玄同似乎有时也是如此，就渐渐习惯了，这可以见他性情上拘谨的一方面，与喜谈谐的另一方面是同样的很有意义的。今年一月[③]我听朋友说，隅卿因怕血压高现在戒肉食了，我笑说道，他是老九，这还早呢。但是不到一个月光景，他真死了。二月十七日孔德校长[④]蓝少铿先生在东兴楼请吃午饭，在那里遇见隅卿幼渔，下午就一同去看厂甸，我得了一册木板的《訄书》，此外还有些黄虎痴的《湖南风物志》与王西庄的《练川杂咏》等，傍晚便在来薰阁书店作别。听说那天晚上同了来薰阁主人陈君去看戏，第二天是阴历上元，他还出去看街上的灯，一直兴致很

① 桂本无“太炎”二字。〖*380，10*〗

② 桂本无破折号及其后一句。〖*380，12*〗

③ “一月”手稿作“一年”，据桂本改。〖*380，倒 11*〗

④ 桂本无“孔德校长”四字。〖*380，倒 9*〗

好，到了十九日下午往北京大学去上小说史的课，以脑出血卒。当天夜里我得到王淑周先生的电话，同丰一雇了汽车到协和医院去看，已经来不及了。次日大殓时又去一看，二十一日在上官菜园观音院接三，送去一副挽联，只有十四个字道：

月夜看灯才一梦，

雨窗欹枕更何人。

中年以后丧朋友是很可悲的事，有如古书，少一部就少一部，此意惜难得恰好的达出，挽联亦只能写得像一副挽联就算了。

二十四年五月十五日，在北平。

一六三　北大感旧录　十之上

十四、钱玄同　钱玄同的事情真是说来话长，我不晓得如何写法好，关于他有一篇纪念文，原名“最后的十七日”，乃是讲他的末后的这几天的，似乎不够全面，要想增补呢又觉得未免太啰苏了，那么怎么办才好呢？刚好在二月十九日[①]的《人民日报》上看到晦庵的一篇“书话”，题曰“取缔新思想”，引用玄同的话，觉得很有意思，便决定来先作一回的“文抄公”，随后再来自己献丑吧。原文云：

① 据桂本所注本章写作时间，此为一九六二年二月十九日。〖*381*，*10*〗

《新社会》于一九二〇年五月被禁，在这之前，大约一九一九年八月，《每周评论》已经遭受查封的命运，一共出了三十七期。当时问题与主义的论争正在展开，胡适的“四论”就发表在最后一期上，刊物被禁以后，论争不得不宣告结束，大钊同志便没有继“再论”而写出他的“五论”来。一九二二年冬，北洋政府的国务会议进一步通过取缔新思想案，决定以新青年和每周评论成员作为他们将要迫害的对象。消息流传以后，胡适曾经竭力表白自己的温和，提倡什么好人政府，但还是被王怀庆辈指为过激派，主张捉将官里去，吓得他只好以检查糖尿病为名，销声匿迹的躲了起来。正当这个时候，议员受贿的案件被揭发了，不久又发生国会违宪一案，闹得全国哗然，内阁一再更易，取缔新思想的决议便暂时搁起。到了一九二四年，旧事重提，六月十七日的《晨报副刊》第一三八号上，杂感栏里发表三条“零碎事情”，第一条便反映了“文字之狱的黑影”：

“天风堂集与一目斋文钞忽于昌英之嫁之日被ㄐㄧㄣㄓ了。这一句话是我从一个朋友给另一个朋友的信中偷看来的，话虽然简单，却包含了四个谜语。《每周评论》及《努力》上有一位作者别署天风，又有一位别署只眼，这两部书大概是他们作的吧。ㄐㄧㄣㄓ也许是禁止，我这从两部[①]的性质上推去，大概是不错的。但什

① “两部”三育本同，桂本作“两部书”。〖*382，9*〗

么是'昌英之妐之日'呢？我连忙看《康熙字典》看妐是什么字。啊，有了！字典'妐'字条下明明注着，《集韵》，诸容切，音鐘，夫之兄也。中国似有一位昌英女士，其夫曰端六先生，端六之兄不是端五么？如果我这个谜没有猜错，那么谜底必为《胡适文存》与《独秀文存》忽于端午日被禁止了。但我还没有听见此项消息。可恨我这句话是偷看来的，不然我可以向那位收信或发信的朋友问一问，如果他们还在北京。"

这条杂感署名"夏"，夏就是钱玄同的本名，谜语其实就是玄同自己的创造。当时北洋军阀禁止《独秀文存》、《胡适文存》、《爱美的戏剧》、《爱的成年》、《自己的园地》等书，玄同为了揭发事实，故意转弯抹角，掉弄笔头，以引起社会的注意。胡适便据此四面活动，多方写信。北洋政府一面否认有禁书的事情，说检阅的书已经发还，一面却查禁如故。到了六月廿三日，《晨报副刊》第一四三号又登出一封给"夏"和胡适的通信，署名也是"夏"。

"夏先生和胡适先生：

关于天风堂集与一目斋文钞被禁止的事件，本月十一日下午五时我在成均遇见茭白先生，他的话和胡适先生一样。但是昨天我到旧书摊上去问，据说还是不让卖，几十部书还在那边呢。许是取不回来了吧。

夏白。(这个夏便是夏先生所说的写信的那个朋友。夏先生和夏字有没有关系，我不知道，我可是和夏字曾经发生过关系的，所以略仿小写萬字的注解的笔法，加这几句注。）十三，六，二十。”

所谓“略仿小写萬字的注解的笔法”云云，意思就是万即萬，夏即夏，原来只是一回事，一个人而已。这封通信后面还有一条画龙点睛的尾巴：

“写完这封信以后，拿起今天的《晨报》第六版来看，忽然看见‘警察厅定期焚书’这样一个标题，不禁打了一个寒噤，虽然我并不知道这许多败坏风俗小说及一切违禁之印刷物是什么名目。”可见当时不但禁过书，而且还焚过书，闹了半天，原来都是事实。短文采取层层深入的办法，我认为写得极好。这是五四初期取缔新思想的一点重要史料。败坏风俗，本来有各种各样解释，鱼目既可混珠，玉石不免俱焚。从古代到近代，从外国到中国，败坏风俗几乎成为禁书焚书的共同口实，前乎北洋军阀的统治阶级利用过它，后乎北洋军阀的统治阶级也利用过它。若问败的什么风，坏的什么俗，悠悠黄河，这就有待于我们这一辈人的辨别了。

这篇文章我也觉得写的很好，它能够从不正经的游戏文章里了解其真实的思义，得到有用的资料，极是难得的事。可惜能写那种转弯抹角，掉弄笔头，诙谐讽刺的杂文的人已经没有了，玄同去世虽已有二十四年，然而想起这件事来，却是一个永久的损失。

一六四　北大感旧录 十之下

以下是我所写的“玄同纪念”的文章，原名“最后的十七日”[①]，登在燕京大学的月刊上，因为里边所记是民国廿八年（一九三九）一月一日至十七日的事情，玄同就在十七日去世的。一日上午我被刺客所袭击，左腹中一枪，而奇迹的并未受伤，这案虽未破获，却知道是日本军部的主使，确无疑问，这事到讲到的时候再说。玄同本来是血压高，且有点神经过敏，因此受刺激以致发病。还有凑巧的一件事，他向来并不相信命运，恰于一年前偶然在旧书里发见有一张批好的“八字”。这也不知道是什么时候的东西，大约总还是好多年前叫人批了好玩的吧，他自己也已忘记了，在这上边批到五十二岁便止，而他那时候正是五十二岁，因为他是清光绪丁亥（一八八七）年生的，虽然他并不迷信，可是这可能在他心理上造成一个黑影。

玄同于一月十七日去世，于今百日矣。此百日中，不晓得有过多少次，[②]想要写一篇小文给他作纪念，但是每次总是沉吟一回，又复中止。我觉得这无从下笔。第一，因为我认识玄同很久，从光绪戊申在民报社相见以来，至今已是三十二年，这其间的事情实在太多了，要

①《最后的十七日》全文桂本全集卷八已收，此处删去。手稿润色增删之处编至35号。

② 此处桂本有“摊纸执笔”四字。〖384，倒3〗

挑选一两点来讲[①]，极是困难。——要写只好写长篇，想到就写，将来再整理，但这是长期的工作，现在我还没有这馀裕。第二，因为我自己暂时不想说话。《东山谈苑》记倪元镇为张士信所窘辱，绝口不言，或问之，元镇曰，一说便俗。这件事我向来很是佩服，在现今无论关于公私的事有所声说，都不免于俗，虽是讲玄同也总要说到我自己，不是我所愿意的事。所以有好几回拿起笔来，结果还是放下。但是，现在又决心来写，只以玄同最后的十几天为限，不多讲别的事，至于说话人本来是我，好歹没有法子，那也只好不管了。

廿八年一月三日，玄同的大世兄秉雄来访，带来玄同的一封信，其文曰：

"知翁：元日之晚，召诒坌息来告，谓兄忽遇狙，但幸无恙，骇异之至，竟夕不宁。昨至丘道，悉铿诒炳扬诸公均已次第奉访，兄仍从容坐谈，稍慰。晚铁公来详谈，更为明了，唯无公情形迄未知悉，但祝其日趋平复也。事出意外，且闻前日奔波甚剧，想日来必感疲乏，愿多休息，且本平日宁静乐天之胸襟加意排解摄卫！弟自己是一个浮躁不安的人，乃以此语奉劝，岂不不自量[②]而可笑，然实由衷之言，非劝慰泛语也。旬日以来，雪冻路滑，弟懔履冰之戒，只好家居，惮于出门，丘道亦只去过两三次，且迂道黄城根，因怕走柏油路也。故

①"挑选一两点来讲"，桂本作"挑选一点来讲"。手稿"来讲"作"讲来讲"，前一"讲"字写错不算。〖*385*，*1*〗

②"岂不不自量而可笑"，桂本作"岂不自量而可笑"，意思未必相反而略嫌别扭。〖*385*，倒*5*〗

尚须迟日拜访，但时向奉访者探询尊况。顷雄将走访，故草此纸。龥闇白。廿八，一，三。”

这里需要说明的只有几个名词。丘道即是孔德学校的代称，玄同在那里有两间房子，安放书籍兼住宿，近两年觉得身体不大好，住在家里，但每日总还去那边，有时坐上小半日。龥闇是其晚年别号之一，去年冬天曾以一纸寄示，上钤好些印文，都是新刻的，有肄龥、觚叟、龥庵居士、逸谷老人、忆菰翁等。这大都是从疑古二字变化来，如逸谷只取其同音，但有些也兼含意义，如觚龥本同是一字，此处用为小学家的表征，菰乃是吴兴地名，此则有敬乡之意存焉。玄同又自号鲍山疒叟，据说鲍山亦在吴兴，与金盖山相近，先代坟墓皆在其地云。曾托张越丞[①]刻印，有信见告[②]云：

“昨以三孔子赠张老丞，蒙他见赐疒叟二字，书体似颇不恶，盖颇像百衲本[③]第一种宋黄善夫本《史记》也。唯看上一字，似应云，象[④]人高踞床阑干之颠，岂不异欤！老兄评之以为何如？”此信原本无标点，印文用六朝字体，疒字左下部分稍右移居画下之中，故云然，此盖即鲍山疒叟之省文。

十日下午玄同来访，在苦雨斋西屋坐谈，未几又有客至，玄同遂避入邻室，旋从旁门走出自去。至十六日

---

① “张越丞”桂本作“张樾丞”。〖*386*，*11*〗

② 桂本“有信见告”前有“八月六日”四字。〖*386*，*12*〗

③ “百衲本”桂本作“百衲本廿四史”。〖*386*，倒*11*〗

④ “象”桂本作“像”，似非编者手笔。〖*386*，倒*10*〗

得来信，系十五日付邮者，其文曰：

“起孟道兄：今日上午十一时得手示，即至丘道交与四老爷，而祖公即于十二时电四公，于是下午他们（四与安）和它们（九通）共计坐了四辆洋车，给这书点交给祖公了。此事总算告一段落矣。日前拜访，未尽欲言，即挟《文选》而走。此《文选》疑是唐人所写，如不然，则此君橅唐可谓工夫甚深矣。……研究院式的作品固觉无意思，但鄙意老兄近数年来之作风颇觉可爱，即所谓‘文抄’是也。‘儿童……’（不记得那天你说的底下两个字了，故以虚线号表之）也太狭（此字不妥），我以为‘似尚宜’用‘社会风俗’等类的字面（但此四字更不妥，而可以意会，盖即数年来大作那类性质的文章，——愈说愈说不明白了），先生其有意乎？……旬日之内尚拟拜访面罄，但窗外风声呼呼，明日似又将雪矣，泥滑滑泥，行不得也哥哥，则或将延期矣。无公病状如何，有起色否？甚念。弟师黄再拜。廿八，一，十四，灯下。”

这封信的封面写“鲍缄”，署名师黄则是小时候的名字，黄即是黄山谷。所云“九通”，乃是李守常先生的遗书，其后人窘迫求售，我与玄同给他们设法卖去，四祖诸公都是帮忙搬运过付的人。这件事说起来话长，又有许多感慨，总之在这时候告一段落，是很好的事。信中间略去两节，觉得很是可惜，因为这里讲到我和他自己的关于生计的私事，虽然很有价值有意思，却也就不能发表。只有关于《文选》，或者须稍有说明。这是一个长卷，系影印古写本的一卷《文选》，有友人以此见赠，十日玄同来时便又转送给他了。

我接到这信之后即发了一封回信去，但是玄同就没有看到。十七日晚得钱太太电话，云玄同于下午六时得病，现在德国医院。九时顷我往医院去看，在门内廊下遇见稻孙少铿令扬炳华诸君，知道情形已是绝望，再看病人形势刻刻危迫，看护妇之仓皇与医师之紧张，又引起十年前若子死时的情景，乃于九点三刻左右出院径归，至次晨打电话问少铿，则玄同于十时半顷已长逝矣。我因行动不能自由，十九日大殓以及二十三日出殡时均不克参与，只于二十一日同内人到钱宅一致吊唁，并送去挽联一副，系我自己所写，其词曰：

戏语竟成真，何日得见道山记；

同游今散尽，无人共话小川町。

这副挽联上本来撰有小注，临时却没有写上去。上联注云："前屡传君归道山，曾戏语之曰，道山何在，无人能说，君既曾游，大可作记以示来者。君殁之前二日有信来，覆信中又复提及，唯寄到时君已不及见矣。"下联注云："余识君在戊申岁，其时尚号德潜，共从太炎先生听讲《说文解字》，每星期日集新小川町民报社。同学中龚宝铨朱宗莱家树人均先殁，朱希祖许寿裳现在川陕，留北平者唯余与玄同而已。每来谈常及尔时出入民报社之人物，穷有开天遗事之感，今并此绝响矣。"挽联共作四副，此系最后之一，取其尚不离题，若太深切便病晦或偏，不能用也。

关于玄同的思想与性情有所论述，这不是容易的事，现在也还没有心情来做这种难工作，我只简单的一说在听到凶信后所得的感想。我觉得这是对于我的[①]一个大损失。玄同的文章与言论，平常看去似乎颇是偏激，其实他是平正通达不过的人。近几年来和他商量孔德学校的事情，他总最能得要领，理解其中的曲折，寻出一条解决的途径，他常诙谐的称为“贴水膏药”，但在我实在觉得是极难得的一种品格，平时不觉得，到了不在之后方才感觉可惜，却是来不及了，这是真的可惜。老朋友中玄同和我见面时候最多，讲话也极不拘束而且多游戏，但他实在是我的畏友。浮泛的劝诫与嘲讽虽然用意不同，一样的没有什么用处。玄同平常不务苛求，有所忠告必以谅察为本，务为受者利益计算，亦不泛泛徒为高论，我最觉得可感，虽或未能悉用，而重违其意，恒自警惕，总期勿太使他失望也。今玄同往矣，恐遂无复有能规诫我者。这里我只是少讲私人的关系，深愧不能对于故人的品格学问有所表扬，但是我于此破了二年来不说话的戒，写下这一篇文章，在我未始不是一个大的决意，姑以是为故友纪念可也。民国廿八年，四月廿八日。

这里须要补说一句，那部李先生的遗书“九通”，是卖给当时的北京女子师范大学的，所谓祖君就是学校的秘书赵祖欣氏，现在还在北京，虽然在胜利后学校仍然归并于师范大学，可是图书馆里的书大概是仍然存在的吧。

① 桂本无“对于我的”四字。〖*388*，倒*5*〗

一六五　北大感旧录 十一

上面所说都是北京大学的教授，但是这里想推广一点开去，稍为谈谈职员方面，这里第一个人自然便是蔡校长了，第二个是蒋梦麟，就是上文一六三节玄同的信里所说的“茭白先生”，关于他也有些可以谈的，但其人尚健在，这照例是感旧录所不能收的了。

十五、蔡孑民　蔡孑民名元培，本字鹤卿，在清末因为讲革命，改号孑民，后来一直沿用下去了。他是绍兴城内笔飞衖的人，从小时候就听人说他是一个非常的古怪的人，是前清的一个翰林，可是同时又是乱党。家里有一本他的朱卷，文章很是奇特，篇幅很短，当然看了也是不懂，但总之是不守八股的规矩，后来听说他的讲经是遵守所谓公羊家法的，这是他的古怪行径的起头。他的主张说是共产公妻，这话确是骇人听闻，但是事实却正是相反，因为他的为人也正是与钱玄同相像，是最端正拘谨不过的人。他发起进德会，主张不嫖，不赌，不娶妾，进一步不作官吏，不吸烟，不饮酒，最高等则不作议员，不食肉，很有清教徒的风气。他是从佛老出来经过科学影响的无政府共产，又因读了俞理初的书，主张男女平等，反对守节，那么这种谣言之来也不是全无根据的了。可是事实呢，他到老不殖财，没有艳闻，可谓知识阶级里少有人物，我们引用老辈批评他的话，做一个例子。这是我的受业师，在三味书屋教我读《中庸》的寿洙邻先生，他以九十岁的高龄，于去年逝世了，寿师母分给我几本他的遗书，其中有一册是《蔡孑民言行录》下，书面上有寿先生的题字云：

子民学问道德之纯粹高深，和平中正，而世多訾嗷，诚如庄子所谓纯纯常常，乃比于狂者矣。

又云：

子民道德学问集古今中外之大成，而实践之，加以不择壤流，不耻下问之大度，可谓伟大矣。

这些赞语或者不免有过高之处，但是他引庄子的话说是纯纯常常，这是很的确的，蔡孑民庸言庸行的主张最好[①]发表在留法华工学校的讲义四十篇里，只是一般人不大注意罢了。他在这里偶然说及古今中外，这也是很得要领的话。三四年前我曾写过一篇讲蔡孑民的短文，里边说道：

蔡孑民的主要成就，是在他的改革北大。他实际担任校长没有几年，做校长的时期也不曾有什么行动，但他的影响却是很大的。他的主张是“古今中外”一句话，这是很有效力，也很得时宜的。因为那时候是民国五六年，袁世凯刚死不久，洪宪帝制虽已取消，北洋政府里还充满着乌烟瘴气。那时是黎元洪当总统，段祺瑞做内阁总理，虽有好的教育方针，也无法设施。北京大学其时国文科只有经史子集，外国文只有英文，教员只有旧的几个人，这就是所谓“古”和“中”而已，如加上“今”

① “最好”三育本同，桂本作“最好的”。或应作“最初”。〖*390*，倒*2*〗

和“外”这两部分去，便成功了。他于旧人旧科目之外，加了戏曲和小说，章太炎的弟子黄季刚，洪宪的刘申叔，尊王的辜鸿铭之外，加添了陈独秀胡适之刘半农一班人，英文之外也添了法文德文和俄文了。古今中外，都是要的，不管好歹让它自由竞争，这似乎也不很妥当，但是在那个环境里，非如此说法，“今”与“外”这两种便无法存身，当作策略来说，也是必要的。但在蔡孑民本人，这到底是一种策略呢，还是由衷之言，也还是不知道（大半是属于后者吧），不过在事实上是奏了效，所以就事论事，这古今中外的主张在当时说是合时宜的了。

但是，他的成功也不是一帆风顺的。学校里边先有人表示不满，新的一边还没有[①]表示排斥旧的意思，旧的方面却首先表示出来了。最初是造谣言，因为北大最初开讲元曲，便说在教室里唱起戏文来了，又因提倡白话文的缘故，说用《金瓶梅》当教科书了。其次是旧教员在教室中谩骂，别的人还隐藏一点，黄季刚最大胆，往往昌言不讳。他骂一般新的教员附和蔡孑民，说他们“曲学阿世”，所以后来滑稽的人便给蔡孑民起了一个绰号叫做“世”，如去校长室一趟，自称去“阿世”去。知道这个名称，而且常常使用的，有马幼渔钱玄同刘半农诸人，鲁迅也是其中之一，往往见诸书简中，成为一个典故。报纸上也有反响，上海研究系的《时事新报》开始攻击，北京安福系的《公言报》更加猛攻，由林琴

① “没有”手稿作“有”，三育本、桂本同添。〖*391*，倒*3*〗

南来出头，写公开信给蔡孑民，说学校里提倡非孝，要求斥逐陈胡诸人。蔡答信说，《新青年》并未非孝，即使有此主张也是私人的意见，只要在大学里不来宣传，也无法干涉。林氏老羞成怒，大有借当时实力派徐树铮的势力来加迫压之势，在这时期五四风潮勃发，政府忙于应付大事，学校的新旧冲突总算幸而免了。

我与蔡孑民平常不大通问，但是在一九三四年春间，却接到他的一封信，打开看时乃是和我茶字韵的打油诗三首，其中一首特别有风趣，现在抄录在这里，题目是——“新年，用知堂老人自寿韵”，诗云：

新年儿女便当家，不让沙弥袈了裟（原注：吾乡小孩子留发一圈而剃其中边者，谓之沙弥。《癸巳存稿》三，“精其神”一条引经了筵阵了亡等语，谓此自一种文理）。

鬼脸遮颜徒吓狗，龙灯画足似添蛇。

六么轮掷思赢豆，数语蝉联号绩麻[①]（吾乡小孩子选炒蚕豆六枚，于一面去壳少许谓之黄，其完好一面谓之黑，二人以上轮掷之，黄多者赢，亦仍以豆为筹马。以成语首字与其他末字相同者联句，如甲说“大学之道”，乙接说“道不远人”，丙接说“人之初”等，谓之绩麻）。

乐事追怀非苦语，容吾一样吃甜茶（吾乡有“吃甜

---

① “六么”、“数语”三育本作“六公”、“教语”，冀教本同（第*592*页倒数第*11*行）。这是一个例子，证明后者是拿三育本请人录入，却未对照手稿校订。〖*392*，倒*2*〗

茶，讲苦话”之语)。

署名则仍是蔡元培，并不用什么别号。此于游戏之中自有谨厚之气，我前谈《春在堂杂文》时也说及此点，都是一种特色。他此时已年近古稀，而记叙新年儿戏情形，细加注解，犹有童心，我的年纪要差二十岁光景，却还没有记得那样清楚，读之但有怅惘，即在极小的地方前辈亦自不可及也。

此外还有一个人，这人便是陈仲甫，他是北京大学的文科学长，也是在改革时期的重要脚色。但是仲甫的行为不大检点，有时涉足于花柳场中，这在旧派的教员是常有的，人家认为当然的事，可是在新派便不同了，报上时常揭发，载陈老二抓伤妓女等事，这在高调进德会的蔡孑民，实在是很伤脑筋的事。我们与仲甫的交涉，与其说是功课上倒还不如文字上为多，便是都与《新青年》有关系的，所以从前发表的一篇《实庵的尺牍》，共总十六通，都是如此。如第十二是一九二〇年所写的，末尾有一行道：

“鲁迅兄做的小说，我实在五体投地的佩服。”在那时候他还只看得《孔乙已》和《药》这两篇，就这样说了，所以他的眼力是很不错的。九月来信又说：

“豫才兄做的小说实在有集拢来重印的价值，请你问他倘若以为然，可就《新潮》、《新青年》剪下自加订正，寄来付印。”等到《呐喊》在一九二二年的年底编成，第二年出版，这已经在他说话的三年之后了。

一六六　道路的记忆　一

凡是一条道路，假如一个人第一次走过，一定会有好些新的发见，值得注意，但是过了些时候却也逐渐的忘记了。可是日子走得多了，情形又有改变，许多事情不新鲜了，然而有一部分事物因为看得长久了，另外发生一种深切的印象，所以重又记住，这却是轻易不容易忘记，久远的留在记忆里。我所想记者便是这种事情，姑且以最熟习的往两个大学去的路上为例，这就是北京大学和燕京大学，自南至北，自西至东，差不多京师的五城都已跑遍了，论时则长的有二十年，短的也有十年，与今日相去也已有三十年光景，所以殊有隔世之感了，现在就记得的记录一点下来，未始不是怀古的好资料吧。

北京大学从前在景山东街，后来改称第二院，新建成的宿舍作为第一院，在汉花园，因为就是沙滩的北口，所以也笼统称为沙滩。这是在故宫的略为偏东北一点的地方，即是北京的中央，以前警厅称为中一区的便是。可是我的住处却换了两处，民国六年至八年（1917—1919）住在南半截胡同，位于宣武门外菜市口之南，往北大去须朝东北，但以后住在现今的地方，是西直门内新街口之西，所以这又须得朝着东南走了。这两条线会合在北大，差不多形成一个钝角，使我在这边线上看得一个大略，这是很有意思的，叫我至今不能忘记。

往北大去的路线有好几条，大意只是两种，即是走到菜市口之后，是先往东走呢，还是先往北走？现在姑且说头一种走法，即由菜市口往骡马市走去，——这菜市口当时的印象就不很好，在现今大约都已不记得了吧，虽然在民国以来早已不在那里杀人，但是庚子时候的杀三大臣，戊戌的杀“五君子”，都是在那里，不由人不联想起来，而那个饱经世变的“西鹤年堂”却仍是屹立在那边，更令人会幻想起当时的情景，不过这只是一转瞬就过去了。往东走到虎坊桥左近，车子就向北走进五道庙街，以后便一直向东向北奔去。这中间经过名字很怪的李铁拐斜街，走到前门繁盛市街观音寺街和大栅栏，——大栅栏因为行人太多，所以车子不大喜欢走，大抵拐湾由廊房头条进珠宝市，而出至正阳门了。这以后便没有什么问题，走过了天安门广场，在东长安街西边便是南池子接北池子这条漫长的街道，走完了这街就是沙滩了。

第二种走法是先往北走，就是由菜市口一直进宣武门，通过单牌楼和四牌楼，——这些牌楼现在统没有了，但是在那时候都还是巍然在望的。说起西四牌楼来，这也是很可怕的地方，因为明朝很利用它为杀人示众之处，不，不只是杀而是剐，据书中记录明末将不孝继母的翰林郑鄤，钦命剐多少刀的，就是在这个写着“大市街”的牌楼的中间。现在没有这些牌楼了，到也觉得干净，虽然记忆还不能抹拭干净，看来崇祯的倒楣实在是活该的，他的作风与洪武永乐相去不远，后人记念他，附会他是朱天君，乃是因为反对满清的缘故罢了。朝北走到西四牌楼，这已经够了，以后便是该往东走，但是因为中间有一个北海和中南海梗塞着，西城和中城的交通很是不方便，笼总只有两条路可走，一条是由西单牌楼拐弯，顺着西长安街至天安门，一条则是由西四牌楼略南拐弯，顺着西安门大街过北海桥，至北上门，这是故宫的后门，北边便是景山，中间也可以通过。虽说这两条路一样的可以走得，但是拉车的因为怕北海桥稍高（解放后重修，这才改低了），所以不大喜欢走这条[①]路，往往走到西单牌楼，便取道西长安街，在不到天安门的时候就向北折行，进南长街去了。南长街与北长街相连接，是直通南北的要道，与南北池子平行，是故宫左右两侧的唯一的通路，不过它通到北头，离沙滩还隔着一程，就是故宫的北边这一面，现在称为景山前街的便是。在这段街路上，虽然不到百十丈远，却见到不少难得看见的情景，乃是打发到玉泉山去取御用的水回来的驴车，红顶花翎的大官坐着马车或是徒步走着，成群的从北上门退出，乃是上朝回来的人，这些都是后来在别的地方所见不到的东西，但是自从搬家到西北城之后，到北大去不再走这条道路，所以后来也就没有再见的机会了。

从外城到北大去，随便在外边叫一辆洋车，走路由车夫自愿，无论怎样走都好，但是平均算来总有一半是走前门的，所以购买东西很是方便，不必特别上街去，那时买[②]日用杂货的店铺差不多集中前门一带，只有上等文具则在琉璃厂，新书也以观音寺街的青云阁最为齐备，楼上也有茶点可吃，住在会馆里的时候几乎每星期日必到那里，记得小吃似乎比别的地方为佳，不过那都是“五四”以前的事，去今已是四十多年了。

从西北城往北大的路，与上边所说正是取相反的方向，便是一路只从东南走去，这路只有一条，即是进地安门即后门出景山后街，再往东一拐即是景山东街了，此外虽然还有走西安门大街的一条路，但那似乎要走远一点，所以平常总是不大走。这一条从新街口到后门的路本来也很平凡，只是我初来北京往访蔡校长的时候，曾经错走过一次，所以觉得很有意思，不过那是出地安

① “这条”手稿作“条”，三育本、桂本同添。〖*396，10*〗

② 此“买”字或从购物者方面言，非错字。〖*396，倒2*〗

门来的就是了。后来走的是从新街口往南，在护国寺街东折，沿着定府大街通往龙头井，迤逦往南便是皇城北面的大路了。这一路虽是冷静平凡，可是变迁很多，也很值得讲。第一是护国寺，这里每逢七八有庙会，里边什么统有，日常用品以及玩具等类，茶点小吃，演唱曲艺，都是平民所需要的，无不具备，来玩的人真是人山人海，终年如此。这称为西庙，与东城隆福寺称作东庙的相对，此外西城还有白塔寺也有庙会，不过那是规模很小，不能相比了。第二是定府大街，后来改称定阜大街，原来是以王府得名，这就是清末最有势力的庆王的住宅，虽是在民国以后却还是很威风，门前站着些卫兵，装着拒马。后来将东边地方卖给天主教人，建造起辅仁大学，此后他们的威势似乎渐渐的不行了。第三是那条皇城北面的街路，当初有高墙站在那里，墙的北边是那马路，车子沿着墙走着，样子是够阴沉沉的，特别在下雪以后，那靠墙的一半马路老是冰冻着，到得天暖起来这一半也总是湿淋淋的，这个印象还是记得。那里从前通什刹海的一座石桥就有一部分砌在墙内，便称作西压桥，和那东边的桥相对，那边的桥不被压着，所以称为东不压桥。西压桥以北是什刹海，乃是明朝以来的名胜，到了民国以后也还是人民的公园，特别是在夏季，兴起夏令市场，摆些茶摊点心铺，买[①]八宝莲子粥最有名，又有说书歌唱卖技的处所，可以说是平民的游乐地。我虽然时常走过，远闻鼓乐声，看大家熙来攘往的，就可惜不曾停了车子，走去参加盛会，确实是一回遗憾的事情。

---

① “买”三育本同，桂本作“卖”。或可作“所卖”。〖*398*，*8*〗

一六七　道路的记忆　二

我是从民国十一年才进燕京大学去教书，至二十年退出，在这个期间我的住处没有变动，但是学校却搬了家，最初是在崇文门内盔甲厂，乃是北京内城的西南①隅，和我所住的西北城正成一条对角线，随后迁到西郊的海甸，却离西直门很远，现今公共汽车计有十站，大约总有十几里吧。但是当初在城里的时候，这条对角线本来也不算近，以前往北大去曾经试验步行过，共总要花一个钟头，车子则只要三十分钟，若是往燕大去车子要奔跑一个钟头，那么是北大的二倍了。我在那边上课的时间都是排在下午，可以让我在上午北大上完课之后再行前去，中午叫工友去叫一盘炒面，外带两个“窝果儿”即是氽鸡子来，只要用两三角钱就可以吃饱，但是也有时来不及吃，只可在东安市场买两个鸡蛋糕的卷子，冬天放下车帘一路大吃，等得到来也就可以吃完了。从北大走去，那条对角线恰是一半，其路线则由汉花园往南往东，或者取道北河沿，或者由翠花胡同出王府大街，反正总要走过东安市场所在的东安门的。说起东安门来也有复辟时记忆留着，那朝西北的门洞边上有着枪弹的痕迹，即是张勋公馆的辫子兵所打出来的，不过现在东安门久已拆除，所以这些遗迹已全然不见了。自东安市场以至王府井大街，再往东便是东单牌楼了，那是最为繁盛的地方，买什么东西都很方便，那时虽然不再走过前门，可是每星期总要几回走过东单，就更觉得便利了。东单牌楼往南走

① “西南”三育本同；桂本作“东南”，或据下句所云与西北城成对角线，然此有内外城之别，不好遽下判断。〖*398*，倒*10*〗

不多远，就得往东去，或在苏州胡同拐湾再转至五老胡同，或者更往南一点进船板胡同钓饵胡同，出去便是沟沿头，它的南端与盔甲厂相接。说也奇怪，这北京东南的地方在我却是似曾相识，因为在五年前复辟的时候，我们至东城避难，而这家旅馆乃是恰在船板胡同的陋巷里。我们在那里躲了几天，有时溜出去买英文报看，买日本点心吃，所以在附近的几条胡同里也徘徊过，如今却又从这里经过，觉得很有意思。我利用来东城的机会，时常照顾的是八宝胡同的青林堂日本点心铺，东单的祥泰义食料铺，买些法国的蒲桃酒和苦艾酒等。傍晚下课回来，一直要走一个多钟头，路实在长得可以，而且下午功课要四点半钟才了，冬天到了家里要六点钟了，天色已经昏黑，颇有披星带月之感，幸而几年之后学校就搬了家，又是另外一种情形了。

燕京大学的新校址在西郊篓斗桥地方，据说是明朝米家的花园叫做勺园，不过木石均已无复存留，只有进门后的一座石桥，大概还是旧物吧。现在已改为北京大学，建筑已很有增加，但是大体上似乎还无什么改变。往海甸去的道程已有许多不同吧，就当时的状态来说，有民国十五年（一九二六）十月三十日所写的一封通信，登在《语丝》上面，题曰“郊外”，可以看见其时北京的一点情形，今抄录于下：

燕大开学已有月馀，我每星期须出城两天，海甸这一条路已经有点走熟了。假定上午八时出门，行程如下，即十五分高亮桥，五分慈献寺，十分白祥庵南村，十分叶赫那拉氏坟，五分黄庄，十五分海甸北篓斗桥到。今年北京的秋天特别好，在郊外的秋色更是好看，我在寒风中坐在洋车上远望鼻烟色的西山，近看树林后的古庙以及河边一带微黄的草木，不觉过了二三十分的时光。最可喜的是大柳树南村与白祥庵南村之间的一段S字形的马路，望去真与画图相似，总是看不厌。不过这只是说那空旷没有人烟的地方，若是市街，例如西直门外或海甸镇，那是很不愉快的，其中以海甸为尤甚，道路破坏污秽，两旁沟内满是垃圾以及居民所倾倒出来的煤球灰，全是一副没人管理的地方的景象。街上三三五五遇见灰色的人们，学校或商店的门口常贴着一条红纸，写着什么团营连等字样。这种情形以我初出城时为最甚，现在似乎少好一点了，但是还未全去。我每经过总感到一种不愉快，觉得这是占领地的样子，不像是在自己的本国走路，我没有亲见过，但常常冥想欧战时比利时等处或者是这个景象吧。海甸的莲花白酒是颇有名的，我曾经买过一瓶，价贵而味仍不甚佳，我不喜欢喝它。我总觉得勃阑地最好，但是近来有什么机制酒税，价钱大涨，很有点买不起了。——城外路上还有一件讨厌的东西，便是那纸烟的大招牌。我并不一定反对喝纸烟[①]，就是竖招牌也未始不可，只要弄得好看一点，至少也要不丑陋，而那些招牌偏偏都是丑陋的。把这些粗恶的招牌立在占领地似的地方，倒也是极适合的罢？

那时候正是“三一八”之年，这时冯玉祥的国民军退守南口，

①“喝纸烟”三育本、桂本均作“吸纸烟”。“喝烟”在知堂文章里并非孤例，这种说法似乎是确有的，北方人所谓“穷得喝西北风”，用法正同。〖*401*，*5*〗

张作霖的奉军和直鲁军进占北京，上面所说便是其时的情形，也就是上文说过的履霜坚冰至的时期了。

我在燕京前后十年，以我的经验来说，似乎在盔甲厂的五年比较更有意思。从全体说起来，自然是到海甸以后，校舍设备功课教员各方面都有改进，一切有个大学的规模了，但我觉得有点散漫，还不如先前简陋的时期，什么都要紧张认真，学生和教员的关系也更为密切。我觉得在燕大初期所认识的学生中间有好些不能忘记的，过于北大出身的人，而这些人又不是怎么有名的，现在姑且举出一个已经身故的人出来，这人便是画家司徒乔。他在民国十四年六月拟开一次展览会，叫我写篇介绍，我是不懂画和诗的，但是写了一篇《司徒乔所作画展览会的小引》在报上发表了，其词曰：

> 司徒君是燕京大学的学生。他性喜作画，据他的朋友说，他作画比吃饭还要紧。他自己说，他所以这样的画，自有他不得不画的苦衷，这便因为他不能闭着眼睛走路。我们在路上看见了什么，回来就想对朋友说说，他也就忍不住要把它画出来。我是全然不懂画的，但他作画的这动机我觉得还能了解，因为这与我们写文章是一致的。司徒君画里的人物大抵是些乞丐、驴夫和老头子，这是因为他眼中的北京是这样，虽然北京此外或者还有别的好东西，大家以为好的物与人。有一天，我到他宿舍里去，看见他正在作画，大乞丐小乞丐并排着坐在他的床沿上，——大的是瞎了眼的，但听见了声音，赶紧站了起来。我真感觉不安，扰乱了他们正经工作。

我又见到一张画好了的老头儿的头部，据说也是一个什么胡同的老乞丐，在他的皱纹和须发里真仿佛藏着四千年的苦辛的历史。我是美术的门外汉，不知道司徒君的画的好坏，只觉得他这种作画的态度是很可佩服的。现在他将于某日在帝王庙展览他的绘画，我很愿意写几句话做个介绍，至于艺术上的成就如何，届时自有识者的批判，恕我不能赞一辞了。

那时他的宿舍也就是在盔甲厂附近的一间简陋的民房，后来在西郊建起新的斋舍，十分整齐考究，可是没有那一种自由，他也没有在那里念书了。民国廿三年（一九三四）他外游归来，回到北京来看我，给我用炭画素描①画了一幅小像，作我五十岁的纪念，这幅画至今保存，挂在旧苦雨斋的西墙上，我在燕大教书十年，得到这一幅画作纪念，这实在是十分可喜的事情了。

一六八　女子学院

我刚写下了上边这个题目，心里不禁苦笑道：又是女学校！我几乎怀疑自己是相信那不可知的运命的，特别是所谓华盖运，吾乡老百姓则读如“镬盖”，谓像锅盖似的盖在头上，无从摆脱，这又多少近于日本相法上的所谓女难，则是说为了女人的缘故而

① “素描”三育本、冀教本同，桂本作“来描”。〖*402*，倒*5*〗

受到灾祸。运命是不可能有的，但是偶尔的遭逢，以后便纠缠不了，虽然不是恋爱的关系，拖在里边总是很不愉快的。当初在女高师当讲师，因为同情学生反对婆婆式的女校长，略加援助，可是做到校长可以更换，却没有法子保证别人不谋继任，结果只可任其演变，后来主要的人们都走开了，落得留京的一两个人担起女师大的牌子，和任可澄林素园相周旋，被他们叫一通共产党，赶出门来了事。日前与徐耀辰君谈到那时的事，还是觉得很可发笑的。多管女学校的事，结果要被人家利用为自费的打手的，很好的经验摆在眼前，却又要重蹈覆辙，这如不是成心自找麻烦，不能不说是命该如此了。可是这一回的事却与女师大无关，倒是从和它反对的方面来的，因为女子学院乃是后来改定的名称，它的前身实在即是章士钊任可澄在女师大的废墟上办起来的那个女子大学。

蒋介石的北伐成功了，南北统一，但是这个革命政府事实上已投降了帝国主义了，愿意在上海近旁建立南京政府，不想往北方来，并且为的表示正统关系，取消北京字面，改地名为北平，这北平本是“古已有之”的地名，未始不可以用，但是他们的用意乃是北方安宁，这就不大好了。北京旧有的学校也经过了[①]一番改组，将几个大学专科一总组成一个北平大学，校长大概仍是蔡孑民，易培基似乎已经没有办女学校的兴趣，因为那时已经做了故宫博物馆馆长了，大学各学院长乃由李石曾派下的国民党新贵来担任。经利彬做了理学院长，张凤举做了文学院长，但是他们却不能一帆风顺的到任，因为政府取消了北京大学的名义，北

① “了”三育本同，桂本脱。〖*403*，倒*1*〗

大出身的人都很反对，而且有些人在国民党政府里颇有势力，所以这种气势是不可以轻视的。因此北京男女师大以及农工各专科已经次第开学，北大的文理两院拒绝新院长去接收，一直僵持着，院长不能到院倒已[①]罢了，中间却有第三者也吃了亏，这便是预备着归并到北大文理两院里去的旧女子大学学生了。因为当初有历史的关系，既然不能把她们并在女师大，只得将她们分为文理两组，并合在北大里边去，现在北大不能开学，所以她们也连带的搁了浅。新院长聘定刘半农为国文系主任，温源宁为英文系主任（馀从略），预备先办文学院分院，给她们上课，校址设在西城根的众议院旧址，但是刘半农辞不肯就，因为他是反对取消北大的，所以他的意思我也赞同，不过为的早点开办分院，张凤举和我商量，叫我代理半农的主任职务，安排功课，我就答应了。随后半农给我打电话来，说女子大学是我们所一向反对的，怎么给她们去当主任，责备我不应该去，我当即答复他，从前虽然女子大学可是现在改组了，我们去接收过来，为什么去不得，我还劝他自己去，可是他还是不同意，但是没得话说了，后来他究竟去做了女子学院的院长，可见并不固执原来的意见了。这个机关起头叫做文理分院，里边两个院主任，分治其事，随后在保存北京大学后，作为北平大学女子学院，又改为女子文理学院，但那时我却已早不在那里了。

文理分院的开设是在众议院旧址，那就是后来法学院的第一院，可能是一时借用的，可是法学院一再要求归还，因为难找到适宜地方，迁延下来到了第二年春天，那即是民国十八年

---

① “倒已”三育本同，桂本作“倒也”。〖*404，9*〗

（一九二九）也就是五四的十年后了，法学院终于打了进来，武力接收了校址，教员们也连带的被拘了小半天，给我有写一篇愉快的散文的机会，而学校却因祸得福，将破烂的众议院换得了一座华丽的九爷府，本是前清的旧王府，后为杨宇霆所得，女子学院由杨家以廉价租来的，至今岿然在朝阳门大街的北边，是科学院的一所办公地址。担任过女子学院院长的有经利彬、刘半农，沈尹默，那是以北平大学校长兼任的，最后是许寿裳，随后这学校即就没有了。

一六九　在女子学院被囚记

这就是我所做的所谓愉快的散文，是记述民国十八年四月十九日法学院学生袭击女子学院的事的，因为记的颇是详细，便将原文抄录于下：[①]

> 四月十九日下午三时我到国立北平大学女子学院（前文理分院）上课，到三点四十五分时分忽然[②]听见楼下一片叫打声，同学们都惊慌起来，说法学院学生打进来了。我夹起书包，书包外面还有一本新从邮局取出来的 Lawall 的《药学四千年史》，到楼下来一看，只见满院都是法学院学生，两张大白旗（后来看见上书“国立

①《在女子学院被囚记》全文桂本全集卷五已收，此处删去。手稿润色增删之处编至*30*号。

②“忽然”手稿作“忽见”，据桂本改。〖*405*，倒*4*〗

北京法政大学”)，进来之后又拿往大门外去插，一群男生扭打着一个校警，另外有一个本院女生上去打钟，也被一群男生所打。大约在这时候，校内电话线被剪断，大门也已关闭了，另外有一个法学院学生在门的东偏架了梯子，爬在墙上瞭望，干江湖上所谓把风的勾当。我见课已上不成，便预备出校去，走到门口，被几个法学院男生挡住，说不准出去。我问为什么，他们答说没有什么不什么，总之是不准走。我对他们说，我同诸君辩论，要求放出，乃是看得起诸君的缘故，因为诸君是法学院的学生，是懂法律的。他们愈聚愈多，总有三四十人左右，都嚷说不准走，乱推乱拉，说你不用多说废话，我们不同你讲什么法，说什么理。我听了倒安了心，对他们说道，那么我就不走，既然你们声明是不讲法不讲理的，我就是被拘被打，也决不说第二句话。于是我便从这班法学院学生丛中挤了出来，退回院内。

我坐在院子里东北方面的铁栅栏上，心里纳闷，推求法学院学生不准我出去的缘故。在我凡庸迟钝的脑子里，费了二三十分钟的思索，才得到一线光明：我将关门、剪电话、把风这几件事连起来想，觉得这很有普通抢劫时的神气，因此推想法学院学生拘禁我们，为的是怕我们出去到区上去报案。是的，这倒也是情有可原的，假如一面把风，剪电话，一面又放事主方面的人出去，这岂不是天下第一等的笨贼的行为么？

但是他们的战略似乎不久又改变了。大约法学院学生在打进女子学院来之后，已在平津卫戍总司令部、北平警备司令部、北平市公安局都备了案，不必再怕人去告状，于是我们教员由事主一变而为证人，其义务是在于签名证明法学院学生之打进来得非常文明了。被拘禁的教员就我所认识，连我在内就有十一人，其中有一位唐太太，因家有婴孩须得喂奶，到了五时半还不能出去，很是着急，便去找法学院学生要求放出。他们答说，留你们在这里，是要你们会同大学办公处人员签字证明我们文明接收，故须等办公处有人来共同证明后才得出去。我真诧异，我有什么能够证明，除了我自己同了十位同事被拘禁这一件事以外？自然，法学院男生打校警，打女子学院学生，也是我这两只眼睛所看见。——喔，几乎忘记，还有一个法学院男生被打，这我也可以证明，因为我是在场亲见的。我亲见有一个身穿马褂，头戴瓜皮小帽，左手挟一大堆讲义之类的法学院学生，嘴里咕噜着，向关着的大门走去，许多法学院男生追去，叫骂喊打，结果是那一个人陷入重围，见西边一个拳头落在瓜皮帽的上头，东边一只手落在瓜皮帽的旁边，未几乃见此君已无瓜皮帽在头上，仍穿马褂挟讲义，飞奔地逃进办公的楼下，后面追着许多人，走近台阶而马褂已为一人所扯住，遂蜂拥入北边的楼下，截至我被放免为止，不复见此君的踪影。后来阅报知系法学院三年级生，因事自相冲突，几至动武云。我在这里可以负责声明，原文几至二字绝对错误，事实是大动其武，我系亲见，愿为证明，即签名盖印，或再画押、加盖指纹亦可，如必要时须举手宣誓，亦无不可也。

且说法学院学生不准唐太太出去，不久却又有人来说，如有特别事故，亦可放出，但必须在证明书上签名，否则不准。唐太太不肯签名，该事遂又停顿。随后法学院学生又来劝谕我们，如肯签字即可出去，据我所知，沈士远先生和我都接到这种劝谕，但是我们也不答应。法学院学生很生了气，大声说他们不愿出去便让他们在这里，连笑带骂，不过这都不足计较，无须详记。那时已是六时，大风忽起，尘土飞扬，天气骤冷，我们立在院中西偏树下，直至六时半以后始得法学院学生命令放免，最初说只许单身出去，车仍扣留，过了好久才准洋车同去，但这只以教员为限，至于职员仍一律拘禁不放。其时一同出来者为沈士远陈逵俞平伯沈步洲杨伯琴胡濬济王仁辅和我一共八人，此外尚有唐赵丽莲郝高梓二女士及溥侗君当时未见，或者出来较迟一步，女子学院全体学生则均鹄立东边讲堂外廊下，我临走时所见情形如此。

我回家时已是七点半左右。我这回在女子学院被法学院学生所拘禁，历时三点多钟①之久，在我并不十分觉得诧异，恐慌，或是愤慨。我在北京住了十三年，所经的危险已不止一次，这回至少已经要算是第五次，差不多有点习惯了。第一次是民国六年张勋复辟，在内城大放枪炮，我颇恐慌，第二次民国八年六三事件，我在警察厅前几乎被马队所踏死，我很愤慨，在《前门遇马

①“三点多钟”桂本作“两点多钟”。下午三点三刻事件开始，晚七点半到家，刨去路上的时间，三个多钟头比较准确。手稿“三”字系后改。〖*408*，倒*7*〗

队记》中大发牢骚，有马是无知畜生，但马上还有人，不知为甚这样胡为之语。以后遇见章士钊林素园两回的驱逐，我简直看惯了，刘哲林修竹时代我便学了乖，做了隐逸，和京师大学的学生殊途同归的屈伏了，得免了好些危险。现在在国立北平大学法学院学生手里吃了亏，算来是第五次了，还值得什么大惊小怪？我于法学院学生毫无责难的意思。他们在门口对我声明是不讲法不讲理的，这岂不是比郑重道歉还要切实，此外我还能要求什么呢？但是对于大学当局，却不能就这样就轻轻的放过，结果由我与陈沈俞三君致函北平大学副校长质问有无办法，能否保障教员以后不被拘禁，不过我知道这也只是这边的一种空的①表示罢了，当局理不理又谁能知道，就是答覆也还不是一句空话么？

打开天窗说亮话，这回我的被囚实在是咎由自取，不大能怪别人。诚如鼎鼎大名的毛校长所说，法学院学生要打进女子学院去，报上早已发表，难道你们②不知道么？是的，知道原是知道的，而且报上也不止登过一二回了，但是说来惭愧，我虽有世故老人之称，③实在有许多地方还是太老实，换句话说就是太蠢笨。我听说法学院学生要打进来，而还要到女子学院去上课，以致自投罗网，这就因为是我太老实，错信托了教育与法律。当初我也踌躇，有点不大敢去，怕被打在里边，可

① 桂本无“空的”二字。〖*409*，*10*〗

② “你们”桂本作“他们”。〖*409*，倒*11*〗

③ 此处桂本有括注：“但章士钊又称我是胆智俱全，未知孰是。”〖*409*，倒*9*〗

是转侧一想，真可笑，怕什么？法学院学生不是大学生而又是学法律的么？怕他们真会打进来，这简直是侮辱他们！即使是房客不付租金，房东要收回住屋，也只好请法院派法警去勒令迁让，房东自己断不能率领子侄加雇棒手直打进去的，这在我们不懂法律的人也还知道，何况他们现学法律，将来要做法官的法学院学生，哪里会做出这样的勾当来呢？即使退一百步说，他们说不定真会打进来，但是在北平不是还有维持治安保护人民的军警当局么？不要说现今是暗地戒严，即在平时，如有人被私人拘禁或是被打了，军警当局必定出来干涉，决不会坐视不救的。那么，去上课有什么危险，谁要怕是自己糊涂。我根据了这样的妄想，贸贸然往女子学院去上课，结果是怎样？法学院学生声明不讲法不讲理，这在第一点上证明我是愚蠢，但我还有第二点的希望。我看[①]法学院学生忙于剪电话，忙于“把风”，觉得似乎下文该有官兵浩浩荡荡的奔来，为我们解围，因此还是乐观。然而不然。我们侥天之幸已经放出，而一日二日以至多少日，军警当局听说是不管。不能管呢，不肯管呢，为什么不，这些问题都非我所能知，总之这已十足证明我在第二点上同样的是愚蠢了。愚蠢，愚蠢，三个愚蠢，其自投罗网而被拘禁也岂不宜哉。虽然，拘禁固是我的愚蠢之惩罚，但亦可为我的愚蠢之药剂。我得了这个经验，明白的知道我自己的愚蠢，以后当努力廓清我心中

① 手稿无“看”字，据桂本添。〖410，9〗

种种虚伪的妄想，纠正对于教育与法律的迷信，清楚的认识中国人[①]的真相，这是颇有意义，很值得做的一件事，一点儿代价算不得什么。我在这里便引了《前门遇马队记》的末句作结：

“可是我决不悔此一行，因为这一回所得的教训与觉悟比所受的侮辱更大。”

中华民国十八年四月二十四日，于北平。

这是被囚以后的第六天所写，在这几天里头我们几个人分班去找北平的军政要人，有人专找商震，我则同个[②]三四个人专门访北平大学，问有什么解决办法。那时是北平大学总管华北教育，任这重要职责的是北平大学副校长李书华，我们着实不客气的追问他，特别是沈士远，他说没有办法，便质问既然没有办法管，那么为什么不辞职呢？这样的逼他，却终于没有逼出一句负责的话来，我那时的印象便是十足的泥塑木雕，这大概也是一种官僚气，不过是属于消极的一方面就是了。有时候乘夜去访问他，客人种种责难，主人还是必恭必敬的陪着，直至深夜并无倦容，觉得实在无法可想，这其时新校舍渐有着落，所以还是我们方面知难而退，不敢再去找他们了。不过老实的说，这北伐成功后的教育家给我们的印象实在是不大好，正如法学院学生所给的印象不大好是一样。

---

① 此处桂本有“这东西”三字。〖*410*，倒*6*〗

② “同个”三育本同，桂本作“同”。适当加入口语化的字词，可令文章更加活泼、流畅，此等处正是知堂为文已达至自由王国的明证。〖*411*，*2*〗

一七〇　北伐成功

北伐成功是近年的一件大事，中国南北总算统一了，但这只是从表面上看的话，若是在事实上却是给人民带来很大的灾难，因为这乃是蒋介石专政的起头，犹如辛亥革命之于袁世凯，民六打倒复辟之于段祺瑞一样，事情很好可是结果却是很坏的。在北伐还只有一半胜利的时候，就来了一个凶残的清党，就给予人以不祥的印象，唯北方的人民久已厌弃北洋政府，犹以为彼善于此，表示欢迎，然识者早知其不能久长了。我的朋友里边，马隅卿因为身任孔德校务，直接受到压迫，故盼望尤切，在北京为第一个竖起青天白日旗来的学校，其老兄幼渔人很老实，乃私下对友人说，下回继北洋派而倒楣的便是国民党了。这一看好像是知识阶级常有的历史循环观，所谓盛极必衰的道理，其实是不尽然，是从他反动的开头就可以知道了。那时我做了一篇《国庆日颂》，也表示差不多的意思的：[①]

第十七回的中华民国国庆日到来了，我们应该怎样祝贺它，颂祷它才好呢？

以前的国庆日是怎么的过去的呢？恕我记性不好，有点记不明白了，勉强只记得近两年的事，现在记录出来，以资比较。

十五年十月十日我做过一篇小文，题曰“国庆日”，

---

①《国庆日颂》全文桂本全集卷五已收，此处删去。手稿润色增删之处编至24号。大概因为涉及“国庆”，兹事体大，从这些删改似可隐约嗅出见知堂为文的“政治敏感度”。

是通信的形式，文曰：

“子威兄：今日是国庆日。但是我一点都不觉得像国庆，除了这几张破烂的五色旗。旗的颜色本来不好，市民又用杂色的布头来一缝，红黄蓝大都不是正色，而且无论阿猫阿狗有什么事，北京人就奉命[①]乱挂国旗，不成个样子，弄得愈挂国旗愈觉得难看，令人不愉快。[②]其实，北京人如不挂旗，或者倒还像一点也未可知。

去年今日是故宫博物院开放，我记得是同你和徐君去瞻仰的。今年听说不开放了，而开放了历史博物馆。这倒也很妙的。历史博物馆是在午门楼上，我们平民平常是上不去的，这回开放拿来作十五年国庆的点缀，可以说是唯一适宜的小点缀罢。但是我却终于没有去。[③]

国庆日的好处是可以放一天假，今年却不凑巧正是礼拜日，糟糕糟糕。”

十六年国庆日我也写有一篇《双十节的感想》，登在《语丝》第一五四期上，可是这期《语丝》就禁止了，在北京不曾得见天日。那一天我同徐君往中央公园去看光社展览会，见了两件特别的事情，所以发生了一点感想。这事情是什么呢？一件是公园门口有许多奉军三四方面军团宣传部员，洋装先生和剪发女士，分发各种白

① 桂本无“奉命”二字。〖*412*，倒*9*〗

② 此处桂本有一节：“虽然章太炎知道了或者要说这是侮蔑国旗，但我实在望了这龌龊的街市挂满了破烂的旗，不知怎的总觉得不像什么国庆。”〖*412*，倒*8*〗

③ 此处桂本有一节：“理由呢？说不清，不过不愿意看街上五色旗下的傻脸总是其中之一。”〖*412*，倒*2*〗

话传单，一件是许多便服侦探在端门外聚集[①]野餐。这当时使我大吃一惊。一面深感在中国生存之不易，到处要受到监伺，危机四伏，既将睹书坊伙计而心惊，亦复遇煤铺掌柜而胆战，令人有在火山上之感焉。一面我又有点乐观，觉得这宣传部员很有一番新气象，北方的禁白话禁剪发的复古的反动大约只是旧派的行为，不见得会长久行下去[②]。这样荏苒的一年过去，恐慌也有时似乎不恐慌，乐观也有时似乎不乐观，于是到了民国十七年的国庆日了。

今年的国庆日是在青天白日旗里过的了，这自然就很够可喜了。即使没有政治的意义，我也反对那不好看的五色旗，虽然因此受到国家主义者[③]的怨恨也并不反悔。现在这张旗换掉了，而且北海桥上的高墙也已拆去，这就尽够使我喜欢了，我已经获得[④]了一个不曾有过的好的国庆日，此外哪敢还有什么别的奢望呢。我为表示我的真诚，将于是日正午敬干一杯白干，以贺民国十七年的国庆日，并以凭吊十七年前的今日武昌死难的诸烈士之灵。

然而，这国庆日又即是国府九十八次会议决定明令规定的孔子纪念日，却是不凑巧之至。从这一边看固然是少放假一天的损失，从那一边看又可以说是复古的反

---

① 桂本无“聚集”二字。〖*413*，*8*〗

② 桂本无“行下去”三字。〖*413*，倒*12*〗

③ 桂本此处有括注：“现在多已投诚了罢？”〖*413*，倒*7*〗

④ “我已经获得”桂本作“我觉得已经‘获得’”。〖*413*，倒*5*〗

动之吉兆。正如三四年前远远的听东北方面的读经的声浪，不免有戒心一样，现在也仿佛听见有相类的风声起于西南或东南，不能不使人有“杞天之虑”。禁白话，禁女子剪发，禁男女同学等等，这决不是什么小问题，乃是反动与专制之先声，从前在奉直鲁各省曾实施过，经验过，大家都还没有忘记，特别是我们在北平的人。此刻现在，风向转了，北方刚脱了复古的鞭笞，革命发源的南方却渐渐起头来了，这风是自北而南呢，还是仍要由南返北而统一南北呢，我们惊弓之鸟的北方人瞻望南天，实在不禁急杀恐慌杀。

似乎中国现在还是在那一个大时代里，如《官场现形记》所说的“多磕头少说话”的时代。今年的国庆日只得就这样算了，不知道明年的国庆日能否给我们带来一个好运，使我们有可以少磕一点头多说几句话的福气？

这篇文章因为题目是“国庆日颂”，所以照例应该有几句颂祷的话，但是颂祷又照例是空话，不大期望它是能兑现的。上面所说的福气事实上没有得到，只获得了身上的一条湿麻绳，渐渐的抽紧拢来，虽然因为华北不是辇毂之下，抽的不很快，然而末了有名的“宪兵第三团”也终于到来了。我与它有过一回喜剧的接触，虽然结果是个喜剧，然而当时的虚惊实在是很大的。民国廿三年（一九三四）十一月，我和俞平伯因了燕京同学的介绍，往保定育德中学去讲演，讲演完了顺便往定县一看平民教育会的情形，因为那时孙伏园在会里办公，就在他那里住了两夜，下午一点钟在车站候车，预备回京。在车站上有宪兵第三团一个正装宪兵在那里徘徊，这也不足为奇，可是他似乎很注意我们三人——我和俞平伯以及送行的孙伏园。在观察一会儿之后，他径来找我问道："你是从北京来的周先生么？"我想要来的终于来了，虽然不知道是什么事情，可是有了麻烦，这趟火车无论如何是来不及的了。便把来保定讲演和看平民教育会的事说了，现在就等火车回北京去，闲谈了几句，看他并没有什么恶意。正在纳罕，他又笑说，本来也不知道，因为看见手提包上的名片，所以问一声，果然是的。据说卓别林有一次在美国旅行，隐姓埋名不让人家晓得，谁知他所到的地方凡有旅馆都知道他是卓别林，这个谜随后也是在皮箱上的名片那里解决的。卓别林的笑话或者出于假作也未可知，但是我这一回却是真实的，而且事后重述可以当作笑话来讲，在当时却实在是大吃一惊，古人云谈虎色变，这回不但谈到而且还碰着了。

一七一　章太炎的北游

北伐方才告一段落，一二三四集团便搞了起来，这便是专心内战，没有意思对付外敌，予敌人以可乘之机，于是本来就疯狂了的日本军阀闹起"九一八"事件来了。随后是伪满洲国的成立，接着是长城战役，国民党政府始终是退让主义，譬犹割肉饲狼，欲求得暂时安静，亦不可得，终至芦沟桥一役乃一发而不可收拾。

计自一九三一[①]以后前后七年间，无日不在危险之中，唯当时人民亦如燕雀处堂，明知祸至无日，而无处逃避，所以也就迁延的苦住下来。在这期间也有几件事情可以纪述的，第一件便是章太炎先生的北游。

北京是太炎旧游之地，革命成功以后这五六年差不多就在北京过的，一部分时间则被囚禁在龙泉寺里，但自从洪宪倒后，他复得自由，便回到南方去了。他最初以讲学讲革命，随后是谈政治，末了回到讲学，这北游的时候似乎是在最后一段落里，因为再过了四年他就去世了。他谈政治的成绩最是不好，本来没有真正的政见，所以很容易受人家的包围和利用，在民国十六年以浙绅资格与徐伯荪的兄弟联名推荐省长，当时我在《革命党之妻》这篇小文里稍为加以不敬，后来又看见论大局的电报，主张北方交给张振威，南方交给吴孚威，我就写了《谢本师》那篇东西，在《语丝》上发表，不免有点大不敬了。但在那文章中，不说振威孚威，却借了曾文正李文忠字样来责备他，与实在情形是不相符合的。到得国民党北伐成功，奠都南京，他也只好隐居苏州，在锦帆路又开始讲学的生活，逮九一八后淞沪战事突发，觉得南方不甚安定，虽然冀东各县也一样的遭到战火，北京却还不怎么动摇，这或者是他北游的意思，心想来看一看到底是什么情形的吧。

他的这次北游大约是在民国廿一年（一九三二）的春天，不知道的确的日子，只是在旧日记里留有这几项记载，今照抄于下：

① “一九三一”三育本同，桂本作“一九三一年”，与本句后一“年”字重复（未出注，似非编者手笔）。〖*415*，倒*2*〗

三月七日晚，夷初招饮辞未去，因知系宴太炎先生，座中有黄侃，未曾会面，今亦不欲见之也。

四月十八日，七时往西板桥照幼渔之约，见太炎先生，此外有逷先玄同兼士平伯半农天行适之梦麟，共十一人，十时回家。

四月二十日，四时至北大研究所，听太炎先生讲《论语》。六时半至德国饭店，应北大校长之招，为宴太炎先生也，共二十馀人，九时半归家。

当日讲演系太炎所著《广论语骈枝》，就中择要讲述，因学生多北方人，或不能懂浙语，所以特由钱玄同为翻译，国语重译，也是颇有意思的事。

四月廿二日，下午四时至北大研究所听太炎先生讲，六时半回家。

五月十五日，下午天行来，共磨墨以待，托幼渔以汽车迓太炎先生来，玄同逷先兼士平伯亦来，在院中照一相，又乞书条幅一纸，系陶渊明《饮酒》之十八，“子云性嗜酒”云云也。晚饭用日本料理生鱼片等五品，绍兴菜三品，外加常馔，十时半仍以汽车由玄同送太炎先生回去。

太炎是什么时候回南边去的，我不曾知道，大约总在冬天以前吧。接着便是刊刻《章氏丛书续编》的商量，这事在什么时候由何人发起，我也全不知道，只是听见玄同说，由在北平的旧日学生出资，交吴检斋总其成，付文瑞斋刻木，便这样决定了。廿二年的日记里有这一条云：

> 六月七日下午，四时半往孟邻处，于永滋张申府王令之幼渔川岛均来，会谈守常子女教养事。六时半返，玄同来谈，交予太炎先生刻续编资一百元，十时半去。

因为出资的关系，在书后面得刊载弟子某人覆校字样，但实际上的校勘则已由钱吴二公办了去了。后来全书刊成，各人分得了蓝印墨印的各二部，不过早已散失，只记得七种分订四册，有几部卷首特别有玻璃板的著者照相，仍是笑嘻嘻的口含纸烟，烟气还仿佛可见。此书刻板原议赠送苏州国学讲习会的，不知怎样一来，不曾实行，只存在油房胡同的吴君[①]，印刷发兑。后来听说苏州方面因为没有印板，还拟重新排印行世，不久战祸勃发，这事也就搁置，连北京这副精刻的木板也弄得不知下落了。

当时因为刊刻续编的缘故，一时颇有复古或是好名的批评，其实刊行国学这类的书要说好古多少是难免的，至于好名那恐怕是出于误会了。在这事以前，苏州方面印了一种同门录，罗列了些人名，批评者便以为这是想[②]攀龙附凤者的所为，及至经过调查，才知道中国所常有的所谓事出有因查无实据了。恰巧手头有一封钱玄同的来信，说及此事，便照录于下，不过他的信照例是喜讲笑话的，有些句子须要说明，未免累坠一点：

---

①“吴君”三育本同，桂本作“吴君处”。〖*418*，*7*〗

②“想”三育本、桂本同无。〖*418*，倒*12*〗

此外该老板（指吴检斋因其家开吴隆泰茶叶庄）在老夫子那边携归一张“点鬼簿”（即上边所说的同门录），大名赫然在焉，但并无鲁迅许寿裳钱均甫朱蓬仙诸人，且并无其大姑爷（指龚未生），甚至无国学讲习会之发祥人[①]董修武董鸿诗，则无任叔永与黄子通，更无足怪矣。该老板面询老夫子，去取是否有义？答云，绝无，但凭记忆所及耳。然则此《春秋》者，断烂朝报而已，无微言大义也。廿一，七，四。

民国廿五年（一九三六）太炎去世了，我写了一篇文章纪念他，讲他学梵文的事。梵文他终于没有学成，但他在这里显示出来，同样的使人佩服的热诚与决心，以及近于滑稽的老实与执意。他学梵文并不专会得读佛教书，乃是来读吠檀多派，而且末了去求救于正统护法的杨仁山，结果只得来一场的申饬。这来往信札见于杨仁山的《等不等观杂录》卷八，时间大概在己酉（一九〇九）夏天，《太炎文录》中不收，所以是颇有价值的。我的结论是太炎讲学是儒佛兼收，佛里边也兼收婆罗门，这种精神最为可贵：

太炎先生以朴学大师兼治佛法，又以依自不依他为标准，故推重法华与禅宗，而净土秘密二宗独所不取，此即与普通信徒大异，宜其与杨仁山辈格格不相入。且先生不但承认佛教出于婆罗门正宗，又欲翻读吠檀多奥

① 此处手稿有逗点，为细笔圈去，或系曹聚仁先生留下的校改痕迹。〖418，倒4〗

义书，中年以后发心学习梵天语，不辞以外道为师，此种博大精进的精神，实为凡人所不能及，足为后学之模范者也。

一七二　打油诗

“二十三年一月十三日偶作牛山体”，这是我那时所做的打油诗的题目，我说牛山体乃是指志明和尚的《牛山四十屁》，因为他做的是七言绝句，与寒山的五古不同，所以这样说了。这是七言律诗，实在又与牛山原作不一样，姑且当作打油诗的别名。过了两天，又用原韵做了一首，那时林语堂正在上海编刊《人间世》半月刊，我便抄了寄给他看，他给我加了一个“知堂五十自寿诗”的题目，在报上登了出来，其实本来不是什么自寿，也并没有自寿的意思的。原诗照录于下：

其一

前世出家今在家，不将袍子换袈裟。
街头终日听谈鬼，窗下通年学画蛇。
老去无端玩骨董，闲来随分种胡麻。
旁人若问其中意，且到寒斋吃苦茶。

其二

半是儒家半释家，光头更不着袈裟。
中年意趣窗前草，外道生涯洞里蛇。

徒羡低头咬大蒜，未妨拍桌拾芝麻。
谈狐说鬼寻常事，只欠工夫吃讲茶。

发表以后得到许多和诗，熟朋友都是直接寄来，其他就只是在报上读到罢了。恰好存有原稿的有钱玄同和蔡孑民的两份，今抄录如下，以为纪念。玄同和作云：

但乐无家不出家，不皈佛教没袈裟。
腐心桐选诛邪鬼，切齿纲伦打毒蛇。
读史敢言无舜禹，谈音尚欲析遮麻。
寒宵凛冽怀三友，蜜橘酥糖普洱茶。

后附说明云：

也是自嘲，也用苦茶原韵，西望牛山，距离尚远。无能子未定草，廿三年一月廿二日，就是癸酉腊八。

另有信云：

苦茶上人：我也诌了五十六个字的自嘲，火气太大，不像诗而像标语，真要叫人齿冷。第六句只是凑韵而已，并非真有不敬之意，合并声明。癸酉腊八，无能。

这里所谓不敬，是有出典的，因为平常谈到国语的音韵问题我总说不懂，好像是美术上的“未来派”，诗中乃说尚欲析遮麻，似乎大有抬杠的意味了。

蔡孑民的和诗仿佛记得是从别处寄来的，总之不是在北京，原信也未保存，而且原来有没有信也不记得了。

其一

何分袍子与袈裟，天下原来是一家。

不管乘轩缘好鹤，休因惹草却惊蛇。

扪心得失勤拈豆，入市婆娑懒绩麻（君已到厂甸数次矣）。

园地仍归君自己，可能亲掇雨前茶（君曾著《自己的园地》）。

其二

厂甸摊头卖饼家（君在厂甸购戴子高《论语注》），肯将儒服换袈裟。

赏音莫泥骊黄马，佐斗宁参内外蛇。

好祝南山寿维石，谁歌北虏乱如麻。

春秋自有太平世，且咬馍馍且品茶。

此外还有一首，题云“新年用知堂老人自寿韵”，是咏故乡新年景物的，亦复别有风趣，今并录于此：

新年儿女便当家，不让沙弥袈了裟（吾乡小孩子留发一圈而剃其中边者，谓之沙弥。《癸巳类稿》三，“精其神”一条引经了筵阵了亡等语，谓此自一种文理）。

鬼脸遮颜徒吓狗，龙灯画足似添蛇。

六么轮掷思赢豆（吾乡小孩子选炒蚕豆六枚，于一面去壳少许，谓之黄，其完好一面谓之黑，二人以上轮掷之，黄多者赢，亦仍以豆为筹马），数语蝉联号绩麻（以成语首字与其他末字相同者联句，如甲说大学之道，乙接说道不远人，丙接说人之初等，谓之绩麻）。

乐事追怀非苦话，容吾一样吃甜茶（吾乡有吃甜茶，讲苦话之语）。

其署名仍是蔡元培，并不用什么别号，这也是很有意思的事。

《五十自寿诗》在《人间世》上发表之后，便招来许多的批评攻击，林语堂赶紧写文章辩护，说什么寄沉痛于悠闲，这其实是没有什么可辩护的，本来是打油诗，乃是不登大雅之堂的东西，挨骂正是当然。批评最为适当的，乃是鲁迅的两封信，在《鲁迅书简》发表以后这才看见，是四五月间寄给曹聚仁和杨霁云的，今将给曹聚仁的一封再抄录一次在这里，日期是一九三四年四月三十日：

周作人自寿诗诚有讽世之意，然此种微词已为今之青年所不憭，群公相和则多近于肉麻，于是火上添油，遽成众矢之的，而不作此等攻击文字，此外近日亦无可言。此亦古已有之，文人美女必负亡国之责，近似亦有人觉国之将亡，已在卸责于清流或舆论矣。

那打油诗里虽然略有讽世之意，其实是不很多的，因为那时对于打油诗使用还不很纯熟，不知道寒山体的五言之更能表达，到得十二三年之后这才摸到了一点门路。一九四七年九月在《老虎桥杂诗题记》里说道：

在《修禊》一篇中，述南宋山东义民吃人腊往临安事，有两句云，犹幸制熏腊，咀嚼化正气。这可以算是打油诗中之最高境界，自己也觉得仿佛是神来之笔，如用别的韵语形式去写，便决不能有此力量，倘想以散文表出之，则又所万万不能者也。关于人腊的事，我从前说及了几回，可是没有一次能这样的说得决绝明快，杂诗的本领可以说即在这里，即此也可以表明它之自有用处了。我前曾说过，平常喜欢和淡的文字思想，有时亦嗜极辛辣的，有掐臂见血的痛感，此即为我喜那“英国狂生”斯威夫德之一理由，上文的发想或者非意识的由其《育婴刍议》中出来亦未可知，唯索解人殊不易得，昔日鲁迅在时最能知此意，今不知尚有何人耳。

《修禊》是一篇五言的打油诗，凡十六韵，今不嫌冗长，抄录于后，以资比较，看比自寿诗有没有多少进步：

往昔读野史，常若遇鬼魅。白昼踞心头，中夜入梦寐。其一因子巷，旧闻尚能记。次有齐鲁民，生当靖康际。沿途吃人腊，南渡作忠义。待得到临安，馀肉存几块。哀哉两脚羊，束身就鼎鼐。犹幸制熏腊，咀嚼化正气。食人大有福，终究成大器。讲学称贤良，闻达参政议。千年诚旦暮，今古无二致。旧事倘重来，新潮徒欺世。自信实鸡肋，不足取一胾。深巷闻狗吠，中心常惴惴。
恨非天师徒，未曾习符偈。不然作禹步，撒水修禊事。

一七三 日本管窥

“日本管窥”是我所写关于日本的比较正式的论文，分作四次发表于当时由王芸生主编的《国闻周报》上头，头三篇是在民国廿四年下半年所作，可是第四篇却老是写不出，拖了一年多，到得做成刊出，恰巧是逢着七七事件，所以事实上没有出版。头三篇意思混乱，纯粹是在暗中摸索，考虑了很久，得到一个结论，即此声明日本研究小店之关门，事实上这种研究的确与十多年前所说文学小店的关门先后实现了。

我于五四以后就写些小文章，随意的乱说，后来觉得“不知为不知”的必要，并且有感于教训之无用，所以把有些自己不很知道的事情搁过一边，不敢再去碰它一下，例如文学艺术哲学等，至于中国的事觉得似乎还知道一点，所以仍旧想讲，日本则因为多少有点了解，也就包括在知之的一方面了。最初是觉得这不很难写，而且写的是多少含有好意的，如《谈虎集》卷上起首所收的这几篇，但是后来不久就发生了变化，日本的支那通与报刊的御用新闻记者的议论有时候有点看不下去，以致引起笔战，如《谈虎集》上的那些对于《顺天时报》的言论，自己看了也要奇怪，竟是恶口骂詈了。我写这几篇“管窥”，乃是想平心静气的来想它一回，比较冷静的加以批评的，但是当初也没有好的意见，不过总是想竭力避免感情用事的就是了。

第一篇“管窥”作于廿四年（一九三五年[①]）五月，随后收在《苦茶随笔》里边。这篇文章多是人云亦云的话，没有什么值得说的，只是云：

“日本人的爱国平常似只限于对外打仗，此外国家的名誉仿佛不甚爱惜。”后面引《密勒评论》调查战区一带贩毒情形，计唐山有吗啡馆一百六十处，滦县一百另四处，古冶二十处，林西四处，昌黎九十四处，秦皇岛三十三处，北戴河七处，山海关五十处，丰润二十三处，遵化九处，馀可类推。说毒化是一种政策，恐怕也不尽然，大约只是容许浪人们多赚一点钱吧，本来国际间不讲什么道德，如英国那样商业的国家倘若决心以卖雅片为业，便不惜与别国开战以达目的，日本并不做这生意，何苦来呢。商人赚上十万百万，并不怎么了不得，却叫人家认为日本人都是卖白面吗啡的，这于国家名誉有何好看，岂不是损失么？其次又引了“五一五”事件，现役军人杀了首相犬养毅也不严办，其民间主谋的井上日召和尚初判死刑，再审时减等发落，旁听的人都喜欢得合掌下泪。由此归结到日本士风之颓废，所谓武士道的气风已无复馀留，户川秋骨所以叹为现在顶堕落的东西并非在咖啡馆进出的游客，也不是左倾的学生，实在乃是这种胡涂思想的人们耳。虽然有这些谴责的话却都是浮泛的，不切实际的文句，就全篇看来却是对于日本仍有好意的。

第二篇“管窥”是六月里所做，收在第二年出版的《苦竹杂记》中，改名为“日本的衣食住”，因为实际即是介绍日本固有

---

① 手稿此“年”字在括弧之外，三育本、桂本均删。〖*424*，倒*5*〗

的衣食住，我说固有，因为此乃是明治时代的生活状态，不是说近时受美国文化的那一种式样。将日本生活与中国古代及故乡情形结合说来，似乎反有亲近之感，只在末一节里说道：

> 日本与中国在文化的关系上本犹罗马之与希腊，及今乃成为东方之德法，在今日而谈日本的生活，不撒有“国难”的香料，不知有何人要看否，我亦自己怀疑。但是，我仔细思量日本今昔的生活，现在日本“非常时”的行动，我仍明确的明白[①]日本与中国毕竟同是亚细亚人，兴衰祸福目前虽是不同，究竟的运命还是一致，亚细亚人岂终将沦于劣种乎，念之惘然。因谈衣食住而结论至此，实在乃真是漆黑的宿命论也。

第三篇“管窥”作于是年十二月，后来收在《风雨谈》内，题目仍旧是“日本管窥之三”，因为想不出扼要的别的题目，故仍用原名。这里觉得讲一国的文化，特别是想讲它的国民性，单以文学艺术为范围去寻讨它，这是很错误的，不然也总是徒劳的事。因为“学术艺文固然是文化的最高代表，而其低的部分在社会上却很有势力，少数人的思想虽是合理，而多数人却也就是实力，所以我们对于文化似乎不能够单以文人哲士为对象，更得放大范围才是。”仿佛[②]在这里找到了一点线索，可是那时抓着的也只是从书本子来的旧话，什么武士道里的人情，实在也是希有的

①“仍明确的明白”手稿作“彷明确的明白”，三育本作“仿佛明确的明白”，桂本作“仍明确的明白”。桂本全集卷六《日本的衣食住》作“仍明确地看明白”。〖426，3、4〗

②“仿佛”手稿作“彷彷”，三育本、桂本同改。〖426，倒10〗

传说，在现代断乎是无从找到的了。那么这篇文章也是徒劳的废话，可以说是失败的了，但是离开了旧路，有意思去另找线索，似乎是在破承题之下已经写了“且夫”二字，大有做起讲之意了。

第二年民国廿五年（一九三六）里一直没有续写，但是并不是忘记了，因为在这一年里一总写了两篇《谈日本文化书》，可见还是在想着问题，只是还没有着落罢了。我在《谈日本文化书》其二中说：

> 我想一个民族的代表可以有两种，一是政治军事方面的所谓英雄，一是艺文学术方面的贤哲。此二者原来都是人生活动的一面，但趋向并不相同，有时常至背驰，所以我们只能分别观之，不当轻易根据其一以抹杀其二。

后来又说道：

> 我们要知道日本这国家在某时期的政治军事上的行动，那么像丰臣秀吉伊藤博文这种英雄自然也该注意，因为英雄虽然多非善类，但是他有作恶的能力，做得出事来使世界震动，人类吃大苦头，历史改变，不过假如要找出这民族的代表来问问他们的悲欢苦乐，则还该到小胡同大杂院去找，浮世绘刻印工亦是其一。

我所要找寻的问题到此似乎已有五分光，再过一年也就成功了。

一七四　日本管窥 续

“日本管窥”之四搁浅了一年有半，于廿六年（一九三七）六月十六日这才写成，——花了这些时候，究竟想出了什么结论来了呢？结论是有了，可是不能说好，但是此外也实在没有什么好说了。因为答案是一个不字，就是说日本人的国民性我们不能了解，结果是宣布日本研究小店就此关门，却也十分适当的。这篇文章虽发表出来，可是杂志就未能发行，也不曾收到文集里去，直至解放后有一年曹聚仁先生来北京看我，我把解放以前的旧稿给他看，承他携至香港，于去年春间把《乙酉文编》的第二分印了出来，距原作的年月差不多有二十四个年头了。

“管窥”之四继承上面的意思，从别的方面来求解说，那篇文章上有一节云：

> 日本对于中国所取的态度本来是很明了的，中国称曰帝国主义，日本称曰大陆政策，结果原是一样东西，再用不着什么争论，这里我觉得可谈的只有一点，便是日本为什么要这样做。这句话有点不大明白，这问题所在不是目的而是手段，本来对中国的帝国主义不只一个日本，为主义也原可不择手段，而日本的手段却特别来得特别，究竟是什么缘故？我老实说，我不能懂，虽然我找出这个问题来，预备写这篇文章，结果我只怕就是说明不能懂的理由而已。近几年来我心中老是怀着一个很大的疑情，即是关于日本民族的矛盾现象的，至今还

不能得到解答。日本人爱美，这在文学艺术以及衣食住种种形式上都可看出，不知道为什么在对中国的行动却显得那么不怕丑。日本人又是很巧的，工艺美术都可作证，行动上却又是那么拙，日本人爱洁净，到处澡堂为别国所无，但行动上又那么脏，有时候卑劣得叫人恶心。这是天下的大奇事，差不多可以说是奇迹。我们且具体的举例来说吧：

其一，藏本失踪事件。

其二，河北自治请愿事件。

其三，成都北海上海汕头诸事件。

其四，走私事件，日本称之曰特殊贸易，如此名词颇有幽默味，但只宜用作江湖上的切口，似乎不是正当国家所可用的名词吧。

其五，白面吗啡事件。

以上诸例都可以做我的证明。假如五十岚力的话是不错的，日本民族所喜欢的是明净直，那么这些例便即可以证明其对中国的行动都是黑暗污秽歪曲，总之所表示出来的全是反面。日本人尽有他的好处，对于中国却总不拿什么出来，所有只是恶意，而且又是出乎情理的离奇。这是什么缘故呢？

这个我是不能懂，——因为以不知为不知，宗教我是不懂的，而这个缘故便出于宗教。在那篇文章里我说道：

我平常这样想，日本民族与中国有一点很相异，即是宗教信仰，如关于此事我们不能够懂得若干，那么这里便是一个隔阂没有法子通得过。中国人也有他的信仰，如吾乡张老相公之出巡，如北平妙峰山之朝顶，我觉得都能了解，虽然自己是神灭论者，却理会得拜菩萨的信士信女们的意思。我们的信仰仿佛总是功利的，没有基督教的每饭不忘的感谢，也没有巫教降神的歌舞，盖中国的民间信仰虽多是低级而并不热烈者也。日本便似不然，在他们崇拜仪式中往往显出神凭或如柳田国男氏所云“神人和融”的状态，这在中国绝少见，也是不容易了解的事。浅近的例如乡村神社的出会，神舆中放着神体，却是不可思议的代表物，如石或木，或不可得见不可见的别物，由十六人以上的壮丁抬着走，而忽轻忽重，忽西忽东，或撞毁人家的门墙，或停在中途不动，如有自由意志似的，舆夫便只如蟹的一爪，非意识的动着。柳田氏在所著《世间与祭礼》第七节中有一段说得很好：

“我幸而本来是个村童，有过在祭日等待神舆过来那种旧时情感的经验。有时候便听人说，今年不知怎的御神舆特别的发野呀。这时候便会有这种情形，仪仗已经到了十字路口了，可是神舆老是不见，等到看得见了也并不一定就来，总是左倾右侧，抬着的壮丁的光腿忽而变成了Y字，忽而变成X字，又忽而变成W字，还有所谓高举的，常常尽两手的高度将神舆高高的举上去。”这类事情在中国神像出巡的时候是绝没有的。

这样说来，日本民族与中国人绝不相同的最特殊的文化是它的宗教信仰，而关于这个我们却是无从了解的，他们往往感情超过理性，因此如上边所举的例都是蛮不讲理，有时离奇狂暴近于发疯。外国有一句格言道，上帝要叫一个人灭亡，必先使他疯狂。这句话是不错的，希忒拉和德国的国社党是如此，日本的军阀也正是如此灭亡的。

我写了四篇“日本管窥”，将日本的国民性归结到宗教上去，而对于宗教自己觉得是没有缘分，因此无法了解，对于日本事情宣告关门不再说话了。但是此后我却又写了一篇，叫作“日本之再认识”，事实上是抄的“刊文”，乃是将管窥之二的关于日本衣食住与之四的后半接合，便是说从别的方面下手不能够了解日本，这须得由宗教入门，才可懂得，题云“再认识”，即言前此的认识都是错的。那篇文章是民国廿九年（一九四〇）十二月所作，其时华北已经沦陷，值日本所谓建国二千六百年纪念，特约作文，乃以此敷衍塞责，当时原说有美术品作报酬，经特别交涉，以不受报酬为条件，而所作文章采用与否也不计较，后来经日本国际文化振兴会印为单行本，我自己也收在《药味集》里边，于民国三十一年（一九四二）在北京出版。

一七五　北大的南迁

九一八以后东北整个沦陷，国民党政府既决定采用不抵抗主义，保存实力来打内战，于是日寇遂渐行蚕食，冀东一带成为战区，及至七七之变，遂进占平津了。国民党政府成竹在胸，军政机关早已撤离，值钱的文物亦已大部分运走了，所以剩下来的一着就是搬动这几个大学了。我所在的北京大学是最初迁到湖南长沙，后来又到了云南昆明，与清华大学组成了联合大学。北大专任的教职员本应该一同前去，但是也可以有例外，即是老或病，或家累重不能走的，也只得不去。我那时并不算怎么老，因为那年是五十三岁，但是系累太多，所以便归入不能走的一边。当时不记得是在什么地方开会的，因为那一年的旧日记散失了，所以无从查考，只记得第二次集会是廿六年（一九三七）十一月廿九日，在北池子一带的孟心史先生家里，孟先生已经卧病，不能起床，所以在他的客房里作这一次最后的聚谈，可是主人也就不能参加谈话了。随后北大决定将孟心史马幼渔冯汉叔和我四人算作北大留平教授，每月寄津贴费五十元来，在那一年的年底蒋校长还打一个电报给我，叫我保管在平校产，可是不到两个月工夫，孟心史终于病逝了。

学校搬走了，个人留了下来，第一须得找得一个立足之处，最初想到的即是译书。这个须得去找文化基金的编译委员会，是由胡适之所主持，我们以前也已找过它好几回了，《现代小说译丛》和《现代日本小说集》都是卖给它的，稿费是一千字五元，在那时候是不算很低了。民国廿一年（一九三二）夏天我还和它有一次交涉，将译成的《希腊拟曲》卖给它，其间因梁实秋翻译莎士比亚，价值已经提高为千字十元，我也沾了便宜，那一本小册子便得了四百块钱。当时我想在北京近郊买一块坟地，便是用这钱买得的，在西郊板井村，给我的次女若子下了葬，后来侄儿丰二[①]、先母亡妻也都葬在那里。这是那一本书，使我那时学了预备翻译《四福音书》的，却并没有用过的希腊文，得有试用的机会，因而得到了这块坟地，是很可纪念的事。原本系海罗达思的拟曲七篇，后面又添上了谛阿克列多思的牧歌里类似拟曲的五篇，一总才只是十二篇，而且印本又是小字大本，所以更显得是戋戋小册了。因为是描写社会小景的，所以有地方不免大胆一点，为道学家们所不满意，容易成为问题。海罗达思拟曲的第六篇《昵谈》中便有些犯讳的地方，里边女客提出熟皮制成的红色的“抱朋”，许多西方学者都想讳饰，解作鞋帽或是带子，但是都与下文有了矛盾，实在乃是中国俗语所谓“角先生”，这我在译文中给保存下来了。后来在未发表的笔记中，有一则记之云：

往年译希腊拟曲，昵谈篇中有抱朋一语，曾问胡适之君，拟译作角先生，无违碍否，胡君笑诺，故书中如是写，而校对者以为是人名，在角字旁加了一直画，可发笑也。民间虽有此称，却不知所本，疑是从明角来，亦未见出处。后读林兰香小说，见第廿八回中说及此物，且有寄旅散人批注云：“京师有朱姓者，丰其躯干，美其须髯，设肆于东安门之外而货春药焉，其角先生之制尤为工妙。闻买之者或老媪或幼尼，以钱之多寡分物之大小，以盒贮钱，置案头而去，俟主人措办毕，即自来取，不必更交一言也。”案此说亦曾经得之传闻，其见诸著录者殆止此一节乎。林兰香著书年月未详，余所见本

---

① “丰二”三育本同，桂本作“丰三”。〖*432*，*10*〗

题道光戊戌刊，然则至今亦总当是百年前事矣。友人蔡谷清君民国初年来北京，闻曾购得一枚，惜蔡君久已下世，无从问询矣。文人对于猥亵事物，不肯污笔墨，坐使有许多人生要事无从征考，至为可惜。寄旅散人以为游戏笔墨无妨稍纵，故偶一着笔，却是大有价值，后世学人皆当感激也。

因为这个因缘，我便去找编译委员会商量，其时胡适之当然已经不在北京了，会里的事由秘书关琪桐代理，关君原是北大出身，从前也有点认识，因此事情说妥了，每月交二万字，给费二百元，翻译的书由我自己酌量，我便决定了希腊人著的希腊神话。我老早就有译这书的意思，一九三四年曾经写过一篇，后来收在《夜读抄》里，便是介绍这阿波罗多洛斯所著的原名叫作“书库”的希腊神话，如今有机会来翻译它出来，这实在可以说塞翁失马的所得来的运气了。不记得从那年的几月里起头了，总之是已将原书本文译出，共有十万多字，在写注解以前又译了哈理孙女士的《希腊神话论》和佛雷则的十五六篇研究，一共也有十万字左右，回过头来再写注解，才写到第二卷的起头，这工作又发生了停顿，因为编译委员会要搬到香港去了。我那些译稿因此想已连同搬去，它的行踪也就不可得而知了。但是我与希腊神话的因缘并不就此断绝了，在解放后我将《伊索寓言》译出之后，又从头来搞这神话的翻译，于一九五一年完成，原稿交给人民文学出版社，只是因为纸张关系，尚未刊行。说起我与神话的因缘真是十二分的奇妙的。英国人劳斯所著的《希腊的神与英雄与人》，是学术与趣味结合的一册给少年人看的书，我于民国廿四年写过一篇介绍，后来收在《苦茶随笔》里头，原书则在一九四七年顷译出，其时浙江五中旧学生蒋志澄在正中书局当主任，由他的好意接受了，但是后来正中书局消灭，这部稿子也就不可问了。第二次的新译是一九四九年在北京起头的，它的名字第一次是“希腊的神与人”，第二次的却是“希腊的神与英雄”，这一回从文化生活出版社刊行，并且印了好几版，末了还由天津人民出版社印行过一版，但是名字是改为“希腊神话故事”了。一部书先后翻译过两次，这在我是初次的经验，而且居然有了两次，又凑巧都是希腊神话，这如果不是表示它于我特别有缘，便是由于我的固执的、偏颇的对于希腊神话的爱好了。

一七六　元旦的刺客

编译委员会既然决然从北京撤退，搬到香港去，从前在那里写作的人便发起一个惜别会，在什刹海会贤堂聚餐，我不记得是什么人发起了，只记得仿佛人很多，一共有两桌吧，主客当然是关琪桐，主人们里边只有王古鲁还是没有忘记，他那时是替他们译白鸟库吉的著作。大概这编译会迁移的事情决定的颇早，是在民国廿七年的上半年，所以我就赶紧作第二步的打算，因为从前曾在燕京大学教过十年的书，想在里边谋一个位置，那时燕大与辅仁大学因为是教会大学的关系，日本人不加干涉，中国方面也认为在里边任职是与国立的学校没有什么不同。我把这意思告知了在燕大担任国文系主任的郭绍虞君，承他于五月二十日来访，送来燕大的聘书，名义是“客座教授”，功课四至六小时，待遇按讲师论，但增送二十元，以示优异。其后因为决定每星期只去一天，便规定两种功课各二小时，月薪一百元。日记上有这几则记事：

> 九月十四日，下午丰一带燕大点名簿来，绍虞约十六日午餐。
>
> 十五日，上午九时雇车出城往燕大，上下午各上一班，午在绍虞处饭，吴雷川亦来，三时后出校，四时顷回家，付车夫一元。
>
> 十六日，上午十一时往朗润园，应绍虞之招，共二席，皆国文系教员，司徒雷登吴雷川亦来，下午三时回家。

这样的不觉过了四个月，转瞬又是一年了。我本不会做诗，不知怎的忽然发起诗兴来，于十二月廿一日写了这三首，仍然照例的打油诗，却似乎正写得出那时的情绪，其词云：

> 禹迹寺前春草生，沈园遗迹欠分明。偶然拄杖桥头望，流水斜阳太有情。
>
> 禅床溜下无情思，正是沉阴欲雪天。买得一条油炸鬼，惜无白粥下微盐。
>
> 不是渊明乞食时，但称陀佛省言辞。携归白酒私牛肉[①]，醉倒村边土地祠。

---

①“私牛肉”三育本作“和牛肉”，桂本同手稿。此字手稿明白无疑，出处则尚需解人。〖*436，5*〗

同时在日记上写道：

> 十二月廿三日，下午得李炎华信，系守常次女也，感念存殁，终日不愉。前作诗云，流水斜阳太有情，不能如有财有令誉者之摆脱，正是自讨苦吃，但亦不能改耳。

尝以三诗写示在上海的匏瓜庵主人（沈尹默），承赐和诗，末一联云，斜阳流水干卿事，未免人间太有情。指点得很是不错，但如我致废名信中说过，觉得有此怅惘，故对于人世未能恝置，此虽亦是一种苦，目下却尚不忍即舍去也。

过了十天，便是民国廿八年（一九三九）的元旦了。那天上午大约九点钟，燕大的旧学生沈启无来贺年，我刚在西屋客室中同他谈话，工役徐田来说有天津中日学院的李姓求见，我一向对于来访的无不接见，所以便叫请进来。只见一个人进来，没有看清他的面貌，只说一声“你是周先生么”，便是一手枪。我觉得左腹有点疼痛，却并不跌倒，那时客人站了起来，说道：“我是客。”这人却不理他，对他也是一枪，客人应声仆地。那人从容出门，我也赶紧从北门退归内室，沈启无已经起立，也跟了进来。这时候听见外面枪声三四响，如放鞭炮相似，原来徐田以前当过侦缉队的差使，懂得一点方法，在门背后等那人出来时跟在后面，一把将他拦腰抱住，捏枪的手兜在衣袋里，一面叫人来帮他拿下那凶人的武器。其时因为是阳历新年，门房里的人很多，有近地的车夫也来闲谈，大家正在忙乱不知所措，不料刺客有一个助手，看他好久不出来，知道事情不妙，便进来协助，开枪数响，那人遂得脱逃，而帮忙的车夫却有数人受伤，张三伤重即死，小方肩背为枪弹平面所穿过。

受伤的人都送到日华同仁医院去医治，小方经过消毒包扎，就算行了，沈启无弹中左肩，没有伤着心肺，就只是弹子在里边，无法取出，在医院里疗养了一个月半，创口好了，也就出了院。我的伤一看似乎很是严重，据医生说前年日本首相滨口雄幸在车站被刺，就是这个部位，虽然一时得救，却终于以此致命。我自己觉得不很痛，以为重伤照例是如此，乃在爱克斯光室里，医生却无论如何总找不着子弹，才知道没有打进去，这时候检查伤口，发现肚脐左边有手掌大的一块青黑色，只是皮面擦破而已，至于为什么子弹没有打进去，谁都不能解说得出来。到了第二天早上起来穿衣服，这才一下子省悟了，因为穿一件对衿的毛线衫，扣扣子到第三颗的时候，手触到伤处觉得疼痛，这时乃知道是这颗扣子挡住了那子弹，却也幸亏那时钮扣穿得偏左了一点，如果在正中的话那也无济于事。这扣子乃是一种化学制品，并非金属，却能有此作用，当日警察检查现场，在客室地上拾得一颗子弹，系铅质的已经扁了，上面印有花纹，就是那毛线衣的钮上的。

这事件的经过已经约略叙说过了，现在便是想一问询这位暴客的来访的意义与其来源了。这案始终未破，来源当然无从知悉，但这也可以用常识推理而知的。日本军警方面固然是竭力推给国民党的特务，但是事实上还是他们自己搞的。这有好几方面的证据。第一，日本宪兵在这案件上对于被害者从头就取一种很有恶意的态度。一日下午我刚从医院里回家，就有两个宪兵来传我到宪兵队问话，这就是设在汉花园的北京大学第一院的，当时在地下室的一间屋子里，仔细盘问了有[1]两个钟头，以为可能国民党认为党员动摇，因而下手亦未可知。以后一个月里总要来访问一两次，说是联络，后来有一次大言治安良好，种种暗杀案件悉已破获，我便笑问，那么我的这一件呢？他急应道，也快了。但自此以后，便不再来访问了。

第二，刺客有两个，坐汽车来到后面的胡同，显然是大规模的。但奇怪的是，到家里来找我，却不在我到海甸去的路上，那是有一定的日子和时刻的，在那路上等我可以万无一失，也不必用两个人，一个就尽够用了。民国十五年燕大初搬到海甸的时候，我曾在一篇文章里说过上学校去的行程道：

"假定上午八时出门，行程如下，即十五分高亮桥，五分慈献寺，十分白祥庵南村，十分叶赫那拉氏坟，五分黄庄，十五分海甸篓斗桥到。"现在却是大举的找上门来，不用简单直捷的办法，岂不是为避免目标，免得人联想到燕大去的事情么？这安排得很巧，但也因此显露出拙来了。我到燕大去当了客座教授，就可以谢绝一切别的学校的邀请，这件事情第一触怒了谁，这是十分显而易见的事情。

侥幸那一天枪弹打在毛线衣的扣子上，也侥幸那刺客并未打第二枪，所以我得以拾得这一条性命。在一月八日又做了两首打油诗，以为纪念：

橙皮权当屠苏酒，赢得衰颜一霎红。我醉欲眠眠未得，儿啼妇语闹哄哄。

---

① "有"三育本、桂本均无。〖*438*，*9*〗

但思忍过事堪喜，回首冤亲一惘然。饱吃苦茶辨馀味，代言觅得杜樊川。

“忍过事堪喜”系杜牧之[①]句，偶从《困学纪闻》中见到，觉得很有意思。我从前[②]喜言苦茶，其实是不懂吃茶，甚为世所诟病，今又说及苦茶，不过渐有现实的意味了。

一七七　从不说话到说话

民国廿六年（一九三七）七月以后，华北沦陷于日寇，在那地方的人民处于俘虏的地位，既然非在北京苦住不可，只好隐忍的勉强过活，头两年如上两章所说的总算借了翻译与教书混过去了。但到了廿八年元旦来了刺客，虽然没有被损害着，警察局却派了三名侦缉队来住在家里，外出也总跟着一个人，所以连出门的自由也剥夺了，不能再去上课。这时汤尔和在临时政府当教育部长，便送来一个北京大学图书馆长的聘书，后来改为文学院院长，这是我在伪组织任职的起头。我还是终日住在家里，领着干薪，图书馆的事由北大秘书长代我办理，后来文学院则由学院秘书代理，我只是一星期偶然去看一下罢了。不过这些在敌伪时期所做的事，我不想这里来写，因为这些事本是人所共知，若是由我来记述，难免有近似辩解的文句，但是我是主张不辩解主义的，

① “牧之”手稿作“牡之”，三育本改，桂本作“枚之”。〖*439，9*〗

② “从前”三育本、桂本均作“以前”。〖*439，10*〗

所以觉得不很合适。

古来许多名人都曾写过那些名称忏悔录、自叙传或是回忆的文章，里边多是虚实淆混，例如卢梭、托尔斯多、折里尼、歌德都是如此。那是艺术作品，所以它的价值并不全在事情的真实方面，因为读者并不是当历史去看，只把它当作著者以自己生活为材料的抒情散文去读，这也是很有意味的。歌德将他的自传题名为“诗与真实”，这是很有意思的事，在这里诗与真实相对立，诗是艺术，也就是理想或幻想，将客观的真实通过了主观的幻想，安排了叙述出来，结果成为艺术的作品，留供后世人的鉴赏。但那是艺术名人的事情，不是我们平凡人所可学样的，我平常不懂得诗，也就不能赞成这样的做法，我写这回忆录，也同从前写《鲁迅的故家》一个样子，只就事实来作报道，没有加入丝毫的虚构，除了因年代久远而生的有些遗忘和脱漏，那是不能免的，若是添加润色则是绝对没有的事。平常写文章的时候，即使本来没有加进去诗的描写，无意中也会出现一种态度，写出来夸张不实的事来，这便是我在乙酉（一九四五）年六月所写一篇《谈文章》里所说的，做文章最容易犯的一种毛病，即是作态。原文有一节云：

> 我看有些文章本来是并不坏的，他有意思要说，有词句足用，原可好好的写出来，不过这里却有一个难关。文章是个人所写，对手却是多数人，所以这与演说相近，而演说更与做戏相差不远。演说者有话想说服大众，然而也容易为大众所支配，有一句话或一举动被听众所赏识，常不免无意识的重演，如拍桌说大家应当冲上前去，得到鼓掌与喝彩，接下去说大家不可不冲锋，拍桌使玻

> 璃杯都蹦跳了。这样，引导群众的演说与娱乐群众的做戏实在已没有多大区别。我是不懂戏文的，但是听人家说好的戏子也并不是这样演法，他有自己的规矩，不肯轻易屈己从人。小时候听长辈谈一个故乡的戏子的轶事，他把徒弟教成功了，叫他上台去演戏的时候，吩附道：你自己唱演要紧，戏台下边鼻孔像烟通似的那班家伙你千万不要去理他们。乡间戏子有这样见识，可见他对于自己的技术确有自信，贤于一般的政客和文人矣。

对于这种毛病，我在写文章的时候也深自警惕，不敢搦起笔来绷着面孔，做出像煞有介事的一副样子，只是同平常写信一样，希望做到琐屑平凡的如面谈罢了。这一节话本来是应该在开头第一章里说的，现在这里来补说，虽然似乎是迟了一点，却也觉得没有不合适的地方。

我不想写敌伪时期个人的行事，那么写的是那时候的心事么？这多少可以这样的说，因为在那个时期的确写了不少文章，而且多是积极的有意义的，虽然我相信教训之无用，文字之无力，但在那时候觉得在水面上也只有这一条稻草可抓了。其实最初我是主张沉默的，因为有如徐君所说在沦陷区的人都是俘虏，苦难正是应该，不用说什么废话。在廿七年（一九三八）二月在一篇《读东山谈苑》里表明态度道：

> 《东山谈苑》卷七云，倪元镇为张士信所窘辱，绝口不言，或问之，元镇曰，一说便俗。此语殊佳，余澹心记古人嘉言懿行，裒然成书八卷，以余观之，总无出此

一条之右者矣。尝怪《世说新语》后所记何以率多陈腐，或歪曲远于情理，欲求如桓大司马树犹如此之语，难得一见。云林居士此言可谓甚有意思，特别如余君所云，乱离之后，闭户深思，当更有感兴，如下一刀圭，岂止胜于吹竹弹丝而已哉。

当时以为说多馀的废话这便是俗，所以那一年里只写些两三百字的短篇笔记，像这一篇的便是，后来集有二百多则，并作一集叫作“书房一角”。但是廿八年元旦来了刺客，过了十七天又遇着了故友钱玄同君之丧，他的精神受了激刺，这是与那刺客事件不无关系的，在他去世后百日，我便写了《最后的十七日》这篇文章，做他的记念，后来改名为“玄同纪念”，收在《药味集》里。那篇文章的末尾说：

今玄同往矣，恐遂无复有能规诫我者。这里我只是稍讲私人的关系，深愧不能对于故人的品格学问有所表扬，但是我于此破了二年来不说话的戒，写下这一篇小[①]文章，在我未始不是一个大的决意，姑以是为故友纪念可也。

年月是民国廿八年四月廿八日，这篇文章是登在当时为燕大学生所办的《燕大周刊》上边的。我自此决意来说话，虽是对于文字的力量仍旧抱着疑问，但是放手写去，自民国廿八年至三十四年

① 前面《北大感旧录》照录《最后的十七日》全文，无此“小”字。可见写文章这件事，并无定规，亦无须生造一定规以规定作者，平凡人亦然，况面对知堂守泽乎？〖*442*，倒*7*〗

这七年里，收集起来的共计有一百三十篇，其散佚者在外，可以说是不算少了吧。

一七八 “反动老作家”一

我写文章平常所最为羡慕的有两派，其一是平淡自然，一点都没有做作，说得恰到好处，其二是深刻泼辣，抓到事件的核心，仿佛把指甲很很的掐进肉里去。可是这只是理想，照例是可望而不可即，写出来的都是些貌似神非的作品，所以在每回编好集子的时候，总是觉得不满意，在前记或后记里发一回牢骚。我的根基打的不好，当我起头写文章的那时，“文学革命”正闹得很起劲，但是我的兴趣却是在于“思想革命”的方面，这便拉扯到道德方面去，与礼教吃人的问题发生永远的纠葛。从前美国的沉醉诗人爱伦坡（Allen Poe）平生怀着一种恐惧，生怕被活埋，我也相似的有怕被人吃了的恐惧，因此对于反礼教的文人很致敬礼，自孔文举至李卓吾都是，顾亭林以明遗民不仕清朝，虽然也很佩服，但是他那种在《日知录》中所表示的痛恨李卓吾的态度，自不免要加以攻击了。本来高谈思想革命，不与经济生活发生关系，乃是一种唯心的说法，与宗教家之劝人发心行善没有什么两样，所以结果觉得教训无用，文字无力，乃是当然的事情，但是因为不能忘情于人间，明知无益也仍由于惰性拖延下去了。

以上是我在沦陷前写文章的态度，实在是消极的一种消遣法罢了，这可以说是前期吧？但是在沦陷后的写作，这便有些不同了，文章仍旧是那么样，但是态度至少要积极诚实一点了。在沦陷中有什么事值得改变态度，积极去干的呢？因为这是在于敌人中间，发表文章也是宣传的一种，或者比在敌人外边的会有效力也未可知。这事果有效力么？我不能确说，但是我觉得这是有的，因为我因此从日本军部的御用文人方面得到了“反动老作家”的名号，这是很有光荣的事，但在讲到这件事的始末以前，我还得把我后期的著作大略说一说。

我很反对顾亭林的那种礼教气，可是也颇佩服他的几句说话，在一九四四年出版的一册《苦口甘口》，曾有[①]自序中有这一节话道：

> 重阅一过之后，照例是不满意，如数年前所说过的一样，又是写了些无用也无味的正经话。难道我的儒家气真是这样的深重而难以湔除么？我想起顾亭林致黄梨洲的书中有云：
>
> “炎武自中年以前，不过从诸文士之后，注虫鱼，吟风月而已。积以岁月，穷探古今，然后知后海先河，为山覆篑，而于圣贤六经之旨，国家治乱之原，生民根本之计，渐有所窥。”案此书亭林文集未载，见于梨洲《思旧录》中，时在清康熙丙辰，为读《明夷待访录》后之复书，亭林年已六十四，梨洲则六十七矣。黄顾二君的学识我们何敢妄攀，但是在大处态度有相似者，亦可无庸掩藏。鄙人本非文士，与文坛中人全属隔教，平常

① “曾有”三育本同，桂本作“曾在”。〖*444，7*〗

所欲窥知者，乃在于国家治乱之原，生民根本之计，但所取材亦并不废虫鱼风月，则或由于时代之异也。

这一番话虽是也包括前期的文章在内，但特别着重在说明后期的，因为正经文章在那时候是特别的多。当然里边也不少闲适的小文，有如收在《药味集》里的《卖糖》、《炒栗子》与《蚊虫药》，以及后来的《石板路》，都可以说是这一路，但是大多数却多是说理，因此不免于枯燥了。在那方面平常有两种主张，便是其一为伦理之自然化，其二为道义之事功化是也。这第一点是反对过去的封建礼教，不合人情物理，甚至对于自然亦多所歪曲，非得纠正不可。这思想的来源是很古旧的，在民国八年三月所写的《祖先崇拜》这篇小文中说道：

我不相信世上有一部经典，可以千百年来当人类的教训的，只有纪载生物的生活现象的 biologie（生物学），才可供我们参考，定人类行为的标准。

这仿佛与尼采所说的，要做一个健全的人须得先成为健全的动物，意思相近似，可是人们一面实行着动物所没有那些行为，例如卖淫，强奸，大量的虐杀如原子弹等，一面却来对于自然加以不必要的美化，说什么乌反哺，羔羊跪乳，硬说动物也是知道伦常的，实在是非常荒唐的话，但是在中国却还有相当的势力。第二点是反对一切的八股化。自从董仲舒说过，“正其谊不谋其利，明其道不计其功”，后来的人便抗了这块招牌大唱高调，崇理学而薄事功，变成举世尽是八股的世界。孟子对于梁惠王“何以利吾国”

之间，开口喝道："王何必曰利，亦有仁义而已矣。"但是后面具体的说来，却是"五亩之宅树之以桑"这一大串话，归结到"黎民不饥不寒"，正是极大的事功。清朝阮元在他的《论语论仁论》中有云：

> 凡仁必于身所行者验之而始见，亦必有二人而仁乃见，若一人闭户齐居，瞑目静坐，虽有德理在心，终不得指为圣门所谓之仁矣。盖士庶人之仁见于宗族乡党，天子诸侯卿大夫之仁见于国家民臣，同一相人偶之道，是必人与人相偶而仁乃见也。

所以我以为瞑目静坐在那里默想仁字，固然也不是坏事情，然而也希望他能够多少见于实行，庶几表示与一心念佛的信徒稍有不同耳。

我揭橥了这两个主张，随时发点议论，此外关于中国的文学思想等具体问题也讲了些话，这是违反我从前说过的话的，因为在多年以前我声明将文学店关门了，现在却再来讲话，莫非又觉得懂得了文学了么？这其实是并不如此的，文学仍旧是不懂，但是本国的事情不能毫不关心，而且根据知之为知之，不知为不知的原则，一般文学问题可以推说不懂，若是关于中国的事情多少总是有点了解的，这样便忍不住来说几句话了。

我所写的关于中国文学和思想的文章，较为重要的有这四篇，依了年月的次序写来是这几种：

一、《汉文学的传统》，民国廿九年三月。

二、《中国的思想问题》，三十一年十一月。

三、《中国文学上的两种思想》，三十二年四月。

四、《汉文学的前途》，同年七月。

其中一四两篇，所说也就是那一套，但题目称汉文学却颇有点特别，因为我在那时很看重汉文的政治作用，所以将这来代表中国文学。在《汉文学的前途》后边有一篇附记道：

> 民国廿九年冬曾写一文曰“汉文学的传统”，现今所说大意亦仍相同，恐不能中青年读者之意，今说明一句，言论之新旧好歹不足道，实在只是以中国人立场说话耳。太平时代大家兴高采烈，多发为高论，只要于理为可，即于事未能亦并不妨，但不幸而值祸乱，则感想议论亦近平实，大抵以国家民族之安危为中心，遂多似老生常谈，亦是当然也。中国民族被称为一盘散沙，自他均无异辞，但民族间自①有系维在，反不似欧人之易于分裂，此在平日视之或无甚足取，唯乱后思之，却大可珍重。我们翻史书，明永乐定都北京，安之若故乡，数百年燕云旧俗了不为梗，又看报章杂志之纪事照相，东至宁古塔，西至乌鲁木齐，市街住宅种种色相，不但基本如一，即琐末事项有出于迷信敝俗者，亦多具有，常令览者不禁苦笑。反复一想，此是何物在时间空间中有如是维系之力，思想文字语言礼俗，如此而已。汉语汉字其来已远，近更有语体文，以汉字写国语，义务教育未普及，只等刊物自然流通的结果，现今青年以汉字

① “自”三育本同，桂本无。〖447，6〗

写文章者，无论地理上距离间隔如何，其感情思想却均相通，这一件小事实有很重大的意义。旧派的人叹息语体文流行，古文渐衰微了，新派又觉得还不够白话化方言化，也表示不满意，但据我看来，这在文学上正够适用，更重要的乃是政治上的成功，助成国民思想感情[①]的连络与一致，我们固不必要表扬褒扬新文学运动之发起人，唯其成绩在民国政治上实较在文学上为尤大，不可不加以承认。以后有志于文学的人亦应认明此点，把握汉文学的统一性，对于民族与文学同样的有所尽[②]，必先树立了民族文学的根基，乃可以东亚文学的一员而参加活动，此自明之事实也。关于文人自肃，亦属重要，唯苦口之言，取憎于人，且即不言而亦易知，故从略。七月二十日。

这两篇关于汉文学的是我比较注重的文章，在三十三年十二月给一种期刊写的《十堂笔谈》里也重复提起，起头的两节便是汉字与国文。第三篇的两种思想，无非是将那民为贵与君为臣纲对立起来，构成一篇讲演，最有意思的乃是第二篇，即是《中国的思想问题》，因为我之所以得到那“反动老作家”的徽号，正因这篇文章的关系。

① “思想感情”手稿作“思想感”，三育本作“思想”，桂本添。〖*447*，倒*6*〗

② “有所尽”桂本全集卷八《汉文学的前途》作“有所尽力”。此或非脱缺，当尽方面甚多，不限于“力”之一端。〖*447*，倒*2*〗

一七九 “反动老作家”二

我于卢沟桥事件的前半个月前，在《国闻周报》上面发表日本管窥之四，声明日本研究店的关门，但是在后期著作里却仍写有十篇以上的文章，谈及日本的风俗、名物或是书籍的，其中比较特别的乃是一篇《日本之再认识》。这是一九四〇年值日本所谓建国二千六百年纪念，国际文化振兴会于募集纪念文之外，又特别指名征求，赠送艺术品为报酬，我于不受酬的条件之下，答应了这要求。那是很可笑的一篇东西，因为实在乃是抄袭日本管窥而成的，将其二的上半接品了其四的下半，结论仍旧是日本国民性不可解，归结到宗教上去，换句话说即是感情超过理论，也就是没有道理可讲。这个结论我至今还是相信，战后的新兴宗教风起云涌，固然是个证据，战前的什么大本教和天理教也更是兴旺了，社会上横行着右倾团体实在都是宗教的狂信者。我那篇文章本来是应教的八股，理应大加颂圣才对，但是不单是没有做到，而且意在讪谤，情罪甚重，怕有什么问题么？可是想不到这却是接收了，而且还承他们居然印了单行本，过了两年却在那《中国的思想问题》上发生了问题，触怒了日本军部的御用文人，于是轩然大波起来了。那个日本军部的御用文人在答覆我的信中说，“此虽是甚失礼的说法，对于日本人之文章感受性幸勿予以过低的估价可也”，那么那篇“再认识”的意义未始不觉察，只因是自己请求我写的，不好翻过脸来，只好哑子吃黄连了，但是这回却有不同，所以不禁暴跳如雷，高呼“扫荡中国反动老作家”了吧。

那篇文章是我照例的鼓吹原始儒家思想的东西，但写的时候却别有一种动机，便是想阻止那时伪新民会的树立中心思想，配合大东亚新秩序的叫嚷，本来这种驴鸣犬吠的运动，时至自会消灭，不值得去注意它，但在当时听了觉得很是讨厌，所以决意来加以打击。文章起头说：

> 中国的思想问题，这是一个重大的问题，但是重大，却并不严重。本人平常对于一切事不轻易乐观，唯独对于中国的思想问题却颇为乐观，觉得在这里前途是很有希望的。中国近来思想界的确有点混乱，但这只是表面一时的现象，若是往远处深处看去，中国人的思想本来是很健全的，有这样的根本基础在那里，只要好好的培养下去，必能发生滋长，从这健全的思想上造成健全的国民出来。
>
> 这个中国固有的思想是什么呢？有人以为中国向来缺少中心思想，苦心的想给它新定一个出来，这事很难，当然不能成功，据我想也是可不必的，因为中国的中心思想本来存在，差不多几千年来没有什么改变。简单的一句话说，这就是儒家思想。

以下是我的照例的那一番话，引用孟子的“禹稷当平世，三过其门而不入”，和“五亩之宅，树之以桑”这两段，接下去是焦理堂在《易馀籥录》里的话：

> 先君子尝曰，人生不过饮食男女，非饮食无以生，

> 非男女无以生生。唯我欲生，人亦欲生，我欲生生，人亦欲生生，孟子好色好货之说尽之矣。不必屏去我之所生，我之生生①，但不可忘人所生②，人之所生生。循学《易》三十年，乃知先人此言圣人不易。

将这个意思提高上去，则属于最高的道德，便是仁，放低了便属于生物学之所谓求生意志，这原是人类所同，但是在圣经贤传里那样明确表示的，如《礼记·礼运》中说过，“饮食男女，人之大欲存焉，死亡贫苦，人之大恶存焉”，那却是中国所特有的了。为的贯彻求生意志，使得人己皆得生存，皆得幸福，这便是中国人的现实主义，可是若是生存受了威胁，那也就起来抵抗，这就要乱的一团糟了。大意就是如此，可是这激怒了敌人，因为这里边有些平稳的话在他看去是大不平稳，与大东亚建设的理想不能并立，非加以打倒不可。

我那篇文章由日本改造社《文艺杂志》译出登载，三十二年九月日本军部领导的文学报国会在东京召开大东亚作家大会，第二分组会议席上有片冈铁兵发表演说，题曰“扫荡反动作家”，登在《文学报国》的第三号上，便是那文章所引起的反响，在我觉得是意外的成功，因为我当初的用意只是反对新民会的主张，却没有料到这样大的收获，至于敌人封我为“反动老作家”或“残馀敌人”，则更是十二分的光荣了。此案的全文经陶晶孙君译出，登在三十三年五月出版的《杂志》中，现在已经找不到，只能将摘抄下来的片冈演说词录下：

---

①“我之生生”三育本同，桂本作“我之所生生”。〖*450，8*〗

②“人所生”三育本同，桂本作“人之所生”。〖*450，8*〗

余之议题虽为“中国文学之确立”，其实问题尚更狭隘，仅以中国和平地区内，基于渝方政权分立下之中国特殊情形，而有一特殊之文学敌人存在，不得不有对之展开斗争之提议。吾人若不先行注意中国之特殊情形，即难透视中国之动态，吾人对中国代表诸君协力大东亚战争之热情与阐发大东亚建设理想之努力，自不胜敬仰。但余想像，中国诸君或者以为自己目前之地位，因中国特殊情形之故，尚不得不姑息种种残馀敌人之存在。现在余在此指出之敌人，正是诸君所认为残馀敌人之一，即目前正在和平地区内蠢动之反动的文坛老作家，而此敌人虽在和平地区之内，尚与诸君思想的热情的文学活动相对立，而以有力的文学家资格站立于中国文坛 。关于此人的姓名，余尚不愿明言，总之彼常以极度消极的反动思想之表现与动作，对于诸君及吾人之思想表示敌对。诸君及吾人建设大东亚之理想，系一种崭新之思想，亦即青年之思想，欲将东亚古老之传统以新面目出现于今日历史之中，确乎只有精神肉体两俱沉浸于今日历史中之青年创造意志，方能完成其困难工作。坦直言之，余年已五十，然而历史巨浪之大东亚战争，与夫大东亚建设之思想，已使余返老还童矣。况诸君较余年轻，故余确信以诸君之愤怒，必将向彼嘲弄青年思想之老成精神予以轰炸、进击。

又云：

诸君之文学活动沿着新中国创造之线，然彼老大家则毫不考虑今日之中国呼吸于如何历史之中，被置于如何世界情势之下，唯其独自随意的魅力丰富的表现，暗嗤诸君，而于新中国之创造不作如何的努力。彼已为诸君与吾人前进之障碍，积极的妨害者，彼为在全东亚非破坏不可之妥协的偶像，彼不过为古的中国的超越的事大主义与第一次文学革命所获得的西洋文学的精神之间的怪奇的混血儿而已。

这个片冈铁兵是什么人呢？他本来是左派作家，后来与林房雄都“转向”了，——一九三四年夏天我同徐耀辰君暑假时往东京，藤森成吉招待我们，见到秋田雨雀、神近市子、渡边顺三诸人，只有林房雄没有到，打电话来说明天要进监狱去，所以不能来了，可见转向还在这以后。转向的人比平常人更为可怕，文人也不例外，后来林房雄派到华北来当什么文化使节，便是来搞些特务工作，用喝酒挟妓的手段拉拢些人，想弄什么华北特殊文化，但是没有成功，住了半年便回去了。且说片冈虽是要扫荡老作家，但是没有说出姓名，胡兰成第一个说明就是指我，为得查问清楚起见，乃写信给文学报国会的总务局长久米正雄，要求说明，过了好久乃由片冈复信承认，并言明所以主张要扫荡的理由。原文很长，今只节录第三段于下：

请你想起在改造社《文艺杂志》所登载的大作《中国的思想问题》中之一节，原文云，他们要求生存，他们生存的道德不想损人以利己，可是也不能圣人那样损己以利人云云。这样说起，讲到乱的那一节话，当时鄙人在大东亚文学者大会中发表那篇演说，即有此文在鄙人胸中。只以此奉告，该文作者的先生当能立即觉到鄙人以何者为问题，为何者所戟刺矣。读了“中国的思想”全文，熟读上述之一节，假如不曾感觉在今日历史中该文所演的脚色乃是“反动保守的”，则此辈只是眼光不能透彻纸背的读者而已。鄙人感到，不应阻害中国人民的欲望之主张实即是对于为大东亚解放而斗争着的战争之消极的拒否，因此在去年九月大东亚文学者大会第二分组会议席上，作那样的演说。假如中国人虽赞成大东亚之解放，而不愿生存上之欲望被阻害，即中国人不分担任何苦痛，以为即协力于大东亚战争，使此种思想成为一般的意思，则在此战争上中国之立场将何如乎。为中国人民所仰为指南之先生有此文章，其影响力为何如，鄙人念及为之慄然。不赌个人的生存之战争可能有乎？不牺牲个人之欲望而愿赢得战争既不可能，然则先生此文无非将使拒否大东亚战争，或至少亦欲对于此战争出于旁观地位之一部分中国人之态度予以传统道德之基础，而使之正当化耳。文章之批评不可为文章之表面所眩惑，虽是平稳的言词，而在其底下流动之物必可感知其出于平稳之上，此虽是甚失礼的说法，对于日本人之文章感受性幸勿予以过低的估价可也。

这个题目的文章，写的非常的长了，内容也很无聊，所以应当适可而止了。但是事情虽是无聊，对于我却是很严重的，试想潜伏和平地区（即是沦陷区），在那里蠢动的残馀敌人，那么这样的人该当何罪呢？连东京的文人都知道了，难道在北京的宪兵还不知道，怕不捉将官里去，弄到了失了踪。实在他们是这样想的，当日本投降的时候，原特务机关的头子森冈皋中将做华北综合调查研究所的理事长，我当着副理事长，一天会议遣散所员的事，他看见我笑嘻嘻的问道："周先生，没有接到新的任命么？"我也笑答道："还没有哩。"可是他们不曾动手扫荡，这在我不能不说是万分的侥幸了。

一八〇　先母事略

民国三十二年（一九四三）这年在我是一个灾祸很重的年头，因为在那年里我的母亲故去了。我当时写了一篇《先母事略》，同讣闻一起印发了，日前偶然找着底稿，想就把它拿来抄在这里，可是无论怎么也找不到了，所以只好起头来写，可能与原来那篇稍有些出入了吧。

先母姓鲁，名瑞，会稽东北乡的安桥头人。父名希曾，是前清举人，曾任户部司员，早年告退家居，移家于皇甫庄，与范啸风（著《越谚》的范寅）为邻，先君伯宜公进学的时候，有一封贺信写给介孚公，是范啸风代笔的，底稿保存在我这里，里边有"弟有三娇，从此无白衣之客，君惟一爱，居然继黄卷之儿"，是颇有参考价值的。先母共有兄弟五人，自己居第四，姊妹三人则为最小的，所以在母家被称为小姑奶奶。先君进学的年代无可考了，唯希曾公于光绪十年甲申（一八八四）去世，所以可见这当更在其前。先母生于咸丰七年丁巳（一八五七）十一月十九日，卒于民国三十二年癸未（一九四三）四月二十二日，享年八十七岁。先母生子女五人，长樟寿，即树人，次櫆寿，即作人，次端姑，次松寿，即建人，次椿寿。端姑未满一岁即殇，先君最爱怜她，死后葬于龟山殡舍之外，亲自题碑曰，周端姑之墓，周伯宜题，后来迁移合葬于逍遥溇，此碑遂因此失落了。椿寿则于六岁时以肺炎殇，亦葬于龟山，其时距先君之丧不及二年，先母更特别悲悼，以椿寿亦为先君所爱，临终时尚问“老四在哪里”，时已夜晚乃从睡眠中唤起，带到病床里边。故先母亦复怀念不能忘，乃命我去找画师叶雨香，托他画一个小照，他凭空画了[①]小孩，很是玉雪可爱，先母看了也觉中意，便去裱成一幅小中堂，挂在卧房里，搬到北京来以后，也还是一直挂着，足足挂了四十五年。关于这事我在上面已曾写过，见第十八章中，所以现在从略了。

先君生于咸丰十年庚申（一八六〇）十二月二十一日，卒于光绪二十二年丙申（一八九六）九月初六日，得年三十七，绍兴所谓刚过了本寿。他是在哪一年结婚或是进学的都无可考，或者这在当时只用活字排印了二十部的《越城周氏支谱》上可能有纪载，但是我们房派下所有的一部却给国民党政府没收了，往北京图书馆去查访，也仍是没有下落。先君本名凤仪，进学时的名字是文郁，后来改名仪炳，又改用吉，这以后就遇着那官事，先君说，“这名字的确不好，便是说拆得周字不成周字了”。但他的号还是伯宜，因为他小名叫做“宜”，先母平时便叫他“宜老相

---

① “画了”三育本同，桂本作“画了个”。〖*455，11*〗

公”，——查《越谚》卷中人类尊称门中有老相公，注云有田产安享者，又佃户亦常称地主为收租老相公，意如是称谓当必有所本，唯小时候也不便动问，所以这缘故终于不能明了。

先母性和易，但有时也很强毅。虽然家里也很窘迫，但到底要比别房略为好些，以是有些为难的本家时常走来乞借，总肯予以通融周济，可是遇见不讲道理的人，却也要坚强的反抗。清末天足运动兴起，她就放了脚，本家中有不第文童，绰号“金鱼”的顽固党扬言曰：“某人放了大脚，要去嫁给外国鬼子了。”她听到了这话，并不生气去找金鱼评理，却只冷冷的说道：“可不是么，那倒真是很难说的呀。”她晚年在北京常把这话告诉家里人听，所以有些人知道，我这事写在《鲁迅的故家》的一节里，我的族叔冠五君见了加以补充道：

“鲁老太太的放脚是和我的女人谢蕉荫商量好一同放的。金鱼在说了放脚是要嫁洋鬼子的话以外，还把她们称为妖怪，金鱼的老子也给她们两人加了‘南池大扫帚’的称号，并责备藕琴公家教不严，藕琴公却冷冷的说了一句，‘我难道要管媳妇的脚么？’这位老顽固碰了一鼻子的灰，就一声不响的走了。”所谓金鱼的老子即故家里五十四节所说的椒生，也就是冠五的先德藕琴公的老兄，大扫帚是骂女人的一种隐语，说她要败家荡产，像大扫帚扫地似的，南池乃是出产扫帚的地名。先母又尝对她的媳妇们说：

“你们每逢生气的时候，便不吃饭了，这怎么行呢？这时候正需要多吃饭才好呢，我从前和你们爷爷吵架，便要多吃两碗，这样才有气力说话呀。”这虽然一半是戏言，却也可以看出她强健性格的一斑。

先君虽未曾研究所谓西学，而意见甚为通达，尝谓先母曰：

"我们有四个儿子，我想将来可以将一个往西洋去，一个往东洋去留学。"这个说话总之是在癸巳至丙申（一八九三至九六）之间，可以说是很有远见了，那时人家子弟第一总是读书赶考，希望做官，看看这个做不到，不得已而思其次，也是学幕做师爷，又其次是进钱店与当铺，而普通的工商业不与焉，至于到外国去进学堂，更是没有想到的事了。先君去世以后，儿子们要谋职业，先母便陆续让他们出去，不但去进洋学堂，简直搞那当兵的勾当，无怪族人们要冷笑这样的说了，便是像我那样六年间都不回家，她也毫不嗔怪。她虽是疼爱她的儿子，但也能够坚忍，在什么必要的时候。我还记得在鲁迅去世的那时候，上海来电报通知我，等我去告诉她知道，我一时觉得没有办法，便往北平图书馆找宋紫佩，先告诉了他，要他一同前去。去了觉得不好就说，就那么经过了好些工夫，这才把要说的话说了出来，看情形没有什么，两个人才放了心。她却说道："我早有点料到了，你们两个人同来，不像是寻常的事情，而且是那样迟延尽管说些不要紧的话，愈加叫我猜着是为老大的事来的了。"将[①]这一件与上文所说的"一幅画"的事对照来看，她的性情的两方面就可全然明了了。

先母不曾上过学，但是她能识字读书。最初读的也是些弹词之类，我记得小时候有一个时期很佩服过左维明，便是从《天雨花》看来的，但是那里写他剑斩犯淫的侍女，却是又觉得有了反感了，此外还有《再生缘》，不过看过了没有留下什么记忆。随后看的是演义，大抵家里有的都看，多少也曾新添一些，记得有大橱里藏着一部木版的《绿野仙踪》，似乎有些不规矩的书也不

---

① "将"三育本同，桂本作"对"。〖*457*，倒*4*〗

是例外，至于《今古奇观》和《古今奇闻》，那不用说了。我在庚子年以前还有科举的时候，在“新试前”赶考场的书摊上买得一部《七剑十三侠》，她看了觉得喜欢，以后便搜寻它的续编以至三续，直到完结了才算完事。此后也看新出的章回体小说，民国以后的《广陵潮》也是爱读书之一，一册一册的随出随买，有些记得还是在北京所买得的。她只看白话的小说，虽然文言也可以看，如《三国演义》，但是不很喜欢，《聊斋志异》则没有看过。晚年爱看报章，定上好几种，看所登的社会新闻，往往和小说差不多，同时却也爱看政治新闻，我去看她时辄谈段祺瑞吴佩孚和张作霖怎么样，虽然所根据的不外报上的记载，但是好恶得当，所以议论都是得要领的。

先母的诞日是照旧历计算的，每年在那一天，叫饭馆办一桌酒席给她送去，由她找几个合适的人同吃，又叫儿子丰一照一张相，以作纪念。一九四二年十二月廿六日为先母八十六岁的生日，丰一于饭后为照相，及至晒好以后先母乃特别不喜欢，及明年去世，唯此相为最近所照，不得已遂放大用之于开吊时。一九四三年四月份日记云：

廿二日晴，上午六时同信子往看母亲，情形不佳，十一时回家。下午二时后又往看母亲，渐近弥留，至五时半遂永眠矣。十八日见面时，重复云，这回永别了，不图竟至于此，哀哉，唯今日病状安谧，神识清明，安静入灭，差可慰耳。九时回来。

廿三日晴，上午九时后往西三条。下午七时大殓，致祭，九时回家。此次系由寿先生让用寿材，代价九百元，得以了此大事，至可感也。

廿四日晴，上午八时往西三条，九时灵柩出发，由宫门口出西四牌楼，进太平仓，至嘉兴寺停灵，十一时到。下午接三，七时半顷回家，丰一暂留，因晚间放焰口也。

至五月二日开吊，以后就一直停在那里，明年六月十九日乃下葬于西郊板井村之墓地。

本文是完了，但是这里却有一个附录，这便是上文所说范啸风替晴轩公写的那封信，因为文章虽并不高明，内容却有可供参考的地方，而且那种“黄伞格”的写法将来也要没有人懂得了，所以我把它照原样的抄写在这里了。原题是“答内阁中书周福清（两字偏右稍小）并贺其子入泮”：

忝依
玉树，增葭末之荣光，昨奉
金缄，愧楮生之殑殢。兹者欣遇
令郎入泮，窃喜择婿东床，笑口欢腾，喜心倾写。
恭维
介孚仁兄亲家大人职勤视草，
恩遇赐罗，
雅居中翰之班，爱莲名噪，
秀看后英之茁，采藻声传。
闻喜可知，驰贺靡似。弟自违粉署，遂隐稽山，蜗
居不啻三迁，蠖屈已将廿载。所幸男婚女嫁，愿

了向平，侄侍孙嬉，情娱垂晚。昔岁季女归第，今兹快婿游庠。弟有三娇，从此无白衣之客，君惟一爱，居然继黄卷之儿。不禁笔歌，用达絮语，

敬贺

鸿禧，顺请

台安，诸维

亮察不庄。　　　姻愚弟鲁希曾顿首。

一八一　监狱生活

到了一九四五年八月，日本终于无条件投降了，抗日战争得到胜利，凡是在敌伪时期做过事的人当然要受到处分，不过虽有这个觉悟，而难望能够得到公平的处理，因为国民党政府的一个目的是在于“劫收”，并不是为别的事情。我这里没有其它宝贝，只有一块刻着“圣清宗室盛昱”六字的田黄石章，和摩伐陀（Movado）牌的一只钢表，一总才值七八百块钱，也被那带枪的特务所偷去，幸而他们不要破砖瓦，所以那块凤皇砖和永明砖砚总算留下了。这是那年十二月六日的事，他们把我带到有名的炮局胡同的狱舍里，到第二年五月才用飞机送往南京，共总十二个人，最初住在老虎桥首都监狱的忠舍，随后又移至义舍，末了又移往东独居，这是一人一小间，就觉得很是不错了。这一直住到民国三十八年（一九四九）一月廿六日，那时南京政府已经坍台了，这才叫我们保释出去，第三天到得上海，正是阴历的除夕了。

在北京的炮局是归中统的特务管理的，诸事要严格一点，各人编一个号码，晚上要分房按号点呼，年过六十的云予优待，聚居东西大监，特许用火炉取暖，但煤须自己购备，吃饭六人一桌，本来有菜两钵，亦特予倍给。第二年五月移居南京之后，原是普通监狱，分出一部分作为看守所，都属于司法部，便很有些旧时的风气了。忠舍为看守所的一部，在西北的一角里，东西相对各有五间房子，每房要住五个人，北面有一个小院子，关起门来倒也自成一个院落。住在里面的人，安定下来就开始募款，记不清那数目了，大约是每月三四十万吧，给他们做酬劳，——这叫做什么好呢？凡是在忠舍当差的人，自看守以至副所长都有所得，据说只有所长没有分润，这是我听说如此，详细也不知道。我们没有钱的也可以不出，反正忠舍的住民里不缺少富翁，他们就负担下来了，例如有一位干瘪的老头子，年纪有七十多岁了，是盛宣怀的侄子，是统售鸦片烟的，上上下下都称他为“老太爷”，便是一例。因为如此，忠舍的管理比较缓和，往来出入可以自由，烟酒什么违禁物品也可输入，所里照例每月也有检查，但是都是预先知道，由担任“外役”的人先期收集了，隐藏在板屋的顶上，检查完毕再一一归还原主。当外役的都是那些短期拘禁的犯窃盗小罪的人，有一个姓沈的少年，却很有工夫，尝亲自表演，将看守身边的东西转眼掏到手里，有一回同了好些人上法院去，回来检查的时候，向会计课领了钱出去的人找不到馀剩的钱，却发现在这人的身上了，明知道偷了也是没有①，但看见有好机会便忍不住要技痒了吧。不过这事也有例外，有个剃头的却是杀人犯，我

① “也是没有”三育本同，桂本作“也是没有用”。此处“没有”或言偷得的钱终被搜出没收，还是等于零。〖*462*，*3*〗

曾屡次叫他理发，问起他的事情，答说是因为斗殴，与同行的兄弟两人打架，两面均拿着家伙，结果是他打赢了，对方一死一伤，但是他却吃了官司，初判死刑，后来改处有期徒刑。其人并不凶悍，所以将头颅托付他，没有觉得什么不放心，可是叫杀人犯来剃头，当初一听却是骇人听闻的了。

在忠舍大约住有一年的样子，起居虽然挤得很，却还能做一点工作，我把一个饼干洋铁罐做台，上面放一片板当做小桌子，翻译了一部英国劳斯（W. H. D. Rouse）所著的《希腊的神与英雄与人》，给了正中书局，没有出版，解放后经我重新译了，由文化生活社刊行，书名省作“希腊的神与英雄”了。此外又开始做些旧诗，就是我向来称它做打油诗的，不过这时不再作那七言律诗了，都是些七言绝句和五言古诗，那是道地的外道诗，七绝是牛山志明和尚的一派，五古则是学寒山子的，不过似乎更是疲赖一点罢了。计共有忠舍杂诗二十首，往昔五续三十首，丙戌岁暮杂诗十一首，这里除忠舍杂诗外都是五言古诗。丁亥（一九四七）七月移居东独居，稍得闲静，又得商人黄焕之出狱时送我的折叠炕桌，似乎条件尽够用功了，可是成绩不够好，通计在那里住了一年半，只看了一部段注《说文解字》，一部王菉友的《说文释例》和《说文句读》，其次则是写诗，丁亥暑中杂诗三十首，儿童杂事诗七十二首，和集外的应酬和题画诗共约一百首。《儿童杂事诗》为七言绝句，最初因读英国利亚（Edward Lear）的诙谐诗，妙语天成，不可方物，略师其意，写儿戏趁韵诗数章，迄不能就，唯留存三数首，衍为儿童生活及故事诗各二十四章，后又广为三编，得七十二章焉。三十七年一年中不曾作诗，是年一月廿七日曾题诗稿之末云：

寒暑多作诗，有似发寒热。间歇现紧张，一冷复一热。转眼寒冬来，已过大寒节。这回却不算，无言对风雪。中心有蕴藏，何能托笔舌。旧稿徒千言，一字不曾说。时日既唐捐，纸墨亦可惜。据榻读尔雅，寄心在蠓蠛。

这时国民党政府已近末期，独居里边虽然报纸可以潜入，但是没有人要留心这些，最受欢迎的乃是《观察》周刊，它的战争通信真是犀利透彻，令人佩服。这一年里所关心的便是时局的变化，盼望这种政府的赶快覆没，虽然它大吹大擂的装做胜利归来的样子，但人家看去终不像是真的政府，便是那在大行宫的法院，和峨冠博带的法官，也总是做戏一般的予人以伪的感觉，这是很奇怪的也是实在的事情。即如它的最高法院对于我的声请[①]判决，里边有这样的一节话：

次查声请人所著之《中国的思想问题》，考其内容原属我国固有之中心思想，但声请人身任伪职，与敌人立于同一阵线，主张全面和平，反对抗战国策，此种论文虽难证明为贡献敌人统治我国之意见，要亦系代表在敌人压迫下伪政府所发之呼声，自不能因日本文学报国会代表片冈铁兵之反对而卸[②]通敌叛国之罪责。

对于那篇《中国的思想问题》，可以看作“贡献敌人统治我国之

① 桂本此处及下文共三个“声请”，前两个作“申请”，末一个作“声请”，无一字说明，似非编者手笔。〖*463*，倒*7*、倒*5*、倒*4*〗

② 手稿无“卸”字，三育本、桂本同添。〖*464*，*1*〗

意见”，或是“代表在敌人压迫下伪政府所发之呼声”，这种武断罗织的话是本国人的公正法官所应该说的么？或者此乃是向来法官的口气也未可知，那么我只好以“作揖主义”对付之，说大人们这样说一定是不错的吧。

但是这个伪朝廷却终于坍台了，仓皇解散一切的机关，我遂于民国三十八年一月廿六日离开了老虎桥，这也是很巧的，恰好正是写那篇蛾蠓诗的一周年，我于当日口占了一首，题目是“拟题壁”，可是实在却没有题，只是记在心里，到了二月八日这才把它记了下来。诗云：

一千一百五十日，且作浮屠学闭关。
今日出门桥上望，菰蒲零落满溪间。

这是赋而比也的打油诗，缺少温柔敦厚之致，那是没有法子的，但是比较丙戌（一九四六）六月所做的一首“骑驴”的诗，乃是送给傅斯年的，却是似乎还要好一点了。

一八二　在上海迎接解放

一月廿六日走出了老虎桥，在近地的马骥良君家住宿一夜，可是刚吃过晚饭，马君听了友人的劝，忽然决定连夜趁车赶往上海去了，我遂独自占领他的大床，酣眠了一夜。第二天午前尤君走来找我，乃于下午同了尤君父子乘公共汽车到了下关，那时南京城内已经很乱，当日又有国民党的兵从浦口退下来，所以下关一带更是混乱，很不好走路。当时有一位老者同行，苏州人姓王，也是从老虎桥出来的，不晓得怎么样与一个兵相撞了，那兵便其势汹汹的喝问：“你是什么人？”王君仓猝答应道：“我是老百姓。”这句话对答得恰好，而且形貌衰老也正相配合，所以幸得免于殴辱，实在是很运气的了。

进了车站，看见有一列车辆停在那里，就拥了上去，那时车上已挤满了人，我因了尤君父子的帮助，从车窗上进去了，得到一个坐处，尤君父子却只能站着，后来在过道上放下包裹，也就坐下了。这车大约是下午四五点钟开行的，到了第二天傍晚这才到上海的北站，足足走了二十四小时，奇怪的是车里的人在这一昼夜间一动也不动，实在也是不能动，既不要小便，并且不觉得饥渴，车上固无从得水，面包却是带着的，并不想到吃，就只是傻子似的坐着，冬天黑暗的很早，车上没有电灯，也就只是张着眼在暗中坐着。我不曾有过逃难的经验，但是这两天里异常紧张与窘迫的情形，可以说是经验到一点，后来想起深深感到奇异，所可异的不单是我个人，乃是全列车的人都会忘记饮食便利，毫无怨言的担受着那苦难。途中有过人来收票，这一件事稍为作为点缀，表明是在坐火车旅行，可是没有人拿出钱来，都说是什么部什么机关的关系，疏散到别处去的，只是口头一句话，并不拿出什么证件来，收票的人也没有要了来看，就这样的算了。付钱买票的一总不过十个人吧，我同尤君父子依照法定价格一总付了一百多元，但是拿到补的车票来一看，却是一个人只要十多块钱，这是什么理由，大概也不难理解，这里也无须词费来加以说明了。

到了车站，我们坐了两人乘坐的三轮车，走到北四川路横浜桥的福德里，已经是暮色苍然了，这时我才感觉口渴和想要小便，这其间却已经过了二十四小时以上了。尤老太太忙着张罗招待客人，一面也布置祀神的事情，这时我又才知道今日已是阴历的戊子年的除夕了。从这一天起我就成为尤君府上的食客，白吃白住，有一百九十八天，直到八月十五日这才回到北京来的。其时北京早已解放了，现在我所要说的便是在上海遇到解放的事情。其实这也没有什么可说的，因为蛰居横浜桥头小楼上，见闻不广，没有遇到特别事情，但是有些看到的肙琐[①]社会事项，颇有意思，这里所记的无非就是这些罢了。

当时在上海的人所最关心的，并不是战局的如何，因为国民党的坍台反正是注定的了，而且觉得愈早愈好，其感觉顶伤脑筋的乃是钞票和银元的每天的涨落。其实涨的是银元，落的是钞票，这乃是一定的，它却不是一天一变，实在是时刻在变动，所以是生活上极大的威胁，需要随时警惕着，没有一刻的安静。据说有人去喝酒，刚喝了第一碗，及至再要时却已涨了价了，这决不是什么假作的话。尤君每天出门去，早上换了钱，等得中午回来时，兑换率已经增高许多了，辄高呼损失不置，及至午后出去，到傍晚回家的时候，又是如此，虽然觉得好笑，可是事实是如此，时时刻刻在吃着亏。那时通行的银元除鹰洋和站人的已经少见外，计有龙洋、大头和小头这三种。大头也称作袁头，是民国初年所铸，上边是袁世凯的像，还有一种是孙中山像的，但是做的稍差，头发式样有似小孩的样子，而且似乎银子的成色也要差一点，实在显得要贫弱一点，所以就类推的被叫作小头了。价格以大头为

① “肙琐”三育本作“碎琐”，桂本作“屑琐”。肙，细碎也。〖*466，11*〗

最高，小头要略为差些，大约和龙洋相去不远。我从那年四月里才重新写起日记，也不注意这些事，没有详细的记录，但是[①]买东西的价钱去看，也可以知道一二。四月十日记着托纪生买龙井半斤，四万三千元，合银洋七角强，可知那时一块银元和金圆券的兑换率大概是六万。可是在四月二十日换袁头一元计四十一万，廿八日又换则是一百五十万，五月四日三百七十万，十日换龙洋为三百八十万，十六日换小头则已是六百五十万了。同时还有几项记载，也有比较研究的价值，今汇录于下：五月十七日买龙井四两，二百万。四月十六日买绍兴酒一瓶约三斤，二万八千，二十日又买两瓶十二万四千。四月二十日理发，计五万五千元，五月十五日理发一百万。五月五日寄平信计十六万，航空四十万，至廿八日虽已解放，邮资新率未定，仍照金圆券一百二十万付给。至五月三十一日，买空白折扇一柄，价五百万元，这乃是使用金圆券最后的一回了吧。

那里却也记着些好玩的事情，如四月五日上午古鲁夫妇来，邀游城隍庙，平白纪生同行，途遇亢德亦同去，在里园茶点，六时始回寓，买竹背骨牌一副八千元，古鲁所付。后来就常用这骨牌，于那小楼上在四周暴风雨中，玩那古来传下来的“打五关”的游戏。又有一回是五月四日，同纪生至巷口小店福德香的楼上吃馄饨，共八十万元，那一天袁头的行市是三百七十万，那么也只是银洋两角多罢了。关于打仗的事情日记里没有什么记载，只有这几项：

① 此处似应有一“从”或相同意思的字。〖*467，6*〗

十三日阴。彻夜遥闻炮声。

十七日阴。下午付本里巷口做铁门费，大头一枚，又代纪生付出一枚。

为的是怕溃兵乱入，所以各巷都议做铁门，每户出现洋一枚，我与纪生都算作一户，但是出了钱之后只有一个星期，就整个上海都解放了，铁门也不见一点影子，大约这些大头就为所谓保长之流所笑纳了吧。铁门虽然未做，可是招集巷内居民守夜，廿三日大雨夜七至九时本是我的班次，却由尤君穿了雨衣替我去了。

廿五日晴，上午北四川路戒严，里门亦关闭。沪西其时已解放，近地尚有市街战云。

廿六日阴。下午路上已可通行，虽枪声陆续未断，如放爆竹。夜大雨，平白往应夜警，地方上颇有讹言，却并无事。

国民党兵其实是随处皆有，福德里中就有一个，只是他看见形势日非，早已退归林下，所以这时就换了一身小褂袴，站在木栅栏门里面，以老百姓的身分在看着热闹，大家也就不计较了。

上海一经解放，人心立即安定下来，我就打算等交通恢复，想回北京去了。其时国民党军队还占据着舟山，时常有飞机来沪骚扰，日记上云：

六月廿一日晴。连日国民党飞机来沪轰炸，可谓风狂行动，上海人却处之泰然，亦很好。

廿九日阴，午匪机又来扰颇久。

这种情形大概还暂时继续着，直到舟山解放，这魔手才永远和中国大陆脱离了。

我自从老虎桥出来后，没有写过一首旧诗，所以或者可以说[①]这是绝笔于那篇《拟题壁》了吧。但是在上海却也曾做过五言绝句，那是应酬人的题花鸟画的诗，纯粹是模仿八股文截搭题的做法的，有些没有法子搭上，便只得不题，乃是三月十九日所作。现在抄录几首在这里，以留纪念。

一、月季花白头翁

应是春常在，花开满药栏。
白头相对坐，浑似雾中看。

二、牡丹鸡

花好在一时，富贵那可恃。
且听荒鸡鸣，抚剑中宵起。

三、野菊鸡

寒华正自荣，家禽相对语。
似告三径翁，如何不归去。

四、木兰芙蓉鸟

木兰发白华，黄鸟如团絮。
相将送春归，惆怅不得语。

① 手稿无“说”字，三育本同，桂本添。〖*469*，*4*〗

一八三　我的工作　一

民国三十八年（一九四九）八月五日与尤君约定同行赴北京，九日上午五时半至虬江路候买火车票，不得，八时半回来，因买票人众多，须先一日往候方可。十日下午八时后同平白至虬江路，候编号后回来，由平白派其长子彻夜守候。十一日上午五时往虬江路，候盖戳又编新号，八时顷先回，九时半又去凭编号并照相，买北平二等票，计三万六百廿元，取得收据，回家已十时半。十二日上午寄存行李二件，五十一公斤，运费一万九千馀元。下午二时出发，五点五十分火车开行，各有坐位。十三日上午九时后至安徽嘉山县，因有飞机警报，停车直至下午四时始行。十四日下午八时至天津，十一时半到北京。那时因为秩序恢复不久，旅行所以还有些困难，但是拿去与那回逃难的火车相比，真是不可同年而语了。

既然平安的到了北京，安静的住了下来，于是我要来认真的考虑我所能做的工作了。我过去虽然是教书的，不过那乃是我的职业，换句话说乃是拿钱吃饭的方便，其实教书不是我的能力所及的。那么估量自己的力量，到底可以干些什么工作呢？想来想去，勉强的说还是翻译吧，不过这里也有限度，我所觉得喜欢也愿意译的，是古希腊和日本的有些作品。我的外文知识很是有限，哲学或史诗等大部头的书不敢轻易染指，不能担当重任，过去也没有机会可以把翻译的工作当做职业，所以两者只好分开了。这回到北京以后，承党的照顾让我去搞那两样翻译，实在是过去多年一直求之不得的事情。我弄古希腊的东西，最早是那一册《希腊拟曲》，还是在一九三二年译成，第二年由商务印书馆出版的。第二种乃是《希腊女诗人萨波》，一九四九年编译好了，经上海出版公司印行了三千册，就绝版了。这乃是一种以介绍萨波遗诗为主的评传，因为她的诗被古来基督教的皇帝所禁止焚毁，后人采集佚文止存八十章左右，还多是一句两句，要想单独译述，只有十多页罢了，在这评传里却几乎收容了她全部遗诗，所以这本小册子可以说[①]介绍她的诗与人的。我对于这书觉得很是满意，当时序言里说得很清楚，今抄录于后：

> 介绍希腊女诗人萨波到中国来的心愿，我是怀的很久了。最初得到一九〇八年英国华耳敦（Wharton）编的萨波诗集，我很喜欢，写过一篇古文的《希腊女诗人》，发表在绍兴的刘大白主编的《禹域日报》上边。这还是民国初年的事，荏苒三十年，华耳敦的书已经古旧了，另外得到一册一九二六年海恩斯（Haines）编的集子，加入了好些近年在埃及地方发现，新整理出来的断片，比较更为完善。可是事实上还是没有办法，外国诗不知道怎么译好，希腊语之美也不能怎么有理解，何况传达，此其一。许多半句几个字的断片，照译殊无意义，即使硬把全部写了出来，一总只有寥寥几叶，订不成一本小册子，此其二。末了又搜求到了一九三二年韦格耳（Arthur Weigall）的《勒斯婆思的萨波（*Sappho of Lesbos*），她的生活与其时代》，这才发见了一种介绍的

① “可以说”三育本同，桂本作“可以说是”。〖*470*，倒*1*〗

新方法。他是英国人，曾任埃及政府古物总检查官，著书甚多，有法老史三册，埃及王亚革那顿，女王克勒阿帕忒拉，罗马皇帝宜禄各人之生活与其时代，关于希腊者只此一书。这是一种新式的传记，特别也因为萨波的资料太少的缘故吧，很致力于时代环境的描写，大概要占十分之八九，但是借了这做底子，他把萨波遗诗之稍成片段的差不多都安插在里面，可以说是传记中兼附有诗集，这是很妙的办法。一九一二年帕忒列克（Patrick）女士的《萨波与勒斯婆思岛》也有这个意思，可是她真的把诗另附在后面，本文也写得很简单，所以我从前虽然也觉得可喜，却不曾想要翻译它。近来翻阅韦格耳书，摘译了其中六章，把萨波的生活大概都说及了，遗诗也十九收罗在内，聊以了我多年的心愿，可以算是一件愉快的事。有些讲风土及衣食住的地方，或者有人觉得繁琐，这小毛病当然也可以说是有的，但于知人论世上面大概亦不无用处，我常想假如有人来做一部杜少陵或是陆放翁的新式传记，不知他能否在这[①]些方面有同样的叙述，使我们知道唐宋人日常的饮食起居，可以推想我们的诗人家居的情状，在我觉得这是非常可以感谢的。所有这些问题都是原著者的事，可以说是于我无干，我的工作是在本文以外，即是附录中的那些萨波的原诗译文，一一校对海恩斯本的原文，用了学究的态度抄录出来，只是粗拙的达旨，成绩不好，但在我却是十分想用

① 手稿无“这”字，三育本同，桂本添。〖*472，6*〗

力的。既无诗形，也少诗味，未必值得读，但是介绍在《诗经》时代的女诗人的诗到中国来，这件事总是[①]值得做的。古典文学即是世界文学的一部分，我们中国应当也取得一份，只是担负的力气太小，所以也分得太少罢了。一九四九年八月二日，在上海。

这篇序文是在横浜桥头的亭子间里所写，书编成后将原稿托付康嗣群君，经他转交给上海出板公司，后来郑西谛君知道了，他竭力怂恿公司的老板付印，并且将它收入他所主编的文艺复兴丛书里边。古来有句话，索解人难得，若是西谛可以算是一个解人，但是现在可是已经不可再得了。

一八四　我的工作 二

我回到北京以后，所做的第二件事乃是重译英国劳斯的《希腊的神与英雄与人》。我这所谓重译，实在乃是第二次翻译，综计我的翻译工作这样重译的共总有两种，其它一种乃是希腊人所著的希腊神话，与这是属于同类的，这虽然全是出于偶然，但也可见我与希腊神话的缘分是怎样的深了。这部书的原著者是英国人，照我的计画是并不在我的翻译范围以内，但是它是关于希腊神话的，而且他的人与文章更使我觉得爱好，所以决心要译它出

① “总是”手稿作“这是”，三育本同，桂本作“还是”。今据桂本全集卷十一《〈希腊女诗人萨波〉序言》改。〖*472*，倒*11*〗

来。他是有名的古典学者，是勒布古典丛书的编者之一人，自己译注有农诺斯（Nonnos）的《狄俄女西阿卡》（*Dionysiaka*）三册，又通现代希腊语，译有小说集名曰“在希腊诸岛”。他的文章据他小序里说，是这样来的：

> 这些故事是讲给十岁至十二岁的小孩听过的，因了这些小孩们的批评，意识的或非意识的，都曾得到了许多益处。
>
> 这故事讲来像是一个连结的整篇的各部分，正如希腊人所想的那么样，虽然各人一定的知道他的地方的传说最是清楚。末了的世系亦于参考上可以有用。这大抵是从赫西俄多斯来的，可是我所利用的古作家，乃是上自荷马，下至农诺斯。假如我有时候在对话中采用我的想像，那么荷马和农诺斯他们也是如此的。

我于书的末尾加上一个附录，在译后附记的第五节“关于本书”，有这几句话：

> 这本书因为翻译过两遍，所以可以说弄得很有点清楚了。它的好处我可以简单的举出两点来。其一是诙谐。基督教国人讲异教的故事，意识的或非意识的表示不敬，以滑稽的形式表现出来，原是可以有的，加上英国人的喜欢幽默，似乎不能算是什么特别，但是这里却有些不同。如四十二节战神打仗中所说，希腊诗人常对神们开一点玩笑，但他们是一个和气的种族，也都能好意的接受了。

这本是希腊的老百姓的态度，因为自己是如此，所以以为神们也是一样。著者的友谊的玩笑乃是根据这种人民的诗人的精神和手法而来，自然与清教徒的绅士不是一样的。其二是简单。简单是文章最高的标准，可是很不容易做到。这书里讲有些故事却能够达到几分，说得大一点这是学得史诗的手法，其实民间文学的佳作里也都是有的。例如第四十四节爱与心的故事，内容颇是复杂，却那么剪裁下来，粗枝大叶的却又疏劲有致，是很不容易的事。又如关于特洛亚的十年战争，说起来着实头绪纷烦，现在只用不和神女的金蘋果等三节就把它结束了，而且所挑选的又是那几个特别好玩的场面，木马一段也抛弃了，这种本事实在可以佩服。总之在英美人所做的希腊神话故事书中这一册实是最好的，理由有如在序文中所说，原著者是深悉神话与希腊两方面的人，故胜过一般的文学者也。一九四九年十一月一日，在北京记。

全书约可十五万字，译稿自十月十三日起手，至十月廿七日译成，[①] 凡四十五日，其中还有十天休息，可以算是很快了。译好后仍旧寄给康君，由他转给文化生活出版社刊行，承李芾甘君赏识，亲予校勘，这是很可感谢的。本书的运气总算要比《希腊女诗人》好得多了，它出过好几版，销行总在万册以上，这在以前是很不容易达到的。古人有句话，敝帚千金，我虽然没有这种脾

① 此处手稿起止月份有误。三育本保留开始月份，结束月份作十二月，多一个月；桂本将开始月份改为九月，总天数符合，或据知堂日记。〖*474*，倒*5*〗

气，可是对于此书却不免有这样感情[①]。我因为以不知为不知，对于文学什么早已关了门，但是也有知之为知之，这仍旧留着小门不曾关闭，如关于神话是也。所以对于神话什么的问题，仍然是有些主张发表，在原书出版的第二年即民国廿四年，我写一篇介绍的文章，里边发牢骚说：

> 可喜别国的小孩子有好书读，我们独无。这大约是不可免的。中国是无论如何喜欢读经的国度，神话这种不经的东西自然不在可读之列。还有，中国总是喜欢文以载道的。希腊与日本的神话纵然美妙，若论其意义则其一多是仪式的说明，其它又满是政治的色味，当然没有意思，这要当作故事听，又要讲的写的好，而在中国却偏偏都是少有人理会的。

现今已是差不多三十年后，情形当然改变了许多了，但是我却还觉得它印得少，不大有人知道，虽然它的译文也有缺点，如在译本序中所说，文句生硬，字义艰深，小学生不容易自己读懂，这是最大的毛病，有人介绍原书，说自八岁至八十岁的儿童读了当无不喜欢，我这译本只好请八十以内的小孩读了，再去讲给八岁以上的小孩听去吧。写到这里，自己不禁苦笑了，再过一两年真要到八十了，却还是那样的喜爱“小人书”，可不是也正是八十岁的小孩，如著者所说，“我常看见小孩们很像那猴子，就只差一条尾巴”么？

---

① “这样感情”三育本同，桂本作“这样的感情”。〖*475*，*3*〗

一八五　我的工作 三

一九五〇年一月承蒙出版总署署长叶圣陶君和秘书金灿然君的过访，叶君是本来认识的，他这回是来叫我翻译书，没有说定什么书，就是说译希腊文罢了。过了几天郑西谛君替我从中法大学图书馆借来一册《伊索寓言》，差人送了来，那是希腊文和法文译本，我便根据了这个翻译。这就是我给公家译书的开始。就只可惜在北京找参考书不够容易，想找别的本子参校一下，或者需用插图，都无法寻找，就是再版时要用原书覆校一回，却已无从查访，因为中法大学的书不知道归在哪一个图书馆里了。因此即使明知道那里有些排错的地方，却也无法加以订正，其实《伊索寓言》的原本在西洋大概是很普通的，很容易得到，不过在我们个人的手头是没有罢了。这本商伯利（Chambry）本的《伊索寓言》共计三百五十八则，自三月十三日起至五月八日止，共计两个月弱，译的不算怎么仔细，但是加有注释六十四条，可以说是还可满意的。伊索原名埃索坡斯（Aisopos），由于西洋人向来是用罗马人的拼法，用拉丁字拼希腊文的 Ai 照例是 Ae，又经英国人去读便一变而为“伊”了，又略掉语尾，所以成为“伊索”。这个译名大概起于清光绪年间，林琴南初次译伊索寓言的时候，但在这以前却已有过《意拾蒙引》，于一八四〇年顷在广东出版，更早则一六二六年也有此书在西安出版，是意大利人金尼阁口述的，书名曰“况义”，共二十二则，跋言况之为言比也，那么也就是比喻之意。译本的《关于伊索寓言》里我有几句话道：

> 伊索寓言向来一直被认为启蒙用书，以为这里故事简单有趣，教训切实有用，其实这是不对的，于儿童相宜的自是一般动物故事，并不一定要是寓言，而寓言中的教训反是累赘，说一句杀风景的话，所说的多是奴隶的道德，更是不足为训。

即如译本中第一百十八则《宙斯与羞耻》，乃以男娼（Pornos）为题材，更不是蒙养的适当材料了。不过话又得说回来，如下文所说：

> 现在伊索寓言对于我们乃是世界的古典文学遗产之一，这与印度的本生故事相并，我们从这里可以看到古来的动物故事，像一切民间文艺一样，经了时代的淘汰而留存下来，又在所含的教训上可以想见那时苦辛的人生的影子，也是一种很有价值的宝贵的资料。

希腊的动物故事既然集中于伊索的名下而得到结集了，印度的故事要比希腊更为丰富，因为多数利用为本生谈，收在佛经里边，中国也早已译出了，就只差来一番编整工作，辑成一大册子，不过此乃是别一种胜业，我只能插嘴一句，不是我的事情了。

我译了《伊索寓言》之后，再开始来重译希腊神话。那即是我在一九三七年的时候为文化基金编译委员会所译的，本文四卷已经译出，后来该会迁至香港，注释尚未译全，原稿也就不见了，这回所以又是从头译起，计以一年的工夫做成，本文同注各占十万字以上。这乃是希腊人阿波罗多洛斯（Apollodoros）所著，原书名叫“书库”（*Bibliothêkê*），据英国人赖忒（F. A. Wright）的《希腊晚世文学史》卷二上说：

> 第四种书，也是著作年代与人物不很确实的，是阿波罗多洛斯的《书库》，希腊神话与英雄传说的一种纲要，从书册中集出，用平常自然的文体所写。福都思主教在九世纪时著作，以为此书著者是雅典文法家，生存于公元前百四十年顷，曾著一书曰“诸神论”，但这已证明非是，我们从文体上考察大抵可以认定是公元一世纪时的作品。在一八八五年以前我们所有的只是这七卷书中之三卷，但在那一年有人从罗马的梵谛冈图书馆里得到全书的一种节本，便将这个暂去补足了那缺陷。卷一的首六章是诸神世系，以后分了家系叙述下去，在卷二第十四章中我们遇到雅典诸王，忒修斯在内，随后到贝罗普斯一系。我们见到特洛亚战争前的各事件，战争与其结局，希腊各主帅的回家，末后是俄底修斯的漂流。这些都很简易但也颇详细的写出，如有人想要得点希腊神话的知识，很可以劝他不必去管那些现代的参考书，最好还是一读阿波罗多洛斯，有那茀来则勋爵的上好译本。

我所根据的原文便是勒布古典丛书本，里边不但附着茀来则的上好译文，还有很有用的但或者可以看作很繁琐的注解，这所以使得我的注释有本文一样的长，也使得读者或编辑者见了要皱眉头的。我在前清丁未（一九〇七）年间将《红星佚史》译稿卖[①]给商务印书馆的时候，就受过一回教训，辛辛苦苦的编了希腊埃及的神话的注释附在后边，及至出版时却完全删掉了。我有那时候的经验，知道编辑的人是讨厌注释的，这回却因为原有的注太可佩服了，所以择要保留了许多，而且必要处自己也添了些进去，虽然我看是必要，然而人家看了总是尾大不掉，非得割去不可了。幸而本书还没有出世，还不知道情形如何。

弗来则在引言上论阿波罗多洛斯的缺点说得很好，这两点在他实在乃是二而一的，他说：

> 《书库》可以说是希腊神话及英雄传说的一种梗概，叙述平易不加修饰，以文艺上所说的为依据，作者并不说采用口头传说，在证据上及事实的可能上也可以相信他并不采用，这种几乎可以确说他是完全根据书卷的了。但是他选用最好的出处，忠实的遵从原典，只是照样纪述，差不多没有敢想要说明或调解原来的那些不一致或矛盾。因此他的书保存着文献的价值，当作一个精密的记载，可以考见一般希腊人对于世界及本族的起源与古史之信念。作者所有的缺点在一方面却变成他的长处，去办成他手里的这件工作。他不是哲学家，也不是词章家，所以他编这本书时既不至于因了他学说的关系想要改窜材料，也不会为了文章的作用想要加以藻饰。他是一个平凡的人，他接受本国的传说，简直照着字面相信

① “卖”手稿作“买”，三育本同，桂本改。〖*478*，倒*6*〗

过去，显然别无什么疑虑。许多不一致与矛盾他都坦然的叙述，其中只有两回他曾表示意见，对于不同的说法有所选择。长庚星的女儿们（Hesperides）的苹果，他说，并不在吕比亚[①]，如人们所想，却是在远北，从北风那边来的人们的国里，但是关于这奇怪的果子和看守果子的百头龙的存在，他似乎还没有什么怀疑。

所以他总结的说：

阿波罗多洛斯的《书库》乃是一个平常人的单调的编著，他重述故事，没有一点想像的笔触，没有一片热情的光耀，这些神话传说在古代时候都曾引起希腊诗歌之不朽的篇章，希腊美术之富美的制作来过的。但是我们总还该感谢他，因为他给我们从古代文学的破船里保留下好些零星的东西，这假如没有他的卑微的工作，也将同了许多金宝早已无可挽救的沉到过去的不测的大洋里去了。

还有一点，虽然没有表明什么，他可是一个爱国者。他所搜集的神话传说很是广泛，但是限于希腊，其出于罗马文人之创造者，虽然没有说可是不曾采用，保持希腊神话的纯粹，这一点是不错的。我们希望有一册希腊人自己编的神话书，这部《书库》可以算是够得上理想的了。有那理解神话的人再来写一册给小孩

① “吕比亚”之“吕”手稿空缺，三育本作“比亚”，桂本添。〖*479*，倒*6*〗

们看的，如今有了劳斯的书，也可以充数了。我很高兴能够一再翻译了完成我的心愿，至于神话学的研究，那种繁琐而不通俗的东西，反正世间不欢迎，那么就可以省事不去弄它吧。

出版总署因为自己不办出板，一九五一年将翻译的事移交开明书局去办，所以这《希腊神话》的译稿于完成后便交给开明的。六月以后我应开明书店的提示，动手译希罗多德的《史记》，可是没有原典，只得从图书馆去借勒布丛书本来应用，到了第二年的一月，开明通知因为改变营业方针，将专门出青年用书，所以希罗多德的翻译用不着了，计译至第二卷九十八节遂中止了。

一八六　我的工作 四

一九五二年“三反运动”已经过去，社会逐渐安定下来，我又继续搞翻译工作了。在这困难的期间，我将国民党所抢剩的书物“约斤”卖了好些，又抽空写了那两本《鲁迅的故家》等，不过那不是翻译，所以可无需细说了。自此以后我的工作是在人民文学出版社，首先是帮助翻译希腊的悲剧和喜剧，这是极重要也是极艰巨的工作，却由我来分担一部分，可以说是光荣，但也是一种惭愧，觉得自己实在是“没有鸟类的乡村里的蝙蝠”。我所分得的悲剧是欧里庇得斯（Euripides）的一部，他共总有十八个剧本流传下来，里边有十三个是我译的，现今都已出版，收在《欧里庇得斯悲剧集》三册的里边。希腊悲剧差不多都取材于神话，因此我在这里又得复习希腊神话的机会，这于我是不无兴趣与利益的。这十三部悲剧的本事有五种是根据特洛亚战争，两种是讲阿伽曼农王的儿子报仇，就是这战事的后日谈，可以说是特别多了，两篇是关于赫剌克勒斯的，两篇是关于“七雄攻忒拜”的，这些都是普通的神话。其中有一篇最是特别，这名为“伊翁”，是篇悲剧而内容却是后来的喜剧，又一篇名为“圆目巨人”（*Kyklops*），乃是仅存的“羊人剧”，在三个悲剧演完的时候所演出的一种笑剧，这是十分希有而可贵的。

《伊翁》（*Iôn*）是说明一个民族起源的传说，这个族叫作伊翁族（Iônes），是希腊文化的先进者，据说他们的始祖即是伊翁，是阿波隆的一个儿子。他的母亲是雅典古王的女儿，名叫克瑞乌萨（Kreusa，意思即是王女，所以这也就是等于没有名字），生下来的[①]就被“弃置”了，可是被阿波隆庙里的女祭师所收养，长大了即成为庙里的神仆。克瑞乌萨后来嫁了斯巴达的一个君长克苏托斯，因为没有子息，同来阿波隆庙里来求神示。阿波隆告诉他，在他从庙里出来的时候遇着的那人，就是他的儿子，于是他遇着了伊翁，这样就承认他是自己的儿子，因为在少年时他有过荒唐的事情，曾经侵犯过一个女子，所以他也相信了，认为这乃是她所生的。克瑞乌萨知道了却生了气，又很是妒忌，想用毒药害死伊翁，被破获了，事很是危急的时候，那女祭师忽然赶到了，她拿了伊翁被弃置时所穿的衣饰，这才证明他原来乃是克瑞乌萨的儿子，又经雅典娜空中出现，证明一切乃是阿波隆的计策。这个戏剧以故事论实在平凡得很，但是它有几种特别的地方，很可注意。其一，希腊神话中别处没有伊翁的记载，这只在欧里庇得斯

① “的”三育本同，桂本作“时”。〖*481*，倒*9*〗

剧中保存下来。其二，欧里庇得斯在戏剧中对于神们常表示不敬，这是他特有的作风，在本剧中即说阿波隆不负责任的搞恋爱，后来又弄手段将伊翁推给克苏托斯，末后雅典娜对克瑞乌萨说：

“所以现在不要说，这孩子是你生的，那么克苏托斯可以高兴的保有着那想像，夫人，你也可以实在的享受着幸福。”

这里说的很是可笑，因为这里不但乩示说假话，而且愚弄克苏托斯，也缺少聪明正直的作风，无怪英国穆雷（G. Murray）说这剧本是挖苦神们的了。其三，这篇故事团圆结末，与普通悲剧不一样，却很有后来兴起的喜剧的意味。罗念生在《欧里庇得斯悲剧集》序文里说：

> 《伊翁》写一个弃儿的故事，剧情的热闹，弃儿的证物以及最后的大团圆，为后来的世态喜剧所摹仿。与其说古希腊的“新喜剧”（世态喜剧）来自阿里斯托芬的“旧喜剧”（政治讽刺剧），无宁说来自欧里庇得斯的新型悲剧。所以欧里庇得斯对于戏剧发展的贡献，一方面是创出了悲喜剧，另一方面是为新喜剧铺好了道路。

伊翁这个字是由伊翁族引伸过来的，它只把复数变成单数，所以便成为伊翁了。他本来是神的仆人，属于奴隶一类，本无法定的名字，在未遇见克苏托斯给他定名之先，原是不该叫作伊翁的。这个名字的意义，是根据从庙里“出去”（exiôn）时遇见的神示而取的，很显明的是由于文字的附会，但因了这件故事给新喜剧奠了基础，却是很有意思的事，从此被弃置的小孩终于复得，被遗弃的女郎终于成婚，戏曲小说乃大见热闹，这个影响一直流传下来，到了相当近代。

《圆目巨人》是荷马史诗中有名的一个故事，见于《俄底赛亚》卷九中，俄底修斯自述航海中所遇患难之一。这名字的意思是圆[①]眼睛，但是一只眼睛而不是两只，所以是一种怪物，他养有许多羊，却是喜吃人肉，俄底修斯一行人落在他的手中，被吃了几个，可是俄底修斯用酒灌醉了他，拿木桩烧红刺瞎了他的独眼，逃了出来。这剧里便叙这件事，但是却拿一班羊人来做歌队，故名为羊人剧（Satyros）。羊人本为希腊神话上的小神，与酒神狄俄倪索斯的崇拜有关，是代表自然的繁殖力的，相传他们是赫耳墨斯的儿子，大概因为他的职司之一是牧羊的缘故吧。羊人的形状是毛发蒙茸，鼻圆略微上轩，耳朵上尖，有点像兽类，额上露出小角，后有尾巴像是马或是山羊，大腿以下有毛，脚也全是羊蹄，与潘（Pan）相似。他们喜欢快乐，爱喝酒，跳舞奏乐，或是睡觉，这些都和他们的首领塞勒诺斯（Seilenos）相像，只是更为懒惰懦弱罢了。他常随从着酒神，一说他曾抚养教育过酒神，或又说他是羊人的父亲。剧中便由他率领着一群羊人，出去救助酒神，因为有一班海盗绑架酒神想把他卖到外国去当奴隶，却遇风飘到荒岛，为圆目巨人所捕，给他服役。这是剧中所以有羊人出现的原因，而本剧就借他们来当歌队，一群小丑似的脚色带着一个副净做首领，打诨插科，仅够使剧中增加活气，至于所以必要有羊人出现，则别有缘因在那里。这是原始戏剧的一种遗留，在当初它和宗教没有分化的时期，在宗教仪式上演出，以表演主神的受难——死以及复活为主题，每年总是一样的事，待到

① “圆”手稿作“园”，桂本改注。知堂写此书时，汉字简化尚未定型，故所用字繁简相间，正俗杂出，固然给编校带来不少困难，却不失为一种特色。〖*483，5*〗

渐次分化乃以英雄苦难事迹替代，年年可以有变化，但至少最后一剧也要有些关联才好。这是说希腊的事，他们那时是崇祀狄俄倪索斯的，羊人恰是他的从者，因此乃联系得上了。悲剧是从宗教分化出来的艺术，而在分化中表示出关联的痕迹的乃是这宗羊人剧了，在这一点上这唯一保存下来的剧种是很有价值的，但我们离开了这些问题，单当它一个笑剧来看，也是足够有趣的了。

悲剧以外我也帮译了一个喜剧，那是阿里斯托芬（Aristophanes，正译应作阿里斯托法涅斯）的，名叫“财神”（*Ploutos*），收在《阿里斯托芬喜剧集》里，这是一九五四年刊行给他做纪念的。那是一篇很愉快的喜剧，希腊人相信财神是瞎眼的，所以财富向来分配得不公平，这回却一下子医好了眼睛，世上的事情全都翻了过来，读了很是快意，用不着这里再来细说。就只是古喜剧里那一段“对驳”，这是雅典公民热心民主政治关系，喜欢听议会法院的议论，在戏剧里不免近似累赘，这剧中便是主人和穷鬼对辩贫富对于人的好处，除此以外是很值得一读，因此也就值得译出来的了。——我找出喜剧集来，重复翻读一过之后，不禁又提起旧时的一种不快的感觉来。当初在没有印书之先，本拟把原稿分别发表一些在报刊上，以纪念作者的，这篇《财神》便分配给了《剧本》，这刊物现在早已停办了，不知为什么却终于没有实行，只在《人民文学》以及《译文》上边刊登了两篇《阿卡奈人》和《鸟》。其实这篇《财神》是够通俗可喜的，其不被采用大约是别有看法的吧。

我译欧里庇得斯悲剧到了第十三篇《斐尼基妇女》，就生了病，由于血压过高，脑血管发生了痉挛，所以还有一篇未曾译，结果《酒神的伴侣》仍由罗念生君译出了。我这病一直静养了两年，到了一九五九年的春天我才开始译书，不过那所译的是日本古典作品，并不是说日本的东西比希腊为容易，只因直行的文字较为习惯些，于病后或者要比异样的横行文字稍为好看一点也未可知。这样的过了三年，到得今年一月这才又弄希腊文，在翻译路喀阿诺斯（旧[①]译为路吉亚诺斯）的对话了。

一八七　我的工作 五

我翻译日本的古典文学，第一种是《古事记》。其实我想译《古事记》的意思是早已有了，不过那时所重的还只在神话，所以当初所拟译的只是第一卷即是所谓神代卷部分，其二三卷中虽然也有美妙的传说，如女鸟王和轻太子的两篇于一年以前曾经译出，收在《陀螺》里边，但是不打算包括在内的。在一百十几期的《语丝》周刊上登过一篇《汉译古事记神代卷引言》，乃是一九二六年一月三十日所写的，说明翻译这书的意思：

> 我这里所译的是日本最古史书兼文学书之一，《古事记》的上卷，即是讲神代的部分，也可以说是日本史册中所纪述的最有系统的民族神话。《古事记》成于元明天皇的和铜五年（公元七一二），当唐玄宗即位的前一年，是根据稗田阿礼（大约是一个女人）的口述，经安

① “旧”三育本、桂本均作“日”。手稿写简化字“旧”，左边一竖较细，抄录人误认。〖*485，1*〗

> 万侣用了一种特别文体记下来的。当时的日本还没有自己的字母，安万侣就想出了一个新方法，借了汉字来写，却音义并用，如他进书的骈体表文中所说，或一句之中交用音训，或一事之内全以训录，不过如此写法，便变成了一种古怪文体，很不容易读了。

其实这就是所谓和文，但是它用字母的时候却拿整个的汉字去代表，并且毫无统一，所以看去像是咒语一样，但是近世经过国学家的研究与考证，便已渐可了解了。我那时每周翻译一段落，登在《语丝》上，大约登了十回，却又中止了，后来在解放以后，介绍世界古典文学的运动发生，日本部分有《古事记》一书在内，这才又提了起来。承楼适夷君从《语丝》里把它找了出来，又叫人抄录见示，其时我大概还在病中，所以又复放下，到一九五九年翻译复工以后才开始工作，但在那时候我对于日本神话的兴趣却渐以衰退，又因为参考书缺少，所以有点敷衍塞责的意思，不然免不得又大发其注释癖，做出叫人家头痛的繁琐工作来了。这部书老实说不是很满意的译品，虽然不久可以出书了，可是我对于它没有什么大的期待，就只觉得这是日本的最古的古典，有了汉文译本了也好，自然最好还是希望别人有更好的译本出现。

译得不满意的不但是这一种《古事记》，有些更是近代的作品，也译得很不恰意，这便是石川啄木的诗歌。其实他的诗歌是我所顶喜欢的，在一九二一年的秋天我在西山养病的时候，曾经译过他的短歌二十一首，长诗五首，后来收在《陀螺》里边。当时有一段说明的话，可以抄在这里，虽然是三十年前的旧话了，可是还很确当：

啄木的著作里边小说诗歌都有价值，但是最有价值的还要算是他的短歌。他的歌是所谓生活之歌，不但是内容上注重实生活的表现，脱去旧例的束缚，便是在形式上也起了革命，运用俗语，改变行款，都是平常的新歌人所不敢做的。他在一九一〇年末所做的一篇杂感里，对于这些问题说得很清楚，而且他晚年的（案啄木只活了二十七岁，在一九一二年就死了）社会思想也明白的表示出来了。

“我一只胳膊靠在书桌上，吸着纸烟，一面将我的写字疲倦了的眼睛休息在摆钟的指针上面。我于是想着这样的事情。——凡一切的事物，倘若在我们感到有不便的时候，我们对于这些不便的地方可以不客气的去改革它。而且这样的做正是当然的，我们并不为别人的缘故而生活着，我们乃是为了自己的缘故而生活着的。譬如在短歌里，也是如此。我们对于将一首歌写作一行的办法，已经觉得不便，或者不自然了，那么便可以依了各首歌的调子，将这首歌写作两行，那首歌写作三行，就是了。即使有人要说，这样的办反要将歌的那调子破坏了，但是以前的调子，它本身如既然和我们的感情并不能翕然相合，那么我们当然可以不要什么客气了。倘若三十一字这个限制有点不便，大可以尽量的去做增字的歌（案日本短歌定例三十一字，例外增加字数通称为字馀）。至于歌的内容，也不必去听那些任意的拘束，说这不像是歌，或者说这不成为歌，可以别无限制，只管自由的说出来就好了。只要能够这样，如果人们怀着爱惜那在忙碌的生活之中，浮到心头又复随即消去的刹那刹[1]的感觉之心，在这期间歌这东西是不会灭亡的。即使现在的三十一字变成了四十一字，变成了五十一字，总之歌这东西是不会灭亡的。我们因了这个，也就能够使那爱惜刹那刹那[2]的生命之心得到满足了。

“我这样想着，在那秒针正走了一圈的期间，凝然的坐着，我于是觉得我的心渐渐的阴暗起来了。——我所感到不便的，不仅是将一首歌写作一行这一件事情。但是我在现今能够如意的改革，可以如意的改革的，不过是这桌上的摆钟砚台墨水瓶的位置，以及歌的行款之类罢了。说起来，原是无可无不可的那些事情罢了。此外真是使我感到不便，感到苦痛的种种的东西，我岂不是连一个指头都不能触它一下么？不但如此，除却对于它们忍从屈服，继续的过那悲惨的二重生活以外，岂不是更没有别的生于此世的方法么？我自己也用了种种的话对于自己试为辩解，但是我的生活总是现在的家族制度，阶级制度，资本制度，知识卖买制度的牺牲。

“我转过眼来，看见像死人似的被抛在席上的一个木偶。歌也是我的悲哀的玩具罢了。”

啄木的短歌集只有两册，其一是他在生前出版的，名曰“一

---

① “刹那刹”，三育本、桂本均作“刹那”（手稿第二个“刹”字细笔加圈）。刹那，单个的极短促的时间；刹那刹那，无数接续的极短促的时间。“刹那刹”或为“刹那刹那”的省语。〖*487，8*〗

② “刹那刹那”三育本同，桂本作“刹那”（未出注），似非编者手笔。〖*487，12*〗

握砂”，其二原名“一握砂以后”，是在他死后由他的友人土岐哀果给他刊行，书名改为“可悲的玩具”了。他的短歌是所谓生活之歌，与他的那风暴的生活和暗黑的时代是分不开的，几乎每一首歌里都有它的故事，不是关于时事也是属于个人的。日本的诗歌无论和歌俳句，都是言不尽意，以有馀韵为贵，唯独啄木的歌我们却要知道他歌外附带的情节，愈详细的知道便愈有情味。所以讲这些事情的书在日本也很出了些，我也设法弄一部分到手，尽可能的给那些歌做注释，可是印刷上规定要把小注排在书页底下，实在是没有地方，那么也只好大量的割爱了。啄木的短歌当初翻译几首，似乎也很好的，及至全部把它译出来的时候，有些觉得没有多大意思，有的本来觉得不好译，所以搁下了，现在一古脑儿译了出来，反似乎没有什么可喜了。这是什么缘故呢，大概就是由于上述的情形吧？

一八八　我的工作 六

但是在翻译中间也有比较觉得自己满意的，这有如式亭三马的滑稽本《浮世风吕》，译本名“浮世澡堂”，和《浮世床》，译本名“浮世理发馆”。前者已于一九五八年出版，只译出了初二两编四卷，因为分别叙述女澡堂和男澡堂两部分的事，以为足够代表了，还有三四编共五卷，译注太是麻烦，所以不曾翻译，想起来很觉得可惜。后者则于一九五九年译成，凡两编五卷，乃是全书，只是尚未出版。关于这书我曾于一九三七年二月写过一篇

《浮世风吕》，收在《秉烛谈》里边，有这样的几句话：

偶读马时芳所著《朴丽子》，见卷下有一则云：

“朴丽子与友人同饮茶园中，时日已暮，饮者以百数，坐未定，友亟去。既出，朴丽子曰，何亟也？曰，吾见众目乱瞬口乱翕张，不能耐。朴丽子曰，若使吾要致多人，资而与之饮，吾力有所不给，且不免酬应之烦，今在坐者各出数文，聚饮于此，浑贵贱，等贫富，老幼强弱，樵牧厮隶，以及遐方异域，黥劓徒奴，一杯清茗，无所参异，用解烦渴，息劳倦，轩轩笑语，殆移我情，吾方不胜其乐而犹以为饮于此者少，子何亟也。友默然如有所失。友素介特绝俗，自是一变。”这篇的意思很好，我看了就联想起户川秋骨的话来，这是一篇论读书的小文，其中有云：

“哈理孙告戒乱读书的人说，我们同路上行人或是酒店遇见不知何许人的男子便会很亲近的讲话么，谁都不这样做，唯独在书籍上边，我们常同全然无名而且不知道是那里的什么人会谈，还觉得很高兴。但是我却以为同在路上碰见的人，在酒店偶然同坐的人谈天，倒是顶有趣，从利益方面说也并不很少的事。我想假如能够走来走去随便与遇着的人谈谈，这样有趣的事情恐怕再也没有吧。不过这只是在书籍上可以做到，实际世间不大容易实行罢了。《浮世床》与《浮世风吕》之所以为名著岂不即以此故么？”这话说的很对，《浮世风吕》是写澡堂里的事情，就女堂和男堂两部分，记述各人的谈话，写日常平凡的事情，虽然不能构成复杂的小说，却别有一种特色，为普通小说所没有的，这便是上文所谓轩轩笑语，殆移我情者是也。《浮世床》则是写理发馆的，在明治维新以前，日本男子都留一部分头发，梳着椎髻，这须得随时加以梳理，而且随便出入，没有像澡堂的进去必须洗澡的规定，所以那时成为一种平民的俱乐部，无事时走去聊天上下古今的说一通，它的缺点是只有男子，因为女子另外有专门的梳头婆上门去给她们梳，所以这里的描写稍为冷静一点。在《江户时代戏曲小说通志》上堀舍次郎批评得不错，他说：

“文化六年（一八〇九）所出的《浮世风吕》是三马著作中最有名的滑稽本。此书不故意设奇以求人笑，然诙谐百出，妙想横生，一读之下虽髯丈夫亦无不解颐捧腹，而不流于野鄙，不陷于猥亵，此实是三马特绝的手腕，其所以被称为斯道之泰斗者盖正以此也。”

我在写那篇文章二十年之后，能够把三马的两种滑稽本译了出来，并且加了不少的注解，这是我所觉得十分高兴的事。还有一种《日本落语选》，也是原来日本文学中选定中的书，叫我翻译的，我虽然愿意接受，但是因为译选为难，所以尚未能见诸事实。落语是一种民间口演的杂剧，就是中国的所谓相声，不过它只是一个人演出，也可以说是说笑话，不过平常说笑话大抵很短，而这个篇幅较长，需要十分钟的工夫，与说相声差不多。长篇的落语至近时才有纪录，但是它的历史也是相当的悠久的，有值得介绍的价值。可是它的材料却太是不好办了，因为这里边所讲的不是我们所不大理解的便是不健康的生活。一九〇九年森鸥外在《性的生活》里有一段文章，说落语家的演技的情形道：

> 刚才饶舌着的说话人起来弯着腰，从高座的旁边下去了。随有第二个说话人交替着出来，先谦逊道：人是换了却也换不出好处来。又作破题道：爷们的消遣是玩玩窑姐儿。随后接着讲一个人带了不懂世故的青年，到吉原（公娼所在地）去玩的故事。这实在可以说是吉原入门的一篇讲义。我听着心里佩服，东京这里真是什么知识都可以抓到的那样便利的地方。

落语里的资料最是突出而有精彩的，要算吉原的“倌人”（Oiran），俗语也就是窑姐儿，其次就是专吃镶边酒的“帮闲”了，否则是那些寿头码子的土财主。有些很好的落语，如《挑人》（*Omitate*）或是《鱼干盝子》（*Hoshimono Hako*），都因此而搁浅，虽然考虑好久，却终于没有法子翻译。这一件事，因事实困难只好中止，在我却不能不说是一个遗恨了。

此外关于日本狂言的翻译，也是一件高兴的事。民国十五年（一九二六）我初次出版了一册《狂言十番》，如这书名所示里边共包含狂言的译文十篇。到了一九五四年我增加了十四篇，易名为“日本狂言选”，由人民文学出版社刊行，算是第二次版本。第三次又有一回增补，尚未出版，唯译稿已于一九六〇年一月送出，除增加三十五篇计十二万字，连旧有共五十九篇约二十八万字。此次增补系应出版社的嘱托，命将苏联译本的“狂言”悉收容在里边，经查对俄译本三十九篇中有五篇已经有译文，乃将馀下的三十四篇一一按照篇目译出补齐，又将额外指定的一篇《左京右京》也翻译了，这才交了卷。狂言的翻译本是我愿意的一种工作，可是这回有一件事却于无意中做的对了，这也是高兴的事。我译狂言并不是只根据最通行的《狂言记》本，常找别派的大藏流或是鹭流的狂言来看，采用有趣味的来做底本，这回看见俄译本是依据《狂言记》的，便也照样的去找别本来翻译，反正只要是这一篇就好了。近来见日本狂言研究专家古川久的话，乃知道这样的办是对的，在所著《狂言之世界》附录二《在外国的狂言》中说：

> 据市河三喜氏在《狂言之翻译》所说，除了日本人所做的书以外，欧译狂言的总数达于三十一篇，但这些全是以《狂言记》为本的。新加添的俄文译本，也是使用有朋堂文库和日本文学大系的，那么事情还是一样。只有中国译本参照《狂言全集》的大藏流，和《狂言二十番》的鹭流等不同的底本。

他这里所说的乃是《狂言十番》，我的这种译法始于一九二六年，全是为的择善而从，当时还并未知道《狂言记》本为不甚可靠也。

一九六〇年起手翻译《枕之草纸》，这部平安时代女流作家的随笔太是有名了，本来是不敢尝试，后来却勉强担负下来了，却是始终觉得不满意，觉得是超过自己的力量的工作。一九二三年写《歌咏儿童的文学》这篇文章时，曾经抄译过一节，但是这回总觉得是负担过于重大了，过于译《古事记》的时候。一九六一年又担任校阅别人译的《今昔物语》，这也是大工作，可是我所用的乃是一部岩波文库本，这与译者所根据的不是一样的本子，这又给予我们以不必要的纷歧。随后这样不很愉快的工作完结了，乃能回过来再做希腊的翻译，这虽然比较更是繁难一点，但是这回所译的乃是路喀阿诺斯（Lukianos）的对话集，是我向来决心要翻译的东西，所以是值得来努力一番的。以炳烛的微光，想担负这工作，似乎未免太不自量了，不过耐心的干下去，做到哪里是哪里，写成功了一篇，重复看一遍，未始不是晚年所不易得的快乐。这人生于公元二世纪初，做了许多对话体的文章，但他不是学柏拉图去讲哲学，却是模仿生在公元前三世纪的犬儒墨涅波斯（Menippos）做了来讽刺社会，这是他的最大的特色。我以前将他的名字写作路吉亚诺斯，从英文译出过他的两篇文章，便是《冥土旅行》和《论居丧》，这回却有机会把它来直接改译，这实在是很好的幸运，现在最近已经译出《卡戎》和《过渡》两长篇，后者即是《冥土旅行》，至于那位卡戎，也是与那旅行有关系的人，便是从前译作哈隆，渡鬼魂往冥土者也。

一八九　拾遗　甲

—小引—

这里要感谢曹聚仁先生，他劝我写文章，要长一点的，以便报纸上可以接续登载，但是我有什么文章可写呢？从前有过这样一句话，凡是自己所不了解的东西，便都不能写，话说过有好多年了，但是还想遵守着它。可是现在要问什么东西是我所了解的呢，这实在是没有。我躺着思索，那么怎么办呢，一身之外什么都没有，有什么东西可写呢？这时候忽尔恍然大悟，心想“有了”，这句话如说出来时简直像阿基末得在澡堂的一声大叫了！因为我是小时候学过做八股的，懂得一点虚虚实实的办法，想到一身之外没有办法，那么我们不会去从一身之内着想么？我一生所经历的事情，这似乎只有我知道得最清楚，然则岂不是顶适当的材料了么？

材料是有了，但是怎么写呢？平常看那些名士文人的自叙传或忏悔录，都是文情俱胜，华实并茂，换句话说就是诗与真实调和得好，所以成为艺术的名著，如意大利的契利尼，法国的卢梭，俄国的托尔斯泰等。近来看到日本俳人芭蕉的旅行记，这是他有名的文章，里边说及在市振地方，客栈里遇着两个女人，乃是妓女，听见她们夜里谈话，第二天出发请求同行，说愿以法衣之故发大慈悲，赐予照顾（芭蕉其时盖是僧装），以自己也行止无定谢绝了，但是很有所感，当时做了一句俳句道：

“在同一住家里也睡着游女，——胡枝子和月亮。”还说道：“告诉了曾良，把它纪录了。”曾良是芭蕉的弟子，和他一起旅行的，也是个俳人，近来他的旅行日记也发见了，可是却没有记着这一条。他的日记也记的很是仔细，说芭蕉在市振左近的河里把衣服弄湿了，晒了好一会儿，记的很详细，却不见有游女同宿这件事，也并不记录着那一首俳句。这是怎么的呢？芭蕉研究者荻原井泉水解说得好，他说我们以前不知道，种种揣摩臆测，附会解释，实在上了芭蕉的当，要知道这不是普通的纪行文，乃是纪行文体的创作，以文学作品实是不朽的名著。这话实在是不错的，后世有人指摘卢梭和托尔斯泰的不实，契利尼有人甚至于说他好说诳话大话，然而他们的著作不愧为不朽，因为那是里边的创作部分，也就是诗。西洋的诗字的原义即是造作，有时通用于建筑，那即是使用实物的材料，从无生出有来，所以诗人的本领乃是了不得的。古代有些作者很排斥诗人，听说柏拉图的理想国里不让他们进去，后来路喀阿诺斯便专门毁谤他们造谣，把荷马史诗说成全是诳话，这是不足为奇的事。十九世纪的王尔德很叹息浪漫思想的不振，写一篇文章曰“说诳的衰颓”，即是说没有诗趣，我们乡下的方言谓说诳曰“讲造话”，这倒是与做诗的原意很相近的。要有诗趣便只好说诳，而这说诳却并无什么坏意思，只是觉得这样说了于文章上更有意思，或是当初只是幻想着，后来却仿佛成为事实，便写了进去，与小孩子的诳话有点相同，只要我们读者知道真实里还有诗，便同获原一样感觉又上了作者的一个大当，承认自己是个傻子，这也就好了。

我在这里说了一大篇的废话，目的何在呢？那无非想来说明回想录不是很好写的东西，可是读回想录也并不是怎么容易的一件事情。回想录要想写的好，这就需要能懂得做诗，即使不是整个是诗人，也总得有几分诗才，才能够应付豫如。但是关于这个问题，我却是碰了壁。我平常屡次声明，对于诗我是不懂的，虽然明知是说诳话的那些神话、传说童话一类的东西，却是十分有兴趣。现在因为要写回想录，却是条件不够，那么怎么好呢？——我想，这也是容易办的。好的回想录既然必须具备诗与真实，那么现在是只有真实而没有诗，也何妨写出另一种的回想录来，或者这是一种不好的回想录亦未可知。一个平凡人一生的记录，适用平凡的文章记了下来，里边没有什么可取的，就只是依据事实，不加有一点虚构和华饰，与我以前写《鲁迅的故家》时一样，过去八十年间的事情只有些缺少而没有增加，这是可以确说的。现在将有些零碎的事情，当时因为篇幅长短关系，不曾收入在内的，就记忆所及酌量补记，作为拾遗加在后边。

一九〇　拾遗　乙

—儿时—

儿时的事情在上面记得很不多，因为十岁以前的事差不多都已忘记了，现在只就记得的零星小事写下一点来，不过这也不是自己记得，只是大人们传说下来的就是了。其中顶早的一件事，大约是在我三四岁的时候，因为妹子端姑生于光绪丁亥[①]（一八八七）年，不到一周岁便因天花死去了，而这件事却在夏天，所以可能还是在丁亥年里。据说她那时一个人躺在那里，双脚乱蹬，我看见觉得太可爱了，小脚趾头像是豌豆似的，便拿来咬了一口，她就哭了起来，大人跑来看才知是那么一回事，后来便被传作话柄。随后她得了天花，当初情形很好，忽然发生变怪，我的病好转而她遂以不起，这虽然不是我自己所能做主的事情，在长大以后总觉得很抱歉似的，仿佛是她代我死了。——老实说，假如先母有一个女儿，她的生活要幸福的多，不过那是人力以上的事情，多说也别无什么用处了。

① 此处及后文“丁亥”手稿均作“乙亥”。〖*495*，*2*、*4*〗

第二件是自己记得的，不是大人们告诉我的事情，所以一直在后，大约是八岁以前，总之是祖父还没有从北京回去，父亲还住在“堂前”的西边房里时候的事情。那时在朝北的套房里，西向放着一张小床，这也有时是鲁迅和我玩耍的地方，记得有一回模仿演戏，两个人在床上来回行走，演出兄弟失散，沿路寻找的情状，一面叫着大哥呀贤弟呀的口号，后来渐渐的叫得凄苦了，这才停止。①此后还演些戏，不过不是在这里了，时期也还要再迟几年，是往三味书屋读书以后的事，从前在《儿童剧》的序里有一节云：

那时所读的是《中庸》和唐诗，当然不懂什么，但在路上及塾中得到多少见闻，使幼稚的心能够建筑起空想的世界来，慰藉那忧患寂寞的童年，是很可怀念的。从家里到塾中不过隔着十几家门面，其中有一家的主人头大身矮，家中又养着一只不经见的山羊（后来才知道这是养着厌禳火灾的），便觉得很有一种超自然的气味。同学里面有一个身子很长，虽然头也同常人一样的大，但是在全身比例上就似乎很小了。又有一个本家长辈，因为吸雅片烟的缘故，耸着两肩，仿佛在大衫底下横着一根棒似的。这几个现实的人，在那时看了都有点异样，于是拿来戏剧化了，在有两株桂花树的院子里扮演这日常的童话剧。“大头”不幸的被想像做凶恶的巨人，带领着山羊，占据了岩穴，扰害别人，小头和耸肩的两个朋友便各仗了法术去征服他：小头从石窟缝里伸进头去窥探他的动静，耸肩等他出来，只用肩一夹，就把他装在

① 校事至此，忽忆起前文出痞子一节，不禁泫然涕下。

肩窝里捉了来了。这些思想尽管荒唐，而且很有唐突那几位本人的地方，但在那时觉得非常愉快，用现代的话来说明，演着这剧的时候实在是得到充实的生活的少数瞬时之一。我们也扮演喜剧，如“打败贺家武秀才”之类，但总是太与现实接触，不能感到十分的喜悦，所以就经验上来说，这大头剧要算第一有趣味了。

现在再退回去讲那小床，因为这事与“射死八斤”的漫画有关，而“射死八斤”的画又与小床有密切的关系的。从前在《鲁迅的故家》里曾经说过，本家诚房的房客李楚材，带着一家沈姓亲戚，大概是个寡妇，生活似乎颇清苦，有三个小孩，男孩名叫八斤，女孩是兰英与月英，年纪大抵五六岁吧，夏天常常光身席地坐。“故家”的第二十五节里讲“射死八斤”的事，今抄录于下：

> 八斤那时不知道是几岁，总之比鲁迅要大三四岁吧，衣服既不整齐，夏天时常赤身露体，手里[①]拿着自己做的钉头竹枪，跳进跳出的乱戳，口里不断的说，“戳伊杀，戳伊杀！”这虽然不一定是直接的威吓，但是这种示威在小孩子是忍受不住的，因为家教禁止与别家小孩打架，气无可出，便来画画，表示反抗之意。鲁迅从小就喜欢看花书，也爱画几笔，虽然没有后来画活无常那样好，却也相当的可以画得了。那时东昌坊口通称胡子的杂货店中有一种荆川纸，比毛边更薄而白，大约八寸宽四寸高，对折订成小册，正适合于抄写或绘画。在这样

① “手里”三育本同，桂本作“手时”。〖496，倒9〗

的册子上面，鲁迅便画了不少的漫画，随后便塞在小床的垫被底下，因为小孩们没有他专用的抽屉。有一天，不晓得怎么的被伯宜公找到了，翻开看时，好些画中有一幅画着一个人倒在地上，胸口刺着一枝箭，上有题字曰射死八斤。他叫了鲁迅去问，可是并不严厉，还有点笑嘻嘻的，他大概很了解儿童反抗的心理，所以并不责罚，结果只是把这页撕去了。此外还有些怪画，只是没有题字，所以他也不曾问。

这里我想来把那怪画说明一下子，因为这一件事如果不加说明，就此付之不问，也是怪可惜的。这是那本荆川纸小册子中所有的一页，画着一个小人儿手里提了一串东西，像是乡下卖麻花油条的用竹丝穿着。当时伯宜公也一定看了以为是画卖麻花的吧，若问是什么时我想也是这样的回答。可是这实在乃是怪画，是卖淫的一种童话化的画。乡下这种不雅驯的话很是普通，所谓倚门卖笑俗语便称曰卖必，但是怎么卖法在小儿心中便是疑问，意谓必是像桃子杏子似的一个个的卖给人，于是便加以童话化，从水果摊里铡甘蔗得到暗示，随割随长，所以可以卖去好几个一串。这种初看似猥亵而实是天真烂漫的思想，不晓得是从哪里来的，现在想起来也有点不可思议，可是却是实在的事，从前写“射死八斤”的时候[①]原想写进去，终于搁下了，现在又记了起来，觉得不写很是可惜，所以把它记在这里了。

①“时候”手稿作“时时候”，三育本、桂本均删。〖*497*，倒*10*、倒*9*〗

一九一　拾遗 丙

—杭州—

上边第十四至十七章写过杭州与花牌楼的事情，这回找出旧稿《五十年前之杭州府狱》一篇，有些地方似乎可以作为补遗，因钞录于后：①

一八九六年即前清光绪二十二年九月，先君去世，我才十二岁。其时祖父以科场②事系杭州府狱，原来有姨太太和小儿子随侍，那即是我的叔父，却比我只大得两三岁，这年他决定往南京进水师学堂去③，祖父便叫我去补他的缺，我遂于次年的正月到了杭州。我跟了祖父的姨太太住在花牌楼的寓里，这是墙门内一楼一底的房屋，楼上下都用板壁隔开，作为两间，后面有一间披屋，用作厨房，一个小天井中间隔着竹笆，与东邻公分一半。姨太太住在楼上前间，靠窗东首有一张铺床，便是我的安歇处，后间楼梯口住着台州的老妈子。男仆阮元甫在楼下歇宿，他是专门伺候祖父的，一早出门去，给祖父预备早点，随即上市买菜，在狱中小厨房里做好了之后，送一份到寓里来（寓中只管煮饭），等祖父吃过了午饭，

① 《五十年前之杭州府狱》全文桂本全集卷九已收，此处删去。手稿润色增删之处编至*51*号。

② 桂本无“科场”二字。〖*497*，倒*1*〗

③ “往南京进水师学堂去”桂本作“进学堂从军去”。〖*498*，*2*〗

他便又飘然出去上佑圣观坐茶馆，顺便买些杂物，直到傍晚才回去备晚饭，上灯后回寓一径休息，这是他每日的刻板行事。他是一个很漂亮，能干而又很忠实的人，家在浙东海边，只可惜在祖父出狱以后一直不曾再见到他，也没有得到他的消息。

我在杭州的职务是每隔两三日去陪侍祖父一天之外，平日自己“用功”。楼下板桌固然放着些经书，也有笔砚，三六九还要送什么起讲之类去给祖父批改，但是[①]实在究竟用了什么功，只有神仙知道，自己只记得看了些闲书，倒还有点意思，有石印《阅微草堂笔记》，小本《淞隐漫录》，一直后来还是不曾忘记。我去看祖父，最初自然是阮元甫带领的，后来认得路径了，就独自前去。走出墙门后往西去，有一条十字街，名叫塔儿头，虽是小街却颇有些店铺，似乎由此往南，不久就是银元局，此后的道路有点模糊了，但走到杭州府前总之并不远，也不难走。府署当然是朝南的，司狱署在其右首，大概也是南向[②]。我在杭州住了两年，到那里总去过有百馀次，可是这署门和大堂的情形如何却都说不清了，或者根本没有什么大堂也未可知，[③]只记得监狱部分，入门是一重铁栅门，推门进去，门内坐着几个禁卒，因为是认识我的，所以什么也不问，我也一直没有打过招呼。拐过一个湾，又是一头普通的门，通常开着，里边是一

---

① “但是”手稿作“但在”，三育本同，桂本作“但是”。〖*498*，倒*12*〗

② “大概也是南向”桂本作“即是西向”。〖*498*，倒*4*〗

③ 桂本无“或者根本没有什么大堂也未可知”一句。〖*498*，倒*2*、倒*1*〗

个院子，上首朝南大概即是狱神祠，我却未曾去看过，只顾往东边的小门进去，这里面便是祖父所居住的小院落了。门内是一条长天井，南边是墙，北边是一排白木圆柱的栅栏，栅栏内有狭长的廊，廊下并排一列开着些木门，这都是一间间的监房。大概一排有四间吧，但那里只有西头一间里祖父住着，隔壁住了一个禁卒，名叫邹玉，是个长厚的老头儿，其馀的都空着没有人住。房间四壁都用白木圆柱做成，向南一面上半长短圆柱相间，留出空隙以通风日，用代窗户，房屋宽可一丈半，深约二丈半，下铺地板，左边三分之二的地面用厚板铺成坑状[①]，很大的一片，以供坐卧之用。祖父的房间里的布置是对着门口放了一张板桌和椅子，板坑上靠北安置棕棚，上挂蚊帐，旁边放着衣箱。中间板桌对过的地方是几叠书和另用什物，我的坐处便在这台上书堆与南窗之间。这几堆书中我记得有广百宋斋的四史，木板《纲鉴易知录》，《五种遗规》，明季南略北略，《明季稗史汇编》，徐灵胎四种，其中只有一卷道情可以懂得。我在那里坐上一日，除了遇见廊下炭炉上炖着的水开了，拿来给祖父冲茶，或是因为临时加添了我一个人使用，便壶早满了，提出去往小天井的尽头倒在地上之外，总是坐着翻翻书看，颠来倒去的就是翻弄那些，只有四史不敢下手罢了。祖父有时也坐下看书，可是总是在室外走动的时候居多，我亦不知道是否在狱神祠闲坐，总之出去时间

① 桂本“坑状”作“榻状”，下文“板坑”作“板台”。“坑”宜解作炕，北方以砖及土坯砌成，虚中以纳火气，突出于地面，高度与床榻相当而不能移动。〖*499，13、15*〗

很久，大概是同禁卒们谈笑，或者还同强盗们谈谈，他平常很喜欢骂人，自呆皇帝昏太后（即是光绪和西太后）起头一直骂到亲族中的后辈，但是我却不曾听见他骂过强盗或是牢头禁子。他常讲骂人的笑话，大半是他自己编造的，我还记得一则讲教书先生的苦况，云有人问西席，听说贵东家多有珍宝，先生谅必看到一二，答说我只知道有三件宝贝，是豆腐山一座，吐血鸡一只，能言牛一头。他并没有给富家坐过馆，所以不是自己的经验，这只是替别人不平而已。

杭州府狱中强盗等人的生活如何，我没有看到，所以无可说，只是在室内时常可以听见脚镣声响，得以想象一二而已。有一回，听见很响亮的镣声，又有人高声念佛，向外边出去了。不一会听禁卒们传说，这是台州的大盗提出去处决，他们知道他的身世，个人性格，大概都了解他，刚才我所听得的这阵声响，似乎也使他们很感到一种感伤或是寂寞，这是一件事实，颇足以证明祖父骂旁人而不骂强盗或禁卒，虽然有点怪僻，却并不是没有道理的了。在这两三年之后，我在故乡一个夏天乘早凉时上大街去，走到古轩亭口，即是后来清政府杀秋瑾女士的地方，店铺未开门，行人也还很稀少，我见地上有两个覆卧的人，上面盖着破草席，只露出两只脚在外，——可以想见上边是没有头的，此乃是强盗的脚，是在清早处决的。我看这脚的后跟都是皴裂的，是一般老百姓的脚。我这时候就又记起台州大盗的事来。我有一个老友，是专攻伦理学，也就是所谓人生哲学的，他有一句诗云，盗贼渐可亲，上句却已不记得[①]，觉得他的这种心情我可以了解得几分，实在是很可悲的。这所说的盗贼与《水浒传》里的不同，水浒的英雄们原来都是有饭吃的，可是被逼上梁山，搞起一套事业来，[②]小小的做可以占得一个山寨，大大的则可以弄到一座江山，刘季朱温都是一例。至于小盗贼只是饥寒交迫的老百姓挺而走险，他们搞的不是事业而是生活，结果这条路也走不下去，却被领到“清波门头”（这是说在杭州的话），简单的解决了他的生活的困难。清末革命运动中，浙江曾经出了一个奇人，姓陶号焕卿，在民国初年为蒋介石[③]所暗杀了。据说他家在乡下本来开着一爿砖瓦铺，可是他专爱读书与革命运动[④]，不会经营店务，连石灰里的梗灰与市灰的区别都不知道。他的父亲便问他说，你搞那什么革命，那么为的是啥呢？[⑤]他答说，为的要使得个个人有饭吃。他父亲听了这话，便不再叫管店，由他去流浪做革命运动去了，曾对人家说明道，他要使得个个人都有饭吃，这个我怎好去阻当他。这真是一个革命佳话，我想我的老友一定也有此种感想，只是有点趋于消极，所以我说很可悲的，不过如不消极，那或者于

---

①“记得”手稿作“忘得”，三育本改。〖*500*，倒*9*〗

②“可是被逼上梁山，搞起一套事业来”桂本作“他们爱搞那一套，乃是他们的事业”。此处加入被动的分子，为梁山诸人开脱不少，虽然仍认为是刘季朱温一流人物，但段位远不及之。〖*500*，倒*6*〗

③“为蒋介石”桂本作“为人”。〖*501*，*1*〗

④“革命运动”桂本作“运动革命”。〖*501*，*3*〗

⑤“你搞那什么革命，那么为的是啥呢”桂本作“你搞这什么革命为的是什么呢”。〖*501*，*4*、*5*〗

他又可能是有点可危了吧。

说到了杭州，我想把祖父的姨太太的事情也在这里补说几句，做个结束。她姓潘，据叔父伯升小时候说，她名叫大凤，但也没有别的证据。她的为人说不出有什么好坏，虽然家里的风暴普通总归罪于她，这实在也给予祖母母亲以无限的苦恼，所以大家的怨恨是无怪的。但是由我看来，以平常的妇女处在特殊的环境里，总会有这种的情形，这是多妻的男子的责任，不能全怪被迫做妾的人，以一个普通的女人论，我觉得是并无特别可以非难的地方。她比祖父大概要年小三十岁以上，光绪甲辰（一九〇四）祖父以六十八岁去世，她那时才只三十六七岁，照道理说本来是可以放她出去了，但是这没有做到，到得后来有点不安于室，祖母这才让她走了。当时有些文件偶尔保存下来，便抄录一点在下面，一张是手谕，一张是笔据，手谕是依了草稿录下来的。

主母蒋谕妾潘氏，顷因汝嫌吾家清苦，情愿投靠亲戚，并非虚言，嗣后远离家乡，听汝自便，决不根究，汝可放心，即以此谕作凭可也。

宣统元年十二月初八日，主母蒋谕。

立笔据妾潘氏，顷因情愿外出自度，无论景况如何，终身不入周家之门，决无异言。此据。

宣统元年十二月初八日，立笔据妾潘氏，

代笔周芹侯押。

我以前做过三首花牌楼的诗，末一首是纪念花牌楼的诸妇女的，里边也讲到潘姨太太，有这几句话道：

主妇生北平，髫年侍祖父。嫁得穷京官，庶几尚得所。应是命不犹，适值暴风雨。中年终下堂[①]，漂泊不知处。

聊为她作纪念。

一九二　拾遗　丁

—大姑母—

族叔冠五，原来号曰官五，因为名是凤纪，取以鸟纪官的故典，后来以同音字取笔名曰观鱼，著有一册《回忆鲁迅房族和社会环境三十五年间的演变》，里边有一节文章，可以补我这里的不足，即是讲大姑母的。今转录于后：

介孚公有一个女儿，乳名叫作“德”的，我叫她德姊姊，她是介孚公的先室孙老太太所出，蒋老太太是她的继母。介孚公相攸过苛，高来不就，低来不凑，以致

① “堂”手稿写作“茔”，三育本改，桂本同手稿。〖*502，7*〗

耽误了婚期。绍地有一种坏风俗，对年长待字的闺女，不研究因何贻误的原因，凡是年逾二十以外，概目之为“老大姑娘”，对老大姑娘的估价都认为无论是何原因总或多或少的有其缺点。要挽人做媒就只好屈配填房，要想元配那就无人问津。俞凤冈断弦敢于挽媒求配，也就是根据这一习俗。因此这位德姑太太以延误过久，终于许给吴融村一个姓马的做了填房。德姑太太虽非蒋老太太所出，像幽默和诙谐也都一模一样。有一年三伏天她上城来拜她生母的忌日，这天气候特别恶劣，午饭后已殷殷其雷。她每次来城虽是当天往返，时间局促，但每来总必到我家和藕琴公说长道短并夹杂些笑谈。这天午饭后她又照例来了，藕琴公因为天气太坏，劝她今天不必返乡，防的路上危险，她幼小又有怕雷电的毛病，况且雷声已在响着。她听藕琴公的劝告，回来对蒋老太太说了，蒋老太太不知怎的忽然说：“九叔（她呼藕琴公为九叔）这末说吗，九叔的话不会错的，那末今天乡下河港里不会再有船了。”或者是她幽默老调，德姑太太多了心，认为话头不对，忙说：“我一定要回去的。”蒋老太太又重述了一句说：“九叔叫不要去，你怎么能去呢？”德姑太太也斩钉截铁的说：“我一定要回去的。”说毕又来我家转了一转，把蒋老太太的所说也匆匆的告了藕琴公，我父又再三劝止，她恨恨的说就死也得去，说罢就出门下船去了。没有多久，天大雷雨以风，雷震电疾，风狂雨暴，晦黑如夜，煞是可怕，大家都为德姑太太耽忧，到了傍晚噩耗来了，她竟在恐惶中于船只簸动时不自主的颠出船舷落水而死，尸身直至次日方才捞起。族中多有人说，要是她生母健在，哪会放她回去，足见后母对前出子女的漠不关心。其实蒋老太太是完全出之于幽默，德姑太太介意发生误会，意外的遭遇都不为大家所逆料耳。不过有了前娘后母的关键，人们总不免有猜测迷胡。

德姑太太嫁给马家做填房时，偏偏先室也遗有一个儿子，那末德姑太太不容分说被拥上后母的称号，她对前子的情况如何，我们不了解，可是因看潮曾在她家被留住了好几天，在这时我所接触的，好像对前子和亲生女儿珠姑是有其差别的。自从她溺死以后，她生前痛爱如珍宝的珠姑就被兄嫂迫压得无路可走，以致随乳母出奔，给一个茶食店伙作妾，又被大妇凌虐，卖入娼寮。后竟音信杳然不知所终，这也是有关前娘后母的一段哀史。

因看潮在德姑太太家被留住过几天已在前面提及，现在也附带来叙述一下。

有一年她从城返乡，这天正是八月十七，是大潮汛前夕。她家在吴融，距离镇塘殿后桑盆不远，这两处都是海的尾间，每年八月十八日到这两处看潮的人非常拥挤。她将次下船，邀大家一道同去。那时年青好事，兴趣特浓，于是鸣山启明乔峰和我四个人，一道应邀前往。出城后我们就不安静起来了，四个人分作两起，站在船侧两舷，此起彼落，此落彼起的把船左右晃荡得颠簸不堪。船夫喊着不能摇了，珠姑吓得哭了，我们还是不肯停歇。德姑太太发急的说：“你们两个娘舅两个表哥打算把阿珠作弄到怎么样呢？”但是我们终于不买账，一直把船左晃右荡游酒醉似的颠簸到她的家乡门口，这才完结。上岸后到了她家，她客情浓厚，连忙杀鸡为黍而食，并把她前房儿子在市上从事商业的招回来见过我们，还找来了一位她的夫弟名梦飞的招待作陪。这位梦飞先生约有五十岁的光景，虽也情意殷殷，但总觉得腐朽可厌。下午看潮并看了戏，晚饭时我们就表示意见，拒绝梦飞作陪，她接受我们的条件，自晚餐起就由我们四个人共食，连她和阿珠也不来陪了。我们觉得很满意，可是又想出新花样来了。她接待我们的是四大碗四大盘的全荤菜蔬，我们商订了一个办法，有时把四盘吃得干干净净，对四碗却原封不动，有时吃光四碗，不动四盘，有时四盘四碗全部吃光，有时只吃光饭而不开动所有的菜蔬，每餐给我们盛一桶饭，我们也是这样的办法，有时吃半桶，有时全吃光，有时颗粒不动，就这样的和她寻开心。楼上设了两张大床给我们两人合一张，我们偏要四人共一张，一张让它空着，她不论怎样和我们说，总是一个不理睬。晚间她每天每人给我们一个纸帽盒（是绍地合锦茶食的名称），备夜间的充饥，我们又弄出花样来，半夜后假作抢吃相骂相打的动作，把她吓得半夜披衣上楼来排解，我们又寂静无声的伪装睡熟了。楼上给我们摆了一个便桶，为的是夜间之需，我们却整天整夜的蹲在楼上，叫看戏，不去！叫上市闲逛，不去！大小便无间日夜的都撒在便桶里，且不让用人们去倒，一定要便桶盖浮起来了，这才由老妈子用粪勺，一勺一勺的撤[①]出去。想尽了办法和她闹别扭，恶开心。她也恨恨的说："你们这班恶客，我该不邀你们来！"话虽这样说，可是她性情和蔼，从也不以为忤。到了第四天我们要走了，她又很诚恳的苦苦挽留。我们敢于和她恶作剧，也是知道她的性情。不然的话，哪会跟她去看潮呢！后来她的惨死，合族的人都感到非常悲哀，为之惋惜不置。

先君共有姊妹兄弟四人，长即大姑母，名德，咸丰戊午（一八五八）生，次为先君，庚申（一八六〇）生，皆孙老太太出。第三为小姑母，不知其名，同治戊辰（一八六八）生，蒋老太太出，第四名凤升，光绪壬午（一八八二）生，则为庶母章氏所生。小时候多与小姑母接近，故亦多所依恋，但年代久远，不特容貌不复记忆，亦并不省其名字了。大姑母因早已出嫁，幼时没有什么印象，但在成人以后亦常相见，声音笑貌尚可记忆，唯看潮时事则已忘却，今得此文乃重复记起，甚可喜也。其时当在光绪甲辰（一九〇四），我在南京告假回家，至所述遭难之事则那时我不在家中，只于家信中得到消息，当在丙午（一九〇六）年之后，我已经由南京往东京留学去了。

大姑母于辛卯（一八九一）年生一女儿，取名阿珠，就是本篇中所说的珠姑，小姑母也于同年生女，亦名阿珠，但是她旋于甲午年去世，所以这个阿珠我们便少看见了。大姑母方面的珠姑则一年里总有好几回要跟着母亲到外婆家里来的，幼女的面影至

① "撤"三育本、桂本均作"撒"。撤（或当作撇），除也，舀出去倒入另外预备的容器，待桶可以拎起走了，再一同弄下楼，倾之于外。若撒则除非在菜地旁边才可以吧。〖*505，3*〗

今也还记得。我家对于她的印象似乎也颇不坏，因为在有一个时候，这大约在蒋老太太和大姑母都已去世以后，这或者是先母吧，曾问她到我家里来好不好，意思是想要她做一个媳妇，她答道愿意。但是这时似乎和那茶食店伙已有关系，所以这样说了之后，不久便即出奔了。她的异母哥哥是茶食店有股份的，自己在常在店里帮忙，因此说不定这件事有他的阴谋在里边，故意给她们以便利，借此好来排除她的。到了民国元年，大约是秋天吧，有一个老太婆突然来访，带了两斤月饼的包头，她开门见山的说是珠姑的使者，因为记念外婆家，特差她来看望，希望能让她来走动。先母与大家商量，因为都不大赞成，所以婉词谢绝了。以常情论，这实在是有点可悯的。她大概感觉境遇有点不安，想于外婆家求到些须的保护，却不意被拒绝了。我家自昔有妾祸，潘姨刚才于两年前出去，先母的反感固亦难怪，但我们也是摆起道学家的面孔来，主张拒绝，乃是绝不应该的，正是俞理初的所谓虐无告也。回想起这件事，感到绝大的苦痛，不但觉得对不起大姑母，而且平常高谈阔论的反对礼教也都是些废话。

一九三　拾遗　戊

—读小说—

小说我在小时候实在看了不少，虽则经书读得不多。本来看小说或者也不能算多，不过与经书比较起来，便显得要多出几倍，而且我的国文读通差不多全靠了看小说，经书实在并没有给了多少帮助，所以我对于耽读小说的事正是非感谢不可的。十三经之中，自从叠起书包，作揖出了书房门之后，只有《诗经》、《论语》、《孟子》、《礼记》，《尔雅》[①]——这还是因了郝懿行的义疏的关系，曾经翻阅过几遍，别的便都久已束之高阁，至于内容则早已全部还给了先生了。小说原是中外古今好坏都有，种类杂乱得很，现在想起来，无论是什么总多少带有好感，因为这是当初自己要看而看的，有如小孩子手头有了几文钱，跑去买了些粽子糖炒豆花生米之属，东西虽粗，却吃得滋滋有味，与大人们揪住耳朵硬灌下去的汤药不同，即使那些药不无一点效用，后来也总不会再想去吃的。关于这些小说，头绪太纷烦了，现在只就民国以前的记忆来说，一则事情较为简单，二则可以不包括新文学在内，省得说及时要得罪作者，——他们的著作我读到的就难免要乱说，不曾读到又似乎有点渺视，都不是办法，现在有这时间的限制，这种困难当然可以免除了。

我学国文，能够看书及略写文字，都是从小说得来，这种经验大约也颇是普通，前清嘉庆时人郑守庭的《燕窗闲话》中有着相似的记录，其一节云：

> 予少时读书易于解悟，乃自旁门入。忆十岁随祖母祝寿于西乡顾宅，阴雨兼旬，几上有《列国志》一部，翻阅之仅解数语，阅三四本解者渐多，复从头翻阅，解

① 这一串五个书名手稿中间皆用逗点，三育本同手稿，桂本全加书名号而中间不用顿号。两种办法都会让读者以为五本书郝懿行都作过“义疏”，其实破折号后面的一句是专说《尔雅》的。〖*506*，倒*8*〗

者大半。归家后即借说部之易解者阅之，解有八九。除夕侍祖母守岁，竟夕阅《封神传》半部，《三国志》半部，所有细评无暇详览也。后读《左传》，其事迹已知，但于字句有不明者，讲解时尽心谛听，由是阅他书益易解矣。

我十岁时候正在本家的一个文童那里读《大学》，开始看小说还一直在后，大抵在两三年之后吧，但记得清楚的是十五岁时在看《阅微草堂笔记》这一件事。我的经验大概可以这样总结的说，由《镜花缘》、《儒林外史》、《西游记》、水浒等渐至《三国演义》，转到《聊斋志异》，这是从白话转入文言的径路，教我懂得文言并略知文言的趣味者，实在是这聊斋，并非什么经书或古文读本。《聊斋志异》之后，自然是那些《夜谈随录》、《淞隐漫录》等假聊斋，一变而转入《阅微草堂笔记》，这样旧派文言小说的两派都已入门，便自然而然的跑到唐代丛书里边去了。这里说的很是简单轻便，事实上自然也要自有主宰，能够“得鱼忘筌”，乃能通过小说的阵地获得些语文以及人事上的知识，而不至长久迷困在这里边。现在说是回忆，也并不是追述故事，单只就比较记得的小说略为谈谈，也只是一点儿意见和印象，读者若是要看客观的批评的话，那只可请去求之于适当的文学史中了。

首先要说的自然是《三国演义》。这并不是[①]我最先看的，也不是因为它是最好的小说，它之所以重要是由于影响之大，而这影响又多是不良的。我从前关于这书曾说过一节话，可以抄在这里：

① 手稿无“是”字，三育本同，桂本添。〖*508*，*3*〗

前几时借《三国演义》，重看一遍。以前还是在小时候看过的，现在觉得印象很不相同，真有点奇怪它的好处在哪里。这些年中意见有些变动，第一对于关羽，不但是伏魔大帝那些妖异的话，就是汉寿亭侯的忠义，也都怀疑了，觉得他不过是帮会里的一个英雄，其影响及于后代的只是桃园结义这一件事罢了。刘玄德我并不以为他一定应该做皇帝，无论中山靖王谱系的真伪如何，中国古来的皇帝本来谁都可以做的，并非必须姓刘的才行，以人物论实在也还不及孙曹，只是比曹瞒少杀人，这是他唯一的长处。诸葛孔明我也看不出他好在什么地方，演义里那一套诡计，才比得水浒里的吴学究，若说读书人所称道的鞠躬尽瘁死而后已的精神，又可惜那《后出师表》是后人假造，我们成人之美，或者承认他治蜀之遗爱可能多有，不过这些在演义里没有说及。掩卷以后仔细回想，这书里的人物有谁值得佩服，很不容易说出来，末了终于只记起了一个孔融。他的故事在演义里是没有，但这的确是一个杰出的人，从前所见木板《三国演义》的绣像中，孔北海头上好像戴了一顶披肩帽，侧面画着，飘飘的长须吹在一边，这个样子也还不错。他是被曹操所杀的一个人，我对于曹的这一点正是极不以为然的。

其次讲到水浒，这部书比三国要有意思得多了。民国以后我还看过几遍，其一是日本铜板小本，其二是有胡适之考证的新标点本，其三是刘半农影印的贯华堂评本，看时仍觉得有趣味。水浒的人物中间，我始终最喜欢鲁智深，他是一个纯乎赤子之心的人，一生好打不平，都是事不干己的，对于女人毫无兴趣，却为了她们一再闹出事来，到处闯祸，而很少杀人，算来只打死了郑屠一人，也是因为他自己禁不起打而死的。这在水浒作者意中，不管他是否施耐庵，大概也是理想的人物之一吧。李逵我却不喜欢，虽然拿来与宋江对比的时候也觉得很痛快，他就只是好胡乱杀人，如江州救宋江时不寻官兵厮杀，却只向人多处砍去，可以说正是一只野猫，只有以兽道论是对的吧。设计赚朱仝上梁山那时，李逵在林子里杀了小衙内，把他梳着双丫角的头劈作两半，这件事我是始终觉得不可饶恕的。武松与石秀都是可怕的人，两人自然也分个上下，武松的可怕是煞辣，用于报仇雪恨却很不错，而石秀则是凶险，可怕以至可憎了。武松杀嫂以至飞云楼①的一场，都是为报仇恨，石秀的逼杨雄杀潘巧云，为的要表白自己，完全是假公济私，这些情形向来都瞒不过看官们的眼，本来可以不必赘说。但是可以注意的是，前头武松杀了亲嫂，后面石秀又杀盟嫂，据金圣叹说来，固然可以说是由于作者故意要显他的手段，写出同而不同的两个场面来，可是事实上根本相同的则是两处都惨杀犯奸的女人，在这上面作者似乎无意中露出了一点马脚，即是他的女人憎恶的程度。水浒中杀人的事情也不少，而写杀潘金莲尤其是杀潘巧云迎儿处却是特别细致残忍，或有点欣赏的意思。——可是话又得说了回来，在向来看不起女人的社会里，况且这又是在至少四百年前所写的小说里边，我们怎好以今日的看法来责备他们，或者他也是借此写出一种人来，有这么样残酷，

① 武松杀两解差及蒋门神俩徒弟在飞云浦，杀张都监一家等在鸳鸯楼。〖*509，14*〗

正如写一个纯朴的鲁智深，是同一的用意呢，上面的话也只是想到了说说罢了。

一九四　拾遗　己

—读小说续—

《封神传》、《西游记》、《镜花缘》，我把这三部书归在一起，或者有人以为不伦不类，不过我的这样排列法是有理由的。本来《封神传》是东周列国之流，大概从《武王伐纣书》转变出来的，原是历史演义，却着重在使役鬼神这一点上敷衍成那么一部怪书，见神见鬼的那么说怪话的书大概是无出其右的了。《西游记》因为是记唐僧取经的事，有人以为隐藏着什么教理，这里不想讨论，虽然我自己原是不相信的，我只觉得它写孙行者和妖精的变化百出，很是好玩，与封神也是一类。《镜花缘》前后实是两部分，那些考女状元等等的女权说或者也有意思，我所[①]喜欢的乃是那前半，即唐敖多九公漂洋的故事。这三种小说的性质如何不同且不管它，我只合在一处，在古来缺少童话的中国当作这一类的作品看，亦是慰情胜无的事情。《封神传》在我们乡下称作“纣鹿台”，虽然已经成为荒唐无稽的代名词，但是姜太公神位在此的红纸到处贴着，他手执杏黄旗骑着四不像的模样也是永久存在人的空想

① “所”手稿作“乃”，三育本同，桂本改。〖*510，11*〗

里，因为一切法术都是童话世界的应有的陈设，缺少了便要感觉贫乏的。它的缺点只是没有个性，近似单调，不过这也是童话或民话的特征，它每一则大抵都只是用了若干形式凑拼而成的，有如七巧图一般，摆得好的虽然也可以很好。孙猴子的描写要好得多了，虽则猪八戒或者也不在他之下，其他的精怪则同阐截两教的神道差不多，也正是童话剧中的木头人而已，不过作者有许多地方都很用幽默，所以更显得有意思。儿童与老百姓是很有幽默感的，所以好的童话与民话都含有滑稽趣味。我的祖父常喜欢讲，孙行者有一回战败逃走，无处躲藏，只得摇身一变，变作一座古庙，剩下一根尾巴，苦于无处安顿，只好权作旗杆，放在后面。二郎神赶来看，庙倒是不错，但一根旗杆竖在庙背后，这种庙宇世上少有，一定是孙猴变的，于是终被看破了。这件故事看似寻常，却实在是儿童的想头，小孩听了一定要高兴发笑的，这便是价值的所在。

《红楼梦》自然也不得不一谈，虽然关于这书谈的人太多了，多谈不但没用，而且也近于无谓，我只一说对于大观园里的女人意见如何。正册的二十四钗中，当然春兰秋菊各有其美，但我细细想过，觉得作者描写得最成功也最用力的乃是王熙凤，她的缺点和长处也是不可分的，《红楼梦》里的人物好些固然像是实在有过的人一般，而凤姐则是最活现的一个，也自然最可喜。副册中我觉得晴雯最好，而袭人也不错，别人恐怕要说这是老子韩非同传，其实她有可取，不管好坏怎么的不一样。《红楼梦》的描写和言语是顶漂亮的，《儿女英雄传》在用语这一点上可以相比，我想拿来放在一起。二者运用北京语都很纯熟，因为作者都是旗人，《红楼梦》虽是清朝的书，但大观园中有如桃源似的，时代的空气很是稀薄，起居服色写得极为朦胧，始终似在锦绣的戏台布景中，《儿女英雄传》则相反的表现得很是明了。前清科举考试的情形，世家家庭间的礼节词令，有详细的描写，也是一种难得的特色。从前我说过几句批评，现在意见还是如此，可以再应用在这里：

《儿女英雄传》还是三十多年前看过的，近来重读一过，觉得实在还写得不错。平常批评的人总说笔墨漂亮，思想陈腐。这第一句大抵是众口一词，没有什么问题，第二句也并未说错，不过我却有点意见。如要说书的来反对科举，自然除了《儒林外史》再也无人能及，但志在出将入相，而且还想入圣庙，则亦只好推《野叟曝言》去当选了。《儿女英雄传》作者的昼梦只是想点翰林，那时候恐怕只是常情，在小说里不见得是顶腐败，他又喜欢讲道学，而安老爷这个脚色在全书中差不多写得最好，我曾说过玩笑话，像安学海那样的道学家，我也不怕见见面，虽然我平常所顶不喜欢的东西道学家就是其一。此书作者自称恕道，觉得有几分对，大抵他通达人情物理，所以处处显得大方，就是其陈旧迂谬处也总不叫人怎么生厌，这是许多作者都不易及的地方。写十三妹除了能仁寺前后一段稍为奇怪外，大体写得很好，天下自有这一种矜才使气的女孩子，大约列公也曾遇见一位过来，略具一鳞半爪，应知鄙言非妄，不过这里集合起来，畅快的写一番罢了。书中对于女人的态度我觉得很好，恐怕这或者是旗下的关系。其中只是承认阳奇阴偶的谬论，我们却也难深怪，此外总是当作一个人相对待，绝无淫虐狂的变态形迹，够得上说是健全的态度。小时候读弹词《天雨花》，很佩服左维明，但是他在阶前剑斩犯淫的侍女，至今留下一极恶的印象，若水浒之特别憎恶女性，曾为废名所指弹，小说中如能无此种污染，不可谓非难得而可贵也。

我们顺便的就讲到《儒林外史》。它对于前清的读书社会整个的加以讽刺，不但是高翰林卫举人严贡生等人荒谬可笑，就是此外许多人，即使作者并无嘲弄的口气，而写了出来也是那个无聊社会的一分子，其无聊正是一样。程鱼门在作者的传里说，此书“穷极文士情态”，正是说得极对，而这又差不多以南方为对象的，与作者同时代的高南阜曾评南方士人多文俗，也可以给《儒林外史》中人物作一个总评。这书的缺限是专讲儒林，如今事隔百馀年，教育制度有些变化了，读者恐要觉得疏远，比较的减少兴味亦未可知，但是科举虽废，士大夫的传统还是俨存，诚如识者所说过，青年人原是老头子的儿子，读书人现今改称知识阶级，仍旧一代如一代，所以《儒林外史》的讽刺在后世还是长久有生命的。中国向来缺少讽刺滑稽的作品，这部书是唯一的好成绩，不过如喝一口酸辣的酒，里边多含一点苦味，这也实在是难怪的，水土本来有点儿苦，米与水自然也是如此，虽有好酿手亦无可奈何。后来写这类谴责小说的也有人，但没有赶得上的，有些老新党的思想往往不及前朝的人，他们始终是个成功的上海的报人罢了。

《品花宝鉴》与《儒林外史》、《儿女英雄传》同是前清嘉道时代的作品，虽然是以北京的“相公”生活为主题，实在也是一部好的社会小说。书中除所写主要的几个人物过于修饰之外，其馀次要的也就近于下流的各色人等，却都写得不错，有人曾说他写的脏，不知那里正是他的特色，那些人与事本来就是那么脏的，要写就只有那么的不怕脏。这诚如理查白顿（Richard Burton）关于《香园》一书所说，这不是小孩子的书。中国有些书的确不是小孩子可以看的，但是有教育的成年人却应当一看，正如关于人生的暗黑面与比较的光明面他都该知道一样。有许多坏小说，在这里也不能说没有[①]用处，不过第一要看的人有成人的心眼，也就是有主宰，知道怎么看。但是我老实说不一定有这里所需要的忍耐力，往往成见的好恶先出来了，明知《野叟曝言》里文素臣是内圣外王的思想的代表，书中的思想极正统，极谬妄，极荒淫，很值得耐心一读，可是我从前借得学堂同班的半部石印小字本，却终于未曾看完而还了他了。这部江阴夏老先生的大作，我竭诚推荐给研究中国文士思想和心理分析的朋友，是上好的资料，虽则我自己还未能通读一过。

这里还有一部书我觉得应该提一提，这便是那《绿野仙踪》。什么人所著和什么年代出板我都忘记了，因为我看见这书还是在许多年前，大概至少总有六十年了吧。鲁迅的《中国小说史略》中也不著录，现今也没法查考。这是一部木版大书，可能有二十册，是我在先母的一个衣柜（普通称作大橱）内发见的，平常乘她往本家妯娌那里谈天去的时候偷看一点，可能没有看完全部，但大体是记得的，书中说冷于冰修仙学道的事，这是书名的所由来，但是又夹杂着温如玉狎娼情形，里边很有些秽亵的描写，其

① “有”字手稿空缺，三育本、桂本同添。〖*513，15*〗

最奇怪的是写冷于冰[①]的女弟子于将得道以前被一个小道士所强奸的故事。不过我所不能忘记的不是这些，乃是说冷于冰遇着一个开私塾教书的老头子，有很好的滑稽和讽刺。这老儒给冷于冰看的一篇《馍馍赋》，真是妙绝了，可惜不能记得，但是又给他讲解两句诗，却幸而完全没有忘记，这便是：

媳钗俏矣儿书废，哥罐闻焉嫂棒伤。

这里有意思的事，乃是讽刺乾隆皇帝的。我们看他题在《知不足斋丛书》前头的“知不足斋何不足，渴于书籍是贤乎”，和在西山碧云寺的御碑上的“香山适才游白社，越岭便以至碧云”比较起来，实在好不了多少。书里的描写可以说是挖苦透了，不晓得那时何以没有卷进文字狱里去的，或者由于发告的不好措词，因为此外没有确实的证据，假如直说这“哥罐”的诗是模拟“圣制”的，恐怕说的人就要先戴上一顶大不敬的帽子吧。

一九五　拾遗 庚

—遇狼的故事—

从前以不知为知的写些关于文艺的文章，总集起来名曰“谈

① “冷于冰”手稿作“冰于冰”，三育本、桂本同改。〖*514，3*〗

龙”，其关于别的问题的则称为“谈虎”，并出一本对人的批评，书名已经拟好为“真谈虎集”，可是想到这种妄耗精神乃是昏愚的事，遂尔中止了。民国三十三年（一九四四）又发生了遇狼的问题，也写了些东西，却一样的埋没了事，但是有些朋友以不明了这事为恨，希望在回想录上能够得到材料，深愧不能满足他们这期望，觉得在本文中不提一字也是不对，因把那一篇故事收在拾遗里面，算是应个景吧。原文如下：①

从前看郝懿行的《晒书堂笔录》，很是喜欢，特别是其中的《模糊》一篇，曾经写过文章介绍，后来有日本友人看见，也引起兴趣来，特地买了《晒书堂全集》去读，说想把郝君的随笔小文抄译百十则出版，可是现在没有消息，或者出版未能许可也不可知（可是不久出板了，书名就叫作“模糊集”，后来在译者所编的中国古典文学全集里的历代随笔集中，也全部收入在内）。模糊普通写作马虎，有办事敷衍之意，不算是好话，但郝君所说的是对于人家不甚计较，我觉得也是省事之一法，颇表示赞成，虽然实行不易，不能像郝君的那样道地。大抵这只有三种办法。一是法家的，这是绝不模糊。二是道家的，他是模糊到底，心里自然是很明白的。三是儒家的，他也模糊，但有个限度，仿佛是道家的帽，法家的鞋，可以说是中庸，也可以说是不彻底。我照例是不能彻底的人，所以至多也只能学到这个地步。前几天

①《遇狼的故事》全文桂本全集卷九已收，此处删去。手稿润色增删之处编至28号。

同日本的客谈起，我比喻说，这里有一堵矮墙，有人想瞧瞧墙外的景致，对我说，劳驾你肩上让我站一下，我谅解他的欲望，假如脱下皮鞋的话，让他一站也无什么不可以的。但是，若是连鞋要踏到头顶上去，那可是受不了，只得“蒙御免”了。不过这样做并不怎么容易，至少也总比两极端的做法为难，因为这里需要一个限度的酌量，而其前后又恰是那两极端的一部分，结果是自讨麻烦，不及彻底者的简单干净。而且，定限度尚易，守限度更难。你希望人家守限制，必须相信性善说才行，这在儒家自然是不成问题，但在对方未必如此，凡是想站到别人肩上去看墙外，自以为比墙还高了的，岂能尊重你中庸的限度，不再想踏上头顶去呢。那时你再发极，把他硬拉下来，结果还是弄到打架。仔细想起来，到底是失败，儒家可为而不可为，盖如此也。

不佞有志想学儒家，只是无师自通，学的更难像样，这种失败自然不能免了。多少年前有过一位青年，心想研究什么①一种学问，那时曾经给予好些帮助，还有些西文书，现在如放在东安市场，也可以得点善价了。不久他忽然左倾了，还要劝我附和他的文学论，这个我是始终不懂，只好敬谢不敏，他却寻上门来闹，有一回把外面南窗的玻璃打碎，那时孙伏园正寄住在那里，吓得他一大跳。这位英雄在和平时代曾记录过民间故事，题曰大黑狼，所以亡友饼斋后来嘲笑我说，你这回被大黑

① “么”字手稿空缺，三育本添。〖*515*，倒*1*〗

狼咬了吧。他的意思是说活该，这个我自己也不能否认，不过这大黑狼实在乃是他的学生，我被咬得有点儿冤枉，虽然引狼入室自然也是我的责任。这是好久以前的事情了。[①] 去年冬天偶然做了几首打油诗，其一云：

山居亦是多佳趣，山色苍茫山月高。

掩卷闭门无一事，支颐独自听狼嗥。[②]

饼斋先生去世于今已是五年了，说起来不胜感叹。可是别的朋友，好意的关怀我，却是不免有点神经过敏的列位，远道寄信来问，你又被狼咬了么？我听了觉得也可感也好笑，心想年纪这样一年年长上去了，还给人那么东咬西咬，还了得么。我只得老老实实的回答说，请放心，这不是狼，实在只是狗罢了。本来诗无达诂，要那么解释也并无什么不可，但事实上我是住在城里，不比山中，哪里会有狼来。寒斋的西南方面 [③] 有一块旧陆军大学的马号，现在改为华北交通公司的警犬训练所，关着许多狗，由外国人训练着。这狗成天的嗥叫，弄得近地的人寝食不安，后来却也渐渐习惯，不大觉得了，有时候还要提起耳朵静听，才能够辨别它们是不是叫着。这能否成为诗料，都不成问题，反正是打油诗，何必多所拘泥，可是不巧狗字平仄不调，所以换上一个狼字，也原是狗的一党，可以对付过去了。不料因此又引起朋友们的挂念，真是抱歉得很，所以现在忙里偷闲来说明一下子。

---

① 桂本无“这是好久以前的事情了”一句。〖*516*，*9*、*10*〗

② 此诗手稿有两处改写，“亦是”、“独自”桂本作“亦自”、“独坐”。〖*516*，*11*、*12*〗

③ “西南方面”桂本作“南边”。〖*516*，倒*11*〗

说到遇狼，我倒是有过经验的，虽然实际未曾被咬。这还是四十年前在江南水师学堂做学生的时候的事，《雨天的书》怀旧之二里，根据汪仲贤先生所说，学校后边山上有狼，据墙上警告行人的字帖，曾经白昼伤人，说到自己遇狼的经验，大意云：

“仲贤先生的回忆中那山上的一只大狼，正同老更夫一样，它也是我的老相识。我们在校时每到晚饭后常往后山上去游玩，但是因为山坳里的农家有许多狗，时以恶声相向，所以我们习惯都拿一根棒出去。一天的傍晚，我同友人卢君出了学堂，向着半山的一座古庙走去，这是同学常来借了房间叉麻将的地方。我们沿着小路前进，两旁都生着稻麦之类，有三四尺高。走到一处十字路口，我们看见左手横路旁伏着一只大狗，照例挥起我们的棒，它便窜入麦田里不见了。我们走了一程，到了第二个十字路口，却又见这只狗从麦丛中露出半个身子，随即窜向前面的田里去了。我们觉得它的行径有点古怪，又看见它的尾巴似乎异常，才想到它或者不是寻常的狗，于是便把这天的散步中止了。后来同学中也还有人遇见过它，因为手里有棒，大抵是它先回避了。过了多年之后它还在那里，而且居然伤人起来了。不知道现今还健在否，很想得到机会去南京打听一声。”

以上还是民国前的话，自从南京建都以后，这情形自当大不相同了。依据我们自己的经验，山野的狼是并不怎么可怕的。最可怕的或者是狼而能说人话的，有如中山狼故事里的一只狼。小时候看见木板书的插图，画着一只干瘦的狼，对着土地似的老翁说人一般的话，至今想起来还是毛骨耸然。此外则西洋传说里的人狼，古英文所谓卫勒伍耳夫①（Werewolf）②者是也，也正是中国的变鬼人一类的东西。我有一大册西文书，是专讲人狼的，与讲僵尸的一册正是一对，真是很难得的好书，可是看起来很可怕，所以虽然我很珍重，却至今还不曾细阅，岂真恐怕吓破苦胆乎，想起来亦自觉得好笑人也。民国甲申（一九四四）惊蛰节，在北京。

一九六　拾遗 辛

—我的杂学—

一九四四年从四月到七月，写了一篇《我的杂学》，共有二十节，这是一种关于读书的回忆，把我平常所觉得有兴趣以及自以为有点懂得的事物，简单的记录了下来。虽然末后的结论里也承认说，这可以说是愚人的自白，实际也写得不大高明，假如现在来改写的话，可能至少要减少到一半以上，但是既然写成了，删改也似乎可以不必，所以现今仍照原样的保存了。③

① “伍”字手稿空缺，三育本作“卫勒耳夫”，今据桂本添。〖*517*，倒*4*〗

② “Werewolf”三育本、桂本均作“Werwolf”。〖*517*，倒*4*〗

③《我的杂学》全文近两万五千字，桂本全集卷九已收，此处删去。手稿润色增删之处编至*338*号。

一、引言　小时候读《儒林外史》，后来多还记得，特别是关于批评马二先生的话。第四十九回高翰林说：

“若是不知道揣摩，就是圣人也是不中的。那马先生讲了半生，讲的都是些不中的举业。”又第十八回举人卫体善卫先生说：

“他终日讲的是杂学。听见他杂览到是好的，于文章的理法他全然不知，一味乱闯[①]，好墨卷也被他批坏了。”这里所谓文章是说八股文，杂学是普通诗文，马二先生的事情本来与我水米无干，但是我看了总有所感，仿佛觉得这正是说着我似的。我平常没有一种专门的职业，就只喜欢涉猎闲书，这岂不便是道地的杂学，而且又是不中的举业，大概这一点是无可疑的。我自己所写的东西好坏自知，可是听到世间的是非褒贬，往往不尽相符，有针小棒大之感，觉得有点奇怪，到后来却也明白了。人家不满意，本是极当然的，因为讲的是不中的举业，不知道揣摩，虽圣人也没用，何况我辈凡人。至于说好的，自然要感谢，其实也何尝真有什么长处，至多是不大说诳，以及所说多本于常识而已。假如这常识可以算是长处，那么这正是杂览应有的结果，也是当然的事，我们断章取义的借用卫先生的话来说，所谓杂览到是好的也。这里我把自己的杂学简要的记录一点下来，并不是什么敝帚自珍，实在也只当作一种读书的回想云尔。民国甲申（一九四四）四月末日。

二、古文　日本旧书店的招牌上多写着“和汉洋书籍”云云，这固然是店铺里所有的货色，大抵读书人所看的也不出这范围，所以可以说是很能概括的了。现今也仿照这个意思，从汉文讲起头来。

---

① “乱闯”桂本作“乱闹”。〖*518*，倒*13*〗

我开始学汉文，还是在甲午以前，距今已是五十馀年，其时读书盖专为应科举的准备，终日念四书五经以备作八股文，中午习字，傍晚对课以备作试帖诗而已。鲁迅在辛亥曾戏作小说，假定篇名曰“怀旧”，其中略述书房情状，先生讲《论语》“志于学”章，教属对，题曰红花，对青桐不协，先生代对曰绿草，又曰，红平声，花平声，绿入声，草上声，则教以辨四声也。此种事情本甚寻常，唯及今提及，已少有知者，故亦不失为值得记录的资料。我的运气是，在书房里这种书没有读透。我记得在十一岁时还在读“上中”，即《中庸》的上半卷，后来陆续将经书勉强读毕，八股文凑得起三四百个字，可是考不上一个秀才，成绩可想而知。语云，祸兮福所倚。举业没有弄成功，但我因此认得了好些汉字，慢慢能够看书，能够写文章，就是说把汉文却是读通了。汉文读通极是普通，或者可以说在中国人正是当然的事，不过这如从举业文中转过身来，它会附随着两种臭味，一是道学家气，一是八大家气，这都是我所不大喜欢的。本来道学这东西没有什么不好，但发现在人间便是道学家，往往假多真少，世间早有定评，我也多所见闻，自然无甚好感。家中旧有一部浙江官书局刻方东树的《汉学商兑》，读了很是不愉快，虽然并未因此被激到汉学里去，对于宋学却起了反感，觉得这么度量褊窄，性情苛刻，就是真道学也有何可贵，倒还是不去学他好。还有一层，我总觉得清朝之讲宋学，是与科举有密切关系的，读书人标榜道学作为求富贵的手段，与跪拜颂扬等等形式不同而作用则一。这些恐怕都是个人的偏见也未可知，总之这样使我脱离了一头羁绊，于后来对于好些事情的思索上有不少的好处。八大家的古文在我感觉也是八股文的长亲，其所以为世人所珍重的最大理由我想即在于此。我没有在书房里学过念古文，所以摇头朗诵像唱戏似的那种本领我是不会的，最初只自看《古文析义》，事隔多年几乎全忘了，近日拿出安越堂平氏校本《古文观止》来看，明了的感觉唐以后文之不行，这样说虽然有似乎是明七子的口气，但是事实无可如何。韩柳的文章至少在选本里所收的，都是些《宦乡要则》里的资料，士子做策论，官幕办章奏书启，是很有用的，若以文论不知道好处在哪里。念起来声调好，那是实在的事，但是我想这正是属于八股文一类的证据吧。读前六卷的所谓周秦文以至汉文，总是华实兼具，态度也安详沉着，没有那种奔竞躁进气，此盖为科举制度时代所特有者，韩柳文勃兴于唐，盛行至于今日，即以此故，此又一段落也。不佞因为书房教育受得不充分，所以这一关也逃过了，至今想起来还觉得很侥幸，假如我学了八大家文来讲道学，那是道地的正统了，这篇谈杂学的小文也就无从写起了。

一九七　拾遗　壬

三、小说与读书　我学国文的经验，在十八九年前（即一九二六年）曾经写了一文，约略说过。中有云，经可以算读得也不少了，虽然也不能算多，但是我总不会写，也看不懂书，至于礼教的精义尤其茫然，干脆一句话，以前所读的书于我无甚益处，后来的能够写文字，及养成一种道德观念，乃是全从别方面来的。关于道德思想将来再说，现在只说读书，即是看了纸上的文字懂得所表现的意思，这种本领是怎么学来的呢。简单的说，这是从小说看来的。大约在十三至十五岁，读了不少的小说，好的坏的都有，这样便学会了看书。由《镜花缘》、《儒林外史》、《西游记》、《水浒传》等渐至《三国演义》，转到《聊斋志异》，这是从白话转入文言的径路。教我懂文言，略知文言的趣味者，实在是这聊斋，并非什么经书或是《古文析义》之流。《聊斋志异》之后，自然是那些《夜谈随录》等的假聊斋，一转而入《阅微草堂笔记》，这样旧派文言小说的传奇志怪两派都已经入门，便自然更进一步跑到《唐代丛书》里边去了。这种经验大约也颇普通，嘉庆时人郑守庭的《燕窗闲话》中，也有一段相似的记录。不过我自己的经验不但使我了解文义，而且还指引我读书的方向，所以这关系就更大了。

《唐代丛书》因为板子都欠佳，所以至今未曾买好一部，我对于它却颇有好感，里边有几种书还是记得，我的杂览可以说是从那里起头的。小时候看见过的书，虽然本是偶然的事，往往留下很深的印象，发生很大的影响。《尔雅音图》，《毛诗品物图考》，《毛诗草木疏》，《花镜》，《笃素堂外集》，《金石存》，《剡录》，这些书大抵并非精本，有的还是石印，但是至今记得，后来都搜得收存，兴味也仍存在。说是幼年所见的书全有如此力量么，那也并不见得，可知这里有些别择的。聊斋与阅微草堂是引导我去读古文的书，可是后来对于前者我不喜欢他的词章，对于后者很讨厌他的义理，大有得鱼忘筌之意。《唐代丛书》是杂学入门的课本，现在却亦不能举出若干心喜的书名，或者上边所说《尔雅音图》各书可以充数，这些本来不在丛书之内，但如说是以[①]从《唐

① “以”桂本改作“已”。〖*521*，倒*3*〗

代丛书》养成的读书兴味，在丛书之外别择出来的中意的书，这说法也是可以的吧。

这个非正宗的别择法一直维持下来，成为我搜书看书的准则。这大要有八大类。一是关于诗经论语疏注[①]之类。二是小学书，即说文解字尔雅方言之类。三是文化史料类，非志书的地志，特别是关于岁时风土物产者，如梦忆、清嘉录，又关于乱事如《思痛记》，关于倡优如《板桥杂记》等。四是年谱日记游记家训尺牍类，最著的例如《颜氏家训》、《入蜀记》等。五是博物书类，即农书本草，诗疏尔雅各本亦与此有关系。六是笔记类，范围甚广，子部杂家大部分在内。七是佛经之一部，特别是旧译譬喻因缘本生各经，大小乘戒律，代表的语录。八是乡贤著作。我以前常说看闲书代纸烟，这是一句半真半假的话，我说闲书，是对于新旧各式的八股文而言，世间尊重八股是正经文章，那么我这些当然是闲书罢了，我顺应世人这样客气的说，其实在我看来原都是很重要极严肃的东西。重复的说一句，我的读书是非正统的，因此常为世人所嫌憎，但是自己相信其所以有意义处亦在于此。

四、古典文学　古典文学中我很喜欢《诗经》，但老实说也只以国风为主，小雅但有一部分耳。说诗不一定固守小序或集传，平常适用的好本子却难得，有早印的扫叶山庄陈氏本《诗毛氏传疏》，觉得很可喜，时常拿出来翻看。陶渊明诗向来喜欢，文不多而均绝佳，安化陶氏本最适用，虽然两种刊板都欠精善。此外的诗以及词曲，也常翻读，但是我知道不懂得诗，所以不大敢多看、多说。骈文也颇爱好，虽然能否比诗多懂得一点这原是疑问，

---

① 桂本无“疏注”二字。〖*522，1*〗

阅孙隘庵的《六朝丽指》却很多同意，仍不敢贪多，《六朝文絜》及黎氏笺注常在座右而已。伍绍棠跋《南北朝文钞》云，南北朝人所著书多以骈俪行之，亦均质雅可诵。此语真实，唯诸书中我所喜者为《洛阳伽蓝记》、《颜氏家训》，此他虽皆篇章之珠泽，文采之邓林，如《文心雕龙》与《水经注》，终苦其太专门，不宜于闲看也。以上就唐以前书举几个例，表明个人的偏好，大抵于文字之外看重所表现的气象与性情，自从韩愈文起八代之衰以后，便没有这种文字，加以科举的影响，后来即使有佳作，也总是质地薄，分量轻，显得是病后的体质了。

至于思想方面，我所受的影响又是别有来源的。笼统的说一句，我自己承认是属于儒家思想的，不过这儒家的名称是我所自定，内容的解说恐怕与一般的意见很有些不同的地方。我想中国人的思想是重在适当的做人，在儒家讲仁与中庸正与之相同，用这名称似没有什么不合，其实正因为孔子是中国人，所以如此，并不是孔子说教[1]传道，中国人乃始变为儒教徒也。儒家最重的是仁，但是智与勇二者也很重要，特别是在后世儒生成为道士化、禅和子化、差役化，思想混乱的时候，须要智以辨别，勇以决断，才能截断众流，站立得住。这一种人在中国却是不易找到，因为这与君师的正统思想往往不合，立于很不利的地位，虽然对于国家与民族的前途有极大的关系与[2]价值。上下古今自汉至于清代，我找到了三个人，这便是王充、李贽、俞正燮是也。王仲任的疾虚妄的精神，最显著的表现在《论衡》上面，其实别的两人也是一样，李卓吾在《焚书》与《初潭集》，俞理初在“癸巳类稿”、

① “说教”桂本作“设教”。〖523，10〗

② 桂本无“关系与”三字。〖523，倒15〗

“存稿”上的所表示的正是同一的精神。他们未尝不知道多说真话的危险，只因通达人情物理，对于世间许多事情的错误不实看得太清楚，忍不住要说，结果是不讨好，却也不在乎。这种爱真理的态度是最可宝贵，学术思想的前进就靠此力量，只可惜在中国历史上不大多见耳。我尝称他们为中国思想界之三盏灯火，虽然很是辽远微弱，在后人却是贵重的引路的标识。太史公曰，高山仰止，景行行止，虽不能至，然心向往之。对于这几位先贤我也正是如此，学是学不到，但疾虚妄，重情理，总作为我们的理想目标[①]，随时注意，不敢不勉。古今笔记所见不少，披沙拣金，千不得一，不足言劳，但苦寂寞。民国以来号称思想革命，而实亦殊少成绩，所知者唯蔡孑民钱玄同二君可当其选，但多未著之笔墨，清言既绝，亦复无可征考，所可痛惜也。

一九八　拾遗　癸

五、外国小说　我学外国文，一直很迟，所以没有能够学好，大抵只可看书而已。光绪辛丑（一九〇一）进江南水师学堂当学生，才开始学英文，其时年已十七[②]，至丙辰（一九〇六）被派往日本留学，不得不再学日本文，则又在五年后矣。我们学英文的目的为的是读一般理化及机器书籍，所用课本最初是《华英初阶》以至进阶，参考书是考贝纸印的《华英字典》（虽然其实

① 桂本无“目标”二字。〖*523，倒2*〗

② “十七”桂本作“十八”。〖*524，8*〗

是英文注汉字的）[①]，其幼稚可想，此外西文还有什么可看的书全不知道。许多前辈同学毕业后把这几本旧书抛弃净尽，虽然英语不离嘴边，再也不一看横行的书本，正是不足怪的事。我的运气是同时爱看新小说，因了林氏译本知道外国有司各得哈葛德这些人，其所著书新奇可喜，后来到东京又见西书易得，起手买一点来看，从这里得到不少的益处。不过我所读的却不是英国的文学作品[②]，只是借了这文字的媒介杂乱的读些书，其一部分是欧洲弱小民族的文学。当时日本有长谷川二叶亭与昇曙梦专译俄国作品，马场孤蝶多介绍大陆文学，我们特别感到兴趣，一面又因为《民报》在东京发刊，中国革命运动正在发达，我们也受了民族思想的影响，对于所谓被损害与侮辱的国民的文学更比强国的表示尊重与亲近。这些里边，波兰、芬兰、匈加利、新希腊等最是重要，俄国其时正在反抗专制，虽非弱小而亦被列入。那时影响至今尚有存留的，即是我的对于几个作家的爱好，俄国果戈理与伽尔洵，波兰显克威支，虽然有时可以十年不读，但心里还是永不忘记，陀思妥也夫斯奇也极是佩服，可是有点敬畏，向来不敢轻易翻动，也就较为疏远了。摩斐尔（Morfill）的《早期[③]斯拉夫文学小史》，[④]勃兰特思（Brandes）的《波兰印象记》，赖息（Emil Reich）的《匈加利文学史论》，这些都是四五十年前的旧书，于我却很有情分，回想当日读书时的感激历历如昨日，给予我的好处亦终未亡失。只可惜我未曾充分利用，小说前后译出三十几篇，

---

① 桂本无此括注。〖524，12〗

②"英国的文学作品"，桂本作"英文学"。〖524，倒12〗

③ 桂本无"早期"二字。〖525，1〗

④ 桂本此处有"克罗巴金的《俄国文学史》"一句。〖525，2〗

收在两种短篇集内，史传批评则多只读过独自怡悦耳。但是这也总之不是徒劳的事，民国六年来到北京大学，被命讲授欧洲文学史，就把这些拿来做底子，而这以后七八年间的教书，督促我反覆的查考文学史料，这又给我做了一种训练。我最初只是关于古希腊与十九世纪欧洲文学的一部分有点知识，后来因为要教书编讲义，其他部分须得设法补充，所以起头这两年虽然只担任每周[①]六小时功课，却真是日不暇给，查书写稿之外几乎没有别的事情可做，可是结果并不满意，讲义印出了一本，十九世纪这一本终于不曾付印，这门功课在几年之后也停止了。凡文学史都不好讲，何况是欧洲的，这几年我知道自误误人的确不浅，早早中止还是好的，至于我自己实在却仍得着好处，盖因此勉强读过多少书本，获得一般文学史的常识，至今还是有用，有如教练兵操，本意在于上阵，后虽不用，而操练所馀留的对于体质与精神的影响则固长存在，有时亦觉得颇可感谢者也。

六、希腊神话　从西文书中得来的知识，此外还有希腊神话。说也奇怪，我在学校里学过几年希腊文，近来翻译阿波罗多洛思的神话集，觉得这是自己的主要工作之一，可是最初之认识与理解希腊神话，却是全从英文的著书来的。我到东京的那年（一九〇六），买得该莱（Gayley）的《英文学中之古典神话》，随后又得到安特路朗（Andrew Lang）的两本《神话仪式与宗教》，这样便使我与神话发生了关系。当初听说要懂西洋文学须得知道一点希腊神话，所以去找一两种参考书来看，后来对于神话本身有了兴趣，便又去别方面寻找，于是在神话集这面

① 桂本无“每周”二字。〖*525，13*〗

有了阿波罗多洛思的原典，福克斯（W. S. Fox）与洛兹（H. J. Rose）的专著，论考方面有哈理孙女士（Jane Harrison）的《希腊神话论》以及宗教各书，安特路朗则是神话之人类学派的解说，我又从这里引起对于文化人类学的兴趣来的。世间都说古希腊有美的神话，这自然是事实，只须一读就会知道，但其所以如此又自有其理由，这说起来更有意义。古代埃及与印度也有特殊的神话，其神道多是牛首鸟头，或者是三头六臂，形状可怕，事迹更多怪异，始终没有脱出宗教的区域，与艺术有一层的间隔。希腊的神话起源本亦相同，而逐渐转变，因为如哈理孙女士所说，希腊民族不是受祭司支配而是受诗人的支配的，结果便由他们把那些粗材[①]都修造成为美的影象了。“这是希腊的美术家与诗人的职务，来洗除宗教中的恐怖分子，这是我们对于希腊的神话作者（mythopoios）的最大的负债。”我们中国人虽然以前对于希腊不曾负有该项债务，现在却该奋发去分一点过来，因为这种希腊精神即使不能起死回生，也有返老还童的力量，在欧洲文化史上显然可见，对于现今的中国，因了多年的专制与科举的重压，人心里充满着丑恶与恐怖而日就萎靡，这种一阵清风似的袯除力是不可少，也是大有益的。我从哈理孙女士的著书得悉希腊神话的意义，实为大幸，只恨未能尽力绍介。阿波罗多洛思的书本文译毕，注释恐有两倍[②]的多，至今未能续写。此外还该有一册稍为通俗的故事，自己不能写，翻译更是不易。劳斯博士（W. H. D. Rouse）于一九三四年著有《希腊的神与英雄与人》，他本是古典学者，文章写得很有风趣，在一八九七年译过《希腊现代小说

① 桂本无“粗材”二字。〖*526，14*〗

② “两倍”桂本作“三倍”。〖*526，倒7*〗

集》，序文名曰“在希腊诸岛”，对于古旧的民间习俗颇有理解，可以算是最适任的作者了，但是我不知怎的觉得这总是基督教国人所写的书，特别是在通俗的为儿童用的，这与专门书不同，未免有点不相宜，未能决心去译他，只好且放下。我并不一定以希腊的多神教为好，却总以为它的改教为可惜，假如希腊能够像中国日本那样，保存旧有的宗教道德，随时必要的加进些新分子去，有如佛教基督教之在东方，调和的发展下去，岂不更有意思。不过已经过去的事是没有办法了，照现在的事情来说，在本国还留下些生活的传统，劫馀的学问艺文在外国甚被宝重，一直研究传播下来，总是很好的了。我们想要讨教，不得不由基督教国去转手，想来未免有点别扭，但是为希腊与中国再一计量，现在得能如此也已经是可幸的事了。

一九九　拾遗　子

七、神话学与安特路朗　安特路朗是个多方面的学者文人，他的著书很多，我只有其中的文学史及评论类，古典翻译介绍类，童话儿歌研究类，最重要的是神话学[①]类，[②]但是如《垂钓漫录》以及诗集却终于未曾收罗。这里边于我影响最多的是神话学类中之《习俗与神话》、《神话仪式与宗教》这两部书，因为我由此知道神话的正当解释，传说与童话的研究也于是有了门路了。十九

---

① 手稿无“学”字，今据桂本添。〖527，倒14〗

② 桂本此处有“此外也有些杂文”一句。〖527，倒14〗

世纪中间欧洲学者以“言语之病”解释神话，可是这里有个疑问，假如亚里安族神话起源是由于亚利安族的言语之病，那么这是很奇怪的，为什么在非亚里安族言语通行的地方也会有相像的神话存在呢。在语言系统不同的民族里都有类似的神话传说，说这神话的起源都由于言语的传讹，这在事实上是不可能的。言语学派的方法既然不能解释神话里的荒唐不合理的事件，人类学派乃代之而兴，以类似的心理状态发生类似的行为作为解说，大抵可以得到合理的解决。这最初称之曰民俗学的方法，在《习俗与神话》中曾有说明，其方法是，如在一国见有显是荒唐怪异的故事[①]，要去找到别一国，在那里也有类似的事[②]，但在那里是现行的习俗[③]，不特并不荒唐怪异，却正与那人民的礼仪思想相合。对于古希腊神话也是用同样的方法，取别民族类似的故事来做比较，以现在尚有存留的信仰推测古时已经遗忘的意思[④]，大旨可以明了，盖古希腊人与今时某种土人其心理状态有类似之处，即由此可得到类似的神话传说之意义也。《神话仪式与宗教》第三章以下论野蛮人的心理状态，约举其特点有五，即一为万物同等，均有生命与知识，二为信法术，三为信鬼魂，四为[⑤]好奇，五为轻信。根据这里的解说，我们已不难了解神话传说以及童话的意思，但这只是入门，使我更知道得详细一点的，还靠了别的两种书，即是哈忒阑（Hartland）的《童话之科学》与麦扣洛克（Macculloch）的《小说之童年》。《童话之科学》第二章论野蛮人思想，差不多

---

① “故事”桂本作“习俗”。〖*528，1*〗

② “事”桂本作“习俗”。〖*528，1*〗

③ 桂本无“是现行的习俗”六字。〖*528，2*〗

④ “意思”桂本改作“思想”。〖*528，5*〗

⑤ 手稿此处多写一“为”字，三育本同，今删。〖*528，9、10*〗

大意相同，全书分五目九章详细叙说，《小说之童年》副题即云“民间故事与原始思想之研究”，分四类十四目，更为详尽，虽出版于一九〇五年，却还是此类书中之白眉，夷亚斯莱（Yearsley）在二十年后著《童话之民俗学》，亦仍不能超出其范围也。神话与传说童话元[1]出一本，随时变化，其一是宗教的，其二则是史地类，其三属于文艺，性质稍有不同，而其解释还是一样，所以能读神话而遂通童话，正是极自然的事。麦扣洛克称其书曰“小说之童年”，即以民间故事为初民之小说，犹之朗氏谓说明事物原始的神话为野蛮人的科学，说的很有道理。我们看这些故事，未免因了考据癖要考察其意义，但同时也当作艺术品看待，得到好些悦乐。这样我又去[2]搜寻各处童话，不过这里的目的还是偏重在后者，虽然知道野蛮民族的也有价值，所收的却多是欧亚诸国，自然也以少见为贵，如土耳其、哥萨克、俄国等。法国贝洛耳（Perrault）、德国格林（Grimm）兄弟所编的故事集，是权威的著作，我所有的又都有安特路朗的长篇引言，很是有用，但为友人所借，带到南边去了，现尚无法索还也。

八、文化人类学　我因了安特路朗的人类学派的解说，不但懂得了神话及其同类的故事，而且也知道了文化人类学，这又称为社会人类学，虽然本身是一种专门的学问，可是这方面的一点知识于读书人很是有益，我觉得也是颇有趣味的东西。在英国的祖师是泰勒（Tylor）与拉薄克（Lubbock），所著《原始文明》与《文明之起源》都是有权威的书，泰勒又著有《人类学》，也是一册很好入门书，虽是一八八一年的初版，近时却还在翻印，中国

---

① “元”三育本作“原”，桂本改作“源”。〖*528*，倒*12*〗

② “又去”手稿作“又又去”，三育本删，桂本作“就又去”。〖*528*，倒*5*〗

广学会曾经译出，我于光绪丙午（一九〇六）在上海买到一部，不知何故改名为“进化论”，用有光纸印的，未免可惜，后来恐怕也早绝版了。但是于我最有影响的还是那《金枝》的有名的著者弗来则博士（J. G. Frazer）。社会人类学是专研究礼教习俗这一类的学问，据他说研究有两方面，其一是野蛮人的风俗思想，其二是文明国的民俗，盖现代文明国的民俗大都即是古代蛮风之遗留，也即是现今野蛮风俗的变相，因为大多数的文明衣冠的人物在心里还依旧是个野蛮。因此这比神话学用处更大，它所讲的包括神话在内，却更是广大，有些我们平常最不可解的神圣或猥亵的事项，经那么一说明，神秘的面幕倏尔落下，我们懂得了的时候不禁微笑，这是同情的理解，可是威严的压迫也就解消了。这于我们是很好很有益的，虽然于假道学的传统未免要有点不利，但是此种学问在以伪善著称的西国发达，未见有何窒碍，所以在我们中庸的国民中间，能够多被接受本来是极应该的吧。弗来则的著作除《金枝》这一流的大部著书五部之外，还有若干种的单册及杂文集，他虽非文人而文章写得很好，这颇有点像[①]安特路朗，对于我们非专门家而想读他的书的人是很大的一个便利。他有一册《普须该的工作》(*Psyche's Task*)，是四篇讲义专讲迷信的，觉得很有意思，后来改名曰“魔鬼的辩护人[②]”，日本已有译本在岩波文库中，仍用他的原名，又其《金枝》节本亦已分册译出。弗来则夫人所编《金枝上的叶子》又是一册启蒙读本，读来可喜又复有益，我在《夜读抄》中写过一篇介绍，却终未能翻译，这于今也已是十年前事了。此外还有一位原籍芬兰而寄居英国的

① “这颇有点像”桂本作“还颇像”（“还”似“这”之误）。〖*529*，倒*3*〗

② 桂本无“人”字，手稿有明显的涂改痕迹，证明是特为添加的。〖*530*，*2*〗

威思忒玛克（Westermarck）教授，他的大著《道德观念起源发达史》两册，于我影响也很深。茀来则在《金枝》第二分序言中曾说明各民族的道德法律均常在变动，不必说异地异族，就是同地同族的人，今昔异时，其道德观念与行为亦遂不同。威思忒玛克的书便是阐明这道德观念的流动的专著，使我们确实明了的知道了道德的真相，虽然因此不免打碎了些五色玻璃似的假道学的摆设，但是为了生与生生而有的道德的本义则如一块水晶，总是明澈的看得清楚了。我写文章往往牵引到道德上去，这些书的影响可以说是原因之一部分，虽然其基本部分还是中国的与我自己的。威思忒玛克的专门巨著还有一部《人类婚姻史》，我所有的只是一册小史，又《六便士丛书》中有一种曰“结婚”，只是八十叶的小册子，却是很得要领。同丛书中也有哈理孙女士的一册《希腊罗马神话》，大抵即根据前著《希腊神话论》所改写者也。

二百　拾遗　丑

九、生物学　我对于人类学稍有一点兴味，这原因并不是为学，大抵只是为了人，而这人的事情也原是以文化之起源与发达为主。但是人在自然中的地位，如严幾道古雅的译语所谓化中人位，我们也是很想知道的，那么这条道路略一拐弯便又一直引到生物与进化①那边去了。关于生物学我完全只是乱翻书的程度，

① “生物与进化”桂本作“进化论与生物学”。〖530，倒3〗

说得好一点也就是涉猎，据自己估价不过是受普通教育过的学生应有的一点知识，此外加上多少从杂览来的零碎资料而已。但是我对于这一方面的爱好，说起来原因很远，并非单纯的为了化中人位的问题而引起的。我在上文提及，以前也写过几篇文章讲到过，我所喜欢的旧书中有一部分是关于自然名物的，如毛诗草木疏及广要，《毛诗品物图考》，《尔雅音图》及郝氏义疏，汪曰桢《湖雅》，《本草纲目》、《野菜谱》、《花镜》、《百廿虫吟》等。照时代来说，除毛诗尔雅诸图外最早看见的是《花镜》，距今已将五十年了，爱好之心却始终未变，在康熙原刊之外还买了一部日本翻本，至今也仍时时拿出来看。看《花镜》的趣味，既不为的种花，亦不足为作文的参考，在现今说与人听，是不容易被[①]领解，更不必说同感的了。因为最初有这种兴趣，后来所以牵连开去，应用在思想问题上面，否则即使要了解化中人位，生物学知识很是重要，却也觉得麻烦，懒得去动手了吧。

外国方面认得怀德（Gilbert White）的博物学的通信集最早，就是世间熟知的所谓“色尔彭的自然史”，此书初次出版还在清乾隆五十四年（一七八九），至今重印不绝，成为英国古典中唯一的一册博物书。但是近代的书自然更能供给我们新的知识，于目下的问题也更有关系，这里可以举出汤谟孙（Thomson）与法勃耳（Fabre）二人来，因为他们于学问之外都能写得很好的文章，这于外行的读者是颇有益处的。汤谟孙的英文书收了几种，法勃耳的《昆虫记》只有全集日译三种，英译分类本七八册而已。我在民国八年写过一篇《祖先崇拜》，其中有云：

---

① 桂本无“被”字。〖*531，11*〗

> 我不相信世上有一部经典，可以千百年[①]来当人类的教训的，只有记载生物的生活现象的比阿洛吉，才可供我们参考，定人类行为的标准。

这也可以翻过来说，经典之可以作教训者，因其合于物理人情，即是由生物学通过之人生哲学，故可贵也。我们听法勃耳讲[②]昆虫的本能之奇异，不禁感到惊奇，但亦由此可知焦理堂言生与生生之理，圣人不易，而人道最高的仁亦即从此出。再读汤谟孙谈落叶的文章，每片树叶在将落之前，必先将所有糖分叶绿等贵重成分退还给树身，落在地上又经蚯蚓运入土中，化成植物性壤土，以供后代之用，在这自然的经济里可以看出别的意义，这便是树叶的忠荩，假如你要谈教训的话。《论语》里有"小子何莫学夫诗"一章，我很是喜欢，现在倒过来说，多识于鸟兽草木之名，可以兴，可以观，可以群，可以怨，迩之事父，远之事君，觉得也有新的意义，而且与事理也相合，不过事君当读作尽力国事而已。说到这里话似乎有点硬化了，其实这只是推到极端去说，若是平常我也只是当闲书看，派克洛夫忒（Pycroft）所著的《动物之求婚》与《动物之幼年》二书，我也觉得很有意思，虽然并不一定要去寻求什么教训。

十、儿童文学　民国十六年春间我在一篇小文中曾说，我所想知道一点的都是关于野蛮人的事，一是古野蛮，二是小野蛮，三是文明的野蛮。一与三是属于文化人类学的，上文约略说及，这其二所谓小野蛮乃是儿童。因为照进化论讲来，人类的个体发

① 手稿无"年"字，三育本添。〖*531*，倒*5*〗

② 手稿此处多写"法勃耳讲"四字，三育本删去。〖*531*，倒*1*〗

生原来和系统发生的程序相同，胚胎时代经过生物进化的历程，儿童时代又经过文明发达的历程，所以幼稚这一段落正是人生之蛮荒时期。我们对于儿童学的有些兴趣这问题，差不多可以说是从人类学连续下来的。自然大人对于小儿本有天然的情爱，有时很是痛切，日本语中有“儿烦恼”一语，最有意味。庄子又说圣王用心，嘉孺子而哀妇人，可知无间高下人同此心。不过于这主观的慈爱之上又加以客观的了解，因而成立儿童学这一部门，乃是极后起的事，已在十九世纪的后半了。我在东京时得到高岛平三郎编的《歌咏儿童的文学》及所著《儿童研究》，才对于这方面感到兴趣，其时儿童学在日本也刚开始发展，斯丹莱贺尔（Stanley Hall）博士在西洋为斯学之祖师，所以后来参考的书多是英文的，塞莱（Sully）的《幼儿时期之研究》虽已经是古旧的书，我却很是珍重，至今还时常想起。

以前的人对于儿童多不能正当理解，不是将他当作小型[①]的成人，期望他少年老成，便将他看作不完全的小人，说小孩懂得什么，一笔抹杀，不去理他。现在才知道儿童在生理心理上虽然和大人有些不同，但他仍是完全的个人，有他自己内外两面的生活。这是我们从儿童学所得来的一点常识，假如要说救救孩子，大概都应以此为出发点的。自己惭愧于经济政治等无甚知识，正如讲到妇女问题时一样，未敢多说，这里与我有关系的还只是儿童教育里一部分，即是童话与儿歌。在二十多年前我曾写过一篇《儿童的文学》，引用外国学者的主张，说儿童应该读文学的作品，不可读[②]那些商人们编撰的读本，念完了读本虽然认识了字，却

① “小型”桂本作“小形”。〖*533，6*〗

② “读”桂本作“单读”。〖*533，15*〗

不会读书，因为没有养成[1]读书的趣味。幼小的儿童不能懂名人的诗文，可以读童话，唱儿歌，此即是儿童的文学。正如在《小说的童年》中所说，传说故事是文化幼稚时期的小说，为古人所喜欢，为现时未发达的民族[2]和乡下人所喜欢，是他们共通的文学，[3]这是确实无疑的了。

这样话又说了回来，回到当初所说的小野蛮的问题上面，本来是我所想要知道的事情，觉得去费点心思稍为查考也是值得的。我在这里至多也只把小朋友比做红印第安人[4]，记得在贺尔派的论文集中，有人说小孩害怕毛茸茸的东西和大眼睛，这是因为森林生活时代恐怖之遗留，似乎说的更新奇可喜。又有人说，小孩爱弄水乃是水栖生活的遗习，却不知道究竟如何了。弗洛伊特的心理分析应用于儿童心理，颇有成就，曾读瑞士波都安（Baudouin）所著书，有些地方觉得很有意义，说明希腊肿足王（Oidipus）的神话最为确实，盖此神话向称难解，如依人类学派的方法亦未能解释清楚者也。

二〇一　拾遗　寅

十一、性的心理　性的心理，这于我益处很大，我平时提及

① 桂本无“养成”二字。〖*533*，倒*15*〗

② “未发达的民族”桂本作“野蛮民族”。〖*533*，倒*11*〗

③ 此处桂本有“因此也为小孩们所喜欢”一句。〖*533*，倒*11*〗

④ “红印第安人”桂本作“红印度人”。〖*533*，倒*6*〗

总是不惜表示感谢的。从前在论“自己的文章”的一文中曾云：

> 我的道德观恐怕还当说是儒家的，但左右的道与法两家也都有点参合在内，外边又加了些现代科学常识，如生物学人类学以及性的心理，而这末一点在我更为重要。古人有面壁悟道的，或是看蛇斗蛙跳懂得写字的道理，我却从妖精打架上想出道德来，恐不免为傻大姐所窃笑吧。

本来中国的思想在这方面是健全的，如《礼记》上说，饮食男女，人之大欲存焉，又庄子设为尧舜问答，嘉孺子而哀妇人，为圣王之所用心，气象很是博大。但是后来文人堕落，渐益不成话说①，我曾武断的评定，只要看他关于女人或佛教的意见，如通顺无疵，才可以算甄别及格，可是这多么不容易呀。近四百年中也有过李贽王文禄俞正燮诸人，能说几句合于情理的话，却终不能为社会所容认，俞君生于近世，运气较好，不大挨骂，李越缦只嘲笑他说，颇好为妇人出脱，语皆偏谲，似谢夫人所谓出于周姥者。这种出于周姥似的意见实在却极是难得，荣启期生为男子身，但自以为幸耳，若能知哀妇人而为之代言，则已得圣王之心传，其贤当不下于周公矣。我辈生在现代的民国，得以自由接受性心理的新知识，好像是拿来一节新树枝接在原有思想的老干上去，希望能够使它强化，自然发达起来，这个前途辽远一时未可预知，但于我个人总是觉得颇受其益的。这主要的著作当然

---

①“不成话说”桂本作“不成话”，注云“话”前衍“说”字，则所据《华北新报》当作“不成说话”。〖*534*，倒*14*〗

是蔼理斯（Havelock Ellis）的《性的心理研究》，此书第一册在一八九八年出版，至一九一〇年出第六册，算是全书完成了，一九二八年续刊第七册，仿佛是补遗的性质。一九三三年蔼理斯又刊行了一册简本《性的心理》，为现代思想的新方面丛书之一，其时著者盖已是七十四岁了。我学了英文，既不读沙士比亚，不见得有什么用处，但是可以读蔼理斯的原著，这时候我才觉得，当时在南京那几年洋文讲堂的功课可以算是不白费了。性的心理给予我们许多事实与理论，这在别的性学大家如福勒耳、勃洛赫、鲍耶尔、凡特威耳特诸人的书里也可以得到，可是从那[①]明净的观照出来的意见与论断，却不是别处所有，我所特别心服者就在于此。从前在《夜读抄》中曾经举例，叙说蔼理斯的意见，以为性欲的事情有些无论怎么异奇以至可厌恶，都无责难或干涉的必要，除了两种情形以外，一是关系医学，一是关系法律的。这就是说，假如这异常的行为要损害他自己的健康，那么他需要医药或精神治疗的处置，其次假如这要损及对方的健康或权利，那么法律就应加以干涉。这种意见我觉得极有道理，既不保守，也不急进，据我看来还是很有点合于中庸的吧。说到中庸，那么这有点[②]与中国接近，我真相信如中国保持本有之思想的健全性，则对于此类意思理解自至容易，就是我们现在也正还是托这庇荫，希望思想不至于太是乌烟瘴气化也。

十二、蔼理斯的思想　蔼理斯的思想我说他是中庸，这并非无稽，大抵可以说得过去，因为西洋也本有中庸思想，如在古希腊，不过中庸称为有节，原意云康健心，反面为过度，原意云狂

①“从那”桂本作“那从”。〖*535，10*〗

②“有点”桂本作“颇”。〖*535，倒12*〗

恣。蔼理斯的文章里多有这种表示，如《论圣芳济》中云，有人以禁欲或耽溺为其生活之唯一目的者，其人将在尚未生活之前早已死了。又云，生活之艺术，其方法只在于微妙的混和取与舍二者而已。《性的心理》第六册末尾有一篇跋文，最后的两节云：

> 我很明白有许多人对于我的评论意见不大能够接受，特别是在末册里所表示的。有些人将以我的意见为太保守，有些人以为太偏激。世上总常有人很热心的想扳住过去，也常有人热心的想攫得他们所想像的未来。但是明智的人站在二者之间，能同情于他们，却知道我们是永远在于过渡时代。在无论何时，现在只是一个交点，为过去与未来相遇之处，我们对于二者都不能有任何怨怼。不能有世界而无传统，亦不能有生命而无活动。正如赫拉克勒托斯在现代哲学的初期所说，我们不能在同一川流中入浴二次，虽然如我们在今日所知，川流仍是不息的回流着。没有一刻无新的晨光在地上，也没有一刻不见日没。最好是闲静的招呼那熹微的晨光，不必忙乱的奔向前去，也不要对于落日忘记感谢那曾为晨光之垂死的光明。
>
> 在这道德的世界上，我们自己是那光明使者，那宇宙的历程即实现在我们身上。在一个短的时间内，如我们愿意，我们可以用了光明去照我们路程的周围的黑暗。正如在古代火把竞走——这在路克勒帖乌斯看来似是一切生活的象征——里一样，我们手持火把，沿着道路奔向前去。不久就会有人从后面来，追上我们。我们所有

的技巧便在怎样的将那光明固定的炬火递在他手内，那
时我们自己就隐没到黑暗里去。

这两节话我顶喜欢，觉得是一种很好的人生观，现代丛书本的《新精神》卷首，即以此为题词，我时常引用，这回是第三次了。蔼理斯的专门是医生，可是他又是思想家，此外又是文学批评家，在这方面也使我们不能忘记他的绩业。他于三十岁时刊行《新精神》，中间又有《断言》一集，《从卢梭到普路斯忒》出版时年已七十六，皆是文学思想论集，前后四十馀年而精神如一，其中如论惠忒曼、加沙诺伐、圣芳济，《尼可拉先生》的著者勒帖夫诸文，独具见识，都不是在别人的书中所能见到的东西。我曾说，精密的研究或者也有人能做，但是这样宽阔的眼光，深厚的思想，实在是绝不易再得。事实上当然因为有了这种精神，所以做得那性心理研究的工作，但我们也希望可以从性心理养成一点好的精神，虽然未免有点我田引水，却是很诚意的愿望。由这里出发去着手于中国妇女问题，正是极好也极难的事，我们小乘的人无此力量，只能守开卷有益之训，暂以读书而明理为目的而已。

二〇二　拾遗　卯

十三、医学史与妖术史　关于医学我所有的只是平人的普通知识，但是对于医学史却是很有兴趣。医学史现有英文本八册，觉得胜家博士（Charles Singer）的为最好，日本文三册，富士川

游[①]著《日本医学史》是一部巨著，但是《医学史纲要》似更为适用，也便于阅览。医疗或是生物的本能，如犬猫之自舐其创是也，但其发展为活人之术，无论是用法术或用方剂，总之是人类[②]文化之一特色，虽然与梃刃同是发明，而意义迥殊，中国称蚩尤作五兵，而神农尝药辨性，为人皇，可以见矣。医学史上所记便多是这些仁人之用心，不过大小稍有不同，我翻阅二家小史，对于法国巴斯德与日本杉田玄白的事迹，常不禁感叹，我想假如人类要找一点足以自夸的文明证据，大约只可求之于这方面吧。我在《旧书回想记》里这样说过，已是四五年前的事。近日看伊略忒斯密士（Eliot Smith）所著《世界之初》，说创始耕种灌溉的人成为最初的王，在他死后便被尊崇为最初的神，还附有五千多年前的埃及石刻画，表示古圣王在开掘沟渠，又感觉很有意味。案神农氏在中国正是极好的例，他教民稼穑，又发明医药，农固应为神，古语云，不为良相，便为良医，可知医之尊，良相云者即是讳言王耳。我常想到巴斯德从啤酒的研究知道了霉菌的传染，这影响于人类福利者有多么大，单就外科伤科产科来说，因了消毒的施行，一年中要救助多少人命，以功德论，恐怕十九世纪的帝王将相中没有人可以及得他来。有一个时期我真想涉猎到霉菌学史去，因为受到相当大的感激，觉得这与人生及人道有极大的关系，可是终于怕得看不懂，所以没有决心这样做。但是这回却又伸展到反对方面去，对于妖术史发生了不少的关心。据茂来（M. A. Murray）女士著《西欧的妖术》[③]等书说，所谓妖术（witch-

① “富士川游”桂本作“富士川”。〖*537，14*〗

② “人类”手稿作“文类”，三育本改。〖*537，*倒*14*〗

③ “西欧的妖术”桂本作“西欧的巫教”。〖*538，8*〗

craft）即是古代土著宗教之遗留，大抵与古希腊的地母祭相近，只是被后来基督教所压倒，变成秘密结社，被目为撒但之徒，痛加剿除，这就是中世有名的神圣审问，至十七世纪末始渐停止。中国有些食菜事魔的教门，以及清朝的“无生老母”的红阳教等，也似乎是同一种类的东西。①这巫教的说明论理是属于文化人类学的，本来可以不必分别，不过我的注意不在它本身，却在于被审问追迹这一段落，所以这里名称也就正称之曰妖术。那些念佛宿山的老太婆们原来未必有什么政见，一旦捉去拷问，供得荒唐颠倒，结果坐实她们会得骑扫帚飞行，和宗旨不纯正的学究同付火刑，真是冤枉的事。我记得杨恽以来的文字狱与孔融以来的思想狱，时感恐惧，因此对于西洋的神圣审问也感觉关切，而审问史关系神学问题为多，鄙性少信未能甚解，故转而截取妖术的一部分，了解较为容易。我的读书本来是很杂乱的，别的方面或者也还可以料得到，至于妖术恐怕说来有点鹘突，亦未可知，但在我却是很正经的一件事，也颇费心收罗资料，如散茂士（Summers）的四大著，即《妖术史》与《妖术地理》、《僵尸》、《人狼》，均是寒斋的珍本也。

十四、乡土研究与民艺　我的杂览从日本方面得来的也并不少。这大抵是关于日本的事情，至少也以日本为背景，这就是说很有点地方的色彩，与西洋的只是学问关系的稍有不同。有如民俗学本发源于西欧，涉猎神话传说研究与文化人类学的时候，便碰见好些交叉的处所，现在却又来提起日本的乡土研究，并不单因为二者学风稍殊之故，乃是别有理由的。《乡土研究》刊行的

① 桂本无“中国有些……同一种类的东西”一句。〖*538，12—14*〗

初期，如南方熊楠那些论文，古今内外的引证，本是旧民俗学的一路，柳田国男的主张逐渐确立，成为国民生活之史的研究，名称亦归结于民间传承。我们对于日本感觉兴味，想要了解它的事情，在文学艺术方面摸索很久之后，觉得事倍功半，必须着手于国民感情生活，才有入处，我以为宗教最是重要，急切不能直入，则先注意于其上下四旁，民间传承正是绝好的一条路径。我觉得中国民众的感情与思想集中于鬼，日本则集中于神，故欲了解中国须得研究礼俗，了解日本须得研究宗教。柳田氏著书极富，虽然关于宗教者不多，但如《日本之祭事》一书，给我很多的益处，此外诸书亦均多可作参证。当《远野物语》出版的时候，我正住[①]在本乡，跑到发行所去要了一册，共总刊行三百五十部，我所有的是第二九一号。因为书面上略有墨痕，想要另换一本，书店的人说这是编号的，只能顺序出售，这件小事至今还记得清楚。这与《石神问答》都是明治庚戌（一九〇九）[②]年出版，在《乡土研究》创刊前三年，是柳田最早的著作，以前只有一册《后狩词[③]记》，终于没有能够搜得。对于乡土研究的学问我始终是外行，知道不到多少，但是柳田的学识与文章我很是钦佩，从他的许多著书里得到不少的利益和悦乐。

与这同样情形的还有日本的民艺运动与柳宗悦氏。柳氏本系白桦同人，最初所写的多是关于宗教的文章，大部分收集在《宗教与其本质》一册书内。我本来不大懂得宗教的，但柳氏诸文大

---

① “住”桂本作“寄寓”。〖*539*，倒*15*〗

② 桂本无括注公元年份。庚戌年为公历一九一〇年。〖*539*，倒*11*〗

③ 桂本改“词”为“祠”，盖想当然耳。〖*539*，倒*10*〗

抵读过，这不但因为意思诚实，文章朴茂，实在也由于所讲的是“神秘道”即神秘主义，合中世纪基督教与佛道各分子而贯通之，所以虽然是槛外也觉得不无趣味。他又著有《朝鲜与其艺术》一书，其后有文集名曰“信与美”，则收辑关于宗教与艺术的论文之合集也。民艺运动约开始于二十年前，在《什器之美》论集与柳氏著《工艺之道》中意思说得最明白，大概与英国摩理斯（W. Morris）的拉飞尔前派主张相似，求美于日常用具、集团的工艺之中，其虔敬的态度前后一致，信与美一语洵足以包括柳氏学问与事业之全貌矣。民艺博物馆于数年前成立，惜未及一观，但得见图录等，已足令人神怡。柳氏著《初期大津绘》，浅井巧著《朝鲜之食案》，为民艺丛书之一，浅井氏又有《朝鲜陶器名汇》，均为寒斋所珍藏之书。又柳氏近著《和纸之美》，中附样本二十二种，阅之使人对于佳纸增贪惜之念。寿岳文章调查手漉纸工业，得其数种著书，近刊行其《纸漉村旅日记》，则附有样本百三十四，照相百九十九，可谓大观矣。式场隆三郎为精神病院长，而经管民艺博物馆与民艺月刊，著书多种，最近得其大板随笔《民艺与生活》[1]之私家板，只印百部，和纸印刷，有芹泽銈介作插画百五十，以染绘法作成后制板，再一一着色，觉得比本文更耐看。中国的道学家听之恐要说是玩物丧志，唯在鄙人则固唯有感激也。

① “大板随笔《民艺与生活》”桂本作“《大阪随笔：民艺与生活》”，盖亦想当然耳。此书为式场隆三郎为法国画家罗特列克（Lautrec）所作传记，大板或犹言大开本。〖*540*，倒*15*〗

二〇三　拾遗 辰

十五、江户风物与浮世绘　我平常有点喜欢地理类的杂地志这一流的书，假如是我比较的住过好久的地方，自然特别注意，例如绍兴、北京，东京虽是外国，也算是其一。对于东京与明治时代我仿佛颇有情分，因此略想知道它的人情物色，延长一点便进到江户与德川幕府时代，不过上边的战国时代未免稍远，那也就够不到了。最能谈讲明治维新前后的事情的要推三田村鸢鱼，但是我更喜欢马场孤蝶的《明治之东京》，因为他自己也是个文人的缘故，[①] 可惜他写的不很多。看图画自然更有意思，最有艺术及学问的意味的，有户塚正幸即东东亭主人[②] 所编的《江户之今昔》，福原信三编的《武藏野风物》。前者有图板百另八枚，大抵为旧东京府下今昔史迹，其中又收民间用具六十馀点，则兼涉及民艺，后者为日本写真会会员所合作，以摄取渐将亡失之武藏野及乡土之风物为课题，共收得照片千点以上，就中选择编印成集，共一四四枚，有柳田氏序。描写武藏野一带者，国木田独步德富芦花以后人很不少，我觉得最有意思的却是永井荷风的《日和下驮》，曾经读过好几遍，也引用过几回，[③] 翻看这些写真集的时候又总不禁想起书里的话来。

再往前去这种资料当然是德川时代的浮世绘了。小岛乌水的“浮世绘与风景绘”已有专书，广重有东海道五十三次，北斋有

---

① 桂本无“因为他自己也是个文人的缘故”一句。〖*540*，倒*2*、倒*1*〗

② “东东亭主人”手稿作“东亭主人”，今据桂本改。〖*541*，*1*〗

③ 桂本无“也引用过几回”一句。〖*541*，*9*〗

富岳三十六景等，几乎世界闻名，我们看复刻本也就够有趣味，因为这不但画出风景，又是特殊的彩色木板画，与中国的很不相同。但是浮世绘的重要特色不在风景，乃是在于市井风俗，这是它所以称为浮世绘的原因，[①] 这一面也是我们所要看的。背景是市井，人物却多是女人，除了一部分画优伶面貌的以外，而女人又多以妓女为主，因此讲起浮世绘便总容易牵连到吉原游廓，事实上这二者确有极密切的关系。画面很是富丽，色彩也很艳美，可是这里边常有一抹暗影，或者可以说是东洋色，读中国的艺与文，以至于道也总有此意，在这画上自然也更明了。永井荷风著《江户艺术论》第一章论浮世绘之鉴赏中，第五节有云：

我反省自己是什么呢？我非威耳哈伦（Verhaeren）似的比利时人而是日本人也，生来就和他们的运命及境遇迥异的东洋人也。恋爱的至情不必说了，凡对于异性的性欲的感觉悉视为最大的罪恶，我辈即奉戴此法制者也。承受“胜不过啼哭的小孩和里长[②]”的教训之人类也，知道“说说[③]则唇寒”的国民也。使威耳哈伦感奋的那滴着鲜血的肥羊肉与芳醇的蒲桃酒与强壮的妇女之绘画，都于我有什么用呢？呜呼，我爱浮世绘。苦海十年为亲卖身的游女的绘姿使我泣。凭倚竹窗茫然看着流水的艺妓的姿态使我喜。卖宵夜面的纸灯寂寞的停留着的河边的夜景使我醉。雨夜啼月的杜鹃，阵雨中散落的秋天树

① 桂本无“这是它所以称为浮世绘的原因”一句。〖*541*，倒*15*、倒*14*〗
② “里长”桂本作“地主”。〖*541*，倒*2*〗
③ “说说”桂本作“说话”。〖*541*，倒*2*、倒*1*〗

叶，落花飘风的钟声，途中日暮的山路的雪，凡是无常、无告、无望的，使人无端嗟叹此世只是一梦的，这样的一切东西，于我都是可亲，于我都是可怀。

这一节话我引用过恐怕不止三次了。我们因为是外国人，感想未必完全与永井氏相同，但一样有的是东洋人的悲哀，所以于当作风俗画看之外，也常引起怅然之感，古人闻清歌而唤奈何，岂亦是此意耶。

十六、川柳落语与滑稽本　浮世绘如称为风俗画，那么川柳或者可以称为风俗诗吧。说也奇怪，讲浮世绘的人后来很是不少了，但是我最初认识浮世绘乃是由于宫武外骨的杂志《此花》，也因了他而引起对于川柳的兴趣来的。外骨是明治大正时代著述界的一位奇人，发刊过许多定期或单行本，而多与官僚政治及假道学相抵触，被禁至三十馀次之多。其刊物皆铅字和纸，木刻插图，涉及的范围颇广，其中如《笔祸史》、《私刑类纂》、《赌博史》、《猥亵风俗史》等，《卖春妇异名集》一名“笑的女人”[①]，《川柳语汇》，都很别致，也甚有意义。《此花》是专门与其说研究不如说介绍浮世绘的月刊，继续出了两年，又编刻了好些画集，其后同样的介绍川柳，杂志名曰“变态知识”，若前出的语汇乃是入门之书，后来也还没有更好的出现。

川柳是只用十七字音做成的讽刺诗，上者体察物理人情，直写出来，令人看了破颜一笑，有时或者还感到淡淡的哀愁，此所谓有情滑稽，最是高品。其次找出人生的缺陷，如绣花针噗哧的

①“《卖春妇异名集》一名‘笑的女人’”桂本作“《笑的女人》一名‘卖春妇异名集’”。〖*542*，倒*10*〗

一下，叫声好痛，却也不至于刺出血来。这种诗读了很有意思，不过这正与笑话相像，以人情风俗为材料，要理解它非先知道这些不可，不是很容易的事。川柳的名家以及史家选家都不济事，还是考证家要紧，特别是关于前时代的古句，这与江户生活的研究是不可分离的。这方面有西原柳雨，给我们写了些参考书，大正丙辰（一九一六）年与佐佐醒雪共著的《川柳吉原志》出得最早，十年后改出补订本，此外还有几种类书，只可惜《川柳风俗志》出了上卷，没有能做得完全。我在东京只有一回同了妻和亲戚家的夫妇到吉原去看过夜樱，但是关于那里的习俗事情却知道得不少，这便都从西原及其他书本上得来的。这些知识本来也很有用，在江户的平民文学里所谓“花魁”（orian）是常在的，不知道她也总得远远的认识才行。即如民间娱乐的落语，最初是几句话可以说了的笑话，后来渐渐拉长，明治以来在寄席即杂耍场所演的，大约要花上十廿分钟了吧，他的材料固不限定，却也是说游里者为多。森鸥外在一篇小说中曾叙述说落语的情形云：

> 第二个说话人交替着出来，先谦逊道，人是换了却也换不出好处来。又作破题云，官客[①]们的消遣就是玩玩窑姐儿。随后接着讲工人带了一个不知世故的男子到吉原去玩的故事。这实在可以说是吉原入门的讲义。

语虽诙谐，却亦是实情，正如中国笑话原亦有腐流殊禀等门类，而以属于闺风世讳者为多，唯因无特定游里，故不显著耳。江户

---

① “官客”桂本作“客官”，前文《我的工作六》作“爷们”。〖*543*，倒*13*〗

文学中有滑稽本，也为我所喜欢，十返舍一九的《东海道中膝栗毛》，式亭三马的《浮世风吕》与《浮世床》可为代表，这是一种滑稽小说，为中国所未有。前者借了两个旅人写他们路上的遭遇，重在特殊的事件，或者还不很难，后者写澡堂理发馆里往来的客人的言动，把寻常人的平凡事写出来，都变成一场小喜剧，觉得更有意思。中国在文学与生活上都缺少滑稽分子，不是健康的征候，或者这是假道学所种下的病根欤。

二〇四　拾遗　巳

十七、俗曲与玩具　我不懂戏剧，但是也常涉猎戏剧史。正如我翻阅希腊悲剧的起源与发展的史料，得到好些知识，看了日本戏曲发达的径路也很感兴趣，这方面有两个人的书于我很有益处，这是佐佐醒雪与高野斑山。高野讲演剧的书更后出，但是我最受影响的还是佐佐的一册《近世国文学史》。佐佐氏于明治二十二年（一八八九）戊戌刊行《鹑衣评释》[①]，庚子刊行评释近松《天之网岛》，辛亥出《国文学史》，那时我在东京，即得一读，其中有两章略述歌舞伎与净琉璃二者发达之迹，很是简单明了，至今未尽忘记。横井也有著的俳文集《鹑衣》固所喜欢，近松的《世话净琉璃》也想知道，这评释就成为顶好的入门书，事

① 明治二十二年在公元为一八八九年，在中国干支为己丑。承安宁君在日本帮查网上“明治俳书目录”，《鹑衣评释》初版于明治三十二年（一八九九）己亥十月，前一年为戊戌。或知堂欲写“明治三十一年（一八九八）戊戌”。在此提出问题以待贤者。〖*544，8、9*〗

实上我好好的细读过的也只是这册《天之网岛》，读后一直留下很深的印象。这类曲本大都以情死为题材，日本称曰心中，《泽泻集》中曾有一文论之。在《怀东京》中说过，俗曲里礼赞恋爱与死，处处显出人情与义理的冲突。偶然听唱“义太夫”，便会遇见“纸治”，这就是《天之网岛》的俗名，因为里边的主人公是纸店的治兵卫与妓女小春。日本的平民艺术仿佛善于用优美的形式包藏深切的悲苦，这似是与中国很不同的一点。佐佐又著有《俗曲评释》，自江户长呗以至端呗共五册，皆是抒情的歌曲，与叙事的有殊，乃与民谣相连接。高野编刊《俚谣集拾遗》时号斑山，后乃用本名辰之，其专门事业在于歌谣，著有《日本歌谣史》，编辑《日本歌谣集成》共十二册，皆是大部巨著。此外有汤朝竹山人，关于小呗亦多著述，寒斋所收有十五种，虽差少书卷气，但亦可谓勤劳矣。民国十年（一九二一）时曾译出俗歌六十首，收在《陀螺》里边，[①]大都是写游女荡妇之哀怨者，如木下杢太郎所云，耽想那卑俗的但是充满眼泪的江户平民艺术以为乐，此情三十年来盖如一日，今日重读仍多所感触。歌谣有一部分为儿童歌，别有天真烂漫之趣，至为可喜，唯较好的总集尚不多见，案右[②]只有一册村尾节三编的一册《童谣》，尚是大正己未（一九一九）年刊也。

与童谣相关连者别有玩具，也是我所喜欢的，但是我并未搜集实物，虽然遇见时也买几个，所以平常翻看的也还是图录以及时代与地方的纪录。在这方面最努力的是有阪与太郎，近二十年中刊行好些图录，所著有《日本玩具史》前后编，《乡土玩具大

① 桂本无“收在《陀螺》里边”一句。〖*544，倒3*〗

② “案右”桂本作“案头”。〖*545，3*〗

成》与《乡土玩具展望》，只可惜大成出了一册，展望下卷也还未出版。所刊书中有一册《江都二色》，每叶画玩具二种，题谐诗一首咏之，木刻着色，原本刊于安永癸巳，即清乾隆三十八年（一七七三）。我曾感叹说，那时在中国正是大开四库馆，删改皇侃的《论语疏》，日本却是江户平民文学的烂熟期，浮世绘与狂歌发达到极顶，乃迸发而成此一卷玩具图咏，至可珍重。现代画家以玩具画著名者亦不少，画集率用木刻或玻璃板，稍有搜集，如清水晴风之《垂髫之友》，川崎巨泉之《玩具画谱》，各十集，西泽笛亩之《雏十种》等。西泽自号[①]比那舍主人（比那即雏字，或是雏形之意，日本用为一种土木偶人的名称，大抵男女一对）[②]，亦作玩具杂画，以雏与人形为其专门，因故赤间君的介绍，曾得其寄赠大著《日本人形集成》及《人形大类聚》，深以为感。又得到菅野新一编《藏王东之木孩儿》，木板画十二枚，解说一册，菊枫会编《古计志加加美》，则为菅野氏所寄赠，均是讲日本东北地方的一种木雕人形的。“古计志加加美”改写汉字为“小芥子鉴”，以玻璃板列举工人百八十四名所作木偶三百三十馀枚，可谓大观。此木偶名为小芥子，而实则长五寸至一尺，镟圆棒为身，上着头，画为垂发小女，着简单彩色，质朴可喜，一称为木孩儿。菅野氏著系非卖品，加加美则只刊行三百部，故皆可纪念也。三年前承在北京之国府氏以古计志二躯见赠，曾写打油诗报之云：

芥子人形亦妙哉，出身应自埴轮来。
小孙望见嘻嘻笑，何处娃娃似棒槌。

① 手稿无“号”字，今据桂本添。〖545，倒13〗

② 桂本无此括注。〖545，倒12、倒11〗

依《江都二色》的例，以狂诗题玩具，似亦未为不适当[①]，只是草草恐不能相称为愧耳。

十八、外国语　我的杂学如上边所记，有大部分是从外国得来的，以英文与日本文为媒介，这里分析起来，大抵从西洋来的属于知的方面，从日本来的属于情的方面为多，对于我却是一样的有益处。我学英文当初为的是须得读学堂里的课本，本来是敲门砖，后来离开了江南水师，便没有什么用了，姑且算作中学常识之一部分，有时利用了来看点书，得些现代的知识也好，也还是砖的作用，终于未曾走到英文学门里去，这个我并不怎么悔恨，因为自己的力量只有这一点，要想入门是不够的。日本文比英文更不曾好好的学过，老实说除了丙午丁未之际，在骏河台的留学生馆里，跟了菊地勉[②]先生听过半年课之外，便是懒惰的时候居多，只因住在东京的关系，耳濡目染的慢慢的记得，其来源大抵是家庭的说话，看小说看报，听说书与相声[③]，没有讲堂的严格的训练，但是后面有社会的背景，所以还似乎比较容易学习。这样学了来的言语，有如一颗草花，即使是[④]石竹花也罢，是有根的盆栽，与插瓶的大朵大理菊不同，其用处也就不大一样。我看日本文[⑤]的书，并不专是为得通过了这文字去抓住其中的知识，乃是因为对于此事物感觉有点兴趣，连文字来赏味，有时这文字亦为其佳味之一分子，不很可以分离，虽然我们对于外国语想这样

① “适当”桂本作“周当”。〖*546，4*〗

② “菊地勉”桂本作“菊池勉”。〖*546，倒15*〗

③ “相声”桂本作“笑话”。〖*546，倒12*〗

④ “即使是”手稿作“即使即”，今据桂本改。〖*546，倒10*〗

⑤ “日本文”桂本作“日本人”。〖*546，倒8*〗

辨别，有点近于妄也不容易，但这总也是事实。我的关于日本的杂览既然多以情趣为本，自然其态度也与求知识稍有殊异，文字或者仍是敲门的一块砖头，不过对于砖也会得看看花纹式样，不见得用了立即扔在一旁。我深感到日本文之不好译，这未必是客观的事实，只是由我个人的经验，或者因较英文多少知道一分的缘故，往往觉得字义与语气在微细之处很难两面合得恰好，大概可以当作一个证明。明治大正时代的日本文学，曾读过些小说与随笔，至今还有好些作品仍是喜欢，有时也拿出来看，即以杂志名代表派别，大抵有保登登岐须、昴、三田文学、新思潮、白桦诸种，其中作家多可佩服，今亦不复列举，因生存者尚多，暂且谨慎。

此外的外国语，曾学过古希腊文与世界语。我最初学习希腊文，目的在于改译《新约》至少也是《四福音书》为古文，与佛经庶可相比，及至回国以后却又觉得那官话译本已经够好了，用不着重译，计划于是归于停顿。过了好些年之后，才把海罗达斯的“拟曲”译出，附加几篇牧歌，在上海出板，可惜板式不佳，细字长行大页，很不成样子。极想翻译欧里庇得斯的悲剧《特洛亚的女人们》，踌躇未敢下手，仅于民国廿六七年间译阿波罗多洛斯的神话集，本文幸已完成，写注释才成两章，搁笔的次日即廿八年的元日，工作一顿挫就延到现今，未能续写下去，但是这总是极有意义的事，还想设法把它做完。世界语是我自修得来的，原是一册用英文讲解的书，我在暑假中卧读消遣，一连两年没有一口气把它读完，均归无用，至第三年乃决心把这五十课学习完毕，以后借了字典的帮助渐渐的看起书来。那时世界语[①]很不易得，只知道在巴黎有书店发行，恰巧蔡孑民先生行遁欧洲，便写信托他代买，大概寄来了有七八种，其中有《世界语文选》与《波阑小说选集》至今还收藏着，民国十年在西山养病的时候，曾从这里边译出几篇波阑的短篇小说，可以作为那时困学的纪念。世界语的理想是很好的，至于能否实现则未可知，反正事情之成败与理想之好坏是不一定有什么关系的。我对于世界语的批评是这太以欧语为基本，不过如替柴孟诃甫设想也是无可如何的，其缺点只是在没有学过一点欧语的中国人还是不大容易学会而已。

我的杂学原来不足为法，有老友曾批评说是横通，但是我想劝现代的青年朋友，有机会多学点外国文，我相信这当是有益无损的。俗语云，开一头门，多一路风[②]。这本是劝人谨慎的话，但是借了来说，学一种外国语有如多开一面门窗，可以放进风日，也可以眺望景色，别的不说，这也总是很有意思的事吧。

二〇五　拾遗 午

十九、佛经　我的杂学里边最普通的一部分，大概要算是佛经了吧。但是在这里正如在汉文方面一样，也不是正宗的，这样便与许多读佛经的人走的不是一条路了。四十年前在南京学堂的

---

① “世界语”桂本作“世界语原书”。〔*547*，倒*8*〕

② “多一路风”桂本作“多一些风”。〔*548*，*5*〕

时候，曾经叩过杨仁山居士之门，承蒙传喻可修净土，虽然我读了《阿弥陀经》各种译本，觉得安养乐土的描写很有意思，又对于先到净土再行进修的本意，仿佛是希求住在租界里好用功一样，也很能了解，可是没有兴趣这样去做。禅宗的语录看了很有趣，实在还是不懂，至于参证的本意，如书上所记俗僧问溪水深浅，被从桥上推入水中，也能了解而且很是佩服，然而自己还没有跳下去的意思，单看语录有似意存稗贩，未免惭愧，所以这一类书虽是买了些，都搁在书架上。佛教的高深的学理那一方面，看去都是属于心理学玄学范围的，读了未必能懂，因此法相宗等均未敢问津。这样计算起来，几条大道都不走，就进不到佛教里去，我只是把佛经当作书来看，而且是汉文的书，所得的自然也只在文章及思想这两点上而已。

《四十二章经》与《佛遗教经》仿佛子书文笔，就是儒者也多喜称道，两晋六朝的译本多有文情俱胜者，什法师最有名，那种骈散合用的文体当然因了新的需要而兴起，但能恰好的利用旧文字的能力去表出新意思，实在是很有意义的一种成就。这固然是翻译史上的一段光辉，可是在国文学史意义也很不小，六朝之散文著作与佛经很有一种因缘，交互的作用，值得有人来加以疏通证明，于汉文学的前途也有绝大的关系。十多年前我在北京大学讲过几年六朝散文，后来想添讲佛经这一部分，由学校规定名称曰“佛典文学”，课程纲要已经拟好送去了，七月初发生芦沟桥事件，事遂中止。课程纲要稿尚存在，重录于此：

六朝时佛经翻译极盛，文亦多佳胜。汉末译文模仿诸子，别无多大新意[①]，唐代又以求信故，质胜于文。唯六朝所译能运用当时文词，加以变化，于普通骈散文外[②]造出一种新体制，其影响及[③]于后来文章者亦非浅鲜。今拟选取数种，少少讲读，注意于译经之文学的价值，亦并可作古代翻译文学看也。

至于从这里边看出来的思想，当然是佛教精神，不过如上文所说，这不是甚深义谛，实在但[④]是印度古圣贤对于人生特别是近于入世法的一种广大厚重的态度，根本与儒家相通而更为彻底，这大概因为它有那中国所缺少的宗教性。我在二十岁前后读《大乘起信论》无有所得，但是见了《菩萨投身饲饿虎经》，这里边的美而伟大的精神与文章至今还时时记起，使我感到感激，我想大禹与墨子也可以说具有这种精神，只是在中国这情热还只以对人间为限耳。又《布施度无极经》云：

众生扰扰，其苦无量，吾当为地。为旱作润，为湿作筏。饥食渴浆，寒衣热凉。为病作医，为冥作光。若在浊世颠到之时，吾当于中作佛，度彼众生矣。

这一节话我也很是喜欢，本来就只是众生无边誓愿度的意思，却说得那么好，说理与美和合在一起，是很难得之作。经论之外我

① “新意”桂本作“新意思”。前面第一五〇章《东方文学系》作“别无新意味”。〖*549，11*〗
② 手稿无“外”字，今添。〖*549，12*〗
③ 桂本无“及”字。〖*549，13*〗
④ 桂本删此“但”字。但，只也，仅也。〖*549，倒14*〗

还读过好些戒律，有大乘的也有小乘的，虽然原来小乘律注明在家人勿看，我未能遵守，违了戒看戒律，这也是颇有意思的事。我读《梵网经》、《菩萨戒本》及其他，很受感动，特别是《贤首梵网[①]戒疏》，是我所最喜读的书。尝举食肉戒中语，一切众生肉不得食，夫食肉者断大慈悲佛性种子，一切众生见而舍去，是故一切菩萨不得食一切众生肉，食肉得无量罪。曾加以说明云，我读旧约《利未记》，再看大小乘律，觉得其中所说的话要合理得多，而上边食肉戒的措辞我尤为喜欢，实在明智通达，古今莫及。又盗戒下注疏云：

> 善见云，盗空中鸟，左翅至右翅，尾至颠，上下亦尔，俱得重罪。准此戒，纵无主，鸟身自为主，盗皆重也。

鸟身自为主，这句话的精神何等博大深厚，我曾屡次致其赞叹之意，贤首是中国僧人，此亦是足强人意的事。我不敢妄劝青年人看佛书，若是三十岁以上，国文有根柢，常识具足的人，适宜的阅读，当能得些好处，此则鄙人可以明白回答者也。

二十、结论　我写这篇文章本来全是出于偶然。从《儒林外史》里看到杂览杂学的名称，觉得很好玩，起手写了那篇小引，随后又加添三节，作为第一分，在杂志上发表了。可是自己没有什么兴趣，不想再写下去了，然而既已发表，被催着要续稿，又不好不写，勉强执笔，有如秀才应岁考似的，把肚里所有的几百字拼凑起来缴卷，也就可以应付过去了吧。这真是成了鸡肋，弃

---

① 桂本无“梵网”二字。〖*550，2*〗

之并不可惜，食之无味那是毫无问题的。这些杂乱的事情，要怎样安排得有次序，叙述得详略适中，固然不大容易，而且写的时候没有兴趣，所以更写不好，更是枯燥、草率。我最怕这成为自画自赞。骂犹自可，赞不得当乃尤不好过，何况自赞乎？因为竭力想避免这个，所以有些地方觉得不免太简略，这也是无可如何的事，但或者比多话还好一点亦未可知。总结起来看过一遍，把我杂览的大概简略的说了，还没有什么自己夸赞的地方，要说句好话，只能批八个字道，国文粗[①]通，常识略具而已。我从古今中外各方面都受到各样影响，分析起来，大旨如上边说过，在知与情两面分别承受西洋与日本的影响为多，意的方面则纯是中国的，不但未受外来感化而发生变动，还一直以此为标准，去酌量容纳异国的影响。这个我向来称之曰儒家精神，虽然似乎有点笼统，与汉以后尤其是宋以后的儒教显有不同，但为表示中国人所有的以生之意志为根本的那种人生观，利用这个名称殆无不可。我想神农大禹的传说就从这里发生，积极方面有墨子与商韩两路，消极方面有庄杨一路，孔孟站在中间，想要适宜的进行，这平凡而难实现的理想我觉得很有意思，以前屡次自号儒家者即由于此。佛教以异域宗教而能于中国思想上占很大的势力，固然自有其许多原因，如好谈玄的时代与道书同尊，讲理学的时候给儒生作参考，但是其大乘的思想之入世的精神与儒家相似，而且更为深彻，这原因恐怕要算是最大的吧。这个主意既是确定的，外边加上去的东西自然就只在附属的地位，使它更强化与高深化，却未必能变其方向。我自己觉得便是这么一个顽固的人，我的杂学的大部

---

① “粗”桂本作“初”。〖*551，1*〗

分实在都是我随身的附属品，有如手表眼镜及草帽，或是吃下去的滋养品如牛奶糖之类，有这些帮助使我更舒服与健全，却并不曾把我变成高鼻深目以至有牛的气味。我也知道偏爱儒家中庸是由于癖好，这里又缺少一点热与动力[①]，也承认是美中不足。儒家不曾说“怎么办”，像犹太人和斯拉夫人那样，便是证据。我看各民族古圣的画像也觉得很有意味，犹太的眼向着上是在祈祷，印度的伸手待接引众生，中国则常是叉手或拱着手。我说儒家总是从大禹讲起，即因为他实行道义之事功化，是实现儒家理想的人。近时我曾说，中国现今紧要的事有两件，一是伦理之自然化，二是道义之事功化。前者是根据现代人类的知识调整中国固有的思想，后者是实践自己所有的理想适应中国现在的需要，都是必要的事。此即我杂学之归结点，以前种种说话，无论怎么的直说曲说，正说反说，归根结底的意见还只在此，就只是表现得不充足，恐怕读者一时抓不住要领，所以在这里赘说一句。我平常不喜欢拉长了面孔说话[②]，这回无端写了两万多字，正经也就枯燥，仿佛招供似的文章，自己觉得不但不满而且也是无谓。这样一个思想径路的简略地图，我想只足供给要攻击我的人，知悉我的据点所在，用作进攻的参考与准备，若是对于我的友人这大概是没有什么用处的。写到这里，我忽然想到，这篇文章的题目应该题作“愚人的自白”才好，只可惜前文已经发表，来不及改正了。民国三十三年，七月五日。

① 桂本无“力”字。〖*551*，倒*8*〗

② 桂本无“话”字。〖*552*，*6*〗

二〇六　后记

我写那篇《我的杂学》，还是在甲申（一九四四）年春夏之交，去今也已有十八九年，有些事情已经变了样子了。其一是胜利之后，经国民党政府的劫收，没有什么值钱的东西，只是一只手表和一小方田黄的图章，朱文曰圣清宗室盛昱，为特务所掠，唯书物悉荡然无存，有些归了图书馆，有些则不可问矣。所以文中所记的书籍，已十不存一，萧老公云，自我得之，自我失之，亦复何恨，昔曾写《旧书回想记》，略记汉文旧籍，正可补此处之缺。其二则是解放之后，我的翻译工作大有进展，《我的杂学》第六节中所说两种的希腊神话，都已翻译完成，并且二者都译了两遍，可以见我对于它们的热心了。《古希腊的神与英雄与人》于一九五〇年在上海出版，印行了相当的册数，后来改名“希腊神话故事”，又在天津印过，因为这虽是基督教国人所写，但究竟要算好的，自己既然写不出，怎么好挑剔别人呢？至于那部希腊人所自编的神话集，因初次的译稿经文化基金编译会带往香港去了，弄得行踪不明，于一九五一年从新翻译，已经连注释一起脱稿，但是尚未付印，日本高津春繁有一九五三年译本，收在岩波文库中。此外还译出些希腊作品，已详上文一八三节以下《我的工作》里边，这里不重述了。日本的滑稽本也译了两种，有《浮世澡堂》即是《浮世风吕》，我翻译了两编四卷，已于一九五八年出板，《浮世床》则译名“浮世理发馆”，全书两编五卷，也是已经译出了。

我开始写这□□□[1]，还是在一年多以前，曹聚仁先生劝我写点东西，每回千把字，可以继续登载的，但是我并不是小说家，有什么材料可这样的写呢？我想，我所有的唯一的材料就是我自己的事情，虽然吃饭已经吃了七八十年，经过好些事情，但是这值得去写么？况且我又不是创作家，只知道据实直写，不会加添枝叶，去装成很好的故事，结果无非是白花气力。可是当我把这意思告诉了曹先生之后，他却大为赞成，竭力撺掇我写，并且很以我的只有事实而无诗的主张为然，我听了他的话，就开始动笔。我当初以为是事情很是简单，至多写上几十章就可完了，不料这一写就几乎两年，竟拉长到二百章以上，约计有三十八万字的样子，我自己也不知道哪里有这许多话可讲，只觉得有些地方已经很节约了，因为过去的琐屑事对于现代青年恐怕没有趣味，有的是[2]年代久远所以忘怀了，没有能够记述清楚。还有一层，是凡我的私人关系的事情都没有记，这又不是乡试朱卷上的履历，要把家族历记在上面。与其记那些，倒是家乡的岁时习俗，我是觉得很有意思，颇想记一点下来，可是这终于没有机会插到里边去，而且在我族叔观鱼先生的那本书里有一个附录，是《绍兴的风俗习尚》，已够好了，不必再来多事。此外有些不关我个人的事情，我也有故意略掉的，这理由也就无须说明了，因为这既是不关我个人的事，那么要说它岂不是“邻猫生子”么？

古来圣人教人要“自知”，其实这自知着实不是一件容易的

① 留空的三个字，手稿写好复又刓去，三育本作“知堂回想录”，桂本作“回想录”，牛津本作“自叙传”。〖*553*，*9*〗

② “是”手稿作“是是”，三育本、桂本同删。〖*553*，倒*9*、倒*8*〗

事情。说以不知为不知似乎是不难，但是说到知，到底[①]知的是什么，便很有点不明白了。即如上文所说的“杂学”，里边十之八九只不过是对于这个有点兴趣，想要知道罢了，实在只写得“起讲”的且夫二字，要说多少有点了解还只有本国的文字和思想。因为深知八股与八家文与假道学的害处，翻过来寻求出路，便写下了那些杂学的文章，实在也不知道自己所走的路是走的对不对。据我自己的看法，在那些说道理和讲趣味的之外，有几篇古怪题目的如《赋得猫》、《关于活埋》、《荣光之手》这些，似乎也还别致，就只可惜还有许多好题材，因为准备不能充分，不曾动得手，譬如八股文、小脚和雅片烟都是。这些本该都写进《我的杂学》里去，那些物事我是那么想要研究，就只是缺少研究的方便。可是人苦不自知，那里我联想起那世界有名的安徒生（H. C. Andersen）来。他既以创作童话成名，可是他还怀恋他的蹩脚小说《两个男爵夫人》，晚年还对英国的文人戈斯（E. Gosse）陈诉说，他们是不是有一天会丢掉了那劳什子（指童话），回到《两个男爵夫人》来呢？我的那些文章说不定正是我的“两个男爵夫人”，虽然我并无别的童话。这也正是很难说呢。一九六二年十一月三十日。

---

① “到底”手稿作“到么”，三育本同，桂本改。〖*554*，*4*〗

后　序[①]

这篇文章，应该名叫后记的，但是我查看回想录的目录，却已有一节后记了，而且这乃是一九六三年的一月所写[②]，距今是整整的三年，我也不记得里边说的是些什么了，所以只能把我现在所写改换一下叫做后序，反正所改换的只是一个名目，里边所写的无非我想说的这几句话。这话可以分作三点来说。——关于三点有个笑话，很值得记录它一下，以前维新很讲究演说这一套的时候，演说者开头总说所要讲的共有几点，说三点或是五点，而阐说一点的时间往往费的很多，因此听者很感苦恼，听说共有几点就很头痛。有的讲演者[③]知道了这个情形，便来改良一下，说所要讲的只有几点，不说出数目来，可是这一下却更糟了，说数目时使人苦恼，不说时使人恐慌了，因为不知道他所说的究竟共有若干，是十点或是八点呢。不过我所说者很是简单，干脆就是三点，所费的时间一总不会超过一小时，虽然我这开头[④]似乎有点拉长的样子，与回想录的全体相像，很有些噜嗦。

---

① 本节无手稿，据三育本校订。

② 本书《后记》标明写作日期为一九六二年十一月三十日，相隔时间较“整整的三年”多一个月。此种前后不符应事出有因。

③ “者”三育本作“去”，桂本改。

④ “开头”三育本作“幾头”，桂本改。

且说第一点，我要在这里首先谢谢曹聚仁先生，因为如没有他的帮忙，这部书是不会得出版的，也可以说是从头就不会得写的。当初他说我可以给报纸写点稿，每月大约十篇，共总一万字，这个我很愿意，但是题目难找，材料也不易得，觉得有点为难，后来想到写自己的事，那材料是不会缺乏的，那就比较的容易得多了。我把这个意思告知了他，回信很是赞成，于是我开始写“知堂回想”[①]，陆续以业馀的两整年的工夫，写成了三十多万字，前后寄稿凡有九十次，都是由曹先生经手收发的。这是回想录的前半的事情，即是它的诞生经过。但是还有它的后半，这便是它的出版，更是由于他的苦心经营，乃得有成。我于本书毫无敝帚自珍的意思，不过对他那种久要不忘的待人的热心，办事的毅力，那是不能不表示感佩的。这大约可以说是蒋畈精神的表现吧。第二点是说这回想录写得太长了。这长乃是事实，没有法子可以辩解，而且其实如要写得详尽，恐怕这还可以加上两倍，至少有一百万字，这便是一种辩解。因为年纪活得太多了，所以见闻也就不少，要拉杂的不加选择的说起来，话就是说不完的。我平常总是这么想，人不可太长寿，普通在四十以后死了最是得体，这也不以[②]听兼好法师的教训才知道，可是人生不自由，就这一点也不能自己作主，不知道这是怎么干的，一下子就活到八十（其实现在是实年八十一了），实在是活得太长了。从前圣王帝尧曾对华封人说道“寿则多辱”，这虽是一时对于祝颂的谦抑的回答，其实是不错的。人多活一年，便多有些错误以及耻辱，这在唐尧

① “知堂回想”桂本作“知堂回想录”。若手稿预留四字位置如《后记》例，则“药堂谈往”嵌入恰好。

② 桂本改“以”为“必”。

且是如此，何况我们呢。但是话要说回来，活到古来稀的长寿虽然并不一定是好事，可是也可以有若干的好处。即如我不曾在日军刺客光临苦雨斋的那时成为烈士，活到解放以后，得以看见国家飞跃的进步，并且得以参加译述工作，于一九六二年七月至一九六五年五月这三年中间，译成了路吉阿诺斯（Loukianos）对话集一卷，凡二十篇，计四十馀万字。这是我四十年来蓄意想做的工作，一直无法实现的，到现在总算成功了。这都是我活到了八十岁，所以才能等到的，前年《新晚报》上有过我的一篇杂文，叫作“八十心情”，足以表达我那时的情意。

第三点也是最末的一点，是我关于自叙传里的所谓诗与真实的问题的。这“真实与诗”乃是歌德所作自叙传的名称，我觉得这名称很好，正足以代表自叙传里所有的两种成分，所以拿来借用了。真实当然就是事实，诗则是虚构部分或是修饰描写的地方，其因记忆错误，与事实有矛盾的地方，当然不算在内，唯故意造作的这才是，所以说是诗的部分，其实在自叙传中乃是不可凭信的，应该与小说一样的看法，虽然也可以考见著者的思想，不过认为是实有的事情那总是不可以的了。古代希腊叫诗人为“造作者”，意思重在创造，哲学者至有人以诗人为说诳的人，加以排斥，这并没有错，英国文人王尔德作文云“说诳之衰歇”（*The Decay of Lying*），叹近代诗思的颓废，便不讳言说诳，日本人翻译易说诳为“架空”，这有点近于粉饰，如孔乙己之讳偷书为“窃书”了。自叙传总是混合这两种而成，即如有名的卢梭和托尔斯泰的忏悔录，据他们研究里边也有不少的虚假的叙述，这也并不是什么瑕疵，乃是自叙传性质如此，读者所当注意，取材时应当辨别罢了。因为他们文人天性兼备诗才，所以写下去的时候，忽然触动灵机，诗思勃发，便来它一段诗歌的感叹，小说的描写，于是这就华实并茂，大著告成了。也有特殊的天才，如伊太利的契利尼者，能够以彻头彻尾的诳说作成自叙传，则是例外不可多得的。我这部回想录根本不是文人自叙传，所以够不上和他们的并论，没有真实与诗的问题，但是这里说明一声，里边并没有什么诗，乃是完全只凭真实所写的。这是与我向来写文章的态度全是一致，除了偶有记忆不真的以外，并没有一处有意识的加以诗化，即是说过假话。可是假如有人相信了我的这句话，以为所有的事情都真实的记录在里边，想来找得一切疑难事件的说明，那未免是所愿太奢了，恐怕是要失望的。我在上边说过，如果详尽的说明，那就非有一百万字不可，这第一说是没有这纸面。我写的事实，虽然不用诗化，即改造和修饰，但也有一种选择，并不是凡事实即一律都写的。过去有许多事情，在道德法律上虽然别无问题，然而日后想到，总觉得不很愉快，如有吃到肥皂的感觉，这些便在排除之列，不拟加以记录了。现在试举一例。这是民国二年春间的事，其时小儿刚生还不到一周岁，我同了我的妻以及妻妹，抱了小儿到后街咸欢河沿去散步。那时妇女天足还很少，看见者不免少见多怪。在那里一家门口，有两个少女在那里私语，半大声的说道："你看，尼姑婆来了。"我便对她们摇头赞叹说："好小脚呀，好小脚呀！"他们便羞的都逃进门去了。这一种本领，我还是小时候从小流氓学来的手法，可是学做了觉得后味很是不好，所以觉得不值得记下来。此外关于家庭眷属的，也悉不录，上边因为举例，所以说及。其有关于他人的事，有些虽是事实，而事太离奇，出于情理之外，或者反似《天方夜谈》里头的事情，写了也令人不相信，这便都从略了。我这里本没有诗，可是却叫人当诗去看，或者简直以为是在讲“造话”了。绍兴方言谓说诳曰讲造话，造话一语却正是“诗”的本原了。但因此使我非本意的得到诗人的头衔，却并不是我所希望的。我是一个庸人，就是极普通的中国人，并不是什么文人学士，只因偶然的关系，活得长了，见闻也就多了些，譬如一个旅人，走了许多路程，经历可以谈谈，有人说“讲你的故事罢”，也就讲些，也都是平凡的事情和道理。他本不是水手辛八，写的不是旅行述异，其实假如他真是遇见[①]过海上老人似的离奇的故事，他也是不会得来讲的。

一九六六年一月三日，知堂记于北京。

①“遇见”三育本作“遇是”，桂本作“遇”，今改。

附录

三育本校读小记

这部《知堂回想录》，先后碰到了种种挫折，终于和世人相见了。此稿付印时，知堂老人尚在人世，而今老人逝世已三年馀，能够印行问世，我也可慰故人于地下了。

此稿，正如老人所再三说的，乃是我所建议，却是罗兄所大力成全的，我不敢贸然居功。全稿本来准备在《海光文艺》上连载，海光中停，事不果行。书版早于一九六六年春间付排，校样苦于邮递不便，只好由我一力担任下来；那知我年老衰残，精神不济，伏案校对，腹痛如割。到了一九六七年夏间，我进广华医院动手术，卧床两月，百事俱废。出院后，身体逐渐复原。那年秋间，商之李引桐兄，经南洋商报的同意，在“商馀”连载十个月，本书才顺利印成。我在这儿代老人，除向李引桐、连士升诸先生致谢，也对三育的车载青兄和在东京的陈约翰兄致谢意。同时，对关切这本书的鲍耀明、郑子瑜、高贞白、朱省斋诸兄表中心铭感。

我手边存有知堂老人的来信三百多封，原想刊在卷末，此书篇幅已经太多了，只能期之他日。老人总希望我来做一篇跋尾文字，我已经在子瑜兄的《周作人年谱》后面写了《知堂老人的晚年》，这儿也就不再写后记了。

且说，这部回想录在《南洋商报》刊载时，读者自有所领会，不待我来多说。此刻看了全书，我相信大家一定会承认这么好的回忆录，如若埋没了不与世人相见，我怎么对得住千百年后的社会文化界？可惜，那位对老人作主观批评的人，已不及见这本书了。我呢，只求心之所安，替老人出了版，知我罪我，我都不管了。

是为记。

曹聚仁

部分信札释读文

知堂致曹聚仁（八通）

聚仁兄：

《鲁迅评传》现在重读一过，觉得很有兴味，与一般的单调者不同。其中特见尤为不少，以谈文艺观及政治观为尤佳，云其意见根本是虚无的，正是十分正确。因为尊著不当他是“神”看待，所以能够如此。死后随人摆布，说是纪念其实有些实是戏弄，我从照片看见上海的坟头所设塑像，那实在可以算作最大的侮弄，高坐在椅上的人岂非即是头戴纸冠之形像乎？假使陈西滢辈画这样的一张相，作为讽刺，也很适当了。尊书引法郎士一节话（P.147），正是十分沉痛。尝见艺术家所画的许多像，皆只代表他多疑善怒一方面，没有写出他平时好的一面，良由作者皆未见过见过[①]鲁迅，全是暗中摸索，但亦由其本有戏剧性的一面，故所见到只是这一边也。鲁迅平常言动亦有做作（人人都有，原也难怪），如伏园所记那匕首的一幕，在我却并未听见他说起这事过。据我所知，他不曾有什么仇人，他小时候虽曾有族人轻视却并无什么那样的仇，而这仇人是生花柳病，至男根烂掉而死，也想不

① 此处似衍“见过”二字。

出有这样的，所以那无疑是急就的即兴，用以娱宾者。那把刀有八九寸长，而且颇厚，也不能用以裁纸，那些都是绍兴人所谓“焰头”（旧戏中出鬼时放 “焰头”，讲话时多加藻饰形容的话）。伏园乃新闻记者，故此等材料是其拿手，但也不是他的假造的。又鲁迅著作中，有些虽是他生前编订者，其中有夹杂有不少我的文章，当时《新青年》的随感录中多有鲁迅的名字（唐俟），其实却是我做的，如尊著二一二页所引，引用 Le Bon 的一节乃是随感录三十八中的一段，全文是我所写的。其实是在文笔上略有不同，不过旁人一时觉察不出来。我曾经说明《热风》里有我文混杂，后闻许广平大为不悦，其实毫无权利问题，但求实在而已。她对于我似有偏见，这我也知道，向来她对我通信以师生之礼，也并无什么冲突过，但是内人以同性关系偏袒朱夫人，对她常有不敬的话，而妇人恒情当然最忌讳这种名称，不免迁怒，但是我只取“不辩解”态度，随她去便了。草草不尽，即请

近安

五月廿日

弟作人启

聚仁兄：

五日来书承悉。知身体不好，极应加意摄养，此乃一切的本钱，不能放任也。《北行二语》前承寄下两册，谢谢。知尚有三语及小语，亦愿得一读为快。《银茶匙》允代寄下，费心至感。朱君离开循环，不知现办何事，我与相知不甚深，故不甚明了。此问近安

七月十二日

弟作人顿首

聚仁兄：

好久没有通信，未知尊体如何，时以为念。顷承鲍君寄示《理冠罗戴溯旧》一文，得知兴致旺盛，文笔甚健，聊以为慰。便中乞将近作杂文裁示一二，以开眼界，甚所企望，因近来唯看旧书，耳目悉成废弃也。兄在港舌战群儒，良非易易，但其勇气亦未可及，见“溯旧”中明言“不反共”，即其一例。京中已入伏，但天气反不热，因几乎每天有阵雨。此请

近安

七月十九日

弟作人启

聚仁兄：

所嘱写条幅，今日勉强涂了，今寄上，的确是涂鸦而已，不能说写字也。题签亦附上。回想录中有一部可以删除，在单行本中不必列入了，因为从一九六至二〇五，就是我那一篇《我的杂学》，已经另行发表过，再行收入徒占篇幅而已。请告诉抄稿的人，抄到一九五，即连下去抄二〇六可也。即请

近安

十月廿五日

弟作人顿首

聚仁先生：

十三日信已收到，汇款亦到，唯所寄书八册却尚杳然，恐已寄失，但近来甚少邮件遗失，或不至于，且待几日再看。稿件承费心甚为感荷，以后尚乞仍旧照顾。前得省斋信，云新地可出诗集，因函致新加坡方面，将录出全稿寄给朱君，近想已可寄到矣。

诗无自信，但能够即作一册，可以送人，便已满足，条件极简单也。朱君近无来信，似因报事不如意之故，因而扫兴欤。匆匆即请

近安

十二月廿三日

启明上言

字容写奉，谷崎君亦属相识。又及。

聚仁兄：

六日手书诵悉。为鄙事承蒙种种费心，感谢何可言状，且蒙校改原稿，尤觉惶恐不安之至。我对于拙作，向不珍重，只望能出版而已，所以回想录如得由三育刊行，便已别无奢望了。承为向“朝日”进行，深出望外，但此对于朝日这边难免希望很薄罢了。石田川口二氏的字，容即涂奉，田能亦即写寄。不会写字的怕好纸（例如高丽笺，只有善书的始能着笔），所以用的不过普通宣城而已。但此间近时已买不到（大概书画家尚能得到），尊处所有恐系日本制品，如前次罗承勋嘱书时所寄者，那种纸则鄙处亦尚有之，未能很适用也。三育的车君，请便时问他一声，不知道他是否广宁桥的书家车眉子的本家，对于车家我们还是有点亲戚关系的。昨天小雨，倏有冬天的意味了。北京俗谣云，一阵秋雨一阵凉，马蜇冻死秋草上，此语实确不错。草草奉复，即请

近安

十月十三日

弟作人启

聚仁兄：

顷得廿二日手书敬悉。回想录承蒙费心，感谢之至。所云自译一节殊难担任，因弟现在为人民文学社翻译《平家物语》，一总有五十万字，每月约译三万字，以换取生活费，绝无馀力再干别事了。我想此事可一任朝日方面去办，好歹可以不管。我总疑心朝日方面事有点勉强，猜想终要坍台，在这里我与先生意见有点不同。不过我深信日本人是不很可靠，尤其不是慷慨的。我的希望仍在中文本印出，售后再给印税也是无所谓。此请

近安

九月廿八日

弟作人顿首

聚仁兄：

得十七日手书，回想录事甚费清神，慰谢之忱实难言罄。委托书附上，请察阅，不知是否如此。看来朝日方面不免有若干勉强之处，恐全书出版仍不免渺茫。删译殆属必要，希望亦请兄费心主持，不胜幸甚。匆匆不尽，即请

近安

九月廿四日

弟作人顿首

关于《知堂回想录》在海外发行事情，兹委托曹聚仁先生为全权代表，或中文本先出，或日译本先出，均由曹先生决定办理。

此致
曹聚仁先生鉴

北京周作人

一九六五年九月廿三日

知堂致鲍耀明（一通）

耀明兄：

日前得曹君来信，云关于《知堂回想录》事已得解决办法，其原稿已经取得，现拟交书店单行出版，大约月内即可决定。我本无敝帚自珍之意，唯辛辛苦苦花了两年多时间写了出来，如能出版总比送进字纸篓去好。不过世事难预料，要等它印了出来才算实在，这半年且等了看。不过总算有了希望，这是要感谢曹君的好意的。小暑在迩，正是天热的时候，即此顺请
近安

作人启

七月六日

曹聚仁致知堂（一通）

启明先生：

接奉尊教，提及尊稿留在《新晚报》一点，或者可以说：先

生不独对海外情况不十分了解，即对于京中情况也很隔膜。先生该知道夏衍兄已下台的事吧？

罗兄，他是主持报刊工作有决定作用的人员之一，他很爱好先生的散文，所以，当听我一建议请先生写回忆录由新晚支付稿费，他就同意了。也只有他才有权来决定的。

开头，倒是叶灵凤兄要开《南斗》文艺月刊，拖呀拖的拖掉了，等到新晚决定连载，京中的文艺方针又变了，即是要面向工农兵，连夏兄都受批判了。而海外读者又趣味越来越低，高一点的都不要，于是中停了。聚仁便把这件事担负起来，因为日本友人要这稿子，未奉告先生之前，早已进行了。当然罗兄同意我这么做的。

本来三育可以先出单行本的，又怕日本方面要先出，所以等着排。其次，非有人抄副本不行，罗兄要保留原稿的，抄副本得化一笔钱的（大概朝日会出的）。这是聚仁替先生打算。

在大陆的作家，要在海外发表只有《大公报》、《文汇报》和《新晚报》可刊，其他如《商报》、《晶报》和我们的《正午报》，都不刊一本正经的东西（越黄越好）。先生的稿子刊在《星岛》，先生好在自己不知道。至于鲍兄要把先生的稿刊在《新生晚报》上，在他也是好意，但对先生是不利的。这种种都非先生所想到的。

罗兄保留先生的稿子，等些日子会刊出的，否则一定会转给我的。

海外写稿，有一时期是“武侠”天下，近来又转为小品文的路子，所以，先生的稿子又会行时的。总之，先生只能把海外写稿的事让我来作主，不要和别人去商谈（鲍兄也在内，他纵无党派关系，专做生意，却也不懂得政治行情的）。

对罗兄不要错怪，因为他也只能执行京中的政策，不能自己作主的。他是党员，我并不是，我是同路人。

我这封信，先生看明白了就算了，不必和别人谈及。

副本已抄了共百多页，还有百五十页上下。上面部分都已寄了交了，聚仁处已没有了。

匆复，即颂

冬祺

制曹聚仁顿首

十一月廿五日

今年香港的冬天来得很迟，今天还有七十度呢。又及。

罗孚、知堂一九六四年往来信（一对）

启明先生：

久未写信，只因疏懒，实在惭愧。本月起敝报添了个人物志副刊，尊著《知堂回想录》已于一日开始连载，现将部份剪报寄上，以后当陆续寄奉，可能先生已自其他友人处得悉矣。另由广州汇上人民币壹佰叁拾元，系《闲话毛笋》、《鸟声》、《母亲的味道》、《敝帚自珍》、《现代的诺亚方舟》、《愉快的工作》、《帮会的片鳞》、《宗教的政团》等八篇文章稿酬。以后若赐信稿，可寄广州惠吉西路二坊二号大公报办事处黄克夫转，当较径寄香港更为快捷，也可免由北京潘际埛兄收转。十月以后可能有都门之行，到时当来进谒。去岁匆匆小坐，未得畅聆教益，迄以为憾。匆匆，祝

大安

承勋敬上

八、廿八

承勋先生：

廿八日手书诵悉。稿件已改由广州转寄，计寄去三篇，八月中尚有潘君转上的三篇，想均次第收入矣。所云廿八日由广州赐寄之款，则尚未到，计前后已有十四天，邮局不致遗失，想或者广州未曾寄出，祈一查询为要。即请

近安

九月十日

作人启

曹聚仁致罗孚（四通）

承勋我兄：

兄很忙，不知可谋一面否也？

《知堂回想录》早已排好。三育这一年实在不容易支撑，排印费也付不出。弟托李引桐兄和新加坡《南洋商报》的经理谈了，一拍即合。这一来，印刷费可有着落了。而且将来单行本也可畅

销了，星马方面的反应很好。——我也可以对得起知堂老人了。原稿等我校对了，全部奉上，勿念。

世界出版社的“新文学大系”续编，是不是你们编的？散文没有知堂、林语堂和胡适，似乎说不过去。兄以为何如？

我老了，双脚不行。

即颂

著祺

弟曹聚仁顿首

十一月十五

承勋我兄：

昨天总算把《知堂回想录》全部校完了，在我总算对得起地下的故人，也对得起三育书店的车载青兄了。否则这笔排印费在他是一件大担负，而且销路并无把握。这么一来，移稿费作排印费，销路也十分稳妥了。不管别人怎么说，我亦能问心安了就是了。可惜不及让许广平看到此书的出版呢！

弟先后校了三回，全书并无什么毛病，不知我兄以为何如？一切弟独自担任责任，请兄勿念。

那几段稿和知堂的其他各稿，乞兄费神检还。

知堂全稿（一部分在兄处）奉上，兄可留作记念。三五十年后也许该是一份有价值的文物呢！

即颂

著祺

弟曹聚仁顿首

八月廿六日

承勋我兄：

《知堂回想录》中，弟所写的部分检奉，乞指正。弟也是世故老人了，不会十分走样的。一笑。原稿等清样来了即奉上，也是一种纪念。老人还有几篇稿子在兄处是不是？劳神找给我。

郑子瑜兄的《周作人年谱》或许先出来。

弟曾找了一篇台方刊出的“畅观楼”分析文字，在费兄处。他是不是已转交兄手？兄看了，请还给我，因为找不到另一册了。

即颂

公祺

弟曹聚仁顿首

七月十六日

承勋我兄：

奉上《读鸦》第二期，乞检收。当时，徐訏兄主编的《笔端》停刊了，我想试用剪稿编一小刊物试试看，即是不化一文稿费编一高级刊物，倒真是曲高和寡，吃力而不销行，出了两期，也就歇手了。所刊各稿，兄或可作参考之用的。

有关知堂的稿子，兄已看完未？乞还给我，印刷公司在催稿了。

即颂

日祺

弟曹聚仁顿首

八、廿一

（1970年）

罗孚致舒乙、李今（一通）[1]

舒乙先生、李今女士：

终于有机会实践诺言，托冯伟才兄将周作人的《药堂谈往》，即《知堂回想录》的原稿，送上收藏。

希望未来能在别的方面，能替你们做出些微的贡献。

知道你们收到一批绀弩诗稿，舒乙先生且为文介绍，侯井天兄并据以查出几首佚诗，甚以为喜。请李今大姐便中复印舒先生大文及绀弩原稿，交冯兄带回，不胜感激！

匆致

敬礼

罗孚

六六、六、十四

---

① 据曾任中国现代文学馆编研室主任的李今女士回忆，她是通过一位校友认识罗孚，罗孚主动提出捐赠事宜。据罗孚《新晚报》原同事冯伟才先生回忆，一九九三年一月罗孚回到香港；六月，罗孚将《知堂回想录》手稿交给他，托他往北京公干时送交中国现代文学馆的舒乙和李今；十月四日，冯伟才到中国现代文学馆，将该手稿交给舒乙等人。此信落款年份“六六”或系罗孚笔误。

汇校本赘语

我的书桌上放着一份《知堂回想录》手稿复印件，前有附纸记云：

> 此份复印件系“并列第三复印件”之一。己亥初夏之五月廿二日，致电曹景行先生，谋“第二复印件”之借用，乃先生次日即由沪抵京，恰可携至。遂会于富力万丽，成其交接，洵上天巧安排也。承晓亮兄急来相就，复印三份，森之君先生于是得所参校矣。今不佞返桂避喧，三番校订之暇，亦所从出，大善因缘，大巧际会，何及是哉！聊污数行，记一佳事云尔。又离京前偶睹工作日录，知牛津之欲出该书，不佞奉付文本，在二〇一八年十月卅一日。外此则悉尽忘却，共诸流水云烟矣。己亥秋虎之白露日记于桂林哈佛温居。

此项工作其实没什么含金量，不过动手翻，用眼看，比我做得好的人相信不在少数。既然如此，怎么会落到我肩上呢？这恐怕不能不归因于造化的播弄了。

知堂的文章，稍有程度者人人可读，并且能够得到实际的利益。就世界文化史而言，知堂不仅属于中国，属于东亚，更属于全世界。欲研究知堂，必先有真实、可靠、完全的文本，才算有了基本的前提。而此基本前提之基本前提，说起来也没什么，多几位如我辈者足矣。

我写了几首“诗”以表达不同阶段的心情，录在下面，博好事者一粲——

私慕知堂十五载，萍踪雨打二毛生。柴米油盐小个我，荼苦竹朽大光明。陌路横眉冷眼对，雅室破颜椰盏空。吾本有情兼觉悟，清汤白菜希味噌。（二〇一九年六月）

为伊离家复还家，无问袍子或袈裟。天命将知牛仔裤，地气宜接老瘪渣。晓夜瀹茗对云雨，偶兴锯竹供桂花。君若翩翩忽飘至，甜笋漓泉生普茶。（十月十三日）

谈往全编卌万言，初再三校十五年。乱麻塞胸究何恨，掩卷别头一泫然。（十一月六日，第三次对手稿校订完毕）

半百之年此遭逢，讵为柴米辞帝京。坐看叠屏风日色，无边障叶一刹清。（十一月二十五日，汇校完毕）

得从新绿识春山，喇叭声喧早淡然。河东娇吼犹在耳，奇偶分章兼轮番。（二〇二〇年三月十八日校雠毕役，共用时十九天）

十六年前初来桂林，在微笑堂买过几次日本味噌，吃法还是北方的炸熟了蘸黄瓜生菜。这句是说期待日译，不知为何如此拟不于伦，可发一笑。“老瘪渣”乃此间叉尾斗鱼的俗称，说它身扁而鳞厚，肉少渣多，只可捉来喂猫。但它漂亮野性又皮实，差不多是我所喜爱的唯一的观赏鱼，可惜河沟水井里原生的已不易碰到，人工繁殖的尾巴不分叉，举动中规中矩，聊可慰怀而已。甜笋、漓泉虽非桂林名物，赖水土之佳美，拿来待客亦颇不恶，青丰此来，痛饮之外也尝到儿时的家乡味，足证我言非虚。而禁足高楼数月，每日面对的山很少清楚地看，因为多雨的时节，晴日难逢。某回竟看到一抹的新绿，正是春天的明证。这是值得纪念的一段时光，故不能不稍稍提及也。

五度

二〇二〇年三月十八日

致敬及致谢

谨以此汇校本向曹聚仁、罗孚等先贤致敬。

幸获以下殊胜因缘，在内容及形式方面提升了汇校本的品质，谨此一并致谢：

有幸与曹鹏博士相识相知，此番承他赐序，圆满我多年心愿，无任铭感。

曹景行先生允许使用曹聚仁先生致知堂及罗孚先生信；

罗海雷先生提供知堂及曹聚仁先生致罗孚先生信；

香港中文大学图书馆提供曹聚仁先生致罗孚先生信；

冯伟才先生提供罗孚致舒乙、李今信；

冯伟才先生、李今女士就本书手稿捐赠的若干细节提供材料，丰富了汇校本的内容；

徐时霖先生很关心此汇校本的出版，给予很多帮助并提出重要建议；

南京李斌先生赐寄作为汇校依据之一的三育本；

王光燦君适时发来知堂日记大象版，不啻为添一翼，凭此多拱几卒，不亦快哉。

图书在版编目（CIP）数据

知堂回想录：汇校本 / 周作人著 .— 北京：文津出版社，2022.3

ISBN 978-7-80554-759-6

Ⅰ. ①知… Ⅱ. ①周… Ⅲ. ①周作人（1885—1967）—回忆录 Ⅳ. ① K825.6

中国版本图书馆CIP数据核字（2021）第 202915 号

知堂回想录：汇校本

ZHITANG HUIXIANGLU: HUIJIAOBEN

周作人 著

五 度 汇校

责任编辑：白 雪　　责任印制：燕雨萌

策 划 人：周青丰　　特约编辑：丁敏翔

装帧设计：微言视觉 ｜ 苗庆东 杜宝星

出　　版　北京出版集团

　　　　　文津出版社

地　　址　北京北三环中路6号

邮　　编　100120

网　　址　www.bph.com.cn

总 发 行　北京出版集团

印　　刷　唐山楠萍印务有限公司

开　　本　880毫米 ×1230毫米　1/32

印　　张　23.75

字　　数　568千字

版　　次　2022年3月第1版

印　　次　2022年3月第1次印刷

书　　号　ISBN 978-7-80554-759-6

定　　价　168.00元